蒋介石密令破解

陈宇 著

当代世界出版社
THE CONTEMPORARY WORLD PRESS

图书在版编目（CIP）数据

蒋介石密令破解/陈宇著．—北京：当代世界出版社，2016.8
ISBN 978-7-5090-1109-6

Ⅰ.①蒋⋯ Ⅱ.①陈⋯ Ⅲ.①中国历史－史料－民国 Ⅳ.①K258.06

中国版本图书馆CIP数据核字（2016）第118057号

出版发行：当代世界出版社
地　　址：北京市复兴路4号（100860）
网　　址：http://www.worldpress.com.cn
编务电话：（010）83907332
发行电话：（010）83908409
　　　　　（010）83908455
　　　　　（010）83908377
　　　　　（010）83908423（邮购）
　　　　　（010）83908410（传真）
经　　销：全国新华书店
印　　刷：北京领先印刷有限公司
开　　本：787毫米×1092毫米　1/16
印　　张：30
字　　数：556千字
版　　次：2016年10月第1版
印　　次：2016年10月第1次
书　　号：ISBN 978-7-5090-1109-6
定　　价：108元

如发现印装质量问题，请与承印厂联系调换。
版权所有，翻印必究；未经许可，不得转载！

目 录

前 言

01 整顿侍从

第 1 通手令——令钱大钧到侍从室任职 / 001

第 2 通手令——呈示电文须先签拟意见 / 010

第 3 通手令——非重急文件交朱培德代批 / 016

第 4 通手令——批评呈阅文电拉杂纷繁，毫无条理 / 018

第 5 通手令——规定会报并批核公事 / 019

第 6 通手令——严格规矩侍从人员行为 / 029

第 7 通手令——周计划安排每天工作日程 / 030

第 8 通手令——安排侍卫官到地方任职 / 031

第 9 通手令——安排侍从官兵到军校学习 / 032

第 10 通手令——规定英文与射击为侍从人员必修课目 / 032

第 11 通手令——责备召见德国顾问误传时间者 / 033

第 12 通手令——要求凡发南京电稿用寄信或电话方式 / 043

第 13 通手令——须特别注意侍从室无线电情报已被敌偷取 / 044

第 14 通手令——规定每周课程，开列必读书目 / 045

第 15 通手令——详报侍从室各级人员年度考绩 / 046

第 16 通手令——批示侍从人员自我批评、相互劝勉 / 047

02 两广兵变

第 17 通手令——详报株洲所存弹药数目 / 050

第 18 通手令——代写战报，义正视听 / 060

第 19 通手令——驾临广州处理兵变 / 061

03 西安事变

第 20 通手令——定稿《西安半月记》 / 066

第 21 通手令——连电催促杨虎城到沪后出国 / 100

第 22 通手令——关注东北军整编及高级将领刘多荃 / 108

第 23 通手令——催参与事变的部队开离西安 / 122

第 24 通手令——秘查东北军旧部情况 / 129

第 25 通手令——密切监视杨虎城在西安的行动 / 134

04 雾掩庐山

第 26 通手令——欲美庐疗养休闲，却陷紧张战乱 / 154

第 27 通手令——关怀创建庐山植物园 / 171

第 28 通手令——何以同时召见熊式辉、周至柔 / 178

第 29 通手令——召见负有特殊使命的杨宣诚、邓宝珊 / 187

第 30 通手令——押解"七君子"来庐山，结局大出所料 / 193

第 31 通手令——派兵迎护林森主席上山 / 201

第 32 通手令——遥控上海滩 / 204

第 33 通手令——在军官训练团基地海会寺的最后讲话 / 212

05 宛平烽烟

第 34 通手令——判断日军意图，望从速切实加紧备战 / 218

第 35 通手令——答复英国大使，中国军队运兵专为应战 / 223

第 36 通手令——通手令报日军 5 列火车到津塘间 / 226

第 37 通手令——要求详报日本侵华重要消息 / 228

第 38 通手令——通手令知宋哲元到南京参加国防会议 / 231

第 39 通手令——问平津之间的电话尚通手令否 / 238

第 40 通手令——随时详报日人及政府对华北消息 / 245

第 41 通手令——与宋哲元代表梁建章晤谈 / 256

第 42 通手令——盛情款待梁建章并补助保定莲池书院 / 258

06 统兵抗战

第 43 通手令——索阅上海吴淞浦东间作战计划图 / 259

第 44 通手令——索阅南京、溧水、句容间地图及公路路线图 / 260

第 45 通手令——初筹南京保卫战军事交通手令 / 261

第 46 通手令——列表详报各炮兵团现驻扎地点 / 267

第 47 通手令——查报驻武昌、重庆炮兵情况 / 268

第 48 通手令——问平汉路北段及黄河北岸战况 / 269

第 49 通手令——淞沪开战前限期上海各银行从速移运现银钞票 / 270

第 50 通手令——查报卫立煌现在何处 / 272

第 51 通手令——速报与郝梦龄同时殉难者刘家骐师长履历 / 274

第 52 通手令——急召陈诚到武汉改组军政机构、整理军队编制 / 275

第 53 通手令——列表详报及其图示南方诸省各部队 / 280

第 54 通手令——批准爆破郑州黄河大铁桥 / 282

第 55 通手令——令朱怀冰师部与主力移驻宜昌 / 283

第 56 通手令——给山东高射炮不必急发 / 284

第 57 通手令——指挥台儿庄大捷序幕战——临沂保卫战 / 285

第 58 通手令——郑州之南铁路车辆继续运输部队 / 289

第 59 通手令——拟定东南各战区作战地境及计划部署 / 290

07 航空抗日

第 60 通手令——航委会主任周至柔列席军委会 / 294

第 61 通手令——召见情报专家和空军要员 / 301

第 62 通手令——改组航委会 / 307

第 63 通手令——调重轰炸机欲再东征日本 / 318

第 64 通手令——痛斥航委会军事机关贪腐恶劣至极 / 327

第 65 通手令——中国空军的艰难窘境 / 334

第 66 通手令——致谢美苏空军援华 / 346

08 军训教育

第 67 通手令——在黄埔军校演讲不必要提前一小时集合部队 / 369

第 68 通手令——追责演讲时间提前究竟是何人之过 / 370

第 69 通手令——令行政院部长、中央党部股长参加黄埔军校纪念周 / 371

第 70 通手令——黄埔军校生参加纪念北伐十周年首都阅兵分列式 / 373

第 71 通手令——要求黄埔军校教导总队务必参加分列式 / 374

第 72 通手令——抄检呈阅一份《军人读训》 / 377

第 73 通手令——检阅首都公务员及军校童军训练班、高级班 / 379

第 74 通手令——集中京苏镇军训各团谒陵与受训 / 380

第 75 通手令——批准印发军训教材 / 381

第 76 通手令——初定检阅电雷学校时间 / 382

第 77 通手令——推迟检阅电雷学校日期 / 383

第 78 通手令——先呈履历表，再分别接见黄埔军校将官班学员 / 383

第 79 通手令——中央常委及各军校主官等均参加政治学校纪念会 / 385

09 约谈迎送

第 80 通手令——代访九旬老人马相伯 / 386

第 81 通手令——军事会报会邀兵工技术人员列席 / 387

第 82 通手令——嘱上官云相出国前来见 / 388

第 83 通手令——约见陈济棠、傅真吾、孙连仲并问话程潜 / 389

第 84 通手令——请顾祝同接电话 / 391

第 85 通手令——约王育瑛、凌兆垚、张言传晚餐后来见 / 392

第 86 通手令——招待老乡孙表卿并约见表弟王震南 / 392

第 87 通手令——请钱大钧、陈布雷代为送驾何应钦 / 393

第 88 通手令——黄蘅秋赴滇，托转为面达并代表一切 / 395

第 89 通手令——预留黄蘅秋赴滇飞机座位并派人送行 / 395

第 90 通手令——复电邱甲外间谣诼不必轻信 / 396

第 91 通手令——命吴斌及张镇来见 / 397

第 92 通手令——代访英国大使，约见对日情报专家 / 398

第 93 通手令——电令召见张镇 / 401

第 94 通手令——电话南京约见陈公博 / 403

第 95 通手令——查报贺衷寒何日出洋 / 404

10　官员任免

第 96 通手令——撤换第 140 师师长沈久成 / 405

第 97 通手令——限康泽赴汉就任，否则以抗命革职拿办 / 412

第 98 通手令——呈报候核邹敏初扰乱金融案 / 413

第 99 通手令——为调换第 15 师师长晤谈王东原 / 416

第 100 通手令——再查调换王东原师长呈阅件 / 418

第 101 通手令——查报第 110 师副师长履历 / 418

第 102 通手令——查报萧洒并处置 / 419

第 103 通手令——查报独立第 45 旅副旅长王治岐 / 421

第 104 通手令——查报湖北保安旅旅长张本法案 / 422

第 105 通手令——任命建设专款副主任秘书徐堪 / 423

第 106 通手令——抄呈各军副军长、副师长名册 / 425

藏密者·钱大钧 / 427

主要参考文献 / 462

前　言

　　蒋介石（1887—1975），名中正，字介石，浙江奉化人。在中国近现代史上，他是一个争议颇大的历史人物。在当代中国，大陆媒体一般直呼"蒋介石"；在台湾，则一般尊称"蒋公"、"蒋老先生"，媒体多用其正名"蒋中正"。政治社会不同，语境使然。

　　作为近代中国曾经的国民党总裁、国民政府主席、海陆空军大元帅，蒋介石集党、政、军核心角色为一身，领导中国国民党长达半世纪之久，其从政生涯横跨北伐、训政、国共内战、对日抗战、行宪、退守台湾及东西方冷战各时期。蒋介石在中国近现代史上地位显著，是研究近现代政治、经济、军事等领域不可能避开的重要人物。近年，随着"蒋中正日记"等一批材料的解密，其真实的历史形象正逐渐清晰。而新近面世的两卷"蒋中正密令"，涉及众多历史事件与军政人物，正如曾任中国国民党党史馆主任的邵铭煌先生所言，此密令对于研究蒋与民国历史，"史料价值非凡，谓之媲美蒋中正日记，亦不为过"。

　　这批新近披露的手令结集2卷，共106通、140纸（其中蒋介石所书104通，共135纸，钱大钧手书回执2通，共5纸）。本批手令的用笺共有4种。蒋介石多用套红"国民政府军事委员会用笺"（竖8行）或"国民政府军事委员会用便笺"（竖5行），另有古松影花笺，仅1通2纸。还有蒋介石在上面批文的1通4纸套红"军事委员会委员长侍从室第一处主任用笺"（空白无行）。书写工具有3种：大多数用毛笔（字迹黑色），少量用红蓝色铅笔（字迹红色、蓝色），极少量短文或个别文字的补写用铅笔（字迹黑色）。原笺加盖有收文印戳5种："侍秘第××××号手令"、"侍秘第××××号"、"机秘（甲）第××××号"、"机秘（乙）第××××号"、"参字第×××"，其中"××××"序号用钢笔填写。印戳形制多为条形章，颜色为红色或紫蓝色。有数通手令，加盖有经办人钱大钧、陈布雷等人的朱红印章，以表示郑重和负责，仅就鲜见的私章金石刻印来看，也都颇具文物价值。这批手令的时间跨度在1935年1月至1945年2月之间，为时任委员长侍从室主任兼侍卫长钱大钧旧藏，并题签："主席蒋公墨宝（一）、（二），吴县钱大钧收藏"。

　　钱大钧（1893—1982），江苏吴县人，生前为国民党高级将领，蒋介石亲信。钱大钧早年毕业于保定军校，后入日本士官学校研习军事，回国后不久，参与黄埔军校的筹建工作,遂与蒋介石结缘。黄埔军校建立之初,蒋介石任校长,钱大钧任军事教官,经过东征、北伐诸役,两人关系更为密切。而钱大钧有幸获藏此2卷手令,得益于其1936年2月至1938年2月、1944年11月至1945年8月,两度担任委员长侍从室第1处主任时期,以及1938年3月至1939年5月,出任航空委员会主任时期。在以上3个阶段中,钱大钧与蒋介石一起经历了西安事变、卢沟桥事变、武汉会战,组建中美航空"飞虎队"等众多改变中国抗战进程,乃至改变世界反法西斯战争进程的重大事件。同时也经历了重组侍从室、两广事变、成立航空委员会等重要内部事务的处理。

侍从室,即国民政府军事委员会委员长侍从室,是蒋介石身旁最重要的幕僚组织。1933年,蒋介石驻节南昌行营,指挥江西"剿共",始成立侍从室。由随行参谋、秘书与译电人员组成,分为警卫、秘书、调查及记录、总务4个组,以处理各类函件公文为其工作任务。1935年2月,南昌行营撤销,侍从室重组,设2处5组,第1处下辖总务、参谋、警卫3个组;第2处下辖秘书、研究2个组。钱大钧于1936年2月至1938年2月间,担任第1处主任兼侍卫长,并于1944年11月至1945年8月间,复任第1处主任。在这2卷手令中,涉及侍从室的有16通,其中蒋介石手书15通共21纸,钱大钧回执1通共4纸。

另有涉及"两广兵变"手令3通3纸。"两广兵变",又称"六一事变"或"两广事变",指1936年6月1日,粤系军阀陈济棠与桂系军阀李宗仁、白崇禧联合举兵反对蒋介石。兵变爆发后,蒋介石一面调集军队入湘防御,一方面派遣时任侍一处主任的钱大钧,收买陈济棠主力粤军第一军军长余汉谋。7月,粤空军司令黄光锐率飞机70余架投蒋,余汉谋也通电拥护南京政权,陈济棠不战自败,7月18日通电下野赴港。之后,桂、蒋双方通过调停,于9月中旬会晤于广州,言归于好,两广问题遂和平解决。蒋所书手令,既有在南京的筹划,也有在广州会晤桂方将领之时所书。

和平解决"两广兵变"不久,1936年12月12日,震惊中外的"西安事变"爆发。在事变之前,蒋介石曾派遣钱大钧接触张学良,想借二人曾共事于"鄂豫皖剿总"(张任副总司令,钱任参谋长)、"武昌行营"(张任主任,钱任参谋长)之交情,分化张学良东北军与杨虎城西北军高层之关系。但事变突然,之后的发展和结果虽已被今人熟知,但蒋介石对于处理杨虎城及对东北军、西北军的态度,在这些新披露的手令中可见有新的异变。这批手令中,涉及西安事变者6通6纸,皆为事变和平解决之后,由蒋介石亲自下达。其中3通与杨虎城直接有关,皆是询问其病情,催促其离陕来沪,结合"蒋中正日记"1937年5月29日之记述,"杨虎城果离陕到沪,预备出洋,则西安叛变事件可告段落,然而时已半年矣",可见蒋介石是以敦促杨虎城出国为事件解决的下限,当时并未采取更为强硬的手段。

在西安事变中，张学良、杨虎城曾通电全国，提出改组政府、停止内战等8项条件，其中第3项为立即释放上海被捕的爱国领袖，即1936年11月23日凌晨，国民党政府下令逮捕了救国会7位负责人：沈钧儒、李公朴、沙千里、史良、王造时、章乃器、邹韬奋。该事件发生于西安事变之前，却到翌年7月31日才得以解决，又称"七君子事件"。手令中有1通2纸，与"七君子"有关，为蒋介石派遣时任国民党中央委员会秘书长叶楚伧，去探明沈钧儒等人的"悔过"情况，并希望能将沈押解庐山一晤。"七君子"态度明确，绝不悔过，加之蒋介石认为"沈案"为中共制造了舆论氛围，故双方僵持不下。遂此事直到"七七事变"之后，全国抗日军兴，才得以草草收场。蒋介石手令发布之时，正在庐山筹备第3期暑期军官训练团，并在之后不久发表了著名的"庐山讲话"。这批手令中，共有蒋介石1937年在庐山时期的手令8通，共10纸。

这批手令多书写于抗战期间，因此，以"统兵抗战"为内容的手令数量较多，共有17通17纸。时间跨度从1937年初到1944年底，从中可看出蒋介石和国民政府早在"七七"事变之前，即已判断日本对华将采取大规模军事侵略行动，为此开始了一些国防备战。这些手令，涉及台儿庄战役、忻口战役、武汉会战兵力部署、整理军队编制等重大事件。还有调解及平息各战区之间的矛盾、安抚部属等。

1938年2月底，钱大钧卸任侍从室第1处主任兼侍卫长之职，调任航空委员会主任，直至1939年5月被免职，其间依然可以得到蒋介石手令，但工作重心已由幕僚、参谋变为战场决策与部队建设。在担任航委会主任期间，钱大钧参与了"人道轰炸东京"、"武汉空战"、"重庆空战"等作战的组织策划与实施。不久，因其空战保卫重庆不利，以及挪用军费公款，被蒋介石免去航委会主任一职。任航委会主任期间，钱大钧共获藏蒋手令6通20纸，另有1通2纸，为1945年第二次出任侍从室主任时手令，与空军飞虎队相关，都属"航空抗战"。

蒋介石以兴办黄埔军校起家，在军中依靠"黄埔嫡系"而掌控部队。因此，他对军校教育以及民众军事训练、全民国防教育都十分重视。常到时在南京的中央陆军军官军校（即黄埔军校）、中央政治学校、镇江电雷学校等军校视察并发表讲演。这批手令中，涉及军事教育训练及军校建设的手令有13通13纸。另外，还有归类于"约谈迎送"内容的手令16通16纸，"官员任免"类11通11纸。

这批手令，披露了一些在以往历史档案中未见或鲜见的重要史实及轶事。如：淞沪开战前限期上海各银行从速移运现银钞票，批准爆破郑州黄河大铁桥，拨款庐山创建中国第一个植物园，资助保定莲池书院，为中央通讯社亲自代写战报，专访"捉蒋行动总指挥"，令押解"七君子"上庐山，遥控上海滩银行大亨虞洽卿、青帮老大杜月笙、金融界巨头叶琢堂，在南京秘密约见陈济棠，卢沟桥事变刚起就判断日军将"积极进攻"，轰动一时的"黄浚汉奸间谍案"，侍从室无线电情报被敌偷取，调重型轰炸机欲再东征日本，痛斥航委会军事机关贪腐恶劣至极等，在这批手令中都所有反映。有的手令虽然只有寥寥数语，有扑朔迷离之感，但从中仍可窥见一些事件的端倪及真相。

这些手令，能够保存下来，得益于钱大钧的任职，还得益于他是个有心人，也得益于他对书法的特殊爱好。但从保守军事机密的角度来说，这些手令在当时都属于密级很高的指令。密级文件一般分为秘密、机密、绝密3种，从这些手令的内容看，大多数都在"机密"级别之上。保密是每个军人所要承担的自觉责任和义务。严格来说，这些手令按规定在传达和受令后，必须立即销毁或上交机要室、档案库集中保存，后再按保密相关规定作妥善处理。而私自收藏是违犯军纪军规的，何况是战时最高军事统帅的手令，手令就是机密，就是密令。而且蒋介石在有的手令上特别注写"极密"字样，有多通手令约谈的人就是当时中国的顶尖级别情报专家、密码专家。不过，后人还得感谢钱大钧的"违纪"，使这些手令完整地保存下来，成就了其文献、文物的双重宝贵价值。

今天，我们通过这些手令，可以补充、重新解析一些相关的历史事件。并且通过这些手令，可以看出蒋介石处理事务时事无巨细、越级管理的风格，如其对于军官简历的考察已经到达旅一级，对于部队装备的考察已经深入到营一级，对于侍从官的月考成绩要亲自过目等。还有许多重大历史事件，都可以从这些手令的字里行间窥见蒋介石的真实想法和解决问题的手段。

这批手令论字数虽然不多，但信息量大，含"金"量高。本书侧重抗日战争相关内容，对有的手令未作详细解读，以求详略得当。有的手令因缺史料佐证，难作解读，暂付阙如，盼有识者补之。本书成稿时间较短，由于资料与精力有限，对手令中涉及的时间、人物、事件推断，恐有失实之处，还望大家明辨以正和完善补充。对书中所采用的一些佐证材料、引用研究成果及所列参考文献书目的作者和朋友们，在此表示衷心的感谢。

手令原件来自于北京保利拍卖公司，并得到他们的大力支持和帮助。适逢纪念抗战胜利70周年，本书主要内容即原为这批手令的展出和拍卖所解读，本书作者曾在北京、西安、宁波等地作过专场演讲。在此向保利拍卖公司及各地的朋友们一并表示诚挚的谢意。

01 整顿侍从

　　侍从室，是蒋介石身旁最重要的幕僚组织，其地位可与清代之军机处相比。因为其特殊的服务对象、公文事务内容及严格的规章制度，常被蒙上一层神秘面纱。上世纪30年代和40年代，人们一谈到侍从室，官员多会肃然起敬，老百姓也会谈虎色变。这里是当时中国的最高政治军事中心，国民党所有党政军机关都要俯首听命，是国民党政权中所有权贵显要都伸长脖子注目仰视的"圣殿"，也曾是影响中国历史进程的许多重大事件的策源地。本篇解读的16通手令，时间跨度从1935年到1945年，从中可看到蒋介石对侍从室建设和侍从人员的要求都是比较严格的。

第1通手令——令钱大钧到侍从室任职

【手令编号】上卷001

【时间判读】1935年1月27日

【正文释读】

慕尹吾兄勋鉴：手书悉，无须辞职，请假满时，来南昌一叙为荷。中正。一月廿七日。

【原件品鉴】竖排8行套红"国民政府军事委员会用笺"1页，毛笔书写。

【原文解读】

　　国民党军对赣南闽西红军的第5次"围剿"成功后，1935年2月，蒋介石决定结束南昌行营与豫鄂皖"剿总"司令部，改设"剿总"司令部于南昌，并改组侍从室。钱大钧此前于豫鄂皖"剿总"司令部

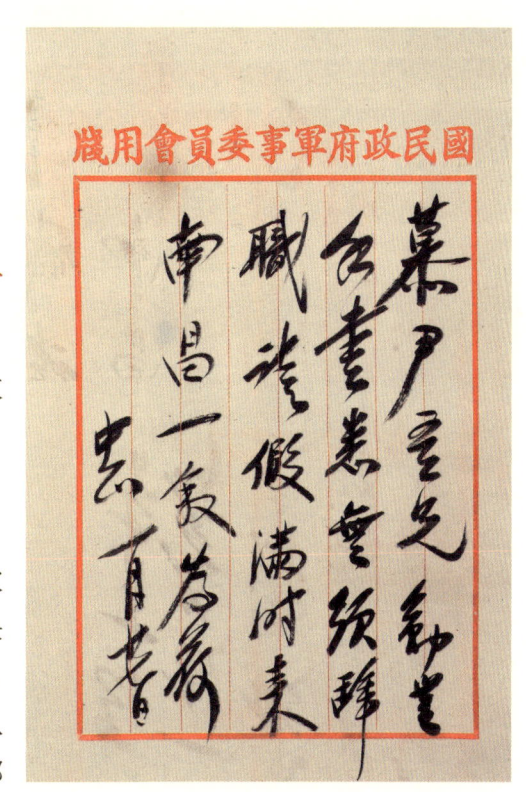

任参谋长,此次"剿总"撤销,故请辞,以争取侍从室之职务。

(一)蒋介石的专职智囊机构侍从室

侍从室,全称为国民政府军事委员会委员长侍从室,是国民党军事委员会的下属机构,也是军事委员会委员长蒋介石的直接办事机构。这一机构非常惹人瞩目,因为这是蒋介石身边的一个机要部门,得悉最高机密与内幕,并直接秉承蒋介石的旨意办事,权力很大,也可以说是一人之下,万人之上。凡是下面要呈报情况、打通关节,最便利的捷径便是通过侍从室;而侍从室放出去的人员,也大多在国民党军界、政界担任要职。

"侍从"一词,古已有之,旧指随侍皇帝或皇亲国戚、达官贵族的人。追根溯源,早在汉朝就有了侍从官。《汉书·严助传》中说:"厌承明之庐,劳侍从之事。"《霍皇后传》中也说:"皇后舆驾,侍从甚盛。"到了宋代,称大学士至待制为侍从官,因其常在皇帝左右做顾问。后来,又称在京职事官自六部尚书、侍郎、学士到两制等统为侍从,所指的范围比较广。

蒋介石侍从室的成立,大致经过两个阶段。1932年"一·二八"战争结束后,蒋介石担任军事委员会委员长,在"攘外必先安内"的政策下,继续"剿共",在汉口成立了鄂、豫、皖3省"剿共"司令部,在南昌成立了行营。蒋介石时常出发到鄂、赣亲自督战,随身带着几个秘书、副官和参谋人员。幕僚杨永泰建议把这些跟从他的亲信组成一个侍从室,列入南昌行营的编制之列,这是初期阶段。1934年10月,中国工农红军被迫开始长征,北上抗日,后在陕甘宁边区建立根据地,一直到1945年抗战结束,蒋介石准备召开国大,这10年间,侍从室不断扩大,从原来的第1、第2两个处扩增到3个处。这是侍从室发展的重要阶段。

建立和最终形成侍从室,并非蒋介石的突发奇想,实际上经历了一段近8年的萌芽酝酿期,之后才盛极而衰、蜕变消亡。1924年,蒋介石在任黄埔军校校长时,即在官邸内设有类似侍从室组织的办公厅,掌管起草文件、翻译电报、誊缮书信及处理机密文件,并负

侍从室一处主任兼侍卫长钱大钧与蒋介石合影。

责官邸及蒋的人身安全，编制仅有随从秘书、侍从副官、侍卫官等寥寥数人。1926年，蒋任国民革命军北伐军总司令时，身边又增设了侍从副官（参谋）一职，指挥北伐战争时常让其随侍左右。后来官居国民党宪兵总司令的张镇，1927年从苏联回国后任国民革命军总司令部的侍从副官；还有后来官居国民党国防部新闻局局长的邓文仪，1928年曾任侍从室少将参谋。那时的侍从组织，并非严格意义上的"侍从室"，并未纳入党政军正规编制，只是蒋介石个人的服务机构，充当蒋个人的幕僚及侍卫，其时的机构设置还相当不完善，办公人员较少。

蒋介石之所以会设置此机构：一是因为他深受封建思想影响，崇尚皇权，从小就梦想当中国的最高统治者，所以蒋当权后，便仿效古代帝王在身边设置随侍服务；二是因为他深知历史上谋士、幕僚在决策方面所起的作用，其时蒋本人也正愁于如何"得天下"，所以千方百计网罗这方面的人才，如1928年蒋介石重新上台后，当他得知杨永泰可辅佐君王成就王业时，即以"三顾茅庐"之礼收揽杨，杨感激涕零终为所用，后献"削藩"、"剿共"、"收川"等谋划，以报蒋的知遇之恩。

侍从室的正式组建，不仅与军中"卧龙"杨永泰有关，更与它组建后所承担的任务（积极策划"剿共"）密不可分。1931年"九一八"事变后，蒋介石在"攘外必先安内"的政策指导下，继续进行反共反人民的内战。1932年3月，国民政府军事委员会恢复设置，蒋介石出任军委会委员长，4月，蒋到汉口主持鄂豫皖3省"剿共"军事，并破格提升杨永泰为鄂豫皖"剿共"司令部秘书长，令其随行前往武汉。这样，杨永泰就正式成为蒋介石的帐前军师。因为战事需要，蒋时常到湖北、江西等地指挥部队，当时，除了他的几个亲信侍从人员如秘书、副官外，还需要临时抽调一两个参谋人员，随他到各地指挥。

1933年2月，蒋介石驻节江西南昌，成立了南昌行营，统一指挥军事。为了更好地指挥"剿共"，蒋介石接受谋士杨永泰的建议，把本来经常跟随他奔走的参谋人员、秘书、副官、译电人员以及侍卫等组成侍从室，列入南昌行营的编制之内，以完成处理各类函件公文等工作。杨永泰升任军委会委员长属下的南昌行营秘书长。

这时的侍从室机构仅为1个室4个组，林蔚任侍从室主任。第1组负责警卫，由军委会特务团团长王世和兼任组长，楼景樾任侍卫长，下设侍卫官与特务员；第2组负责秘书工作，毛庆祥任组长；第3组负责调查记录，邓文仪任组长；第4组负责总务，陈希曾任组长。此外，

侍从室二处主任"文胆"陈布雷

1933年底,蒋介石在福建。

附设侍从参谋3人,为蒋介石献策。后来随着蒋介石权力日增,侍从室人事与组织也日渐扩大。1935年1月,军委会委员长武昌行营成立,侍从室组织改设2个处5个组。蒋介石以贺国光为侍从室主任,第1、第2处主任由晏道刚、陈布雷担任。

随着蒋介石任党政军3个系统之主官(中国国民党总裁、国民政府主席、军事委员会委员长),蒋身边最为亲近的侍从室对于战时中国军事、政治、外交、党务、人事等事项的审定与意见,素为蒋所重视,甚至可决定何种情报上呈给蒋,以及左右蒋对人事的晋升罢黜,其影响冠绝一时。所以,国民政府军事委员会与委员长侍从室的出现,多被视为蒋介石权力具体化的表征,这也是那时中国政治军事化的结果。

侍从室的改组是由钱大钧、陈布雷两人直接在蒋介石的授意下进行的。1936年1月,侍从室在南京进行改组,改组后的编制和工作内容更加丰富和周密,由第1、第2处和侍卫长3个子系统组成,下辖5个组,职掌内容包括党务、政务、军务、外交和保卫等方面。侍卫长所掌管的警卫部门是一个独立的子系统,其地位与第1、第2处主任并列,直接负责对蒋氏夫妇的安全保卫工作。

侍一处,主任钱大钧,辖3个组:侍一组,主管经理、会计出纳、医疗卫生、生活福利(包括对蒋介石个人和蒋住宅的生活安排)和交际、接待来宾等项事务,编制人员有组长、侍从副官、侍从医官、副官、科员、司书以及蒋住宅的看护、厨师工役等,组长先后为莫我若、陈希曾2人。侍二组,主管军事参谋业务,从作战指挥、部队训练、国防装备到交通运输、后勤补给以及人事考核等等,无所不管。先后由刘祖舜、钱大钧、邵存诚、酆悌、刘进、李亮岗、邹竞、于达、聂松溪、赵桂森接任组长,它和侍二处的侍二组承蒋旨意,综合军政机要,同属侍从室组织的核心。侍三组,主管警卫,主要任务是保卫蒋的安全,包括计划、指挥和具体行动布置等业务,在编制上虽属侍一处的建制,但是由侍卫长直接领导和指挥。

1936年2月,蒋介石任命陈布雷为侍从室第二处主任。侍二处辖第4、第5、第6组。各组组长多都是同这一机构共始终的,如侍四组组长陈方,侍五组组长李惟果、侍六组组长唐纵,都一直担任组长职务。其他人事在这10年中变动也不大,比较稳定。

这与侍一处有明显的不同，大概这也和陈布雷10年来一直担任侍二处主任有关。

侍二处的侍四组和侍二组同属侍从室的核心。主管事务是政治、经济和党务，也包括蒋介石急办的其他机密案件。组长陈方，字芷町，江西人，人称江西才子，处理文秘敏捷周到，对诗词书法有一定的功底。他在杨永泰的培养下，在南昌、武昌行营任过

抗日战争时期的蒋介石

秘书。1945年侍从室撤销，成立政务局，陈任局长；1949年在香港忧愤而死。侍四组组长以外，有侍从秘书、科员、编写人员等，共10余人。在蒋介石官邸工作的侍从秘书汪日章、俞国华也列在侍四组编制之内。汪、俞主要负责机要文件保管、收发任务，蒋出发时，跟随行动。

侍五组，原是蒋介石专为储备一批行政人员而设。初由陈布雷自兼组长。组内没有固定的名额，也没有固定的工作，人员一律按照上校军衔待遇。1939年初，侍五组由汪日章任组长，开始主管国民党、政局级人员的调查考核和安排使用业务。以后汪日章调任行政院任秘书，由李惟果继任组长。李系留美学生，懂外文，原在设计委员会工作时为陈布雷所赏识，后调入侍从室。1940年，侍从室第3处成立，以陈果夫为主任，原侍五组人事业务移交给侍三处办理。这个组改为主管处交行政。还有蒋介石的速记人员也列在侍五组的编制之内。

抗日战争全面爆发前，侍从室即已有如前所列的2处5组。

1938年，蒋介石决定将侍一处和侍二处中搞情报的业务合并起来，单独成立一个第6组，亦即情报组，掌握国民党政府和军事人员的人事情况。从中央到地方的政府官员的任免，必须经过这个部门事先考察研究，并提出人事资料，交由蒋介石亲自过目再作定夺。这即是侍六组。

侍六组，主管情报业务，唐纵任组长。在建制上虽属侍二处，但同时也受侍一处主任的双重领导，在内部也是一个保密单位，除了侍一、侍二处两个主任可能知道有关的一部分情况外，其业务对侍从室内部也是严密封锁的。军统和中统的密报文件，原先的分工处置方法凡中统的用徐恩曾名义直接封送侍二处第4组，而军统的则送侍一处第2组。其他情报则由戴笠先送侍二处第4组，经陈布雷、陈方阅后，会同侍一处第2组研究处理。1938年，国民党政府退到武汉，由于情报来源日趋复杂，始专

由第 6 组综合一切特工组织的情报业务。唐纵是湖南人，黄埔第 6 期毕业，做过驻德武官。1946 年春，升任内政部次长兼警察总署署长。

抗战后期，侍从室还成立了一个机要组，由蒋介石直接掌握，受侍二处主任陈布雷的指导，专门处理蒋介石的来往电报，由蒋介石的同乡毛庆祥任组长。组内配备秘书和译电人员。蒋介石出发到各地去，都由机要组轮流派译电人员随同行动。

1940 年春，陈果夫向蒋介石建议在重庆再设立一专门机构，即侍从室第 3 处，专门办理人事，全国军事机关科长以上的人员简历名册和全国简任以上主管人员名册。在陈起初拟定的组织规程里，侍三处设为 4 个组，依序编为第 7、第 8、第 9、第 10 组。这 4 个组之外，另设 1 个联络组，此组在 1941 年 3 月正式扩编成为第 10 组，原第 10 组则改称第 11 组。侍三处自成立至撤销，主任皆由陈果夫兼任。侍三处内排序第一的侍七组是侍三处最核心的部门，主管人事调查工作，首任组长淮孟九，副组长侯鼎钊及左曙萍。

这时的侍从室，扩编为 3 个处和侍卫长室、参事室。侍一处主管军事，负责军事、情报业务；侍二处主管党政，负责处理党务、政治业务；侍三处主管党政军人事，负责人事调查、考核业务；侍卫长室专职负责蒋介石的警卫；参事室研究专门内政外交问题，以供蒋参考，颇类智囊团之组织。

侍一处主任共经历了 8 任 6 位，即钱大钧、林蔚、张治中、贺耀组、林蔚、钱大钧、商震、周至柔。侍二处主任为陈布雷，周佛海、张道藩、陈方先后任副主任。侍三处主任为陈果夫，罗良鉴、刘咏尧、萧赞育先后任副主任。侍卫长后由俞济时专任，副侍卫长冯圣法、警卫团团长石祖德、特务团团长柳元麟。参事室主任先后为朱家骅、王世杰、周鲠生、陶希圣、陈豹隐、王征、张忠绂、郭斌佳、甘介侯等任参事。至此，蒋介石的侍从室无论是人员还是权力都达到了鼎盛时期。

抗战胜利结束后，国民政府军委会在美国军事顾问团指导下撤销，成立国防部，侍从室也于 1945 年 10 月 1 日宣布正式结束（后为 1949 年 8 月 1 日成立的中国国民党总裁办公室之前身）。侍从室稍作精简，被分别并入国民政府，改为"总统府"参军处军务局、总务局、侍从室等。其中，侍一处改组为参军处警卫室，侍二处、

蒋介石与宋美龄

侍三处并入国民政府文官处；侍卫武装人员改编为国民政府警卫总队，统归军务局长俞济时指挥管制，继续遂行侍卫及警卫任务。

以原侍一处第2组和侍二处第4组为基础改组的军务局和政务局，其业务代替了原侍从室的全部工作。军务局设办公室和第1至第6科，在国民政府（后改称"总统府"）西花园办公。政务局设3个科，办公地址位于蒋介石办公室附近，分别隶属国民政府参军、文官两处。虽然在形式上，参军、文官两部门长官接替了过去侍一、侍二两处主任的职位，但在实际上，蒋介石却直接抓住了军务和政务两局，允许他们直接向蒋请示汇报，赋予这两个局长实质性的权力，参军处、文官处两长官却只不过是一副招牌而已。

自1924年5月蒋介石担任黄埔军校校长时设立的侍从组织，到1945年11月这个组织的正式撤销，侍从室在经历了21年半之后终于走到了尽头。显赫一时的侍从室，在其鼎盛时总共设有3个处，机构人数虽不算多，论其地位却属于最高权力机关，在8年全国抗日战争时期，侍从室更是凌驾于国民政府各院之上，执行蒋介石的指令，唯蒋是从，是它唯一的任务。因位居高处、权倾一时、行动诡秘，侍从室总是带着浓郁的神秘色彩。有人曾对侍从室的作用作了一个形象的比喻，说侍从室好比蒋介石的眼睛、耳朵、鼻子、手、脚和大脑，分别替他眼观六路、耳听八方、察觉气息、撰写文电、东奔西走、运筹帷幄。

（二）钱大钧一进侍从室

1935年2月，蒋介石在庐山牯岭电召陈布雷与杨永泰同往，决定结束南昌行营，改设"剿匪"总部于武昌。并决定重组侍从室，分设第1、第2两处，下分设5个组。第1处设3个小组：第1组，负责总务；第2组，负责参谋；第3组，负责警卫。第2处，设2个小组：第4组，负责秘书；第5组，负责研究。任命侍从室原主任晏道刚为第1处主任，而以南昌行营设计委员会原任主任陈布雷为第2处主任。

蒋介石的这通手令致钱大钧，称："慕尹吾兄勋鉴：手书悉，无须辞职，请假满时，来南昌一叙为荷。中正。一月二十七日。"似与此次异动有关，钱大钧为表示尊重，或有意争取侍从工作，故请辞参谋长，但蒋介石并未予批准。

2月16日，蒋介石自庐山星子飞抵南昌。20日自南昌乘专车赴汉口，通告将行营移至武昌，随行者有秘书长杨永泰、处长晏勋甫、晏道刚等及秘书毛庆祥、汪日章、陈方等。28日，豫鄂皖3省"剿共"司令部撤销，改设武昌行营，以张学良为主任，钱大钧任参谋长，杨永泰为秘书长。内设7个处，分别办理"剿共"期间的军政，第1至第3处归参谋长指导。

蒋介石标准照

3月1日上午，行营成立于武昌，张学良、杨永泰、钱大钧及全体重要职员，以及张群、陈布雷、晏道刚等400余人参加典礼。蒋介石即席致词，礼成后，在行营分批召见各处科长以上人员。钱大钧与张学良再次共事，为时8个月。

10月，"剿共"军事重点转移至西北。为便于指挥西北"剿共"，蒋介石决定组织"西北'剿共'总司令部"，自兼总司令，惟因需要策划各方"剿共"军事，恐不能久驻西安，故由张学良任副司令，负责"督剿"。10月2日，国民政府明令发表，特派蒋介石兼西北"剿共"总司令、张学良兼西北"剿共"副司令。

"西北'剿共'总司令部"的组织结构大致与"豫鄂皖三省'剿共'总司令部"相同，因西北交通不便，仅多设一兵站处，以利运输。其所辖"剿共"区域，为陕西、甘肃、青海、宁夏、新疆等5省区。该部所有职员，均由武昌行营调用，且一部分职员已奉令离武昌赴陕，筹备一切。当时外传武昌行营将结束时，有报纸指出："尚非其时，因豫、鄂、皖三省赤匪虽渐肃清，但绥靖工作尚未完成，故今后主要任务，即着重绥靖事宜。"事实上，张学良特于10月16日回到武昌，料理行营结束事宜，18日在大礼堂召集全体职员讲话，大意是：蒋介石为便于指挥"剿共"军事，将行营移设四川，并组织西北"剿共"总部。"本人与诸位相处多时，一旦分别，殊感难过。此次于百忙中由陕返鄂，除亲自处理行营结束事宜外，意即在与诸位话别。回忆过去8个月中，诸位同志对应做工作，无不按步实施，甚感告慰。惟此次改组，诸同仁限于事实，未能尽有相当工作，私衷不无耿耿。愿今后诸同志，均能立于朋友之立场，以国事为前提，对本人有所指教，当必虚心采纳。"张学良在处理完毕各项事务后，19日飞返西安，主持西北"剿共"军事，钱大钧等赴机场送行。次日，武昌行营宣告落幕，至30日止，全部结束完毕。

11月1日，西北"剿共"总司令部在西安正式成立，公布全体职员任职：参谋长钱大钧，秘书长吴家象，办公厅主任米春霖、副主任王玉科，第1处长徐方，第2处长闵湘帆，第3处长马兆琦，第4处长周从政，军法处长赵鸿燊，交通处长蒋斌。

即日开始办公。此时，张学良、杨虎城、钱大钧都在南京出席国民党四届六中全会。是日上午，中全会开幕典礼告成，全体中央委员摄影完毕，"行政院长"汪精卫突遭《晨光通讯社》外勤记者孙凤鸣等狙击受伤倒地，委员长蒋介石与汪精卫夫人陈璧君伴送至医院救治。张学良反应很快，立时奔至孙凤鸣面前，举足将其踢倒。孙凤鸣遭枪击，送医院医治。钱大钧当场目睹了民国史上的这一重大政治暗杀事件。

钱大钧在这次"剿共"军事组织与职务调动中，本来发表为"西北'剿共'总司令部"参谋长，辅助张学良，后又调任委员长侍从室任主任。但他自11月1日至12月7日，都在南京先后出席国民党举行的3次大会，分别为四届六中全会、五全大会、五届一中全会，并当选第五届中央执行委员。可以肯定，钱大钧调至委员长侍从室工作，应在开完大会之后。委员长侍从室之组织，与蒋介石出任军事委员会委员长职务相关联。

钱大钧上任后，随同蒋介石外出巡视各省区，最具体的一次是在1936年4月至5月间。结束行程后，于5月5日返抵南京，报纸登载消息："出巡各省军政行将匝月之蒋介石，前（四）日下午五时，偕侍从室第一处主任钱大钧、第二处主任陈布雷及秘书、侍卫等，由九江乘'永绥'军舰东下，昨（五）晨八时四十分抵芜湖，即登岸乘汽车，于十一时安抵首都。"此行历时28天，蒋介石巡视鄂、川、滇、黔、赣、湘、皖6省军政状况，并多有指示，可谓马不停蹄，辛勤备至。对于视察行程，各地报纸也有报导，仅如："4月8日，自南京乘'逸仙舰'西上。10日下午四时抵汉口，逗留两日，巡视鄂省军政状况。12日下午四时，由汉乘飞机赴宜昌，因就便游览巫峡风景。13日晨，乘'民生轮'西上，沿途在巫山、夔府、万县各名胜登岸游览。16日下午3时40分，抵达重庆。次日下午3时，复由渝乘'波盈机'赴成都，除垂询川省军政情形外，召见将领、绅耆、及地方领袖谈话外，并于18日主持中央军校成都分校开学典礼。22日9时半，又由蓉乘机飞往昆明。25日上午10时，再由滇飞往贵阳。27日下午4时，由黔飞抵长沙。29日上午11时，由湘飞抵南昌，勾留至5月4日。

喜怒哀乐蒋介石

5日上午8时,由浔乘'永绥舰'抵芜湖,登岸,接见公安局长等,垂询芜市建设与皖南治安;9时,乘军委会来迎汽车视察市区一周,即循京芜公路返京。"这一次全程席不暇暖的随行视察,对钱大钧来说,领略侍从工作之况味,实为难得可贵的经验。

钱大钧一进侍从室工作,至1938年2月调任航空委员会主任止,为时2年余。他自认追随蒋介石年久,相知既深,信任亦专,凡不需上闻的细务,都随时妥慎处理,以为蒋介石分劳。而事关重要的机密,多亲自研处,随时请示。虽日以继夜,不敢辞劳。凡内外上下之情,必妥为协调,幸无贻误。

第2通手令——呈示电文须先签拟意见

【手令编号】上卷002

【时间判读】19__年__月__日

【正文释读】

钱主任:以后来电,每电均须先签拟意见,再呈。不得以原电唐塞,叫我自拟办法。中正。

【原件品鉴】

竖排8行套红"国民政府军事委员会用笺"1页,原笺现红色沁润较重,蓝色铅笔书写。

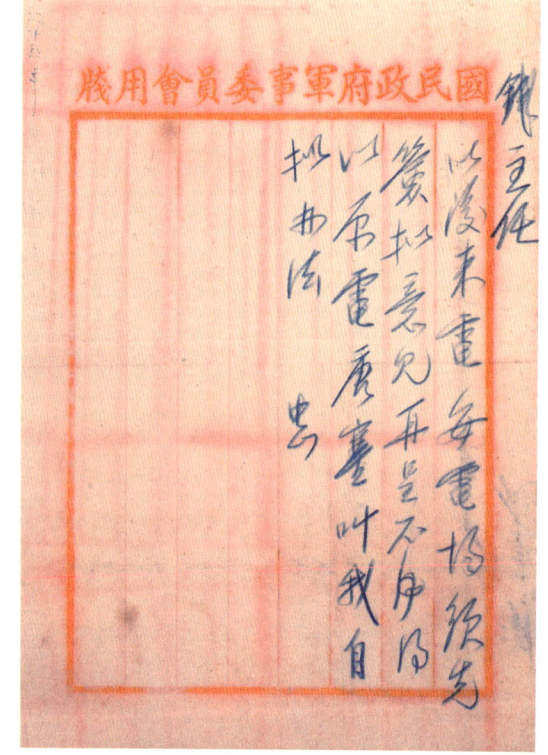

【原文解读】

本通手令及下两通手令,都是蒋介石对侍从室工作的严格要求。蒋介石严厉批评钱大钧"以原电唐塞,叫我自拟办法"的偷懒做法,"主管不能抽暇注重大事,而且反为僚属费时伤脑"。应当先拿出自己的意见附在呈批件上,再上报蒋介石。这些规则,的确是文秘行当的通常行规。但是,蒋介石的独行专断作派,侍从室又有谁敢妄自提意见呢?

本批手令的用笺,蒋介石多用套红"国民政府军事委员会用笺"或"国民政府军事委员会用便笺",极少用其他信笺。"国民政府军事委员会",在蒋介石的心目中是全国最高的权力机构。

国民政府军事委员会,是中国国民党主导的"中华民国"国民政府最高军事机关。军事委员会虽隶属国民政府,不过在"中华民国"军政、训政(1928年为中国国民党"训政""中华民国"之起始,也为"军政"中国之结束)及全国抗日战争期间,不论是重要性或职责上都凌驾于其他政府组织。另外,该委员会虽然在名义上采取委员合议制,是一种军事委员会制。但是,委员会主席或委员长统驭会务,享有极高军事、行政、立法、甚至司法之决策权,是一种军事独裁政府。事实上,自1932年开始,军事委员会之委员长蒋介石,一般是以此职务统治全中国。

1917年7月,"中华民国"前临时大"总统"孙中山于广州成立"中华民国"军政府,并研拟以武力消灭军阀、统一中国。该政府辖下,设有咨询功能的军事委员。该委员会始设时,军政府军事委员名额为64人。1918年,孙中山再依其基础,于军政府辖下设置采合议制的军事委员会,将军事委员缩减为26名,以李烈钧为委员长。此两阶段的委员会,在以滇、桂、赣、粤等地方割据军阀力量为主的军政府组织下,委员会并无任何实权。

1924年7月,在历经粤军叛变及一连串军事整合失败后,孙中山将军事力量寄希望于创立黄埔军校。军事委员会改组,正式作为中国国民党中央执行委员会属下最高军事决策机关,负责东征北伐事宜。而由中央政治会议委派的军事委员分别是许崇智、杨希闵、刘震寰、谭延闿、樊钟秀、胡汉民、廖仲恺、蒋介石与伍朝枢等9人,除此还委任苏俄军官高和罗夫为顾问。形式上,已有以军领政的雏形。1924年11月,该委员会改组,再将权力扩大,并由汪精卫、许崇智、廖仲恺、胡汉民、谭延闿、蒋介石、加伦及伍朝枢担任,采行合议制的集体领导方式。

1925年初,孙中山应冯玉祥邀请北上商讨国是,不料肝癌发作,于3月12日病逝于北京。为了统一全国,中国国民党中央政治委员会决议筹组国民政府,于7月1日在广州正式成立,采取合议委员制,以汪精卫为主席。除此之外,广州国民政府并决定正式设置以武力统一中国为主要任务的国民政府军事委员会。其职权是在中

国民革命军总司令蒋介石在誓师后检阅北伐部队。

国国民党指导、监督下,管理、统率国民政府所辖境内海陆军、航空队及一切关于军事之各机关。北伐战争开始后,又设国民革命军总司令部,蒋介石任总司令,规定军事委员会内各机关改隶总司令部。军事委员会专责以军事武力统一中国,以蒋介石、汪精卫、谭延闿为常务委员,汪精卫兼任军事委员会主席,并取消各地方部队名称,统一称作国民革命军,计划北伐。

在中国国民党、国民政府指导与监督下,军事委员会拥有指挥全国军队、军事动员、国防政策、军制改革、军官任免、移防、预算、决算等重大权力。

1926年10月,国民革命军占领武汉三镇。1927年,北伐军攻下上海与南京,军事委员会均随国民政府迁徙而移驻。3月10日,中国国民党在武汉召开二届三中全会,决定重设中国国民党中央军事委员会,在中央执行委员会下设军事委员会,作为中国国民党的最高军事行政机关。并推举出16位委员,以汪精卫、谭延闿、蒋介石、唐生智、程潜、邓演达、徐谦7人组成主席团。4月18日,南京国民政府成立。4月21日,国民政府军事委员会从广州迁往南京办公,规定军事委员会是国民政府最高军事机关。之后,军委会主席一度由胡汉民担任,委员以蒋介石等为主的中国国民党党员担任。

1928年1月4日,蒋介石恢复总司令职后,胡汉民辞去军委会主席一职。2月2日,国民政府特别通过"军事委员会隶属国民政府,为国民政府军政最高机关,凡属国民革命军之陆海空军,均归其节制指挥"的相关法律。也就是说,此时的军事委员会主席兼总司令成为中国的国家实际领导者,军事强人蒋介石随后当选任该职务。6月,因战况顺利,国民革命军进占北京(1930年改称北京为北平),"中华民国"国民政府获得国际承认。北伐完成,"中华民国"表面统一。8月,中国国民党第二届第五次中央全会宣布撤销军事委员会。

10月8日,蒋介石当选南京国民政府主席,从此军政一体。10月10日,蒋就任南京国民政府主席,通过国民政府组织法,兼任陆海空军总司令,统辖全国武装部队。11月7日,国民政府发布命令:

蒋介石在作军事报告。

裁撤军事委员会，该会所有一切事务限于11月10日以前结束，军事委员会职务权责分别移交国民政府军政部、参谋本部、训练总监部、军事参议院。为对中国内外表明自始进入民主训政时期，三军总司令蒋介石特别明令军事委员会停止运行。不过事实上，军委会权力转移至蒋介石的身上。1931年12月15日，因内讧，蒋介石辞去国民政府主席一职，第二次下野。

1932年1月28日，淞沪抗战爆发。29日，中国国民党召开临时中央政治会议，决议重设军事委员会，设委员7人至9人，并以参谋总长、军政部长训练总监、军事参议院长、海军部长为当然委员。3月1日，国民党第四届中央执行委员会第二次全体会议召开，正式决定恢复军事委员会，作为国民政府军事最高机关。3月5日，中国国民党四届二中全会宣称，此次重设军事委员会，"其目的在捍御外侮，整理军事，俟抗日军事终了，即撤销之"。军事委员会负责"国防绥靖之统率事宜"，第一次将国防内容写进军事委员会组织大纲。3月8日，蒋介石出任军事委员会委员长，冯玉祥、阎锡山、张学良、李宗仁、陈铭枢、李烈钧、陈济棠、汪精卫、朱培德、何应钦、唐生智、陈绍宽、陈调元等出任委员。其中，汪精卫之后6人为国民政府官员兼任之当然委员。

在新修订的军事委员会组织大纲上，规定军事委员会直隶国民政府，为全国最高军事机关，其职掌包括统率、军费、军队编遣之最高决定及少将以上将官任免之权利。就成员及执掌而言，1932年至1937年之间，军事委员会委员均为数人至10余人之间，而任务均为担任军事行动之最高决策机关。虽说此阶段军事委员会是为了抵抗日军而设置，不过就事实上看，至1937年第二次国共合作之前，该委员会最大任务乃是应对第一阶段之国共内战。也就是说，在蒋介石的"攘外必先安内"政策下，军委会主导执行了对共产党军队的重大战役，而在统一军权的国民党军全力攻击下，共产党军队造成重大损失。这种情形，直至西安事变与第二次国共合作后，才为之改变。

1937年7月7日，"卢沟桥事变"启动了全面抗日战争。8月11日，国民党中政会第51次会议决议，设立国防最高会议，国防最高会议为全国国防最高决定机关，以军事委员会委员长为国防最高会议主席。20日，国民政府将原军事委员会与行政院下辖的军政部、海军部、国民政府下辖的军令部、训练总监部等部门合并为大本营，统率全国军事，将全国划分为5个战区，组建若干集团军。蒋介石任大元帅，程潜、白崇禧分任正副参谋长。27日，国民党中常会授权蒋介石组织"中华民国"之战时政府，将行政权归于战时军事组织下。30日，蒋介石决定仍以军事委员会为抗日最高统帅部，不另设大本营，原大本营所设各部转隶军事委员会。9月17日，国民党中常会正式

蒋介石在重庆检阅整训完毕即将开赴前线的部队。

决议：由军事委员会委员长行使陆海空军最高统帅权，并授权该委员会委员长蒋介石为中国战时政府之最高统领，并拥有全国行政、立法甚至司法权。10月，大本营正式改称军事委员会，成为实际控制全国军事、政治、经济等各方面的独裁权力机关，蒋介石仍以委员长名义行使统帅权。军事委员会设委员长、副委员长、参谋总长、副参谋总长。11月，中国国民党中央常务委员会议决政治委员会停止开会，其职权交国防最高会议代行。

军事委员会成立之初，机构变动最为频繁，组织也极为庞杂。到1938年初，经过调整合并，军事委员会下辖机构主要有：军政部、军令部、军训部、政治部、军法执行总监部、后勤部、海军总司令部、航空委员会、军事参议院、铨叙部、办公厅等。各部、院、会、厅除办公厅处理军事委员会日常事务外，还分别管理国民政府的陆海空军的动员、训练、教育、军纪、军需、伤亡官兵抚恤、权衡考绩及奖惩等事宜。各部、院、会、厅、室均设上（中）将级主官、中将级次官。其中军政部、军令部、军训部、政治部是最重要的职能部门。何应钦任参谋总长兼军政部部长（1944年军政部部长一职由陈诚接替），徐永昌任军令部部长，白崇禧任副参谋总长兼军训部部长，张治中、陈诚先后任政治部部长。军政部是军委会的核心组成部分，下辖陆军署、航空署、兵工署、军需署、军法司等，1942年国民政府颁布《军政部组织法》，机构略有变动和扩大。设部长、政务次长、常务次长各1人，参事6～7人，部附20～40人，军政部主要负责军队行政。

在职权方面，军事委员会废除了常务委员制，加强了委员长的职权，一切军事事务都由委员长负全责。委员长同时兼任陆海空大元帅，统率陆海空军，负"国防责任"。这种权限的扩大，名义上是为了"战时统辖全国陆海空"，"以利抗战"，实际上进一步加强了蒋介石的个人军事独裁。军事委员会职权与组织大肆扩张，以至外界有人认为军事委员会为"第二政府"，成为战时中国实际政治中心。除了配合首长制将原本合议制的常务委员编制取消外，还设立参谋总长、副参谋总长、秘书长、副秘书长幕僚等人员。军事委员会职权范围随蒋介石权力扩张或缩小有所变化，但蒋能在军务倥偬之际，仍旧日理万机，乃是因蒋设置的军事委员会委员长侍从室在旁襄助之故。1940年，侍从室发展到3个处，分别主管军事、党政和人事。侍从室的机构不断增加，权限亦日益扩大，成为凌驾于军委会之上的"太上政府"，亦为蒋介石军事权威建立期间最为核心的组织。

全面抗战期间，国民政府军事委员会从南京、武汉一路西迁，最后驻于重庆市，实为第二次世界大战期间，中国的最高军政统驭机构，而委员长实为中国最高元首。名义上的中国最高领导人国民政府委员会主席林森（1937年至1943年由林森担任，林森去世后再由蒋介石兼任）则成为虚位元首。1939年1月，中国国民党五中全会决议设置国防最高委员会，以统一党政军之指挥，由中国国民党总裁蒋介石出任委员长。抗战期间的军委会，作为最高统帅机构的体制始终未变，但各部门人事则时有变动，机构也多有增减。抗战中期，军政部中的兵役署划出，扩大为兵役部，为加强干部培训工作，抗战后期，还成立了中央干部训练团。

1941年12月，日军突袭珍珠港，中国跃为同盟国之一，并与美英等国为作战伙伴。1942年1月1日，中美英苏等26国在美国华盛顿签订反侵略共同宣言，委员长蒋介石受推举为同盟国"中国战区最高统帅"，指挥中、泰、越等地区的同盟国军队作战。从1941年至1945年的第二次世界大战期间，虽然蒋介石在中国推行的军事委员会战时政府与西方民主理念有很大差距，但是由于同为同盟国盟友，当时西方世界尤其是美国政府、国会、一般民众对于蒋介石颇有好感。也因此不但中国民众普遍尊称蒋介石为委员长，而说英语的外国人特别是美国人，自此都称蒋介石为"Gimo"。此称呼，是特级上将（Generalissimo）的英语简写。

1945年8月，中日战争结束，中国获得最后胜利。9月25日开始，军委会逐渐缩编。除了陆续关闭位于天水、桂林、汉中、昆明等地的委员长行营，并将防备共产党军队功能的太原、广西、滇黔、川陕鄂、晋陕绥等绥靖公署移交国民政府军政部。1946年5月31日，国民政府在宣布中国即将实施"宪政"后，裁撤了自1925年成立，期间长达22年之久的军事委员会，并将其所有职能改归"中华民国"国防部。原军事委员会负责的一切军务，改由"总统"（起初名为国民政府主席）通过国防部处理。

第3通手令——非重急文件交朱培德代批

【手令编号】上卷004

【时间判读】19__年__月__日

【正文释读】

以后呈阅文件，非十分重急之件，皆应先呈交朱主任代批，且择其轻重缓急拟附意见。中正。

【原件品鉴】

竖排5行套红"国民政府军事委员会便用笺"1页，原笺显现有上页红色沁润；蓝色铅笔书写。

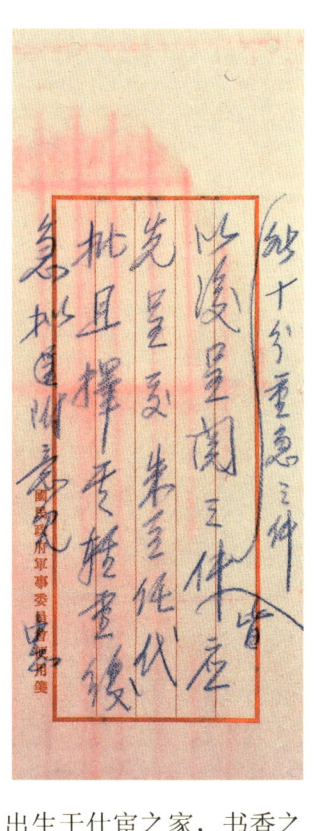

【原文解读】

本通手令文中的"朱主任"，即朱培德。手令书写时间，应在朱培德任军委会办公厅主任时。蒋介石嘱咐侍从室所"呈阅文件，非十分重急之件，皆应先呈交朱主任代批"，说明蒋对朱培德很信任。

朱培德（1888—1937），字益之，云南盐兴县元永井（现云南省楚雄彝族自治州禄丰县一平浪盐矿元永井矿区）人。出生于仕宦之家，书香之门。云南讲武堂学习时期，和朱德并称"模范二朱"。历经护国战争、护法战争，始终追随孙中山先生，后作为第3军军长参加北伐战争，战功卓著。曾任国民政府江西省主席、参谋总长、代理总司令、军委会办公厅主任、南京中央军校校务委员、国民政府军训总监部总监等职。国民革命军陆军一级上将。在混乱的年代里，他办事谨慎，进退得体，顾全大局，不喜杀伐，不计名位，性格宽仁，政治上也比较成熟，在南京国民政府党政军界，都有很高的威望。

1930年1月，朱培德被授予一等宝鼎勋章。4月，中原大战爆发，朱培德时任第1路军总指挥，帮助蒋介石压服了各派军阀，实现了全国的统一。1931年6月15日，当选国民党五中全会第3次会议国民政府委员，24日中央政治会议指定朱培德为国民政府常会出席人。11月21日，当选为国民党第四届中央执行委员。12月29日，中央政治会议特任朱培德为军事委员会参谋总长。1932年1月，正式任命为参谋总长。3月14日，蒋介石重兼参谋总长，28日特任朱培德为没有实权的军事委员会第

3厅厅长。9月17日,山东韩复榘、刘珍年两军战于昌邑、平度,22日军政部长何应钦、与朱培德会商消弭鲁战办法。9月26日,四川善后督办刘湘、省主席刘文辉交恶,形势紧张。10月1日,何应钦、朱培德电劝刘湘、刘文辉息争,但未能制止川战。12月28日,朱培德任军事训练总监部总监兼军事长官惩戒委员会常务委员。1933年12月,蒋介石拟以朱培德代替何应钦出任军政部长,但朱未就任。1934年12月5日,国民政府中央政治会议特任朱培德为军事委员会代理参谋总长,实际并无实权,曾兼国民革命军战史编纂委员会委员长,还任军纪委员会和南京中山陵管理委员会工作,常代替蒋介石出席礼仪性质场合。

朱培德

1935年4月2日,朱培德被国民政府授为陆军上将,叙第一级。4月,朱培德的基本部队第3军被迫自行缩编,从而激起部分官兵的反对,旅长以下的军官集体向蒋介石致电申诉,直到朱培德亲自出面才平息。11月22日,朱培德当选为国民党第五届中央执行委员。12月2日,被推为中央政治委员会委员,18日免代理参谋总长。1936年6月1日,两广事变爆发,11日何应钦、朱培德等联名电陈济棠等令前队停止待命,26日再电劝陈济棠、李宗仁、白崇禧退兵,30日陈济棠、李宗仁、白崇禧电复何应钦、朱培德等,有所申辩。7月14日,朱培德任国防会议会员出席国防会议,在蒋介石和李宗仁、白崇禧之间充当调停人,8月3日,电劝李宗仁、白崇禧离桂北上就职。9月2日,程潜、朱培德、居正携蒋介石亲笔函到南宁,3日与李宗仁、白崇禧会商和平方案,4日广西代表刘斐携李宗仁、白崇禧函随同程潜、朱培德等到广州,两广事变终于和平解决。12月12日,蒋介石被扣于西安,中央常务会议及政治会议决议加推何应钦、程潜、李烈钧、朱培德、唐生智、陈绍宽为军事委员会常务委员,14日程潜、唐生智、朱培德等电促张学良"猛醒",军事委员会最后采纳朱培德的建议,用和平方式解决西安事变,既确保了蒋介石的安全,又避免了全国的一场大乱,使蒋宋夫妇甚为感激。

1937年2月7日,朱培德住院治疗。2月15日,国民党召开五届三中全会,朱培德与会期间注射从德国进口的抗贫血药剂。17日夜11时,因注射引起血液中毒,在南京鼓楼医院死亡,终年49岁。朱培德临终前,对到鼓楼医院看望他的蒋介石交待三事：第一，抗战在即，国力有限，我死之后，请从简安埋；第二，家属子女，让他们自食其力，不要因我而优厚照顾；第三，不要怪叶小姐（他的家庭护士），这是我们国家医学不发达，不能解除病毒。

朱培德是南京政府最早去世的一级上将，也是去世时最年轻的一级上将。全国军政各界无不为之痛悼，纷纷致电南京要求"国葬"。然而，蒋介石在3月2日行政院会议上说："朱上将努力革命，效力党国……赞襄勤劳，持躬廉谨，洞明大体，不慕虚荣，尤为全国军人同心钦敬，综其一生，功在国家，实应国葬。惟每值国葬，糜费公帑，为数甚巨。朱上将生前淡泊明志，精忠为国，决不愿虚耗国力。故余亦体此心，向政府提请公葬。"最终行政院通过蒋提出的公葬提案。但是，蒋介石此举在第3军上下却掀起一阵怨声，朱培德生前密友汪精卫、李宗仁、白崇禧等都表示了不满。汪精卫对蒋说："益之在世行年四十有九，从军三十有一啊，悲哉壮哉！痛哉惜哉！"汪妻陈璧君也找到蒋，搥胸顿足为朱讨公道，声泪俱下地说："朱不国葬，谁也不配国葬！"在此情况下，蒋也不再坚持。2月20日，国民政府在南京仁孝殡仪馆为朱培德举行大殓，前往悼念的各界人士，从早至晚络绎不绝。花圈、挽联摆满庭院。其中汪精卫的挽联是："从昆明出师以来，寸寸关山留战绩；自羊城订交以后，心心相印独公多。"蒋介石和宋美龄不顾任何人劝说，坚持要为朱培德守灵，这在国民党的历史上，尚属首例。最后，蒋介石被强行架走，宋美龄一直守了通宵。3月13日，国民政府明令国葬朱培德，生平事迹存备宣传国史馆，葬于南京小行凤凰山。2001年4月，因南京市须在凤凰山兴建地铁站，朱培德墓迁至普觉寺公墓。

第4通手令——批评呈阅文电拉杂纷繁，毫无条理

【手令编号】上卷033～035

【时间判读】1936年__月27日

【正文释读】

钱主任：现在呈阅之文电，皆拉杂纷繁，毫无条理，毫不研究简便明了之法，若此下去，不但主管不能抽暇注重大事，而且反为僚属费时伤脑，何以不将中素常所训示者实施，以致僚属发生不良之影响也。中正，廿七日。

【原件品鉴】

竖排5行套红"国民政府军事委员会便用笺"3页，蓝色铅笔书写。

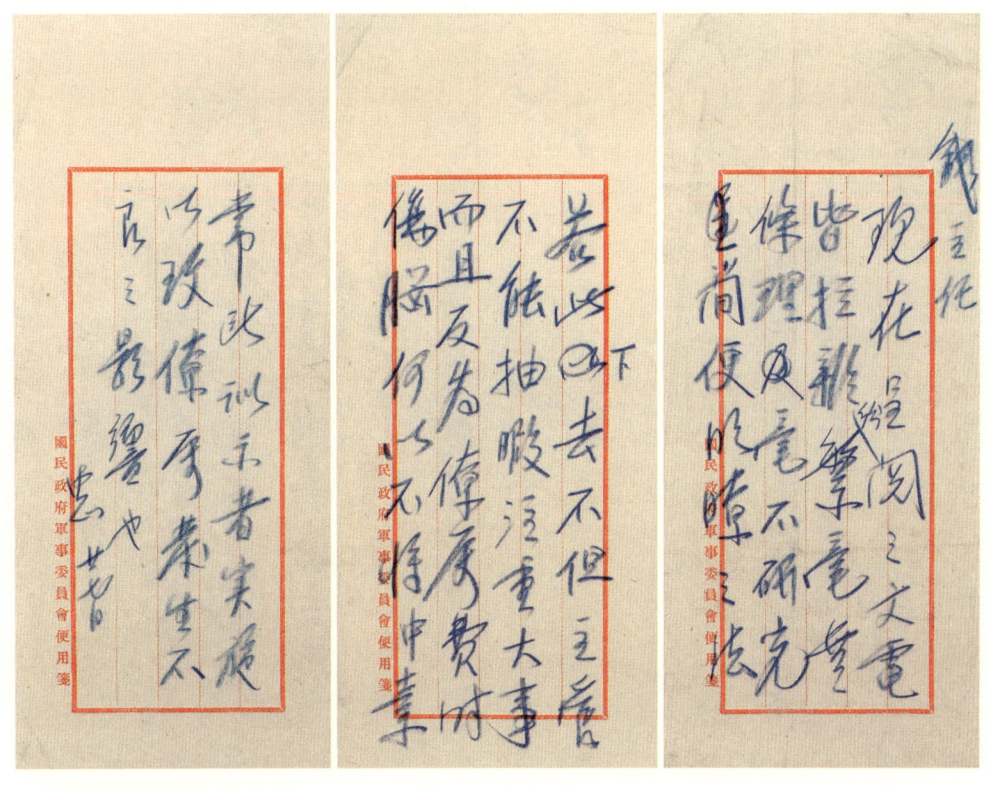

【原文解读】

从蒋介石接连几通手令看,他对侍从室的"呈阅之文电",已经难以容忍,严厉批评这些文电"皆拉杂纷繁,毫无条理,毫不研究简便明了之法",若此下去,怎么得了!再从"何以不将中素常所训示者实施"之句来看,所呈这些文电大概也多是"八股文",说了半天也没有触及到所要办理事务的方法,"还不如直接把我蒋中正平常所训示的方法拿去照办"。

第5通手令——规定会报并批核公事

【手令编号】 上卷 045

【时间判读】 1936 年 6 月 12 日

【正文释读】

  钱、陈二主任:以后每星期六日下午四时,见侍从室处副与秘书、书记等各一名,侍卫官兵二名,由其主管同来。每日上午八时至八时半,钱、陈二主任来会报并批核公事。中正,六月十二日。

【原件品鉴】

竖排 8 行套红"国民政府军事委员会用笺"1 页,原件信笺红色显现沁润;毛笔书写。原笺右上角有钢笔书写文件编号"4000",右下角有毛笔书写注明"谨阅 六、十二",加盖"陈布雷印"红色印章。蒋介石意在经由面谈,督导考核侍从人员,而陈布雷加盖印章,更加说明此事的重要。陈布雷加盖印章的蒋介石手令,并不多见,在这批手令中,这是唯一一份。

【原文解读】

文中"陈主任"即陈布雷(1890—1948),时为侍从室第二处主任。蒋介石的文字功夫远逊于他的对手毛泽东,但他有他的办法,那就是请人"捉刀",所以他的署名文章和讲话稿大都出于他人之手。为他"捉刀"的人,在大陆时期主要就是陈布雷。

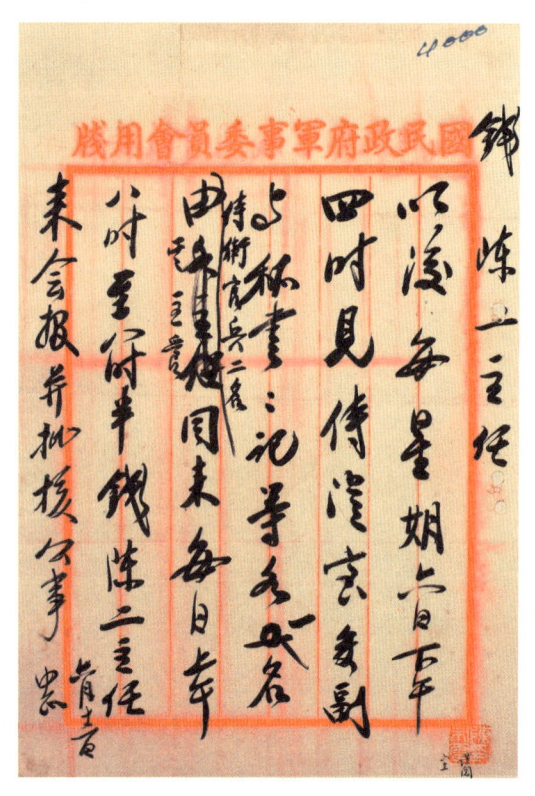

陈布雷,原名陈布甫,曾用名陈训愚、陈训恩,号畏垒,笔名布雷。他是国民党的"领袖文胆"和"总裁智囊",先后任国民党中央候补监察委员、国民党中央宣传部次长、蒋介石侍从室第 2 处主任、国防最高委员会副秘书长、"总统国策"顾问、全国宣传小组召集人等职,是国民党政权在文化舆论宣传方面的"总参谋长"。他长期为蒋代拟文字,以才思横溢、笔扫千军闻名一时,素有"国民党第一支笔"之称,系有影响力的"国策"顾问,与陈诚并称为蒋介石的"文胆武将"。

陈布雷出生于浙江慈溪西乡官桥一个富庶家庭。由于较早受到良好教育,少年即显过人聪颖。早年就读于慈溪县中学堂,14 岁在宁波府试中名列第一,名扬宁波。17 岁转入宁波府中学堂,在学生中倡导新科学、新道德,反对旧式学校生活和腐化学风,成为一名追求进步的激进青年。1907 年,陈布雷考取浙江省高等学堂哲史政法科。浙高注重外语、史地、法政、国际时事等新学科,陈布雷眼界大开。然而他并不满足,经常约几个相知同学到国文教师沈士远先生处借"禁书"。他遍览《复报》、

《民报》、《新世纪》等进步刊物，大发议论，接受并信仰孙中山的革命思想。1911年秋毕业于浙江高等学堂（浙江大学前身），名列第4名。他接受戴季陶的邀请，赴上海《天铎报》作记者，任撰述，开始用"布雷"为笔名写作评论。同年10月武昌起义后，他写的《谈鄂》十论，按日刊布，响应革命。

陈布雷才华出众，勤勉敬业，20多岁已在报界享有盛誉，很快成为上海报界的著名记者。1911年10月10日，武昌起义爆发，陈布雷立即撰文欢呼，连发十篇赞颂评论。其间，他撰写了大量拥护辛亥革命的时评，反对封建帝制，宣扬共和精神，影响很大。

侍从室第二处主任陈布雷

1912年元旦，孙中山就任"中华民国"临时"大总统"，代表临时政府用英文起草的"对外宣言"《告友邦人士书》，就是由年轻的陈布雷翻译成中文率先在《天铎报》上全文发表的，深受孙中山赏识。从此，"布雷"笔名响彻江浙地区。同年3月，陈布雷加入同盟会。陈布雷的崭露头角，引起《天铎报》总编李怀霜的不满。陈布雷一怒之下回宁波效实中学教书。

1920年，陈布雷赴上海，先在商务印书馆编译《韦氏大学字典》。1921年元旦，陈布雷的堂兄陈屺怀在上海创办《商报》，请陈布雷出任编辑主任，负责撰写评论，后任该报主编，并为《国闻周刊》主要撰稿人。陈布雷使用"畏垒"笔名，一如既往直刺时弊，不遗余力地揭露北洋军阀的腐败统治。陈布雷身在上海，他对国内局势的种种评述，与当时在广东的国民党可说是不谋而合，南北遥相呼应，形成了一股朝气蓬勃的革命舆论。孙中山赞扬《商报》"可称为是忠实的党报"，说它的宣传比国民党办的报纸还有成绩。1923年曹锟贿选，《商报》明揭反对旗帜，在第一版全版大号铅字排印，下印曹锟照片，称之为"捐班'总统'"。1925年3月12日，孙中山先生病逝北京，《商报》沉痛哀悼。1925年5月30日，上海五卅惨案发生，《商报》每天一评，反对帝国主义屠杀同胞，监督政府与帝国主义者进行交涉。这一时期的《商报》与人民群众同呼吸、共战斗，充分地发挥了报纸舆论监督和鼓舞奋争的作用。陈布雷所写的有些时事评论，与当时中国共产党的主张也基本相符，有的文章就被中共中央主办的《向导》周刊转载，并加以评注。中国共产党人萧楚女曾致函《商报》，赞扬主笔畏垒的革命精神。著名报人邹韬奋也写文章推崇他，说"陈布雷先生不但有正义感，而且还有革命性。当时人民痛恨军阀，倾心北伐，他的文章往往以锐利的笔锋，公正的态度，尽人民喉舌的职责。"陈布雷长于时事政论，文字俊雅。陈果夫早就看出陈布雷是可用之才,时常把国民党圈内的决策透露给他。陈布雷据此评析时局,给外界造成了较大影响。

1926年春起,陈布雷屡屡撰文评论国共关系,断言中国是"最不适于试行共产之国家",中国革命"舍国民党莫属"。7月,广州国民政府决定北伐,迅速荡定两湖,直指江浙。此时出任北伐军总司令的蒋介石很需要身边有支笔杆子,四处网络各种人才,享有声望的陈布雷是理想人选。国民党元老张静江和戴季陶素知陈布雷才华出众,品行端正,便向蒋介石推荐。北伐军刚到南昌,蒋介石就派邵力子去上海邀请陈布雷去南昌晤谈。邵力子奉蒋介石之命自广州到上海,宴请上海报界,说明北伐形势,并特地给陈布雷带来一张蒋介石的戎装照片,上附蒋介石亲笔签名:"赠陈布雷先生,弟蒋中正"。11月,陈果夫转呈蒋总司令求贤若渴之意,再次请陈布雷去南昌谒蒋。

1927年2月1日,陈布雷与潘公展来到南昌,接受北伐军总司令蒋介石的面试。为延揽人才,蒋介石表现出谦逊的姿态,但目光中闪射出睥睨一切的寒光,吓得衣饰讲究的潘公展眼光闪缩,举止僵硬。"眸不正则心术邪",笃信相术的蒋介石对潘公展泛起一丝反感。陈布雷嘴瘪唇翘,头发蓬松,像是一个埋头做文章的书呆子。蒋介石问以如何对付上海的工人运动,潘公展抢答在先:"总司令自有妙策。"此类等于交白卷的讨好是不受蒋介石赏识的。正襟危坐的陈布雷用谦卑的口气回答道:"愚见是否以可靠的部队包围上海,造成猛虎出山之势,然后用帮会势力打头阵。"蒋介石微微点头,对他俩的取舍之意已定。落选的潘公展先期返沪,陈布雷入迁总司令部居住,继续接受考察。笔试的题目是《告黄埔同学书》,按照蒋介石指示的要点,用校长和总司令的口气写成。陈布雷凝思片刻,奋笔疾书,一气呵成。激情四射、文采飞扬的笔试,深得蒋介石的嘉许。蒋介石对陈布雷极为器重,在与陈晤谈多次后,意欲留陈在自己身边。陈布雷被蒋介石的"礼贤下士"所感动,但并未直接立即答应为蒋介石所服务。陈布雷反复陈述自己的志趣是在上海办报,无意参与政治,于3月辞别蒋介石,经汉口回上海。

陈布雷回到上海后不久,4月,浙江省主席张静江邀请他去浙江省府任秘书长。他对做官实在不感兴趣,只去了两个月。5月下旬,蒋介石请他去南京国民党中央党部秘书处任书记长。蒋介石与陈果夫亲自介绍陈布雷加入国民党。

在中央党部书记长的任上,陈布雷内心十分苦恼:"一为个性与任务格格不入;二是理想与现实颇多矛盾,平昔期待于革命者至深,今以事实与理想相印证,乃觉党内意见分歧。"这一时期他更"念国势之危殆,忧革命之多艰,忽忽不乐"。8月中旬,蒋介石不得不下台赴日"考察",陈布雷在替蒋介石起草完《辞职宣言》后,也辞职回了慈溪老家。

1928年初，蒋介石复职北伐，再次邀请陈布雷来南京，任命他为北伐军司令部秘书长。陈布雷坚辞不就，在南京住了一段时间后，辞去中央党部秘书处书记长职，赴上海任《时事新报》总主笔、主编，并与戴季陶等人创办《新生命》月刊，兼任复旦大学中国国文科新闻组（新闻系前身）教授，主讲《社论作法》。尽管工作如此繁忙，当蒋介石要发表重要文告时，他常会被召去拟稿。7月，他随蒋介石北行，代拟《祭告总理文》。

蒋介石发表讲话。

1929年3月，国民党"三全"大会召开，陈布雷被蒋介石安排当选为中央候补监察委员。8月，陈布雷被浙江省政府主席张静江任命为浙江省政府委员兼教育厅长，陈屡辞不获，被迫离开新闻界步入国民党政坛。1930年10月，国民政府教育部长蒋梦麟、次长刘大白因国民党内李石曾、蔡元培等人派系摩擦，双双辞职，蒋介石以"行政院长"自兼教育部长，任命陈布雷任常务次长，随后改任政务次长。1931年6月，国民党中央全会决议，中宣部长由刘芦隐担任，陈布雷任副部长；但刘在广州，实际上中宣部由陈布雷主持。"九一八"事变后，宁粤对峙，蒋介石在国民党中粤派元老的压迫下，被迫辞去国民政府主席、"行政院长"、陆海空军司令等职。陈布雷表示"蒋先生下野，余亦决心共退"，乃辞去教育部次长和中宣部副部长，回杭州专任浙江省教育厅长。

1932年初，蒋介石再次上台，任国民政府军事委员会委员长，任命陈布雷为军委会秘书长。因陈布雷一再推辞，只好暂由李仲公代理。1934年2月，陈布雷赴南昌参加十省行政人员会议。蒋介石再次邀请陈布雷入幕。5月，陈布雷应蒋介石之召再赴南昌，就任南昌行营设计委员会主任，充当了南京国民政府"领袖文胆"的重要角色。陈布雷刚到蒋介石身边，便草拟了一篇《敌乎，友乎？》的文章，以徐道邻名义登载在同年10月号的《外交评论》上，劝说日本政府改变侵华妄念。

陈布雷在侍从室未正式成立的前10年，基本上还是客卿身份，蒋有要事招来陈，陈为蒋起草重要文件。自从到了侍从室后，才直接秉承蒋的旨意办事。

1935年2月起，陈布雷任军事委员会委员长侍从室第二处主任，掌管秘书、研究两个组。11月，国民党"四全"大会后，陈布雷兼任国民党中央政治会议副秘书长。

全国抗战开始后,军事委员会委员长侍从室不断扩大,从原来的2个处扩为3个处。陈布雷自1935年就任第二处主任,一直到1945年11月底侍从室撤销。

"侍二处"是蒋介石的秘书班子,陈布雷则为秘书首脑。"侍二处"的服务对象只有蒋介石一人;凡是有关党政机构向蒋介石提出的报告和请示,包括政治情报在内,都由第二处先加整理并附上处理意见后再送蒋介石;蒋介石下发的指令、电报、批示,一般也由第二处起草。这样,陈布雷便由蒋介石的"笔杆子",实际上变成了国民党的"印把子";他不再是仅为蒋介石起草文稿的"文章机器",还开始掌握巨大的权力。他尽管不能代替蒋介石的决策,但是可以帮助思考,评议国事,代替蒋介石的大脑;尽管没有蒋介石的首肯,陈布雷无所作为,但陈布雷可以影响蒋介石观点的形成,左右蒋介石最后下决心。陈布雷跟随蒋介石22年,其中17年是在侍从室二处主任职任上。他对蒋介石一片忠心、绝无旁骛;他自己言行谨慎,持身谦勉,尽职效劳。正因如此,他不仅令国民党上层敬畏和尊重,而且深得蒋介石的敬重和赏识。陈布雷力图保持"不党"的形象,不卷入国民党内部的派系争斗。他位居中委,在国民党内也无派、无系,既不依附CC系,也不依附政学系,不靠孔祥熙、宋子文,也不投戴笠、郑介民,陈布雷只效忠蒋介石一人。

陈布雷非常熟悉为臣之道,对蒋介石或同僚总是恭敬有加,无盛气凌人之傲气。作为蒋介石的"御用"笔杆,他廉洁自律,不拉帮结派,不贪污腐败,颇有"贤相"之风。陈布雷为蒋介石撰写文稿无数,有诸多名句广为流传。1937年7月17日,蒋介石在庐山发表了一篇著名的谈话。这篇谈话以"如果战端一开,那就地无分南北,人无分老幼;无论何人皆有守土抗战之责任,皆应抱定牺牲一切之决心"一段最著名。由陈布雷起草的这个谈话稿,是陈布雷引为骄傲的抗战名篇。这句脍炙人口的名言,曾如"抗战宣言"一般,被全国四亿同胞所传诵,激励了全国军民万众一心团结御侮的抗战决心。

全国抗战时期是陈布雷人生的一个高峰,所撰"名篇"大多集中在抗战前后。其中以《八一三告沦陷区民众书》、卢沟桥事变蒋介石的《庐山谈话》、《告入缅将士电稿》、《驳斥近卫东亚新秩序》、《告空军将士书》以及《抗战周年纪念告全国军民书》最为著名。这些文章,昂扬振奋,酣畅淋漓,以南京国民政府和蒋介石的名义发表,在当时起了动员全国军民同仇敌忾、御侮抗敌、推动抗战局势发展的重要作用。这一时期,也是陈布雷精神最为振奋、心境最好、工作最有生气的时期。

陈布雷很谨慎小心,在蒋介石面前或者在其他同僚面前也是恭敬有礼。如果你不注意他,他这个人似乎不在场一样。他在人前走路,也不会昂首阔步,而是静心静气,轻手轻脚。他跟了蒋介石22年,为蒋介石写了不少文章,但并不感到写文章是一件乐事,他说过:"我写文章,是呕心沥血工作。"陈布雷在国民党内,虽然位居中委,但是却自谓无派、无系、无权、无势人士,但是他却是在重大问题上对蒋介石最能施加影响的人之一。陈自己也对人说过:"我接近委座,愧无积极贡献,但在消极方面,曾作善良之建议而已!"

陈布雷从小在封建思想熏陶下成长,养成温顺驯服的性格。作为一个旧知识分子,"士为知己者死"的观念根深蒂固,并将为国出力与效忠领袖混同一事。另一方面,蒋介石看他无私心、淡名利,不介入派系纷争,忠实可靠,不但信任他,也很尊重他。凡此种种,都使陈布雷感激涕零,多次表示对领袖的"知遇之恩"将铭记不忘。

陈布雷与侍从室同始终,他一直跟着蒋介石,非常熟悉蒋介石的意图,只有他代蒋起草的文件,蒋才满意和放心。因此遇到重大事件,蒋时常召陈密谈,有时谈至深夜。蒋介石每次要发表有关方针政策或重要决定的讲话,事先总同陈布雷商量,斟酌拟定讲话提纲。有时,蒋自己也写提纲,但都要经陈为之条理润饰。但是蒋在讲话时,不习惯照念讲稿,有时候会信口开河,速记人员照原话记录下来,送给陈审阅,经过陈的一番文字加工,最后再送给蒋亲自核定发表。在整理过程中,有时陈觉得蒋的原话不妥或者用词粗俗,就文饰一番。但蒋却照自己的意思常常大删大改。

陈布雷是蒋介石的首席侍从,如影随形地服侍蒋介石,专心致志处理党政机要,撰写书信文告。堆积如山的文件,矛盾百出的情报,一经他整理,很快就变成条理分明、言简意赅的汇总情报,供蒋介石审批、决策。蒋介石"著作等身",陈布雷是主要代笔人。蒋介石的文告、讲演稿,十之八九出自陈布雷之手。而他本人笔耕一生,却没有传世文集。对蒋介石而言,陈布雷可谓忠贞可鉴,竭力奉献。

陈布雷对蒋介石的心理状态,考察极为周密,他处处留心,凡是侍一、侍二两处发出的密电稿,都要亲自一一审阅,务求能准确体现蒋介石的指示精神。陈布雷亲自编制关于蒋介石的日常生活起居和行动记录,无论是蒋在驻留期间,或出发到各地去,规定由值日的侍卫官负责纪录蒋每天的生活起居和行动,填好日报,交给蒋的官邸侍从秘书汪日章和俞国华,再汇送给陈布雷,按年月编制实录。抗战后期,才将这项工作交给秘

蒋介石在抗日前线视察部队。

书萧自诚协助办理。陈布雷把这个当成皇帝的起居注一样对待，办理得非常认真。

1938年，汪精卫、周佛海跑到越南河内，公开发表响应日本近卫声明的"艳电"，宣布投降日本。消息传开，举国上下，同声斥责。陈布雷更是气愤至极，受蒋介石之命起草一篇驳斥近卫的所谓"建立东亚新秩序"的声明。这篇声明比汪精卫的响应近卫声明的"艳电"还早一天公布于世，向国人揭露了日本以防共引诱"国民政府"达到全面控制、侵略中国的险恶用心，更给汪精卫等汉奸以响应防共为幌子投降卖国的无耻丑行有力的回击。

陈布雷有7子2女，常以"正直平凡"4个字教导子女，他看透了政治的黑暗、官场的恶浊，因此严禁子女参与政治。长子陈迟成为农产品专家，次子陈过成为内科专家，三子陈适后来在武汉测绘学院任教授，四子陈迈任上海铁路局工程师，六子陈遂毕业于清华大学理工专业。陈布雷是个很矛盾的人物，他热爱报业、想当记者，却身不由己做了高官。他位居党国中枢，大权在握，却鄙薄政治，不让儿女从政，他的子女中就没有一个国民党党员。他的二女儿陈琏的经历最具传奇色彩，在他不知情下，于1939年7月在高中期间加入中国共产党，选择了一条与其父分道扬镳的道路。陈布雷虽然不赞成子女从事政治活动，但是在全国抗战期间，却积极鼓励晚辈从军救国。

1943年末，日军又在中国战场上发动新的进攻，蒋介石提出了"十万青年十万军，一寸山河一寸血"的号召，宣布要建一个用美式装备的青年军，陈布雷的侄儿陈迨首先响应报名。陈布雷得悉，立即亲笔为侄儿题字勉励："你是我家第一个请缨入伍的志愿兵，门楣有光，我祖我父亦将含笑。长风万里，壮哉之行！练得好身手，学得好技术，报效国家，复仇雪耻。我以满腔热烈的情绪期待你凯旋归来。"接着陈布雷三子陈适（时在同济大学学习测量专业），四子陈迈（时在交通大学学习土木工程）分别依所学专业报名参加了炮兵。幼子陈远因未到从军年龄，在体检时揣了几块石头在口袋里，以增加体重。陈布雷大加赞许："爸爸虽然告诫你们不要卷入政治，但是爱国大业，匹夫有责，你们青年投笔从戎，理所当然耳。"陈布雷鼓励子侄参军抗日，报效国家，其行可敬。一篇"送儿参军诗"更是令人回肠荡气，热血沸腾。

对于陈布雷的忠心，蒋介石也心领神会。1939年12月26日陈布雷50岁生日时，蒋介石亲笔手书"宁静致远，淡泊明志"，送给陈布雷作为褒奖。蒋介石用诸葛亮的这8个字来表彰陈布雷，使得陈布雷诚惶诚恐。当时驻重庆的中共代表团负责人周恩来也托人转告陈：对他的道德文章，革命共产党人钦佩；但希望他的笔不要为一个人服务，要为全中国四万万人民服务。陈闻知非常感叹，为"不能舒畅自如地用我的笔表达我所欲言"而伤感。

全国抗战胜利后，国民政府军事委员会委员长侍从室于1945年11月底撤销，分别编入国民政府参军、文官两处机构内,成立了军务、政务两个局。陈布雷在侍从室二处任主任,一直到这时,才改任国民党中央委员会副秘书长、国府委员兼"总统府国策"顾问、《申报》顾问兼常务董事。陈布雷虽对国民党现状不满,并力图革除,但对蒋介石却始终是忠心耿耿,甚至竭力为蒋介石辩护,维护蒋介石的形象和地位。

1946年11月15日,蒋介石召开所谓"国民大会";12月25日,又通过了违背政协决议原则的"宪法"。陈布雷鼓吹蒋介石"非常伟大","有深心救赎"。他说:"蒋先生过去为了打倒军阀,有时与军阀妥协;为了打倒帝国主义,有时与帝国主义妥协,然而全同释然,均不加谅。而今此种理想则完全实现矣!"

1947年4月,蒋介石宣布改组国民政府,陈布雷受命为国府委员。这个月,蒋介石针对中共的政治、军事、宣传攻势,决定成立中央宣传小组,小组成员由蒋介石指定,阵容庞大。国民党组织部长陈立夫、行政院新闻局长董显光、中国文化运动委员会主任委员张道藩、蒋介石的英文秘书沈吕焕等参加了这个小组,由陈布雷总负责。陈布雷召开宣传会议,凡国民党管辖的通讯社、报社、杂志社、书局、出版社、广播电台、电影厂等负责人悉数参加。6月,陈布雷在南京召见上海《文汇报》总编辑徐铸成,吹嘘国民党国运长久:"我们国民党的举措的确是不能尽如人意的,但是,再腐败,我看至少20年天下总可以维持的。"可出乎他意料的是,仅仅两年后,国民党在大陆的统治便无法维持了!

12月,毛泽东在陕北米脂县杨家沟一次重要会议上作了《目前形势和我们的任务》的报告,蒋介石看到这个报告的文本后,生气地把报告摔到陈布雷的面前说:"你看看人家毛泽东的文章,写得多好!"言下之意是:你从来没替我写过这么好的文章。当时,陈布雷也按捺不住,不大客气地回敬了一句:"人家那可是毛泽东自己写的!"言下之意是:你蒋介石的文章可不是自己写的。我不如人家,不能同毛泽东相比。你呢?没有我代笔,你将寸步难行。直把蒋介石气得几乎要晕过去。就文章而论,陈布雷与毛泽东的高下,自然泾渭分明。古人早就说过"文以识为主",这个"识"字指的是"见识"、"远见卓识",它依从于世界观,陈的文章境界和气势显然也就差得远去了。

这时的陈布雷,察觉到了国民党的政治黑暗、官吏腐败、经济凋敝、丧失民心,眼看着他心目中原来的"抗日领袖"、"民族英雄"蒋介石成了众矢之的,被作为"人民公敌"陷于全民的非议包围中。这时,"从一而终"的封建思想依然顽强地主宰着陈布雷的心灵,以前他也比喻过自己是"嫁人的女子,难违夫子"。面对现实,他感到绝望。而且,长期超负荷的工作,使他的健康状态每况愈下。

1948年3月,蒋介石召开"行宪"国大,登上"总统"宝座,陈布雷被委为"总统府国策"顾问,兼中央政治委员会代秘书长,负责筹划和组织国民党中枢各种重要会议,并主持蒋介石召开的"官邸会报",参与运筹决策国民党的党政大事。1948年8月19日,蒋介石为挽救经济危机,决定发行金圆券。陈布雷主持的中央宣传小组,奉拨法币100亿元。部下有人建议换存黄金或美钞以免贬值。但他坚决不允,将它存入了中央银行。然而,金圆券发行未及半月,物价直线上升,陈布雷用私人金器、银元兑换的金圆券几乎成了一把废纸;中央宣传小组的公款100亿法币,也只剩几千元金圆券的价值。陈布雷不禁愕然:"我们为了守法,牺牲了国家利益,牺牲了个人利益,却便宜了金融家!"

国民党军在淮海战役失利之后,蒋介石在南京举行的军政会议上,曾表达了与崇祯皇帝相近的意思,大意为他如何如何英明,手下则腐败无能。追随蒋介石多年的陈布雷,见蒋在这个节骨眼上还不反躬自省,反而把责任推得干干净净,不禁脱口而出:"一派胡言!"蒋介石愣了半天,脸色铁青地用家乡话说:"书生误国,看错人了……散会!"陈布雷对蒋家王朝的命运忧心忡忡。看到了蒋氏政权日薄西山,抱定"忠臣不事二主"、"烈女不嫁二夫"等封建观念的陈布雷,决定以"死节"殉主。他在留下的遗书和致蒋介石的信中称:"今春以来,目睹耳闻,饱受刺激,入夏秋后,病象日增,神经极度衰弱",致使"衰老疲惫,思想枯涩钝滞"。他表示自尽之举,实出于心理狂忧之万不得已。这些原因,可能都是最终导致他自杀的直接原因。这个自认为"百无一用"的病弱书生,终于决定以"自弃自了"与人世最终告别。

1948年11月13日晨,陈布雷在写了10多封遗书后,在南京寓所服药自杀,终年58岁。安葬于杭州市九溪社区上海市总工会疗养院2号楼东邻。

陈布雷去世后,蒋介石追授陈布雷"当代完人"的称号。他是中国近代历史上一位很受关注而颇有争议的人物。多年来,关于他自杀的原因有多种解释。国民党官方说他是"感激轻生,以死报国";有人说他是为垂死的蒋政权"殉葬",也有人说他是"以死明志"或是"死谏"。事实上,陈布雷的死因非常复杂。综观陈布雷的一生,他的舍生弃世可以说是他几十年人生道路走到尽头的必然结果。

陈布雷著有《畏垒评论集》、《陈布雷回忆录》、《陈布雷文集》。

作为一个旧时代的知识分子,陈布雷正直清廉、秉公无私,其品行道德为人所称道。在重庆时周恩来曾托人向他传话:"对布雷先生的道德文章,我们共产党人钦佩;但希望他的笔不要只为一个人服务,而要为全中国四万万同胞服务。"作为国民党主管宣传的要员,陈布雷对一些进步人士是很敬佩的,譬如郭沫若。他曾促成郭沫若顺利回国。1927年"四一二"政变后,郭沫若发表了有名的讨蒋檄文《请看今日之蒋介石》。蒋介石发出通缉令,迫使郭沫若流亡日本。1937年"七七"事变后,郭沫若想回国抗日。为此,郁达夫找到了陈布雷,陈布雷答应为郭沫若说情。但蒋介石对郭沫若那篇文章仍耿耿于怀,于是陈布雷捧出郭沫若在日本出版的《两周金文辞大系》、《殷契粹编》等一叠书说:"委座,据说,郭沫若这些年没有再搞政治,他主要是埋头研究殷墟甲骨文和殷周的铜器铭文……学术成果在国际上很有影响。现在,他想回国参加抗战,所想请示委座安排。"这样,经陈布雷的说情,郭沫若才得以顺利回国。

第6通手令——严格规矩侍从人员行为

【手令编号】上卷 046～047

【时间判读】1936年8月12日

【正文释读】

凡侍从人员,非经中正许可,不得对外应酬宴会,特务员、侍从官等,如有嫖赌等不正行为,一经查明,概照军法从事。中正手令。八月十二日。

【原件品鉴】

古松影花笺纸2页,笺右侧中印有草书"定之"两字及圆形细篆体"汤"字印

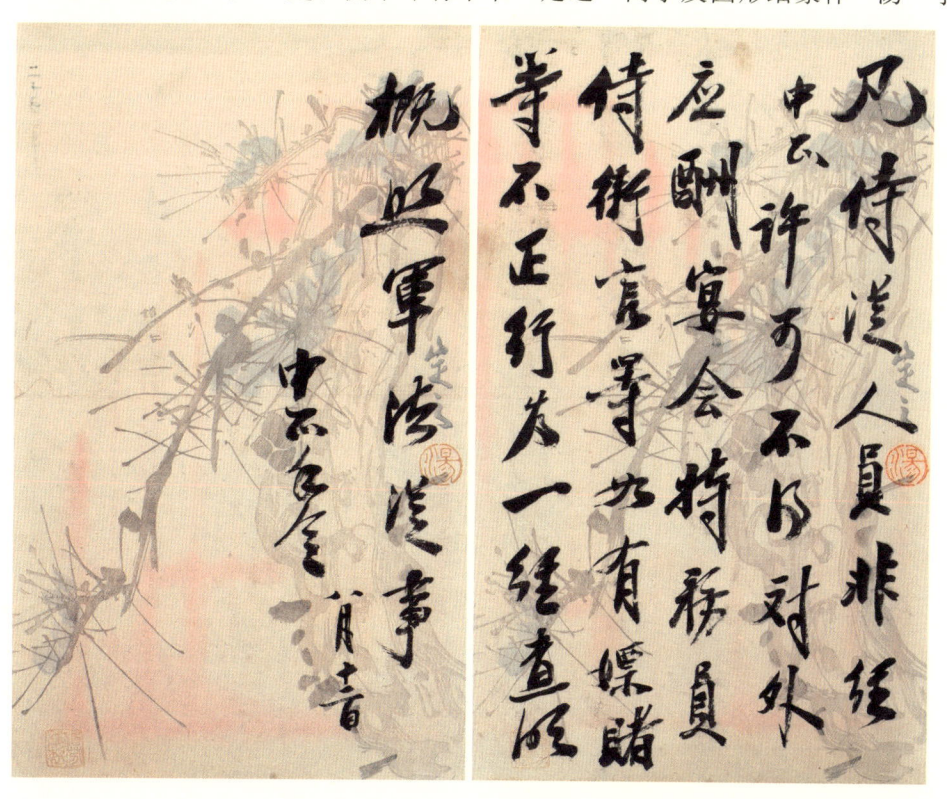

章，毛笔书写。第2页花笺纸背面有钢笔书写"二十五年"，指明本手令写于1936年。

【原文解读】

本通手令，是这批手令中用纸比较另类的一份手令。蒋介石专门使用古松影花笺纸来书写这个规定，并特别在署名下再加"手令"两字，以示郑重，在整顿侍从的文电中也是较为正式和严肃的一份文献。因用纸较好，书写正规，这通电令还具有较高的文物价值。

蒋介石非常重视侍从工作，重视纪律与效能。曾下达给钱大钧多道手令，要求侍从人员之生活和行事务必严谨，要求侍从官平日必须进修。对于特务员与侍卫官，则另有要求，轮流派入军校学习，侍卫队优良士兵可挑最优秀5名免考。

蒋介石对于文电处理，要求有条理与便捷，经常手令钱大钧用电话联系人事。

对于蒋介石的训令，钱大钧即行遵办，并呈报办理情形。由此可以察知钱大钧投注侍从工作之负责态度。

第7通手令——周计划安排每天工作日程

【手令编号】 上卷051

【时间判读】 1936年__月__日

【正文释读】

军委会会报改定每周星期四下午四时起。又凡临时演讲，例如毕业典礼等，如要求参加，只有在每星期二日下午。

【原件品鉴】

竖排8行套红"国民政府军事委员会用笺"1页，原件信笺红色现沁润较重；毛笔书写。

【原文解读】

本通手令，是蒋介石交办侍从室人员，重新规定召开"军委会会报会"的

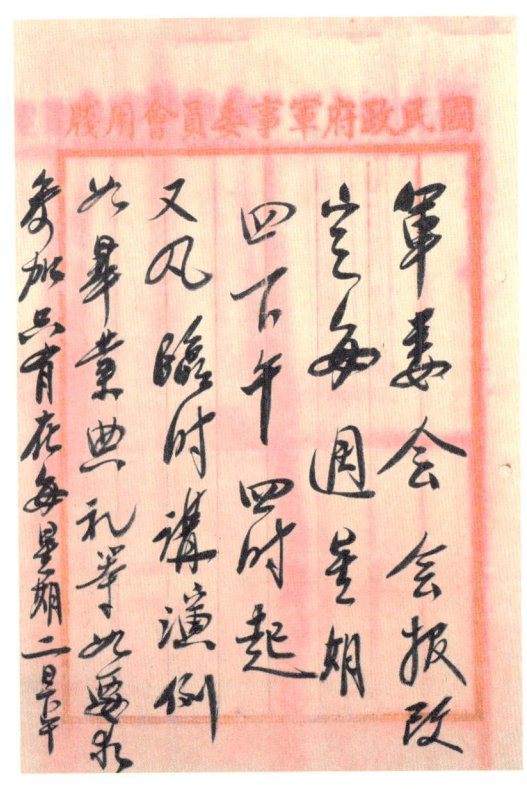

时间，其他临时需要他参加的活动，只能放在每星期二日下午。由这通手令，可看出当时的蒋介石的每周7天时间都有比较固定的内容安排，到抗战全面爆发后，这种有规律的时间安排则打乱了。由这通手令还可看出，蒋介石每周的工作安排很满。在作息时间上，他喜欢把与外界交往的工作时间放在每天的下午，上午应是他多数时间用于独处和休息的半天。

第8通手令——安排侍卫官到地方任职

【手令编号】上卷059

【时间判读】1936年__月8日

【正文释读】

钱主任：湖北保安团长有一缺额，请在侍卫官中有能力与资格者考选一人补缺也。中正，八日。

【原件品鉴】

竖排8行套红"国民政府军事委员会用笺"1页，现原笺红色沁润较重；毛笔书写。原笺右上角盖两个红色条形章"参字第435号"、"侍秘第4189号"，序号为钢笔填写。从印色看，前新后淡，非同时盖章编号。

【原文解读】

这通手令，说明蒋介石对身边的侍从人员在仕途前程上有关怀和特殊照顾，但也强调必须是"有能力与资格者"，并且是"考选"补缺，看来蒋介石对官员队伍建设的要求还是比较严格的。同时，蒋介石的这一安排，也安插了自己的心腹到地方军政机构中。

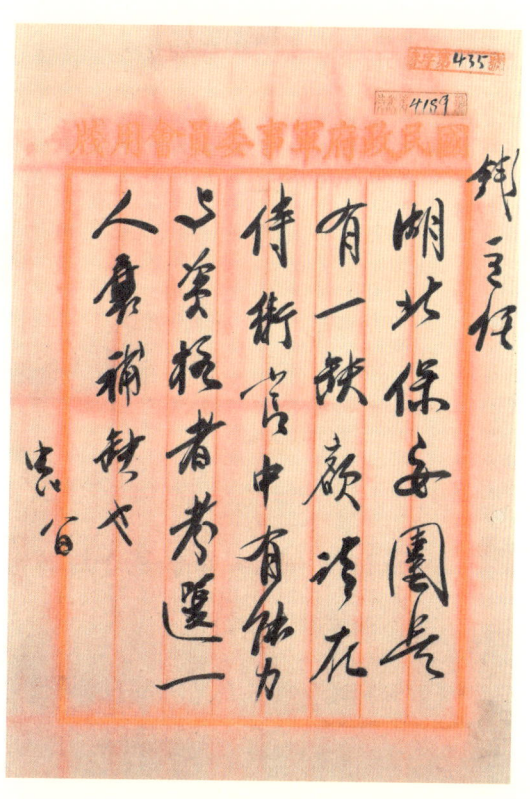

第 9 通手令——安排侍从官兵到军校学习

國民政府軍事委員會用牋
錢主任
前令特務員侍衛官
准輪流派入洛陽分
校學習又侍衛隊優秀士
兵准考每期軍官
學校或挑最優秀者
五名免考此次分校與
軍校招生有否照送
中正

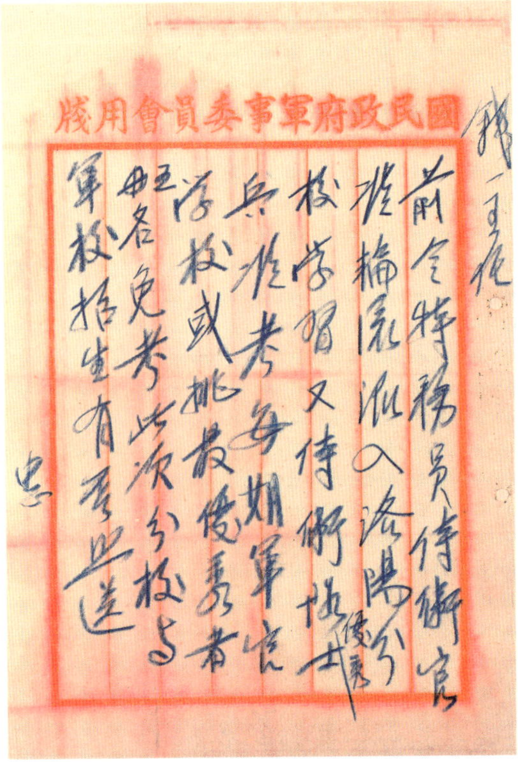

【手令编号】上卷 066

【时间判读】1936 年__月__日

【正文释读】

钱主任：前令特务员、侍卫官准轮流派入洛阳分校学习，又侍卫队优秀士兵准考每期军官学校，或挑最优秀者（十）五名免考，此次分校与军校招生，有否照送。中正。

【原件品鉴】

竖排 8 行套红“国民政府军事委员会用笺”1 页，原件信笺红色现沁润较重；蓝色铅笔书写。原笺右侧有两个圆形装订孔。文中“五名”之“五”原为“十”改。

【原文解读】

洛阳分校，指黄埔军校第 9 分校。1932 年 1 月，日军发动上海“一·二八”事变，威逼南京，国民政府决定移驻洛阳。2 月，政府在洛阳办公，并决定在此设立陆军军官学校分校。5 月，中、日签订《淞沪停战协定》，上海战事平息。至 12 月初，国民政府开始正式迁回南京。在洛阳的分校续办，为第 9 分校。

本通手令中，蒋介石原拟派 10 人外出学习，可能是又考虑到各方面的原因，又改为派 5 人外出学习。

第 10 通手令——规定英文与射击为侍从人员必修课目

【手令编号】下卷 012

【时间判读】1937 年 5 月 9 日

【正文释读】

钱主任：侍从参副、秘书，皆须定室每日学习课目，英文与射击二课为每人必修之科，并指定教员。无论到达何地，必须学习，每月考试，成绩呈报一次。中正。五月九日。

【原件品鉴】

竖排8行套红"国民政府军事委员会用笺"1页，原件信笺红色现沁润较重；毛笔书写。原笺右上角盖紫蓝色条形章"侍秘第5243号手令"，序号为钢笔填写。

【原文解读】

从时间上看，这通手令写于南京。5月底，蒋介石及侍从室人员到庐山。

从这通手令中规定的每日必修课目是英文、射击看，蒋介石特别看重英文的学习，可能是因为侍从室人员接触外国人较多，应听懂基本的外语，才能胜任侍从工作。

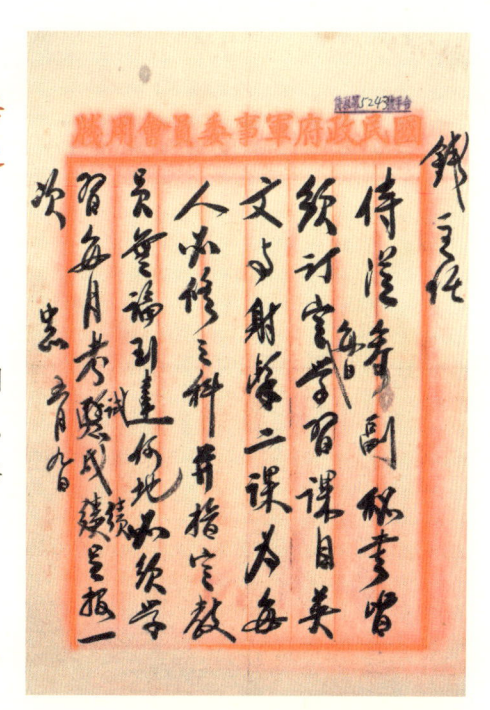

第11通手令——责备召见德国顾问误传时间者

【手令编号】下卷036

【时间判读】1936年6月23日

【正文释读】

钱主任：昨日德顾问本令四时半见，为何又传误？四时即来见，是何人负责？查报。中正。六、廿三。

【原件品鉴】

竖排5行套红"国民政府军事委员会便用笺"1页，原笺现有上页红色沁润；毛笔书写。文末"六、廿三"

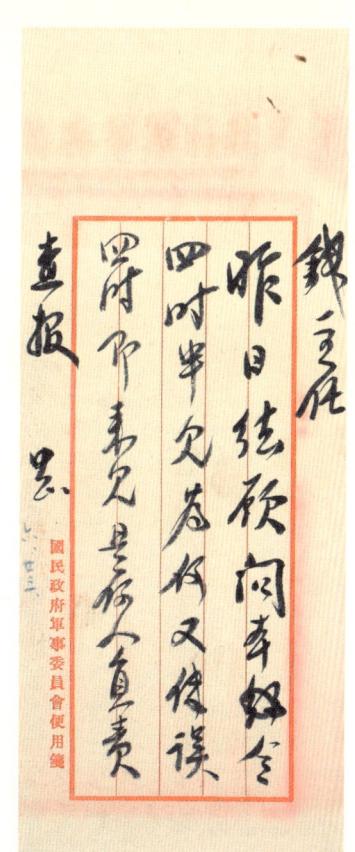

为用蓝色铅笔补写。

【原文解读】

从德国顾问在华综合情况看，推断这通手令写于1936年，时德国军事顾问正在致力于中国军队的整军方案。军事委员会对整军方案作了进一步的规划，初步计划年内完成20个师的整编。极有可能这就是蒋介石召见德国顾问所谈内容。

（一）蒋介石的德国军事顾问

德国帮助中国，有着深厚的历史背景。20世纪20年代，国民党逐步取得了在中国的执政权，而国民党军队的主要高级将领如蒋介石、何应钦、阎锡山等，都曾在日本的军官学校留过学，对日本军国主义侵略扩张的行径和野心，有着很深的切身体会，特别是在"济南惨案"、"九一八"事变之后，日本的侵华野心日益明显，而此时的中国，刚刚经过多年的军阀混战，军队编制混乱、武器装备低劣，没有统一的作战理念和明晰的防御方向，急需重整军备，提高部队战斗力。于是，当时的国民政府决定向西方国家需求援助。曾任保定军校校长的中国著名军事理论家蒋百里将军曾经在德国留过学，非常推崇德国国防军的训练方法和军事理念，在他的大力推荐下，蒋介石随即向当时的德国兴登堡政府提出了援助请求。但兴登堡反应并不积极，迟迟没有实质性的援助行为。

中德两国关系在上世纪20年代末后进入"蜜月期"：一方面是因为德国意识到中国是一个庞大的工业品、军火的市场，中国所拥有的丰富的战略物质钨、锑、锰等，更是他们称霸世界所不可缺少的；另一方面蒋介石醉心于德国的军事化、工业化、中央化，对领袖崇拜、个人独裁有浓厚的兴趣。他希望能从德国输入军队的管理方法、先进的战略战法、战斗技能，尤其是让那种"德意志精神"能灌输到他麾下军队的方略，协助建立起一支强大的军

德式装备的中国军队

队，对内捍卫其统治、对外抵抗侵略。于是德国军事顾问应运登场。

蒋介石聘请的第一个德国顾问是马克斯·鲍尔。他是德国总参谋部军官，炮兵专家。他的思维精细，目光锐利。著名的兴登堡计划和总体战的战略构想都出自他的头脑。时任德国总参谋长的鲁登道夫对他言听计从。有人比喻：鲁登道夫是敲响德国战鼓的大棒，而鲍尔是首席打鼓手。这位炮兵专家，在第一次世界大战中发明的重炮出尽了风头。柏林大学为此授予他名誉博士学位。在参加1920年3月旨在推翻魏玛共和国的卡普政变失败后，他浪迹于奥地利、西班牙、阿根廷。甚至在苏联红军中也担任过顾问。1927年，他来到中国开始他的顾问生涯。蒋介石与其关系融洽。鲍尔主张将军政大权集中于强有力的中央政府，以大刀阔斧手段铲除一切离心力量，进行一切加强中央权威的必要改革。此外，他对军队的裁减、重建、整训及经济的发展，重工业、航空运输业、农业、矿业的建设和中国财政体系改革等多方面都有特别有价值的意见。这深得蒋介石的赞许。在"蒋桂战争"中，他居间调度，计划周密得体，使蒋介石在军事指挥上觉得异常轻松。1928年5月，鲍尔突然因病在上海去世。对其死因有一种传闻，说是由于他在"蒋桂战争"中，一直建议蒋介石对桂系除恶必尽，因而遭到西南实力派人物的嫉恨，在一次宴会中被下毒害死。鲍尔来华时间不长，但他组建了顾问团，创立了顾问团的工作模式，规划了工作方向，为未来10年的中德军事合作奠定了基础。

德国研制的"恩尼格玛"密码机，它通过3个转子打出的3个数字组成1个字。全国抗战时期中国统帅部即使用这种密码机。

鲍尔推荐的在中国的继任者，是希特勒"啤酒馆政变"的共同参与者和一起入狱者赫尔曼·克里拜尔。蒋介石对这位前八国联军的中尉并无好感。双方在作战的战略思想上矛盾重重。蒋认为内战中军事和政治并重，实力和阴谋并重。而克里拜尔则对蒋"炮弹"、"银弹"甚至"肉弹"齐上的手法很为鄙视，认为胜之不武。加之他的威望远不如鲍尔，很难服众。因此一直同国民党官方和顾问团内部关系紧张。虽然在军事指挥上，他也称得上兢兢业业，在1930年5月"中原大战"中亲赴前线筹划布防，协助蒋拟订作战计划，但就在此时终被撤换。

接任蒋介石德国顾问团第3任总顾问的是德国国防军总参谋部前作战处处长乔治·魏采尔。这位一战时的名将，拟订作战计划、实施作战指挥的能力很强。在作战方面是对蒋帮助最大的一位顾问。"中原大战"、"围剿"红军，他都出力颇多。"一·

二八"淞沪抗战中,他亲手训练的第87师、第88师打出了威风。

在整军建军方面,魏采尔也有所建树。"中原大战"中的反蒋军有70万之众,兵分多路:津浦、陇海与鲁西南、平汉、湖南,来势汹汹。魏采尔指挥若定,攻敌之必救,将焦点锁定在平汉、陇海战场。在平汉战场上以杂牌军和空军牵制反蒋军。尤其值得一提的是空军,在德国顾问的调教下,空地协同作战初具威力。德国顾问要求很严格,规定空军在陆军发动进攻以前,必须全力轰炸对方阵地。在发起攻击后,部分飞机必须在阵地上空掩护陆军的迅速攻击,晚上才允许返航。冯玉祥部第8方面军总司令樊钟秀即死于容克式飞机的轰炸中。反蒋军不得不从主战场抽调兵力。在陇海主战场上,蒋军投入重兵。其中德式装备和德式训练的教1师、教2师、第11师,都发挥了很强的战力。如教2师被西北军勇将吉鸿昌重兵包围在管村,面对以勇猛善战、吃苦耐劳而勇冠各军之首的西北军,教2师的火力配备、防御组织相当出色,令阵地前尸横遍野。整个大战期间,德国顾问不顾生死,穿梭于前线。魏采尔更是下榻于蒋介石的专列上,蒋的每个决策无不先咨询在先。蒋对魏采尔的忠诚、勇敢、勤勉,甚为嘉许,给予了"功不可没"的评语。

在对红军的"围剿"中,魏采尔也积极出谋划策,给红军造成了相当大的危害。如第3次"围剿",蒋介石就采纳了他的建议:在第2次"围剿"失败仅过1个月后,又乘红军分散各地之时,闪电般地驱军长入,从各个角度直切中央苏区腹地,占领了广昌及前两次"围剿"从未染指的宁都,一时气焰嚣张,红军暂时陷入被动。但英勇的朱毛红军最后仍赢得了胜利。1931年10月,苏区中央局致电中共中央,称这是"1年来3次战争中最艰苦的时节"。

"八一三"淞沪抗战中,德式样板师第5军所辖第87师、第88师全部投入战斗,重创日军,被日军称为"德国式的战争"。"庙行大捷"中,日军精锐之第9师团、米久留师团受重挫,遗尸3000多具。日方评论,断定日军遇到了德国顾问训练出来的样板师。在前线观察家发回国内的报道中称:"德国人在公然违背'凡尔赛和约',但必须承认他们在中国的工作是有效率、有成效的。在沪战中支那军队的表现已说明,

当时中国军队的头盔

他们在战争理论和战术运用方面,已接近了战争的精髓。在某些局部的配合,可以窥出平时训练的有素。自动武器的配备率也普遍高于国内其他的部队,这是一个可怕的趋向。"蒋介石在给张治中(时任第5军军长)的电报中也赞誉道:"我国我军声誉,在国际上顿增十倍。连日,各国舆论莫不称颂我军精勇无敌,而倭寇军誉则一落千丈也。"第5军的声价由此大增,为以后晋为国民党军5大主力打下了基础。

魏采尔在整军中,特别注意加强军事教育。先后协助创立了步兵、炮兵、工兵、辎重兵、通信兵等学校。在教学上,摈弃了以往过分拘泥的日式教法,采纳"专在切合战用之实地工作"的德国典范令。培养了大量的人才,为特种兵的建设奠定了基础。在他的大力倡导下,陆军的合成化也有了较大的发展。新型的炮兵、航空兵、骑兵部队初见雏形。大量的特种兵器材列入采购计划。他的整军建军计划,虽然加强了蒋的反共实力,但也充实了中国的国防力量。

中国军队用高射机枪向日机射击。

但是,尽管魏采尔给予蒋介石很大帮助,但蒋介石与他的关系非常一般。魏采尔对蒋介石手下的军队批评太多,而且往往不太客气,激动时指手画脚,为蒋所恶。德方的解释是"头脑不够灵活,对经济事务缺乏兴趣",所以与蒋交恶。1934年4月11日,他被迫离职回国。

这时恰逢希特勒上台,中德军事合作有了突破性的发展。希特勒派出了德国军事史上著名的"国防军之父"、德国国防军前总司令汉斯·冯·塞克特来华考察。塞克特考察之后,为国民政府呈上了一份《陆军改革建议书》,建议书重点提出4点建议:培养军事骨干;发展国防工业;严格控制军费;提高指挥水平。塞克特成为蒋介石最喜欢、最钦佩、在华待遇最高、地位最高的德国军事顾问。德方评价说,在他来华期间,德国顾问对中国统治集团和蒋介石本人的影响达到了异乎寻常、令人惊奇的地步。塞克特在华期间,不仅担任总顾问,还被委以前所未有的职务"委员长委托人",即蒋的代理人。他以此身份出面,可以代表蒋与国民党政府各机关首脑谈话,地位仅次于蒋。军政部长、陆军训练总监等高级官员,也必须亲自到蒋的官邸向他请教。规定每周二、五上午10时至12时训话,还需事前登记,过时不候。

在德军中,有人把塞克特和传奇人物毛奇、史里芬并举。认为毛奇从最基本点铸造了德国现代战争的模型,并奠定了指挥原则。史里芬展望并设计了宏伟的计划,给德国带来了无比的光荣。而塞克特则在第一次世界大战中,呕心沥血重建了德国陆军。建立起了森严的小型军事武装,其中每一分子和细胞的安排都极近完善与充实,一旦时机适当即可无限制地扩充。他把每个士兵训练成可领导和指挥作战的骨干,把每个军官培养成未来的统帅。在濒临灭亡中保存了火种,故被誉为"国防军之父"、"国防军的杰出缔造者"。

塞克特给蒋介石的帮助,不仅是在军事指挥上,主要还是德国的军国主义建军方针和思想。他明确地提出所谓的"中国建军的3项中心思想":第一,军队为统治权之基础。第二,军队之威力,在于素质之优良。第三,军队之作战潜能,基于军官团教育之培养。塞克特特意使蒋介石认识到军事强权在国家政治中的巨大作用。他提倡"坚强的、一心一德的领导",声称只有这种一元化的领导才能够"对涉及经济、财政,首先是民众教育与宣传等每一项国家措施加以通盘考虑。"这使崇尚铁腕和独裁的蒋介石有茅塞顿开之感觉。

蒋介石非常重视塞克特的建议,不但全部接受,而且还授予塞克特"委员长委托人"的重任,全权负责国军的重建。为此,塞克特扩大了德军顾问团:第1组负责作战任务;第2组负责装备补给;第3组负责军事教育;第4组负责编制人事;第5组负责文字编译。顾问团最多时达130人。同时,步枪、机枪、火炮、坦克装甲车等武器装备源源不断的进入中国,不但装备了第36、第87、第88等全部德国武器的德械师,还建立了中国第一支机械化师第200师。为中国的国防工业、军事教育、防空能力和机械化部队的建设作出了显著的贡献。

在整军建军方面,塞克特提出以有限的物力财力,尽快建立一支小型核心武力"模范军"。先编成6~8个师,然后扩展

头戴德式钢盔中国军人在冲锋。

到18个师（约30万人）。此外，在帮助中国发展军火工业，开展军事技术研究，设计未来抗日整体战略，引进科学技术人才方面，塞克特都做了许多有益的工作。无奈繁重的事务使他精力不支，卧病在榻。1935年，蒋介石只能依依不舍地送别病重的塞克特回德修养。塞克特临行时，以"最诚恳的心情"推荐他的得力助手法肯豪森继任顾问团团长。翌年，塞克特在德病逝。

德国军事顾问法肯豪森对中国抗日战争胜利作出了很多的贡献。他拟订了抗日的战略总蓝图。这位较正直的军人，对中国的军事训练，改革及部队装备、海空军、防空设施等方面投入了满腔心血，尽心尽责地做了大量工作。他上任后，一方面继续加强机械化部队的建设，组建机械化第5军，一方面大力发展国防工业。同时针对日本军队日渐逼人的侵华行经，编写了《关于应付时局对策之建议书》，精确预测和指导了不久后的全面抗战。

1935年7月，法肯豪森拟就的《关于应付时局对策之建议书》对两年后爆发的全面抗战的大致走向，有相当准确的判断，并起了相当大的指导作用。他在建议书中写道："目前威胁中国最严重而最迫切者，当然日本。日本对中国之情，知之极悉。其利害适与中国相反，故必用尽各种方法破坏中国内部之团结与图强，至少设法迟延其实现。""设想则政府有坚忍意志，断无不抵抗而即承认敌方要求，沉默接受。鄙意民气即是造成抵抗意志，故不容轻视。苟领袖无此种意志，则人民亦不肯出而抵抗。抵抗意志必须有实力之兵力，方有固定之基础，目前中国陆军，故不能担任新式战争，但未若不可用持久抗敌，迫使其增加兵力，一切重要莫过于成立虽小而极端新式之国防军。""一旦军事上发生冲突，华北即直受威胁，若不战而放弃河北，则陇海路及其重大城市，即陷于最前战区，对黄河防线，不难由山东方面，取席卷之势。对海正面有重大意义者，首推长江。敌苟能控制中国最重要之中心点，直至武汉一带，则中国之防力已失一最重要之根据，于是至内地，中国截分为二。""目前国军主力，俱集中于南部、西部，宜速抽调可以节省之兵力，分驻各区，使能应作战之用。凡作战所用部队，宜集中于徐州—郑州—

抗日战争时期中国军队使用的军号

武汉—南昌—南京区间。北方则掩护陇海路及沿路有关生存之设备，故最初抵抗区务必向北推进，是以沧县、保定之线宜绝对防御……最后战线为黄河，宜作有计划之人工泛滥，增厚其防御力。东部有两事极关重要：一个封锁长江，一为警卫首都，两者有密切之联带关系。次之为武汉、南昌，可做支撑点，宜用全力固守，以维持通广州之联络。终之四川，为最后防地。"

法肯豪森主持了长江江阴要塞的布防，还有淞沪线、吴福线、澄阴线的构筑。他在中德军工间的合作也起了积极的作用，尽量使买卖双方互惠互利，各持所需。"极力介绍于中国最有利益而适合中国实际情况的物品及列定公平的价格，而不顾虑到原产地的情形和商号。"以至于有些德国公司气恼地质问他"是不是德国人？"

"七七"事变之后，全面抗战爆发，日本不断对德施加压力，要求终止中德军事合作。在压力之下，德国宣布结束顾问团工作，但同时又表态，原顾问团成员以私人身份在华从事的活动，德国政府不予干涉。于是，法肯豪森和他的同事们集体脱下德军军服，换上便衣继续从事顾问工作。而对华武器出售仍然进行，成为当时中国政府获得国外武器装备的重要来源。由于日德的特殊关系，1938年，德国政府严令在华顾问团回国。甚至以不归国以叛国、取消国籍、没收财产相威胁。7月8日，法肯豪森等顾问在广州挥泪登船返德。法肯豪森无奈回国后，拒绝接受其他军事任务，后因暗杀希特勒被捕入狱，战后长期担任中德经济文化协会会长，直至逝世。

1940年9月27日，德国、意大利和日本共同签署《三国公约》，罗马—柏林—东京轴心就此正式形成。希特勒撕毁了和中国签署的全部军事协议，不但停止了对华援助，再次强令原德国顾问团所有成员必须回国。中国从此转而向美国和苏联寻求援助，并最终在美苏等盟国的帮助下打赢了艰难的抗战。

当时，虽然希特勒的法西斯纳粹德国曾经犯下了反人类的滔天大罪，早已被钉在了历史的耻辱柱上。但在华德国军事顾问献身中国抗日战争的历史事实和功绩不容抹灭。从1927年到1938年的10多年间，共有135位德国顾问在华任职，有30多位德国军人参与了顾问团工作，其中8人客死中国。他们以日耳曼人特有的方式，在中国社会的各个方面，尤其是军事领域，留下了浓重的一笔。他们积极地参与了中国的"安内"与"攘外"，帮助国民党政府训练军队、采购军火、出谋划策。全国抗战爆发后，德国顾问的身影始终活跃在最前线华北、淞沪、徐州、武汉等地。在淞沪抗战、南京保卫战、台儿庄战役、武汉会战等著名战役中，都曾出现过他们的身影。德式样板师、德式装备在战争初期，对支撑中国抗战大局功不可没。另一方面，德国军事顾问以高超的素质、踏实的工作、严谨的作风，在帮助中国军队提高战斗力、提高军事素质和向现代化过渡方面起到了相当重要的作用，对紧随而来的抗战都有巨大影响。作为纳粹德国中少数有良心的正直军人,他们在中国抗日战争全面爆发的初期为中国人民作出了非常关键和不可磨灭的贡献。

(二)抗战前夕由德国军事顾问主持的整军方案

全国抗日战争爆发前夕,国民党军进行了大规模的整军,依据的主要是在华德国军事顾问的建议。在整军过程中,对各种不同编制的部队有着不同的名称,主要有整编师、调整师、整理师、新编师等4种称谓。

根据德国军事顾问塞克特的《陆军改革建议书》之方案,全国60个师称之为整编师。1935年下半年,开始进行第一批10个师的整编计划,由于此时这10个师的德械装备尚未运抵中国,只得在编制体系和武器装备方面进行一些内部调整,故称调整师。在这10个师中只有一个例外,那就是中央军校教导总队,这支部队全部按照当时德国陆军步兵师的编制编成,与国军其他师级部队全不相同。

整理师是根据1934年12月整军计划分批进行编组,未轮到编组部队根据1932年6月军委会颁布的《陆军师暂行编制表》的四团制师为标准进行整理,故名整理师。这种师编制为2个旅4个团,师直属骑兵1个连,炮兵1个团,工兵、通信、辎重各1个营,卫生队1个,特务连1个。

1936年,军事委员会对整军方案作了进一步的规划,确立了减少大单位、充实小单位特别是充实团以下部队的战斗力以及人事、经费等方面的整军原则,根据这一规划整编的部队称为"民国二十五年(1936年)调整师",初步计划年内完成20个师的整编。

整编先从中央系和东北军中开始,中央系37个师共186个团,除正在"围剿"红军的一线部队外,其余部队一律改为4个团建制的整理师。各军师直属的骑兵、炮兵、工兵等兵种,则集中进行整训。预定中央系参与整军的135个团中先整编出18个4团制的整理师,再将其余63个团合编为32个团,在此基础上组建8个新编师,新编师基本上以2个整理团合

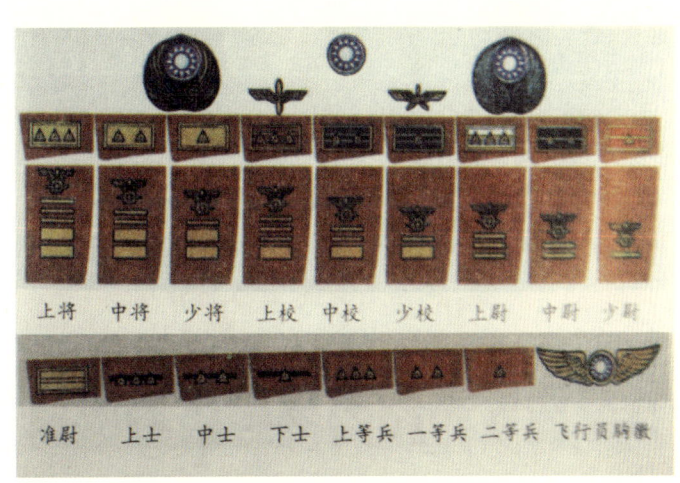

全国抗战时期,中国陆、空军军衔和符号。

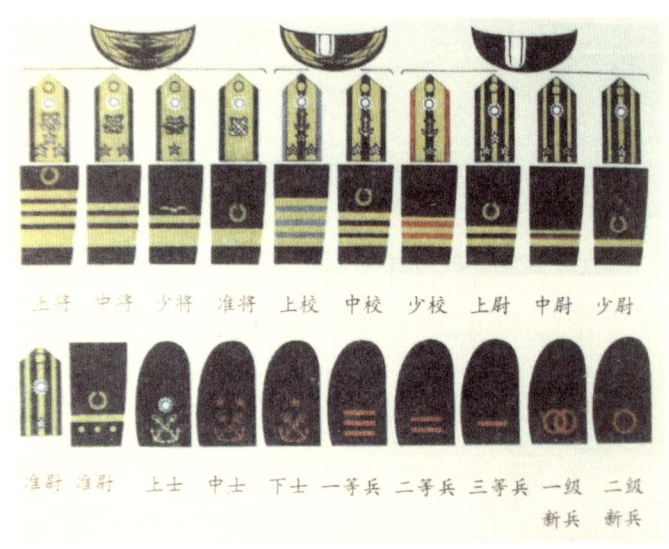

全国抗战时期，中国海军军衔和符号。

并为1个团。

东北军18个师54个团，计划整军为10个整理师（由原来40个团组成）和2个新编师（由原来8个团组成）。

整理师与新编师的差别在于，整理师的各级军官基本还是以原来的各级军官为基础，而新编师则完全打破原来的人事，由来自不同部队的各级军官进行混合编组，以彻底清除军队内部派系林立的现象，建立一支完全新型的国家军队。

整军过程中，当时担任第5任德国军事顾问团团长的法肯豪斯对该计划提出了建议：各师应以中央军校教导总队的编制和装备为标准，如果暂时没有条件组建工兵营和通讯营，可以先组建工兵连和通讯连；加强炮兵建设，各师应尽量配属一个辖3个炮兵营的炮兵团（山炮营、野炮营和105毫米榴弹炮营各1个）；轻武器方面应统一武器制式，并在师建制里组建一个修械所负责武器的保养维护和修理。

至1937年7月抗战全面爆发前，整军计划一共进行了2期，计20个师，第3期10个师正在进行之中。实际在已完成整军的20个师中，其接受德式装备和德国顾问的训练程度也各有不同，实际接受过德国顾问系统训练与指导的部队只有下列各师：第3师、第6师、第9师、第14师、第36师、第87师、第88师和教导总队，以及不属于正规军系统的税警总团。

至1937年7月，南京政府中央系共调整35个师、整理24个师，东北军调整10个师，运用调整方式而未完成的有5个师，另有粤军10个师、川军26个师、9个独立旅被整理。在中央系的30个师里，基本上都接受了一些德式装备，其中还有一些是全部实现了德式装备，并接受德国顾问的系统训练。以经过这样的整军而面貌一新的中央军，堪称为中国近代史上最现代化的陆军。在全面抗战初期，就是以这些经过整军的德式师担当起骨干力量的作用，发挥了巨大的作用，当然也付出了巨大的牺牲。不少军事历史学家认为，如果抗战再晚一年爆发，将会有更多的中国军队接受先进的德式装备和德式战术思想训练，抗战局面至少说可以乐观很多。

在德国军事顾问的指导下，上世纪30年代，中国国民党军中开始出现头带德制钢盔、身着德式军服、使用德式军械的部队，这就是经由德国军事顾问指导、训练出来的新式中国陆军。这些部队在抗战中多次参加重大战役；而由德国顾问协助中国建立的兵工厂，在全面抗战时的后勤补给上也发挥了关键性作用。德国军事顾问们用了10年时间，试图帮助中国建立一支德国式、亚洲版的军队。这支堪称中国近现代史上最现代化的陆军，加上于中国长江流域初步整建起的国防工业，使中国达成了抵抗日本侵略的"最低标准"。

第12通手令——要求凡发南京电稿用寄信或电话方式

【手令编号】下卷015

【时间判读】1937年6月29日

【正文释读】

以后凡发南京电稿，如为二三百字以上，则以寄航空或快信为便。如紧急之件，则打电话传达，以免费电报也。中正。

【原件品鉴】

竖排5行套红"国民政府军事委员会便用笺"1页，现原笺沁润有上页红色；毛笔书写。原笺右上角盖紫蓝色条形章"侍秘第5382号手令"，序号为钢笔填写。

【原文解读】

从本通手令"侍秘第5382号手令"编号看，相比较书写于1937年6月30日的"侍秘第5383号手令"（参见本书"雾掩庐山"篇第4通手令——召见负有特殊使命的杨宣诚、邓宝珊），推测本通手令书写在6月底，又从连日所发较长文电看，很可能是在29日所写。此时段是蒋介石在庐山的前段比较休闲时期，进入7月后，因暑期训练班开训及"卢沟桥事变"爆发，

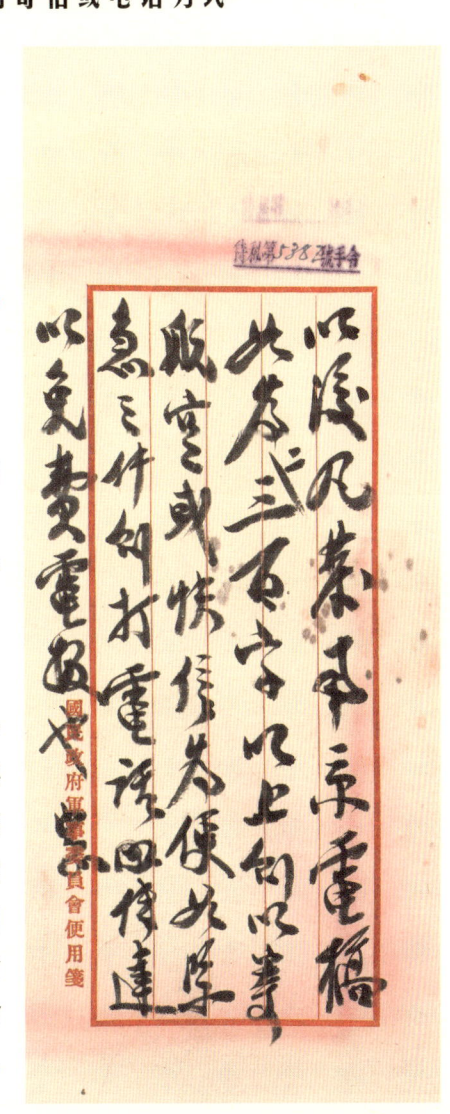

军情紧急，蒋介石很难再顾及节约电报费这些琐碎之事。

第13通手令——须特别注意侍从室无线电情报已被敌偷取

【手令编号】上卷036

【时间判读】1938年2月下旬

【正文释读】

钱主任：属邓刚不可再发无线电，并明告其彼所发无线电皆被敌方偷取，须特别注意。中正。

【原件品鉴】

竖排5行套红"国民政府军事委员会便用笺"1页，蓝色铅笔书写。原笺右上角盖紫蓝色条形章"机密（甲）第1233号"，序号为钢笔填写。

【原文解读】

由书写于1938年1月28日的"查报萧洒并处置（官员任免）"手令——编号"机密（甲）第1094号"，及书写于1938年2月16日的"准予爆破郑州黄河大铁桥"手令——编号为"机密（甲）第1172号"，可见本通手令编号在其后，但序号相隔不远，又据钱大钧在1938年2月调离侍从室的情况看，可推断本通手令书写于1938年2月下旬。

本通手令文中的"属邓刚"，是钱大钧属下分管无线电情报和联络的机要员邓刚（1891—1984），字君毅，广东南海人。1914年毕业于保定陆军学校。后在军中任中校副官，委员长侍从室机要员、江门警队司令、特务处副处长，南京公安副局长，社会局局长，中将参议。1946年退役。1949年任海南特区驻广州办事处主任。新中

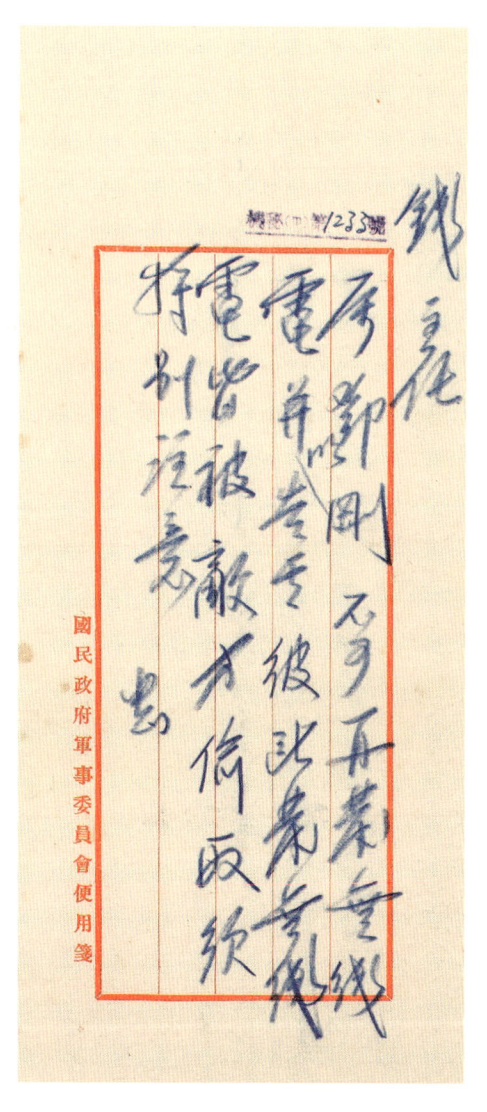

国成立后去香港定居，1976年去台湾定居。

抗日战争时期，中日双方的军事情报斗争异常激烈和诡异。蒋介石的这通手令说明当时侍从室"所发无线电皆被敌方偷取"，而蒋介石已经通过另外的情报渠道获得了这一信息。这对战时的中国统帅部来说，极为重要。

第14通手令——规定每周课程，开列必读书目

【手令编号】下卷047

【时间判读】1945年2月19日

【正文释读】

钱主任：侍从室各级人员，自下星期一日起，每星期举行小组会议。又，每周课程与书目，皆应规定呈报。中正。十九日。

【原件品鉴】

竖排5行套红"国民政府军事委员会便用笺"1页，毛笔书写。原笺右上角盖有紫蓝色条形章"机秘（甲）第1198号"，序号用钢笔填写。

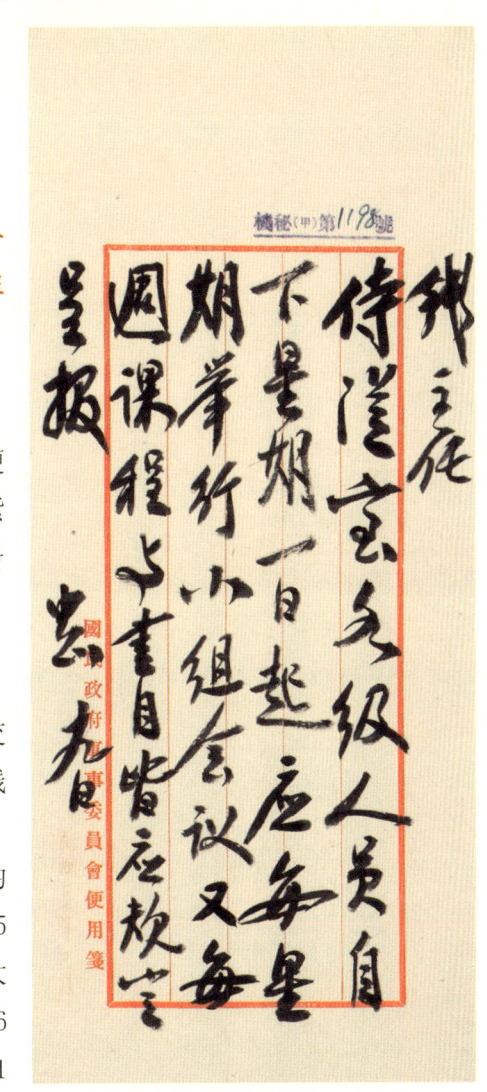

【原文解读】

从接连的几通手令内容看，这些手令交办的都是关于侍从室建设的事务，即交办钱大钧详报"侍从室各级人员去年之考绩"，还有规定每周课程与开列必读书目。钱大钧向侍从室各处、组各级人员下达指示，给5天时间，令在24日"送呈主任复核"。钱大钧先后两次在侍从室任职，时间分别是1936年2月至1938年2月20日、1944年12月1日至1945年8月下旬。从这个衔接时间看，这几通手令应是书写于1945年。

从钱大钧开列的"侍从人员阅读之书籍"看，《黄埔训练集》、《庐山训练集》、

《峨眉训练集》3种书籍，多见在1939年1月结集出版。《抗战检讨与必胜要诀》，是蒋介石1938年1月11日、12日在开封对第1、第5两战区团长以上官长的讲演，其出版单行本最早时间也不会早于1938年2月。而在2月20日，钱大钧离开侍从室，调任航委会主任。据此推断，这几通手令书写于1945年。

从本通手令编号"机秘（甲）第1198号"及下通手令编号"机秘（甲）第1199号"看，本通手令书写于1945年2月19日。

第15通手令——详报侍从室各级人员年度考绩

【手令编号】下卷048

【时间判读】1945年2月19日

【正文释读】

钱主任：侍从室各级人员去年之考绩，应详报。中正。十九日。

【原件品鉴】

竖排5行套红"国民政府军事委员会便用笺"1页，毛笔书写。原笺右上角盖有紫蓝色条形章"机秘（甲）第1199号"，序号用钢笔填写。

【原文解读】

本通手令是蒋介石对上通手令所交办事情的补充，除规定"每星期举行小组会议"，规定呈报"每周课程与书目"之外，还详报"侍从室各级人员去年之考绩"。

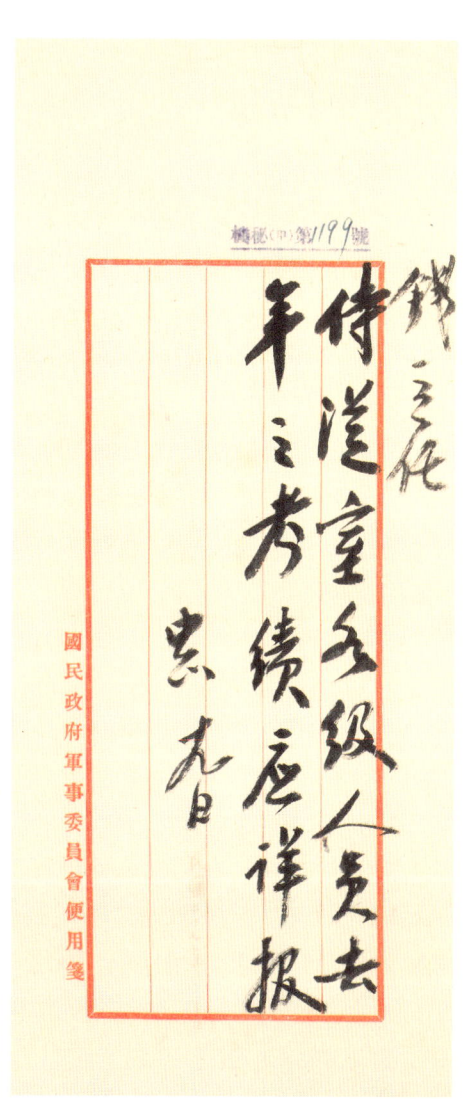

第16通手令——批示侍从人员自我批评、相互劝勉

【手令编号】下卷049～052

【时间判读】1945年2月19日

【正文释读】

小组会议之得益，全在组长及主管指导、批评、决议之得法，故各组长尤应各自慎重执行。

对于本组利弊及每日发生事项，及各人自我批评及相互劝勉，最为重要。

【原件品鉴】

原件为框形套红"军事委员会委员长侍从室第一处主任用笺"4页，毛笔书写。原笺首页右上角盖有紫蓝色条形章"机秘（乙）第3116号"，序号用钢笔填写。这种用笺纸，在钱大钧珍藏的这批蒋介石手令中仅此一通。

本通手令是钱大钧接到蒋介石的上通手令后，当日立即办理的整顿侍从室的事务。所以，钱大钧在呈文中说是"奉谕饬办各事"。

钱大钧呈文全文：

"奉谕饬办各事，呈报如左：

一、侍从人员去年考绩，以饬各组造报，务于廿四日送呈主任复核。

二、侍从人员小组会议，规定如左：

1. 各组不满十人者，编成一组，超过十人者，按人数编成若干组。小组长，除组长担任一小组外，余由该小组阶级大者担任之。

2. 小组会议，每星期一次，每次一小时。

3. 讨论项目，军事学术、政治研究、办事方法及时事述评。

4. 不属组之职员，由主任指派隶于一小组。

三、侍从人员阅读之书籍，规定如左：

步兵操典、军队指挥纲要、黄埔训练集、庐山训练集、峨眉训练集、增补曾胡治兵语录、抗战检讨与必胜要诀、自卫新知、张居正评传、胡曾左平乱要旨、曾国藩治学方法。共十一种。如有关于职务上专门书籍，由各组自行指定，呈报备案。

以上各项，均已通知办理。特报请鉴核。职钱大钧呈。二、十九。"

蒋介石在此签呈上批示两点："小组会议之得益，全在组长及主管指导、批评、决议之得法，故各组长尤应各自慎重执行。"在第二项第三款"讨论项目"之"办事方法"处批示："对于本组利弊及每日发生事项，及各人自我批评及相互劝勉，最为重要。"

【第一頁】

奉

諭飭辦各事，茲呈報如左。

一、侍從室人員去年考績，已飭各組造報，務於某日送呈主任覆核。

二、侍從室人員小組會議規定如左。

人者，按人數組成若干小組，小組長除組長擔任一小組外，餘由該小組階

甲、各組不滿十人者，編成一小組，超過十

【批註】
小組會議
三、應舉行
三、應檢討
三、應檢討要旨
三、應檢討要旨及方法應隨時檢查推行
老組長人
批評決議
批評決議又

【第二頁】

級大者擔任之

二、小組會議每星期一次，每次一小時

三、討論項目：軍事學術、政治研究、辦事方法及時事述評

四、不屬組之職員，由主任指派隸於一小組

五、侍從室人員閱讀之書籍規定如左

步兵操典

【批註】
對於
事後到
獎及懲
會及每
事項及
又人自
批評又
我人批評
中及相
仲及襄
定

【第三頁】

軍隊指揮綱要
黃埔訓練集
廬山訓練集
峨嵋訓練集
增補曾胡治兵語錄
抗戰檢討與必勝要訣
自衛新知
張居正評傳

【第四頁】

胡曾左平亂要旨
曾國藩治學方法

共十一種，如有關於職務上專門書籍，由各組自行指定，呈報備案，以上各項均已通知辦理，特報請

鑒核

職 錢大鈞呈 二、廿九

【原文解读】

以上几通手令,是钱大钧二进侍从室后所办理的事务。

1944年11月,蒋介石改组军政机构,军事委员会成立中国陆军总司令部,驻守云南昆明,配合盟军作战。军事委员会参谋总长兼任总司令何应钦,负责西南各战区统一指挥及整训。何应钦原任军政部长一职,派陈诚接任。陈诚推荐侍从室第1处主任林蔚,调为军政部政务次长。钱大钧时任军政部长政务次长,则调回侍从室。当时的侍从室分设3个处,第1处主管军务,第2处主管政务,第3处主管人事。钱大钧复任第1处主任,兼军委会调查统计局局长,副局长为戴笠。

钱大钧与戴笠在抗战前就因工作关系多有往来。12月1日,钱大钧到职,至1945年8月抗战胜利被派任上海市长为止。其复任侍从室主任期间,仍受到蒋介石的重用。

中国军队抗战时期使用的美制报话机

1945年1月25日,蒋介石手令钱大钧、陈布雷:"侍从室应每处派参谋武官或秘书各一员或二员,参加高级班第三期受训,令其办理与各学员之联络工作及考核各学员之品德学问能力等纪录呈报,以备参考。"

2月2日,蒋介石谕令侍从室3个处的处长钱大钧、陈布雷与陈果夫:"目前对侍从室整个业务与工作效能,亟应统盘检讨,设法改进,希迅即会同研拟加强办法报核为要。"2月16日,手令钱大钧:"现美国盟军来华助战者日众,为使中美双方密切合作起见,应以中(正)名义撰拟令稿,训饬各级军官,与盟军竭诚合作。"2月28日,手令钱大钧、陈布雷:"侍从室应对党政军各部门设立联络考查组,希即研拟组织办法与人选等报核为要。"

钱大钧重任侍从室工作之后,职权有所异动,侍卫长由俞济时担任,原第3组(警卫)划归侍卫长管辖。此外,他参与中美军事协调工作,每周和驻华美军总司令兼中国战区最高统帅魏德迈将军(Albert Coady Wedemeyer)共同主持一次会议,如有必须请示事项,则呈报蒋介石裁决。钱大钧因而和魏德迈建立了深厚友谊。

02　两广兵变

　　1936年6月至9月，中国国民党内部的地方实力派广东陈济棠粤系和广西李宗仁、白崇禧新桂系，公开"抗命""中华民国"国民政府，反抗不积极抗日却一直处心积虑消灭两广地方实力派的国民政府中央首领蒋介石，发表"北上抗日"通电，成立军委会与"抗日救国军"。侍从室主任钱大钧等人在处理"两广兵变"中，处于从中调和之角色，通过策反余汉谋等人、广东空军等部队一系列手段，最终将两广同盟分化瓦解，迫使陈济棠出走，李宗仁、白崇禧重归中央领导。该政治事件几乎触发了一场内战，但最终以双方达成政治妥协而和平结束。本组手令虽然仅有3通，但从中仍能看出处理此事件充满危险和错综复杂。

第17通手令——详报株洲所存弹药数目

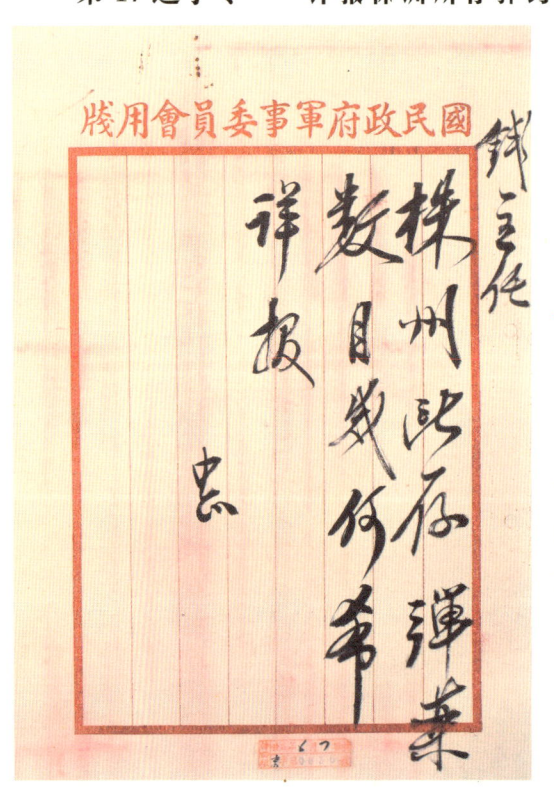

【手令编号】上卷042

【时间判读】1936年6月初

【正文释读】

钱主任：株州（洲）所存弹药数目几何，希详报。中正。

【原件品鉴】

竖排8行套红"国民政府军事委员会用笺"1页，毛笔书写。原笺下端盖红色条形章"侍四组廿五年6月7日京字第0636号"，月、日及"京"字为毛笔填写，序号为号码机加盖。

【原文解读】

从书写这通手令的时间看，正值"两

广兵变"爆发后数天,粤军在向湖南境内进发,故蒋介石关注湖南"株州(洲)所存弹药数目几何",以便备战。

两广兵变,又称两广事变、六一运动、六一事变、西南事变。

1936年6月1日,广东军阀陈济棠与新桂系联合举兵反对蒋介石。两广地方实力派1931年以来即处于独立、半独立状态,与南京中央政权相对峙。蒋介石一直处心积虑要消灭两广的割据势力。6月2日,两广成立军事委员会和抗日救国军,以陈济棠为委员长兼总司令、李宗仁为副总司令,以抗日运动之名义,进兵湖南。蒋介石采取各个击破的战略策略,一面调集军队进入湖南防御,一方面收买陈济棠的部属,粤空军司令黄光锐、第1军军长余汉谋相继叛陈投蒋,陈济棠不战自败,通电下野去港。在解决了广东陈济棠后,蒋介石便转而集中兵力对付广西,数十万大军从广东、湖南、贵州、云南四面包围广西。广西也征集上10万军队把守边关,摆出决斗架势。后来在调停下,双方妥协,南京答应白崇禧、李宗仁提出的"确定抗日计划"等条件。9月中旬,蒋介石、李宗仁在广州会晤,言归于好,广西问题遂和平解决,从而结束了两广与南京蒋氏政权对峙的状态,更有利于抗日民族统一战线的形成。

(一)事变导火索——胡汉民之死

1931年"九一八"事变之后,日本帝国主义对中国之侵略不断加深,中国的政治形势也十分复杂。蒋介石在蒋桂战争中重创势力如日中天的新桂系,将新桂系从一个可以影响全国的政治派别削弱成一个地方实力派。随后又在中原大战中击败国民党内部的其他实力派,如西北军冯玉祥部、晋绥军阎锡山部等,巩固了国民政府和国民党中央的名义和政治地位。蒋介石又利用"九一八"事变之后东北军张作霖、张学良部丧失根据地的客观因素,逐步蚕食,控制了东北军。当时中国共产党领导的革命根据地多在华中、华南一带,蒋介石通过"围剿"共产党领导的各革命根据地的

蒋介石与胡汉民

工农红军，增强在江浙以外区域的影响力，并图谋将其影响力深入到西南各省，让华南与西南一带的实力派感到腹背受敌之困。

1933年福建事变后，蒋介石国民党中央军乘击垮福建人民政府蔡廷锴势力之机，重新掌控福建省实权。蒋介石控制的地盘，从长江流域中下游的浙江、安徽、湖北，进一步南下扩张到湖南、福建。1934年10月，蒋介石完成对以江西瑞金为中心的中央红军的第5次大"围剿"，迫使共产党领导的军队退出华中江西一带进行战略大转移。在"追剿"红军的过程中，使国民党中央军深入到西南各省，迫使贵州、云南地方军阀势力向中央军输诚，以往形同半独立的四川刘湘部也只能妥协向南京国民政府靠拢。在削弱当地军事将领的控制力同时，由南京中央政府资源委员会出面整顿当地的钨沙与锑矿开采，扩充南京国民政府财源。并逐步强化基础建设，国民政府铁道部当时最重要的基础建设就是打通粤汉铁路的工程，预计在1936年完工，这将进一步强化南京中央政府与华南经济的联接，同时也更加方便南京中央军的调兵遣将。

各地军阀在蒋介石的攻势下，一步步被南京政府收编。在1936年两广事变爆发前，华南与西南一带还有能力与南京国民政府抗衡者，也只剩下了广东、广西的实力派。当然，这些地方将领对于蒋介石的这种做法异常气愤，蒋介石对这些实力派以"均权分治"的名义保持半独立状态的做法也非常不满。但两广实力派在政治上仍能靠"中国国民党西南政务委员会"这块招牌维持当地独立性，委员会17人中除了两广主要军事将领外，还包括国民党大老胡汉民、萧佛成、唐绍仪等人，委员会所聘请的国民党大老的共同特点就是反对蒋介石，但蒋介石南京政府基于他们的辈分也并不愿意公开翻脸。

然而，蒋介石中央军对各地方实力派的步步进逼，和侵华日军对地方实力派的攻击，愈加引起了各地方实力派的强烈反弹。

新桂系早期与日本的关系十分复杂。在历次反蒋战争中，新桂系都曾购买了大批日本武器和聘请日本军事教官，空军中也配备不少日制战机，在那个中日矛盾逐渐扩大的年代，这种作法便显得相当尴尬，被舆论界斥为亲日。但新桂系首领白崇禧则以"胡服骑射"，"借他人的拳头打他人的嘴巴"等理由多次辩解。1936年，新桂系首领李宗仁公开发表"焦土抗战论"，谴责日本侵略，攻击蒋介石中央当时的"不作为"，致使中国进入"不死不活"的状态，并声称全中国必须"焦土抗战"。李宗仁此举，虽含有对日本侵略的强烈愤慨，但亦有攻击蒋介石中央不断对地方实力派进逼之意。

随后，李宗仁、白崇禧又多次发表文章，攻击蒋介石中央政府对抗日之不作为，并声称地方实力派愿共同出兵抗日。而国民政府中央则坚持"攘外必先安内",认为只有在统一全国之后,才可以倾全力反击日本之侵略。1935年8月,日本惧怕蒋介石南京政府整顿西南,"大施威胁,纵令特务机关,到处滋扰"。蒋介石也派人游说新桂系之政治盟友广东陈济棠,企图得到陈济棠的配合,一举消灭新桂系。

1935年末,陈济棠派人前往南京述职。蒋介石向其透露了解决新桂系之方针政策,并要求陈济棠配合,同时驱逐广东境内一切反蒋势力。陈济棠得知后,甚为猜忌,认为唇亡齿寒,新桂系一旦失败,粤系亦不能避免被蒋介石吞并之命运。故反而积极主动联络新桂系,一同反蒋。

陈济棠

蒋介石南京国民政府成立"西南政务委会"与"西南执行部",以图统理西南方面的党务及政事,两广归其节制。中国国民党中央常务委员会主席、粤系反蒋派代表人物胡汉民在世时,以其党国元老之尊,西南方面唯他马首是瞻,胡俨然成为西南领袖,但他是粤系名义上的首领,实权仍归于陈济棠。

1936年新年伊始,春光中的蒋介石并没有想到这一年中会发生那么多人事,中国正在进入多事之秋。2月,蒋介石整个月都在南京。3月21日,自南京到奉化,游杭州西湖。3月28日,回南京。4月10日,溯长江西上抵达汉口,视察市政。4月13日,自宜昌乘商轮入西陵峡巫峡。4月14日,到万县登陈家坝视察飞机场。4月16日,在重庆登岸,飞成都,再到昆明。蒋介石在视察中游览大好河山,心情很不错。然而,好景不长在,进入5月后,胡汉民的病逝却引起了政坛、社会大震荡的"两广兵变"。

1936年5月12日,胡汉民因突发脑溢血死亡。5月18日,蒋介石派代表致祭。5月24日,南京中央政府吊唁团至粤,并与陈济棠有过私下会商,会商内容后来外界称为"5条建议"。蒋介石国民党中央欲借胡汉民之死,有意整顿人事,结束西南的"西南政务委员会"与"西南执行部"这两个组织,以"中央传话"形式提出的建议主要内容有:第一,取消两广的半独立地位;第二,派人取代胡汉民在广东省政府之地位,改组广东省政府;第三,原粤系人员愿意到南京工作者随意,不愿者中央政府资助出洋考察;第四,粤军各军师长由军委会统一任命;第五,取消广东货币,统一以法币。这5条建议的中心意图,很显然是南京政府趁此粤系势力不稳的时机向广东发表最后通牒,将广东权力收归中央。但南京政府在6月8日否认了5条建议一说,真实谈话内容并不可考。

然而,在中央吊唁团返京后,"中央传话"的5条建议传闻一经披露,立即引起陈济棠的强烈反弹。他既不愿接受,更不愿坐以待毙,立即联络新桂系李宗仁、白崇禧,秘密商议,合谋异图,决定共同出兵,北上反蒋。

1936年6月1日,粤、桂二省绥靖主任陈济棠、李宗仁及白崇禧召集西南两机构集会,决议呈请中央,以为"今日已届生死关头,惟抵抗足以图存,除全国一致奋起与敌作殊死战外,则民族别无出路",并宣布组成国民革命抗日救国军,称兵入湖南。陈济棠授意中国国民党西南执行部和国民政府西南政务委员会两机关作出决议:命陈济棠、李宗仁组织抗日救国西南联军,并以陈、李分任正副总司令,仍辖原第1、第4集团军。稍后,陈济棠又推荐,任命何荦为西南联军参谋长,李洁之为西南联军兵站总监。

6月2日,由陈济棠、李宗仁领衔的粤桂地方实力派组成的国民党西南执行部和国民政府西南政务委员会,向南京政府发出吁请中央领导全国抗日,并通电全国,督促中枢领导抗日。同时,发动两广国民党各级组织和群众团体通电响应,并举行抗日示威运动。陈济棠、李宗仁在广州发出通电,痛陈"九一八"事变后日本军践踏中国土地,决定率部北上抗日,请求准许粤桂部队北上,收复失地。并攻击蒋介石中央政府对抗日不作为,声称两广愿意与日寇决一死战,要求蒋介石立即停止对各地方实力派的进逼。西南数十位将领通电拥护,誓率所部"为国家雪频年屈辱之耻,为民族争一线生存之机"。两广一致反蒋的兵变事件,震动全国。

南京国民政府和中国国民党中央立即回电驳斥,声称"攘外必先安内,统一方能御侮",并痛斥两广为"地方将吏抗命"。同时军委会亦通电两广,严令两广部队不得擅自行动,双方矛盾激化。蒋介石调集部队,准备武力解决两广,命令福建绥靖主任蒋鼎文、重庆行营主任顾祝同遣兵备战,制止两广部队攻入衡阳或进攻贵州。由于中央军控制住主要交通重镇,两广部队的攻势大挫。

两广兵变发生时,国民政府要员陈公博时在南京,他后来回忆当时很多人对此事都感到莫名其妙。他说:

"不料胡先生(指胡汉民)死了不多时,广东居然向湖南出兵,其原因如何,我至今还莫明其妙。当时纷纷其说,有说陈伯南(即陈济棠)先生老早已想举兵,只是要举兵,不能不奉胡先生为领袖。现在的伯南先生已今非昔比,他实在不需要领袖,而自己要当领袖。胡先生在

李宗仁

白崇禧

世,他不好举兵,胡先生逝世,他立刻要动手。也有说陈维周曾带了一个相士名唤翁半玄的到南京谒见蒋先生,他们看出蒋先生大运已去,必将下野,因此趁此时机,举兵争霸。这说是否真实,我不得而知,但维周先生的确曾来过南京,路经上海,适我也在那里,也来见过我,他很恭而敬之的称我为老上司,我问起理由,他说我在广东当农工厅长时,他是当县长,所以有僚属之雅。

　　伯南对于这次出兵大事,听说还扶过一次乩,那乩上大书'机不可失',于是伯南先生遂下决心,找了李德邻(即李宗仁)到广东开会议,决定以抗日为名,分兵出湖南和江西两省。德邻是无可无不可的,对于反蒋,正合着他的胃口和主张,拿了伯南几百万军费,便回广西发动。德邻和健生(即白崇禧)商议,健生还是很怀疑,德邻因此还发过一次脾气,说:'你们不是天天说反蒋吗?现在伯南已决心了,你们又不干,是何道理?'湖南主席何芸樵(即何键)先生也接受了伯南120万,准备欢迎两广部队入湖南。但广西的部队已出黄沙河至衡州,广东军队还未至郴州,到了郴州又有一部分撤回广东界。为什么呢?难道又妥洽吗?不是的,因为伯南又扶乩,神仙告诉他,此次举事,实在不必用兵,可以传檄而定。蒋介石必倒,那又何必真要出兵,多此一举。"①

---

① 陈公博《苦笑录》,现代史料编刊社,1981,第237~238页。

（二）武装对峙，和平解决

1936年6月10日，南京政府中央军的两个军抢先占领衡阳，封锁粤桂两军的北上道路。此时的战局态势，正如蒋介石拟写的下一通电令所描述："桂军主力仍在永州与祁阳一带，其前由祁阳之东撤回之部队，仍在祁阳之灵官殿、熊罴岭构筑阵地防防，其后方部队仍向前集中，声言非达到长沙，绝不停止。"

到6月中旬，南京政府中央军部队已完成控制重要交通要道的任务，只待有令，就可以随时武装解决两广部队。

由于两广部队北上主要通道只剩湖南可走，所以湖南主政者态度将决定联军的命运，新桂系因此派出李品仙拉拢主政湖南的何键。何键当时的态度相当为难，因为中央军已经开入湖南，他一旦有明确的反蒋态度，南京中央军随时可以将他一并击垮；但如果他明确支持蒋介石，又很有可能被两广军击垮。所以，最后他决定以拖待变，坐山观虎斗，一面敷衍李品仙，一面向蒋介石报告粤桂两军的行动。而粤桂两军则出动30万人马，飞机100多架，内河舰艇20多艘，抢先进攻湖南。然而，当时的何键已经投向中央，和中央军一道防堵粤桂两军。粤桂两军暂停于湘南，不能再前进。

7月1日，陈济棠正式就任西南两机关所任命之"'中华民国'国民抗日救国军西南联军总司令"，李宗仁就任副总司令，并接受印信。随即发布派兵北上抗日收复失地之命令。第1集团军一些将领不愿参加陈济棠以抗日为名的反蒋行动，密谋摆脱之计，由此导致两广兵变战端一开，粤系部队便快速土崩瓦解。

国难当前，南京国民政府为团结起见，运用各种关系和手法，到两广疏通，希望化解干戈。蒋介石在广东培养反陈济棠的势力已经多年，在事件发生后，开始利用情报组织牵线收买两广部队的将领。第一个倒戈的是以12万港币的代价买通的广东空军飞行员黄志刚，并由他为中介向广东飞行员传达1架飞机2万法币的价格拉拢投诚。7月2日，以黄志刚为首的4架O-2MC、3架波音281与3架轰炸机共27位飞行员飞抵南昌，宣告投诚南京。黄志刚随即升任"中华民国"空军第17中队中队长（后转任第15中队中队长）。接着，再以40万港币的代价买通广东空军司令官黄光锐。粤军实力大损。

陈济棠部第1军军长余汉谋时驻防粤北、赣南一带。他与钱大钧是保定军校同学，又曾共事于陈炯明统率的粤军第1师。于是蒋介石让钱大钧前去策反余汉谋。钱大钧到了余汉谋的驻防地粤北大庾，晤谈多次，晓以利害。余汉谋很快表态拥护国民政府中央。7月6日，余汉谋由大庾飞抵南京，向蒋介石投诚，并出席国民党五届二中全会，钱大钧代表蒋介石到机场迎接。余汉谋到南京后，面见蒋介石及"行政院长"孙科等，有所报告，蒋介石允诺倒陈后以余汉谋主政广东。余汉谋告诉来访记者："对国事前途，绝对秉承中央命令。"通电拥护南京政权，先就任蒋介石委任的广东绥靖主任兼第4路军总司令职。广东东区绥靖委员李汉魂也通电拥护国民政府中央，劝陈济棠悬崖勒马。7月13日，军事委员会明令免除陈济棠所兼各职，遗缺由余汉谋升任。余汉谋即在大庾通电就职，并声明率部回师广州，收拾广东乱局。

余汉谋

由郑介民暗中牵线策动，7月12日，广东海军的新式鱼雷艇2艘由艇长邝文光、邓萃功为首的官兵带艇投诚南京政府。次日，余汉谋与亲近将领发表通电，宣布归顺南京中央政府，拥护统一，反对两广地方割据。

7月13日，国民党五届二中全会决议撤销西南执行部，军委会则宣布撤销陈济棠的职务，以余汉谋取而代之。同时为了分化粤桂势力，宣布李宗仁、白崇禧的原兼各职不变。但是新桂系没有上当，仍尽力扶持陈济棠，建议陈济棠立即将所掌握的可靠部队、钱粮、武器退往粤西，背靠桂系，同时准备派桂军入粤，稳定广东局面。然而，形势已经急转直下。新桂系首领赶紧与陈济棠见面商议，统一军政、财政，并且将军心已经不稳的粤军布置在内线，而桂军布置在外线。

7月14日，余汉谋向陈济棠发出通牒，要求陈济棠24小时内离开广东，同时出兵向广州进攻，陈济棠所部第2军不战而退，准备迎余汉谋以代替陈济棠，陈济棠所部军心大乱。白崇禧立即电告陈济棠，形势危急，劝陈济棠不惜血本，以金钱、官职为诱饵迅速稳定军心。

陈济棠之广东空军在郑介民策动下，也纷纷倒戈。7月17日，广东空军司令官黄光锐等反对陈济棠、李宗仁、白崇禧"联结外敌、叛党祸国"，特别召集全体空军官佐，召开紧急会议，决定即率全部机队离粤北飞，投诚国民政府中央。7月18日晨，黄光锐与参谋长陈卓林及全体飞行员共160余人，40余名飞行员，分驾62架飞机，同时起飞。其中58架，由分队长谭寿等飞韶关集中候命；其余4架，由黄光锐司令、胡汉贤等及高级人员直飞香港。黄光锐等抵港，即以全体空军将士名义发表通电，称："顾光锐等之愚，以为广东者，中国人之广东也。一发不宜妄动，孤注岂可望赢，鹬蚌相争，徒给渔人之利，是以于18日，督率全军，集中韶关，敬候中央命令。"是日，有40余架飞机飞抵南昌。广东空军在司令官黄光锐的率领下全数北上投蒋。

此时的陈济棠已经是心灰意冷，见势不可为，决心下野，一走了之，遂不再理会白崇禧的联军抗蒋提议，于7月17日在官邸约晤李宗仁，劝他回广西，缓图善后。在离开广州之前，陈济棠到黄埔军校旧址召开军政要人会议，宣布下野出洋；后回到市区总部，召集部务会议，令各处赶办结束，以备交待后事，作了一些善后措施。并致电余汉谋："此后对救国责任、广东治安、袍泽维系，偏劳吾兄独负其责，望善为之，以杜其过。"但似非全发自内心。7月18日午后，陈济棠在将过渡政务军务安排妥当后，由鱼珠炮台乘"海虎舰"离开广东，前往香港，淡出政坛。

陈济棠最亲信的陈汉光师，被陈济棠命令入桂，并且附送军费数十万元。但陈汉光师不愿入桂，被余汉谋部收编。至此，陈济棠在广东之势力被连根拔起，除了数十万军费归新桂系所有外，其余全部被余汉谋接收。

陈济棠倒台后，蒋介石立即威逼新桂系，命令顾祝同率薛岳等部由贵州进逼，余汉谋所部自雷州半岛进逼，陈诚部自西江沿江而上，何键湘军则自湘桂边境窥探桂林。新桂系形势危急。新桂系立即以民团制度动员全省后备兵源准备迎战，建制军队扩充兵力达44个团，另外尚有近10万地方民团，共约兵力20万，据险固守。同时，为了争取舆论支持，驱逐桂军内部所有的日籍教官、顾问。由于新桂系不同于粤系，其形成过程中形成了以李宗仁、白崇禧二人为核心的团体组织，向心力十分稳固。蒋介石对新桂系的收买分化未能成功，新桂系内部居然没有军政人物投蒋。

新桂系盟友众多，张学良东北军、杨虎城西北军、共产党都通电声援。新桂系还利用西南各地方实力派与蒋介石中央军系的矛盾，进行分化和游说，使得黔军、湘军等都观望不前。在福建事变中下台的蔡廷锴还出资30万港元组建了1个师增援新桂系，对新桂系帮助极大。

新桂系抓住"抗日"的旗号不放，争取在舆论上陷南京中央军于不义。6月之后，广西连日发生新桂系默许、操纵下的抗日示威游行和集会，声势浩大。大批文化界、新闻界

蒋介石（中）与白崇禧（右）在前线。

人士也被新桂系邀请来桂。新桂系在舆论上占了上风。

7月15日，国民政府通电全国，宣布将李宗仁、白崇禧外调，明升暗降，同时又委任原属新桂系，但早在中原大战中便已经投蒋的黄绍竑主政广西，企图分化新桂系。李、白两人拒不到职，而黄绍竑暗通桂系，居然公开表示不愿就职。两广事变又陷入僵局。

7月底，出于对日本帝国主义的强烈愤慨和对新桂系的同情，全国各界和各地方实力派开始倾向于新桂系。冯玉祥亲自上庐山劝告蒋介石和平解决两广事变，就连蒋派内部的程潜、刘斐等人，都公开声称抗日第一。加上当时东北军张学良、西北军（陕军）杨虎城已经同中共秘密达成了停战协议，蒋介石急于调兵北上"剿共"，也逐渐倾向于和平解决两广事变。

8月初，蒋、桂双方不断派人互相试探，刘斐、朱培德、程潜、居正等人不停来回南宁和广州之间，劝说双方各退一步。新桂系提出，中央停止进逼地方，维持广西现状不变，日本人如更进一步发动侵略，立即全面抗战，战端一起，广西立即出兵。在此基础上，新桂系宣布服从蒋介石的领导，不再与中央敌对。双方台前幕后的争斗持续到9月初，终于达成了协议。

9月4日，国民政府和军委会发布命令，李宗仁、白崇禧两人和桂系大小官员之职位不变，新桂系官员则隆重在南宁就职，宣布服从蒋介石之中央。至此，两广事变解决。9月中旬，蒋介石与李宗仁在广州会晤，新桂系与中央军之矛盾暂时得以解决。

两广事变，在历经3个多月，双方出动高达80万部队对峙后，最终以不发一枪一弹而告终。

由于不动干戈，就使当时实力非常强大的粤桂两大军团投诚，蒋介石的声望得到很大的提高。蒋介石便将预备征讨两广的中央军悉数北调，用来"剿共"，并准备将张学良的部队调离。

两广事件和平解决，使张学良、杨虎城与中共筹组西北大联合的信心也因此发生动摇。当时论"造反"必备的军队实力，无论是张学良的东北军，还是杨虎城的西北军，都和两广部队相比较弱。也正是因此，蒋介石过分自信，仅带少数文武官员飞往西安，结果导致西安事变发生时所有人都被扣留。

第18通手令——代写战报，义正视听

【手令编号】 上卷054

【时间判读】 1936年6月13日

【正文释读】

登报，交陈主任用通讯社发表。

衡州十四日电：桂军主力仍在永州与祁阳一带，其前由祁阳之东撤回之部队，仍在祁阳之灵官殿、熊罴岭构筑阵地布防，其后方部队仍向前集中，声言非达到长沙，绝不停止。

【原件品鉴】

竖排8行套红"国民政府军事委员会用笺"1页，原件信笺红色现沁润较重；毛笔书写。

【原文解读】

蒋介石代中央通讯社亲自拟写"战报"，这在蒋介石的军事生涯中并不多见，说明此"战报"对战局发展及正视听有着极其重要的作用。从"战报"中可看出，"桂军主力仍在永州与祁阳一带，其前由祁阳之东撤回之部队，仍在祁阳之灵官殿、熊罴岭构筑阵地布防，其后方部队仍向前集中"，说明桂军进攻湖南的兵势正强劲。并且"声言非达到长沙，绝不停止"，也在警示湖南的何键不要"坐山观虎斗"，应当联合一致，对抗桂军。

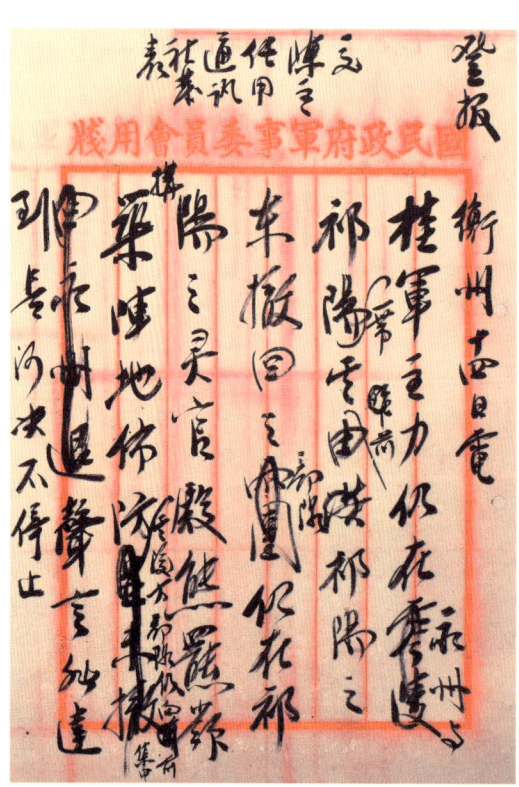

本通手令文中的"陈主任"，即侍从室主任陈布雷。陈布雷在回忆录中记述了"两广事变"的发生，他说："粤桂军人，竟以请求中央对日作战之名义，出兵于湘境，时局又起一轩然之大波浪。而西北'剿共'，益见困难，日人侵略，

亦遂乘之而作，伺隙欲动之势矣。陈（济棠）、李（宗仁）、白（崇禧）等之军事行动既发生后，蒋公即在中央纪念周发表极恳挚严正之谈话，主张对日问题应于全体会议中解决。一面电劝粤方将入湘之师撤回粤境，一面即宣布召集全会之日期，粤方仍未遵从。中央乃遣队伍驻屯于衡州以北，师行神速，卒阻异谋使不得逞。其时中央各军事首领及冯焕章（玉祥）、李协和、唐生智等均电陈、李、白切劝慎重，而蒋公亦对陈济棠恳切诰谕，电文往复不下十数，余此时笔札之役，亦较繁于平日焉。"①

这通手令是蒋介石亲自拟写的一份通讯稿，交由"中央通讯社"登报发表。内容讲的即是"两广兵变"发生后粤桂军向湖南进击的紧张军事局势。此时，南京国民政府中央军派出的两个军抢先占领湖南衡阳，封锁住了粤桂两军的北上道路。从手令中可看到，"进攻方"桂军正在湖南永州与祁阳一带灵官殿、熊罴岭构筑阵地布防，其后方部队仍向前集中；从桂军仍"声言非达到长沙，绝不停止"句中可得知，兵变事态仍很紧张，处在两广地方势力派系向蒋介石南京中央政府叫板的关键时刻。

蒋介石亲自代中央通讯社拟写这份通讯稿的目的，显然在于昭告全国，义正视听，说明桂军兵变已经出广西北犯入湖南境，"构筑阵地布防，其后方部队仍向前集中"，正在谋取长沙，桂军现在是南京中央政府的叛军，并激怒湖南地方实力派何键保疆卫土。

文中"通讯社"，全称中央通讯社，是国民党于1924年4月1日在广州创立的新闻机构，隶属中国国民党中央宣传部。1932年5月，改组始称"中央通讯社"。

从手令中预先所写"衡州十四日电"看，这份手令的书写时间在1936年6月13日。

第19通手令——驾临广州处理兵变

【手令编号】上卷048

【时间判读】1936年9月2日

【正文释读】

钱主任：慕尹主任，请兄速迁住黄埔，不可远宿广州。自本日起实施为要。中正，二日。

---

① 《陈布雷回忆录》，东方出版社，2009，第153～154页。

【原件品鉴】

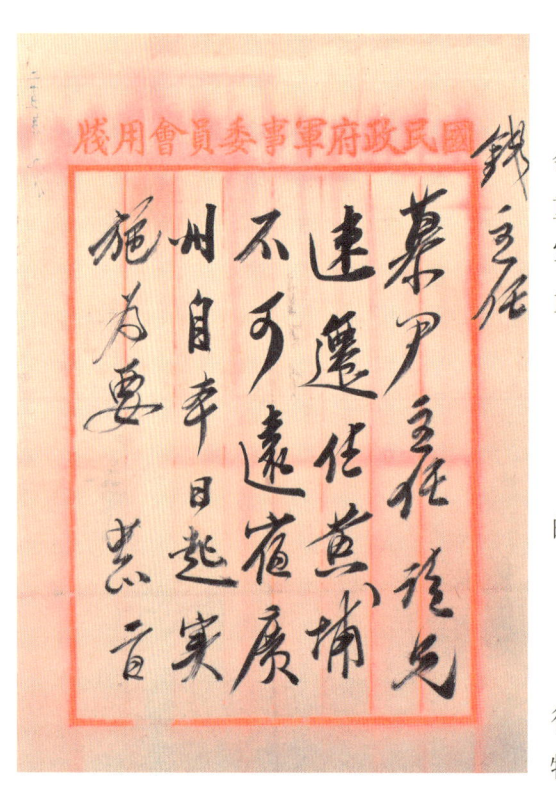

竖排8行套红"国民政府军事委员会用笺"1页，原件信笺红色现沁润较重。毛笔书写。信笺左侧背面用钢笔书写"二十五年九月"，指明本手令写于1936年9月。

【原文解读】

本通手令，书写于1936年9月2日。文中"慕尹"是侍从室主任钱大钧的字号。

（一）蒋介石到广州处理兵变

陈济棠下野，离开广东到香港的临行前一日（7月17日），曾写就亲笔函，特派第4军第12师师长陈汉光携赴南京，呈交蒋介石，称："国事至此，不忍作无谓牺牲，故决遵命下野，以免掀起内战。"对于把军权交给余汉谋主持，他表示，各将领均不服从，仍恐不免一战，故请蒋委员长另派孚众望大员来粤主持。蒋介石接信，在与陈汉光师长晤谈后，即复函，希望陈济棠此时一意信任余汉谋必可奠定粤局，尤当以中央旨意告知部属而安定人心。蒋介石也盼望他早日到京，共商大计，早日平息纠纷，并说："中于必要时，亦可来粤一行。"

蒋介石在看到粤局大势已经平定之后，于7月20日下午偕夫人宋美龄及侍从室主任钱大钧等20余人同赴庐山牯岭，名为避暑，实则妥筹广西善后之计。

对于广西变局的处理，蒋介石从一开始就坚持政治解决的方式，一方面调整李宗仁、白崇禧的职位，一方面派代表居正、朱培德、程潜等到广西调处。7月22日，钱大钧又奉命赴广东，代表军事当局接洽，整理广东省军务。他先往韶关，与余汉谋会合。7月23日，两人偕黄镇球等自韶关飞抵广州。余汉谋向广东各界表明心迹，说："此次兄飞京，呼吁和平，息争救国，实为贯彻向来精诚团结、共赴国难主张。"呼吁大家一致体认时艰，精诚团结，在中央领导统一御侮阵线之下，结集全力，捍卫疆土，绥靖地方，进以谋国家民族之出路。当日，余汉谋召集10余位将领谈话，议决军队改编及绥靖工作等事项。之后，余汉谋与钱大钧、陈诚等商洽粤省军制，拟改军为师，缩编全省军队以符中央体制，并召开记者会，再次强调"非团结一致，无以救国"。

陈诚也报告中央处置粤变经过及国防建设近况。报载，钱大钧与黄镇球于7月28日同返庐山，向蒋介石报告入粤经过。①

广州黄埔军校旧址

8月11日上午，蒋介石偕夫人宋美龄离开庐山牯岭赴九江，自九江乘机飞往广州，亲自督导解决桂局。下午2时许，抵达广州天河机场，随从的有军委会秘书厅长林蔚、侍从室第2处主任陈布雷及汪日章、毛庆祥等20人。先期抵达广州的侍从室第1处主任钱大钧、陈诚及当地军政要员余汉谋等500余人到场举行盛大欢迎仪式。这是蒋介石自1926年率军北伐后的重临旧地，迄今整十载。当日下午4时，蒋介石率同钱大钧、陈诚，轻车简从，赴黄花岗致祭胡汉民墓及邓铿、朱执信各烈士墓。蒋介石此行之初下榻"东山行辕"。

8月12日晨，蒋介石偕夫人与钱大钧、陈诚等赴黄埔军校旧址视察，后又召集各军政干部会商，派程潜等入桂视察接洽，谋和平解决桂局。接着就移驻黄埔海关旧址。

8月17日上午，广东省新任党政军要员举行就职典礼。蒋介石代表中央亲临监誓，致词勖勉各员，努力建立一个模范省区。

8月20日，成立"黄埔行营"侍从室，委钱大钧为主任。分3个组：第1组由钱大钧兼任组长，第2组由陈布雷兼任组长，开始办公。第3组，委员长卫士总队长黄惠龙率部设立总队部，分3个中队，负责警卫。侍从室人员随往黄埔岛，住入昔时的校长官舍。

钱大钧因于7月下旬先期到广州洽商，本就便下榻广州市区，等到蒋介石也来到广州成立"黄埔行营"侍从室后，才奉令迁住黄埔。钱大钧与陈布雷两主任分别住在楼上、楼下。蒋介石每天晚饭后散步，常到侍从室办公处巡视，徘徊念旧。钱大钧有一外号"黄埔蛋"，也就是在这个时候流传开来的。据说，蒋介石10年前主持黄埔军校，乘艇往来黄埔岛时，多次在艇上用餐，吃过一位严姓妇人烹调的黄埔蛋，美味可口。蒋介石此番旧地重游，想再次回味。钱大钧体察上意，立即派人寻访严妇，却不得下落，乃便带两名侍从人员，到军校原旧址附近农村查找，终于找到了严妇。严妇受邀到黄

---

① 南京《中央日报》，1936年7月28日。

蒋介石住宿黄埔岛的学海楼官邸

埔行邸，为蒋介石烹调了一次黄埔蛋。蒋介石品尝时，连连称好，对钱大钧的用心称赞有加。严妇遂将手艺传授蒋介石官邸厨师。黄埔蛋不仅成为蒋委员长百吃不厌的一道菜肴，由此也说明钱大钧侍从工作之细腻心思和敏捷反应，说明钱大钧深谙投其所好之理。

9月5日下午，蒋介石在黄埔岛官邸约见广东省各大学校长，垂询校务，并举行茶叙，席间申述对于广东教育界之希望。

经各方努力斡旋，两广局势日渐缓和。李宗仁、白崇禧接受南京中央政府委任的广西绥靖主任、军事委员会常务委员之职。9月16日，李宗仁、白崇禧与广西省政府主席黄旭初遵命，在南宁宣誓就任。李、白于就职前，发出和平通电，声明今后一切救国工作，自当在中央整个策略领导之下，相与为一致之努力。9月17日下午，程潜、黄绍竑偕李宗仁、黄旭初等抵达广东，钱大钧、余汉谋、居正等要员及各民众代表数十人，到机场迎接。当晚，李宗仁偕余汉谋赴黄埔行营会见蒋介石，互道别后6年的感悟，晤谈甚欢，误会冰释，旋商讨桂省善后。钱大钧、程潜、黄绍竑、居正等均在座。同日，陈诚奉召飞广西，与白崇禧商编桂军事宜。9月18日晨，李宗仁偕余汉谋再次面见蒋介石，共商两广善后事宜。上午，钱大钧随同蒋介石到广州市区访李宗仁、黄旭初，谈约30分钟离去。随后，李宗仁偕黄旭初往黄埔岛，拜会蒋介石请训。蒋介石设宴为二人洗尘。①

是日午间，宋美龄先行飞南京再回庐山牯岭，蒋介石到机场话别，钱大钧、余汉谋等也到场送行。蒋介石则在9月28日上午，才离开广东，飞赴南昌，驻节励志社。钱大钧、陈布雷及秘书汪日章、毛庆祥等20余人随行。

蒋介石一行此次在粤49天，处理两广事件，促成了和平解决。10月5日下午，蒋介石以双十国庆节将临，需回京主持各项典礼，并处理重要政务，乃由南昌飞抵南京，钱大钧等及秘书汪日章、毛庆祥等人随行。宋美龄由陈布雷陪同，乘"江安轮"于中午抵京。②蒋介石此次离京，将近两个月。

---

① 南京《中央日报》，1936年9月19日。
② 南京《中央日报》，1936年10月6日。

（二）侍卫长钱大钧协助平息两广兵变

在蒋介石身边担任侍从，不仅随从外出，或处理文电，钱大钧还常奉派外出执行任务。"两广兵变"发生后，钱大钧奉蒋介石之命，前往广州，与陈诚等携手部署进行调处。

本手令寥寥数语，看似平常，然细加分析，可见其中关系着两广兵变这桩重大政治纷扰事件，钱大钧居间扮演了一个重要调处角色。手令中的一个"速"字说明了当时局势之紧张，一个"兄"字和"自本日起实施为要"说明蒋介石视钱大钧为知己，而"迁住黄埔，不可远宿广州"句中的一个"远"字，说明在蒋介石当时的心理上，黄埔岛仍是他认为最为安全的地方，"远"处的广州市区是非常不安全的。

从本手令中称钱大钧"慕尹主任"及要求他自"2日"起迁宿"黄埔"两点考查，可以推知时为1936年9月。当时蒋介石坐镇广州，处理广东省军政善后事宜，并致力化解广西抗命的纷争，而钱大钧亦奉命居中协调。

钱大钧晚年在"八十自述"中回忆说："二十五年（1936）6月两广发生事变，广州绥靖主任陈济棠等以抗日为号召，发出通电，将有所行动。幸陈部第一军军长余汉谋方驻军赣州"剿匪"，尚未回防，闻讯大为不满，以为外侮方亟，未可更有内争，隐然不直陈之所为。余与汉谋为陆军第二预备学校及保定军官学校同学，并曾共事于粤军第一师；委员长因命余邀余氏入京，汉谋果坦诚应召。继之，广东东区绥靖委员李汉魂，亦有电责陈；陈部空军亦深明大义，归向中央。陈以所部离心，知不可为，乃悄然下野，所部交汉谋统率，余奉命先入粤部署一切，过韶关与汉谋晤后，即与同机飞广州，旋委员长亲临广州，派陈诚、程潜等入桂，对李宗仁、白崇禧动以大义，亦告妥协。旋李宗仁应委员长电召由桂乘机飞抵粤垣，余衔命往迎，馆舍既定，委员长即偕余往访，晤谈甚欢，误会冰释。至是所谓两广事变，不费一兵一弹，而告和平解决。翌年抗日战起，白崇禧首先入京；两粤雄师，亦络绎东来作战，是知委员长于两广变起，即主和平解决，保全军力实多，京沪陷敌以后，武汉能守至一年以上者，赖有此也。两广大局平定，举国庆幸统一。"

钱大钧等随行蒋介石先后到广州，尽职尽力，目的在于消弭"两广事变"，完成有益于国家统一的重大任务，实为其侍从工作以来，意义非比寻常的一段经历。但在2个多月后，钱大钧随从蒋介石到西安，督察西北"剿匪"军事，发生了"兵谏"蒋介石的双十二事变，身为侍卫长的钱大钧，则是失职了。

03　西安事变

西安事变是中国近代历史上的大事，也是亲历者蒋介石及侍卫长钱大钧终身铭记的大事。本组手令共有6通，内容主要涉及蒋介石修改《西安半月记》，密切监视杨虎城在西安的行动，连电催促杨虎城到沪后出国，召见著名特工康泽，密查东北军旧部情况及关注东北军整编，约访"捉蒋行动总指挥"刘多荃，催促参与事变的部队尽早离西安等内容。由此可见蒋介石对参与事变者及部队的不同态度，以求尽快善后西安事变。

第20通手令——定稿《西安半月记》

【手令编号】下卷011

【时间判读】1937年2月10日

【正文释读】

电话：程参谋总长：明日下午四时，在沪寓见。

电话：陈主任布雷，回忆录中所改正之"民主政治"四字，应改为"三民主义"。

电问杨虎城病。

【原件品鉴】

竖排8行套红"国民政府军事委员会用笺"1页，原件信笺红色现沁润较重；毛笔书写。

【原文解读】

本通手令文中的"程参谋总长"，

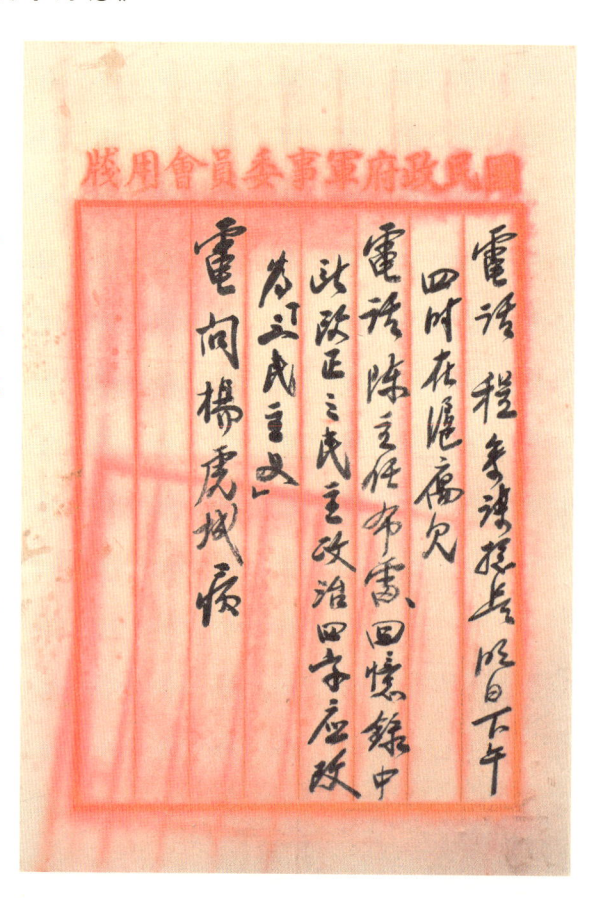

国民政府军事委员会总参谋长程潜

指军事委员会参谋总长程潜；"陈主任布雷"即侍从室第二处主任陈布雷，正奉命整理蒋介石关于西安事变的回忆录，即后来以蒋介石名义发表的《西安半月记》。

本手令中有"在沪寓见"4字，并与修改"回忆录"同时，可佐证此手令写于蒋介石在"西安事变"后到上海修养期间。此时段，蒋介石在上海的时间为2月中上旬。1937年2月9日，蒋介石从杭州到上海治疗跌伤。次日上午，在医院治疗腿伤结束后，即安排工作，写下了此手令，要求明天下午见程潜。2月11日下午4时，蒋介石会见程潜，2月12日从上海到南京。说明此手令写于2月10日。

本手令文末之"杨虎城"，即西安事变的主要发动者之一。他是民国陕军的著名高级将领，刀客出身，参与了蒲城起事、反清抗暴、讨袁护法、转战关中、坚守西安、出师北伐、回陕主政、被迫内战、呼吁抗战等重大事件。自护国起义以来，百战沙场，历经二虎守长安，雪夜奇袭唐生智，在潼关截断西北军后路等一系列重大战役，终至第17路军总指挥、陆军二级上将，陕西省主席，势力遍布于陕甘两省绝大部分地区。后因与蒋介石国民党中央的矛盾，暗中联络红军，联合张学良发动"双十二事变"，抓捕蒋介石而被囚12年。1949年9月6日，在重庆戴公祠被国民党特务所杀害，终年56岁。

蒋介石在本手令中"电问杨虎城病"，字面上看似关心杨的病情，实际上是在关注杨在西安的一举一动。杨虎城在西安事变前夕，的确曾到上海治病，那次回西安后仅几天，就发动了兵谏。1937年初，杨的旧病是否复发，还是痊愈，其实都并不是蒋介石真正关心的事。蒋介石在此时盯紧杨虎城的最终目的，是催促其离开西安并"出国考察"，以便尽快善后西安事变。

本书中所言"西北军"，即指杨虎城任总指挥的第17路军，因长期驻防西北地区，人们习惯称其为"西北军"，而非中原大战后冯玉祥所率领的"西北军"。特此说明，以免生误。

（一）西安事变始末

西安事变，又称"双十二事变"。1936年12月12日，为了劝谏蒋介石改变"攘外必先安内"的既定国策，停止内战，一致抗日。时任西北"剿匪"副总司令、东北军领袖张学良和时任国民革命军第17路军总指挥、西北军领袖杨虎城在西安华清池发动"兵谏",扣留了时任国民政府军事委员会委员长和西北"剿匪"总司令的蒋介石,时称"西安兵谏"。在中共中央和周恩来的主导下,最终以蒋介石接受"停止内

张学良

杨虎城

战,联共抗日"的主张而和平解决,促成了第二次国共合作,西安事变的和平解决成为时局转换的枢纽,十年内战的局面由此结束,第二次国共合作初步形成,抗日民族统一战线初步形成,成为国内战争走向抗日民族战争的转折点。

这次事变的主角是张学良、杨虎城,缘由还得从"九一八"事变、中国共产党领导的中央红军抵达陕北、"一二九"运动说起,是这几个重大历史事件的机缘聚合,又合力造成了"西安事变"的发生。

1931年9月18日夜,日本关东军发动了"九一八"事变,张学良撤出了东北,退入山海关内。面对日本节节进逼,蒋介石坚信不久的将来中日必有一战。1932年,蒋设立秘密军事委员会拟定抗日计划。2月3日,蒋抵洛阳,会商对日抗战计划。2月5日由洛阳赴郑州,行经黑石关以东至汜水之间,观察地形。成立中国空军总部,积极建立现代化中国海空军。1933年1月1日,榆关抗战爆发。1月3日,山海关失守。2月21日,热河抗战爆发。3月4日,承德失守,热河抗战失败。张学良引咎辞职,出国考察。3月6日,蒋介石由汉口乘车北上,3月7日到郑州。3月8日抵达石家庄。3月9日到保定。3月25日,蒋才乘机离开。1934年11月7日,蒋介石在绥远会见荣王、德王、潘王等蒙人与党政人员,并对各主席和边外将领指导一切。

1935年七八月间,共产国际在莫斯科召开第7次代表会议,着重讨论有关建立反法西斯统一战线的问题。8月1日,中共驻共产国际代表团王明等人根据共产国际会议精神的要求,以中华苏维埃政府和中共中央名义发表了《为抗日救国告全体同胞书》(即《八一宣言》),提出抗日民族统一战线的基本内容。

这时,东北军在"剿共"军事进攻中接连遭到失败。蒋介石决定在西安设立西北"剿匪"司令部,调东北军入陕甘"剿共"。10月1日,东北军在劳山战役中,王以哲

的第67军第110师2个团和师部被歼，师长何立中战死，团长裴焕彩被俘。10月29日，东北军在榆林桥战役中，第107师和第619团全部被歼，团长高福源被俘。11月22日，东北军在直罗镇战役中，红军仅以800多人的伤亡，杀、伤、俘6000多名东北军精锐第109师的官兵。

1935年10月中下旬，中国共产党领导的中央红军主力，经过二万五千里长征战略大转移，抵达陕北革命根据地保安县吴起镇。这年秋天，国民党东北军调入西北，在"剿共"战役中损兵折将。12月9日，北平发生了大规模的大学生示威游行，呼吁"停止内战，一致对外"、"打倒日本帝国主义"，获得全国民众的积极响应，全国人民抗日热情高涨，给实行"攘外必先安内"政策的蒋介石政府巨大压力。12月17日，中国共产党的瓦窑堡会议确立了抗日民族统一战线政策。

1936年1月，张学良在洛川第一次与中共代表会谈。中国共产党已得知张"同意抗日，但不同意讨蒋"。1月25日，中共方面以毛泽东、周恩来、彭德怀等名义发表《红军为愿意同东北军联合抗日致东北军全体将士书》，肯定东北军大多数是爱国的，"是愿意打日本帝国主义的"。2月，中共宣布开始东征抗日。红1方面军在打开华北抗日通道的名义下东征，但实际与之作战的对象仍然是山西的国民党军，而东征与不久进行的西征在实质上抱着相同的目的，这就是突破国民党的包围，为红军

1936年10月，钱大钧陪同蒋介石、宋美龄在洛阳视察。

创造新的生存条件。2月26日至2月28日，李克农与王以哲、赵镇藩磋商红军与东北军第67军之间的合作抗日问题，达成口头协议，主要为：互不侵犯，各守原防；红军同意恢复第67军在鄜县、甘泉、延安之间的交通运输及经济通商；延安、甘泉城内第67军人员所需粮草，可向当地苏区群众购买，红军予以便利；双方给予对方采购人员以保护。

3月，张学良到洛川与李克农会谈，对其他问题谈得很顺利，很快取得一致意见；唯独在对蒋态度问题上双方意见相左，谁也没有说服谁。在3月27日会议上，毛泽东谈到与张谈判问题时，仍坚持反日与反蒋不可分开谈。4月9日，张学良驾机飞抵肤施（延安）会见周恩来。张是当时最早接受中国共产党抗日民族统一战线主张的中国国民党将军，已和红军秘密达成停战、通商等协议。4月25日，《中国共产党中央委员会为创立全国各党各派的抗日人民阵线宣言》，第一次把中国国民党列入抗日民族统一阵线行列。5月5日，中国共产党发表《停战议和一致抗日通电》，第一次没有称蒋为"卖国贼"，而称之为"蒋介石氏"、"南京政府诸公"。

6月1日，陈济棠、李宗仁在广州发出通电。痛斥"九一八"事变后日军对中国土地的践踏，决定率所部北上抗日，收复失地。6月2日，致电南京中国国民党中央执行委员会，请求准许粤桂部队北上。然而不久后广东将领、飞行员纷纷向南京政府投诚，并对两广所谓的"北上抗日"说加以抨击。"南天王"陈济棠垮台，李宗仁也不得不对蒋介石表态归顺。这即是轰动全国的两广事变，又称六一事变或西南事变。由于两广事变的和平解决，尤其是兵不血刃便使当时叛逆性最强、实力最大而位居国内半独立的诸省之首——粤桂湘三省伏首听命，蒋介石便将预备征讨两广的中央师悉数北调，用来"剿共"，并准备将张学良的部队调离。然而也因蒋介石的过分自信，仅带少数文武官员飞往西安，结果西安事变时所有人都被扣留。从当时能挑战蒋介石的权威的"造反"实力看，张学良、杨虎城的部队无法和两广部队相比。由此可见，因为两广事变的危机安然度过，西安事变在当年的西安临潼骊山"非爆发不可"。

8月，从苏联莫斯科回国的潘汉年来到陕北，汇报邓文仪在莫斯科主动找王明谈国共合作抗日。8月9日，毛泽东、周恩来等联名致信张学良"同志"，详述东北军与红军联合起来，以兰州为中心发动西北大举之计划。8月15日，共产国际致电中共，指出中共"把蒋介石和日本侵略者等量齐观是不对的"，"不能同时顺利地既反对日本侵略者，又反对蒋介石的斗争"，"我们（指国际）觉得，你们（指中共）号召西南集团反蒋行动的声明是错误的"，要求中共与蒋介石就共同抗日进行和谈。8月21日，

1936年10月，蒋介石在洛阳过生日。

潘汉年劝说张学良："如蒋坚持'剿共'，就不会原谅张之联共，到时反蒋不成，东北军就成了俎上肉。"张学良为其所动，派部下中共秘密党员栗又文去新疆，争取苏联援助。是月末，张学良向中共方面表示，愿率领大部分东北军与红军"合在一起干"。

此时，中国共产党已决定由反蒋抗日改为逼蒋抗日。中国共产党决定放弃拥张成立西北国防政府、并建立西北抗日联军的计划，但仍寄厚望于张，请他说服蒋联共抗日。张为抗日不惜牺牲一切，欣然答应"要想尽一办法"劝蒋，不达目的，绝不罢休，纵使"坐牢、杀头也在所不惜"。8月29日，得知中国国民党中统特工逮捕其秘书（中共地下党员）宋黎和马绍周、关沛苍后，张学良命谭海率卫队营包围和查抄中国国民党陕西省党部，即为"艳晚事件"。张乃电请蒋委员长亲往西安调处。8月26日，张文彬到达西安后，9月6日晚又与杨虎城密谈，双方协议取消敌对行动。

8月11日，蒋介石下庐山牯岭飞往广州，8月12日视察黄埔校址并游览，往吊黄花岗与朱执信、邓铿、胡汉民等之墓。此时的蒋介石，虽然十分关注西北局势，但并未感到有异常变化。9月1日，中国共产党中央书记处向党内发出《中央关于逼蒋抗日问题的指示》，此指示中，中国共产党决定放弃"抗日反蒋"，提出"逼蒋抗日"。这个月，中国共产党与东北军正式签订了《抗日救国协定》。10月15日，中共公开表示，"恳切申请"国民政府"与吾人停战，携手抗日"。今后，红军主动停止对国军"任何攻击行动"，只是在受到攻击时采取自卫手段。红军主力愿作抗日先锋，国军奔赴抗日前线时，红军将提供便利。可惜，南京方面没有响应。

张学良所部的失利以及后来面对共产党的停战对峙，导致了张学良与中共的秘密接触，也导致蒋介石决定亲自前往西安督战。10月22日，蒋介石来到西安，仍逼迫张、杨继续"剿共"内战。张学良性格豪爽，明确表示反对继续"剿共"，向蒋提出"停止内战，一致抗日"主张，并说这不只是他个人意见，而是东北全军的主张。杨虎城性格深沉，只是委婉说他个人服从命令没问题，但下面官兵"剿共"士气低落，抗日热情高涨。蒋介石向张、杨表示"剿共"计划不变。10月26日，中国共产党致电共产国际,婉转询问如张、杨、阎等与红军联合抗日,苏联能否援助? 10月29日,蒋介石由西安前往洛阳,他决定如张、杨不服从"剿共"命令,就把东北军、第17路军调离陕甘,由蒋鼎文任西北"剿匪"前敌总司令,任命卫立煌、朱绍良、陈继承为一个方面之总指挥。

10月,红2方面军、红4方面军经长征抵达陕甘地区,与红1方面军胜利会师。当时,国民党军胡宗南部凭借精良武器装备,率领第1军孤军冒进,在山城堡地区受到红军重挫,被迫停止进军,并开始西撤。山城堡战役的胜利,更加增强了张学良联共的信心,使他的态度从低调秘密联共开始转向高调公开联共。

西北政局发生的这一系列变化,使蒋介石感到了"山雨欲来风满楼"的紧张气氛。他召见邵力子,通知《大公报》社发表对张学良、杨虎城的弹劾,宣布撤销张学良的职务。

12月4日,蒋介石抵达西安,这给张学良提供了良好的兵谏条件。

西安事变的爆发,最主要的一个原因是张学良在抗争时期主张的"安内攘外"政策,与蒋介石"攘外必先安内"政策相左。关于西安事变,张学良在西安时对部下表示,好像灯泡,暂时把它关一下或给擦一擦为了让它更亮。这样做,蒋介石就更亮了。但这并不说明张学良对蒋介石的才能不够认可,相反他曾表示:他父亲张作霖虽有雄才,但大略不如蒋公。而且对于自己在事变之后亲自送蒋介石回南京的原因,他解释因为

1936年10月,蒋介石在洛阳与众将领合影。

1936年10月下旬，蒋介石（披斗篷者）在西安。蒋右为杨虎城、杨后为张学良。

已经把泥菩萨（蒋介石）扳倒，只好再把他扶起来，所以，发动西安事变的原因正如其所说：跟蒋介石没有别的冲突，就是冲突两句话，张学良要"攘外安内"，而蒋介石要"安内攘外"，前后顺序颠倒而已。

张学良是一个不愿意受操纵的人，他自诩为倔强的一个人，他有自己的主意和见解，认为事情当做就做。张学良表示西安事变没有私人利益在里面，也没有想过与自己地位、利益有关的东西，因为自己大权在握，富贵在手，什么都不要，所以蒋介石也能原谅他。自己牺牲，只有一个目的就是不要内战了，张学良表示他21岁时就参加作战了，他恨透了内战。

1936年10月，蒋介石已届50大寿"知天命"之年。两广事变虽然已告解决，但内患犹在，外患仍未靖。蒋介石部署张学良督军"进剿"经过长征到达陕北地区的中共中央及红军，时间已近一年，却并未能见成效。一些喜欢吹捧蒋介石的人，吵嚷着歌颂蒋介石"攘外安内"的勋劳，发起献机祝寿运动，预定在10月31日蒋介石50寿辰（虚岁）时，在南京举行全国献机庆典。蒋介石为避寿，于10月22日午后，偕侍从室第1处主任钱大钧、秘书毛庆祥等10余人，分乘飞机，由南京飞抵西安视察，严令"进剿"陕北红军，并指导军事。下午5时抵达，代理西北"剿匪"总司令张学良、西安"绥靖"主任杨虎城及陕西省政府主席邵力子等军政官员均到场欢迎。1个月前，杨虎城到上海就医，10月21日刚返回西安。

蒋介石本着"攘外必先安内"的宗旨，亲自到西安督阵，驻留一周，逼迫张学良、杨虎城"围剿"陕北红军。相继召见张学良、杨虎城、邵力子等，分别垂询"剿匪"及军事、政治各项工作，并有所指示。蒋介石与张学良会面后，张学良当面表示反对"进剿"红军的军事部署，提出停止内战、一致抗日的要求，遭蒋拒绝，两人大吵。

10月24日晨，蒋介石视察陇海路，顺便登华山游览，张学良随行。蒋介石遍游五峰，赞山峦之雄奇，指示要注意保护好林木，修整好道路。10月26日下午，回行馆休息。10月27日午前，蒋介石召集"剿匪"总部各高级职员，分别加以勖勉。10月28日，蒋介石在行馆批阅公文，并召见张学良等军政官员多人。张学良报告对中共中央的妥协意见，说军事家只有3个处置，即胜、败、降。蒋介石闻言大怒，力斥其"降"字之无意义，说："试问在何书可找到降字？如此无识，可为心痛。"显然，蒋介石对张学良的"剿匪"态度，已经有所疑虑。

10月29日，蒋介石偕钱大钧一行乘火车到河南洛阳。据报导，此时的豫西已奇旱数月，蒋介石到后，忽然下了半小时雨，万众欢腾。10月31日，是蒋介石的虚岁50寿辰，洛阳各界齐集西宫"广寒宫"前，举行祝寿礼，2万余名民众参加。张学良、阎锡山、徐永昌、傅作义、贺耀组等于31日晨也由陕西赶到洛阳，参与盛典。9时20分，蒋介石偕夫人宋美龄到场致意，致词说："纪念诞辰，益增惭愧。际兹国难严重的今日，望全国同胞一致团结，复兴中华民族，完成革命大业，将国家寿命延续千秋。"接着，由代表献寿糕致贺。宋美龄向各界代表及领袖分赠寿糕后，庆典宣告结束。张学良在洛阳为蒋介石祝寿期间，仍劝蒋联共抗日，但遭蒋严词拒绝。蒋介石坚决拒绝其北上抗日的主张，并强令其"剿共"，否则就把他的部队撤离到东边去。

在洛阳的1个多月，蒋介石还到附近地区巡视过太原、济南等地。此时，值得注意的是张学良"剿匪"意志的变化。11月27日，张学良上书蒋介石，请缨抗战，再遭蒋的拒绝。11月28日，蒋介石在行辕手撰"剿匪"要诀致胡宗南，想到张学良近来的言行，自记："汉卿要求带兵抗日，而不顾'剿匪'，'剿匪'已至最后五分钟，是汉卿无最后五分钟之坚定力也。"

12月2日，张学良再次飞抵洛阳面见蒋介石，要求释放抗日救国会"七君子"。向蒋介石报告，其部下不稳，势难支撑，并再三请求蒋介石前往训话，蒋同意赴西安，驻华清池。蒋介石对与张学良的这次晤谈，感触更深。一以与日本交涉将裂，一以陕甘边区红军未"剿灭"，而东北军军心又为察绥战事动摇。蒋介石不禁疑虑："剿匪之功，其将亏于一篑乎？"乃自我警示，记写道："此为国家安危之最后开头，余不能不进驻西安，震慑严督，或以为危，余于生死，早置之度外矣。"是夜，蒋介石辗转反侧，不能入眠。

12月4日晨，蒋介石偕张学良、钱大钧等，由洛阳乘陇海路专车赴陕西，晚间抵达临潼。同时，立即调30万中央军嫡系部队"进剿"红军。张学良与杨虎城再次进谏，遭蒋拒绝。蒋介石向张学良、杨虎城表示：要么进兵，要么将东北军、第17路军分调福建、安徽。

12月5日，蒋介石移驻华清池。有传闻说，12月6日，也即是蒋介石专列停在临潼车站的第3天，张学良乘拜见蒋介石之际，对钱大钧说："据委员长专列司机讲，机车车头气泵有点儿毛病，要到西安车站维修一下，时间不长，很快就会修回来，你看如何？"钱大钧一向与张学良私人交情较深，不知是计，未加任何思考就一口答应了。事后钱大钧想向蒋介石报告这件事，继而一想，芝麻大点小事没有必要。何况修车也是件好事。列车的车厢很快被甩下，机车开进了西安车站。当车头开走之后，钱大钧若有所思地想找张学良说什么，可是犹豫一会，欲言又止。

12月7日，张学良到华清池见蒋介石，再三苦谏，要求停止内战，一致抗日，遭蒋拒绝。蒋介石以午宴招待在陕各高级将领，垂询及指示"剿匪"军事，到者有张学良副司令、杨虎城主任、军政部长次长陈诚、于学忠等。

12月8日，蒋介石召见东北军将领进行训诫。

12月9日，蒋介石又在行营欢宴王以哲、缪征流等"剿匪"将领。席间，分别垂询各部队"剿匪"情形，并对前方各将领及官兵之艰苦奋斗多所嘉勉。接连数日，蒋介石亲自督责，表面看来有所进展，但是暗地里并不平静，张学良的"逼蒋抗日"态度势难转圜。

这天，中国共产党在西安组织大规模的群众游行示威，纪念"一二九"运动一周年。特务军警开枪打伤一名小学生，群众非常激愤，决定到临潼直接向蒋介石请愿示威。蒋介石强令张学良制止学生运动，必要时可以向学生开枪。张学良接到命令后，赶上游行队伍，极力劝说学生回去。东北大学学生高呼"中国人不打中国人！""东北军打回老家去，收复东北失地！"等口号。张学良向群众表示一周内以实际行动答复学生要求，如果做不到，你们其中任何人都可以"置我张学良于死地"。请愿学生们在华清池前高唱《松花江上》一曲，感动了在场的东北军官兵，全场爱国情绪高昂。

当晚，张学良见到蒋介石，再次劝蒋抗日，并要求蒋放过学生，但是蒋介石怒称："对这批学生，除了拿机关枪打以外，是没有办法的"。张听后大怒，反问道："机关枪不打日本人，怎么能反而去打爱国学生？"张、蒋再次大吵，盛怒下的张学良于当晚决定兵谏。张学良与杨虎城

俯视临潼华清池旧址（2015年摄）

商议，决定发动兵变，命令白凤翔去捉拿蒋介石。白凤翔说："只见过照片，没见过本人，到时候乱军之中怕出错误。"张学良随即决定带白凤翔面见蒋介石，以辨明正身。

12月10日，张学良带着白凤翔见到了蒋介石。蒋正在召开会议，正式通过发动第6次"围剿"计划，决定在12日宣布动员令。蒋介石与张学良谈话，已察觉张"心志不定"，而甚为悲愤，予以切训。事实上，从张学良有意一再表露"抗日"态度，蒋介石虽有疑虑，却没有及时采取先发制人的措施，过于自信可以掌控全局，抑过于相信张学良的忠心。如果两者皆是，那蒋介石真是大失所算了。或是蒋介石明知即会有变，也无所畏惧。

12月11日，张学良、杨虎城下令行动，最后确定翌日（12日）晨6时兵谏。当天下午，张学良仍到华清池与蒋介石周旋。蒋召集张学良、杨虎城和蒋鼎文、陈诚、朱绍良等开会，宣布了蒋鼎文为西北"剿匪"军前敌总司令，卫立煌为晋陕绥宁4省边区总指挥等换将的任命书，命令中央军接替东北军和西北军"剿共"。在最后确定了"剿共"军事计划后，蒋介石留下张学良、陈诚、卫立煌、陈继承等在华清池吃晚饭。饭毕，时间已晚，张又陪几位大员赶到新城大楼，直到晚上10时才宣布招待宴会结束。张、杨分别分别召见东北军和第17路军高级将领和幕僚，宣布次日清兵谏计划并作动员。中国共产党代表刘鼎住在张学良公馆里，令木匠出身的涂作潮做一部100瓦电台，以便与中央联系。刘鼎致电周恩来，说"全西北蒋张对立已成不可掩饰的事实"。午夜过后，张率其重要将领和幕僚来到新城大楼，与杨将在此指挥兵谏。

蒋介石送走张学良等人，在当天的日记中写道："今日汉卿（张）形色急遽，精神恍惚，甚觉有异。此殆彼昨来见时受余责斥，因而不快欤？或彼今日已闻余训黎天才（西北'剿匪'总司令部政工）之言而不安欤？"

12月12日凌晨2时许，东北军卫队第1营营长王玉瓒，乘摩托车驶离西安，途经十里铺和灞桥镇时，令其所属部队迅

西安事变中，蒋介石避难的山崖（2015年摄）。

西安"兵谏亭"（2015年摄）

速赶赴华清池参加捉蒋战斗。卫队第2营营长孙铭九同白凤翔、刘桂五一同乘车离开西安，一起直奔华清池。凌晨5时，张学良、杨虎城连手发动兵谏。东北军到临潼华清池行辕捉蒋介石并禁押军政官员，蒋守卫武力阻拦，东北军开枪还击，双方激战。蒋慌乱中，从卧室窗户跳出，由蒋孝镇背着翻墙逃走。蒋没来得及穿鞋，蒋孝镇把自己的鞋子脱下来给蒋穿，然后两人一前一后，各自向前跑。蒋踏着侍卫肩膀爬上围墙，纵身下跳，跌进墙外沟里，腰部受伤。蒋忍痛向围墙后面的骊山逃跑，摸索前行，躲藏到一块大石头后面的洼坑里。天色渐明，东北军官兵走到大石头旁，发现蒋蜷伏在坑中，蒋被活捉后押下山。

第17路军还扣留了时在西安的陈诚、钱大钧、邵力子、蒋鼎文、陈调元、卫立煌、朱绍良等国民党军政要员20余人。事变中，东北军官兵以排枪扫射陈诚住所，多人中枪，共约有800多人在冲突中遇难，有国民党中央委员邵元冲、侍卫长蒋孝先、秘书萧乃华、宪兵团长杨震亚、绥署军需处长王式辉、参议杨陕冈、卫士队长高凤梧、监印官柳长庚、副官蒋国卿、特务周元之、公安局保安队长刘惠祥、骑兵团长蔡仲等官兵及一些市民。是为惊动中外的"西安事变"。

事变爆发当天，张学良、杨虎城、于学忠、何柱国、王以哲通电全国，阐明扣蒋之原委，提出8项救国主张，以期获得国人理解、同情和支持。8项主张是：（1）改组南京政府，容纳各党各派，共同负责救国。（2）停止一切内战。（3）立即释放在上海被捕的爱国领袖。（4）释放全国一切政治犯。（5）开放民众爱国运动。（6）保障人民集会结社一切政治自由。（7）确实遵行孙总理遗嘱。（8）立即召开救国会议。8项主张的核心和要旨是"集合全国各党各派的力量，以民众的总动员，去抗日救国"。

在西安绥靖公署杨虎城总部新城大楼，押解于此的蒋介石羞愤绝望，不吃不喝，拒绝与张学良谈判国事，并以"行政院长"应住直属机关西安绥靖公署为由，拒绝迁到金家巷高桂滋公馆，称张如果不送他回南京，他就死在这里。

南京中央于当晚11时半，召开中常会及中央政治会议联席会议，决议撤销张学良、杨虎城的职务，交军事委员会严办。会议最后决定剿抚并用，一面以何应钦为讨逆军总司令，一面以于右任为陕甘宣抚大使。

12月12日晚间，蒋介石的夫人宋美龄在上海初闻西安发生事变之际，就想到澳籍友人端纳是生于澳大利亚新南威尔士州斯峪的记者，他一生的事业在中国，曾赞助过中国的辛亥革命，后来又成为北京北洋政府的客卿，并曾为

周恩来（右）、叶剑英（左）与国民党谈判代表张冲在红军驻西安联络处合影。

张作霖父子的谋士，与张学良交往密切，也是蒋介石的好友。蒋夫人请端纳到寓所，与孔祥熙共商，端纳对于西安一行，认为义不容辞，当晚，即随同宋美龄乘夜车前往南京。

12月13日晨8时，宋美龄致电张学良，告知端纳拟飞西安，端纳亦同时电告张。张学良为了保护蒋介石的安全，声言用自己的人头做保证。这天上午，张学良在会见南京政府的代表时表示，只要蒋介石能改变态度，采纳意见，将亲自送他回南京。可见，张学良是用自己的最大努力去把西安事变往和平解决的方向上引导。西安事变的和平解决与张学良的极力斡旋和巨大牺牲有着密不可分的关系。

12月13日，中国共产党中央在保安召开政治局扩大会议，集中讨论西安事变问题，普遍认为西安事变具有革命意义。12月15日，红军将领联名发表《关于西安事变致国民党政府电》，表示支持张学良、杨虎城提出的8项主张，反对亲日派借机"讨伐"张、杨，发动大规模内战，该电重申中国共产党关于国共合作、化敌为友、共赴国仇的政策；并要求国民党当局"罢免蒋氏，交付国人裁判"，联合各党、各派、各界、各军，组织统一战线政府。

同日，周恩来一行离开保安，16日到达肤施（延安）。同日，毛泽东致电阎锡山，提出："时局应和平解决，万不宜再起内战。"17日，应张学良之邀，中国共产党派出周恩来率李克农、罗瑞卿、张子华等人以红军代表团名义到达西安，参与斡旋，共商事变解决大计。12月18日下午，周恩来会见杨虎城。是日，中国共产党中央关于西安事变致中国国民党中央电报："蒋介石在此次被幽，完全是因为蒋氏在不肯接

受抗日主张,不肯放弃攘外必须安内的错误政策所致。"

事变第二天,胡适给张学良发去一封电报,指出:中国形成一个领袖不容易,如果蒋介石出现不幸,中国将倒退20年;并严词警告张学良"应念国难家仇,悬崖勒马",陪同蒋介石回南京,以谢罪国人;同时明确定性张学良发动西安事变是"名为抗敌,实则自坏长城",是"国家民族之罪人"。同时,朱自清、冯友兰、闻一多等知名人士纷纷撰文谴责张、杨"名为抗敌,实则自坏长城;系国家民族之罪人;破坏统一,罪恶昭著。"

12月16日,国民政府劝诫张学良投降无效后,中国各界函电交驰,要求讨伐,遂由政治委员会决议派何应钦为讨逆军总司令,刘峙为讨逆军东路集团军总司令,顾祝同为西路集团军总司令,分别集结兵力,由东西双方同时向西安进行压迫。空军随即展开轰炸西安近邻城市,并逐渐转向西安。张学良乃允许拘扣的蒋鼎文先返回洛阳,请南京方面暂停军事行动,避免冲突升级。12月18日,国民党空军在西安市区上空投放《大公报》数十万份,头版为张学良最敬重之文人张季鸾撰写之《给西安军界的公开信》,劝告东北军将士迷途知返,勿误国误民。该文章张至晚年尚能一字不差地背诵。

12月18日,中共中央致电国民党,进一步提出和平解决西安事变的5项条件,即:召开抗日救国代表大会;自陕甘撤退"中央军",援助晋绥抗日前线,承认红军和西安方面的抗日要求;停止内战一致抗日;开放人民抗日救国运动,释放一切政治犯;实现孙中山先生的三大政策。中共中央根据对事变后形势的进一步观察,考虑到蒋介石被扣问题事实上成为南京与西安对立的焦点,考虑到国民党阵营中(包括原先对蒋不满的地方实力派在内)出现的"拥蒋"势头等情况,为促成西安事变的和平解决,改变了12月15日红军将领联名发表的通电中提出的对

1936年12月13日,西北文化日报发表的张、杨举行兵谏的报道。

蒋介石的处理意见，在18日这份电报中明确指出："如贵党能实现上项全国人民的迫切要求，不但国家民族从此得救，即蒋氏的安全自由当亦不成问题。"中共中央的态度和主张，得到各界爱国人士和许多国民党上层人士的赞同。12月19日，中共中央召开政治局扩大会议，全面分析西安事变的性质和发展前途，讨论了力争和平解决西安事变的有关问题，并确定了和平解决西安事变的基本方针。①

12月22日，随着端纳的全力斡旋，宋美龄、宋子文等赶到西安展开挽救蒋介石的活动。宋美龄在《西安事变回忆录》中记述道："机方止，张学良首登机来迎，其状甚憔悴，局促有愧色。余仍以常态与之寒暄。离机时，乃以不经意之语气，请其勿令部下搜查我行装，盖惧紊乱不易整理耳。彼即悚然曰：'夫人何言，余安敢出此！'时杨虎城亦踵至，余坦然与握手，似偶然过访之常客。杨状甚窘，但见余镇定，又显觉释然。"②张、杨与宋子文、宋美龄举行了会谈。后由张学良本人陪同宋美龄和端纳去见蒋介石。

宋美龄于12月23日、24日两次会见周恩来。蒋介石指定宋氏兄妹作为代表与西安方面谈判。他说，双方商定条件，他以"领袖人格"担保，回南京后分条逐步实施，但不签署任何文件。经中国共产党代表团参加谈判，蒋接受联共抗日。周敏锐观察到蒋内心深处非常思念长期软禁在苏联的长子蒋经国，周在迅速与莫斯科达成协议后，向蒋暗示只要放弃武力"剿共"，可释放蒋经国归国，蒋也被迫答应。

12月23日，双方在张学良公馆西楼二层开始正式谈判，蒋方由宋子文，西安方面由张学良、杨虎城、周恩来3人出席。西安方面再次提出6条主张：（1）停战，撤兵至潼关外；（2）改组南京政府，排逐亲日派，加入抗日分子；（3）释放政治犯，保障民主权利；（4）停止"剿共"，联合红军抗日；（5）召开各党派各界各军救国

《大公报》报道西安事变

---

① 中共中央党史研究室著：《中国共产党历史》第1卷上册，中共党史出版社，第443页。
② 《宋美龄回忆录》，东方出版社，2010，第32页。

1936年12月，西安事变后第三天，张学良阅读蒋介石的顾问端纳带来的宋美龄的信。

会议；（6）与同情抗日国家合作。

据周恩来的报告，12月24日，蒋介石针对西安方面6项主张作了如下口头答复，即：（1）下令东路军退出潼关以东，中央军离开西北；（2）委托孔、宋为行政院正副院长，责孔宋与张商组府名单。令何应钦出洋，朱绍良及中央人员离开陕甘；（3）蒋先回京，后释放爱国"七君子"；（4）联红容共，为对外，红军苏区仍不变，经过张暗中接济红军，俟抗战起再联合行动，改番号；（5）开国民大会；（6）联俄联英美。但在蒋介石的回忆和国民党史料中并无这6点答复的记录。

蒋介石没有意愿为他的承诺签订任何协议书，东北军和西北军有部下向张学良反应不满，称："我们提着脑袋给你干，怎么到最后连个签字都没有？"张学良回答："你们的政治觉悟没有我高，蒋介石虽然被捕，但是其政治实力还在，既然我们要放他，要把他捧为领袖，那么逼他签字，他到时还会反悔，要一个君子协议也很好。"

12月24日深夜，中共中央致电周恩来，陈述了关于放蒋条件的指示。指示中提出，必须坚持以下3个条件才能放蒋：（1）全部中央军首先撤出潼关；（2）南京及蒋通过公开的政治文件宣布国内和平，与民更始，不咎既往，并召集救国会议；（3）开始部分地释放政治犯。接到中共中央电报后，杨虎城转而积极赞同中共的主张，但张学良却不以为然。张学良是西安事变主导者，他激于对国难家仇之义愤发动事变，反对内战，主张枪口向外。杨虎城建议发动事变，张主动而为，至骑虎难下，"问计无人"时，中共代表周恩来变成"谋主"，"三人小组"共谋解决事变。

12月25日中午，宋子文去新城大楼恳求杨虎城同意放蒋，杨仍坚持没有保证条件不能放走蒋。下午，张约杨来对他说："现在不走不行啦！夜长梦多，不知道会出什么乱子。我今天决心送蒋走。假如万一我回不来，东北军今后即完全归你指挥。"杨一向尊重张，便慨然同张一起送蒋去机场。下午3时半，他们乘汽车从蒋住处出发，直奔西郊机场。此时，周恩来仍力图劝说张学良接受中共中央的放蒋条件。但却意外

周恩来从西安回到延安时受到毛泽东等的欢迎。左起：秦邦宪、张闻天、毛泽东、周恩来、彭德怀、林伯渠、肖劲光。

地得知，张学良已经亲自护送蒋介石前往机场。

12月25日下午，蒋介石乘飞机离开西安，张学良亲自陪同。当日抵洛阳。离开西安前，张留下手令，把东北军交给杨虎城指挥。

12月26日，蒋介石平安抵达洛阳后，《大公报》称："全国民众听到这个喜讯，都欢喜得几乎要发疯了。昨天晚间，全国自都市至城关，自成人以至儿童，都热烈庆祝，欢声彻夜，这种情形，真是揭开了历史的新页"。同日下午，蒋介石抵达南京，国民政府主席林森以及20万南京市民迎接。

西安事变和平解决，张学良却被扣留。张学良当时还乐观地表示："我自己做的事自己负责，我送蒋先生回南京是请罪，后事我都预备好了，我是准备被处死刑的。但蒋先生很宽厚，飞机到洛阳，委员长叫我不要下飞机，他一直在保护我。"

西安事变的发生与和平解决基本停止了内战，极大地鼓舞了中国人民的抗日热情；停止了国民政府"攘外必先安内"政策，迫使国民政府进行国共第二次合作，促成了抗日民族统一战线的建立。中日民族矛盾成为中国社会主要矛盾，中国提前与日本进入战争状态。

事变发生后，中共中央拥护及支持张、杨的行动，并根据国内外形势，确定和平解决事变的方针，并协调西安与南京和解。事变和平解决后，停止了安内攘外政策，迫使国民政府进行国共第二次合作，建立了苏联期望的抗日统一战线。中国共产党获

1936年12月12日，西安军民为支持张、杨的抗日壮举上街游行。

得了合法生存与喘息休整、壮大的机会。红军从陕北南下，占领西安附近地区。周恩来、叶剑英、博古、林伯渠等代表中国共产党开始和中国国民党合作谈判。由此见，西安事变重要作用的体现关键不在发动，而在其和平解决。张学良作为西安事变的发动者，同时也担当了促成其和平解决的重要角色。

（二）陈布雷代笔《西安半月记》

1936年12月，陈布雷随蒋介石在洛阳巡视，因身体衰弱，患了肠炎，被迫允许乘车回南京医治。12月12日，张学良、杨虎城发动西安事变，扣押蒋介石。陈布雷闻讯，心急如焚，特写了一短柬托宋美龄转交蒋介石："此次职未及随侍，疚疚实深，昨日闻悉后，遥念钧座起居，寝食难安。"表达了对蒋介石生命安危担忧的急切心情。

西安事变和平解决后，蒋介石回到南京，就立即命令陈布雷捉笔，写了《对张杨之训词》。陈布雷将蒋介石打扮成心灵纯洁、人格高尚者，而将事变的和平解决归功于张、杨受蒋介石"精神之感召"，试图挽回"领袖"的面子。

1937年1月12日，陈布雷随蒋介石到浙江奉化。这时，关于西安事变的传闻很多，有的已经传得十分离奇，陈布雷感到有责任为蒋介石撰写西安亲历记，以正视听，而蒋介石也有意把在西安的经历用笔墨固定下来，这就是蒋介石后来撰写《西安半月记》的由来。只是当时蒋介石惊魂未定，伤势还在治疗疗养，事务繁杂，只待稍微清闲下来后，才开始此项工作。

2月2日，蒋介石在杭州西湖别墅休养，开始口述《西安半月记》，由陈布雷负责整理，也即此手令中的"回忆录"。不到一周时间，陈布雷即整理出了初稿，交与蒋介石审核。蒋介石对此整理稿，反复阅读修改，字斟句酌，此时仍感到个别字句不妥，将已经改过一遍的"民主政治"四字，再改为"三民主义"，说明此时的蒋介石感到他的执政纲领"民主政治"，还应归宗于孙中山先生的"三民主义"，不能别出心裁"造句"，以标新立异于新的指导思想，更不能另起炉灶；在民族危难之非常时期，还应高举孙中山"三民主义"的旗帜，以团结全国各派军政势力。

蒋介石《西安半月记》记述 12 月 12 日的经历，说："凌晨五时半，床上运动毕，正在披衣，忽闻行辕大门前有枪声，立命侍卫往视；未归报，而第二枪又发，再遣第二人往探；此后枪声连续不止，乃知东北军叛变。少顷，侍卫官竺培基及施文彪来报："叛兵已蜂拥入内，本已冲过第二桥内，被我等猛射抵御，死伤甚多。"余问"叛兵如何行状？"答曰："戴皮帽子，皆是东北军官兵。此时余犹疑为一部之兵变，必系赤匪煽惑驻临潼部队暴动，而非汉卿有整个之计划。盖如东北军整个叛变，则必包围行辕外墙之四周；今前垣以外，尚无叛军踪迹，可知为局部之变乱。如余能超越山巅，待至天明，当无事矣。乃携侍卫官竺培基、施文彪与随从蒋孝镇，出登后山。经飞虹桥至东侧后门，门扃，仓促不得钥，乃越墙而出。此墙离地仅丈许，不难跨越，但墙外下临深沟，昏暗中不觉失足，着地后疼痛不能行。约三分钟后，勉强起行，不数十步至一小庙，有卫兵守候，扶掖以登。此山东隅并无山径，而西行恐遇叛兵，故仍向东行进。山岭陡绝，攀援摸索而上。约半小时，将达山巅，择稍平坦处席地小憩。"

陈布雷虽然奉命勉强写出《西安半月记》，但内心痛苦不堪，他曾给知友写信说："余今日之言论思想，不能自作主张。躯壳和灵魂，已渐为他人一体。人生皆有本能，孰能甘于此哉！"他深深地体会到：领袖"文胆"真不好当。

作为蒋介石的"御用"笔杆子，陈布雷曾参与起草过一些反共方面的文章，做过一些违心事，替蒋编织过谎言，最典型的就是这篇《西安半月记》。关于西安事变，陈布雷知道张学良、杨虎城原为抗日而兵谏，并无"弑君"、"篡权"之意，也听说了一些蒋在惊慌中跳窗逃至山后的狼狈情节。但蒋介石向他面授此书的纲目时，却把张、杨说成是犯上作乱的叛逆，美化自己在危难中镇定自若，对下属晓以大义，使之幡然悔悟，才得以转危为安。陈布雷无法违拗蒋的旨意，只得唯命是从，但内心里却十分痛苦。他多次表示，"不能用我的笔达我所言"，"为人捉刀是苦恼的"。

（三）事变主角张学良

张学良（1901—2001），字汉卿，号毅庵，

青年张学良

少帅张学良

乳名双喜、小六子。汉族，籍贯辽宁省盘锦市大洼县东风镇，生于辽宁省鞍山市台安县桓洞镇鄂家村张家窝堡屯（旧称桑子林詹家窝铺），奉系军阀首领张作霖的长子，国民革命军著名爱国将领。

1920年，张学良毕业于东北陆军讲武堂，先于奉系军中担任要职，"皇姑屯事件"之后，继任为东北保安军总司令，拒绝日本人的拉拢，坚持"东北易帜"，为祖国统一和民族团结作出了贡献。后任"中华民国"陆海空军副司令，陆军一级上将。西安事变后遭蒋介石父子长期软禁。1990年恢复人身自由，1995年起离台侨居美国夏威夷，2001年10月14日病逝于檀香山，享年101岁。

张学良积极主张抗日，反对内战，同杨虎城将军一起发动震惊中外的"西安事变"，促成国共二次合作，结成抗日民族统一战线。另外，他风流倜傥，是民国四大美男子之一，人称"少帅"，他和赵四小姐的爱情也成为一段佳话。

1917年，张学良在其父张作霖军中服役。1919年，就读于东北陆军讲武堂，在校内结识战术教官郭松龄，两人成为忘年之交。1920年后，以炮兵科第1名毕业，初任东北军第3混成旅第2团团长，负责保卫张作霖人身安全，以及维持奉天治安，他将郭松龄一同带至奉军。

1922年，第一次直奉大战爆发，张学良与郭松龄指挥东路军奉军第3混成旅，张学良任旅长，经过霸县战斗和山海关阻击战，成为第一次直奉大战中奉军唯一取胜的部队。1924年，第二次直奉大战爆发，张学良率领奉军第3军与姜登选的奉军第2军为东北军入关的主力军。在张学良部队的猛攻下，奉军突破山海关，直捣北平。直系全面溃败，全军覆没，吴佩孚成为张作霖手下，直系从此没落。奉系由此一战夺取了中央政权，张作霖成为北洋军阀领导人，奉系军事实力此时达到顶点。

1928年6月4日，张作霖在皇姑屯被日本关东军炸死，张学良就任东三省保安总司令，开始统治东北。张作霖被炸死后一星期，张学良以"东北易帜"的果断行动，宣布服从南京国民政府。7月1日，张学良向国民政府发出《绝不妨碍统一电》，促使中国从形式上走向统一。后被国民政府任命为陆海空军副司令、东北边防司令长官。

1929年7月，张学良欲取消苏联在东北的特权，查封哈尔滨苏联商业机构，开始着手收回中东铁路。8月14日，斯大林命令苏联军队沿中东路一线向东北进攻，张学良领导的东北军败给苏军。张学良被迫在伯力签订议定书，恢复苏联在中东铁路的特权。

1930年3月，为争夺中央统治权，汪精卫联合阎锡山、冯玉祥、李宗仁等地方实力派发起挑战蒋介石南京中央政府及国民党中央会议的内战。5月，蒋介石宣布"平叛"，史称中原大战。手握重兵的东北边防军司令长官张学良成为交战双方争取的对象。反蒋派任命张学良为陆海空军副司令。9月，反蒋派成立北平国民政府后任命张学良为国府委员（共7人）、承诺政府一半的部长职务由奉系人员担任，最后战事不利时又许诺将察、绥两省和平津地区让与东北军。

1930年6月21日，蒋介石也任命张学良为陆海空军副司令，许诺平津地区的军政、财权均归张学良掌握，黄河以北地区全由张学良节制，还任命张学良部于学忠为平津卫戍司令，王树常为河北省主席，王家桢为外交部次长，又以数千万元巨款收买。应蒋介石请求，英、法驻华公使也出面对张施加压力。张学良在双方矛盾之初，于1930年3月1日发表《劝告蒋阎息争通电》，表示"邦家多难，非息争不足以图存"，声称自己中立并调停劝和。为表示中立，拥有东北兵工厂的张学良向交战双方都出售武器。但实际上张学良较为倾向蒋介石，张与蒋的代表张群、吴铁城、方本仁等很亲近，对阎、冯等人的代表则较为冷淡。不过由于奉系内部对是否介入中原大战以及帮助哪方有诸多分歧，张学良并未下定决心入关助蒋。

随着中原战火日益扩大，交战双方都极力拉拢张学良。1930年7月2日，张学良以养病为由，避居葫芦岛一个多月。7月下旬，冯玉祥决定在陇海线发动总攻势，以配合晋军夺取战略要地徐州。但由于阎军配合不好，冯军给养不足，未能如愿，南方桂军又中途受阻，回师湘桂边界。蒋介石趁机调动援军增强陇海线防务，反蒋力量处于劣势。当时张学良分析，如果蒋介石部队夺回济南，那么蒋在中原大战中将获胜的局势就基本明朗了。至此，张学良感到摊牌的时机已到。

1930年7月18日，张学良密电张群："弟拟暂不返省，刻已派车迎岳军（张群字岳军）兄来岛畅谈，耀（方本仁号耀庭）、铁（指吴铁城）两兄如能同来，尤所祈盼"。吴铁城、张群来葫芦岛后，张学良向他们表示"蒋军如果夺回济南，就可以考虑出兵"，但仍不肯表示具体出兵时间。8月初，张学良从葫芦岛到北戴河，进一步观察时局变化，把握着出兵时机。8月中旬，蒋军攻取济南，反蒋联军出现无法挽回的败局。8月30日，张学良感到出兵时机已到，致电张作相、万福麟："良于卅日返省，现有事待商，希即来沈为盼。"是日，张学良返回沈阳。9月10日，张学良在北陵主持召开东北最高会议。在会上张学良详细阐述了他决定出兵华北武装调停内战的原因。指出：第一，东北地处边陲，日本窥伺已久，欲抵御日寇，必须国内统一，南京政府是全国统一的政府，支持了这个政府方能保证国内的统一；第二，扩大会议内部派系多，分歧大，阎冯反复无常，不能成大事；第三，蒋介石亦系一阴谋野心家，对东北无特殊关系，如想搞垮东北会不择手段，为防止蒋介石继续分化东北军，只有从速实现全国统一，早停内战；第四，蒋军已攻下济南，"应实践对蒋的诺言"。张学良的精辟分析是经过数月冷静思考后得出的，其有理有据，使一向反对出兵的张作相也无话可说，与会者一致同意张学良的主张。应该说，张学良做出拥蒋入关的决定，既是维护自身所在的奉系集团的利益，又有维护国家统一的爱国心的考虑。9月18日，张学良发出拥护中央、呼吁和平的"巧电"，不失时机地出兵华北，10多天时间，东北军即完成了对平津地区的占领。10月15日，阎锡山、冯玉祥、汪精卫联电张学良，表示接受和平解决。随后，阎、冯联袂下野，晋军、西北军分别为张、蒋收编。

中原大战后，张学良成了赢家。张在中原大战胜负已分时入关，未受到任何损失，他却不仅在战争中靠卖军火和索要军费发了一笔财（张部一入关，蒋即发开拔费500万元），还于战后获得了晋、冀、察、绥4省和平、津、青岛3市的地盘，整编后的晋军和西北军一部也归张指挥。张学良还获得了"中华民国"陆海空军副司令的职位，成为蒋介石之下、万人之上的显赫人物，其部下也有多人进入南京中央政府。中原大战后的张学良，实力和声望达到了其人生的顶点。但是，因为处理中原大战的善后事宜，张学良对东北事务的精力被分散；而且中原大战后入关的大批东北军没有回防，1931年张学良为了讨伐石友三又再度征调部分东北军精锐入关，导致了东三省兵力的进一步空虚。这些都给图谋东北已久的日本帝国主义以可乘之机。正好是张学良入关的一年之后的9月18日，日本少壮军人发动了"九一八"事变。

1931年7月6日，张学良电告东北政务委员会说："此时如与日本开战，我方必败。败则日方将对我要求割地偿款，东北将万劫不复，亟宜力避冲突，以公理为周旋。"9月6日，张学良又致电臧式毅、荣臻："对于日人，无论其如何寻衅，我方务须万方容忍，不可与之反抗，致酿事端，即希迅速密令各属，确实注意为要。"9月18日，日本关东军发动震惊中外的"九一八"事变，驻守北大营的1万多名东北军将士因遵循张的严令没有抵抗。"九一八"事变发生后次日，张学良在北京协和医院对天津大公报记者谈话时说："吾早下令我部士兵，对日兵挑衅，不得抵抗。故北大营我军，早令收缴军械，存于库房。"

9月22日、23日，蒋介石和国民政府分别发表讲话和告国民书，要求"暂取逆来顺受态度，以待国际公理之判断"、"希望我全国军队，对日军避免冲突"。蒋介石纵容张学良率领的东北军力避冲突，并退守锦州。在"不抵抗政策"指导下，张学良和蒋介石都寄希望于国联调停。10月24日，国联作出决议，要求日方撤军，而日本不但不加理会，反而于11月进攻嫩江、黑龙江守军，日本野心已暴露无遗。张学良自谓："国联自身本无实力，仅能调解纠纷，不能强判执行，中日事件最好能自谋解决办法。"在嫩江桥战役中，当日军和伪军张海

张学良将军

鹏部向嫩江桥进攻时，张学良令守军于兆麟部和平撤退，以免糜乱地方，仍旧想依赖国联。

江桥抗战，马占山部孤军奋战，未获驻防锦州一带东北军的实力援助，张学良驻锦州队伍毫"无战斗准备"。江桥战斗结束后，张学良受到社会舆论的猛烈抨击。上海救国联合会说"黑省马军，孤军抗日，效忠疆场，张学良未能拨援"。市民联合会致电国民政府，指责"张学良坐视日寇侵略东北，辱国丧地，放弃职守"。全国学生抗日救国联合会亦电请政府"严惩张学良，克日出兵"。南京政府在认识到日军必将占领东三省的野心和国联的软弱后，逐渐改变政策。1931年11月14日，国民党第4次全国代表大会第1次大会通过决议，"严令各省文武官吏若遇外侮入侵，应做正当防卫，严守疆土，与城存亡，不得放弃职守"。

11月，锦州事变发生，张学良仍未下抗日决心，而是钟情于"锦州中立化"方案。11月29日，张学良致蒋介石密电，称"惟个人对此亦颇赞成"，并在与日方代表谈判之同时，开始安排东北军撤出锦州。12月3日，顾维钧在电文中极力劝阻道："兄（指张学良）拟将锦州驻军自动撤退，请暂从缓"；12月5日，顾维钧又与宋子文联名致电张学良："现在如日人进兵锦州，兄为国家计，为兄个人计，自当力排困难，期能防御。"12月8日，蒋介石致电张学良："锦州军队此时勿撤退。"12月21日，张学良致电第2军司令部："当最近日本进攻锦州之时，我军驻关外部队理应防范，但若现政府方针未定时，自然不用锦州部队进行防守，因而撤至关内"，"部队驻地为迁安、永平、滦河、昌黎"。当日军进攻锦州时，国民政府多次电令张学良抵抗。

12月25日,令其"积极筹划自卫";张学良部队开始从锦州撤退后,12月30日,国民政府还急电其"无论如何,必积极抵抗",但日军兵不血刃占领锦州。日军占领锦州及绥中一带后,实现了对东三省的完全占领。

1932年,日本策划的伪"满洲国"成立,从此东北数千万民众开始遭受日本长达14年之久的残酷统治和掠夺。

1934年2月,张学良任豫鄂皖3省"剿总"副司令。1935年3月,任武昌行营主任,10月,兼任西北"剿总"副司令并代行总司令职权。此时,日本加快了侵华步伐,国民政府一再妥协。中共驻

蒋介石与张学良

共产国际代表王明在莫斯科以中共中央和中华苏维埃中央政府的名义发表《为抗日救国告全体同胞书》(简称"八一宣言"),全国要求停止内战实行抗日的呼声日益高涨。

1936年12月4日,蒋介石到西安督战。张学良与西安绥靖公署主任、第17路军总指挥杨虎城共同向蒋面谏,却遭到蒋拒谏。蒋介石令张学良、杨虎城立即进攻陕北红军,否则将其所部分别调往福建、安徽。12月9日,中国共产党组织大规模的群众游行示威,纪念"一二九"运动1周年。特务军警开枪打伤一名学生,群众非常激愤,决定到临潼直接向蒋介石请愿示威。蒋介石强令张学良制止学生运动,必要时可以向学生开枪。张学良接到命令后,赶上游行队伍,极力劝说学生回去。东北大学学生高呼"中国人不打中国人!""东北军打回老家去,收复东北失地!"等口号。张学良向群众表示一周内以实际行动答复学生的要求。12月12日,张学良与杨虎城兵谏蒋介石,共同逼蒋联共抗日,造成震惊中外的"西安事变"。

西安事变时的当天,张学良、杨虎城向全国发出关于救国8项主张的通电,提出:"改组南京政府,容纳各党各派,共同负责救国。停止一切内战。立即释放上海被捕的爱国领袖。释放全国一切政治犯。开放民众爱国运动。保障人民集会结社一切政治自由。确实遵行孙总理遗嘱。立即召开救国会议。"

西安事变发生后,东北军、西北军内部出现主张杀蒋和放蒋的争执,但张学

良、杨虎城两人都主张释放蒋介石。据杨虎城的机要秘书王菊人回忆，西安事变发生后，杨虎城曾找张学良商议释放蒋介石的4项条件：一是蒋介石之"安内攘外政策"必须改变，至少以谈话方式向全国公开声明（当时考虑由南京政府正式发表声明是办不到的）；二是改组国民党政府为抗日联合政府，应有行动表现；三是东北军、第17路军的驻地和政治地位不变；四是红军问题，由以后组成的抗日联合政府解决。

1936年12月25日，西安事变和平落幕。张学良主动送蒋介石回南京，即被蒋扣押。12月30日，张学良交付军事法庭审判，判决如下："张学良首谋伙党，对于上官暴行胁迫，判处有期徒刑10年，褫夺公权5年。"1937年1月4日，蒋介石向国民政府呈请张"应得罪刑予以特赦，并责令戴罪图功，努力自赎"。同日，林森主持召开第22次国民政府委员会会议，决定对张特赦，发布命令："张学良所处10年有期徒刑，特予赦免，仍交军事委员会严加管束。""管束"令宣告张从此失去自由，过着长期被软禁的生活。由于抗战期间国民党不断失去领地，张被软禁的地点也经常变迁，其被软禁的设施环境也随之变化。

随蒋介石到南京，张学良后来说这完全是他个人的决定，没有任何人影响到他。他认为兵谏蒋介石的"祸"是他闯的，他作为一军统帅，有义务为手下兵士负责，不应该由于他一个人的举动而牵连全军官兵。故而事变结束后，张学良只身随蒋前往南京，听凭蒋介石发落，希望一切西安事变的后果责任，全由他个人承担，不要连累东北军。既然蒋介石已经同意抗日并成为全国的抗日领袖，张学良希望用自己的牺牲来树立起领袖的威严。张学良说："领袖就是一个泥菩萨，如今我已经把他扳倒了，我要亲自把他扶起来，如果他有灵，我拿头给他叩。"当时周恩来、杨虎城都反对张计划随蒋去南京，只有宋美龄支持，她认为张"能够亲自随蒋返还南京，更说明这个事件有一个圆满的结局，连叛军将领都来亲自负荆请罪了"。

1937年1月13日，张学良被送至蒋介石的家乡浙江溪口，安置在武岭山麓一处小院落中，开始此后的幽居岁月。1938年11月起，张学良与杨虎城被囚禁在贵州省修文县阳明洞。1941年5月，张学良转囚贵阳市麒麟洞。由于和市区距离很近，不久很多贵州人都知道张学良关在麒麟洞，于是在1942年2月把张移往贵州省开阳县刘育乡囚禁，1944年春天再移贵州息烽县阳郎坝，冬天再到桐梓县天门洞小西湖。1946年4月9日，蒋介石在贵阳市黔灵公园会见张学良。不久，张学良被押往重庆歌乐山戴公馆，1946年10月被送到台湾软禁，1947年移住井上温泉（新竹县）。1957年10月，移至高雄市西子湾。1961年秋，移居台北市北郊投居所，在三地都过着软禁生活。张学良原配夫人于凤至，生三子一女，张后与赵一荻（赵四小姐）结婚。他后期信奉基督教，这是他早年读教会学校的早期信仰，1964年受洗礼。依照一夫一妻规则，蒋介石劝张学良与于凤至离婚，和赵四小姐结婚。

1957年初，张学良遵从蒋介石之意开始撰写回忆录，4月22日完成，命名为《杂忆随感漫录》。该文中，张指责中共"包藏祸心，别有所图"，赞扬蒋在西安事变中"刚正严厉"，自贬"行动鲁莽，思想幼稚，可耻而又可笑"。稿件上交时，张复函称本人对稿件并不满意，还请上峰修改指教。5月5日，蒋介石高度评价这本回忆录，并亲自对稿件做修改，要张亲笔再抄一份。5月10日，张收到退回的修改稿件，按蒋要求开始抄写，稿件改名为《西安事变反省录》，内容并无重大变动。7月14日，张将《西安事变反省录》抄写完毕。

从1956年至1958年，张学良于回忆材料中揣摩蒋意流露出"悔意"，但鉴于张彼时仍期盼重获自由，上述回忆材料所言应非张真意。

1959年7月25日，张学良与宋美龄长谈，谈到恢复张人身自由问题，宋称："你的问题，时间还要久啦。须要有忍耐。我人一切都是上帝的安排，愿多作祷告。"自此，张对自由不再抱幻想，也不再撰写回忆录，或者发表检讨自己历史或者批评中共的言论。1964年7月1日，台北《希望》杂志刊登《张学良西安事变忏悔录摘要》一文，内容为蒋经国定稿的《西安事变反省录》。张读到之后立即给蒋介石写信，说明"这个东西可不是我发表的"，"谁发表谁的责任"。蒋介石为此非常生气，结果是《希望》杂志被查禁。

关于发动西安事变的动机，张学良曾自述说："我主要的敌人是日本人，共产党跟我们争，那还是中国人。"他说："（蒋）认为在中国能够夺取他政权的，只有共产党。我就不同，（政权）夺不夺取，共产党也是中国人。"

1988年1月13日，蒋经国逝世。李登辉执政后，1990年起，张学良开始恢复人身自由，1991年获准去美国探亲，才算全面获得自由。1993年4月，受聘为东北大学名誉校长，5月受聘为哈尔滨工业大学名誉理事长。1995年离台，侨居美国夏威夷，在那里长居。2001年10月14日14时50分（北京时间10月15日8时50分），张学良在美国夏威夷首府檀香山史特劳比医院病逝，享年101岁。与其妻赵一荻安葬于夏威夷檀香山。

（四）张学良回首西安事变

西安事变，在当年的报纸都有详尽报道，更有蒋介石《西安半月记》、宋美龄回忆录、宋子文日记、钱大钧《西安蒙变日记》、张学良多年后的口述历史及"反省录"等相关人士之记载，足以还原事件真相。但其中的一些关键真实细节，局外人未必清楚，蒋介石、周恩来、张学良终生都未说，只是从张学良晚年的一些话语中可窥见蛛丝马迹。

张学良可以说是和烽火连天、急剧动荡的20世纪同步走过的，尤其是20世纪上半叶，他曾高居东北盟主地位，在中日两国的现代历史上扮演主角或不可或缺的配角。但是从西安事变以后，他就一直是三缄其口，不愿意对外发言。不过从90岁起，他开始谈现代史，提供活生生的见证。恰在那个时机，本书作者在中国人民解放军军事科学院主办的《军事历史》杂志工作，一个机缘巧合的场合，听了张学良关于回顾西安事变的多盘录音带，这些录音在当时实际上是总参有关部门的情报资料，汇集的相当完整。出于职业上的敏感，在请示了相关部门之后，根据录音整理出了文字稿，再经脱密处理，后编辑发表连载在《军事历史》1999年第3、第4期上。以下文字中张学良的回忆，即是这些录音的段摘。

1990年6月1日，由国民党元老张群等人发起，在台北圆山饭店12楼昆仑厅为张学良将军举办90岁生日庆典晚宴，有200多名中国国民党的党政军要员和张学良的故旧亲朋出席，这是西安事变半个多世纪以来张学良的首次公开露面，也是他结束软禁生涯的标志。90岁高龄的张学良无经搀扶，不拄拐杖，身板硬朗，精神很好，步履稳健地走进庆典大厅。在宴会致词里，张学良效法使徒保罗，说："我真是虚度了90，对国家社会人民毫无建树，正如圣经上所讲，保罗所说的'我是罪人中的罪魁'，我张学良自己感觉是万分的惭愧，我张学良何德，能够蒙诸位亲友的贺寿，我有什么寿啊。"庆典期间，张学良首次说起了西安事变中的一些秘闻。

晚年张学良

8月，日本广播协会（NHK）派特别

张学良与赵四小姐

主播矶村尚德、日本中日关系史教授臼井胜美专程赴台北采访张学良，这是张学良公开露面后首次接受外国记者的采访。臼井胜美、矶村尚德、张学良和翻译朱小姐依序落座，张学良接受采访时，神情自若，思路敏捷，口齿清楚，对历史事件与人物记忆犹新，回答问题语言准确，谈笑风生，风趣幽默，当年英姿勃发、热力四射的少帅风韵尚存。这是西安事变以来，张学良断绝和外界的一切接触，始终保持沉默半世纪以来，第一次接受新闻采访。

张学良谈了"九一八"事变和西安事变。谈到他卸任国民政府陆海空军副司令职务后在1933年4月启程到欧洲游览，在法国、德国、英国、瑞士、意大利，直接接触世界的新时代气息，1934年回到国内。张学良从欧洲回国时，蒋介石对中共的发展深存戒心，正在攻击赣南的红军。中共中央与红军离开江西开始长征，1935年10月到达陕北地区。蒋介石打算对陕北的红军发动总攻击。就在这个时候，日军也把侵略的矛头对准了华北地区，蒋介石以和中共的作战为优先，容忍了日军的行动，由于对日军侵略河北危机意识高涨，以及对蒋介石的政策不满，12月9日，北平的学生举行了要求抗战的大规模示威，史称"一二九"运动。

张学良回忆说："我回来以后，我不想再带兵，因为我要把军权交出去，我不想再带兵，我想我跟蒋委员长虽然是……那时候我在北方做事情，我很愿意跟他接近，两个人更能亲密一些，更能认识一些，所以我愿意给他当侍从室主任，但是蒋先生不答应我，还是让我……至于'剿共'这个问题，就跟这个连下来，蒋先生当时让我自己选择，你到底要干什么，你倒是得给我几个题目，那就是你回来啦，国人对你有好多不满的地方，你要做几件事情，你要选择几个事情。所以我当时就是，那一件事情最难，就是'剿共'的事情最难，那时候我就挑了最难的事情做了。"

当时，中国民间抗日的情绪高涨。张学良没有能去抗日，却是受命于蒋介石，率东北军赴西安执行蒋介石赋予的"剿共"任务。时在西安和红军作战的是西北军，指挥官是杨虎城，张学良被任命为杨虎城的上级。一经交战，张、杨部受到红军的顽强抗击，作战无法顺利展开。为了和红军作战，张学良损失了东北军最精锐的第110师，师长阵亡，将近4000人被俘，这在离开故乡、进行内战的东北军官兵中，引起了强烈震撼。

张学良回忆说:"比较强的就是愿意抗战,回家乡是主题。怎么能回家乡,只能跟日本人打,不愿意跟共产党打,而失掉这些力量,愿意保存这些力量,我拿这个力量自己回家乡。所以那时候处境非常地难,所以我的部下,对这事情,对我有相当的冤枉,冤枉啊,不满意。就说你是服从蒋先生为你自己,可是我们怎么办。"

张学良对蒋介石的"攘外必先安内"政策极为不满,部分原因是部下的顶撞冲突,使得张学良强烈地认为,应该停止和中共的内战,去和日本宣战。1936年4月9日,张学良潜赴延安,和中共领导人周恩来在教堂里会见晤谈,会谈中,双方达成了停止内战、国共一致联合抗日的基本共识,张学良并答应周恩来,用这个共识再去说服蒋介石。

张学良回忆说:"所以他对我也有评价,周恩来评论我,我评论他也是,也差不多是这样的评论,就是反应很快,对于了解事情很深彻。他评论我也差不多这样,我也评论他这样,就是一谈话反应很快,不用什么啰嗦,一针见血说话,而且对于事情很清楚,所以可以说,我们俩一见如故,两个人。"张学良和周恩来两个人在延安会晤的结果,使最前线的东北军和红军之间实际上处于停战状态。

1936年12月4日,由于东北军"剿共"没有进展,蒋介石失去了耐性,亲自率领高级官员飞抵西安。12月7日,张学良来到蒋介石下榻的华清池,试图说服蒋停止与中共的内战,一起合作抗日。然而,蒋介石一句也不听,引发激烈争吵。张学良回忆说:"政见之争,就是蒋先生主要是安内攘外,我就主张攘外安内,就是这个意思,就是先对外作战,对外自然就能安内。那么蒋先生说先安内以后再攘外,就是这样子。从来差不多我们俩就有这个意见,可是没有后来这么尖锐。"

张学良和蒋介石在华清池激烈地争吵两天后,12月9日,适逢这天是"一二九"运动1周年纪念日,西安1万多名学生进行大规模游行示威,学生向西安市内的政府机关四处请愿,要求停止和中共的内战,一起抗日,请愿得不到满意答复,学生转而向时在西安的蒋介石直接请愿,由西安市向郊外的华清池出发。张

张学良接受采访

学良得到消息,立刻赶到现场和学生沟通,答应一周内会以事实答复,这时张学良决心以武力说服蒋介石,因此他前往新城大楼会见西北军指挥官杨虎城,表达自己的意见。12月12日,张学良、杨虎城两人在新城大楼召集东北军和西北军的主要干部,下达了"兵谏"蒋介石的决定。张学良谈到"兵谏"行动,在回忆时慷慨激昂地特别强调说:"我一做军人那天,我父亲就教导我,教训我,说你要做军人吗,这是我讲我父亲,他说你做军人,你知道这个话是我们东北人很出名的,他说你要把脑袋割下来,挂在你裤腰带上,就是你随时准备死啦!我做军人以后,我就是随时准备死。不过我后来对内战非常地厌恶。"

12月12日,天还没亮,奉张学良命令的东北军部队,出其不意地突袭蒋介石下榻的华清池,目的只有一个,捉拿蒋介石,当时负责指挥的是孙铭九。孙铭九回忆说:"因此,这一放枪,一打枪里面就知道了,所以他们就开始抵抗,这一抵抗里面就乱了。乱了之后,但是我进去之后,和我们一起进去的时候,有一个卫兵,他往前闯,把我拽了一下,他挨了一枪,我反倒没挨上。本来原来的计划,那当然不必多说了,本来是预备每一个都要把门,都要抓住了。没等这个机会,他打我们,没办法了,所以在这个情形下,我们就急了。进去之后一看屋里没有人了,摸他的被,还温和,所以证明自己走的时间很短,(于是开始搜索蒋介石可能藏匿的后山)刚刚我要往山上走的时候,我们的兵比我跑得快,当时就有一个陈班长在山上就喊了,报告营长,说委员长在这里。这个时机,我就马上跑到前面去了。到前面之后,他就吓的,也是冷吧,也不能说吓的,也是吓的,也有一点关系,不过这一点我愿意说真话,他说了一句话,他说,你是我的好同志,你把我打死好了。我当时的情况,我看到这个情况之下我觉得很危险。我说我是奉副司令的命令,来请委员长到城里去谈抗日的问题。"

蒋介石在严冬中遭遇变乱,单衣越墙攀岩,仓皇逃难。因跳墙而跌伤胸椎,伤及脊椎与腰部,背脊上第12根环节受伤且终身不愈,后半生依靠拐杖或者要人搀扶走路。

蒋介石被抓以后,送到了西安市内的新城大楼监禁。这个消息,迅速震惊了世界。12月16日,西安市内的革命公园举行了10万余人的民众集会,张学良到会说明了事件的原委,表示并不是为了私利私欲,而是为了敦促蒋介石抗日才采取这个行动的,同时提出停止内战、释放政治犯、召开救国会议、排除国府内的亲日派等8项要求。这8项要求,以张学良的名义通电全国。

张学良迅速向中共中央提出派周恩来到西安和国民党会谈的要求,中共中央很快给予回应,表示同意。12月17日,周恩来进入西安张学良公馆。但是,蒋介石拒绝与周恩来会谈。蒋夫人宋美龄和她的弟弟宋子文,也在12月22日搭机飞抵西安,随着宋美龄的出现,蒋介石的态度逐渐软化。12月23日,中共代表周恩来和代表国民党的宋美龄、宋子文、张学良、杨虎城举行了解决事件的会谈，借此也达成了停止内战的初步决议。然而，在有关释放蒋介石的条件上，张、杨两人产生了激烈的对立冲突，张学良要求立即

1936年12月，蒋介石返回南京后，与西安事变中护从的军政人员合影。

释放，而杨虎城则坚决要求蒋介石必须亲自在决议书上签字同意后再释放。

张学良回忆说："假如我们把蒋先生扣留，我岂不是扩大内战吗？我们是要反对内战，所以我跟杨虎城闹翻就是这个……当时有主张内战的人，甚至不愿意蒋先生回南京，南京方面的空气，不管有什么人主张这个，所以我自己，我愿意负起一切责任，不要再牵连别人。我的思想，他要问这件事情，勾起我很多事情，当时我们是主张不要内战，可是杨虎城先生他下不了决心，对这事情，最后我们起了很大的争执。我就说，你这种做法，那跟我们开始的意思违背了，如果我们要是照着你这样做，那不是扩大内战了吗？"

蒋介石坚决拒绝签字，事态变得十分僵持。这时国民政府军队和东北军、西北军之间已经开始有小的冲突，新内战的危机渐渐升高。为了打破这个僵局，张学良认为除了蒋介石、周恩来直接会谈外，别无他途。12月24日晚，蒋、周两人的直接会谈总算实现了。

当有记者询问蒋介石、周恩来会谈的情况时，张学良机敏地回答说："问到这个很尖锐的事情，我简单地说一句话，就是请不要往下再问我这个事。不但是我在场，周恩来见蒋先生是我领他去见的。对不起，我不能往下讲。（笑）我很不愿意回答这个问题，能体谅我的苦衷就是了，因为他们这么诚意地问这件事，我简单地回答两句话：一个是这件事不应出自我的口。二是我也不愿意伤害他人。这是历史的事情，机密的事，我当然不愿说，不愿揭开，那是历史自个儿知道的，不是我应该说的，他们两个不说，当然我也不说。"

张学良向采访他的记者强烈表示，他对蒋、周会谈的内容，决心绝不透露口风。并说："我为了停止内战，全国抗日，发动西安事变，我没有错。也许方法欠妥。"

蒋、周二人的直接会谈，使得僵局出现了转机，情势顿时发生逆转。12月25日，蒋介石获释。

当蒋介石的飞机正要离开西安机场的时候，发生了意想不到的事。张学良突然要求护送蒋介石到南京。张学良回忆说："谁也（事先不知道），我不是告诉过吗，我决定的时候，他们知道了，他们都来，甚至我上飞机场，周恩来想把我追回来，因为他们都怕我到南京不定是什么样子。我说我有决心，我到南京的决心是，我是军人。"

12月26日下午12时45分，飞机抵达南京，蒋介石和夫人宋美龄受到欢迎，由于他安全地回到南京，避免了新内战的危机。两个小时后，张学良也飞抵南京，立刻进入宋子文的官邸。张学良在南京以监禁国家领袖的罪名，受到军法审判。张学良回忆说："我这个人做事情，我自己做的事情自己负责任，我是个军人，我到南京，送蒋先生到南京，我是请罪啊！我简单地说，甚至，我甚至于我后事我都预备好了。蒋先生对我很宽厚，我是预备被处死刑去了，我拿这个决心去的，我是个军人，我做这件事情我自己负责任，我没什么旁的意思。同时，我是反对内战的，假使我不这么样做，我恐怕更演成内战更扩大。所以我这人，我这样认为说，我自己牺牲我自己，我毫不顾虑。"

不久，南京政府以军法审判和判决张学良有罪，判处有期徒刑10年，剥夺公权力5年。接着，蒋介石又颁布特赦令，驳回判决，暂时判张学良无罪，软禁在蒋介石的故乡浙江溪口。张学良在溪口的中国旅行社简陋的招待所中受到特务的监视，过着隐居般的日子，开始半世纪的软禁生活，张学良的名字从此在历史舞台上消失。当时，张学良在溪口写信给部下。张学良被软禁在溪口，无法回到东北军所在的西安，东北军的青年军官之间开始有以武力夺回张学良的主张，张学良坚决地劝戒血气方刚的他们，不要为他个人而起事端。

西安事变和平解决后，民众抬着蒋介石的画像游行庆祝。

1937年"七七"事变爆发后，中日展开全面战争。以西安事变为契机的国共合谈，促成了第二次国共合作，中国结成了民族统一战线，日军遭遇中国军队的强烈抵抗。中日大战爆发后，虽然有人希望张学良能够率领东北军上前线，可是蒋介石始终不肯答应，张学良在软禁的情况下，不可能与入侵的日军作战，而是在软禁中辗转中国各地。

抗战结束后，1946年张学良被带到台湾，然后一直在台湾生活。从极大地改变他命运的西安事变以来，已经过去50多年的岁月，作为虔诚的基督徒，张学良从来没有错过星期天的礼拜。张学良回忆说："可以说，我自个儿不能说完全的毁灭，整个的毁灭出于日本，整个儿没有了。我父亲被杀，我自己整个家庭的毁掉，我的财产，一切都是，我这个人是这样的，可以说这么讲，有反抗性的人，所以你看我做的事情，历史上，我现在已经老了，我才肯说这句话。我年轻的时候，我绝对在政治上不肯把我的态度说出来。我这个人非常的反抗，我要看这件事情不合理，我不管谁，我不管，但是我自己看对，不对那是另外一个问题。但我一看这事情不合理的事，我不管谁，甚至对我父亲，我都是这样。我的个性是这么样的一个人，我现在已经90岁了，我也脱开政治环境，我才说这些话。我有很多事情，为什么我要反抗，我就是看这事情不合理，我不管自己的权利，自己的生命，我都不在乎。"

张学良的前半生高潮迭起，出生于1901年的他诙谐地评价自己只活了36岁，也即西安事变那一年，此后的他就没有什么作为了，政治生命就此戛然而止。从他的父亲张作霖被日军杀害以后，历经"九一八"事变、中日战争，使得张学良更坚定决心和日本决一死战。1936年西安事变之后，张学良不曾对外界作过公开声明，然而50多年之后，已经90高龄的他，却打破长达半世纪的缄默。

当记者问张学良与蒋介石的关系时，张学良回答说："这个很简单，当时政见之争，就是蒋先生主要是安内攘外，我就是主张攘外安内，就是这样子。"记者又问：不管是"安内攘外"还是"攘外安内"对中日历史都很重要，你究竟是从什么时候开始认为攘外应该先于安内的呢？另外，你对蒋先生的"安内攘外"有没有什么意见。张学良回答："这个我很难说了，从来差不多我们两个就有这个意见，可是没有后来这么尖锐，那么，当然目的不同喽。这个很清楚，就是先对外作战，对外自然就能安内。那么，蒋先生是先安内，以后再攘外，就是这样子。我自己现在说也许我的这个政策，也是我的思想是不对的，现在我承认，也许我这个思想不对，但我当时就是那种思想。"

记者问张学良："你在事变后和蒋先生同机飞抵南京，接受处分，请问你决心同行的理由是什么呢？"张学良回答："我过去说了好多事情，我这个人是，我自己做事情我负责，尤其是我是个军人，我这种动作，我自己负责任，所以我到南京，我自个儿去请罪，我这个请罪，包括了我预备把我枪决的，我不管当年是怎么样的情形我不管，我临走把自个儿把我的家交给一个部下，我自己的学生，是当时的军长，我把家交给他。不过在这里我要说，等我到了洛阳的时候，我没下飞机前，等于蒋先生保护我了，他就告诉我了，等于他保护我，我到那儿他都要特别保护我，他怕旁人对我不好,可是蒋先生对我很好,差不多他保护我。我以我跟蒋先生,讲到这个地方我有几个字我给你写出来,就是蒋"总统"去世的时候,我私吊祭他,私人吊祭你懂不懂,我并没有发表。我写的简书……'关情之殷,情同骨肉;政见之争,宛若仇雠。'我们彼此啊,两个人关怀啊,关怀的殷切,好像自己的骨肉一样,就像自己的骨肉一样,可是政见的争啊,政见,因为政见不同之争好像仇雠一样。对这个情形,外头人很少人知道,只有蒋夫人,还有蒋经国知道,所以蒋"总统"去世之后,还没入殓,蒋夫人叫他秘书带我去看看。所以说起这些事情,在政治上很有意思的,像我们这种关系很有意思。"

记者最后问:"张先生,对于战后的日本,不知道你有什么感想、遗憾或者是不吐不快的意见呢?"张学良感慨地回答:"我现在劝日本,可千万不要带有这样的思想,年轻一辈日本当然不能再以武力侵略的事情,这个事情不会有,经济侵略也不要,要跟人家合作,要帮人家,你帮人家就是帮你自己呀!帮人家的结果就是帮你自己,你对那个弱者,你帮他,那个弱者会起来,他会感激你,好像以德服人一样,好像你现在有点难的事情我帮帮你,我并不是帮忙,要得到你什么报酬,你自然就会有报酬啊!所以我很愿意给日本青年,能够脑筋换一下,我想我现在很愿意有机会到日本去。我现在不能去了,我很老了,我愿意跟日本青年说这些话,要想想日本过去的错处,不要还想日本过去的威风,不要想这些威风,要自己好好诚实回想,所以我那天说,好像那位他也很承认我的话。是谁我忘记了,我们中国孔子说'夫子之道,忠恕而已'。日本这个忠字是很大,对这个恕道太少了,不但是旁的国家,就是对自己的人他都没有恕道,所以他也同情我的这些话,他说现在日本也还是如此。我这个人是这样的,所以我说我反对日本人,我不是那种说一定我就是反对,我不但原谅人,我也体谅人,什么叫原谅,什么叫体谅,原谅就是我原谅你了。可是我体谅你,我要想想你的环境,想想你的原因,想想你的困难,想想你有什么要那么做。"

多年后再回味张学良的这番话,仍有如余音绕梁,意味深长。

1992年,张学良对历史学家唐德刚说:"至于你们问我,为什么会有西安事变,我只能这么说,我相信中国一定要统一,要枪口对外,不要再打内战了。这是我的一贯信仰,从东北易帜到西安事变都如此,谈不上什么后悔不后悔。"1995年,张学良在95岁生日时说:"回忆近一个世纪的人生历程,我对1936年发动的事变无悔,如果再走一遍人生路,还会做西安事变之事。"

第21通手令——连电催促杨虎城到沪后出国

【手令编号】 下卷010

【时间判读】 1937年2月中旬

【正文释读】

电话西安，问顾主任：近日杨虎城情形如何，及其何日来沪？即覆。中正。

【原件品鉴】

竖排8行套红"国民政府军事委员会用笺"1页，原件信笺红色现有沁润；毛笔书写。

【原文解读】

顾祝同于1937年1月初被任命为委员长西安行营主任，2月率兵进驻西安。据此推断，本手令写于顾祝同刚到西安的1937年2月中旬，时蒋介石在上海治病修养。

（一）事变主谋杨虎城与蒋介石的恩怨

杨虎城（1893—1949），1893年11月26日出生于陕西蒲城县孙镇甘北村一户农民家里，幼名长久。父亲杨怀福，母亲孙一莲，以农业为主，父亲兼做木匠活，因家境贫寒，只读过两年私塾，12岁被介绍到一个饭馆当杂工混口饭吃，主要是拉风箱烧火。1908年，父杨怀福因杀人被清政府绞杀于西安，14岁的他向会馆借了一辆独轮手推车，披星戴月一步步地步行200里将父亲的遗体推回甘北村，因无钱发表，还是乡民凑钱才草草安葬。后来，他在家乡组织一个丧葬互助组织孝义会，当年中秋扩大为以打富济贫为宗旨的中秋会。

1911年，武昌起义爆发后，杨虎城率会众参加陕西民军与清军作战。袁世凯成为"总统"后，裁减民军，他当兵两年后退伍回乡。当年去姑母家所在的村庄，打死来收债的恶霸李桢,遂落草上山,又拦截了一批税款,买了一支曼利夏步枪(M1895斯太尔-曼利夏步枪),逐渐拥有6条枪、100余人,成为同州一带著名的刀客。1915年,他率众参加陕西护国军,在华县、华阴等地截击袁军。1916年,所部被编为陕西陆军第3混成团第1营,任营长。后陈树藩为陕西督军,通缉同盟会会员李歧山、杨仁天、曹毓生等。李歧山等人为躲逮捕,逃到杨虎城的军中共谋反陈。陈树藩得知后,勒令杨虎城将李歧山等人交出,杨没有从命。陈又以提升杨为团长,扩编部队,增加武器等为条件希望杨将人交出,都被杨虎城拒绝。

1917年,孙中山在广州竖立护法的旗帜,于右任在陕西三原设立陕西靖国军司令部,杨虎城顺势参加护法战争,任陕西靖国军左翼军支队司令。北洋政府组织8省援陕,企图围歼陕西靖国军,他率6000余众在关山东北的界方和陈树藩所部1万余人血战6昼夜,打破了北洋军的"进剿"。这年,杨虎城24岁,自赋诗以言志:"西北山高水又长,男儿岂能老故乡;黄河后浪推前浪,跳上浪头干一场。"

1920年,直系曹锟取代皖系段祺瑞后,改变手法,对陕西靖国军采取分化手段,不久,靖国军大部接受改编,唯有杨虎城以保存革命人格为理由拒不接受改编。靖国军大部被收编后,总司令部不复存在,于右任被迫离开三原。杨虎城乃接于到武功驻地,重建总司令部,于委任杨为第3路军司令,所部改编为4个团。这时他在法门寺截获甘军陆洪涛部33马车军械,共有步枪1000余支,子弹60万发,实力大为充实。

1922年5月,为消灭陕西靖国军,北洋军组织3万大军围攻武功,杨虎城率部血战20多天后终于战败,西退凤翔。为保存火种,他带队跋涉数百公里,击败围追堵截的各路敌军,到著名的沙陀国井岳秀的势力范围延安寻求庇护。这使他受到国民党的很大赞誉,孙中山亲自为他办理正式的入党手续。

1924年冬,冯玉祥发动北京政变,与胡景翼将军、孙岳共组国民军,杨虎城以陕北国民军前敌总指挥名义率部南下,与刘镇华的镇嵩军和麻振武部在渭北激战。1925年5月,支持驱逐陕西督办吴新田运动,在岐山、宝鸡地区重创向汉中撤退的吴新田部。孙岳的国民第3军入陕后,杨虎城遂任国民军第3军第3师师长,时所部8000余人,兵强马壮。杨虎城通过在榆林认识的中学校长杜斌丞,邀请共产党员魏野畴在所部举办的三民军官学校和所属部队任职。

1926年,北方的吴佩孚和张作霖联合对苏联支持的国民军开战,同年广州的苏联顾问为支持北方国民军开始北伐,吴佩孚一方面以其主力布防于长江一线固守,一面抽调兵力北进,联合红枪会,于3月一举击溃国民第2军军长兼河南省省长岳维峻所部,国民第2军10万余人马败退豫西。刘镇华趁机东山再起,恢复了"镇嵩军"的旗号,召集旧部、土匪、红枪会等扼守豫西函谷关,一战消灭国民第2军7万之众,

1926年时的杨虎城

余众瓦解。吴佩孚委任刘镇华为所谓的陕甘"剿匪"总司令,以消灭陕西的国民军,清除其侧背之隐患。刘镇华在豫西纠集原"镇嵩军"旧部,以"打到西安去升官发财"为号召,收编豫西土匪、红枪会一些地痞流氓,组成了8个师,号称10万人的乌合之众,向陕西西安进攻。

时任陕西军务督办的李虎臣集合了国民第2军留在陕西的第10师的一部和陕西陆军第4师的两个团,总兵力不到5000人。李虎臣向杨虎城求援。李在电话里对杨说:"你来我就守,你不来我就走。"杨虎城遂与朱子敏、邓宝珊、田玉杰等进行了紧急磋商,对当时国内军事政治形势作一研究,一致认为保卫西安,抗击"镇嵩军"对声援广东革命政府北伐,有重要战略意义,决定顺应全国革命趋势,拯救陕西,进军西安。4月16日,杨部第6旅旅长冯钦哉赶到西安,两天后,杨虎城也进入西安。遂拉开了北伐三大守城战之首,历时8个月,饿死6万人的西安防御战的序幕。

1926年4月28日,刘镇华率"镇嵩军"抵达西安。到5月15日,刘军攻占城西三桥,完成四面包围,西安攻防战接连出现激战,西安保卫战由此开端。东关地区,鏖战惨烈,常常短兵相接,白刃拼杀。8月,城内弹缺粮尽,已陷危境,但西安城内军民仍在坚守。

9月,冯玉祥从苏联回到绥远,在向全国发表参加国民革命宣言后就任国民联军总司令。于右任以在陕国民第2、第3军临时总司令的名义通电全国,怒斥刘镇华为"残忍,暴酷,惨无人道之人"。17日,五原誓师后,国民联军开始兵分两路解西安之围。援陕总指挥孙良诚率部由银川、固原、平凉入陕,经长武、彬县,10月初抵达乾州,在咸阳以东猴儿寨、三桥一带与镇嵩军展开激战,双方血战40多天不分胜负。最后,国民联军派出奇兵绕过南山直捣韩森寨敌军司令部。那些日子,处在最困难时刻的西安军民甚至可以听到西北方向隆隆的炮声,人们欢欣鼓舞,奔走相告,彻夜不眠。11月27日,杨虎城和李虎臣站在西安城墙上已可以看到国民联军的进攻,他们下令城内部队全线出城反击。入夜,城外火光四起,枪炮隆隆,城内居民披衣达旦,静候佳音。28日凌晨,镇嵩军全线崩溃,上午7时,西安四门洞开,被围8个月之久的西安城解围。战后西安大祭,杨虎城将军含悲手书一联:"生也千古,死也千古;功满三秦,怨满三秦"。

西北将领杨虎城

由于冯玉祥曾在1921年入陕，设计杀害了靖国军中最有能力的将领郭坚，在陕西军人中留下了极恶劣的印象。1926年11月29日，在解围的第二天，杨虎城就率领疲惫不堪的部队离开西安，转移到渭北一带休整。他自己则仅带了一名随从未通知任何人（连家人都未通知），悄悄离开了部队来到富平一位友人家中潜住。以此向广大陕西民众表示自己的引咎，表示自己不拟再干了。他的部下孙蔚如1942年说："城围解之二日，虎城潜离部队，虑不容于冯公也。"围城期间他曾作了这样一首诗："千古诗人为写愤，风花雪月做陪衬；我本多愁多病身，目不识丁也来混。"杨虎城在解围后说："我这样一个人，率领着这样的部队，实际上等于废物，以这样的废物而勉强完成坚守西安的政治任务，已经算最高限度地发挥了作用，到此时不能不就此下台了。"

1927年初，应冯玉祥的邀请，杨虎城就任国民军联军第10路军司令，旋改任国民革命军第2集团军第10军军长，率部东出潼关，会攻河南。5月，任东路军前敌总指挥，受鹿钟麟节制，指挥庞炳勋、王鸿恩、吕秀文3个军，在陇海路东段归德、徐州之间，和直鲁联军徐源泉、褚玉璞、孙殿英、张敬尧等8个军作战。终以双方力量悬殊，伤亡过重，加上国民联军第11军姜明玉柳河在后方叛乱，归路断绝，被迫转至皖北太和县、河南鹿邑一带休整。

1927年"四一二"反革命政变后，杨虎城拒绝在所部"清党"。他对南京派来的反共大同盟系统的韩镇声说：你我都是南汉宸的朋友，而你和他的关系比我还早，尽管政治道义不同，但首先要照顾朋友间的道义。1928年11月，杨虎城就任第2集团军暂编第21师师长。次年，蒋介石与冯玉祥关系濒于破裂，他感到冯玉祥一直拿他当杂牌炮灰，遂率部附蒋，任新编第14师师长，驻防河南。蒋冯战争中守备南阳，击败刘汝明的进攻。

1929年冬，担任蒋介石讨逆军第5路总指挥的唐生智在洛阳以西刚刚打败了冯军主力后，却又与冯玉祥携手言欢，自封为"护党救国军"总司令通电讨蒋。唐率主力由平汉线南下，进攻武汉，总司令部设在驻马店。唐的讨蒋通电事先并未征得杨虎城的同意，而列入了杨的名字。当时杨虎城正在淅川，他说："唐孟潇太看不起人了！我革命的时候，你还是北洋军阀的小喽啰。对蒋介石造反没有什么不可以，但至少你应当事前和我商量商量，你这样搞太看不起人了！我跟蒋是杂牌，跟你唐孟潇也是杂牌，你们双方都是军阀，没有什么优劣之分。"

杨虎城虽对唐不满，但为了争取主动，也未通电否认，只是电告当时任杨部驻南京的办事处处长李志刚向蒋方表示否认。蒋介石对唐生智的突然叛变，十分惊慌，认为如果唐军进入武胜关，湖南的何键也会起来响应，会攻武汉。如果武汉失守，他就丢了半壁江山。他派刘峙为江右讨逆总指挥，在河南信阳一带布防消极堵截。蒋令杨虎城留一部守南阳外，主力开赴信阳归刘峙指挥。由于当时蒋系驻扎在河南的一些部队对唐的态度都不明朗，杨虎城也就按兵不动，坐观成败。后来，蒋又令杨守住南阳，相机向唐右侧背进攻。杨虎城却回电要向唐的大本营驻马店进攻。蒋回电说："估计兄部兵力单薄，不能负此重任，如兄由此决心，即照此执行。"

当时因为大雪，部队调不回来，能使用的不超过3个团的兵力，而且武器都较差，杨虎城毅然决定偷袭驻马店，以迅雷不及掩耳之势，给敌以致命打击。1930年元旦，杨虎城攻入驻马店唐军司令部，并挫败了敌军的多次反攻。

当蒋介石、刘峙初接到杨虎城告捷的电报时，还不信杨虎城建了这么大的奇功。据说刘峙还疑惑杨虎城与唐生智设立圈套，诱歼第1师的主力，迟迟不进，因而一再电询进入市内的是否正规部队，进去了多少，龚浩、刘兴两师是否动摇。直到唐生智部与杨虎城部激战一昼夜后，龚浩、刘兴两师离开平汉线转移到驻马店以东地区时，刘峙才派铁甲车到确山来联络。第1师与第17师在确山会师后，首先决定将龚浩、刘兴两师包围于驻马店东郊而歼灭之。1930年1月9日，唐生智通电下野，表示悔过。1月13日，刘峙通电宣布"讨唐任务已告完毕"。在讨唐战争中，蒋介石原来把杨虎城当陪衬用，计划只要求杨部能侧击唐军的右翼，协助刘峙主力作战。不成想杨虎城竟独自挑了大梁，用奇袭战法一举解决了战争的全局，实在出乎意料。当收到杨的报捷电后，蒋除复电对杨备极嘉奖并着查报有功官兵以凭叙奖外，并立即批发了奖金10万元；接着明令把第17师扩编为第7军，由杨虎城任军长兼第17师师长。

为了表彰杨虎城在讨唐战争中所立奇功，南京国民政府于1930年1月和2月先后授予杨虎城二等、三等宝鼎勋章各一枚。驻马店战役是杨虎城军事生涯中的杰出代表作之一，也是他自从军以来，独立策划发动的规模最大、缴获最多、影响最大的成功战例。从战役的策划、发动、实施，处处表现出杨虎城这个没有受过系统文化、军事教育的所谓粗人，敏锐的政治洞察力；高超娴熟的军事指挥能力；机敏果敢的决策力和身先士卒的勇敢精神。驻马店战役是他成为中国近代史上一名杰出军事家的标志。

1930年蒋冯阎战争中，杨虎城相继任蒋军第7军军长、第17路军总指挥，在平汉线正面堵击冯军。9月间，张学良率兵入关后，战争胜负已定，杨虎城率部攻击冯军宋哲元部于洛阳一带，并占领潼关，截断了西北军向后方的退路，导致称雄一时的冯玉祥部西北军被重重包围，全军瓦解，作为一个集团自此除名。杨虎城率军抵达陕州时，接到蒋介石的电报，嘱杨虎城准备组织陕西省政府。1930年10月24日，国民政府国务会议通过了任命杨虎城为陕西省政府主席的决议。

杨虎城非蒋介石的嫡系，更非亲信，合作时间不过两年。蒋介石之所以将陕西省交其管理，主要有以下因素：一是蒋介石系统发源于中国的南方，其本人又是南方人，在北方缺乏社会基础；而西北特别是陕西曾是北洋政府和冯玉祥的大后方，这些力量都需要清除。二是陕西地方文化沉淀太厚，知识层面非常敏感，地方人士本身不团结但还排外，外籍官员不易统治。蒋嫡系的陕籍将领关麟徵、杜聿明、张耀明（均黄埔一期毕业）等资历太浅，不负众望，在地方没有号召力。三是陕西自民国以来一直战乱不断，加之灾荒接连，1929年刚刚遭遇了特大旱灾，饿死百姓无数，经济上问题很大。四是杨虎城是冯玉祥的叛将，用他来对付冯在西北的残余力量比较适宜；杨在陕西征战多年，特别是西安守城后在地方享有一定的声望和社会基础；杨本身没有文化，人虽"不粗"，但还是一介武夫，打仗可以，治省未必可以，搞得不好了随时撤掉即可。由于有这些考虑，陕西的政权就交给了杨虎城。蒋杨之间的关系可以说是进入"蜜月"期。

杨虎城对整个形势认识很清楚，他对蒋的基本方针是，在其不危及根本利益时，以服从合作为主；政治上表面保持一致，实地里自搞一套。据时任秘书的米暂沉说：在蒋介石任命他为陕西省主席后，杨虎城除考虑将来施政的方针和主要措施外，也同他的一些重要干部研究过第17路军以后的出路问题。他当时曾做过这样的分析：同蒋介石合作打垮了冯玉祥，使我们取得了陕西地方政权。但蒋介石之所以把陕西政权交给我们，是形势所迫不能不如此。岳维峻太不成器，蒋介石多年的培养落了空。在蒋的嫡系中还没有适当人选可以担任这一任务，而且地方情况这样复杂，很不容易搞好，非利用我们不可。但情况已经很明显，蒋介石对我们是不放心的，我们后面不是已有刘镇华的胞弟刘茂恩等部队跟着来了嘛。因此，今后我们的问题，将是如何对付蒋介石的问题。换言之，蒋介石将成为我们主要的敌人。但是，对于蒋介石绝不能予以丝毫的低估。蒋的背后有着各帝国主义列强和江浙财团的支持，他一手把持中央，党、政、军大权集一身；有军队，有官，有钱，还有特务。

杨虎城推论，地方势力中还颇具实力的只有张学良，但当时的张学良也绝不是蒋介石的对手。阎、冯反蒋的失败，证明蒋介石绝不是中国的其他军阀可以打垮的，纵使几个军阀联合起来像阎、冯、桂那样，结局仍会被蒋收买、分化而各个击破。西北军作为一个军事团体，比之阎、冯、张、桂、陈济棠、唐生智都差得很多。以军事力量和蒋斗争，根本不够条件。因此，杨虎城的结论是：和蒋斗争，首先必须在政治上有自己的做法。蒋在政治上弱点很多，必须抓住这一点，方可站住脚。如果需要取得外力的合作，只有中国共产党。对其他的地方军事反蒋力量不能有过高的期望。

杨虎城将军

1931年"九一八"事变后，杨虎城积极主张抗日，反对蒋介石的"攘外必先安内"政策。1932年1月，任西安绥靖公署主任。1933年曾请缨抗日，遭冷遇。同年6月，所部与川北的中国工农红军第4方面军达成互不侵犯默契，签署《汉中密约》。1935年任陕西绥靖公署主任，奉令调兵在陕南阻截红25军，遭到痛击。同年4月，被授为陆军二级上将。1935年当选为国民党第5届中央监察委员。

1936年12月，杨虎城趁蒋介石亲临西安督逼东北军和第17路军"剿共"时，在与张学良多次向蒋进谏无效后，于12日同张发动兵谏，扣留蒋介石，并以8项抗日救国主张通电全国。经中共中央派周恩来等参与谈判，与蒋达成停止内战、共同抗日的6项协议。西安事变停止了安内攘外政策，迫使国民政府进行国共第二次合作，建立了苏联所期望的抗日统一战线，使中国共产党获得了休整与壮大的机会。

1937年1月，杨虎城被南京国民党政府撤职留任，失去对西北军的控制。6月被迫去欧洲"出国考察"，游历美、英、法、德等国，宣传抗日主张，继续批评国民政府。卢沟桥抗战爆发后，杨虎城多次向蒋介石发电，要求回国抗日，遭到拒绝。1937年11月底，杨虎城由法国回到香港，12月再偷偷回到国内，准备参加抗日工作。但随后被诱至南昌，和秘书、家人一起被逮捕囚禁。此后一直被关押12年，先后关押于湘、黔、川等地。其间，杨虎城小女儿出生，妻谢葆贞病逝。将回到国内的杨虎城羁押起来，对于蒋介石来说是颇为有利的，既避免了"放虎归山"，又能借此控制在前线对日作战的杨虎城旧部，还能对杨擅自回国的"抗命不遵"以示"公正"处置。

1949年，转向亲共的李宗仁下令释放杨虎城，但是命令并未被施行。而当蒋介石失去大陆、独裁统治不再时，便无所顾忌，于是授意毛人凤杀害杨虎城。1949年9月6日，国民党军弃守重庆前夕，在蒋介石直接命令下，杨虎城及其幼子杨拯中、幼女杨拯贵，秘书宋绮云和夫人徐林侠以及他们的幼子"小萝卜头"宋振中等共8人，在重庆戴公祠被杨进兴、熊祥、王少山、林永昌等4名军统特务人员用匕首捅死，并用硝镪水毁灭尸体。

中华人民共和国成立后，杨虎城葬于陕西省西安市长安区之"杨虎城将军烈士陵园"内。后荣膺为新中国成立作出突出贡献的100位英雄模范人物之一。

（二）西安行营主任顾祝同

本手令文中的"顾主任"，即顾祝同（1893—1987），国民党陆军一级上将，蒋介石黄埔系"八大金刚"之一。字墨三，江苏省涟水县人。辛亥革命爆发后，参加革命军。后毕业于保定陆军军官学校第6期步科。1921年冬，到桂林投奔孙中山，任粤军许崇智部军事教导队区队长。1925年参加东征后，任国民革命军师长。1927年后，历任第9军军长、第1军军长、第16路军总指挥、国民政府警卫军军长、国民党四大中央执委、江苏省政府主席、五省"剿匪"北路军总司令、重庆行营主任、贵州绥靖主任、省府主席等职。西安事变后，国民政府军事委员会为统筹陕甘宁青4省防务，裁撤西北"剿匪"总司令部，特设西安行营，委任顾祝同为主任，主持办理4省防务。抗战时，顾祝同任第3战区副司令长官，1941年发动皖南事变。抗战胜利后，任陆军总司令、国防部参谋总长。去台湾后任代"国防部长"、"总统府"战略顾问等职。1987年1月17日在台北逝世，享年94岁。

1936年12月，西安事变发生时，国民政府军政部长何应钦在南京召集中央委员及军政要人，举行紧急会议。任命顾祝同为讨逆军西路军总司令（东路军总司令为刘峙），准备讨伐张学良、杨虎城。宋美龄得知讨逆军的行动方案后，认为此命令的执行将会威胁到蒋介石的生命安全。她迅速约见顾祝同，要求他采取和平解决的办法，以保障蒋介石的安全，不要执行何应钦向西安进军的命令。顾祝同原来一直受到蒋介石的恩宠，但北伐时攻打蚌埠一战，使蒋介石对他改变了看法，转而扶持刘峙，顾祝同深感失落。现在蒋夫人亲自相求，顾祝同岂肯轻易放弃这个机会？他向蒋夫人立誓道："祝同对委座绝无异心。"在刘峙挥军急进之时，顾祝同借口不到职，始终稳坐南京，协助孔祥熙、宋子文策划和平营救蒋介石的活动。何应钦十分不满。

由于顾祝同在事变中一切按照宋氏兄妹的旨意行事,事后不仅得到宋美龄的欢心,而且消除了蒋介石内心多年的猜疑,因此受到蒋的青睐,马上任命他为总司令兼第1集团军总司令。

1937年1月5日,顾祝同被任命为军事委员会西安行营主任,坐镇潼关,指挥陕北军事。他当面接受了蒋介石的命令,指挥第2、第3、第4、第5集团军,对西安方面施加军事压力。当顾祝同对西安形成三面合围态势时,杨虎城等东北军、第17路军将领仍坚决请求蒋介石撤退西进大军并释放张学良。蒋介石无奈,只有请张学良去电劝告杨虎城及各将领服从中央命令。在这样的形势下,顾祝同也频繁活动,给东北军、第17路军的将领去电、去函,进行劝说,企图实行政治瓦解。1月22日,蒋介石将陕事交顾祝同全权处理,杨虎城在张学良的劝说下同意派代表和顾祝同谈判。蒋答应在东北军和第17路军移防后,军事行动随即停止,并考虑释放张学良的问题。然而,蒋介石在全国人民面前失信了。

第22通手令——关注东北军整编及高级将领刘多荃

【手令编号】 下卷027

【时间判读】 1937年2月__日

【正文释读】

钱主任:一、面访刘多荃病,并详问其军队内部实情,及其中之反动分子与部队,与其有把握之部队,详告。二、令康泽来见。中正。

又,许汝为先生处请代访,并属不必查问。

【原件品鉴】

竖排8行套红"国民政府军事委员会用笺"1页,原件信笺现沁润红色较重;毛笔书写。

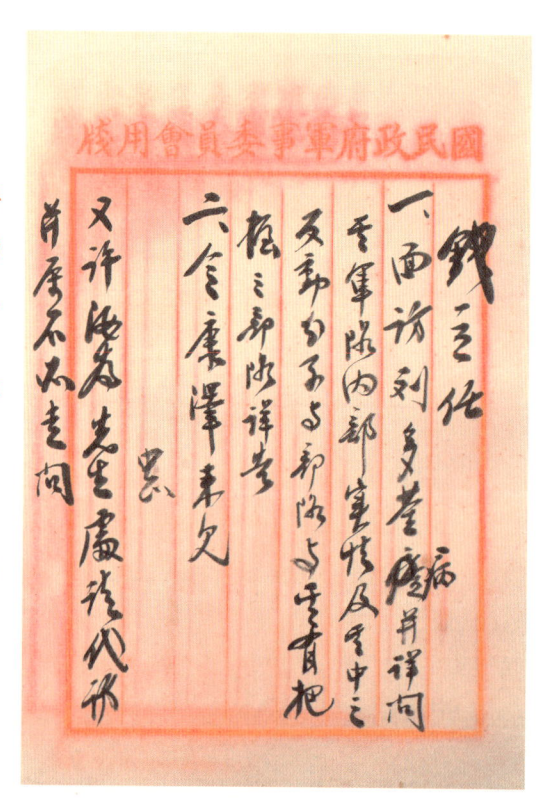

【原文解读】

时刘多荃、许汝为都在上海，本通手令应书写于1937年2月的上海。刘多荃在平息西安"二二"血案后，到上海养病，同时接受南京政府对东北军的整编。

本手令的主要内容是关注西安事变的善后事宜，蒋介石在书写完此手令后，在尾部又交办一件事，就是"代访"许汝为，并嘱咐"不必查问"，说明代访之人仅是出于礼节性的问候。手令文中的"汝为"，是民国早期元老许崇智的字，时隐居在上海。

（一）专访捉蒋行动总指挥刘多荃

刘多荃（1897—1985），国民党陆军上将。字芳波，奉天凤凰（今辽宁凤城市）人。1923年毕业于保定陆军军官学校第9期炮科，到张作霖的奉军任职。1925年，任张学良的卫队副队长，后长期在东北军任职。曾任东北陆军第16旅炮兵营少校营长，1926年任镇威军第3、4方面联合军团卫队中校队附，年底任东北讲武堂第3、4方面联合军团候补军官入伍生队队附。1928年春任奉军第19师第1旅第1团团长，7月任东三省报案司令部第20旅第61团团长。由于他忠实可靠、有勇有谋，张学良的卫队扩编成卫队旅后，刘多荃任第1团团长。1929年1月，任东北边防司令长官公署卫队统带，参与了枪毙杨宇霆和常荫槐的行动，当时他负责的是外部警卫。1930年任国民革命军陆海空副总司令北平行营卫队统带，1931年12月任北平绥靖公署卫队统带部少将统带，1933年任东北军独立第105师师长，1935年入陕"围剿"红军。1936年12月，张学良和杨虎城发动西安事变，刘多荃积极参与了这次行动，并担任了这次"捉蒋"行动的总指挥。

1981年，即纪念西安事变45周年时，原《西安事变史》编辑组邀请参与华清池扣蒋的团长张治邦（雨辰）、卫队第1营王玉瓒和第2营营长孙铭九、张学良的侍从副官米宗愈，以及当年在东北军工作的几个人座谈，会议由张学良原机要秘书郭维城主持，核实临潼扣蒋的部署。座谈会纪要由时任全国政协文史办公室副主任兼西安事变史编辑组组长张魁堂撰写，题目是《临潼捉蒋史实全貌已基本查清》，其中写道：

"临潼扣蒋是秘密布置的，作战命令分头下达。

临潼扣蒋战场的指挥官是105师师长刘多荃。1936年12月9日，王以哲、刘多荃向张学良报告：蒋介石已经知道67军电台与红军通报，怎么办？张告诉他们，已准备扣蒋。王说：要干就干到底。张交代刘负责这场战斗。

这次作战分内外两线。以华清池为中心，设外层包围圈，西边最远，距华清池约3公里，北边最近，在临潼火车站一带，南边在骊山一线，山东边转向临潼城。东北军在西安附近只105师第1旅,辖3个团。另有卫队1营大部及卫队2营。外层包围圈第1旅的第1、3两团担任:3团驻临潼,负责包围东、南两面;1团驻西安南关至王曲,负责包围西、北两面,共约5000多人。这是当时能动用的最大兵力。2团守卫飞机场并警卫飞机场至东城门一线,不能动用。外线指挥官是67军129师师长周福成,因为1旅旅长高福源外出联络马步青去了,王以哲与刘多荃关系一向很好,所以借周去指挥。

内线攻击华清池的是卫队2营第7连。张学良增派骑6师师长白凤翔、团长刘桂五参加进攻华清池,因为二人枪法好,善于掏老窝,而孙铭九缺乏实战经验。12月10日,张学良带

刘多荃将军

刘桂五以晋谒委员长为由,让刘察看华清池五间厅地形。守卫华清池大门的是卫队1营的一个加强连,共200人。11日下午,张学良从华清池带王玉瓒回公馆,要王到105师副师长兼张学良的副官长谭海处接受任务,协同作战。内线作战的指挥官是105师2旅旅长唐君尧,作战勇敢,抗日心切。11日下午,张学良派专机把唐从平凉接到西安,晚上10时左右,张向唐交代任务。

蒋介石来西安时只带了警备队一个区队(一排)和几个侍卫官,让张学良派部队给守华清池大门(当年,华清池无后门)。此外,华清池外禹王庙有一排宪兵,临潼火车站还有一排宪兵。张学良动用了5000多兵力,内线作战有400多人,2营去了两个连,1营又带去有120匹马的骑兵连和有80人并装备了摩托车的手枪排,全力以赴,志在必得。因为扣蒋是捅破天的大事,张、杨两将军在行动上周密部署。"①

许多资料也都证实,张、杨对发动事变,事先已有周密部署,绝不是凭一时冲动而进行的兵谏行动。张学良的东北军与杨虎城的第17路军进行了分工:杨虎城的部队负责消灭西安城内的中央军,具体由西北军的赵寿山和警二旅旅长兼西安城防司令孔从洲执行;张学良的部队负责去临潼捉蒋,具体由东北军的刘多荃师长指挥。并决定,两军同时行动,部队务必于12日凌晨3时部署完毕,5时开始行动,8时以前解决战斗,10时恢复城内外正常的交通秩序和社会秩序。

---

① 高存信、白竟凡主编:《西安事变与二二事件》,香港同泽出版社,1995,第190~191页。

东北军方面参与这次行动的有：担负全面指挥的刘多荃，第105师第2旅旅长唐君尧，骑6师师长白凤翔、团长刘桂五，张学良的卫队第2营营长孙铭九及第7连连长张万山和全连官兵。另外还有负责外围指挥的第129师师长周福成，这是为了防止蒋的卫队突围，并在必要时支援内线。

行动前，刘多荃根据张学良的意图向参加行动的高一级的指挥员交代："兵谏的目的，是逼蒋抗日，只能把人扣押起来，不准伤害蒋介石。"但参加行动的东北军士兵，当时并不知道行动的真相，指挥官们对士兵们诈称：副司令张学良被扣押在华清池，赶快前去营救，要活捉蒋介石。因为蒋介石扣了张学良，只有扣了蒋介石才能救张学良。

12月12日凌晨5时左右，在刘多荃的指挥下，唐君尧和孙铭九等人率卫队营开向华清池。白凤翔、刘桂五弹无虚发，将守卫在大门的宪兵打得所剩无几。卫队营的士兵们越墙而过，将大门拉开，孙铭九率第7连的士兵冲进华清池的前院。经过一阵激烈的战斗，蒋介石的卫队被打垮。已睡下的蒋介石被枪声惊醒后，以为是红军打进来了，吓得浑身发抖，披着睡衣，拖着鞋就往外跑。当时前院枪声正紧，他急忙向后门跑去，门锁打不开，在侍卫帮扶下，他爬上墙头，不料，心中一慌，跌到墙外2米多深的乱石沟里，摔伤了脊骨，手脚也被划破了，鞋子也丢了一只。他跌跌撞撞爬上山，在一块大岩石旁的小洼坑里藏了起来。

约清晨6时，院内的战斗全部停止后，唐君尧迈开大步朝着蒋介石的卧室走去。才到门口，孙铭九便问他报告："委员长不在屋里，已经走了。但我摸了他的被窝，还有温热，估计他不会跑远。"唐君尧命令孙铭九立即搜寻，并顺手捡起散乱在桌上的纸张和小册子一看，都是蒋拟的电稿、密码本以及日记等。他把这些文件包起来，走到前院，找到了刘多荃，把蒋不在卧室，他已派兵四处搜索等情况向刘做了报告。

刘多荃说："我已将这情况报告了副司令。他命令我们：'必须赶快找到委员长，不准有一点差错。'同时，我已经和周全五（周福成）通电话，他说外围警戒线没有一个人通过。这足以证明，蒋还在大包围圈以内隐藏着，不会走远。"孙铭九带人四处搜索，最后终于在后山上的小坑里找到了在寒冷中缩成一团的蒋介石。

蒋介石、张学良与东北军将士。

在这次行动中，蒋介石的族

侄、国民党宪兵第3团团长蒋孝先阵亡。12月12日凌晨,蒋孝先搓完麻将从西安驱车返回临潼,车行中途,遇第二批赶往临潼抓蒋的东北军拦住盘问。蒋孝先不知发生兵谏,仍按惯常耀武扬威地自报官职姓名。他曾任北平宪兵团长,在北平仗势欺人、作恶多端。东北军官兵一听是"蒋孝先",立即就把他押往临潼交给刘多荃。刘多荃当即下令将他就地枪决。

与此同时,杨虎城部在孔从洲、宋文梅、王劲哉等人的带领下,分别包围了国民党嫡系部队在西安的驻军和中央大员住处西京招待所。经过一阵激战,国民党嫡系部队700余人全部缴械。西京招待所的中央文武大员卫立煌、陈诚、蒋鼎文、钱大钧等全部被扣留。其中邵元冲在躲避时,被流弹射伤,流血过多而死。最狼狈的是陈诚上将,躲在垃圾箱中也被搜出。

上午10时,孙铭九等人连拖带架把蒋介石塞进了汽车,押送到张学良的指挥部。捉蒋后,张、杨立即通电全国,提出了抗日救国的8项主张。当天他们就发电报给中共中央,邀请中共派代表团来西安,共商处理西安事变和抗日救国大计。

在中共和多方人士的共同努力下,西安事变得以和平解决。不料,张学良送蒋介石回到南京后被扣留。为救回张学良,东北军内部出现了两派:一派主张对南京使用武力,一派主张通过和平谈判解决。主战派和主和派矛盾十分尖锐,1937年2月2日,以孙铭久为首的少壮派突然下手,杀害了东北军的高级将领主和派王以哲等人,并坚持不让东北军撤出西安,还准备对抗陈诚率领的中央军进驻西安。

此时,东北军刘多荃部已按照和议撤到渭南防地。惨杀事件发生后,刘多荃师长在渭南和高崇民等人紧急研究对策。于是刘多荃立即命令他的一个团到临潼,向西安展开攻击架势。这一招果然有效,孙铭久等人遵令离开西安,市内秩序旋即恢复。2月2日晚10时左右,中央军樊嵩甫部竟乘隙进军,想发动袭击。刘多荃打电话质问顾祝同,是否要打?打,我们就打。顾说他不知道此事,答应即行制止,嘱刘沉住气。很快,该部就停止了前进,顾还以电话告刘,适才前进部队隶属民团。刘说不管什么部队,停止前进就行。

枪杀王以哲事件发生后不久,缪澄流军长曾派人追拿孙铭久等人,但没成功。孙铭久等人曾进入苏区,由于嫌苏区太苦,转而又去了上海。枪杀王以哲军长的于连长,后被刘多荃密令处死。还有高福源旅长,刘多荃听报告说杀王以哲军长时,是高福源在粉巷指挥的,刘认为高也是少壮派,就密令驻西安的葛团长将高福源暗杀。实际上,高福源是王以哲的亲信好友,不可能杀王。高并没有参与"二二事件",他的死是冤枉的。

西安事变和平解决后,东北军被整编成6个军。1937年2月,刘多荃任第49军军长,辖第 105 师（师长高鹏云）和第 109 师（师长赵毅）。5 月授中将，抗战爆发后率部参加抗战。8 月中下旬，日军开始沿津浦线大举南犯，刘多荃率第 49 军在沧县及静海附近与日军发生激烈冲突，日军以猛烈的炮火向静海轰击，第 49 军被迫向南撤退。10 月底，第 49 军被调到淞沪战场。第 105 师在钱江弄、江桥一线坚守阵地，遭到日军重火力猛攻，全师官兵奋勇杀敌，以死报国，第 626 团团长顾忠全壮烈牺牲，该团 1 营伤亡过半。第 109 师在纪王庙、马同桥一线与数倍于己的日军苦战，无所畏惧，4 个团长有 3 个相继殉国，营长伤亡了三分之二，整个师基本都为国捐躯。

第 49 军虽然损失惨重，但在战后蒋介石并不给补充。万般无奈之下，刘多荃带着第 109 师师长赵毅亲自到武汉去活动，花了一大笔钱才打通门路，调来了全部徒手的预 5 师补充第 109 师。事先讲好条件，赵毅仍为第 109 师师长，原预 5 师的团长以上主官全部留任。刘多荃将张学良当年留用的一部分武器装备该师。补充后的第 109 师全是捷克式步枪，每连 6 挺捷克式轻机枪，每营配有重机枪连，团有迫击炮，装备精良。然而刘多荃、赵毅为此高兴没多久，在一次下命令让第 109 师开拔时，原预 5 师留任的 4 个黄埔生团长全部告长假，部队一点也开不动。事情反映到蒋介石那里，蒋介石非但不处分故意不听调令的团长，反而借机将赵毅撤职，换上了嫡系李树德，刘多荃任命的其他东北军军官也都被撤换掉，接着又将第 109 师划归第 1 战区刘峙指挥。

1939 年，大批日军猛攻南昌，刘多荃率部守御松山、万家埠一线。由于作战失利，又被蒋介石借题发挥，将刘多荃由中将军长降为上校。第 105 师师长王铁汉撤职留任，责令戴罪立功。副军长高鹏云、参谋长秦靖宇相继调离，另派中央嫡系林耀堂和凌振仓分别继任。就这样，第 49 军实际上是名存实亡。

1941 年 12 月，王铁汉升任第 49 军军长。1947 年 9 月，第 49 军被调往东北参加内战，后来在辽沈战役中被人民解放军全歼。

1941 年 11 月，刘多荃任第 10 集团军副总司令，12 月兼任热河省政府主席。1943 年 4 月，改任第 25 集团军副总司令；6 月，任第 12 战区副司令长官。1945 年 5 月，当选为国民党中央候补执行委员。1947 年，任张垣绥靖公署副主任。解放战争时期，蒋介石为拉拢原东北军将领为他打内战，1948 年 1 月委任刘多荃为华北"剿总"副司令、热河省政府主席，并晋级陆军上将，成为傅作义的副手。

1948 年底，刘多荃举家迁往香港。1949 年 8 月 13 日，新中国成立前夕，在香港联名通电起义。恨极了刘多荃的国民党特务在 10 月 1 日新中国成立这一天，将时在国民党军队任职的刘多荃长子刘全礼杀害。

1949 年 12 月，在有关部门的帮助下，刘多荃从香港返回北京。后任政务院参事，辽宁省交通厅厅长，辽宁省第四届政协副主席，辽宁省第五届人大副主任，民革第四、五届中央常委和第六届中央常委会顾问，民革辽宁省委副主任委员、主任委员。是第二至六届全国政协委员。1985年7月22日在北京病逝。

（二）召见著名特工康泽

本手令文中的"康泽"，即深受蒋介石宠信的国民党著名特工康泽。他毕业于黄埔军校第3期，中华复兴社、三民主义青年团创始人之一。

康泽（1904—1967），字兆民，生于四川省安岳县通贤镇。1919年，时年15岁的康泽，从安岳县通贤场小学转到安岳县城县高等小学读书，开始迈出他走向社会的第一个阶梯。翌年，考入安岳中学。在中学读书期间，他的学习成绩连年名列前茅，同时受孙中山先生革命思想的熏陶，又亲历目睹辛亥革命后军阀混战、民不聊生的社会惨象，萌生了救国救民的思想。1924年，康泽中学毕业时，在进步教师李恒生、刘卓安的帮助和族人康纪鸿的接济下，远赴广州，于1925年考入黄埔军校第3期。从此，康泽讲话的举止、动作、辞令一概模仿时任国民政府主席的汪精卫。康泽长于演讲，记忆力很强，在各种场合讲话从不带讲稿，而且词句简练，有条不紊，经长期模仿，还真有点汪精卫的风度和派头。

在黄埔军校学习期间，康泽学习勤奋，性格刚强，外表纯朴。他秉承了农民那种吃苦耐劳、任劳任怨的传统美德，不贪玩乐，甚至节假日也不外出游逛。有个星期日，康泽独自在教室里聚精会神地整理蒋校长的训话笔记，突然听到有脚步声，转头一看，见是校长蒋介石在教官陪同下进了教室。康泽赶忙放下笔起身作立正姿势。蒋介石径直来到他的身边，翻阅了他的笔记，问道："你叫什么名字？为何不休息？"教官介绍道："他叫康泽，学习很用功。"蒋介石频频点头，叫他坐下。从此，康泽在蒋介石心目中留下了"好学生"的印象。毕业后，经蒋介石推荐，康泽被选派苏联莫斯科中山大学继续深造。

在莫斯科中山大学，康泽与贺衷寒、邓文仪、郑介民、谷正钢、谷正鼎为同期同学。他们气味相投，欲在政治联合中形成自己的势力。他们看到，在中山大学就读的有300多名中国国民党党员，就想拉这些人结成派系，作为日后回国争取权力的政治资本。于是，大家推举贺衷寒领衔，康泽助之，以留法学生中有国民党、共产党旅欧支部为由，发起组织中国国民党旅莫支部。这个活动，因遭到校方坚决制止，加上也未得到国民党中央组织部批准，闹腾了一阵子便夭折。

1927年10月，康泽由苏联学成归国。他虽然留学莫斯科中山大学，但从不认同马列主义，认为共产主义不适合中国国情，回国后不久，即建议时任国民革命军总司令蒋介石采用俄国保卫局制度（格别乌），保护政权。康泽初任北伐军总司令侍从副官（参谋），同年冬任国民革命军陆军第2师政治部主任，后改任总司令部江西"剿共"宣传大队大队长，在反共、反革命战争中显示出出众的宣传才华，赢得蒋介石的特别信任。

中原大战结束后，1931年经蒋介石批准成立南昌行营别动总队，康泽任少将总队长，在江西"剿共"时期为蒋所重用。蒋介石在南京官邸召集康泽、贺衷寒、桂永清、郑介民、戴笠、邓文仪等10余名心腹开会，组织特务机构。贺衷寒负责起草章程，康泽负责起草纪律条例。关于组织的名称，贺衷寒主张用"力行社"，康泽主张用"复兴社"。结果，蒋介石选用了"复兴社"，并写了"驱逐倭寇、复兴中华、平均地权、完成革命"4句话作为"复兴社"的政治纲领。1932年3月，"复兴社"在南京励志社会议室正式宣告成立，蒋介石兼任社长，其骨干成员面对蒋介石举手宣誓："余誓以至诚遵守本社社章，服从社长命令，保持本社秘密，如违誓言，愿受极刑"。康泽任中华复兴社中央干事与书记及国民党中央委员，深受蒋的器重，即成为蒋介石的"十三太保"之一①。1个月后，蒋介石为"复兴社"拟定了宣传口号："攘外必先安内，安内必先'剿匪'。"多年后，成了人民解放军俘虏的康泽，在北京功德林接受思想改造时，谈到"复兴社"这个组织，他说：它是十足的法西斯鬼魂到蒋介石腹中托胎的产儿，所谓"政治纲领"完全是骗人的幌子，而宣传口号才是它真正的灵魂。

在蒋介石的特务系统中，最重要的一支就是"复兴社"。"复兴社"又分为三支，一支是贺衷寒的"政训"系统，一支是康泽的"别动队"系统，一支是戴笠的"特务处"系统。

1933年，为了扩军反共，蒋介石决定在庐山成立"中央陆军军官学校特别训练班"，专门培训反共下级军官。蒋自兼校长，康泽任班主任。学员来源，从军校各期失业学员、失业军人扩大到各省高中毕业生，每期数百人，成为康泽集团的政治骨干。康泽办班认真，很快便使特训班成为一支装备精良、训练有素的武装特务组织。同年10月，

---

① 1932年，蒋介石授意其心腹、黄埔毕业生贺衷寒、邓文仪、康泽、桂永清等人成立特务组织"中华民族复兴社"（仿照法西斯特务组织意大利黑衫党、德国褐衫党，又称"蓝衣社"），由蒋介石核定干事13人为该组织骨干，被称为"十三太保"。具体指哪几个人，说法不一。有说：贺衷寒、邓文仪、康泽、桂永清、刘健群、潘佑强、郑介民、葛武棨、梁干乔、肖赞育、滕杰、杜心如、胡宗南等13人；也有说刘健群、贺衷寒、邓文仪、康泽、桂永清、酆悌、郑介民、曾扩情、梁干乔、肖赞育、滕杰、戴笠、胡宗南等13人。差别在潘佑强、葛武棨、杜心如与酆悌、曾扩情、戴笠这6个人上。

康泽又兼任军委会南昌行营别动队总队长。所谓"别动队"，是蒋介石从德国希特勒和意大利墨索里尼那里学来的在中国实行法西斯统治的武装特务组织。它以特训班人员为基础，受蒋介石的直接指挥。它的任务主要是分为若干个小分队，深入苏区进行反共活动，并在那些红军暂时撤离的地区，组织带领地主还乡团对革命群众进行血腥镇压，反攻倒算。别动总队在红军曾建立过的根据地特别活跃，督促地方进行"清剿"，恢复政权行使。在红军长征之际，蒋介石派薛岳率部"追剿"红军进入川、康、贵、滇地区，每个县都有康泽的别动总队，以监视地方共产党与左派分子，作用极大。

别动队的队员，乃是收容黄埔军校的失业学生而组成。按期别有校尉之别，人数初为数百人，后来发展至数以万计，当年的刘伯龙、公秉藩等国民党将军都是康泽系要人。他们有时以正式军官身份出现，有时则化装改扮，暗佩手枪进行秘密活动。别动队的人数虽然不多，但武器好，又都接受过新的反共理论教育和严格训练，个个穷凶极恶，所以破坏性极大。他们所到之处，大肆诬蔑共产党和共产主义，别动队和苏区的反动势力相结合，任意搜查、逮捕共产党员和进步人士，以至秘密刑讯和杀人，极力摧毁中共的地下组织。由于别动队屡建"殊勋"，所以也就屡屡得到蒋介石的嘉奖和表扬。蒋介石曾下达旨意："为保证别动队员执行紧急任务的需要，一切车辆均应予以方便。"别动队得到蒋介石的宠信，更加不可一世，他们自以为是蒋的"御林军"，可以"见官大一级"，便到处耀武扬威，作威作福，搞得天怒人怨。

康泽平素表情严肃，不苟言笑，两眼凶神恶煞，看人目不转睛，也不斜视，一看就是几十秒钟，似乎要把你从骨子里看透，活脱脱一个职业刽子手。康泽在担任江西"剿共"宣传大队长、特训班班主任、别动队总队长期间，不知杀了多少爱国之士。江西苏区人民群众对其恨之入骨。蒋介石认为康泽这个学生"忠实可靠"，而康泽则视蒋介石为"至尊"。蒋介石嫡系的中央军中曾流行过这样一首颂歌："大哉中华，代出贤能；历经变乱，均能复兴；蒋公中正，今日救星；我们跟他前进、前进！复兴、复兴！"这首歌词，据传就是出自康泽之手。可见康泽把蒋介石捧到了天上。

在当时国民党内，人所共知蒋介石有两个"宠儿"：一个是戴笠，一个是康泽，国民党内称"康戴二公"，为什么有如此"封号"呢？因康、戴二人是蒋的内外情报耳目。任何人要见蒋介石都必须先在侍从室登记，然后由侍从室向蒋介石报告，蒋想见才见，不想见就不见。但"康戴二公"则例外，他们见蒋不受限制，随时可见，就是蒋介石和宋美龄在一起时，他二人也可以闯入。

1937年2月的这次召见，蒋介石与康泽的交谈内容，很可能是蒋介石询问西安事变前后的事宜，并亲自交代康泽对于事变后的善后工作。西安事变，蒋介石遇险，作为情报机构负责人的康泽，竟然不知杨虎城西北军、张学良东北军的异动，自然有不可推卸的责任。

全国抗战爆发后，康泽先后兼任军委会政治部第2厅厅长、复兴社总社书记、三民主义青年团武汉支团部主任。1938年，康泽任三民主义青年团中央团部组织处处长、战时青年服务总队总队长、立法委员等职。康泽不仅是蒋介石的爱将，一度亦为蒋蓄意培植的接班人之一。在组织中国赴缅远征军时，康泽长期控制的别动总队，改编为新28师、新29师，编为第66军，康泽想任该军军长，但何应钦认为康泽没有作战经验未予批准，改由张轸充任。抗战胜利后，蒋介石派康泽出国考察，1947年回国，就任第15绥靖区中将司令官。1945年5月，康泽当选为国民党六届中央执行委员。

抗战胜利后，国共谈判之际，在全国一片反独裁、反特务、要和平、要民主的呼声下，蒋介石不得不将声名狼藉的康泽派往国外考察第二次世界大战后各同盟国家战后复员工作。

1946年夏，全面内战爆发。康泽于1947年初返国，3月被选为立法院立法委员，当月又当选为国民党第6届中央执行委员会常务委员。

1948年1月，蒋介石委任康泽为襄樊第15绥靖区司令长官。康泽虽是黄埔军校毕业，也读了不少兵书，但他一直搞政治工作，没有做过下级军官，也没有直接带兵打过仗，作为一名独当一面的绥靖区司令官，他缺乏实战经验和必要的军事知识。蒋介石之所以委康泽如此重任，因为襄阳、樊城、老河口一带自古就是兵家必争之地，委派别的人他实在不放心。

康泽抵达襄樊后，于2月1日在襄阳正式宣布成立司令部。6月18日起，华东野战军发起开封战役，22日攻克河南省省会开封，随即又发起豫东战役。7月2日，再发起襄樊战役。

襄樊城为襄阳、樊城的总称。襄阳城北依汉水，与樊城仅一水之隔，城南及城西南为万山、真武山、琵琶山、凤凰山、虎头山、羊祜山等海拔160米到460余米不等的山地，形成护卫襄阳城的天然屏障，城四周有高厚的城墙，城墙外有宽阔的水壕，城内外和城南、城西南山地有大批永备工事，易守难攻，所以在当地老百姓中流传着"铁打的襄阳"的说法。

7月6日，解放军各参战部队按计划完成对襄阳城的合围，采用"撇山攻城，直捣西门的战术"，直接攻城。战至7月16日，襄阳城破，康泽等一批高中级主官被俘。

蒋介石曾在军事会议中肯定地说："我所知道的康泽，是不会被俘的，很可能像张灵甫那样壮烈成仁。"康泽未死被俘，使国民党营垒十分震惊，也使蒋介石狼狈不堪。蒋介石不得不派人将康泽妻朱素怀，子康仲蒙、康亚蒙送往台湾。

新中国对康泽这个反共20余年的特务头子实行宽待政策,非常关切地给他治伤治病。经过一段时间的改造和反省,1961年康泽受改造13年后被批准监外就医。1963年4月,康泽被特赦释放,安排在全国政协委员会任文史专员。康泽先后撰写了《复兴社的缘起》、《三民主义青年团成立的经过》、《我在国共第二次合作谈判中的一段》等回忆文章。同样身属战犯,与康泽相处10年的李以劻曾言:康泽思想仍忠于蒋,虽经改造仍无多大改变,更谈不上有认罪服输的心理,表面上痛骂国民党与培植他的蒋校长,共产党宣称改造成绩很好,但实际上康泽对于共产党是仇恨的,对共产党私下亦有微词。1967年,康泽在北京病逝,终年63岁。

被俘时的康泽

(三)代访拜把兄弟许崇智

许崇智(1886—1965),中国国民党前期右派的代表人物、早期主要军事领导人之一。闽浙总督许应骙的侄孙,字汝为,出生于广州"许地"。许崇智3岁丧母,8岁丧父,与其兄相依为命,靠叔父抚养成人。1906年留学日本期间,加入同盟会,追随孙中山参与革命活动。1903年进入日本陆军士官学校中国留日士官生第3期步科。1911年11月,许崇智任福州陆军第10镇第20协协同,参与福州起义,任起义军前敌总指挥,以先发制人的策略,率部克复福州。1912年1月,南京临时政府成立后,福建第1师改编为陆军第14师,许崇智任师长,后任福建北伐军总司令,挥师北伐。旋因清帝退位,撤回福建。1913年"二次革命",任福建讨袁军总司令,失败后流亡日本。1914年在日本加入孙中山中华革命党,任军务部长兼中华革命军福建司令。

1915年5月、9月,许崇智两次被派到新加坡进行反袁集资活动,取得较好的成果。11月回国后,任中华革命军东北军参谋长,参与反袁护国武装斗争。袁世凯死后,东北军交由驻防南京的冯国璋部收编。许返回上海,任中华革命党军务部长,与蒋介石、张静江结为拜把兄弟。3人此后的感情,总体上说还算一直都比较好。所谓少年

许崇智将军

得志,许崇智在30岁以前便以极少的失败经历和顺利的军事前途确立了自己在革命党中的重要地位。这个时期,孙中山还没有形成强势的实力,其对许崇智的倚重使许在广东成为一方英雄。与此同时,许崇智对孙中山的死忠也成就了他自己的前期辉煌。

1916年袁世凯死后,许崇智返回上海,任中华革命党军务部长。1917年夏,孙中山率领部分海军舰队南下广东,开展护法运动。许崇智随行主持军事。8月,许崇智任孙中山护法军政府大元帅府参军长(参谋长);10月,任"中华民国"军政府陆军总长,协助孙中山主持军事,成为粤军的主要军事领导人之一。1919年,粤军被编为两个军,以陈炯明为粤军总司令兼第1军军长,许崇智为第2军军长。1922年,孙中山决定北伐,并任命李烈钧和许崇智分别为北伐军总司令和总指挥。1923年1月,在孙中山的领导下,许崇智任东路讨贼军司令,从闽南方向讨伐盘踞广东的陈炯明。1924年,任国民党中央军事部长、建国粤军总司令。1925年任民国军事部长兼广东省政府主席;2月,参加第一次东征,继续讨伐陈炯明,击败陈炯明部主力。许崇智带着他的部队只花了两天时间,便从三多祝打到了陈炯明的大本营海丰城,由于许部分兵二路积极进取,行军之快速远出陈炯明意料之外,陈在海丰的将军府还没有来得及转移大量的奇珍异宝便被许部一举拿下。

许崇智领军打仗,善用智慧。从来都没有显示出好战好胜的粗犷性格,能够打赢的仗便挥师挺进,不能够打赢的便迅速撤离,这种性格使他在连年战火中没有受到任何伤害。他率部作战,一般都不会有太多的伤亡。双方激战前,他一般都会做好事先的准备,例如在敌军之中安排好内线,或是预先在有利地形布置好兵力等等,这些小聪明,使得他的军队经常能够在很短的时间内结束战斗,甚至兵不血刃就取得了胜果。当时的许崇智甚至被赞许"奇谋多智",有"巧攻快打"以智取胜的特点。

许崇智的治军,有前严后松的两个阶段,后期因以抢掠手段而激励士气遭世人诟病。许崇智治军的时间并不长,但在有限的发挥空间里,他的治军手法前后却有着很大的变化。前期的许崇智,因为有了日本留学的经历,严厉、谨慎的思想尤为突出,而后期的许崇智，则以军风糜烂被人所谴责，其部属和其他军阀的军队一样整天和鸦片、女人打交道，他自己也一度沉沦在这种奢靡的生活中。有人评论许崇智是"军界前辈，但此人生活腐化，短于谋略，不堪全局性重任"，而今看来，许虽不见得"短于谋略"，但生活腐化却是难辞其咎。有人说，许崇智的这种生活作风是走了捷径，务求使其部属更加卖命，当时就连励精图治的蒋介石也不过如此。

对许崇智影响最深的人，除了孙中山之外就是蒋介石。许、蒋二人曾经五度共事，许崇智成为粤军主帅之后，蒋介石一直在其旗下做参谋长。1924年孙中山邀请当时在上海的许崇智返粤任粤军总司令，许曾提出5项要求，一是表明愿意就任，要求统一整理粤军；二是要让蒋介石任总司令部参谋长；三是要求所有粤军驻防各地的财政交粤军统一管理；四是请胡展堂任广东省长；五是要求广东兵工厂交粤军司令部管辖。由此可见蒋介石与许崇智的关系非同一般，许对蒋也十分倚重。

纵观许崇智的从军历程，最值得肯定的一个评价，便是他自始至终都忠于孙中山，甚至有愚忠的性格。许崇智忠于孙中山的原因，一方面是由于孙中山的政治主张符合世界潮流的趋势，另一方面也是因为孙中山的个人魅力确实能够让人为之倾倒。直至孙中山离开人世，许崇智都没有摆脱一个忠实追随者的角色，这种忠实也为他换得了不少好名声。许崇智所领导的粤军，当时是孙中山政权唯一可凭借的坚实军事力量。孙中山在军事上也十分倚重许崇智的才能，自从粤军成立之后，便一直把许崇智当作左右手，视粤军为主力军。但是，许崇智在有了相当大的权势之后，开始从一个坚决的革命者慢慢转变为一个因势而动的机会主义者。孙中山曾经给许崇智题过一幅字，说"夫天下之事，其不如人意者十常八九，总在能坚忍耐、烦劳怨不避，乃能期于有成，汝为同志屈"。其中的意思，就是告诫许崇智不要因为时势不利而急于求成，见风使舵。陈炯明叛变的时候，许崇智甚至是孙中山困处在永丰舰上的唯一希望。可惜许崇智没有趁着这个机会完全赢得孙中山的信任，接连的战败使得孙中山只能在绝望中离开广州前往上海，许崇智的声望也从此急剧下降。1925年3月，孙中山的逝世，则使许崇智的从政路走到了开始从巅峰跌落的节点。

1925年7月1日，"中华民国"国民政府在广州成立，许崇智被任命为军事部长兼广东省政府主席，一时间成为仅次于汪精卫、廖仲恺和胡汉民的国民党领袖。汪、蒋、许三权鼎立，许崇智在广东的地位可谓至高无上。然而，没有了孙中山做靠山的许崇智，至此开始从人生最高峰跌落。

8月20日，国民党元老、左派领袖、国民党中央常务委员兼国民政府财政部长廖仲恺被暗杀。国民党中央执行委员会指定汪精卫、许崇智、蒋介石3人组成特别委员会，以控制局势和处理廖案。由此可见，许之实力难为任何派别所忽视。在审理廖案过程中，蒋介石以国民党右派涉嫌最大为名排挤许崇智，许的很多亲信被抓。廖案之后，蒋介石派人送亲笔信给许崇智，信中说："粤军已有变动，请总司令去上海暂避一下，由我代为安排整顿。6个月后，再请回来共同主持北伐。"许无可奈何，被迫悄然离粤到上海避居英租界。许崇智因廖仲恺被杀事件的牵连，而遭蒋介石、汪精卫等人排挤，不得不离开广州，避居于上海英租界西摩路（今陕西北路380号）小洋房内，从此再无大的作为。

廖仲恺的被刺，成了许崇智被释兵权的导火索。外界对廖仲恺被刺案本身的关注远远超过了该案对其他人造成的影响，事实上，正是因为这个事件的发生，蒋介石才得到一个独自掌权的契机，许崇智也因此掉进了历史的泥潭，再也没有崛起过。许崇智的这一走，标志着他被国民党右派蒋介石设计彻底排挤出国民党。许崇智和广东时局永远的脱离开来，也标志着他的军事生涯从此画上了一个无奈的句号。

蒋介石凭借精明实干为许崇智立下了不少汗马功劳，精于作战的许崇智也看出了蒋介石的过人能力，常常对自己的部下说蒋之命令便是我的命令，希望粤军将士不要排斥蒋。不过蒋介石对许崇智却并不是一味的服从，他与许崇智最大的区别在于他具有极大的政治野心，而许只是一个纯粹的军人。蒋在一封私人信函中提及对许崇智的议论："办事无序，重内轻外。"在这种意识的导向下，蒋对许的取而代之成了注定的命运归宿。许崇智当然也是聪明人，当他看到了蒋的力量已经超越自己的时候，便主动或被动地让出了自己的兵权。许之部下因为在廖案中有重大的嫌疑，许崇智为了避嫌向国民政府提出了辞职的申请，要知道，当时许崇智在广州的实力并不在汪精卫和蒋介石之下，避嫌的原因，则是大势所趋，以权换命而已。

1927年冬，蒋给许旅行费巨额20万银元，令许先后到美洲、欧洲等地旅行两年多。1929年，许返回上海，但已不复昔日权势，从此再没有大的作为。许崇智为人处世，喜好中庸。晚年的许崇智也有避世的作风。蒋介石得权之后，曾经安排他做"监察院"副院长，不过许崇智始终没有赴任。不善处理官僚关系的许崇智非常明白自己的处境，没有枪也就没有了实权，军人失去了武器等同于雄鹰失去了翅膀。1939年，许崇智迁居香港，未到中年，他便过早地退出了政治舞台，身边的人却趁着乱世纷纷上位，唯独他自己却选择了在香港度过余生。1965年1月病逝于香港。

许崇智在民国史上没有留下太多的足迹，有关他的印象，对于大多数中国人来说都是模糊的，极少有人了解他的经历。甚至是研究近代史的学者，虽然能知道他的名字，但却较少涉猎研究其历史生涯。以至于在蒋介石的这通密令面世后，没有人知道"许汝为"是何人？如此值得蒋介石派人专程代访。

蒋介石在西安事变后的急于善后之际，想到了派人代访许崇智。其最初动因，不可能是因为此时许崇智的身体有恙而需要嘘寒问暖，主要还是由张学良的所作所为而联想到了"拜把兄弟"、"政治投机"这么几个词组。时在上海疗伤养病的蒋介石，突发奇想，造访隐居此地的许崇智，并特别交代钱大钧，这次代访"属不必查问"的单向礼节性拜访。既是告知昔日的"拜把兄弟"，西安事变后的蒋某人已完好归来；或者是不忘昔日"拜把兄弟"的旧情，感恩当年"释兵权"时没有弄出一个"广州事变"来；抑或有醉翁之意不在酒，在于敲山震虎，委婉地传言让张学良知道，看昔日的"拜把兄弟"玩"政治投机"后是怎样丢掉兵权的。

第 23 通手令——催参与事变的部队开离西安

【手令编号】下卷 034

【时间判读】1937 年 3 月＿＿日

【正文释读】

电话问西安：问十七师有否开动，催立即先开为要。中正。

【原件品鉴】

竖排 5 行套红"国民政府军事委员会便用笺"1 页，毛笔书写。

【原文解读】

本手令内容主要意旨在催促杨虎城部第 17 师调离西安地区，换防另地。

（一）事变之主力第 17 师及西北军的归宿

本手令文中的"十七师"，指的是西安事变

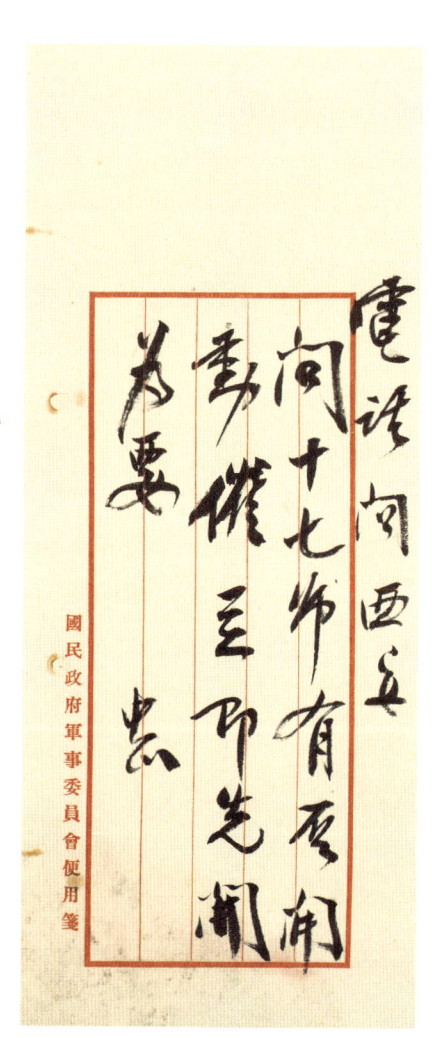

中的杨虎城第17路军主力第38军第17师。

杨虎城率领的第17路军，西安事变前，共有两个军，即第38军和第7军，军长分别是孙蔚如、冯钦哉，辖两个整编师第17师和第42师（师长分别由孙蔚如和冯钦哉兼），3个警备旅，再加上直属部队，总计28个团，6万余人。1937年4月，杨虎城将军被迫辞去西安绥靖公署主任及第17路军总指挥职务。1937年6月，蒋介石令其"出洋考察"。从此，第17路军走上了一条被蒋介石逐步削弱、肢解、消灭的道路。

从西安事变开始到杨虎城离开西安出国为止，第17路军在蒋介石分化收买之下发生了大的分裂。首先是第7军军长兼第42师师长冯钦哉等一些右派军官，率部投蒋（后被蒋介石扩编为第27路军，下辖第42师、第169师，师长分别是柳彦彪和武士敏），接着警备第1旅王俊部、警备第2旅沈玺亭和唐得楹两个团（后被编为独立第19旅，但不久后就被撤销番号，部队分散编入其他师）、第17师第49旅旅长王劲哉部（后被编为独立第20旅）先后投向蒋介石，计有14个团，2万余人。第17路军所余不到4万人，编为陆军第38军，孙蔚如任军长，辖两个整编师第17师和第177师（师长分别是赵寿山和李兴中），两个警备旅，两个直属团（教导团和骑兵团），第17路军的番号也相应被撤销。

（1）孙蔚如部—第38军（第17师、第177师）改编为第31军团、第4集团军

全国抗日战争开始后，1937年7月下旬，第38军赵寿山的第17师、第177师的第529旅（旅长许权中）、教导团（团长李振西）开赴前线，参加了保定、娘子关、忻口诸战役。其中，第177师与教导团在娘子关战役中，与敌血战9昼夜，予敌以重大杀伤，教导团也付出了重大牺牲，全团伤亡官兵1800多人。第529旅在忻口战役正面防守14天，全旅3000多人，伤亡2000多人，其中以中共党员阎揆要为团长的第1057团原有200多名共产党员，忻口战役后就只剩下60多名党员。

1938年7月，第38军扩编为第31军团。11月，第31军团又改编为第4集团军，孙蔚如任总司令。下辖第38军和第96军。第38军军长赵寿山，下辖第17师和第55师。第96军军长李兴中，下辖第177师和新编第14师。孙蔚如部全部开赴晋南中条山抗日前线。这支军队在中条山坚持抗战近3年，先后粉碎了日军的11次大扫荡，其中，以"血战永济"、"六六战役"、"望原会战"最为惨烈悲壮。血战永济，第17师补充团第102团团副杨法震、教导团团副魏鸿纪牺牲，教导团第3营营长张希文和该营全部殉国。"六六战役"中，第17师新兵团有800多名壮士因弹尽粮绝，被日军逼上黄河崖边，高呼口号，集体跳崖，全部壮烈牺牲，无一人投降被俘，谱写了一曲

感天动地、气吞山河的生命绝唱。第4集团军有2.1万人牺牲在中条山下、黄河岸边，而日军也始终未能越过黄河进入西北。

1940年8月，第4集团军为策应八路军发动的百团大战，派出部队在同蒲铁路南段沿线，深入敌后破坏铁路公路。部队出击在安邑、运城、闻喜、夏县一带，先后数十次，打得敌人缩守据点，不敢妄动。10月，第4集团军离开中条山，调防河南，守备巩县、汜水、荥阳、广武百余里防线。10月2日，黄河北岸日军强渡黄河，进占郑州，第4集团军在荥阳、广武地区与敌展开鏖战，配合友军收复了郑州。在3个月的广武战役中，第17师担任主要作战任务，全师伤亡官兵2280余名。其中第102团损失了1个营，有些连队仅剩20多人，但部队士气依然高涨。

1944年4月中旬，日军发动河南战役。第4集团军在巩县以东奋勇阻击，第530团坚守虎牢关据点7昼夜。虎牢关之役，毙伤日军2500余人，第177师伤亡400余官兵。另外在登汜和韩城镇两次大战中，均予日军以重创。1945年5月，在豫西战役中，第96军与日军血战官道口，在交战中，共产党员连长张国华指挥全连向山头冲击，身负重伤，排长余得水带领全排战士与敌冲杀，不幸阵亡，但终将日军击退，保障了关中的安全。

日本投降时，孙蔚如任武汉战区总受降官。在19天中，他负责解除日军武装21万人，接受工厂、仓库等300余所，遣编伪军3个军9万余人。

（2）冯钦哉部—第7军（第42师）改编为第27路军、第98军

1937年9月，第27路军改称第98军，编入第14集团军。1939年10月，原第169师师长武士敏接任军长。此后冯钦哉升任第1战区副司令长官，第98军被改为第2战区东路军（东路军总指挥为朱德）直辖，驻防于中条山。

1939年，国民党顽固派掀起了第一次反共高潮，阎锡山密令其部队消灭山西新军，还派人拉拢武士敏夹击山西新军，被武士敏义正辞严地拒绝。他表示坚决与八路军合作，以国家民族利益为重，共同抗日，不把日军赶出中国绝不罢休。

1939年下半年，由于日军的大举进攻和国民党内投降妥协空气的影响，国民党朱怀冰等部队都离开了艰苦的山西根据地，而武士敏则坚决与中共合作，在官兵中经常宣传"抗日高于一切，坚持抗战到底"的道理。在武士敏的领导下，第98军与八路军密切配合，打退了日军对抗日根据地的多次猖狂进攻，坚持了山西的抗日战争，为稳定全国抗日战争的局势，支持正面战场作战，作出了巨大的贡献。

1941年5月，日军集结临汾、长治、晋城10万多人向中条山进攻。国民党军驻守中条山的部队约20万人。由于无充分准备，庞大的后勤机关不能疏散，部队

无法展开战斗，结果受到严重损失，国民党军 2 万多人投降，4 万多人被俘，1 万多人牺牲，其余 10 万多人则奉命退过黄河，唯武士敏率领的第 98 军转战各地，坚决与八路军一起在山西抗击日军。日军多次派人劝武士敏投降，但均遭拒绝。一次，日军派一个认识武士敏的叛徒来劝降，武士敏大怒："我是一个军人，我应该死在抗日的战场！"遂将叛徒扣压。9 月下旬，日军集中主力 3 万余人，将第 98 军合围在沁水县东峪、西峪。武士敏临危不惧，亲临马头山前线，指挥部队顽强抵抗，浴血奋战，并多次组织突围，终因敌人封锁严密，突围受到严重挫折。在突围中，武士敏被敌人子弹击中下颚，他仍高呼："拼到底，不成功，便成仁！"后壮烈牺牲，时年 49 岁。

武士敏殉国后，国民党军委会调黄埔一期生刘希程继任该军军长。第 98 军此后在蒋介石的改造下，逐步演变为国民党中央军嫡系部队。1944 年，第 98 军被裁撤，所部整编为第 169 师，被调往西南地区，归入远征军，驻守滇西。西安事变时的冯钦哉部历史，至此结束。

（3）王劲哉部—第 38 军主力第 17 师第 49 旅改编为独立第 20 旅

全国抗战爆发后，王劲哉率独立第 20 旅开赴中条山，和日军共进行了大小战役 20 余次，王劲哉逢战必身先士卒、赤膊上阵，斩敌首百余。不久，独立第 20 旅被扩编为新编第 35 师和独立第 20 旅，王劲哉任新编第 35 师师长兼开封警备司令，编入汤恩伯的第 20 军团；第 20 旅由蒋介石的嫡系将领钟松仟旅长，划入第 9 集团军参加了淞沪会战，该部从此成为国民党中央军嫡系部队。

在 1938 年春天的徐州会战中，王劲哉率数千将士，驰援台儿庄外围的曹州，阻击追杀李宗仁部的日军，终使李宗仁将军安全脱险。王劲哉因功被授予一枚特别颁授的纪念 1932 年"一·二八"淞沪抗战大勋章，新编第 35 师也被改编为中央陆军第 128 师，成为国民党 200 个正规师之一，王劲哉任中将师长。随后，这支部队立即投入到空前绝后的武汉大会战中，与日军展开了浴血奋战，第 128 师损失惨重。

武汉会战后，汤恩伯将第 128 师化整为零。第 128 师尚有战斗力的第 382 旅，在副师长兼旅长李俊彦带领下，被调往河南充实其他部队。李俊彦后来曾兼任洛阳警备司令，率第 382 旅苦守洛阳，直到洛阳沦陷。第 128 师剩下的兵员连同轻、重伤兵共计不足 200 人，受令开到湖北咸宁、蒲圻一带自行休整补充，从此名义上归入第 29 集团军。1938 年年底至 1942 年先后参加了随枣会战、1939 年冬季攻势作战、枣宜会战和豫南会战。驻防中，该师与襄北新四军友好相处，反击日军的扫荡，整治地方治安，消灭了为害民众的土匪，部队逐渐扩大到 3 个正规旅 1 万余人。

1943年，王劲哉制定出收复汉口的冒险计划，不料部下有人叛变，将部队驻防图拍成胶卷偷送给日军，日伪军集中五路部队共10万兵力，对其进行"围剿"。王劲哉不幸兵败被俘。由于种种原因，王劲哉暂时委曲投敌，该部被汪伪国民政府改编为暂编第6师、第43师，师长由金亦吾、王劲哉分任。暂编第43师成立不久，王劲哉便率部反正，于敌后开展游击战，一直坚持到抗战胜利。暂编第6师于1945年9月被国民政府收编。

（二）事变戒严司令、第17师师长孙蔚如

孙蔚如（1896—1979），本是杨虎城的两大心腹将领之一，资格虽没有冯钦哉那么老，但心思更缜密，所以杨虎城有事时更多的是和他商量。西安事变后，冯钦哉随蒋，杨虎城出国，他就成为陕军的主帅。曾任国民党六届中央执行委员、陕西省主席。抗战时，任第4集团军司令，以坚守中条山著名，被称为"中条山铁柱子"，最后官至第6战区上将司令长官。获抗战青天白日勋章，美国二战金质自由勋章，首批抗战胜利勋章。

孙蔚如出生于陕西省咸宁县灞桥豁口村（今陕西省西安市灞桥区豁口村）一个"耕读传家的书香门第"。自学生时代起，他博览新书，投身民主革命。1910年，入咸长初等实业学校，以图"实业救国"。1911年10月20日，陕西革命军响应武昌起义，孙蔚如曾协同革命士兵进攻西安城内旗兵。1913年入西北大学预科。1915年毕业于陕西陆军测量学校，任陕西陆军测量局地形课课员。1916年加入中华革命党反袁。

1917年，孙中山先生在广东举起护法旗帜，陕西革命党人起义响应，组织陕西靖国军。孙蔚如立即投笔从戎，在第3路第2支队第1营任连长，参加了配合南方的护法战争。1918年参加靖国军反段祺瑞，靖国军失败后追随杨虎城，1922年任陕北镇守使井岳秀步兵团（杨虎城部队）团附。1924年出任杨虎城的第一个军校安边军事教导队队长。10月，冯玉祥发动北京政变，邀请孙中山北上。杨虎城起而响应，部队改编为陕北国民军，杨为总指挥，孙为参

孙蔚如将军

左起：武士敏、杨虎城、冯钦哉、孙蔚如1933年春合影。

谋长，并兼教导营（由教导队扩编而成）营长、国民第3军第3师第2游击支队司令。是年冬，杨部挥师南下，又改编为国民军第3军（军长孙岳）第3师，杨任师长，孙任参谋长，对北洋军阀作战。1927年春，杨虎城部改编为国民革命军第2集团军第10军，孙蔚如任军参谋长，后调任第2师副师长代理师长，部队东出潼关，参加北伐战争。杨投蒋后，部队扩编，孙升任第7军第17师长。从1933年开始，孙蔚如在陕南"剿共"前线，以第17路军全权代表身份，与中共红4方面军沟通联系，建立秘密停战关系。1935年秋，孙部先后驻防关中、陕北。

西安事变时，孙蔚如任戒严司令。杨虎城召孙开会部署当夜行动，孙蔚如当即表示坚决拥护张、杨，主张："要干就干到底！"当夜行动时，他在西安绥靖公署内配合张、杨掌握全局。在西安事变期间，他担任军事顾问团召集人、西安戒严司令、抗日联军临时西北军事委员会负责人、抗日援绥第1军团军团长。

12月25日，各方达成初步协议后，蒋介石被释放回南京，但陕西形势却异常紧张，张学良送蒋返宁被扣，而将事变机动处置权交杨虎城。但杨虎城根本无法协调东北军的行动，东北军内部矛盾重重，和、战两派之间剑拔弩张。主张和平解决而又具有实力的东北军高级将领王以哲成了两派斗争的牺牲品，杨虎城部也被蒋分化瓦解，孙蔚如成了杨虎城手下最具实力的高级将领。另外，蒋的嫡系部队源源开进陕西，压迫东北军和第17路军，南京政府又逼迫杨虎城离军出国考察。在这种情况下，孙蔚如虽对和议条件多有争执，但他与杨虎城和中共代表周恩来的态度在根本上是一致的，将张、杨发动兵谏的初衷贯彻到底，主张和平解决，建立以国共合作为基础的抗日民族统一战线，坚决反对内战再起。

事变后，杨虎城被迫出国，西安绥署被撤消，第17路军被缩编为第38军。孙蔚如接任陕西省主席兼第38军长，辖第17师（赵寿山）和第177师（李兴中）。孙成为陕西省的军政主要领导人。他以极大的耐心，平和的策略，煞费苦心地协调各方面的关系,保护了西安事变的成果,迎接了全国抗日战争的到来。全国抗战期间,第38军升格为第31军团和第4集团军,孙任军团长和总司令,兼第1战区副司令长官,曾指挥中条山西段战斗。

1945年6月,蒋介石见借日本人之手无法消灭杨虎城缔造的这只顽强的部队,便采取抽梁换柱的手法,调离第4集团军的各主要将领,派其嫡系将领张耀明接掌部队。孙蔚如被调去湖北接替孙连仲任第6战区司令长官(但战区实权掌握在陈诚嫡系郭忏手里),授上将衔。蒋介石采取明升暗降的手法剥夺了他的兵权,将他置于自己势力的监视包围之下。

日军投降时,孙蔚如为第6战区(武汉区)受降主官,接受日本第6方面军投降并全权处理第6战区受降事宜,解除日军武装20余万人,接收工厂、仓库等300余所,编遣伪军9万余人。武汉中山公园内现有一座受降碑,碑上镌刻的草书铭文是孙蔚如撰写:"民国三四年九月十八日,蔚如奉命接受日本第六方面军司令官冈部直三郎大将率二十一万人签降于此。第六战区司令长官孙蔚如题。"

抗日战争胜利后,孙蔚如见蒋介石极力准备内战,营私独裁,祸国殃民,多年来他屡谏蒋介石释放杨虎城将军又连遭训斥;积愤已久,不愿再事敷衍,便连电辞职,但均未获准。于是他不理事务,消极度日。1945年12月,孙蔚如任武汉行营副主任(主任程潜)。1948年8月,调任战略顾问委员会委员。1948年秋,蒋介石威逼孙蔚如去台湾,孙决心脱离蒋氏,于是举家避居杭州。1949年春,人民解放军渡江前夕,蒋介石安排好飞机逼令孙蔚如迁居台湾,孙蔚如一面派人大肆张扬去台湾购买了住所,一面潜居上海,暗中指示他带往南方的以原第4集团军的一个加强团为底子组建的国民党军第232师参加湖南和平起义,未随国民政府赴台湾。另外,他本人又与中共地下工作者取得联系,终于在中共组织的掩护下,安全到达北京。

新中国成立后,孙蔚如长期担任陕西省副省长,国防委员会委员,民革中央常委兼陕西省主委,陕西省第1、第2届各界人民代表会议协商委员会副主席,陕西省第1、第4届政协副主席,民革中央常委,民革陕西省委第1、第2、第3届主任委员,第5届全国政协委员等职。1979年7月逝世。

第24通手令——秘查东北军旧部情况

【手令编号】上卷053

【时间判读】1937年3月__日

【正文释读】

顾主任：四十一与四十八两师各部之驻地，请查报，但不必直问徐克成，免其疑虑。中正。

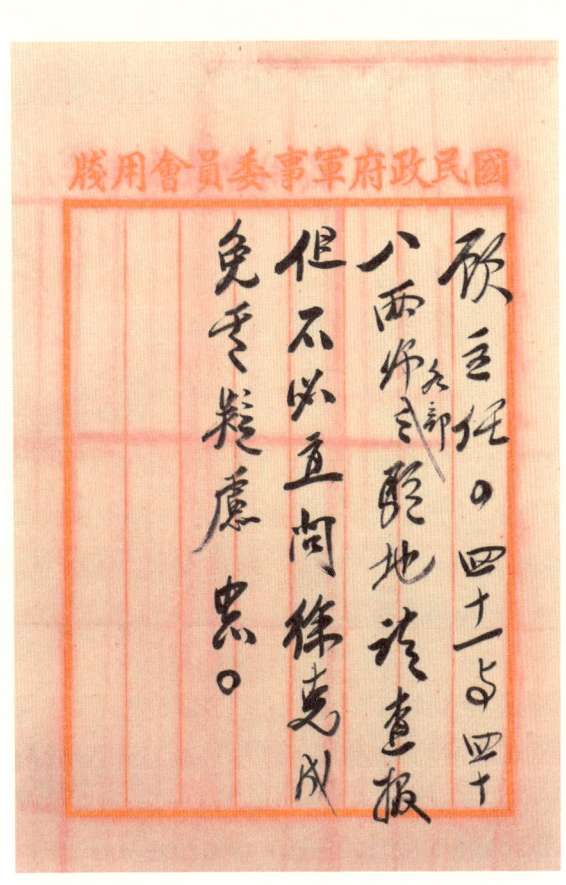

【原件品鉴】

竖排8行套红"国民政府军事委员会用笺"1页，原件信笺红色现沁润较重；毛笔书写。

【原文解读】

本手令文中的"徐克成"，即徐源泉，"克成"是其字。从手令中"不必直问徐克成，免其疑虑"之句可见，蒋介石对非"黄埔"嫡系的徐克成并不信任。

此手令中提及的第41师与第48师，皆为徐源泉所部。徐源泉时任第26集团军总司令，集团军辖第10、第87军，徐亲自兼任第10军军长，辖第41、第48师。

（一）奉系旧部徐源泉

徐源泉（1886—1960），又名克诚，派名继绪。湖北黄冈仓埠镇（今属武汉新洲）人。1906年，徐源泉随在武卫左军中任管带的族叔至安徽，入随营学堂学习，后保送进入两江总督端方创办的将备学堂。1910年入南京陆军讲武学堂，在校时加入同盟会。开学两月，武昌举义，清廷唯恐发生如湖北新军那样的变乱，调任张勋部队包围学校，搜捕师生中的革命分子。为了保证教职员工的生命安全，校方决定解散师生，令各自暂且归乡。徐源泉和一部分同学由江苏返湖北，至武昌都督府报到，任见习（实习教官）。1911年10月，汉口战况于革命军极为不利，清廷军队倾巢南下，以图挽回颓势。

湖北军政府决定招募新兵,扩充起义军力量。黎元洪派人至徐所住的客栈向军校学生发出邀请。徐源泉号召学生军300余人,自为队长,连夜渡江到汉口,于大智门火车站与清军激烈交战。此为徐源泉从军上阵的开始,也是他参加国民革命的开始,是他一生功劳簿最为光辉的一页,所以在他的"回忆录"中有详细地叙述。

徐源泉将军

辛亥革命后,徐源泉在南北军队中辗转任职,后归属张作霖部下。1914年起,徐源泉历任新疆督军府参谋、江苏陆军第6混成旅第2团团副、奉天陆军第3旅第55团团长。1925年8月,任陆军第15旅旅长,旋兼任第2方面军团第6军副军长。1928年6月,任天津临时保卫总司令,旋任国民革命军第3集团军第11军团总指挥、第6集团军总指挥。国民革命军编遣时,任陆军第48师师长。"皇姑屯"事发不久,随东北军编入国民革命军。1929年夏,任国民党"讨逆军"第10军军长兼第48师师长,率部驻防湖北,参加中原大会战。1930年3月,任鄂北"剿共"总指挥。此时,参加"围剿"湘鄂西红军革命根据地,进行反革命"清乡"。

1930年8月,蒋介石在全国设立"清乡"机构,徐源泉任湘鄂西边区"清乡"督办公署督办、鄂湘川"剿共"总司令等职,率领所属部队"围剿"湖北共产党洪湖根据地,镇压共产党在黄安、麻城领导的农民起义(史称"黄麻起义")。1935年4月,晋升二级上将。11月,在国民党三中全会上当选为国民党中央委员。

从1929年起,命运的变迁,将徐源泉的军事生涯又一次地转移到家乡湖北,此后两三年内,徐源泉在老家仓埠建公馆,同时,在公馆的侧面,原仓埠巡徼署旧址上起屋办"仓溪小学",后改为"正源中学",即"新洲第二中学"。也是在这一段时间,徐在武昌县华林修建西式新古典主义公馆,将家眷安顿在此。每逢战事间隙,徐便赶回武汉与家人团聚。

西安事变发生时,何应钦等企图重立南京政府,开始暗中于权利机构内封官任职。何应钦与各方都有联系,列入何派的地方实力派中就有湖北的何成浚、徐源泉。徐源泉在"回忆录"中说:当时有人推他执掌湖北省军政大权,他表示了坚决反对,辞曰:"此际唯一要务,在营救领袖,不应为一省谋,尤不应为一身谋也。"

西安事变平息后，蒋介石返回南京。徐源泉正巧在南京，急忙前往官邸探视慰问，惊魂初定的蒋介石似乎很感动，"引余于卧榻旁，畅谈达半小时，主要促余入川，略示拔擢之意，余坚辞之。（蒋）又娓娓家常话不休……"。字里行间，可以看出，受此亲近待遇，最感动的还是徐源泉自己。由这段文字，也可以推测，蒋介石时已有退入四川的准备。

1937年"七七"事变后，徐源泉任第26集团军总司令兼第8战区副司令长官。12月，南京保卫战开始，为了坚定唐生智誓死保卫首都的战时决心，蒋介石将大批军队调派给唐指挥，原以为可以作一段时间的坚持，拖住日军有生力量，赢得军队的喘息，换得南京政府逐渐向西撤退。驻湖北的徐源泉部也被派遣，急忙东上参与大战。徐的部队在南京城外围，先被派守栖霞山，后被派守乌龙山，日军以海空军作强势攻击，徐源泉率军抵抗，但最终未能守住要塞。8天之内，南京城外围，所有的制高点相继失陷，最后陷落雨花台，日军居高临下强攻南京城，南京保卫战失败。

徐源泉和他所率部队，以城外丘陵地带为掩护，得以撤离战场逃得性命。但是城内尚有中国军人10万突围不出，遭到日军残酷屠杀。这一场生死惨烈的战事，对于徐源泉的心理状况，绝对有着很大的刺激，即便他曾经半生戎马，此后的几年，他于军界政界坚决引退，不能说与当年南京保卫战的亲历无关。

日军攻下南京，一路西下，直逼中原而来。1938年6月，武汉保卫战开始，外围战役地段在安徽、江西沿江城市进行，阻挡日军进攻军队，迫使其缓慢侵犯步伐。第5战区统帅李宗仁因牙疾复发在武汉南湖疗养院住院，蒋介石委任白崇禧领导战事。当时，第5战区第26集团军徐源泉部，在安徽境内与敌激战后退守霍山、六安等地阻敌前进。杨森部队守安庆，因力量悬殊血战4昼夜退出。徐部由霍山出太湖切断日军后路，致敌人伤亡惨重。第5战区令杨森部及徐源泉部在安徽一带坚守，作持久战的准备，如此才能给从武汉向西南的"大撤退"留一个稍稍和缓的空间。8月16日，徐部退至湖北。武汉会战时，徐部由廖磊指挥，驻大别山南麓以侧面阻击沿长江北岸来犯之敌。9月29日，日军以海陆空三军配合作战，攻陷田家镇要塞。10月24日，日军破黄陂，打开通往武汉市的最后一道屏障。徐所属第26集团军在潜山王家牌楼一战伤亡惨重，徐遂率余部往平汉铁路（京汉铁路）以西转移。武汉保卫战坚持5个月。10月25日，国民政府军委会下令放弃武汉。

武汉会战末期，李宗仁病愈归来重执第5战区军权。武汉沦陷之后，李宗仁检点武汉会战战况，准备"杀一儆百"，严肃军纪以利再战，于是没有后台关系的徐源泉便成了被整肃的第一个目标。1939年，李宗仁以"违反军令"罪逮捕徐至西安关押，电请蒋介石将其撤职拿办。徐被关押至1942年，经军法总监、湖北老乡何成浚代为在蒋介石面前求情,才得以释放。

1942年后,徐源泉在重庆任军事参议院上将参议。这是一个闲职,可能是蒋介石对他的安抚。据徐的回忆:他的军队已在南京及武汉两大战役中伤亡殆尽,心灰意冷的他,再也没有了统军作战的兴趣。

抗战后期,徐源泉全心致力于实业。此前,徐驻军湖北,早已于军事之暇开始商业和工业活动,在沙市、汉口、湖南沿江设码头,购置轮船10余艘,发展内河航运,另在汉口、汉阳开工厂、银行、公司,利用执掌军权的便利,于商业经营中牟取暴利。来到重庆之后,徐驾轻就熟,继续在川江上发展他的航运事业。

1945年9月日军投降后,徐源泉决心彻底退出军界,回湖北武汉从事实业。接收大冶源华煤矿公司,兼任公司理事长;赞助修筑仓(埠)水(口)窑(头)与邻县相通之公路,成立仓水窑汽车公司,在故里仓埠开办电灯厂、轧花厂、碾米厂、印刷厂、女子针织业社、春生堂药店、颐和绸缎铺以及广货、杂货、米行等店铺,显然是一个响当当的一个实业资产者。

1947年,徐以中国国民党中央执行委员身份参加湖北省第2行政督察区竞选,当选为立法委员。1949年,解放大军挺进华中,江城濒临解放之际,徐源泉来不及带走他的轮船,仓皇出走,经香港九龙赴台湾,在台湾曾任湖北同乡会理事长。1949年5月武汉解放,"仓汉轮船局"被湖北省交通厅内河航运管理局接管,该局所辖轮船及徐源泉所有企业,全部作为官僚资本被人民政府收归国有。

1960年11月11日,徐源泉突患脑溢血逝世于台北中心诊所,享年75岁。当时,蒋介石和去台的国民党官员大多数都还健在。也许是为了寄托去国离乡的哀思,徐的丧葬典仪办得非常热闹,"规模甚大,格局颇高"。国民党当局立即组成治丧委员会。蒋介石亲笔题写"忠勤永念"的挽匾,派蒋经国为代表到灵前致祭。参加追悼仪式的军政要员有:陈诚、张群、于右任、谢冠生、张道藩、严家淦等。湖北省旅台同乡、湖北省黄冈县旅台同乡及私立武昌中华大学旅台校友到灵堂公祭,徐源泉夫人徐韩淑贞及女儿徐明举行了家祭。送诔词的有武昌首义同乡会等9个单位,送挽联的有:陈诚、严家淦、于右任、何应钦、陈立夫、白崇禧、杨森、顾祝同、薛岳等137人。湖北同乡何成浚等为其撰写了"黄冈徐上将墓志铭"。徐源泉著有武学新书《曾胡治兵语系句解》、《我的回忆》等。他曾搜集编辑《太岳全集》,并撰序,刻

商人徐源泉

版嘱子孙珍藏。

（二）西安事变和平解决后的东北军

1937年1月2日，蒋介石离开南京回奉化养伤，处理兄长蒋锡侯丧事。蒋介石脱险后，认为"内乱症结仍在共党"，决心不准张学良再回西北，并从行政上取消"三位一体"的依据。1月5日，以顾祝同、孙蔚如等取代张学良、杨虎城。

然而，蒋介石回南京扣留了张学良，激怒了西安方面的东北军将领。1937年2月2日上午，东北军的少壮派应德田、苗剑秋、孙鸣九等少数人派卫队团连长于文俊率部冲入王宅，杀害卧病在床之东北军元老派第67军军长王以哲、西北总部参谋处处长徐方、副处长宋学礼和交通处长蒋斌等人。血案发生后，王以哲的至交第105师师长刘多荃将于文俊杀害，祭奠王以哲。刘多荃将部队开进西安搜捕少壮派军官。未参与"二二"事件之旅长高福源也被刘多荃下令枪杀。"二二"事件还使东北军放弃甲案，接受乙案，全体东开，导致三位一体瓦解。东北军东调豫皖地区。

1937年3月初，东北军各部队全部东开，分驻豫南、皖北和苏北地区。4月到6月，国民政府对东北军整训、缩编。由每军4个师甲种军缩编成每军2个师、每师2个旅的乙种军编制，仅骑兵第2军保留3个师。

整编后的东北军有6个军，番号如下：

第49军，军长刘多荃，辖第105师（师长高鹏云）和第109师（师长赵毅）；第51军，军长于学忠，辖第113师（师长周光烈）和第114师（师长牟中珩）；第53军，军长万福麟，辖第116师（师长周福成）和第130师（师长朱鸿勋）；第57军，军长缪征流，辖第111师（师长常恩多）和第112师（师长霍守义）；第67军，军长吴克仁，辖第107师（师长金奎壁）和第108师（师长张文清）；骑兵第2军，军长何柱国，辖骑兵第3师（师长徐良）、骑兵第4师（师长王奇峰）和骑兵第6师（师长刘桂五）。

西安事变后，离开东北军的第106师（师长沈克）、骑兵第10师（师长檀自新）、炮兵第6旅（旅长黄永安）、炮兵第8旅（旅长乔方）均依附蒋介石中央军，另立门户。原由东北义勇军编成的冯占海第63军番号被撤销，仅保留第91师。

第25通手令——密切监视杨虎城在西安的行动

【手令编号】 下卷009

【时间判读】 1937年5月8日

【正文释读】

钱主任：电话问顾主任，杨虎城今日有否离陕来沪？如其不来，应特别研究其原因详复，并切实注意其以后行动。中正。

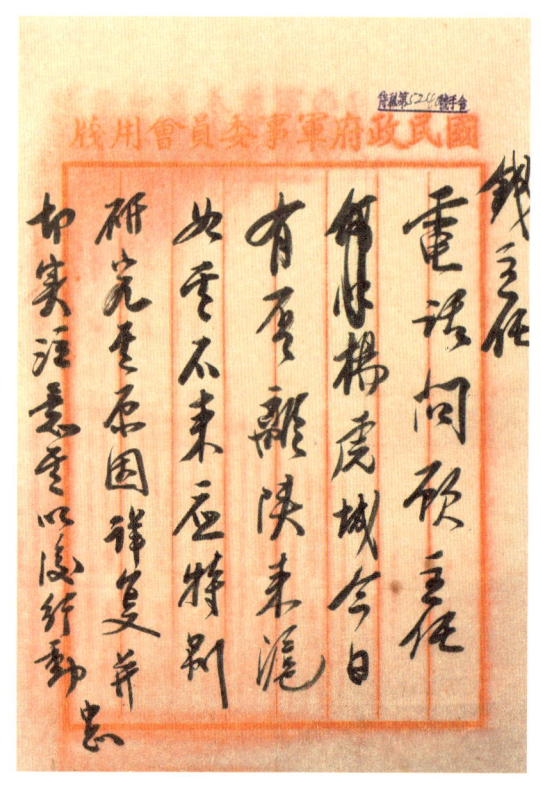

【原件品鉴】

竖排8行套红"国民政府军事委员会用笺"1页，原件信笺红色现沁润较重；毛笔书写。原笺右上角盖紫蓝色条形章"侍秘第5240号手令"，序号为钢笔填写。

【原文解读】

本通手令编号"侍秘第5240号手令"，另有书写于1937年5月9日的"侍秘第5243号手令"（参见本书"整顿侍从"篇"规定英文与射击为每人必修之课目"手令），及杨虎城于本月底始到上海等综合信息，可推断本通手令书写时间应为1937年5月8日。

手令中的"钱主任"，指钱大钧，西安事变后他在此时养伤基本痊愈，仍在侍从室随从蒋介石。"顾主任"，指顾祝同，1937年1月被任命为委员长西安行营主任。

（一）蒋介石逼迫杨虎城最终出国

西安事变和平解决后，杨虎城的军政职务全部被免。虽然没有像张学良那样被判刑，但蒋介石要求杨虎城尽快离开西安，以"出国考察"的方式让他淡出中国军政界。

蒋介石对杨虎城的处置，表面上看好似以宽宥待之，实质上是希望杨虎城从速离开西安，以便能尽快从速完成西北的善后工作。西安事变后，蒋介石在请假休养期间，密切关注杨虎城的行踪，曾手令钱大钧，"电问杨虎城病"；又两次令他打电话给西安顾祝同主任，询问："近日杨虎城情形如何，及其何日来沪？即覆。""杨虎城今

1937年3月28日，杨虎城抵达南京机场。

日有否离陕来沪？如其不来，应特别研究其原因详复，并切实注意其以后行动。"

此时，顾祝同在西安事变后被任命为军事委员会西安行营主任，坐镇潼关，指挥陕北军事。

在蒋介石的催促下，3月间，杨虎城离开西安，28日抵南京。29日上午8时43分，在宋子文陪同下，杨虎城、于学忠、邓宝珊、李志刚等人，自上海乘车赴杭州，面见蒋介石。一行于中午12时40分抵达杭州。钱大钧代表蒋介石，偕朱家骅、周象贤等往迎。下午，杨虎城与于学忠造访朱家骅、钱大钧，并一起游览西湖。

杨虎城到杭州后曾3次面见蒋介石。

3月29日晚7时，蒋介石在行辕宴请杨、于等人，钱大钧和宋子文作陪。"委员长身体好些了吧！"一落座，杨虎城便问候蒋介石。"腰痛渐渐地好了，不要紧。"蒋介石说，"我对身体上的折磨，向来很能忍耐。"紧接着蒋话锋一转，说道："我向来对人宽大，没记旧怨，你们全知道的，不必多说，但对部下，过于信任，以致发生这次事故，使各方面受到损失。"说到这里，蒋介石的语气骤然强硬起来，指桑骂槐地说："张汉卿常对我说，有他老子，他跟着他老子走，没有他老子了，他跟我走，劝我搞法西斯组织，还说服从领袖，现在他竟如此，你说是个什么样的人？"蒋介石愈说声音愈高："他打不住共产党，就向共产党投降；若是打不住日本时，还不是向日本投降吗？"说着，他大发脾气。不动声色的杨虎城心里很明白，蒋介石是在向他发威。晚宴上的气氛忽冷忽热，于8时半散会。是日，蒋介石在日记中写道："下午，杨虎城、于学忠来杭会晤。对杨宜宽宥，不加谴责，惟劝其离陕辞职。但对张私通匪之行为，近始发现，不禁愤燥系之。"

3月30日晨9时，杨虎城由宋子文陪同，再赴行辕拜见蒋介石，汇报办理陕西省善后的经过。蒋介石当面逼杨虎城辞职出国，对杨虎城说："经过此次事变，你在这样环境中继续任职，感觉有什么不便的地方没有？"在讨论完第17路军的安置问题后，蒋介石将矛头直指杨虎城，说："在事变中各方面是有对抗情绪的，他们对你的印象，一时转不过来，你继续任职，在感情上会有些不方便。你不如先往欧美参观一个时期，然后回来任职。出国费用由政府负责，启程的时间暂且不定，可以从容准备。"

3月31日上午，杨虎城第3次去见蒋介石，钱大钧、邵力子、汤恩伯等人在座，每个人都各揣心思，表面上却也表露出"亲爱精诚，信戴领袖"之热情。蒋介石在日记中写道："详告其个人之利害与以后之出处，讽其自辞离陕。以诚待彼，彼亦无可奈何也。"再次表示希望杨虎城辞职出国，且认为此乃以诚服人之表现。是月，蒋介石的日记之"反省录"，又写下召见杨虎城的感想，谓："杨虎城遵命来见，讽使自辞，令其仍回西安，不追其既往，并训导其利害与是非，到此地步，彼虽不服，亦服矣。召来，使之复去，示以宽大，实为统一之张本。"杨虎城在西安事变和平解决过程中，态度比张学良强硬，蒋介石心知肚明，却决定宽宥杨虎城，当时乃出于为国家统一大局着想。

当日晚6时半，杨虎城与随员等离开杭州，前往上海。杨虎城临行前，对人说："谒蒋委员长，结果甚圆满。蒋委员长宽大诚挚之精神，惟有使人无限感奋，今后惟有矢忠拥戴领袖，以报万一。"虽然如此，蒋介石仍时时注意杨虎城以后的行动及如何处置，还把"电顾（祝同）催杨速辞"列为预定处理的事项。此后的3个月里，蒋介石多次催促杨虎城出国。

在催逼杨虎城出国的同时，国民党中央党部调查科（CC特务机关）开始谋划暗杀杨虎城。就在杨虎城抵达杭州的前几天，特务先后找到褚龙吟（褚的父亲褚小毖在杨虎城坚守西安时，因暗通刘镇华，主张投降而被杨枪毙）和甄芝彦（甄的父亲甄士仁曾抗命图谋作乱，被杨虎城下令枪毙），鼓动他们暗杀杨虎城，以报杀父之仇，结果，被两人回绝。许多年后，褚龙吟回忆说，陈立夫曾亲见他，表示只要他肯承认杀了杨虎城，事实上不一定要他动手，绝对保障其生命安全。为了遮人耳目，坐5个月牢后，中央会提请政府特赦他，再让他出洋留学。

4月24日，时蒋介石在上海治牙，仍不忘把"催杨虎城离陕"列为下周预定工作。杨虎城被迫于4月27日提出辞呈。4月28日，除预定"问杨虎城何日来沪出洋"，蒋介石复提醒自己要"力促杨虎城出洋"。其所以如此在意杨虎城辞职出国，都是他希望西安事之变善后工作尽快从速告一段落，国政及早正常运作。4月30日，杨虎城"获准"辞呈。

至5月初，杨虎城虽然已经辞去各种职务，但对"出洋"尚无动作，蒋介石要求国民党特务机关密切注意杨虎城迟不离陕的原因。

5月底，杨虎城迫于蒋介石的反复催促，只好答应立即成行"出洋"。当杨虎城

1937年6月28日,杨虎城出国前在上海国际饭店饯行会上合影。

离开西安时,西郊外的机场人山人海,哭声震天。登上机舱口的杨虎城转身,摘掉礼帽向人群挥别。

杨虎城离陕到了上海,蒋介石仍不免觉得拖延,在日记中写道:"杨虎城果离陕到沪,预备出洋,则西安叛变事件可告段落,然而时已半年矣。"但蒋还是认为此举与东北军移防、整理办法商妥,为国家的一大进步。

蒋介石为筹办暑期训练团,于5月27日到达庐山牯岭。钱大钧主任、王世和组长及汪日章秘书随行。6月4日,杨虎城夫妇等人在宋子文与蒋夫人陪同下,由上海飞抵庐山,谒见蒋介石。杨虎城在机场告诉记者:"本人赴庐山晋谒蒋委员长,报告绥署结束经过外,并对出国考察事有所请示,预订留三四日返沪。"6月5日,蒋介石约杨虎城吃饭。可以想见其欣慰之情。6月7日,杨虎城等飞回上海,等候出国。6月16日,蒋介石发布命令,派杨虎城为欧美军事考察专员。6月28日,陕籍同乡于右任等200余人为杨虎城举行盛大欢送午宴。6月29日上午11时许,杨虎城偕夫人谢葆贞、次子拯中等乘美轮"胡佛总统"号,自上海启程,赴美欧考察军政。宋子文被指定为杨虎城与蒋介石之间的唯一联络人。南京《中央日报》用"杨虎城今日放洋"斗大标题报道这一新闻。至此，西安事变之善后总算告一段落。当然，故事并未就此完结。

7月14日，杨虎城一行抵达美国旧金山。杨虎城在旧金山广播电台发表演讲，提出"所谓中日问题实际上就是国际问题"，"抗日是中国的出路"。7月25日，在与加利福尼亚大学的一些教授座谈中，有人问杨虎城："中日两国因领土多次发生冲突，中国政府何以不请求国际联盟或海牙国际法庭仲裁，却一定要诉诸武力？"杨虎城回答，"如果贵国的加利福尼亚州遭到侵占，不知各位的心情怎样？当年华盛顿总统武力抗英，受到贵国人民的热烈拥护。我看不诉诸武力，只靠谈判，恐怕贵国今天不会成为独立自主的共和国吧！"部分教授甚至提出"西安事变扣蒋是否是一种犯上作乱"，杨虎城听罢，义正辞严地说："如果说我们犯上，那么不知诸位对克伦威尔如何评价？是否要把这段历史重写一下？"经过此番谈话，美国学者对杨虎城的印象彻底改变了。他们很难相信一个只上过两年私塾的军人对历史问题有如此见解，原来"他并非粗人、土匪"。

在美国，杨虎城的抗日宣传经当地媒体的报道，在美国民众间造成很大影响。而国民党当局对此极为不满。据同行的亢心栽回忆，有一天早晨，杨虎城走进房间，笑着说："这是刚送来的信，你看一下。"亢心栽接过信，信封上写着中国文字的住址和"杨将军亲启"以及发信人的地点，打开信封，里面有一张白色信纸，中间用钢笔画着一支手枪，枪口还冒着浓烟。尽管人身安全受到威胁，但杨虎城在欧洲考察时，仍不遗余力宣传抗日，以争取国际社会对中国抗战的支持。

在西班牙参观访问时，杨虎城对结成国际反法西斯联盟有感而发，即席演讲，他说："西安双十二运动的动机，在配合民众的要求，而力求国内的统一，其结果即为统一的实现。因为在双十二以前，民众在对日抗战方面极感着统一的需要，再经过和平运动的酝酿，就产生了西安双十二运动。它的经过虽有不少的摩擦，但多年来损耗元气的内战已真正停止，它可算是国际和平阵营、和平运动中的一部分。此后国共合作乃因两方面各有相当的让步而成，其重要前提则为对日抗战。"

1937年"七七"事变爆发，时在前往美国途中的杨虎城听到消息后，十分震惊，他说："真没想到，还不到十天，就爆发了抗战，早知道真该晚走几天。"他即刻致电宋子文，询问国内形势。宋子文回电称："卢沟桥战事停而复作，敌并由关外调来大队，我方已准备作战。"得知这一情况，杨虎城又惊又喜，一番思考后，于7月11日复电请缨回国抗战："两电均悉。日寇进迫，国将不国，噩耗传来，五中痛愤。弟一革命军人，何忍此时逍遥国外。拟由旧金山返国抗敌，乞转陈委座。"

西安事变后,杨虎城携眷赴欧。图为杨虎城、夫人谢葆真、次子杨拯中摄于归国轮船上。

在杨虎城刚刚抵达美国旧金山时,宋子文的电报就到了:"依目前情势,请稍缓返国"。这封电报让杨虎城大失所望。以为宋子文没有理解他的意思,两天后,杨虎城直接致电南京政府,请求准予中止考察,回国抗战。在美国,杨虎城提前结束考察,前往欧洲。杨虎城的秘书米暂沉说:杨虎城去欧洲,一方面是应付南京方面交给他的考察名义;更主要的是要设法突破对他回国的阻拦,争取借道苏联从陆路回国。为此,他先后向苏联驻法使馆、中国驻苏大使馆提出回国申请,结果均遭拒绝。但此时,杨虎城已下定决心回国参战。他电函国内:"我们发动双十二事变是为了抗日,现在国内全面抗战已起,如我仍逍遥海外,实无脸面对待中国人民。至于我回国之后,不管蒋介石怎样对待我,我决不追悔,只要问心对得起国人,死何足惜!"

10月2日,身在伦敦的杨虎城收到了他原来的部下王炳南从上海发来的法文电报:"请立即返国抗敌。"几乎在同一天,宋子文的电报经日内瓦发往英国:"值兹全国抗战,各方同志均纷纷集合,共赴国难。吾兄虽未奉电召,弟意宜自动返国。如何?盼复。"宋子文比其妹宋美龄更堪称蒋介石之"贤内助",其与蒋氏一个"红脸",一个"白脸"。对杨虎城来说,"自动返国"既为自愿又是"抗命",让其有苦说不出。此时,何应钦的另一封电报颇耐人寻味:"德驻英大使借口兄在西班牙发表'左'倾言论,又极力攻击我国,袒护日本,请兄在外言论特别注意。"

在欧洲考察近3个月后,10月29日,法轮"冉·拉保底"号驶离马赛港口,船上的杨虎城异常兴奋。44岁生日这天,抵达香港的杨虎城受到当地各界人士和原第17路军部分将领的欢迎。但同时,他已受到国民党特务监视。两天后,蒋介石的电报送到杨虎城手中:"派戴笠迎接,到南昌相见。"两天后的上午,杨虎城乘飞机起飞返回内陆,从此失掉了与外界的联系。

对于杨虎城中止国外考察"突然"回国,以抗日之名重掌兵权,历来说法颇多,评价不一。如按蒋介石的心愿,杨虎城最好"自愿"终老他乡或从此销声匿迹,这样对蒋对杨，尤其对"西安事变"和国民党的历史形象都将是个看来不错的结局。然而，襟怀坦荡而博大、睿智而又执拗、把民族利益看得高于一切的杨虎城，却偏偏不要这种利己而不利民族大义、利蒋而不利"西安事变"深远涵义的结局。他决心以赴死明志。

实际上，蒋介石以及军统头子戴笠一直对杨虎城的背叛行径不能释怀。1937年初杨虎城到上海、杭州、庐山时，军统特务就急欲置杨虎城于死地。戴笠曾下达除杨指令，如1937年1月的"杨逆阴险，必须徐图设法铲除"、11月的"惟此人不除，终必为患"、"生意仍以在港机密处决较妥"等，但遭到各级的制止。杨虎城虽一时幸免于死，却难逃遭到监禁的命运。1949年9月，国民党政府在大陆统治已至日暮时分，李宗仁曾一度有意恢复其自由，但不为下野的蒋介石所认同，导致杨虎城最后被杀的悲惨境遇。

（二）钱大钧《西安蒙难日记》

1936年12月11日凌晨，张学良的卫队营长孙铭九率部攻入临潼华清池捉拿蒋介石，枪声大作。蒋介石的侍卫长钱大钧被枪声惊醒，赶紧拔枪急奔蒋介石卧室救护蒋介石，并未找到蒋介石，便又折回寻找。就在这时钱大钧被流弹击中倒地，幸亏子弹只是穿透肺叶，加上抢救及时，才幸免一死。钱大钧受伤后被捕押，送至城内杨虎城绥靖公署"新城大楼"看管，当天转往何柱国寓所疗伤。事变落幕后，与其他被押在"西京招待所"的军政官员同返南京。他在事变期间逐日写下日记，取名《西安蒙难日记》，自12月12日起，至12月28日止，历时17日。钱大钧本来就有记日记的习惯，到西安时也随身带着一本日记，但被捕时身上衣物文件悉被搜走。钱大钧的亲历记，写在一般的笔记本上，共15页。以下是日记全文，从中可见事变之大致经过，佐证和丰厚事变之历史资料。

12月12日

余于酣睡中，被蒋组长孝先之随从唤醒，告余曰：外有枪声，请速起。余即披衣下床，持枪出视，果闻枪声甚密。余行至前面之台阶，见便衣卫士数人正倚墙放射。而下面则已有服灰布黑皮领大衣之武装群众，向委座住室射击，弹密如雨。余不得入，乃驰往第二组，唤人来援。及至温泉旁，为叛众所阻，遂驰归，拟再奔赴委座住所，正转身拾级至四五阶时，枪弹已由余背洞入。踣地有顷，复忍痛登阶，指挥卫士，奋力抵御。是时，余等均不知委座行在踪迹，焦灼万状。而叛众则麕集益多射击愈密。我宪兵卫士中弹倒地者累累皆是。时天色已明，余伤口流血不止，昏瞀欲绝，竟不幸

钱大钧《西安蒙难日记》之一

于此际为贼所俘，随身物件搜劫殆尽。

余被叛兵押赴前门，行至贵妃池畔，遇白凤翔，询以事由，则曰：城内杨虎臣部兵变，余等奉命前来保护委座入城也。渠问委座何在？余答不知。彼不之信，乃多方恫胁，备极侮辱，余始终以怒詈报之。少间，复押余至大门汽车间，白即赴邻室。

是时，余见孝先背缚入园中，且闻人言曰：此蒋孝先也。旋有王旅长者，促余行。问何往？以入城见副司令对。言次，胁余登车，入城，至新城大楼绥署，该旅长投刺请谒。良久，始召入，初至卫士队长室，张汉卿来，向余长揖道歉，并云委座不久即来。余知委座安全，心稍宽慰，但念委座平日遇张极厚，今乃有此痛心之事，人心至此，夫复何言。未几，邵力子先生亦至，见余负伤，告之曰：对朋友不可太侮辱也，伤者应速医治。张唯唯。余怒张无耻，不与之言。

柱国知余伤，持白药至，并为余具衣履，以便更换。余因衣物文件悉被劫取，中有日记一本，颇为可惜，托柱国设法寻觅，卒不能复得。

正午，军医来，为余上药。余沉思有顷，痛不欲生决拒医。柱国在旁力劝，泫然出涕，并援子在回何敢死之义，再三喻勉。觉其说尚有是处，乃任医检验，弹从左肋穿出右肩，大血管未破，肾亦未伤，仅贯肺叶，尚非要害。惟时过久，流血极多，谓三数日内如无变化，可以无虞云。

下午，汉卿来告，委座已安全入城，并未受伤，言毕即外出。柱国语余，谓委座见汉卿时告之曰：汝如是余之部下，应即送余至洛阳，再与详谈。汝如认此举为革命，可即将余枪杀，其他均不必言。旋邵力子先生谒委座回，据谈委座以为邵系由省府来。邵告系由卫队室来，与慕伊同在一处。其他未能多谈，有人监视故也。

晚间，柱国又来，邀余移寓其家，以便疗伤。余私计伤不甚重，故仍以随伴委座为请。汉卿适又至，亦谓另住较便，且云：委座及其他人员均已分别住定，安适勿念。既而又曰：今日之事，余实逼处此，请勿余怼云云。余曰：事态至此，大局将如何收拾，前曾与汝详谈，正思弥补两方缺陷。盖信汝对委座至忠至诚，而委座对汝，更属至宽至厚。今兹简从到此，即对汝绝对信赖之明证。今汝以怨报德，倒行逆施，纵弗恤天下后世，公论不容，独不思民族国家千钧一发乎？至余个人则捍卫无方，有亏职守，无以对国家，无以对长上，死生不计，遗憾无穷矣！

汉卿云：汝说到有亏职守的话，那末，委座平素信任之政训人员及特务人员，何以事前毫不知觉？你尚抗拒受伤，较之彼辈，还强得多呢！余至是，以为多谈无益，遂不与之再辩。

柱国坚邀至其家。是夕，心肺如焚，夜宿不能成寐，私念今日事件，与民十陈炯明之叛变如出一辙。当时，总理尚有卫队抵抗竟日，又得卫士负之出险。余今躬负侍卫之责，不能救护委座，又不能杀身成仁，腼颜生存，余罪大矣。虽涕泗交集，复何益哉。

陈坦来，谓：孝先已就义矣。盖孝先昨夜因事入城，闻变驰归，中途被执。余顷在汽车间见其背缚入园，想即殉节时也。陈坦又言，当时叛部军官指孝先曰：前在北平充宪兵团长者，即此人也，毙之可耳。即以枪击其脑而死。萧秘书乃华于事变时避至池畔，被叛兵围击，死于池中；宪兵团长杨镇亚，闻亦被执殉难。

邵翼如先生居西京招待所，闻枪声图脱走，被变兵击中三枪，当时传已死，嗣闻伤重医治中。胡若愚同此情形云。

辞修、铭三、俊如、武民、武樵诸兄，闻均在西京招待所，失却自由，较余尤甚，更不知如何忧愤也。

12月13日

余昨日未尝饮食，盖徘徊于生死之途，思之痛心，未觉饥渴。今思柱国殷勤照拂，其谊可感，既居其家，理不能自绝于其地，只得勉强加餐，苟延一息。俟知委座出处，再决死生，或未为晚。余志已决，不妨暂尔从容矣。

柱国外出归，谓委座今日已进牛乳不少，不致绝食。汉卿往谒时，委座谓：昨已说过，不与汝谈话，今又不能不言云云。闻其言词，仍本历来之一贯主张，剀切引申，严明训诫。其人格之崇高，精神之伟大，余诚不知汉卿之心，亦有所感否。又委座昨拟一电，致其夫人，云：中决为国牺牲，决无顾虑。经国、纬国乃中之子，亦即汝之子，务希爱护周至，视同己出，余无他书云。此电系邵先生所见告余者，当然不能拍发矣。

寓西京招待所诸友，如辞修、铭三、俊如、武民、雪轩、武樵诸兄，行动极不自由，即房门亦不能关闭，所以然者，卫兵防其自杀也。柱国往探，亦须得张、杨之许可，始能入室，监视之严，可见一斑矣。

本日，解放日报登载张、杨兵谏通电，提出八款，署名发电者，除东北军及杨部将领外，竟冒签我等姓名（如陈诚、邵力子、蒋鼎文、陈调元、卫立煌、钱大钧、陈继诚、万耀煌诸人），既行大逆不道之勾当，复施卑劣滑稽之伎俩，厚颜至此，世罕其俦哉。

12月14日

今日伤势颇见愈，两日来体温既未增高，伤口亦未化脓，均好转征候。医云，余受伤后，痰中带有血筋，乃肺部受损所致。肺有弹性，子弹通过，肺即紧缩，体强者可复原状，体弱者不能复原，辄致病。君体虽强，亦须多事休养，免贻痼疾云。

老友赵铸之来视余伤况，为此间刘营长所阻，不得入。闻之忿甚，继思主忧臣辱，分所宜然。今既为堂上囚，宜不得见阶下客也。余于刘氏何尤？

晚，柱国归，谓端讷顾问与黄仁霖已到西安。端讷持有蒋夫人及孔庸之函，已见委座，预定明日回京，再偕蒋夫人来此云云。余拟附一安报回京，嘱家人勿念。柱国许之，并为转交矣。

闻中央以张学良叛变，已明令免去其本兼各职，声罪致讨，如再迁延数日，不知大局将演变至如何程度？思之可危，但端讷此来，持有孔函，谓对此犹可挽回。是余所主事态，不可迁延之说，信有征也。

12月15日

今日伤口益见愈，惟精神则较前疲瘪，意者前数日肝和上升，未即显著耳。

正午，戎纪五来，入门后，一呼老师，双泪盈睫，感来无端。余亦泣下。柱国归，具状其事，亦为潸然。柱国谓，黄仁霖并未回京，余函恐不能达。所以然者，因仁霖今晨谒委座，曾奉面谕转告夫人，请善视二子、爱如己出等语。仁霖言之，则无以慰夫人；不言，则无以对委座。不如不归，故未行也。闻之心酸。

阅此间报纸载：西安"剿匪"总部撤消，停止"剿匪"，另组抗日联军、西北临时军事委员会。为之愕然。柱国谓，冠有临时二字，有时间性在，有转圜余地在。其然欤？其不然欤？

柱国又谓，此次事变近因，为十一日黎天才谒委座时，委座云：汝可归告汉卿，革命与反革命两条道路，任其选择可也。黎以告汉卿，旋即决定发动。初无准备，是夜十一时，始召于孝侯、马占山往，告之曰：余已下命令矣，示速决矣。然闻杨虎城妻，则十日已知消息。果尔，则前说或不确。

12月16日

闻委座昨已迁居。其移动间，系由端讷陪乘，羞不与汉卿并驾也。又闻辞修、铭三诸兄等亦已移居，武民、武樵、雪轩诸兄等则同居一院，在大门内往来，已得自由云。

汉卿十二日所提八项主张无甚意义，现在一方面仍推崇委座，一方面却劫持委座，可谓矛盾滑稽之尤。

闻端讷已由京回西安，正与委座接谈中，如何情形，尚未明了。

闻杨镇亚之死也，在被执时，询其为谁？答为宪兵团长，旋即搜查身畔，携有情报甚多，均为告发东北军如何通共者。致死之由，泰半由此。

被囚此间，日复一日，未知何时可复自由，或何时可以就死。生死事之常，本不足计，如此侮辱，耻莫大焉。

12月17日

今日降雪，积白尺许。天候如不转佳，则往来信使滞阻堪虞，诚恐大事迁延愈久，解决愈难也。

闻柱国言，铭三已赍委座谕飞京，内容未悉。

连日阅资治通鉴，感触甚多。噫，国家兴亡往往系于一二人之举措，可不惧哉。

京中有讨逆部署，依播音所传，何应钦为讨逆军总司令，刘峙为讨逆军东路集团军总司令，顾祝同为讨逆军西路集团军总司令。如迁延愈久，各方传说愈多，布置愈杂，冲突愈不易避免。故余以为拖延决非办法，如能迅速解决，可免国家之损失也。

此次事变，余所有行囊，悉被叛兵洗劫一空。最可惜者，为余之日记。余近年于日记，从未间断；而尤以今年所记者，为最有价值，凡余所到之处，无论人文、地志、风土、政俗之足资参考，及每日作事之有饶心得者，毕录无遗，今竟付之劫灰，可憾

钱大钧《西安蒙难日记》之二

孰甚！

12月18日

惜白致柱国筱电，谓：慕伊受伤，居住兄家，近状如何？或谓其已死，究竟如何，乞即电示云云。可知京沪对此间事，尚传说纷纭，不明实况。柱国已去电答复，当可解除家人及亲友之挂虑也。

午得生丽删电，询问伤况。此电三日始达，因前数日电报线路未通故也。因复电慰。

晚间，中央广播电台新闻报告，谓蒋鼎文于昨十七日上午，由西安飞洛阳，今日上午由洛飞京，十一时至明故宫下机。各军事长官及留陕各高级将领眷，均往迎接。是铭三之已到京，可证实矣。

闻阎锡山氏派赵戴文、徐永昌于明日乘飞机来西安。宋子文亦于明日乘飞机来此。于右任则乘专车西进，今日已过洛阳云。

杨虎臣此次坚决参加叛变之原因，实由于郭增恺一案为其导线。可知各方对特工人员多不满意，可不慎欤！

12月19日

胡床闷坐，度日如年。伤口昨稍发炎，今已恢复原状，旬日后可望收口。

雨雪数日，飞机来往不便。余谓如此拖延，殊非大局之福。柱国云，冬雪惠农，否则明年旱荒矣。余谓：与其救明年天灾，不如救目前人祸；今日之事如拖延不决，国亡无日矣，虽有丰年，亦奚以为！

闻宋子文即来西安，与委座及汉卿商决一切。故每闻飞机轧轧声，未尝不昂手云衢，频劳想像也。

顾、宋未来，而太原之赵、徐亦未到。闻黄秉宽赴太原，将与赵、徐同来，洽商解决时局办法。

钱大钧《西安蒙难日记》之三

12月20日

西安多鸦鸣声噪括，向晚尤

甚，病耳不堪其扰。闻耿医云：鹰更可憎。庖人宰肉时，鹰且傍伺，得隙即攫食之。小孩提食物，辄为啄去。其事甚信，此殆人口不密之故。若人谓，鹰饥则啄人，饱则飞去。余以为人鹰亦然。

今日天晴见日。上午闻飞机声，余即推知子文来矣。因昨晚柱国告余，子文已于下午三时，由京飞出，计程今早可到。问之信然，信为大局前途之曙光也。

12月21日

宋子文至，所商结果如何，殊未可知。余对柱国言，策动全国抗日已成中央既定之国策与全国民众一致之要求。吾人所应慎重考虑者，厥惟时间问题与技术问题。至于行动方面，则准备抗日与间接抗日之工作，早已开始，无待费词。谈到理论，一切都是枝节小见，无关宏旨。救国爱国者，应以国家为重，国力为重。此次西安事件，更应迅速解决，能发能收，不可吹毛求疵，贻误大计。柱国又问，抗日应如何策动？能否先收复冀东？此间应如何出兵？中央是否将联日反共？又谓余曰，吴鼎昌将为行政院院长等语。余告之曰：只要有整个计划与相当准备，收复冀东，决无问题，即进而收复东北，亦无不可。惟此间所谓抗日联军，试问何人与何人联？余以为对日作战，乃整个国家与国家战，既为"中华民国"之军队，何必巧立名目，美其名曰抗日联军乎！如谓欲联日反共，试问此策何人主持？联日为全国一致反对之政策，谁敢出此？有此魄力者，须有后盾。余信今日除张汉卿外，无此魄力。不然，则持亲日政策者，何以至今不敢彰明宣倡于国人？以其无魄力，无后盾，且不合理故也。至若吴鼎昌长行政院之说，试问何人拥护？如何登台？总之，此种谣传及情报，全不足信。公忠谋国者，须持大体，尤不能吹毛求疵，自乱步骤，至是，柱国无以难，殆亦会心不远，私韪余说乎！

12月22日

余自囚困以来，已匝旬矣，将三国演义全部阅毕，观于东汉魏晋递篡之迹，因果循环，丝毫不爽，殷鉴凿凿，可不惧哉！

伤势渐痊，不欲久卧病榻，于是托耿医购峰山碑、张迁碑及纸笔，即起坐摩临，消遣烦襟，兼可养吾浩然之气。

晚闻蒋夫人、宋子文、端讷、蒋铭三、戴雨农诸人，乘蓉克机抵西安，料知局势已趋缓和。又闻桂永清部教导总队已开至华县，曾与叛部接触，今因宋氏调停，已停战待命矣。

12月23日

昨晚柱国谓：华县附近桂永清部与一零五师战，伤亡极重，已由蒋夫人与宋子文于经过洛阳时切实制止。又谓，邵翼如先生已于数日前因伤重逝世。呜呼，党国良材，又弱一个，邵亦不幸矣哉！

12月24日

今日习字，精神较昨日为佳，且下床时亦较多。

闻宋子文等商谈，情势极佳。今日铭三、雨农俱返京，撤兵问题可实现。果尔，则急转直下，一切均可迎刃而解矣。

余与柱国谈共产党问题甚久。彼谓：共党已放弃阶级意识，而采取民族意识，观其自去年八月以来之宣传，可以证明。其原因为毛儿盖会议时，周恩来与张国焘为阶级意识与民族意识问题，争论至于决裂，故民族意识派即北窜陕甘，阶级意识派南窜四川。旋以此事请示第三国际，其解释为：在中国现实情况之下，民族意识重于阶级意识。因此，两派意见融和，张、徐等遂北窜，会合于陕甘边境，专做民族意识工作；惟彼等有一结论，即在抗日过程中，争取政治领导权云云。余告柱国曰：共党始终以第三国际为立场，随时均可变换政策，变换战略，以贯彻其机会主义。今纵信其放弃阶级意识，安知来日不放弃其民族意识，而况其以夺取政权为唯一之结论。是其危险性仍不在小，讵能不防？总之，防共与抗日问题相似，在我不在人，如我能组织严密，步调一致，固犹不致为人所弃，否则授人以柄，赍寇以粮，民族沦胥，万劫不复矣。

12月25日

今日为云南起义纪念日，又值耶诞。忆去年今日，余初至侍从室，委座官邸于是日张灯乐，演电影，忽得沪电，唐有壬被刺身死。委座即召各要员集议官邸，停撤娱乐。光阴易逝，景物悬殊，幽闭萧斋，悲愤何极！甚矣，邪说之中人不浅。匹夫之误国已深，今之所谓抗日救国者，非昔年弃地远遁、力主不抵抗者乎？今竟腼然以抗日自名，而蔑人以不抵抗矣！究其抵抗之实，仍在西北，固未尝出国门一步也。奇哉，痛哉！

闻华阴中央军已撤退，又闻共产军已开到渭南布防。如此，则联共有据。又所谓指定某区域为共军驻扎者，将何以善其说？

下午五时许，有飞机东翔，初不知为何事，嗣据柱国归言，委座已赴洛阳。初犹守秘，现已由播音广播矣。张汉卿随行，自谓：能举能放，始以性命揭此惊天动地之事，今亦以性命了此惊天动地之事云云。余闻委座出险东归，欢慰至于莫可名状。因知委座威德所被、精诚所感，实开古往圣哲之先河，而贻民族无穷之光耀。国家有庆，顽梗输诚，得未曾有之盛事也。汉卿之不远而复，其良心魄力固自有在；然余经此事变，得一教训，知血气方刚之青年，不宜畀以大任，无他，气盛而行粗，胆有余而识不足也。

妄作矫奇，不顾利害，其不败事也几希！

12月26日

因昨日委座已东归，吾人行动较可自由。上午，赵铸之、陈方之来见，据方之谈，蒋瑞昌、汤根良均已殉难。此外人员被困于新城北门外者，今日已移至七贤庄云。

下午赴仁寿里访辞修等诸友，小别半月，相见极欢，喜故人无恙也。相与纵谈十余日来蒙难经过，真不知涕笑之何从。入夕，并将明日搭飞机人员酌量分配。事竣，遂赴新城大楼杨虎臣公宴。

12月27日

昨夜，柱国归，谓已决定今晨八时起飞，故六时即起。七时，军医来，为余换药。闵湘帆至，余告以往后做事处人总须沉着镇定，语言尤贵简明，彼唯唯而退。

八时至飞机场，欧亚机正在准备中，欢送部队已整列鹄候，高级将领到送者颇伙。余等于九时半起飞，十二时到郑州，钱慕霖招待甚殷。据谈，汉卿过洛时，曾对渠言：此次慕尹肝火极重，余以为彼不能抵抗，而竟至拚命抵抗，殊出意表云云。

正午十二时半，复由郑起飞，下午三时到京，全城遍悬党国旗。停机处，欢迎人员极拥挤，争来握手，笑容可掬。闻两日中首都人士之热烈欢迎盛况、热情得未曾有。余家中自岳父以次，均到机场候接，相见狂欢。返家后，来客颇多，余以伤势初痊，当即移住中央医院，继续疗养。

入院前，委座召余往见，询伤口如何？余谓：入口已愈，出口处犹未平复，即将入院续行疗治。继谓：此番事变，余实防范不周，捍卫无状，有亏职责，殊觉惭愧。是时，委座因腰痛卧沙发上，精神疲惫，迥异昔时。余见状，实心痛难忍，遂尔鸣咽，不能再言。委座语余可俟以后再说，并嘱往见汉卿一谈。余含泪出，径赴医院休息；经沈院长克非检查诊治，谓除创口及内部外，尚无他病。

钱大钧《西安蒙难日记》之四

钱大钧《西安蒙难日记》之五

12月28日

今日在院照爱克斯光。下午，据沈院长到谈检查结果，内部已无若何异状，因肺部系海绵体，子弹穿过，仍可收缩还原。今已历时半月之久，自可完全恢复原状。惟失血太多，心脏较弱，须得较长期之调摄休养，则身体不致亏损，否则将来恐患咳嗽等症，引起肺病也云云。

来院采视者殊多，吴铁城、欧阳惜白，亦均由沪来此，可感也。医嘱勿多见客，终苦无术拒谢，故决定于明日赴沪，转院静养。濒行之前，作书报委座，请予免职。盖思此次西安事件，变出非常，而余竟疏于防范，拙于救护，上无以对委座知遇之厚，下无以对官兵死事之烈，抚躬循省，集戾滋多。惟有仰请委座明令免职，严加处分，以塞内疚于万一耳。

以上钱大钧的《西安蒙难日记》，提及杨虎城仅18日、26日两处，皆称"杨虎臣"。错写名字，是否别有用意，不得而知。论关系，钱大钧与杨虎城，自不如与张学良之亲近。

西安事变前，钱大钧以侍从室主任身份随同蒋介石赴西北视察军务。事变突发，造成蒋介石慌乱避险及侍卫人员伤亡，钱大钧自难摆脱防范不周的责任。事变发生，有其主客观因素，但12天的过程，对国家发展与张学良个人命运之影响既深且远。而随从的钱大钧等人，负责侍卫工作，竟出如此大疏漏，也难免受到重大一击。

钱大钧在事变中遭枪伤后，当天被送至新城大楼。由何柱国接往住处，延医治疗，直到12月27日离开。宋美龄与宋子文抵达西安后，紧急磋商解决之道，并不曾专程到医院看望钱大钧。12月25日，张学良护送蒋介石、宋美龄等返回南京，钱大钧并非同路返回。

钱大钧与同被扣留的军政要员等一起于12月27日经郑州回抵南京。媒体仍报导他在西安事变中护卫蒋介石受伤经过，称"以所受枪伤须待检查，径入医院就医。"

《中央社》记者特赴医院采访，探询受伤经过，"据悉12日上午4时许，陡闻枪声四起。钱氏即起身持枪出外，驰往山上蒋委员长驻节处，以便护卫。于通往驻节处之山坡路上，枪弹密集如雨，不能通过。钱氏绕道山后，奔向驻节处所，不意中枪。弹自左肩（肋）骨下方穿过肺部，由右项下部透出。因流血过多，昏倒地上。后经送至何柱国私邸医治，经十余日调养，创势渐愈，惟弹出处伤口未收，不久即可痊愈。至肺部是否受影响，须诊验后方能判明。"次日，日报记者也到钱大钧就医的中央医院探询伤况。钱大钧在病房受访，称："此次事件变出非常，本人力穷捍卫，早分捐躯，乃得负伤生逯，上无以副蒋公信赖之事，下无以对官兵死事之烈，寸心遗憾，将无已时。记者闻书，描述说：言次唏嘘，令人动容。"12月31日，钱大钧在报端刊登一则谢启，谓："此次西安事变，钧以捍卫无状，身受枪伤，返京后，入院治疗。乃荷各界殷切关垂，或辱亲临，或劳电简，云情厚谊，感激莫名。只以就诊期间，接待未周，至深歉仄。谨此道谢，希维鉴原为幸。"

钱大钧的"蒙难日记"，说的是他的亲历事变之经过。他身负枪伤，幸获旧谊何柱国将军的特别照护，食住无忧。但逢此巨变，囚居一处，命运未卜，前途仍充满危机。外间一切，都赖何柱国传达。宋子文在西安事变期间，两度前往西安斡旋。首次以探查情况为主，后与宋美龄合扮调处角色，前后停留6天，充分发挥"润滑剂"的功能，化解僵局，力保蒋介石的安全，终使政局转危为安。钱大钧写下日记，纪录协商过程。比对钱大钧日记提及宋子文到西安之事，日期相符，足可证明何柱国提供给他的外间消息是可靠的。12月25日，蒋介石、宋美龄夫妇离开西安飞洛阳。宋子文日记最后记写道："委员长召唤张、杨，告诉他们，虽然他们是叛乱行为，但他会原谅。不管他承诺了什么，一定会去执行。我和杨将军长谈，再一次向他保证。"

钱大钧抵达南京后，回家稍事休息，移住中央医院继续疗养。入院前见蒋介石，

钱大钧《西安蒙难日记》之六

表示悔过。蒋介石询问伤情，只告诉他，待以后再说。并没有传闻中所说蒋介石立即密令戴笠扣留张学良和钱大钧之说，更没有蒋介石的提审讯问。

1937年3月底，杨虎城由西安经上海到杭州见蒋介石，钱大钧的伤势已经基本痊愈，仍随侍蒋介石，奉命协助接待。

（三）钱大钧"八十自述"西安事变

西安事变是作为蒋介石侍卫长的钱大钧一生中的大事件，他到台湾后，在80岁时（1973年）回顾往事，其中再对西安事变作了回顾和评说，他写道：

二十五年（1936）十月三十一日，为委员长五秩华诞，举国人民，热烈筹备庆祝。委员长以外患方殷，人民疾苦，不欲铺张扬厉，先已进居洛阳。中间曾一度巡视西安、兰州，于避寿外，亦为部署"剿匪"军事也。诞日，山西阎锡山、陕西张学良、杨虎城等皆来洛祝嘏。十二月四日张学良复以事来洛请示，委员长与张同车往西安，驻节临潼，不料一周后竟发生震惊中外之空前巨变。先是张学良以其父作霖于民国十七年（1928）由平出关时，途中遭日人暗算致死；其视为采邑之东三省，为日侵占有年，国难家仇，时思报复，颇主兴兵抗日。会共党窜陕，势穷力蹙，而委员长一本安内攘外之既定国策，准备进剿，消灭之期，已不在远。共党惶惧，遂利用张学良之复仇心理，百端挑拨，张受其愚；适杨虎城（陕西绥靖主任）部驻西安，左右多共产党人，张、杨与共党乃互为勾结，阴谋联合各方力量，藉抗日为名，企图进而倾覆中央，别组政府，遂乘委员长来陕召集"剿匪"会议之际，于十二月十二日发动西安事变，企图劫持领袖，号令天下。彼等初拟于九日发动，以委员长方召集会议，中央将领将联袂莅陕，为一网尽计，故延缓至十二日实施。

时陈诚、蒋鼎文、卫立煌诸将领，皆奉召共商西北"剿匪"军事，其部队亦将陆续开陕，乃陈等方到齐而变作矣。是日天方曙，张命刘多荃、白凤翔率其骑兵来临潼，劫持委员长。杨部则负责封锁西安，刘、白骑兵行抵半途，与我

西安事变时，钱大钧的住处。

宪兵接触，至临潼附近，侍卫官及卫士一连，宪兵一连立与作战，余闻警起床，枪声渐密，逆军已行近华清池，急驰赴委员长住所，方登台阶，枪弹密集不得入。据卫士报告，委员长已越墙登山，余反身欲往第二组宿舍，宿舍已被包围，逆军见有人至，开枪迎击，余折回避之，甫升阶而中弹，由背穿右肩出，伏地呼侍者，侍者陈坦至。又闻呼"开枪"之声，坦降级侦之，被拘。余负伤仍指挥卫士作战，上午八九时间，逆军节节逼近，宪兵已溃，卫士人少，非死伤即被俘。余行至华清池畔，遇白凤翔斥之，白谓："城内杨虎城兵变，副司令（指张）令我前来保护委员长，其速请委员长出。"又曰："现在两院有宪兵抵抗，君下令停止，则君可无事。"答以："我不能命令宪兵。"俄顷，白选士兵四人，各赏百金，命领余往西院，觅委员长，余不行，兵作开枪状，余大声叱之，并曰："即击毙我亦不行。"相持有间，彼等即劫余至门口车间，有一持木壳枪者坚守。半小时后，一炮兵上校来请余登车，问何往？则曰："副司令请去。"入城至新城大楼，被押于杨虎城之卫队室，时上午十时余矣。俄而邵力子亦被监者领至，见余受伤，为之叹息。忽张学良来，揖余等道歉。邵语以："慕尹负伤，盍为延医。"张唯唯，以电话召医，即离去。余时流血虽久，精神尚佳，与邵谈，始知逆军已成立抗日临时军事委员会，通电发表主张，征各方响应。近十一时，张又来，谓委员长已寻到，未负伤，即可入城。言毕，复匆匆去，其紧张慌乱之状，至可鄙笑。张去后，何柱国（骑兵军军长）至，柱国为余同学，情谊甚笃，相对唏嘘，急往取云南白药及衣服，并为延医。十一时先服白药少许，迨医来，衣为血黏不得脱，剪去始克敷药包裹换衣，施手术毕，竟卧床不能动。至是流血已六小时，医言，如伤口不发炎，不致有危险云。

　　傍晚，柱国来，请移居其家，谓先已得张许可。余谢之曰："居君家使君被嫌，且西京招待所诸公同被俘，独余受优遇，皆不可。"旋张至，余责张曰："委员长过君甚厚，今竟出此，为天下后世唾骂，君将何以善其后。"张不能答，但强余迁柱国家。既移居柱国家，为召陈坦随侍，款待周挚，惟受监视甚严；有时柱国入余室，亦必有张之副官俱来。王以哲：（一〇五军军长），东北人，张之嫡系，曾肄业保定军校八期，余之弟子也。来视余，竟亦有人监视，仅坐少顷，道老师好而离去，他无一言。某日，柱国告余，宋子文至。又一日，谓蒋鼎文飞南京。至二十四日，又谓蒋夫人至。其内幕为何？皆无所知。二十五日下午四时，有飞机数架，飞过余屋，傍晚柱国回，则知委员长飞洛阳，张学良随往。张自言："吾敢赌头颅以劫持委员长，亦敢赌头颅以伴送委员长回京。"柱国又谓："明日可恢复自由，候委员长抵京，被羁之人皆可离去云。"

　　二十六日杨虎城来，自道惭愧，自余被俘，此为杨首次来晤。杨去后，余偕柱国

西安事变时，钱大钧受伤处。

访问同难诸公于收容所，彼此皆以事变解决，委员长出险，莫不喜出望外。是时，余创处尚未收口，两星期中，每日以红药水洗之，幸未发炎，内部无伤，只弹穿肺尖，已收缩复原，故可行动。当事变发生时，逆军至西京招待所，同时被俘者邵力子外，有陈调元、蒋方震、蒋作宾、蒋鼎文、陈诚、朱绍良、卫立煌、陈继承、万耀煌诸人，独邵元冲越窗时中弹死，是可哀矣。我警卫组长蒋孝先、卫士队长毛裕礼均拒敌阵亡，另有卫士多人负伤，秘书萧乃华亦不幸中弹殉职。是晚，在新城大楼杨虎城宴客席上，知委员长本日安抵首都，余等亦获于二十七日飞离西安，下午到京。闻委员长到时，群众夹道欢迎，万人空巷，爆竹声不绝于耳。以一身系国家安危，如委员长者，虽编氓亦知爱戴，何张学良不加慎思，狂妄一至于此！而日暮途穷之共党，则藉此事变，得以苟延。其后，抗日战起，共军第八路军在华北一带，新四军在长江下游，日形坐大，处处牵制国军，妨害战局。洎抗战胜利，裹胁益众，为祸益烈，而张学良故乡东北九省糜烂尤甚！及今思之，此　事变之加害于国家，岂张学良百身所能赎耶？

以上是钱大钧晚年对西安事变的记述，也是他在经历事变近40年后对事变的基本认识，也代表了相当一部分国民党人对西安事变的看法。其中有对蒋介石的感恩和抱怨，也有对张学良的不满或愤慨，更有对中共方面的指责甚至误解和谩骂。不管怎么说，这段文字也已经成为历史，照条于此，供后人及广大读者作为了解和点评西安事变的重要佐证参考资料。

04 雾掩庐山

庐山是座政治名山，蒋介石与此有着不解之缘。南京酷暑，附近不远的庐山适宜避暑，这里成为南京国民政府军政要员们的"夏都"，有蒋氏夫妇居住的"美庐"别墅，还有蒋亲自主持的庐山训练班，许多重要会议在此召开。1937年的庐山因全面抗战风云会际，显得异常忙碌和躁动。适逢卢沟桥事变，蒋介石在山上约谈各方，发出"牺牲已到最后关头"的救国图存呼声。本章解读蒋介石在庐山所写手令共有8通，可见他在此地的两个月，半是花好月圆，半是山河破碎。

第26通手令——欲美庐疗养休闲，却陷紧张战乱

【手令编号】 下卷013～014

【时间判读】 1937年5月27日

【正文释读】

到庐山新闻电，可交中央社即发如下：蒋委员长自星期日，由京乘舰上驶，沿途视察。本日已到庐山，身体已完全复元，决如期消假视事。因今年暑期训练急待筹备，故在庐山尚须有若干日之逗留。闻其未回京期间，京中院务，仍指定由王外交部长主持云。

【原件品鉴】

竖排8行套红"国民政府军事委员会用笺"2页，原件信笺红色现沁润较重；毛笔书写。原笺首页右上角盖紫蓝色条形章"侍秘第5329号手令"，序号为钢笔填写。

【原文解读】

本手令文中"中央社"，全称中央通讯社，是国民党于1924年4月1日在广州创立的新闻机构，隶属中国国民党中央宣传部。1932年5月，改组始称"中央通讯社"。

本手令中"王外交部长"，即时任外交部长王宠惠。

蒋介石书写这通手令给侍从室主任钱大钧，指示可将到庐山的新闻交由"中央社"

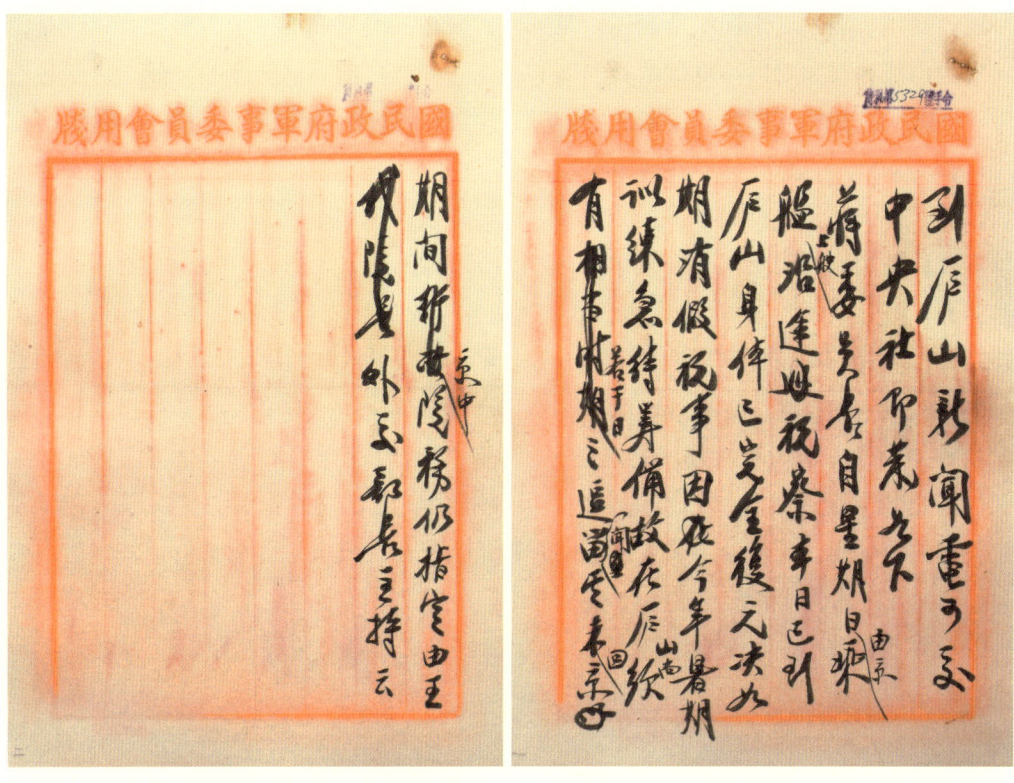

发表。蒋介石亲拟新闻电稿,如此慎重其事,这是较为罕见的现象。主要还是为了说明"身体已完全复元,决如期销假视事",蒋介石因在西安事变中受伤,于4月初曾经发表声明要求请假休息两个月,现在他突然改变主意,不再休假,借此声明"销假视事",虽然并未到两个月的"如期"。"中央社"接到指示,5月27日从牯岭照稿发布新闻,并具体说明蒋介石是在5月23日(星期日)自南京出发,由钱大钧主任、王世和组长、汪日章等人随同乘舰上行,5月27日抵达庐山。此手令中所说此行目的主要是筹备庐山暑期训练团,其实还有在4月初即已通知的拟于6月初召集全国各党派和无党派人士谈话会,其中包括中国共产党在内的各组织团体,此时有的团体代表已经到庐山,大多数人正在路上。

(一)庐山"暑期训练"

1937年2月10日,中共中央致电即将召开的国民党五届三中全会,提出实现国共合作抗日的五项要求和四项保证。2月15日至22日,国民党五届三中全会在南京召开。会上,国民党民主派和以汪精卫为首的亲日派之间展开了激烈的斗争。经过反复的争论,会议虽然没有确定坚定的抗日方针,但在对内政策上,基本上确定了停止内战和国共合作的原则。在对外政策上表示:"如果让步超过了限度,只有出于抗战一途。""抗战"这个词组及表述,第一次出现在国民党的文件上。这次会议,是国民党由内战独裁和对日不抵抗政策向着和平民主和抗日的方向转变的开始,也是接受中国共产党抗日民族统一战线政策的开始。至此,全国抗日民族统一战线已见曙光。

蒋介石经历西安事变身心受创后,1937年初曾请辞行政院院长及军事委员会委员长等职。国民党中央执行委员会常务委员会决议:恳切慰留,并给假1个月,疗伤休养。休假期满,中央常委会又准予续假两个星期。4月1日起,蒋介石又请假2个月休养,由王宠惠代理"行政院长"职。国民党中央执行委员会常务委员会召开会议,决定批准蒋介石的请假,以资休养。5月下旬,两个月的假将到期,"蒋公病愈回京销假"①。5月20日,蒋介石在南京出席中央政治学校10周年纪念大会,讲演《科学精神与科学方法为革命建国之基础》。5月23日,蒋介石从南京动身,乘军舰溯长江而上,沿途视察,27日抵达庐山。他此行的主要目的是为了主持有全国各界人士参加的谈话会,筹备庐山训练班,同时也是为了离开有火炉之称的南京,到山上避暑。因此,在休假期满前夕,蒋介石主动发布新闻,旨在昭告国人,经5个多月疗养,他的身体已经康复,决定销假视事。5月29日正式销假,复行视事,而首要工作是到庐山筹办暑期军官训练团。

开办庐山军官训练团,是蒋介石近年十分看中的一件大事,是他寄希望治理国家内忧外患的重大方略。1931年"九一八"事变后,蒋介石始终坚持以"攘外必先安内"为国策,对以毛泽东、朱德为首的赣南闽西红军发动了4次大"围剿",但都无功而返。蒋介石认为,这主要是因为各部队中初级军官之武德、武学尚欠深造所致,遂决定选择在庐山脚下"海会寺"举办暑期军官训练团,以提高部队战斗力,为第5次"剿共"军事作充分准备。蒋介石亲自督导训练工作,任陈诚为团长,罗卓英、刘绍先、柳善分任团副,杨杰任总教官,并聘请德国军官为教官和顾问。以上校以下、少尉以上的中下级军官为主要对象,也有少数高级军官参训。庐山军官训练团与培养初级军官的黄埔军校相得益彰,开大规模训练军事干部的先声。

庐山军官训练团在1933年、1934年分别举办两次。

1933年,第1次训练(7月18日至9月18日)。举办3期,每期约半个月,共调训7600余人。第1期训练,7月18日至8月4日;第2期训练,8月13日至27日;第3期训练,9月3日至18日。受训学员主要来自赣、粤、闽、湘、鄂5省"剿共"部队,还有陆军大学、税警团、交通兵团、浙江保安处、政治训练处、驻赣各军医院共30多个单位。设有政治、战术、射击、筑城、通讯、卫生等课程。

---

① 《陈布雷回忆录》,东方出版社,2009,第178页。

1937年5月27日，蒋介石乘军舰抵达星子县上岸，去庐山。

1934年夏，第2次训练（7月5日至9月27日）。继续开办3期，扩大训练规模。第1期，7月5日至7月25日；第2期，8月6日至25日；第3期，9月9日至27日。蒋介石仍自任团长，陈诚为副团长兼教育长。国民党各要员纷纷来团讲演，有林森、汪精卫、戴传贤、黄郛、王世杰、陈绍宽、朱家骅、王宠惠、陈立夫等。学员除主要来自"剿共"部队之外，还选派保安处与区司令部及各团中级军官受训，包括东北军、西北军、晋军和桂、滇、川、粤、绥、陕、甘各派系部队的校级以上军官。

由于前两次的训练成效较好，蒋介石决定在1935年扩大训练范围，继续筹办暑期训练团，召集全国党政军教等文武各界干部训练。但因忙于在西南地区的川滇黔"追剿"长征中的红军，中止了在庐山的军官训练，而把军官训练团放在峨眉山开办。1936年5月，蒋介石再令筹办庐山军官训练团，恰有"两广兵变"发生，又告停止。1935年、1936年的两次筹办庐山军官训练团均半途而废，至1937年，这第3次在庐山开办军官训练终告实现，但这也是最后一次的庐山暑期训练团。

1937年5月，训练团筹备处在南京成立，开始两个月的筹办工作，由陈诚统筹，叶楚伧、陈立夫、王世杰、钱大钧等奉派参加筹备。决定训练地址仍设在海会寺，另一部设在牯岭。计划自7月起开始分3期训练，每期15天。第1期，7月4日至18日；第2期，7月26日至8月9日；第3期，8月17日至31日。筹办期间，蒋介石由于因西安事变受伤需要疗养等原因，虽然不能事事亲力亲为，但仍是悉心指导，核定训练团的筹办计划，制定课程，聘请教员。6月间，蒋介石亲自约谈或打电话给胡适、吴稚晖、戴季陶、汪精卫等，邀请他们上庐山讲课。蒋介石在5月27日上庐山后，延续两次庐山训练的传统，针对西安事变后与日本在华北步步进逼等内外政治形势之变化，对第3次训练的内容和目标作了重大调整，训练对象扩及行政与教育管理人员，学员来自包括东北在内的全国各省市，以复兴民族、抵御外侮为宗旨。

这次庐山军官训练教育，因抗战局势紧张，蒋介石没有再像前两次那样常待在训练现场，但仍到场发表多次讲演。训练主要由教育长陈诚全程主持。第1期在7月初开班后，因突如其来的卢沟桥事变，课程设计被打乱，后于7月9日上午补行开学典礼，各部会长官及在牯岭各省主席出席观礼,极为庄重。8日,蒋介石偕钱大钧等到牯岭抵海会寺,预为布置。典礼结束后当晚,蒋介石偕钱大钧等返回牯岭。7月18日结训典礼,蒋介石又亲临主持并致训词。接着又办第2期。7月31日,鉴于抗战军兴,蒋介石手令陈诚,停办第3期训练。故训练团举办两期后,即提前结束。两期合计训练7028人。

(二)忙碌的庐山避暑"休闲时光"

1937年之夏的庐山之行,是蒋介石人生中的一个重要节点。除在此续办暑期军官训练团之外,更重要的是召集有全国各界人士参加的座谈会,蒋介石当时名之曰"谈话会"。其间,中国共产党代表周恩来等曾先后两次上庐山,参加谈话会,与蒋介石就国共合作抗日等问题进行谈判。

蒋介石自5月下旬驻节庐山后,中央政府各部会长官、地方要员及各界人士接踵而至,或洽谈,或请见,牯岭顿时热闹起来。钱大钧主持侍从工作,接待党政军大员,乃成为一项经常性要务。

这年春天,蒋介石同汪精卫等一道,发出了邀请"各党派及无党派人士"在庐山上举行谈话会的通告,希望通过召集各界政要、名流座谈,听取他们对国事的意见。但是,正如也参加了此谈话会的周恩来所说,这个谈话会"不是大家坐下来开圆桌会,一道商量,而是以国民党为主人,请大家谈话一番。""庐山谈话会的时候,共产党没有份,我同林伯渠、博古同志3个人不露面,是秘密的。"① 这时的庐山,"有蒋、汪二公召集之学术界名流谈话,且举行教育人员训练,山中冠盖如云,行政院各部室亦多移至山上办公,甚为热闹。"② 蒋介石意向中的这个谈话会,应该是一个风和日丽、悠闲自在的"神仙会"。

蒋介石于5月27日抵达庐山,直至7月底离开,中间没有下过山。但《先"总统"蒋公思想言论总集》中"论著年表"有记载,蒋介石在5月30日(周日)于南京出席"就业训练班毕业典礼"(稿佚)并致训词。由这通手令看,在时间上有冲突,蒋介石5月30日在庐山,不可能于南京出席"就业训练班毕业典礼"并致训词,"稿佚"之稿根本就不存在,也就不可能找到这份文稿。

江西省政府主席熊式辉在回忆录中写道:"27日蒋公莅牯岭,筹划'庐山暑期训练'孙子曰'令民与上同意',实为今日救亡图存之要道,此公之所以亟而席不暇暖,来

---

① 《周恩来选集》上卷,人民出版社,1980,第194、195页。
② 《陈布雷回忆录》,东方出版社,2009,第178页。

为干部先着手讲求之意欤。"然而，蒋介石此行并不"休闲"，而是异常的忙碌。在庐山的两个月，可分为两个气氛对比鲜明的阶段：6月天天开"神仙会"，教育训练"文"味十足；7月则日夜说"武"论战，处处弥漫与日军交战的战争气氛。

蒋介石的长公子蒋经国4月刚自苏联归国，父子情深，蒋介石时常加以庭训教导。刚上庐山，蒋介石仍不忘对蒋经国的关怀和教诲，6月4日致信蒋经国："经儿知之：你报告二部皆已阅毕，感慨殊多。回想经过之患难与苦痛，应知以后时时在家在国之难能可贵也。望常自省览，以为你历史之开始，应将原文寄还宝藏家中，可作宝贵材料也。我身体大好，可问培甥即知其详。你今年一年内安心在家读书，与研究农村利弊，如有余暇，或可从易处略加改正，造福乡人；但不可开始时即用强勉方式，只可劝导之，使渐能改良，使之信仰，则以后当易为力也。你身体不甚健康，应于暑期时多注重体育运动，务于此半年内体格使之强壮为要。其他读书办法已述于徐先生信内，你可照办。暑期将到，应即上妙高台或相量冈避暑，如徐先生住妙高台或雪窦寺，你们住相量冈，则每日可彼此朝往夕归，亦健身之法也。"蒋介石收到蒋经国的复信后，6月16日又致信一封："经儿知之：近日在庐山颇忙，但见尔等来书文字思想皆有进步时，以此心为之一慰。倭寇今又来扰乱，令人嫌恶不堪，终必有以制之也。"

6月4日，杨虎城夫妇等人在宋子文与蒋夫人陪同下，由上海飞抵庐山，谒见蒋介石。杨虎城在机场告诉记者："本人赴庐山晋谒蒋委员长，报告绥署结束经过外，并对出国考察事有所请示，预订留三四日返沪。"6月5日，蒋介石约杨虎城吃饭，谈的主要还是"出洋"之事。6月7日，杨虎城等由庐山飞回上海，等候出国。

6月6日，蒋介石于庐山牯岭《致叶楚伧秘书长党部组织与预算应同时注意改正电》："党部组织与预算应同时注意改正，否则增加预算，不惟于党务效率不能增加，而且只有减低，徒使党员腐化与加重其依赖性而已。闻中央各部下年度预算共增二百余万元之数，未免骇人。弟意如为整顿党务与增进效率起见，增加经费固无不可，但必须党部能切实整顿，尤应缩减人数，如缩减后其无职业者，则可送入政治学校与军警等校，授予职业之训练，以备一年后建设之用。最好地方党部亦应如此缩编，将原有党员重行查考与总检验，依其工作之努力与否，分别取舍，以资整顿。至于各地党费之收支，若不设法自给自足，则训政时期以后，党部党员皆将无法自主，故应于此时及早规画。弟意以后各地党部开办经费，则可由中央或地方设法，而其经常费，必须由当地党员直接自筹，始可为党立永久之基。然此种改革提议，必须在全会行之，此刻自非其时，不过略举所感一例而言之耳。弟以为党务若不彻底整顿，增加经费决无效益也。"

6月8日至15日，蒋介石于4日到庐山的周恩来进行了多次谈判，宋美龄、宋子文和张冲也参加了谈判，周恩来提交了中共中央提出的《关于御侮救亡、复兴中国的民族统一纲领（草案）》。在这次谈话中，蒋介石提出了"以送杨虎城出洋的办法来对付"，"请毛先生、朱先生出洋"①。蒋介石这个让毛泽东、朱德出国的提议，当即遭到周恩来的拒绝。

6月11日，蒋介石于庐山牯岭发出《致刘湘主席劝以川事由中央负责整理电》。

6月15日，蒋介石在庐山对征集暑期农村服务生讲《暑假期间对于救国最有效的工作是什么？》。

1937年5月27日，蒋介石抵达星子县下军舰。

6月18日，军事委员会副委员长冯玉祥由南京过九江，抵达庐山。钱大钧代表蒋介石，偕同庐山管理局长谭炳训等，从牯岭下山欢迎。

6月21日，蒋介石于牯岭发出《致余汉谋主任望协助整顿粤政函》。

"6月23日，蒋公邀请全国学者专家来庐山开谈话会，此亦与'暑期干部训练'同一意义，只方式之不同，对日准备，渐见端倪。"②是日下午4时，蒋介石还于庐山牯岭河东路12号官邸就"财政改革问题"与意大利顾问斯梯法尼（Signor Albertods Stefani）谈话。

6月27日，蒋介石对庐山暑期训练团大队长以上官长讲《建国训练的要点和实际的目标》。

6月28日，蒋介石在庐山发表《告农村服务诸生书》。

6月30日，蒋介石对时在庐山的工兵学校工兵训练班第3期毕业学员讲《建设现代工兵的基本精神》。

7月3日，时任国民党中央政治会议主席汪精卫，偕同夫人陈璧君及秘书曾仲鸣、

---

① 《周恩来选集》上卷，人民出版社，1980，第195页。
② 《海桑集：熊式辉回忆录》，香港，星克尔出版有限公司，2010，第92-93页。

蒋介石与宋美龄在庐山

褚民谊等人,抵达庐山。汪精卫一行于7月2日乘"建国轮"自南京上驶,经九江转往莲花洞,改搭轿子登庐山。7时半抵达牯岭。蒋介石、宋美龄、冯玉祥及军政部长何应钦、江西省主席熊式辉、侍从室主任钱大钧等数十人在新路口迎接。这是蒋介石在庐山上举行欢迎仪式最隆重的一次。汪精卫下轿后,与欢迎人士一一握手寒暄,因时间已晚,即登轿回寓所休息,定次日晤见蒋介石,详谈一切。汪精卫这次来庐山,将长住两月,除与蒋介石主持庐山谈话会外,也是为了避暑和休养。

7月5日,蒋介石在庐山暑期训练团讲《救国教育》。

7月7日,华北卢沟桥事变发生,震惊世界。但因为当时通讯不畅,这消息并没有马上传到庐山上。蒋介石侍从室秘书陈布雷回忆说:"7月7日,日军攻占卢沟桥,山中通信较迟,于9日以后始悉其梗概。"[①]因此,蒋介石在7月9日上午出席庐山暑期训练团开学典礼,在讲演《建国要素精神和必成的信心》还没有与日军展开全面作战的言辞,结尾说道:"就从今天起头,在五年之内,如果我们不能建立国家,转回国运,就不配作黄帝的子孙,不配作天地父母的男儿。反过来说,如果大家能够诚心诚意听我的话,依照建国大纲建国方略严格的去做到,我相信"中华民国"的强盛,中华民族的复兴,一定可以实现。大家不要以为这件事如何的困难,恐怕没有成功的把握,只要大家真正能够依照我今天所告诉大家的这一番话,切切实实的做到,那么五年以后,再到庐山来看我们国旗的飘扬,来看我们国家的伟大,来看我们民族的光荣。希望大家从今天起,鼓舞精神,奋发努力,坚苦卓绝,埋头实干,来达成我们五年救国的任务,完成我们此次庐山训练所负的建国使命。"

7月8日,蒋介石在庐山接到北平市长秦德纯报告卢沟桥事变的文字简约的电报,但并没有料到事态的严重性。当天曾给驻北平的第29军军长宋哲元发电报,指令:"宛平城应固守勿退,并须全体动员,以备事态扩大。"

---

① 《陈布雷回忆录》,东方出版社,2009,第178页。

7月9日下午，蒋介石才开始感到卢沟桥事变的严重性，致电第29军军长宋哲元，告以已调第26路军孙连仲部两个师、庞炳勋部及高桂滋部开赴保定、石家庄一带，命宋哲元即至保定指挥军事。同日，蒋介石收到彭德怀、贺龙、刘伯承、林彪等人来电，彭等人表示："我全体红军愿即改名为国民革命军，并请授名为抗日前锋，与日寇决一死战！"蒋介石电召何应钦自四川返回南京，迅速编组军队，准备抵抗日军侵略。电令第26路军总指挥孙连仲："希即由平汉路方面派两师，即向石家庄或保定集中。至车辆等事，径与经扶（刘峙）主任商洽可也。"

7月10日，蒋介石两次电示宋哲元："务望在此期间，从速构筑预定之国防线工事，星夜赶筑，如限完成为要。""守土应具决死决战之决心与积极准备之精神应付。至谈判，尤须防其奸狡之惯技，务须不丧丝毫主权为原则。吾兄忠直亮节，中所素稔。此后尚希共为国家民族前途互勉。"为应付日军侵略，采取3项紧急措施：（1）编组第一线战斗部队100个师，预备部队80个师；7月底前，组建好指挥大本营及各集团军、军团等；（2）将供半年之需的弹药存放长江以北三分之二，长江以南三分之一；如兵工厂一旦被日军摧毁，则从法国、比利时购买军火，经香港、越南运回国内；（3）准备后备兵员100万人，军马50万匹及半年的军粮等。

7月12日，蒋介石再电示宋哲元对卢沟桥日军就地抵抗。

7月13日，蒋介石发出密令："（1）京沪区着令张治中迅即前往负全责；（2）虬江码头不必破坏；（3）沪市保安总团及警察总队准由军政部补充弹药；（4）前预定开沪之钟松旅一团应从速开至近便地点。"并在庐山牯岭较为详细地得知卢沟桥事变的经过及严重发展态势，特别发出《勉宋哲元主任决心抗战》电："卢案必不能和平解决，无论我方允其任何条件，而其目的，则在以冀察为不驻兵区域，与区内组织用人，皆须得其同意，造成第二冀东，若不做到此步，则彼必得寸进尺，决无已时，中早已决心运用全力抗战，宁为玉碎，毋为瓦全，以保持我国家与个人之人格。平津国际关系复杂，如我能抗战到底，只要不允签任何条件，则在华北有权利之各国，必不能坐视不理，而且有关各国外交，皆已有把握，中央决宣战，愿与兄等各将士同共生死，义无反顾。总之，此次胜败全在兄与中央共同一致，无论和战，万勿单独进行，不稍予敌方以各个击破之隙，则最后胜算，必为我方所操，请兄坚持到底，处处固守，时时严防，毫无退让余地，今日对倭之道，惟在团结内部，激励军心，绝对与中央一致，勿受敌欺则胜矣！除此之外，皆为绝路，兄决意如何？请速详告。"

卢沟桥的炮声，使庐山上的蒋介石被迫日夜忙碌起来。再像6月那样开"神仙会"的日子已经不复存在。这是中华民族的一个重要转折点，也是时年50岁的蒋介石作息时间发生重大变化的转折点。

7月15日，蒋介石在庐山与周恩来谈判，接受周恩来递送的《中国共产党为公布国共合作宣言》，谈判不欢而散。①

7月16日，蒋介石电示宋哲元、秦德纯，要谨慎行事，提高警觉，不要在对日交涉方面发生差错。

7月17日，蒋介石在庐山出席有国内知识界名流200多人参加的第二次"谈话会"，讲《对于卢沟桥事件之严正表示》，慷慨陈词，这就是蒋介石在抗战之初的庐山著名讲演。其要旨有：（1）卢沟桥事件不仅是中国存亡问题，亦且为世界人类祸福之所系。（2）中国外交政策，原在求和平共存，但到最后关头，只有全力抗战。（3）卢沟桥事件，实为对方一贯

周恩来（前三）与蒋介石（前一）在庐山

之阴谋，能否结束，即是最后关头境界。（4）万一逼到最后关头，我们是应战而非求战，战端一开，必须全民族生命，以求最后胜利。（5）说明政府对于解决卢沟桥事件之基本立场。（6）当此安危绝续之交，惟赖举国一致，服从纪律，严守秩序，以达成吾人守土抗战之责任。

蒋介石庄严宣布："卢沟桥事变的推演，是关系中国国家整个的问题，此事能否结束，就是最后关头的境界。""万一真到了无可避免的最后关头，我们当然只有牺牲，只有抗战。""我们的东四省失陷，已有6年之久……现在冲突地点已到了北平门口的卢沟桥。如卢沟桥可以受人压迫强占，我们五百年古都的北平，就要变成沈阳第二，今日的冀察亦将成昔日的东四省，北平若变成沈阳，南京又何尝不可能变成北平……如放弃尺寸土地与主权，便是中华民族的千古罪人。那时候只有拼民族的性命，求最后的胜利。""中国临到最后关头，便只有拼全民族的生命，以求国家的生存。""如果战端一开，那就地无分南北，年无分老幼，无论何人，皆有守土抗战之责，皆应抱

---

① 周恩来在6月4日第一次上庐山。6月8日至15日，与蒋介石等进行多次谈判。6月18日回到延安。6月26日，南京方面再次电邀周恩来上庐山，继续谈判。7月14日，周恩来与博古、林伯渠到达庐山；7月15日，周恩来先递信给蒋介石，陈述此行的使命，旋即当日与蒋介石会谈。谈判陷入僵局。7月18日，周恩来将急需确定的具体问题写成12条，通过宋美龄交给蒋介石，随即离开庐山，飞往上海。

定牺牲一切之决心。"表明了中国政府将坚持最低限度的立场。

蒋介石的这篇谈话，7月19日以"最后关头"为标题公开发表。如同"抗战宣言"一样，为中国四万万同胞广泛传诵，激励了全国军民同仇敌忾、团结抗战的最大决心。这篇文稿由陈布雷起草。抗战时期，陈布雷还有许多篇文章得到普遍赞誉，在国内外产生过很大的影响。此文稿则是陈布雷"文胆"生涯的高峰。

7月18日，蒋介石电示宋哲元："倭寇不重信义，一切条约皆不足为凭。上海一·二八之战，本于开战之前已签和约，乃于签字后8小时仍向我沪军进攻。此为实际之经验，特供参考，勿受其欺。"这天是星期日，蒋介石在庐山暑期训练团讲《建国运动》，全文4950余字。在7月24日给蒋经国的信中说到这次讲话："近日在京虽忙，但精神甚佳，上星期日在赤炎之下，露天演讲有二小时之久，尚不觉疲乏；可知身体已完全复元，此则可为党国与民族自慰者也。"

全国抗日战局即已打开，万事待举。为全心应付抗战大计，7月20日，蒋介石偕夫人宋美龄离开庐山，经九江，返回南京。钱大钧、王世和、汪日章等10人随行返京。蒋介石急匆匆下了庐山，到南京部署抗战大业。为处置日军在卢沟桥寻衅事件，除调兵遣将之外，还主要约谈各国驻华使节。

7月22日，蒋介石电示宋哲元，对其擅自拆除北平防御工事，予以批评，令其"刻刻严防，步步留神，勿为所算"，守住北平，并将对日军协议经过立即报告。7月23日，再次致电宋哲元："中央对此次事件，自始即愿与兄同负责任。战则全战，和则全和，而在不损害领土主权范围之内，自无定须求战，不愿言和之理。"

7月24日，蒋介石致电宋哲元："以中判断，不久彼必有进一步之动作，我北平城内及其附近尤应严防。若我能积极准备，示人以无机可乘，随时可起而抵抗，则或可消弭战端，戢其野心也。"

7月24日下午5时，蒋介石在南京中央军校校长官邸与英国大使许阁森谈话。27日上午10时，在校长官邸与德国大使托德曼谈话；11时与意大利大使柯赍谈话；下午5时与法国大使那齐雅谈话。7月25日，接见美国驻华大使詹森，告以"东亚局势已至最后关头，望告其政府，作转危为安之计"。

7月26日，蒋介石电示宋哲元，要其下决心：（1）巩固北平城防，立即备战；（2）立即恢复宛平城防戒备，应死守勿失；（3）兄即到保定指挥；（4）决心大战，对沧县——保定，沧县——石家庄各线从速部署。这时，日军向中国地方当局致最后通牒，要求中国军队，自北平及北平附近撤退。期限未满，即已大举进攻平津区域，对于平民生命财产和教育文化机关，恣意摧毁，举世震骇。蒋介石在庐山即号召全国军民,一致奋起实行抗战到底的计划。同时,为了维护此主要军事干部的策源地,来支持长期的抗战,即在"八一三"上海抗战之前,决定将南京党政军机关西迁,军事委员会于是日颁布南京中央军校西迁命令。可见形势极为危急,战火迫在眉睫,抗战箭在弦上。

7月27日,蒋介石电示宋哲元:"此时先应固守北平、保定、宛平各城为基础,切勿使之疏失。保定防务应有确实部队负责固守。至平、津增援部队,可直令仿鲁随时加入也。此时电报恐随时被阻,请与仿鲁切商办法,必以全力增援,勿念。"并派蒋鼎文向周恩来转告:红军迅速改编,出动抗日。

7月28日,蒋介石致电宋哲元:"孙部应即前进勿延,庞部现尚未集中,应令他在沧州待后方部队到后向前推进。此时应战,先要巩固现有阵地,然后方易出奇制胜。所谓先求稳定,次求变化,请兄切记之。"

7月29日,北平沦陷。蒋介石对记者发表谈话,表示承担平、津战事失败的责任,号召全国坚持抗战,谓"余身为全国军事最高长官,兼负行政责任,所有平、津失败问题,不与宋事,愿由余一身负之。""今日平、津之役,不过其侵略战争之开始,而决非战事之结局。""我国民处此国家之存亡关头,其必能一致奋斗到底。余已决

蒋介石视察庐山高级军官训练团

定对于此事之一切必要措置，惟望全国民众沉着谨慎，各尽其职，共存为国牺牲之决心，则最后之胜利，必属于我也。"

7月30日，天津失守。蒋介石接宋哲元来电，宋自承应付不当又未做好应变准备，以致爆发事变并使平、津不守，有负重托，表示请罪，所有第29军军长职务，已委冯治安师长代理，请中央明令发表。对此，蒋复电同意由冯代军长职务，并望早日销假视事。

7月31日，蒋介石发表《告抗战全体将士书》。收到秦德纯来电，电称："如今之计，只有战和两途，如决战则拟请大兵分为三路，平汉、平浦及中间各一路，二十九军任一路，由钧座统一指挥，则一举而平、津可下，直捣长城沿线……如不战而和，则拟请中央派员到平、津与日方直接交涉，或可敷衍一时。倘不和不战，则国家前途不堪设想矣。"蒋在此电上批示："拟复。所见甚佩。现已到最后牺牲关头，已无和之可言。除已积极准备外，希我二十九军一面从速整理，一面占领阵地，构筑强固工事，以赴事机。"收到冯治安来电，电称："今后军事重点，要在北守察、绥，南扼沧、保，对平、津取监视控制之姿态……至钧谕深沟宽壕严防敌军坦克突进扰乱一节，即已严令各部遵办。"蒋介石在此电上批示："世（31日）电甚慰。务望激励将士再接再厉，期达雪耻复仇之目的。对于二十九军此次平、津及南苑布防实情与阵亡官长姓名或武器损失之数，希详报为盼。"

8月1日，蒋介石授意张冲电邀毛泽东、朱德、周恩来速至南京密商国防问题。这天，蒋在南京出席中央军校扩大纪念周，讲《准备全国应战》。中华民族全面抗战就此轰然展开。蒋介石的庐山惬意岁月也就此结束，从此不再有。

钱大钧在庐山侍从蒋介石近2个月，昼夜劳顿，经历非凡。多年后，钱大钧重提牯岭侍从情景，尤其是国民政府在"七七"事变后的外交、军事斗争，仍记忆犹新。他在"八十自述"中回忆这段庐山侍从的岁月，认为这是他在侍从室期间工作最为繁重、时间最为紧张的忙碌阶段，感怀地说："余自西安事变受伤，赴沪休养，二十六年（1937）2月奉命回侍从室。是时我全国军民于陕变平定后，爱戴领袖与团结御侮之热诚，益为显著，而中、日局势则日趋紧张。是年7月7日，日军发动侵华战争，进攻卢沟桥。委员长适在牯岭，主持暑期训练，并邀请全国各界俊彦，共商国是，据报当即决策准备全面抗战，但一面与敌周旋，一面仍由外交途径争取国际之同情与支持。当时外交部紧要公文，多以电话请示，余不敢假手他人，每亲自录稿呈阅，而有关军机文电，尤纷至沓来，应接不暇。自余主持侍从室以来，工作繁重，未有逾于此者。"

当然，蒋介石对钱大钧在庐山的表现，也了然于心，表示满意。回到南京刚好一周，7月28日，蒋介石手令军委会办公厅主任徐永昌，"派钱大钧代理军委会办公厅主任"，赋予重望。

（三）庐山手令书写地"美庐"

别墅群是庐山上的一道亮丽风景。1895年起，庐山有英、俄、美、法等20余国建造的别墅群，庐山成了中外著名的避暑胜地。同时，庐山出现了大量的外国教堂、银行、商店、学校、医院，以及市政议会等，庐山成为西方文化影响中国腹地的独特代表。庐山近代别墅群的建筑风格，有着特有的风韵。每一座别墅都是单体建筑，建筑的格局、式样、风格，显露着原别墅主人所在国籍的本土文化、主人审美趣味和爱好，闪耀着建筑艺术的光彩，具有很高的文化价值。庐山在近现代史上是座政治名山，百年风云人物曾在一幢幢别墅里活动，演绎出一件件重大历史事件，又蕴藏着丰厚的历史价值，多栋别墅被列为全国重点文物保护单位。

在庐山牯岭东谷，有一座掩隐在一片绿荫深处的英国券廊式别墅。始建于1903年，由英国兰诺兹勋爵建造，1922年转让给巴莉女士。巴莉女士与宋美龄私人感情颇深，1933年夏，巴莉女士将此幢别墅让给蒋介石夫妇居住，1934年巴莉女士将这幢别墅作为礼物，赠送给宋美龄。别墅前临长冲河，背依大月山，坐落的位置，形如安乐椅。蒋介石很喜欢这里的环境，视为风水宝地。在他的眼中，"背山面水"正符合中国风水学说所推崇的格局。蒋介石常认为"游艺与娱乐，俱人生不可少也"，喜欢亲近大自然，享受风光美景，对庐山情有独钟，甚至有以庐山为百年身后之归宿的念头。蒋介石夫妇都很喜欢这里的恬静、秀美，而"第一夫人"宋美龄名字中也有一个"美"字，于是将这幢别墅命名为"美庐"。

美庐别墅

"美庐"就此成为蒋介石的夏都官邸、主席行辕。历史的造化和机缘巧合，使其与那个年代的国家动荡大局紧密相关联，如创办庐山军官训练团、制定"围剿"中央红军的作战计划、第二次国共合作谈判、酝酿和决断对日全面抗战、美国特使马歇尔八上庐山"调处"等令人瞩目的历史活剧，都曾在这座小楼里上演。庐山之上，别墅群洋洋大观，而"美庐"因酝酿和产生了这些重大历史事件而显赫于世。

庐山美庐原蒋介石侍卫室

当年的庐山风云中，蒋介石曾经在这里或漫步、或执笔急就章。

"美庐"别墅及庭园的整体设计和营造，充分体现19世纪末产生的"花园城市"的美丽构想。庭园中荟萃了庐山珍木异卉，金钱松、庐山松、箬竹、卫矛、凌霄花、鹅掌楸、五角枫、鸡爪槭等植物满目葱茂。庭园营构以遵循自然风貌为最高宗旨，不着意人工的修饰，而是注重因形就势的精心布置。一条小径巧妙地依着景物而迂回环绕，有一处天然裸露的石丘，上面镌刻着"美庐"二字，左下刻有"中正题"，这是蒋介石于1948年8月亲笔题写。这块石刻是这幢庭园的"点睛"之笔。

绿荫笼罩下的"美庐"，绿门、绿窗、绿栏、绿柱、绿廊，屋顶也漆成了墨绿色。整座建筑为石木结构，主楼为两层，附楼为一层，占地面积455平方米，建筑面积996平方米。而整个"美庐"庭园占地面积4928平方米，建筑占地面积，仅占其总面积不足十分之一，因而显得庭园特别敞净，而建筑主体却又显得适宜，既不感到笨拙，又不感到纤弱，产生出一种和谐美。

登十字形长石阶，步通透式凉台，进入室内是一装饰典雅、中西合璧的会客厅。内部布局，充分体现了家庭温馨气氛的建筑功能。猫眼绿的地毯，墨绿的沙发。紧邻是宋美龄的卧室，居中是用英国优质木料制作三湾双人厅床，床左侧放置一圆形雕花梳妆台，方柜上摆设着精致的象牙扇等物品。二楼，是蒋介石的办公室、会客厅、卧室，卧室的配置和宋美龄卧室相仿，却多了一张躺式沙发。办公室的斜对面，是侍从室第二处主任、有"文胆"之称的陈布雷办公室兼卧室。办公室的左边，分别建有凉台和阳台，均为石柱、石栏，宽阔安适。与主楼相连的是附房，此为1934年冬按照主人的意图所增建的，采用封闭式内廊联为一体。从外面看为一排玻璃窗，而内部布局为一侧是通道,一边是各自独立的各功能用房:餐厅、琴房、侍卫室等。

现今的"美庐"留存物品,有陈列品、工艺品,亦有器皿、用品等,既反映出别墅主人生活的不同侧面,也体现出历史的真实。展品主要有:宋美龄弹奏过的德国制造立式钢琴,阅读收藏的精装英文书籍,宋美龄画的《庐山溪流》等水彩画;陈铭枢赠送蒋介石的银质茶具,"美庐"宴请时用的餐具万花盘、碗,以燃烧煤油为动力制冷的菲赛尔冰箱,1.2米长的透雕象牙等。

"美庐"是庐山上特有的一处人文景观,展示了风云变幻的中国现代史的一个侧面,历史和游人同时在这里沉思。展览厅展示着"美庐"留存物品,国民政府要员们在"夏都"政治活动的历史照片及历史物品,牯岭历史风貌及那个年代所拍摄的庐山名胜照片。尤其是那些历史照片,如1934年9月蒋介石参加庐山军官训练团毕业典礼,1937年7月17日蒋介石与马歇尔在"美庐"凉台上会谈,1946年中秋节蒋介石夫妇与驻华美军司令吉伦将军夫妇在含鄱口野餐等。还可以这样推测,在本书出版后不久,蒋介石在这所房子里书写的这些手令,也很快挂上"美庐"的墙壁。

(四)借作会议室的熊式辉庐山别墅

蒋介石这次在庐山上的避暑"休闲"时光,进入7月后,因卢沟桥战事的爆发而戛然中断。各方人士上山汇报军情,请示方策,人群熙熙攘攘。蒋介石在山上需要紧急召集各方会议,而"美庐"没有大会议室,也就把人数较多的会议安排在时任江西省主席熊式辉的别墅中召开。熊式辉的别墅是庐山别墅群中的经典代表作之一,也叫威廉斯别墅,是20世纪初的庐山英租界里私人别墅中,体量最大、造型特别的一栋。熊家豪宅不但经常高朋满座,蒋介石在以往也曾借用别墅中的大会议室开过多次会议。从1932年至1946年,蒋介石多次在熊式辉别墅召开国民党中央会议。蒋介石在1937年之夏的这次庐山之行,仍在此别墅中召开过多次重要会议,在这里确定了对日方针等重大问题。

江西省政府主席熊式辉

熊式辉的这栋别墅，建筑面积856平方米。整个庭院面积4878平方米。其设计理念，没有受欧洲山地式别墅的约束，思路放得开，收得拢，个性很强。别墅坐东朝西，依山势而建，北面三层，南面二层，背倚城墙山，其他三面缓坡

熊式辉庐山别墅

倾向长冲河，有一种居高俯瞰的不凡气势。这栋石造别墅的造型，像一块棱角分明的大石头。仿佛就是在一块天然巨石上雕凿了门窗。它的平面大抵成凹字形，洼口朝南。凸起的两端也不对称，东边的宽大，西边的短小些，中部凸出了石烟囱所在的粗壮石墙柱。南侧面的中间，设计了一条能贯穿西向的大门与通向副房的封闭外廊。在二楼，南面、西面环绕着敞开式外廊。这两条外廊的相交处，延伸出了一个呈半个六边形的无檐阳台。建筑师构思的活跃，就这么漫不经心的一笔给表达了。打破了平面全是直角的格局，也使西立面变得层次跌宕，情趣盎然。二楼外廊和阳台的栏杆，全用棱形长石条排列，上面复以宽石条，再次显示了建筑师对于石头所蕴藏的诗意的偏爱。阳台的下面，是一个封闭式的门厅。门厅的石墙之中有数根棱形的石柱，来强调它的力度和高贵。楼上有个采光很好的书房。一排很大的书架，有3米多高，共有28格，用以收藏中文善本古书，占满了相连的西、北两面墙壁。

这栋别墅虽然体量较大，但占地面积仅占庭院的十分之一，严格遵守了英租界关于建筑密度的要求。宽敞的庭院用围墙圈起，大门处有警卫室，院内遍种名贵的花草树木，主楼的西北部有个肾形的游泳池。院大门设在通向中路的西面。左右两侧建有规整的石头坡坎，高3米。进大门后，是一条弯曲的石台阶，然后台阶变直，左右有四层花坛。台阶两侧的水沟上端，均有石刻的龙头。泉水自龙嘴流出。在快到大门的石阶两旁，还放置了两个刻有兽头的鼓形石凳。龙头、石鼓，这些中国建筑的传统符号，被美国人威廉斯恰到好处地点缀着。

原别墅业主为美国传教士威廉斯．约翰．伊莱亚斯（Williams John Elias），

1899年他28岁时来华,在南京传教。1902年建此别墅。威廉斯的中文名叫文怀恩。威廉斯当益智书院院长至1906年。1907年他去日本,在东京早稻田大学中负责中国留学生的工作。1908年他回到中国,致力于组建金陵大学,任副校长。1928年3月28日,威廉斯的妻子在庐山"大英执事会"重新将此别墅注册。1932年3月26日,时任江西省主席熊式辉将威廉斯别墅购下。1945年10月,熊式辉任国民政府东北行营主任。1946年,熊式伉俪最后一次居此别墅。

1959年6月29日至8月17日,1961年8月21日至9月17日,两度参加中共中央庐山会议的中共中央副主席、人大常委会委员长朱德在此别墅下榻,故此别墅现改名为朱德别墅。1970年8月23日至9月6日,中共九届二中全会期间,中共中央常委陈伯达居此。

第27通手令——关怀创建庐山植物园

【手令编号】下卷042

【时间判读】1937年6月__日

【正文释读】

钱主任:请问植物园秦先生,昨所发款项之预算与汉阳峰附近苗圃及造林之计划。中正。

【原件品鉴】

竖排5行套红"国民政府军事委员会便用笺"1页,现原笺有上页红色沁润;毛笔书写。

【原文解读】

本手令文中的"植物园"是当时正在建设中的"庐山森林植物园","秦先生"是该植物园的创建人秦仁昌。这通手令说明蒋介石对植物园的创建很关心,重点询查"所发款项之预算"、"汉阳峰附近苗圃"、"造林之计划"3项实务,亦说明今日已经成规模的庐山植物园是从"汉阳峰附近苗圃及造林"开始规划和建设的。

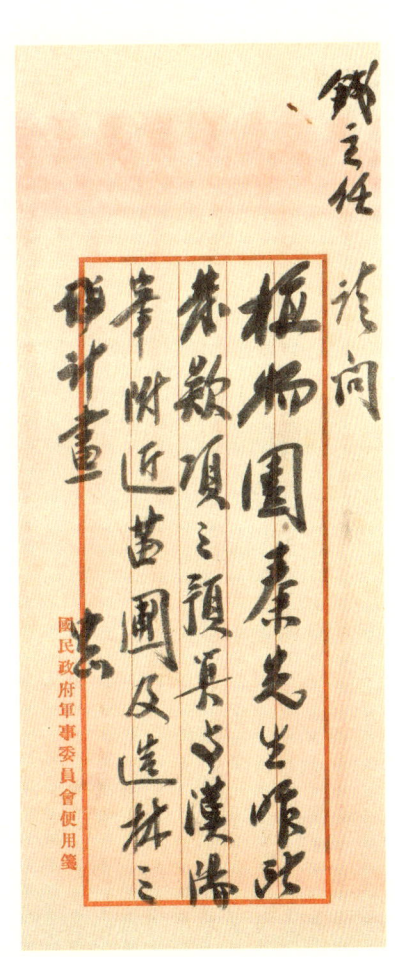

这通手令，对研究庐山植物园历史以及中国林业史都具有重大文献价值，弥足珍贵。由此看蒋介石对庐山的绿化特别是植物园的建设，功不可没。

这通手令，原件没有日期。从蒋介石书写此手令的"悠闲"心情和所关注的"造林计划"内容看，推测应为这次上庐山后事务较少的6月。

（一）国民政府"夏都"庐山及主峰汉阳峰

庐山，位于江西省九江市南，面积302平方公里，外围保护地带面积500平方公里。北濒一泻千里的长江，南邻烟波浩渺的鄱阳湖，大江、大湖、大山浑然一体，险峻与秀丽刚柔相济，素以"雄、奇、险、秀"闻名于世。庐山虽然地处长江中下游的"火炉"地区，而它由于地势高耸，夏季凉爽宜人，成为著名的避暑胜地，"云中山城"牯岭是庐山的标志，年平均气温为11.5℃，比同纬度的平原地区低5℃～6℃；7月份平均气温22.6℃，比山下的九江低7℃左右。每年7月至9月平均温度16.9摄氏度，一年中平均气温≥27℃的日子只有1个月，极端最高气温只有32℃，成为"长江火炉"地区的一个"凉岛"，并有"清凉世界"的美誉。良好的气候和优美的自然环境，使庐山与鸡公山、北戴河、莫干山并称中国四大避暑胜地。因此，在20世纪初，世界一些发达国家的富商、名流在庐山修建别墅居住。1927年蒋介石"国民政府"在南京建都后，一些政府部门和官员也在近在咫尺的庐山修建了用于避暑的居处，庐山成为国民政府的"夏都"。

庐山地处中国亚热带东部季风区域，面江临湖，山高谷深，具有鲜明的山地气候特征，是山与水各自都独具特色的著名风景区。科考推测，10亿年前的庐山地区是浅海；中生代燕山运动，使庐山在2500万年前形成了一座独特的"地垒式断块山"，使其具有河流、湖泊、坡地和山峰等多种地貌共存的奇妙现象，造成了外险内秀的独特风景。庐山地貌，由北东至南西走向断裂作用上升而成的断块山，平面呈肾型，中部宽向东北和西南逐渐收窄。山体内的褶皱、断层构造地貌都很明显，此外，这里还有独特的第四纪山岳冰川遗迹，冰川地质、地貌主要包括冰蚀地貌和冰碛地貌，有飞来石及三逸乡冰窖、锦绣谷冰川U形谷、含鄱岭冰川刃脊等冰蚀地貌，具有突出的科研价值。中国著名地质学家李四光，在庐山首先发现中国第四纪冰川遗迹，创立了中国第四纪冰川学说。

庐山具有极高的科学价值和旅游观赏价值，素有"匡庐奇秀甲天下"之美誉。年平均降水1917毫米，年平均相对湿度78%。庐山水流在河谷发育裂点形成许多急流与瀑布，瀑布22处，溪涧18条，湖潭14处。著名的三叠泉瀑布，落差达155米。这里生物资源丰富。森林覆盖率达76.6%，高等植物近3000种，昆虫2000余种，鸟类170余种。山麓鄱阳湖候鸟保护区,是"鹤的王国",有世界最大的白鹤群。由于独特的地理位置及亚热带山地气候特征,土壤和植被垂直分带明显等特征,庐山成为中华十大名山之一,入选世界文化遗产,世界地质公园,全国重点文物保护单位,国家重点风景名胜区,国家5A级旅游景区,首批全国文明风景旅游区示范点。

本手令中所说的"汉阳峰附近苗圃"位于庐山东南部,在庐山森林植物园的中心区域。

庐山自古命名的山峰有171座。汉阳峰海拔1474米,为庐山最高峰,终年云雾缭绕。峰顶呈馒头状,其上有石砌的汉阳台。据说在月明风清之夜,站在峰巅上,可观汉阳灯火,故名。汉阳台附近有黝黑石碑,上刻有"大汉阳峰"4字,碑上藓苔漫布。峰巅上有一方形石台,名禹王台,相传为大禹治水登临处。每当晴天,万里无云,登此台眺望,江汉倒悬,群山环供,大有"一览众山小"之慨。台前悬崖形同靠椅,据传大禹治水时,就曾坐于此崖石之上俯视长江,思虑如何疏浚九江,由此而称"禹王崖"。《史记·河渠书》载:"南登庐山,观禹疏九江。"顶峰黑松遍布,矮小盘结,形状奇异古雅,为别处所罕见。登顶峰南眺鄱阳湖,波光若镜,北望长江,一泻千里,可以观风光于极目之间。"东南屏翰耸崔巍,一柄芙蓉顶上栽。四面水光随地绕,万层峰色倚天开。当头红日迟迟转,俯首青云得得来。到此乾坤无障碍,遥从瀛海看蓬莱。"描述的就是汉阳峰。汉阳峰南为紫霄峰、东北有呈金字塔型的小汉阳峰,五老峰、太乙峰、晒谷石峭然屹立,星子县城历历在目。

蒋介石的夫人宋美龄,在庐山以据为己有的"美庐"而著名庐山;事有巧合,毛泽东的夫人江青,在庐山则因拍摄汉阳峰风景照片而著名庐山。1972年8月30日,江青在这张照片背后题诗,赠送美国作家维特克夫人,诗曰:"江上有奇峰,锁在云雾中。寻常看不见,偶尔露峥嵘。"后来,维特克写了关于江青的传记,书名为《Comrade Chiang Ching》(《江青同志》),1977年在美国出版,封面上印着江青1945年在延安所摄一帧披着军大衣的侧面照片。书前印着江青赠给维特克的这首诗的手迹全文。这首诗是江青绝妙的自我写照,照片上的汉阳峰,在江边弥漫的云雾中孤耸着一座山头,那便是江青的"形象"。1974年夏,江青把这首诗和那帧照片通过别人给《中国摄影》编辑部,指令该刊发表,诗署名"琅玡台"。当时,江青再三叮咛编辑部为她保密,对谁也不准说,特别是不能泄露作者的姓名。1974年年底,当《中国摄影》编辑部把这首诗排出的清样送给她看,她突然变卦,不许该刊发表。直至江青被逮捕之后,《中国摄影》1977年第1期发表了本刊编辑部所写《篡党夺权野心的自供状——评江青在照片上所配的一首黑诗》,披露了这张汉阳峰照片和诗。

庐山是云雾的世界,频繁涌现的云雾,使庐山雾日最高年份达221天,最少年份也有158天,年平均雾日为191天,这与山下九江年平均雾日只有8天,形成天渊之别。庐山云雾瞬息万变,给人一种朦胧美,才有了"不识庐山真面目,只缘身在此山中"的诗情画意,却也给今日破解蒋介石的庐山手令平添一份神秘感。手令中的一些人物、事件关系,真是有些如雾中的朦胧,难以理清;一些字句犹如毛泽东的词所描述庐山,"暮色苍茫看劲松,乱云飞渡仍从容",它们镶嵌在手令中,让后人品味不定,捉摸不透。

(二) 庐山植物园及创建者秦仁昌

庐山植物园,是中国历史最悠久的植物园。1934年8月20日,由中国著名的植物学家胡先骕、秦仁昌、陈封怀3位教授在这里正式挂牌,创建中国第一座正规的、供植物科学研究的植物园,原名庐山森林植物园。植物园地理位置中心区,在江西省九江市庐山东南的东谷大月山和含鄱岭之间。占地近300公顷,四周环山,地形起伏,土壤为黄棕壤,腐殖质层较厚,PH5.0~6.5,属亚热带东部湿润型季风山地气候。该区海拔1000~1300米,年平均气温11.4℃,年平均雾日193天,年均降雨量1800~2000毫米,平均相对湿度79.7%。故此地是世界著名的亚高山植物园。

植物园是植物学及其有关学科的实验研究基地。国外植物园诞生于文艺复兴之后,早在16世纪,欧洲少数国家开始创建植物园,如意大利的比萨植物园建于1543年,巴图植物园建于1545年,是世界上成立最早而迄今还存在着的植物园。目前世界上各类性质的植物园,已超过1000个。中国的植物园起步较晚,是随着近代植物学的发展而发展起来的。目前国内的植物园、树木园已达60余座,大多建于20世纪50年代至80年代,唯庐山含鄱口山谷中的这个植物园建于1934年,是我国建立最早的一座植物园,经过几代科技工作者和园林工人的共同努力,现在已成为在世界享有较高声誉的植物园。

20世纪30年代,胡先骕、秦仁昌、陈封怀三位植物学家在这里以科技兴国的宏大志愿"疗国贫",首在庐山建立了由中国人自己创办的中国第一座正规的植物园"庐山森林植物园",

林业科学家秦仁昌

给后人留下了这笔宝贵的财富。

中国著名现代植物学奠基人之一的胡先骕，第一次自美国留学归来，便在庐山森林局任副局长兼技术员，详细考察"庐山之植物社会"；第二次自美国获得博士学位归来，在撰写《庐山志·植物》时，对庐山植物进行了详细的调查，认为庐山可以作为立足点，实现"种树"富民、强国的愿望。而实现这一愿望的基础便是建立植物园。为了在庐山创建植物园，他含辛茹苦，日夜奔波，几乎事事处处都在为此而"乞求"。其意之诚，其情之切，令人感动。终于说动蒋介石和当局政府，由北平静生生物调查所和江西农业院两家合作创办"庐山森林植物园"。

中国著名的蕨类植物分类学研究开拓者和奠基人秦仁昌，在丹麦、英国等7国进修考察归来，鉴于在国外见到国无大小都栽有中国植物，想到植物极为丰富的祖国，却连一座像样的、供栽培和研究植物的植物园也没有，黯然神伤，发誓回国后一定要创建一座大型的、正规的植物园，为中国植物研究贡献力量。当庐山创建植物园之议成，他便向胡先骕表示：愿负建园之责。他与新婚不久的妻子（左宗棠曾孙女）毅然抛弃北平舒适、繁华的生活，背着行李步行从好汉坡走上庐山。白天和17位职工一同抢锄头，挥柴刀，劈荆斩棘，开荒修路，种下幸福的绿荫；夜晚，则在昏暗的油灯下给职工上课，讲授植物学，播洒希望的种子；深夜，摊开一摞摞蕨类植物标本，凝眸深思，深入研究蕨类植物的分类。

陈封怀被誉为中国植物园之父，他在胡先骕筹办植物园之初，到全国各地寻觅植物园园址，曾骑毛驴、踏落叶行进在北平香山道上，披杏花春雨远走昌平妙峰山。庐山森林植物园成立后，陈封怀却不见了。原来是他为了更好地建设庐山森林植物园，去国外考入英国爱丁堡皇家植物园，专攻园艺学及报春花分类。1936年冬，陈封怀谢绝英国导师的挽留，深动感情地说："报春花发源中国，我的根也在中国！"他带着英国爱丁堡皇家植物园600余个植物标本，回到了阔别的庐山，任技师兼植物园副主任。

1934年8月开园之际，适逢蒋介石在庐山开办军官训练团，他抱病参加了开园仪式，发表讲话，对植物园的建设寄予厚望。此后，多次过问植物园的开辟和建设，并拨专款用于植物园的兴建。因此，在1937年夏初上庐山之际，又对植物园建设给予经费等各方面的支持，召见植物园的科学家，特别关注汉阳峰附近苗圃及造林之计划。

本通手令中的建设款项及计划，因为抗日战争的全面爆发，很有可能未来得及实施。理想的翅膀刚刚长出羽毛，还来不及腾飞，日军便突破长江天险马当要塞，直逼九江，围困庐山。人们纷纷逃离，秦仁昌、陈封怀等却像守护神一样守护着植物园，直到日军迫近牯岭,才"噙泪告别庐山"。他们在国难当头之时,考虑到植物园日后的发展,奔赴植物极为丰富的云南丽江,在玉龙雪山下挂起了"庐山森林植物园丽江工作站"的牌子,继续开展植物研究。

抗战胜利后,秦仁昌被挽留在云南大学任林学系和生物系的教授兼系主任。陈封怀则奉恩师胡先骕之命,回到阔别8年的庐山,恢复植物园。那时的植物园,满目荒凉,壁断垣残,野草丛生。陈封怀在能歌善画的妻子陪伴下,敲开一家一家工人的门户,一夜一夜伏案规划未来。晚年的陈封怀曾写诗曰:"五十年来建园圃,江南江北度生涯。问道故乡何所在,园林无处不为家。"他的第一个"家"就在庐山森林植物园,视园中植物为生命。有一次,住在庐山的宋美龄派人到植物园来想挖一棵红枫点缀"美庐"庭院,陈封怀坚决不允许。江西省政府主席熊式辉电话指示:"这棵红枫不给不行。"陈封怀却以一个科学家的耿直与忠诚,硬着脖子顶着,就是不给,宋美龄只好作罢。

1949年5月,庐山森林植物园由新生的人民政府接管。后更名为"庐山植物园"。国家对这座园区非常重视,毛泽东、刘少奇、周恩来、朱德等国家领导人以及众多著名科学家曾来园视察与指导。

今日庐山植物园,占地面积约30平方公里,以研究灌木为主,兼茶果、园林、药用植物。引种栽培驯化国内外植物3400多种,储藏各种植物标本众多,与世界上68个国家的270个单位建立了种子交换和业务联系,是国际自然资源保护联盟(IUCN)的成员之一。标本室储藏名植物腊叶标本17万余号,图书馆藏书6万余册。全园以松柏和杜鹃为主要特色。按照植物自然群落,不同生态,建有松柏杉树区、杜鹃园、温室区、草花区、树木区、岩石园、猕猴桃园引种区、沼泽植物区、药圃、苗圃、云雾茶园等10多个不同类型的专类园和展览区。著名的庐山特产云雾茶及众多的观赏植物,均产于此。素有"寸步必有药"的庐山,山地药用植物资源极为丰富,药圃收集栽种300多种药用植物。现开发工作

庐山植物园

以经销苗木、花卉和庐山云雾茶为主，同时为美化、绿化、香化城市环境和扶助贫困地区经济发展作出了积极贡献。

松柏区：占地面积 2 公顷，园区现有从国内外引种成功的 11 科 41 属 260 余种针叶树种，种植松柏科各属植物近百种，被誉为活标本园。有我国特有的"活化石"水杉、庐山金钱松、云南苍山冷杉、丽江云杉、浙江铁杉和黄杉，还有美国的花旗松、日本的罗汉柏和冷杉、北美的大叶香柏、欧洲的落叶松等名贵树种。

树木园：占地面积 1.3 公顷。主要引种保存长江中下游地阔叶乔、灌木树种 76 科 300 余种，其中不少是我国特有和濒临灭绝的植物，具有较高的科学价值、经济价值和观赏价值。代表植物有伯乐树、珙桐、连香树、银鹊树、香果树等。

岩石园：占地面积 0.7 公顷。本区依天然地貌，在岩石裸露的地方按自然式配置植物，于山石间撮土栽培。经过多年引种，形成龙胆属（Gentiana）、报春花属（Primula）、石竹属（Dianthus）、杜鹃属（Rhododendron）等高山植物景观群。谷中光照少，空气润湿，宜阴生植物生长，栽培有龙胆草、百合、黄精、丹参、百部等高山药用植物 200 余种。

国际友谊杜鹃园：占地 1.3 公顷。杜鹃花是该园引种栽培的重点花卉之一，从国内外收集引种 300 余种，其中收集国内外的名贵杜鹃科植物 70 余种，如云锦杜鹃、马氏杜鹃、日本大字杜鹃、白花杜鹃、西南高山杜鹃、黄山杜鹃等。5 月上旬，杜鹃花开，万紫千红，溢彩流光。

温室区：包括一部分冷室，面积共约 1700 平方米。主要展出名赏花卉及热带、亚热带多浆植物。收集观赏植物 600 余种，其代表植物为多浆植物、秋海棠科植物及倒挂金钟等。

庐山植物园，现受中国科学院和江西省双重领导。以引种可驯化植物为主，开发利用亚热带山地野生植物资源，培育品种。这里不仅是科研基地，还是著名风景区。80 多年来，经过几代植物学工作者的努力，这里已经建成为：以植物联系农、林、园艺、药物和环保等的综合性研究机构，把引种驯化、保护保存、开发利用野生植物资源和科普教育相结合的重要基地，传播、普及植物学知识和进行科普教育的课堂，科学内容和美丽外貌相结合的自然艺术园地，也是中外人士来庐山游览观光必到之地，生态旅游的胜地。1996 年庐山申报加入世界自然与文化遗产名录时，联合国专家桑塞尔博士对庐山植物园给予高度评价："这里的物种完备，实在令人印象深刻，是联盟（IUCN）中的植物园工作较好的一个。"

第28通手令——何以同时召见熊式辉、周至柔

【手令编号】上卷005

【时间判读】1937年7月2日

【正文释读】

钱主任：请熊主席、周主任至柔来谈一谈。中正，二日。

【原件品鉴】

竖排5行套红"国民政府军事委员会便用笺"1页，毛笔书写。

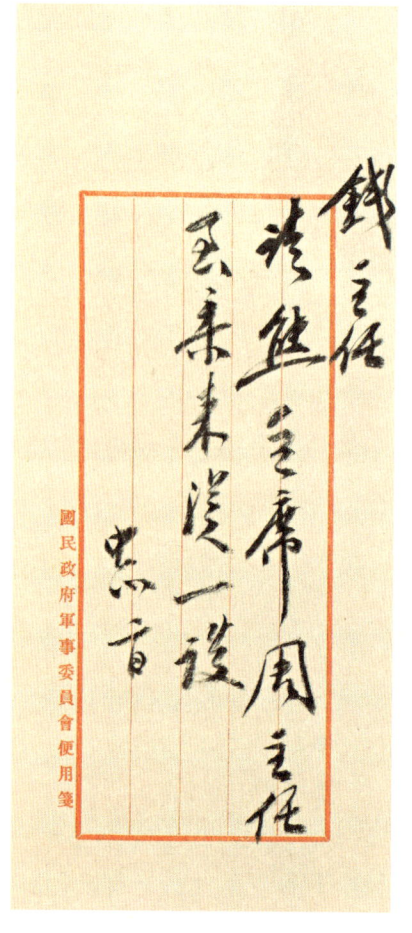

【原文解读】

蒋介石这次在庐山上同时召见熊式辉和周至柔，一个是省政府主席，一个是空军总负责人，与熊式辉谈"对日外交谈话草稿"，与周至柔谈改组后的航委会和划分全国空军军区事宜，在表象上看两人好像根本没有交集。其实，蒋介石同时想到这两个人，并一同约上庐山面谈，有一个共同点就是两人都在为蒋介石本人做"献媚"大事：熊式辉承办的是以蒋介石名字命名的"中正大学"，周至柔承办的是数月后即将在南京为蒋介石庆祝50岁大寿而隆重推出的空中飞机表演。

（一）蒋介石与熊式辉的特殊关系

本手令文中的"熊主席"，即熊式辉（1893—1974），字天翼，谱名西广，别署雪松主人。出生江西省安义县万埠镇鸭嘴垅村。幼习军事，毕业于江西陆军小学、中学、清河陆军军官预备学校，1913年入陆军第一预备学校，旋升保定陆军军官学校第2期。在辛亥革命时即奋袂而起，讨袁战争中崭露头角。1921年被保送入日本陆军大学学习，1924年毕业于日本陆军大学。是国民政府政学系的主角。北伐时期屡立奇功。后出军入政，两度担任淞沪警备司令一职，主持赣政十年，外派访美军事代表团团长，出任东北九省行辕主任，军衔至陆军二级上将，位高职显，权倾一时，是谓"党国的干城"、

蒋介石的军政高参。国民党"戡乱剿匪"计划和国民政府的治国方略多出于其手。

1937年2月22日，国民党五届三中全会闭幕。3月1日，参会的江西省政府主席熊式辉由南京返抵南昌。他在回忆录中记述道："12日接牯岭电话相召，下午起程晚10时到达，钱大钧（号慕尹）兄寒夜在街口相迎，约明早往见蒋公。13日上午10时晋谒蒋公，承示对日外交谈话草稿。大意在声言中国国民最低期望，在日本放弃不合理、不合法之华北活动。余捧读之后，告公曰：日本军阀处心积虑已久，在我国内变乱不已之际，绝难戢其鲸吞蚕食得寸进尺之野心。不过我方发言亦只有此退避三舍之唯一途径，且求先安内，徐图对外，实为不得已之办法，稿当可用。"[①]

但熊式辉所记述的3月12日接庐山钱大钧电话，与蒋介石手令所署日期"2日"不符。查《熊式辉回忆录》中记述，其前后再没有通过钱大钧与蒋介石的约见，由此可判断熊式辉的回忆时间可能有误，误把"2日"记述成了"12日"，并在月份上也有误记。

从蒋介石本通手令所署"2日"原件及时间节点分析看，不会存在有误。查蒋介石在1937年上半年的行踪，3月、4月、5月的"2日"，他都不会出现在庐山。

3月2日，在南京出席陆大将官班第4期毕业典礼讲《军人精神教育之要诀》。

3月6日，在南京讲《对共产党之政策我决不改变》和《新生活运动与国民经济建设运动的影响》。

3月15日，在南京讲《东方人素重感情崇尚高道义》。

3月16日，在南京招待日本经济考察团团长儿玉谦次等讲《仁亲为宝》。

3月21日，在南京出席军校扩大总理纪念周讲《革命党员应惕励精进》。

3月26日，在南京致信美以美会东区合议会《耶稣受难予余之教训》。

3月30日，在杭州讲《中国人注重孝道》。

4月6日，在南京讲《国民精神教育之要旨》。

4月15日，在溪口讲《祭长兄锡侯先生文》。

5月1日，在南京发表《告武汉工商界同胞文》、《告全国工友文》。

5月2日，在南京对中央航空学校第六期乙班飞行生毕业讲《革命空军的新精神》。

5月4日，在杭州澄庐对空军高级将领讲《空军之新组织与新精神》。

5月9日，在上海发出《致伦敦孔祥熙特使关于中英经济合作电》。

5月20日，在南京讲《科学精神与科学方法为革命建国之基础》。

而6月2日，蒋介石刚上庐山，同时约见熊式辉和周至柔两人的可能性也不大，

---

① 《海桑集：熊式辉回忆录》，香港，星克尔出版有限公司，2010，第91页。

再从当时的中日紧张关系、战火临近情况，以及与熊式辉谈"对日外交谈话草稿"、"稿当可用"的谈话内容看，以7月2日较为吻合。

蒋介石此时约谈熊式辉，不仅是庐山在江西省地界上，更因为蒋介石十分器重熊式辉，而熊式辉在此时还有一件正合蒋介石心意的大事在献媚。熊式辉督赣十年（1931年12月—1942年2月），他以"赣人治赣"旗号相号召，运用行政手段，采取了一系列措施，为推动本省的工业化进程作出了极大的努力，也取得过前所未有的工业建设成就，使江西近代工业的发展进入了所谓的"黄金时代"。在蒋介石的心目中，熊式辉的

熊式辉将军

主要政绩，还在于两个方面：一是"剿共"，通过5次大"围剿"，把曾以瑞金为红都的中央红军逼出江西，走上两万五千里长征路；二是在江西谋划创设以蒋中正名字命名的"中正医学院"和"国立中正大学"。这两件大事，显然也是蒋介石对熊式辉高看一眼、重点约见谈"对日外交"的另外原因所在。

1936年5月，蒋介石召集10省高级行政会议，提出政治与教育打成一片的要求，并令各省政府就地取材，利用学校教授的专门知识，参与行政研究与实践，协助推动地方政治。江西因无大学，并无落实这一要求的条件，参加会议的熊式辉，遂向蒋介石提出兴办大学并以"中正"命名的愿望。这一次，蒋介石既想实验自己的理念，也顾及江西财政的支绌，乃拨给100万元作为基金，支持江西省政府创设大学。

就在江西正谋创设大学之时，另外一个意外的机会，使得江西兴办高等教育之事有了突破。这一年，教育部接受被其聘任为医学教育专门委员王子玕的建议，决定筹设一所适应推行公医制度需要的医学教育中心，并于10月成立了筹备委员会。筹备会主任委员王子玕认为，蒋介石长期在赣指挥军事，这所学院故应设于江西，得到一致同意，并确定以蒋介石的名字为学院名。11月，王子玕偕教育部参事陈泮藻到南昌选择院址，熊式辉对此自然高兴，当即予以"热心赞助"，拟以医学院为基础，"将大学次第完成"，遂划拨阳明路东基地300亩，令南昌市政府办理前期工程。中正医学院于是在南昌市动工兴建。

熊式辉与胡适

1937年夏,就在蒋介石上庐山之时,即将爆发的中日战争形势的变化及需要,再次将创办大学问题摆到江西省政府面前。蒋介石这次在庐山上急于与熊式辉会面,谈话主题有很大可能就是谈中正医学院的建设。这所以蒋介石名字命名的学院,在蒋介石的直接关心下,很快兴办。6月,教育部聘任王子玕为中正医学院院长。招生、聘请教授等工作都进展顺利。9月25日,中正医学院正式开学,学生来自全国16个省。当时,全国共有专科以上学校108所,其中大学42所、独立学院34所,江西高等教育之落后已十分明显,但即便如此,中正医学院作为江西全省第一所独立学院,其创办无疑是江西高等教育的重要突破。尤其是抗日战争的爆发,改变了中国教育的布局,也使战时人才的巨大需求与供给不足的矛盾进一步凸显。江西作为东南抗战的重要省区,位处第3、第9战区抗日作战的前线,又属国民政府重要的粮食与兵源基地,在国民政府"抗战建国"的大局中具有重要地位。

1939年1月,熊式辉到重庆参加国民党五届五中全会。会后他留渝一个半月,主要奉蒋介石命草拟"县以下行政机构改进案"。期间,他邀请在川部分专家学者进行座谈,征询江西创办大学意见,并向蒋介石提出在赣先行开办中正大学之行政学院。据熊式辉说,虽然"孔庸之辈俱不以为然",但此议得到了蒋介石的支持。3月15日,蒋介石手令拨款一百万元,作为中正行政学院的开办基金。蒋介石的再次支持,使熊式辉更加坚定了创办大学的决心,认为"此一百万元之款虽有限,而为余精神上之助力则不啻千千万万也"。这时,教育部鉴于学校西迁、战区高中毕业生升学困难的现状,决定在江西省筹设一所临时政治学院。熊式辉遂计划将中正行政学院改为中正政治学院。

经历日军攻占南昌及省政府西迁吉安、泰和之后,熊式辉开始落实办学计划。8月8日,熊式辉在遂川文庙主持筹备会,与会者一致认为,仅办中正政治学院不足以适应战时及本省的需要,不如按蒋介石和熊式辉的最初意思,"径行创办一完全之大学"，即省立中正大学。熊式辉即将此意呈报蒋介石，得到允准。筹委会随后设立校舍设备、图书仪器和教育计划等三个委员会，派人赴重庆，向蒋介石和教育部长陈立夫汇报。中正大学的筹备工作在八九月间进入实质性运转。上述过程，不难看出熊式辉办事精明。

但是，在艰难抗战的环境下，由地方创办大学也确非易事。江西创办中正大学的消息一出，立即在重庆等地引起强烈反应，"各方颇多非议"。反对意见集中为三点："一则曰，总裁为全民族之领袖，应受全国之崇敬，江西不得而私，中正大学应为一全国性之大学，宜设于首都，以隆体制。再则曰，当此抗战紧要关头，江西为四战之地，首受敌军侵略之威胁，允宜集中一切精力以谋增加战斗之力量，并以争取最后之胜利，文化事业应于安静环境中培育之，故此时在江西创设一所新兴之大学，既非其时，亦非其地。三则曰，抗战以来，东南人才恐慌，江西尤感偏僻，教授不易延聘，学生质量难期整齐，即能创设大学，亦难有所成就，更不能作出特殊贡献。"由于反对意见相当激烈，以致影响到蒋介石，竟使支持最力的蒋介石也一度动摇，在1940年2月15日电示熊式辉："中大如未筹备完成，作罢为宜。"所有这些，反映出熊式辉的办学之路走得相当艰难，在国民党高层政要中遇到了很大阻力。

中正大学的实际筹备，从1939年8月遂川会议开始，到1940年10月底学校开学，历时15个月。尽管如此，熊式辉没有轻易放弃。他一方面，针对战时环境、教授延聘等确实有道理的意见，加大力度进行筹备工作；另一方面，对重庆政要展开新一轮的说服争取。1940年2月20日，他回复蒋介石电，再次申述办学理由。并一一致函其他重要官员，进行解释。21日，定稿中正大学办学旨趣，写成私人信函10件，这10人中既有蒋介石身边的军政要人和重要幕僚（如张群、陈诚、甘乃光、陈布雷），又有文化、教育、国民参政会的著名人物（如陈立夫、卢作孚、张君劢、晏阳初、何廉、王又庸等）。可见，熊式辉为争取中枢支持江西开办大学，做出了多方面的努力。

熊式辉将筹备中正大学列为其政务上的头等大事之一，对于筹备事务极为用心，计划周详。对学校筹建倾心之深。从其1940年日记统计，这一年中，他竟有67天记载有讨论和解决学校筹备事务，亦可概见筹备事务在其政务中所占分量之重。熊式辉的努力取得了成效。蒋介石很快打消了"作罢"的念头，再予支持，并让陈布雷转述其四点意见："1. 筹备时间宜充分。2. 人才不可忽略，在开始时特别留意。3. 仪器图书不可忽略。4. 学生素质不可马虎。"（1940年4月9日熊式辉日记）蒋介石的支持，再次为中正大学的创办开了绿灯。时任教育部长陈立夫，碍于蒋介石的态度，虽有不通也不便明确反对。1941年4月28日晚，熊式辉在重庆上门拜访，"与陈立夫部长详述中正大学作法，俾释误解"，消除了疑虑。

1940年3月下旬，时在重庆的江西教育厅长程时恺探知，教育部将批准设立中正大学并由省立改为国立，由教育部直辖，校长人选由熊式辉函请蒋介石决定。（1940年3月23日熊式辉日记）经行政院会议批准后，5月，教育部发出部令："中正大学定为国立，筹备事务，仍托由江西省政府主持并聘定熊式辉、程时恺、邱椿、萧纯锦、马博庵、蔡方荫、朱有骞、罗廷光为筹备委员会委员，熊委员式辉为主任委员。在校长未任命以前，一切校务，由筹委会负责办理。"这8名委员中，前4人为省政府委员（其实程、邱、萧也是著名学者），后4人为学者，这个结构，保证了筹备工作的顺利进行。6月1日，筹委会在泰和正式成立。新成立的筹委会继续前筹委会的工作，负责建筑校舍、购办图书仪器、修筑交通公路和编制规程章则等一应事务。国立中正大学的开办，至此成为定论。

9月，教育部任命胡先骕出任中正大学首任校长，10月10日正式就职。学生陆续到校注册，首批共计391人。10月31日（蒋介石生日），江西省党政军机关负责人、社会名流和中正大学全体师生会聚在杏岭校园，举行奠基暨开学典礼。蒋介石为学校开学发来长篇训词，指出赣省在吾国文化历史上，占有重要地位，诸生在此抗战建国艰虞之际，就学于先哲前贤流风未沫之地，必当明了本校设置之意义与其特有之使命。他对办学宗旨和学生学习详加训示，并对其文武合一、术德兼修的教育思想进行了阐述。蒋的训词，反映了他长期主张的政教合一思想，以及对人才培养的要求；确定了中正大学的办学宗旨，三民主义教育及阐扬三民主义被定为学校教育与研究的中心任务。中正大学后来成为国统区三民主义教育与研究的主要力量之一。

熊式辉为奠基碑石撰写了碑文，并在开学典礼上做《国立中正大学创立之意义及今后的希望》的长篇演词①，对中正大学寄予极高的期望，希望建设成为民族复兴的精神堡垒，为地方政治实践提供实用型人才。由此看，他创办大学的目的，与其说在教育上，不如说在政治上。这既是他秉承蒋介石之意坚持在江西开设大学的初衷，也是他起初不大愿意将中正大学由省立改为国立的深层原因。

中正大学的创立产生了较大的影响。全国重要报刊都做了报道，就是在上海沦陷区的《申报》，也连续三天刊出报道，称学校的创立"意义至为重大"。中正大学开学时设立文法学院、工学院、农学院3个学院9个学系。其后几年间，学校逐年发展，又在赣县龙岭设立了分校，"规模渐宏"，1944年时，"教员与学生盖五倍于初矣"。在抗战的艰难条件下，有这样的发展，是很不容易的。首任校长胡先骕为学校的办学作出了重要贡献，他在1944年4月辞职后，由萧蘧继任。1945年1月，为避日军的

---

① 参见《海桑集：熊式辉回忆录》，香港，星克尔出版有限公司，2010，第164～168页。

窜扰，学校迁至宁都长胜，赣县分校也并入本部。抗战胜利后迁至南昌，借用昌北望城冈的军政部营房为校址，1946年1月在望城冈开学。学校相继增设理学院，文、法学院分立，增设数学、物理、化学、历史、中国文学、外国文学、法律等学系，到1947年，中正大学共设有文、法、理、工、农5个学院18个学系，以迄于全省解放。

晚年熊式辉

国立中正大学是民国时期江西唯一的一所综合性大学。它的开办及其后的建设，聚集了一批优秀的大学教师（据1945年初的统计，中正大学在全国25所国立综合性大学中，有教授78人排第13位，副教授45人排第3位）。在中正大学存在的不足9年时间中，为国家培养了6届约2000名毕业生。1949年5月江西解放，8月将中正大学改名为国立南昌大学。1952年底，全国开始实行院系调整，南昌大学的文史理工等主要学科和师资，大部分被分别调整到中山大学、武汉大学、华中工学院、华中师范学院、湖南大学、湖南师范学院等10多所高校；农学院的一部分分出建立江西农学院，师范部的一部分留校建立江西师范学院（即今江西师范大学）。南昌大学校名于1953年10月撤销。中正大学的学统由江西师大传承。台北则于1989年在嘉义恢复成立了中正大学。

熊式辉是江西民国史上一位有较大作为的省政府主席，创办中正大学是其主赣10年中操持的一件重大政务。他在抗战非常时期与一省主席的繁杂政务中，能将如此多的时间和精力放在创办一所大学上，归根结底，与他对大学在地方政治、文化发展和抗战大业中地位作用的认识密切相关。熊式辉"毕生之事业，将以中正大学之成立，最值得称颂"，创建中正大学是熊式辉"最伟之事业"。

1949年国民党大陆兵败时，新华社发布了43名国民党战犯的名单，熊式辉排名第18位。不久，他不满蒋介石的政治权术，与其分道扬镳。自此退出政坛，寓居香港，主持《海角钟声》诗社，并在泰国曼谷经营纺织厂。1954年，张群秉承蒋介石的意思由台湾写信来，要熊式辉去台湾。熊到台湾后居住在台中，与世隔绝，安享晚年，不再过问政治。直到1974年6月21日病逝于台中，终年81岁。

（二）中国空军和航空事业的大管家周至柔

本手令文中的"周主任至柔"，即周至柔（1899—1986），时任中国航空委员会主任，负责中国空军作战和全国航空事业。此时，他还兼任空军军官学校教育长、昆明中央航校校长等职。蒋介石手令中称他为"主任"，即是指他在1936年2月始任的航空委员会主任（至1938年2月钱大钧接任）。由此手令的"周主任"称呼，也可佐证此手令写于1937年。

周至柔，本名周百福。浙江省台州市临海市人，1919年，考入保定陆军军官学校第8期步兵科，1922年6月毕业，分配在北洋浙江陆军第2师（张载阳部）见习，后升任排长。1923年升任浙军连长。1924年春，南下广州，得到陈诚的关照引荐，参加了国民党，并改名周至柔，参与创办黄埔军校，任兵学上尉教官。1925年参加两次东征，升任虎门要塞司令部参谋长。1926年7月，参加北伐，转战江西。1927年4月，任第21师（师长曹万顺、副师长陈诚）补充团团长，7月陈诚接任陆军第21师师长，周至柔任该师参谋长。1928年4月，任南京国民政府军事委员会军政厅处长，6月任长江上游办事处少将主任。1930年4月，任陆军第11师（陈诚）参谋长，旋继任第31旅旅长。8月，任第18军（陈诚）第14师副师长。1932年2月，任陆军第18军第14师中将师长，3月升任陆军第5军副军长，6月改任陆军第18军（陈诚）副军长，成为陈诚的心腹大将。

1932年6月12日，周至柔任航空委员会委员，直至1937年，是他空军生涯的开始。1933年5月，经陈诚举荐，蒋介石特选周至柔赴欧美各国考察空军教育和航空事业，从此脱离陆军系统，开始空军生涯。出国后，周至柔苦学英语，认真考察了各国航空建设和空军训练。1934年4月，周至柔回国，向蒋介石呈上考察报告和建设空军计划书；7月14日，任笕桥中央航空学校校长，对学员进行严格的技术训练和精神训练，还多次单独驾驶飞机练习飞行。1934年5月，蒋介石成立全国航空建设会，自兼委员长，周至柔

军事委员会航委会兼空军前敌总指挥周至柔

为常务委员。1935年,任全国航空建设会委员、全国航空建设会常务委员。1936年1月24日,周至柔被国民政府叙任陆军中将;2月,任航空委员会主任(至1937年),负实际领导全国航空事业责任,他抓紧时间培养飞行员,向外国购买飞机,在全国各地建立军用飞机场。

1937年5月,航空委员会进行改组,划分全国空军军区,蒋介石兼任委员长,周至柔为常务主任委员兼第1厅厅长(至1938年)。这就是蒋介石7月初在庐山上约见周至柔的中国空军领导机构现状。

蒋介石在庐山上的这次召见航委会主任周至柔,约谈内容外人难知端倪,但商议数月后的空军训练以庆祝蒋介石50寿辰,当为谈话重要内容。50大寿,在中国是一件大事,周至柔挖空心思弄点花样出来,也在情理之中。他的"空中庆寿"计划,得到了蒋介石的赞许和批准。经过数月的编排和训练,空军也导演出了一台别出心裁的节目。

8月6日,刚下庐山的蒋介石对空军关怀备至,在南京发表《告空军将士书》之一,要旨有:空军为今日国防最新之武力,亦抗战唯一之先驱,受国家培养之深,人民期望之切,于兹出战待发之际,特举要义为诸将士郑重告诫:(1)战争胜败,决于精神,我将士能忠勇无畏,视死如归,则必杀敌致果,以一胜百。(2)倭军骄虚之气虽盛,实皆怯懦怕死,且其横暴侵略,师出无名,外成孤立,内多矛盾;我将士今以必死求必胜,首须窥破敌军之弱点与劣点,出死力予以绝大之打击,光荣胜利必自我操。(3)空军训条与空军信条,平时为空军教育之基准,战时为空军决胜之张本,务期条条做到,字字实行,奉为报国杀敌之准则。(4)深信我将士必能竭尽其职责,完成光荣之任务。

8月12日,蒋介石在南京再次发表《告空军将士书》之二,要旨有:这一次发动全国一致的抗日战争,要直到我国获得最后胜利为止。我全体空军将士,一定要依照我上次训示的三点,一致兴起,沉着应战,来消灭倭寇。1. 敌军唯一的长处,仅是飞机数量上多过我们几架而已。但其总数1500架飞机,必以其中三分之二配置于北满和国内以防俄,其能用来侵略我国最多只有其三分之一的飞机;我军与之较量,在数量上毫无逊色。2. 敌军之弱点有五:(1)树敌多,顾虑亦多,力量分散,士气不振。(2)敌机为其自制的劣质品,效能低劣,质量不齐,远不及我军飞机品质之精良,效能之高超。(3)敌军体质不相宜,技术不精良,而我空军体质官能,都长于空军。(4)敌人师出无名,士无斗志,其士气萎靡涣散,精力薄弱,而我则处必死之境,兴正义之师,足以痛惩侵略之敌。(5)敌人所用战术,偏重形式,我军可用革命战术,以少胜多,以整击零,避实击虚。

10月31日，蒋介石50寿辰之日，由周至柔亲自导演的空中庆寿活动在南京上空如期隆重上演。空军飞行员由高志航领队，使用美制飞机，在空中飞编成"中正"、"五十"4个字形，飞过庆祝会场，万众欢腾。南京百姓仰头阅看了这一飞行奇观，蒋介石、周至柔都以满意的微笑加以赞赏。同时，这次飞行也显示出中国空军已经初具规模。然而，就在同一天，国民政府发表宣言，决定迁都重庆，继续抗战，以争取最后胜利。

此后，周至柔在抗日战争时期兼任空军前敌司令部总指挥，率中国空军对日作战。1938年5月，任空军军官学校教育长，后任昆明中央航校校长、航空委员会主任参事。1939年至1946年，继钱大钧后再接任航空委员会主任。1940年至1941年，任空军参谋学校教育长。1943年4月，任三民主义青年团第1届中央监察。1944年8月14日"空军节"，国民政府以空军在抗战的历次空战中攘御外侮著有功绩嘉奖空军将领，授周至柔青天白日勋章。1945年，任军事委员会委员长侍从室第1处主任、中国国民党中央执行委员；10月10日，因周至柔锐意建军，对抗战贡献良多，授予抗战胜利勋章。1946年5月31日，航空委员会改组，任空军总司令部司令，授空军一级上将。到台湾后，任国民党空军总司令部总司令，至1952年3月卸任。1986年8月29日，病逝于台北三军总医院。

第29通手令——召见负有特殊使命的杨宣诚、邓宝珊

【手令编号】下卷016

【时间判读】1937年6月30日

【正文释读】

钱主任：一、电话南京军委会审核厅杨厅长来庐山一见。二、电话魏代秘书长代发邓宝珊款一万元，令军需署发给。中正。

【原件品鉴】

竖排5行套红"国民政府军事委员会便用笺"1页，现原笺沁润上页红色；毛笔书写。原笺右上角盖紫蓝色

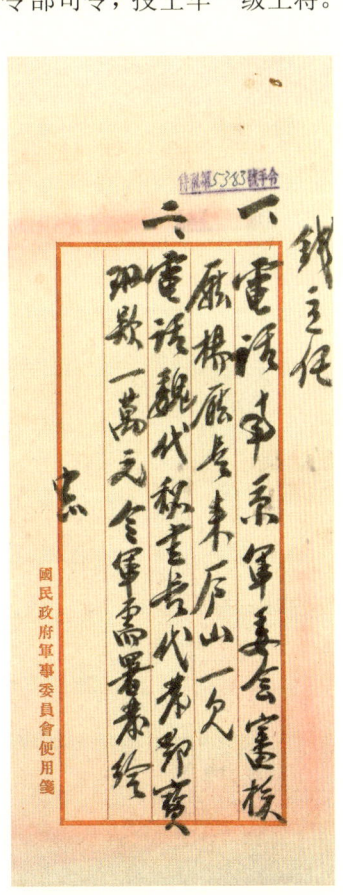

条形章"侍秘第 5383 号手令",序号为钢笔填写。

【原文解读】

从"侍秘第 5383 号手令"编号看,应晚于上件手令(1937 年 5 月 27 日),书写于本年度第二次上庐山的前段比较休闲的时期,推测在 6 月 29 日至 7 月 7 日之间,因为邓宝珊 6 月 29 日送杨虎城上轮船出国,此手令很可能是在次日(30 日)所写。

(一)极富传奇的国际知名军事情报专家杨宣诚

本手令文中的"审核厅杨厅长",即国民政府军事委员会第 2 厅厅长杨宣诚。军委会二厅,掌管情报、武官,职能类似今日中国人民解放军总参谋部二部。

杨宣诚(1890—1962),今湖南长沙县开慧镇葛家山村张家大屋人。字朴园。原名杨宣德,16 岁东渡日本,投靠已取得官费的七兄杨宣城。适清政府留日海军学生有数十人因故退学回国,使馆就地招考补缺。因规定考试必须是已取得官费资格者,杨宣德乃冒其七兄杨宣城之名应试,得以中取,故从此与其兄互易姓名,并改"城"为"诚"。他的一生充满传奇色彩,绰号有多个:因身高 1.9 米,仪表堂堂,人称"杨长子";其兄弟姊妹共 13 人,其为最幼者,人又称"十三长子";还因为他的胡子往上翘,同事们昵称他为"翘胡子将军"。

杨宣诚早年受黄兴影响,在湖南组织"流血会",谋刺长沙知府未遂。1908 年入日本海军士官学校,创办《海军》杂志。1910 年加入同盟会。次年毕业于日本海军水雷学校,回国任援鄂舰队参谋,支援武昌起义。1913 年肄业美国南加州大学商学院,旋赴日本任黄兴所办法政学校教师,并一度在武汉大学执教日文,在何键主持的省政府任外事秘书。"九一八"事变后,南京国民政府延揽人才,经同乡贺耀祖将军推荐,到参谋本部工作,出任驻日少将海军武官。及时搜集到一些珍贵的情报,表现出优秀的情报天才和出色的社交能力。任满回国后,受到蒋介石的高度评价。

军事委员会第二厅厅长杨宣诚

不久，成立庐山武官训练班，培养驻外武官人才，蒋介石指定杨宣诚出任该班主任，此后的中国驻外武官，大都出其门下。该班后迁南京，归属参谋本部建制。杨宣诚任参谋本部少将处长、高参，兼掌武官训练班。该班为国家培养出不少驻外武官，质量较高，战时遍布世界各国工作。杨宣诚还一度兼任陆军大学海军战术教官，以其学术精深，讲解清晰，深得学员好评。

蒋介石在庐山的这次特别约谈杨宣诚，谈话主题显然有关日本军事情报。

抗日战争爆发后，杨宣诚在大本营任第1部情报组处长，兼第5部对敌宣传组组长。不久改任军委会军令部第2厅厅长，主持对日作战军事情报工作，这也是他一生中最忙碌，最有建树的时期。在重庆建立中苏合作的特种情报所时，杨宣诚兼任所长，苏联派人任各级副职。每周军令部第2厅照例举行盟军军事情报交流会议，第2厅常有精彩、精辟、正确的情报分析报告。驻重庆的各国武官及军事代表都来参加。主要是因为第2厅的情报对他们很有价值。

杨宣诚是当时最富传奇性的一位国际知名的军事情报专家，对日军事情报工作有着三次"得意"之作，使他声名鹊起：破译日本偷袭珍珠港密码；太平洋战役之前论定日军将行南进；使盟军重新修订反攻缅甸的计划。抗日战争中，他的详尽的情报搜集与精辟独到的分析，饮誉盟军，享有崇高的威望。他对敌情分析入木三分，对敌军动态了如指掌，判断结果常如他所论证，震惊盟军参谋界，深为军界同行所钦佩。但其桀骜不驯的脾气，不阿谀奉承，难为当道所容。然其安贫乐道，为国忠心耿耿，则为知者敬仰称颂。

太平洋战争爆发前，第2厅监测电台接收到日军的一个新出现的密码，距离很远，电波微弱，不久销声匿迹，没有出现。经过破译，发现是日本太平洋海、空军的联系。杨宣诚命令一组监测台日夜监视这一神秘波段。"珍珠港事件"前夕，这个电台又出现了，它频繁忙碌地向太平洋地区发布指示，部署和调动大批海空军力量。结合当时世界整个战局，以及外交战线上的活动，杨宣诚判断日本将在太平洋地区，特别可能向美国太平洋地区的重要战略据点有所动作。当即报告蒋介石，并建议将这分析通报盟军。获同意后，一方面在重庆召开驻渝盟军军事代表紧急会议，通报这一情报。当时外国军事代表多持怀疑态度，有探询这情报来源者，杨宣诚答以"此系中国军事情报秘密，恕难奉告"。一方面由中国驻美武官郭德权及副武官萧勃亲自向华盛顿美国政府提供这一情报。据闻罗斯福总统获此情报后，曾与三军参谋长联席会议研究，但没受到重视。不久，1941年12月6日珍珠港战争爆发，日本偷袭成功，罗斯福想起此事，尤其懊恼。后来他曾向蒋介石提出，要求中国派一位海军将领，精通英、日文的情报专家，作为他的私人顾问。当时侍从室某主管打电话告诉杨宣诚，并戏谓："罗斯福简直是寄了照片来要人,只少提到你那翘胡子了。"蒋介石未予同意,但派了商震上将作为中国军事代表团团长常驻华盛顿。

1940年到1944年近5年时间里,重庆不少人士宣扬日本将大举北进之论调。尤其是在太平洋战役之前,国内对日军南进或北进,一时议论纷纷,而大多为迎合上峰愿望,多主北进之说。杨宣诚根据掌握的情报客观事实,及丰富的国际知识,对此独持异议,力排众说,独树一帜,断定日本必将南进与英美一战,而决不会北进,与苏联交锋。闻者大哗,有人甚至斥为无国际常识。而杨宣诚不为所动,最后历史的进程印证了他正确的见解。

抗日战争末期,日军曾3次进犯湘北。会战期间,杨宣诚为掌握前线战况,废寝忘食,及时提出可靠情况,对战局起了关键作用。

1943年中、美、英三国首脑在埃及开罗举行会议,商计战后的政治安排及反攻缅甸准备,杨宣诚以高级幕僚身份随蒋介石出席会议。"开罗宣言"为一重要的历史性文件,为战后的历史安排起了决定性作用。该文件是美国霍布金斯起草,代表中国陆海空三军首长签字的是:陆军商震上将、海军杨宣诚中将、空军周至柔中将。杨宣诚以作为参谋首长论资历应请原军令部次长林蔚中将代表,他不便僭越。但蒋介石称:"你是代表中国海军,不可缺海军"。杨宣诚只得遵命。宣言草案中关于战后日本应归还中国领土部分有"台湾应归还中国",但杨宣诚发现未提及澎湖群岛,乃告负责外交工作的代表王宠惠,应该加上。王认为"澎湖群岛系台湾的一部分,宣言中既已说明台湾归还中国,澎湖自然已经包括在内"。杨则认为:"不然,因当年马关条约写明割让台湾与澎湖,两者并列,乃系日本方面提出,当时我国代表李鸿章正如阁下所言,认为澎湖已包括在台湾之内,不必再标明。但日方坚持,系恐我国临时将澎湖划出台湾省,或将之并入福建省管辖。日方坚持要写明澎湖,也因俄国曾出面要求割让或租借,故日本特别重视,现在如果在宣言中只写为台湾而不明确写出澎湖应归返,与马关条约不符合,战争结束后,日方也可能借口不归返澎湖。"王听此番道

1945年9月,杨宣诚中将(右二)参加中国代表团在"密苏里"号上的日本投降仪式。

理后，恍然大悟，出面通知美国在草稿上加上"澎湖"。蒋介石后来曾叙述开罗宣言签字过程也说："我们对宣言草稿没有更改一字，意见完全一致，仅加了'澎湖'而已。"王宠惠对杨宣诚赞称："翘胡子将军多闻博识，并且一个字也不忽略。"杨宣诚将《开罗宣言草案》所遗漏的澎湖列岛补充列入中国领土的这个"提醒"，使澎湖避免了事端。在今日因钓鱼岛热点的凸显，更显露出其"先见之明"的睿智和"功在中华"的价值。

日本宣布无条件投降时，盟军以美国麦克阿瑟上将为首，在东京湾密苏里舰上举行受降仪式。中国派出以军令部部长徐永昌为团长的代表团参加受降，杨宣诚中将、朱世明少将为代表团成员。中国代表依英文字母顺序排在第一行。为首的徐永昌上将，杨宣诚排列在第二位。杨宣诚在第二次世界大战中的工作，受到同盟国政府一致赞扬，除国民政府授予不少勋章，如云麾勋章、宝鼎勋章外，美、英、苏、法政府也均增授过勋章，以表彰他卓越的功勋。1945年11月8日，美国政府授予杨宣诚司令级功勋勋章的授勋文件中称："这是为了中国海军中将杨宣诚在中国以军事情报首脑身份所做出的优越功勋而授予的司令级功勋勋章，杨将军在协同盟军作战过程中，给予盟军许多卓越贡献，并给美国政府与军队大力协助，是我们深为感谢和难以忘怀的。"1949年初美国政府还在台北又一次赠授勋章给他，以表彰他在第二次世界大战中协助盟军建立的功勋。

抗战胜利后，杨宣诚历任军委会高参兼蒋介石侍从室中将高级武官、北平市政府秘书长，授国民革命军海军中将。1948年后任台湾省政府顾问，台湾省农林公司董事长等职。杨宣诚晚年坚持不问政事，当局虽曾再三邀请出任要职，他均以年老体衰为托词，坚决辞绝，蛰居家中。1962年3月23日，杨宣诚于台北逝世，终年73岁。

（二）西安事变的善后"能人"邓宝珊

本手令中的"邓宝珊"时任西北军杨虎城部新编第1军军长，正在说服蒋介石、促使并协助杨虎城出国。

邓宝珊（1894—1968），原名邓瑜，甘肃天水人，是民国时期纵横西北几十年的智囊人物，西北地区著名的民主革命先行者。早年参加中国同盟会，辛亥革命时，参加新疆伊犁起义。1917年后，在陕西任靖国军第四路营长、团长、副总司令。1924年参加冯玉祥领导的国民军，任第2

邓宝珊将军

军旅长、师长。1926年后,任国民联军援陕前敌副总指挥、国民联军驻陕副总司令。1932年,任国民党陕西绥靖公署驻甘肃行署主任、代理甘肃省主席。1935年,任杨虎城部陆军新编第1军军长,授陆军上将。抗日战争期间,任第21军团军团长、晋陕绥边区总司令,多次到延安与共产党领导人会晤,赞同抗日民族统一战线政策。1948年8月,任华北"剿总"副总司令,年底代表傅作义同人民解放军代表谈判,达成和平解放北平(今北京)协议。1949年邓宝珊率部起义。新中国成立后,历任西北军政委员会委员,甘肃省人民政府主席,甘肃省省长;全国政协第一届委员,第一、二、三届全国人大代表,第三、四届民革中央副主席和全国政协常委。"文化大革命"中受冲击于1968年11月27日病逝,后平反昭雪。

1936年12月西安事变发生时,邓宝珊赞同张学良、杨虎城的爱国义举,积极支持张、杨提出的八项主张,有力配合了事变的和平解决。张学良被扣南京后,蒋介石派三路大军准备进占西安,杨虎城处境困难,电邀邓宝珊赴西安协助处理。他到西安后,努力协调各派之间的工作,对避免内战、稳定局势,贯彻中国共产党的主张起到积极的作用。和平解决西安事变后,邓宝珊又应处境艰难的张、杨邀请,前往西安相商善后之策。在西安,他根据中共中央一致抗日政策的精神,努力做各派之间的团结工作,他认为蒋介石除杨的决心已下,而杨进行武力抵抗又不可能,且牵动大局,经与杨磋商,决定自己出面见蒋,为杨斡旋,由蒋给杨以"出国考察"的名义。到南京见蒋介石时,他从容地对蒋说:"此次西安事变实在是一个非常事件,杨虎城诚然对不起委员长,但委员长素以圣贤之心为之,当按非常办法对待。这样会使中外人士更加敬佩!"接着,他又主动提出东北军、西北军整编问题,陈述了杨的要求。第二天,蒋介石邀请邓宝珊吃便饭,席间答应让杨虎城出国的建议。6月29日,邓宝珊亲自到上海将杨虎城、杨明轩、宋绮云等人送上了轮船,才放心地转回西安、兰州。

蒋介石在庐山上的这个手令,指示军需署"发邓宝珊款一万元",即是给予邓宝珊前段时间积极协助送杨虎城出国的费用和经济补偿,其中当然也有安抚之意。

"七七"事变后,蒋介石把驻扎甘肃的第165师(师长鲁大昌)和驻榆林的第86师(师长高双成)合编为第21军团,任命原西北军新编第1军军长邓宝珊为军团长,驻防于榆林,在平绥线西段侧翼抗击日军西侵,同时也有从北面包围陕甘宁边区的意图。邓认为这是走上抗日前线的良机,乃欣然应允赴任。他只带了参谋长俞方皋和译电员,即由兰州经西安乘飞机去榆林赴任。其部队以新11旅、第165师、新10旅的行军序列向陕北开拔。但在途中,蒋介石突令尚在甘肃的第165师和新10旅停止前进,分别并给了胡宗南和朱绍良,邓宝珊在榆林旋改任晋陕绥边区总司令。

邓宝珊到榆林就任新职后,注意团结各方面的军事、政治力量,把他们集聚在抗日旗帜之下,为保卫北线积极出力。邓宝珊对蒋介石消极抗日、积极反共的居心和行为深为不满，衷心拥护中国共产党领导的抗日民族统一战线政策，与陕甘宁边区友好相处，协力抗日。他派人与陈奇涵司令员商谈协防事宜。接着，留守处主任萧劲光等到榆林，双方达成了和平相处的默契，并多次到延安与毛泽东、朱德、贺龙等晤谈。邓宝珊指示所属部队必须"维护边区到榆林的交通安全，保护往来人员和物资的顺利出入"，被称为"粉红色将军"。整个抗战期间，邓宝珊与陕甘宁边区一直保持着睦邻关系。毛泽东曾致信邓宝珊："八年抗战，先生支撑北线，保护边区，为德之大，更不敢忘。"① 给予了很高的评价。

第30通手令——押解"七君子"来庐山，结局大出所料

【手令编号】下卷 017～018

【时间判读】1937 年 6 月__日

【正文释读】

电话：叶秘书长勋鉴：沈案审结后，判决文发表时间有否限定？约有几日可展缓？最好未判决以前，在审结后，即解来庐山，看其悔心如何，再定办法。又未判罪以前，若不撤回控诉状，可否准予保释。请详查示复。中正。

【原件品鉴】

竖排 8 行套红"国民政府军事委员会用笺"2 页，现原笺沁润红色较重；毛笔书写。原笺首页右上角盖紫蓝色条形章"侍秘第 5407 号手令"，序号为钢笔填写。

【原文解读】

从开庭审理沈案的日子为 1937 年 6 月 10 日看，可判断这个电令的书写时间在 6 月 10 日后数天的本月中旬。

本手令文中"叶秘书长"，即叶楚伧，时为中国国民党中央执行委员会秘书长。

蒋介石手拟这封致国民党秘书长叶楚伧的函电稿，交钱大钧主任发出。表面上看，只不过是一通函电而已，其实关联的是当时一桩震撼国人视听的大事件，手令中的"沈案"，即国民党顽固派镇压抗日民主运动、逮捕沈钧儒等人的"七君子事件"。耐人寻味的是，手令中有"解来庐山"之语，一方面可确定当时蒋介石置身江西庐山，另一方面也说明蒋介石对"七君子"的态度，以及对"沈案审结"的乐观估计。

---

① 《毛泽东书信选集》，第 227 页，北京，中央文献出版社，2003。

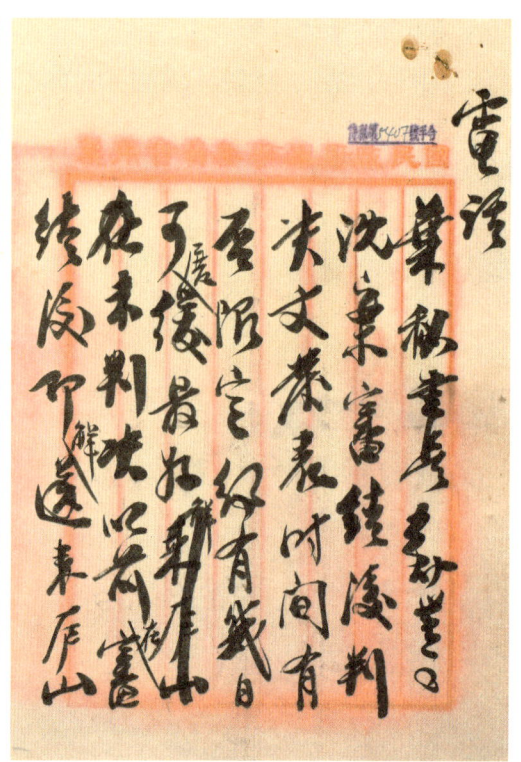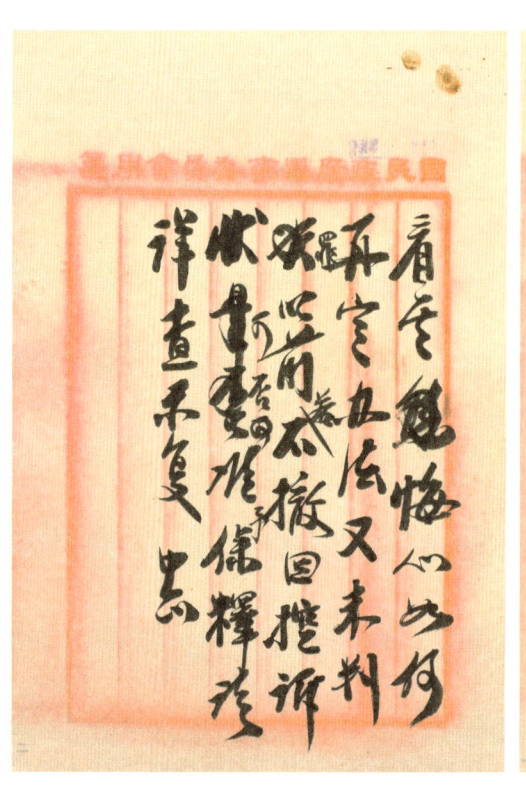

（一）沈钧儒等七君子案的因由

1936 年 11 月 23 日，南京国民政府以"危害民国"罪名，在上海将全国各界救国联合会领导人沈钧儒、章乃器、邹韬奋、李公朴、沙千里、史良、王造时逮捕入狱。因为被捕的是当时公认的社会贤达，所以史称"七君子事件"。事件发生后，全国各界掀起了声势浩大的营救运动，国民党政府于 1937 年 7 月 31 日被迫将 7 人释放。

"九一八"事变发生后，国民党政府当时并没有努力抵抗，随后中国各地掀起了抗日救国运动的浪潮。1936 年 5 月 31 日，马相伯、宋庆龄、何香凝、沈钧儒、章乃器等人在上海宣布成立全国各界救国联合会，发表宣言，通过《抗日救国初步政治纲领》，向全国各党各派建议：立即停止军事冲突，释放政治犯，各党各派立即派遣正式代表进行谈判，制定共同救国纲领，建立一个统一的抗日政权等。当时选举马相伯、宋庆龄、何香凝、沈钧儒、邹韬奋、章乃器、史良、王造时、李公朴、沙千里、陶行知等人担任执行委员。

7 月 15 日，沈钧儒、章乃器、邹韬奋、陶行知联名发表《团结御侮的基本条件与最低要求》呼应中共停止内战、组成抗日民族统一战线的主张，要求国民党政府停止反共。11 月 12 日，救国会举行了纪念孙中山的活动，担任主席团成员的史良要求

"七君子"沈钧儒等在苏州监狱拘押时留影。

国民党政府停止内战、联俄联共、扶助农工。救国会多次要求抗日、同情中共的举动惹恼了当时急于清共的国民党政府,也得罪了上海的日军。当时日本驻沪总领事若杉即命令领事约见国民党上海市政府秘书长俞鸿钧,要求逮捕救国会成员。

11月23日凌晨,国民党政府下令逮捕了救国会7位负责人。担任全国各界救国联合会常务委员兼组织部长的沈钧儒在寓所遭公共租界巡捕房逮捕。同时,邹韬奋、李公朴、史良、沙千里、王造时、章乃器等文化界人士亦分别被捕。7人被关押于租界巡捕房看守所。次日,经高等法院审讯后,均获保释。24日凌晨,沈钧儒、李公朴、王造时等3人又遭逮捕,下午法院审讯后,交由公安局提解押走,沙千里、章乃器、邹韬奋、史良等人亦先后押至关禁一室。

蒋介石在洛阳得此消息,11月25日致电上海市长吴铁城,称:"沈钧儒等,请即派员秘密护送洛阳,候核可也。"同日,国民党上海市政府发出布告,公布7人被捕原因及处置办法,宣布他们的"罪行":"李公朴等自从非法组织所谓'上海各界救国会'后,托名救国,肆意造谣,其用意无非欲削弱人民对于政府之信仰,近且勾结'赤匪'妄倡人民阵线,煽动阶级斗争,更主张推翻国民政府,改组国防政府,种种谬说均可复按。"沈钧儒等7人都是文化界知名人士。他们从事的抗日救亡活动,顺应民心,代表民意。国民党政府罗织的"罪行",说到底无非只是"谬说"。以言论治罪本身违反法制,何况种种"谬说"未必可以"复按"。消息传出,全国哗然,震惊一时,引起社会各方面关切,纷纷向政府提出质问,全国各界救国会团体发表宣言声援。12月4日,上海市公安局将"七君子"移解苏州,送高等法院审理。法院审理沈钧儒等人司法案件过程中,全国许多报纸寄予关注,报导时多以"沈钧儒等案"、"七君子事件"简称,把这一案件称为"爱国无罪"案。

宋庆龄发表"为七君子被捕而发表的声明",质疑当局的逮捕行动。北平文化教育界进步人士李达、许寿裳等107人；天津文化界、暹罗（今泰国）华侨文化界200余人；新加坡全体华侨纷纷致电国民党政府，要求立即释放"七君子"。著名作家罗曼·罗兰、著名科学家爱因斯坦等世界名人也向国民党政府提出了抗议。北平各大、中学校的学生听到这个消息，罢课两天，派出5名代表赴南京请愿。12月12日，北平学生举行大示威，高呼"争取爱国自由、释放爱国领袖"等口号。同日，张学良、杨虎城发动西安事变，扣留蒋介石，通电提出改组政府、停止内战等八项要求，胁迫蒋接受。其中第三项为"立即释放上海被捕的爱国领袖"。事变和平解决之后，上海的爱国领袖仍继续被关押于监狱中。12月15日，张学良谈及"七君子"遇捕事件，说他为这件事单独乘军用机飞洛阳，请求释放这几位无辜的同胞。按照国民党政府法律规定，侦讯时间以两个月为限，必要时可以再延长两个月。沈钧儒等7人一身正气，光明磊落，国民党办案人员侦无可侦，讯无可讯，只得延长羁押期。

　　西安事变后，蒋介石请假疗养期间，对此案非常关切。1937年3月26日，他派国民党浙江省党部重要干部罗霞天，到看守所探访，单独会见沈钧儒，表示：只要发表一个声明，再到反省院办个手续，便可恢复自由。沈将此情告诉另外6人，大家一致认为，此举无异写悔过书，表示投降，故坚决反对。4月4日，即法定侦查期满的最后一天的晚8时，苏州高等法院检察官宣布侦查完毕，炮制出了"起诉书"。这个"起诉书"洋洋数千言，东拼西凑地捏造了"十大罪状"，以"共同以危害民国为目的而组织团体，并宣传与三民主义不兼容之主义"等罪，依"危害民国紧急治罪法"等法条将沈案等7人正式提起公诉。

　　对此起诉，邹韬奋愤怒指出："故意罗织，入人以罪。"曾任律师的沙千里感慨地说："我们万不料侦查了4个月之久，起诉书理由竟然如此空洞、歪曲，真是污辱了国家，污辱了神圣的职务。""起诉书"出笼，立即引起全国人民的愤怒抗议。4月12日，中共中央发表宣言指出：沈钧儒等提倡全国团结，共赴国难，停止内战，一致抗日，实为中华男女之应尽责任与光荣模范。为中华民族之解放计，要求国民党彻底放弃其过去之错误政策，立即释放7位爱国领袖及全体政治犯。

　　4月底5月初开始，国民党中央委员会秘书长叶楚伧通过杜月笙、钱新之出面调解，对沈钧儒等人进行说服，希其"悔过"。但他们7人表明态度，只希望两种结果，一撤回起诉，一判决无罪。蒋介石在5月7日的致叶楚伧函电中，表示：沈钧儒等案本可从速解决，可是共产党为彼等所发宣言，未改其反对中央之态度，此可证明沈等当日言行实受共党之指使，"故沈案不宜轻易了结，似应另定办法也"。蒋介石态度之转变，关键在于他认为中共有借沈案宣传之举，影响政府改变处置办法。5月23日，叶楚伧函告杜月笙、钱新之，沈案宣判之日，当同时谕交南京反省院，以便一气呵成。

沈钧儒等对进南京反省院一节，感到难以理解，6月1日再度申明，自问救国无罪，不能接受及同意判罪或送反省院。

6月10日，国民党政府宣布于次日起，由苏州高等法院再开庭，公开审理沈案。审理前2天，沈钧儒等致函杜月笙、钱新之，重申既定立场，切盼二人设法延迟判决，一面筹议更妥之解决。沈案开庭审判，引起社会关切，不乏舆论加以声援。各界人士纷向国民党当局表达抗议，并多方设法营救。

6月11日，法院门口挤满了人群，前来瞻仰"七君子"风采，对他们表示敬意。法院当局见事不妙，贴出布告，改公开审讯为不公开审讯。沈钧儒等7名"被告"均否认与共党有关，一致表示这个案子根本没有秘密审讯的必要，如不公开审理，他们就拒绝答话。他们的律师向书记长传达了他们的意见，同时表示：如果当事人个个缄默，律师也将保持缄默，不发一言。他们的律师都是来自上海的著名律师，全都是自愿前来进行义务辩护的。因此每人都有3名律师，总共21人，组成一个律师团。他们不仅要为"被告"个人进行辩护，更重要的是为保障"爱国无罪"而斗争，为全国人民争取爱国的自由。法院当局无法审理，只得答应"被告"要求，把"被告"家属和新闻记者放进来。

"起诉书"建立在诬陷、歪曲的基础上，因此破绽百出，不堪一击。沈钧儒等7人于1936年11月22日被捕入狱，1936年12月12日爆发了"西安事变"。他们不可能与张学良、杨虎城"联络接洽"。"起诉书"却无中生有地把西安事变列为他们的"罪状"之一。法院当局借口救国会曾于11月间致电，呼请张学良出兵援助绥远抗战，诬陷他们"勾结军人，图谋轨外行动"，"酿成巨变，国本几乎动摇"。西安事变中张学良发表通电提出8项主张，其中第3条为"立即释放上海被捕之爱国领袖"。这就构成了彼此"勾结"的"证据"。这可真是欲加之罪，何患无辞。

沈钧儒头一个受审，他义正辞严作了回答："我们发电报给张学良，是为绥远事件共同抗日，同电还给国民政府和傅作义、宋哲元，希望他们一起督促中央抗日。至于拿西安事变的责任加在我们身上，我本人很奇怪，应请审判长传张学良作证。"邹韬奋也据理进行驳斥。他指着电报说道："这个电报内容明明说希望张学良'请命中央援绥抗日'，并非叫他进行'兵谏'，并同时还打了同样电报给国民政府和傅作义，为什么不说勾结国民政府？为什么勾结国民政府不管，而单问张学良？"辩护律师接着说："起诉书中所谓'勾结'，所谓'互相联络'，是什么意思。这是双方的事，现在只问单方，怎可判罪？所以无论如何，非向张学良调查不可。"这无异给法院当局将了一军。西安事变中，蒋介石表示"宽恕"张学良、杨虎城，"既往不咎"，可是张学良陪同他返回南京，蒋介石就把张学良软禁起来。怎会让张学良到苏州法院"作证"呢？审判闹剧很难再演下去。

6月12日，法院原定开庭辩论，因各被告认为主审法官有偏颇之虞，声请回避，故开庭之后，仅沈钧儒等阅读11日庭讯笔录一遍，即宣告停止诉讼程序，听候裁定，再定期开庭。

6月13日，杜月笙、钱新之复衔蒋介石之命，到苏州探视，转达"关怀宽大"之意。沈钧儒等即联名致函，请杜、钱转蒋介石，表示愿面谈以求合理解决。蒋介石在得悉等人的想法后，始有本手令中致叶楚伧秘书长指示"最好未判决以前，在审结后，即解来庐山"之语。并另函叮嘱叶秘书长，如沈钧儒等来山时，代邀杜、钱两人同来牯岭晤谈。

关于与蒋介石会面之事，沈钧儒于6月16日函告其子沈谅，称：近况又有转变，或可由政府自动撤回告诉，或判决无罪。说不定在下星期中将离开苏州，到庐山与蒋谈话。沈氏似寄予期望，"倘能融洽，则政府与人民打成一片，真中国之福矣。"6月17日，又致函杜、钱二人，感谢其斡旋与蒋介石之爱护盛意，并表明态度："如准予保释，趋赴庐山，必可剖陈一切，获得合理之根本解决，对于过反省院一点，钧等认为于国家前途无益，于个人人格有损，万难接受，不得不誓死抗争，惟有尽其在我，依法应诉而已。"

以上所述，就是"沈案"发生原委背景，以及蒋介石书写此通手令的前因。

（二）手令发出后意想不到的结局

庐山上的蒋介石一厢情愿地希望尽快设法解决"沈案"，发出了这通手令。然而，事情的发展却阴差阳错地出乎所料。再说秘书长叶楚伧接蒋介石手令后，大概是因为看到手令中有"解来庐山"等比较强势的词句，再处理此案时，态度则显得很强硬。6月22日，叶楚伧电告上海杜、钱二人：沈事非先将悔过书内容决定，未便赴庐，请即转知具悔过书。如能接受，并草送文稿。他在24日到沪后，可再作内容文字之研究。叶楚伧的强硬态度，经杜、钱于23日至看守所转达后，使沈钧儒等看到叶楚伧的文电后表示十分

"七君子"出狱后合影。

气愤，当夜复函蒋介石，表明坚决反对的态度。

6月25日，高等法院第二次审理沈案。其中一个焦点，就是被告及律师一致要求传讯遭软禁中的张学良，调查所谓"勾结叛徒，引起西安事变"的证据。就调查证据问题，双方激烈辩论。最后，审判长在退庭前宣布，西安事变之事，决定向军事委员会调集军法会审卷及事变真相，但未宣布何时再审。

同日，宋庆龄、何香凝及各界知名人士16人联名向法院呈文具状，发起"救国入狱运动"，发表"救国入狱运动宣言"，称爱国如竟有罪，则彼等皆在应与沈钧儒等同受制裁之列，守候传讯；以合法争取救国无罪为唯一目的，凡参加者接到法院传票后，应于24小时内即行到庭，束身待质，在沈等未经无罪开释前，决不请求释放。向全世界庄严表示："中国人民决不是贪生怕死的懦夫，爱国的中国人民决不只是沈先生等7个，而有千千万万个。中国人心不死，中国永不会亡。"宋庆龄、何香凝还亲自率领爱国人士，携带写给国民党苏州高等法院的文件，直赴苏州高等法院"请求羁押"入狱，与"七君子"一道坐牢。为履行入狱书，宋庆龄扶病偕同胡愈之等救国会成员12人，于7月5日前往苏州投案，请求法院收押审讯，未果，乃入看守所探视沈等7人后，返回上海。法院随后以证据尚未调查完备为由，裁定沈钧儒等被告等自7月5日起延长羁押2个月。

宋庆龄、何香凝发起的"救国入狱运动"，引起各界热烈反响。上海电影界著名导演与演员应卫云、袁牧之、赵丹、郑君里、白扬等20多人，于7月8日亦具状法院，请求收押，愿同受处罚或同享自由。国民党政府和蒋介石对此无可奈何，十分尴尬。

从蒋介石的这通手令看，他当时并未意识到"沈案"会如此复杂，解决会如此棘手，而结局竟然会完全出乎所料。他原还期待"最好未判决以前，在审结后，即解来庐山，看其悔心如何，再定办法。"并询问"审结后，判决文发表时间有否限定？约有几日可展缓？""未判罪以前，若不撤回控诉状，可否准予保释。"然而，人算不如天算。数日后，"七七"事变爆发，日军发动全面侵华战争。蒋介石在庐山忙于筹办暑期训练与谈话会，转而集中精力为抗战做准备。

7月16日，沈钧儒函告其子沈谅案情发展情况，说蒋介石对他们似有谅解，意欲彼等往庐山面谈；而中央及地方党部似不愿他们与蒋介石直接面谈解决，而是从中作梗，要判他们的罪，要求他们写悔过书，要在判罪后送反省院，要在赴庐山时对外宣传是将他从反省院押来。因此，沈钧儒等拒绝南京政府及法院所说的一切，只好也不去庐山，在法院方面尽量用法律手续来对付。

蒋介石与沈钧儒等人约定在庐山会面的计划落空，主要原因是因为沈钧儒等人不妥协。7月17日，蒋介石在庐山第二次谈话会中严正宣示：最后关头已到，决心抗战到底；战端一起，绝不中途妥协。蒋介石的坚定抗日立场，获得了全民支持，由此也为沈钧儒等案之解决带来契机。当沈钧儒等人接到家属告知，蒋介石在庐山表示坚决抗战到底的宣示时，乃于7月22日致函蒋介石，表达他们感奋之情，深信"在此伟大号召之下，必能使全国人心团结愈固，朝野步骤齐一无间，同在钧座领导下，以趋赴空前之国难。钧儒等身羁囹圄，心怀族国。寇氛日亟，倍切忧惶，赴难无方。赤忱共抱，企望旌麾，无任神驰。"上海各界救国合会接着在7月25日致电南京蒋介石，表达"矢诚救国，誓愿拥护"的立场，亦为该会理事沈钧儒等陈情，恳请饬令即日释放，俾得为国效劳。由于客观情势改变，他们的表态和恳求很快获得回应。在政府授意下，法院以"沈钧儒等各被告危害民国一案，羁押时逾半载，精神痛苦，家属失其赡养"为词，裁定停止羁押，交保开释。7月31日下午，蒋介石国民党政府不得不释放沈钧儒等"七君子"。

出狱时，看守所所长亲自送至门外。沈钧儒等受到200多位民众欢迎。8月1日，他们由苏州乘火车抵达上海，向报界发表谈话，强调他们过去主张只有两个，一为团结，二为抗日。8月3日，沈钧儒等应国民政府之邀抵南京，分访中枢机构各位达官政要。沈钧儒向记者表示：此后仍本救国初衷，在蒋委员长的领导下，不惜牺牲一切，从事救国工作。8月4日，刚下庐山的蒋介石在南京会见沈钧儒，算是弥补未能在庐山会面的遗憾，为纷扰一年多的"沈案"划下句号。

"七君子"被释放后的简况如下：

邹韬奋：1942年11月到达苏北解放区。长期颠沛流离的生活，使其积劳成疾。1944年7月24日在上海病逝，终年49岁。1944年9月，被追认为中国共产党党员。

李公朴：后为中国民主同盟中央执行委员、中国人民救国会中央常务委员，1946年7月11日在昆明遭到国民党特工枪击身亡。

沈钧儒：后曾为中国人民救国会主席、中国民主同盟中央主席，曾任中央人民政府委员、中华人民共和国最高人民法院院长、全国人民代表大会常务委员会副委员长、中国人民政治协商会议全国委员会副主席，1963年6月11日在北京医院病逝。

王造时：曾任华东军政委员会委员、华东文教委员会委员，中国人民政治协商会议上海市委员会常务委员，上海市各界代表会议特邀代表。长期担任复旦大学教授。1957年被打为右派，1960年9月摘掉右派帽子，"文革"初期1966年11月被以群众专政名义关进上海市第一看守所，1971年8月5日在上海东方红医院（即瑞金医院）去世。

章乃器：后为中国民主建国会领导人，曾任中华人民共和国政务院政务委员、中华人民共和国粮食部部长。1957年被打为右派，"文革"初期遭到红卫兵冲击。

1975年摘掉右派帽子,1977年5月13日病逝于北京医院。

沙千里:1938年加入中国共产党,后为中国民主同盟、中国人民救国会领导人。曾任中华人民共和国贸易部副部长、中华人民共和国商业部副部长、中华人民共和国政务院中央财政经济委员会第6办公厅副主任、中华人民共和国地方工业部部长、中华人民共和国轻工业部部长、中华人民共和国粮食部部长、中华全国工商业联合会秘书长、中国人民政治协商会议全国委员会副主席。平安度过反右及"文革"。"文革"初期在周恩来的提议下,毛泽东批准了一个"一份应予保护的干部名单",主要包括高级民主人士等,其中就包括沙千里。1982年4月26日去世。

史良:后任中国民主同盟中央副主席、主席。曾任中华人民共和国司法部部长、全国人民代表大会常务委员会副委员长、中国人民政治协商会议全国委员会副主席。反右时未受冲击。"文革"初期曾遭抄家,后来受到周恩来的保护,全身而退。1985年9月6日在北京病逝。

第31通手令——派兵迎护林森主席上山

【手令编号】下卷035

【时间判读】1937年6月23日

【正文释读】

钱主任:林主席到九江时,应派兵迎护。中正。六、廿三。

【原件品鉴】

竖排5行套红"国民政府军事委员会便用笺"1页,现原笺有上页红色沁润;毛笔书写。文末"六、廿三"为用蓝色铅笔补写。

【原文解读】

本通手令文中"林主席",即时任国民政府主席林森。

本通手令书写时间,为1937年6月23日。

林森原定6月15日到庐山避暑,因故延期。再定

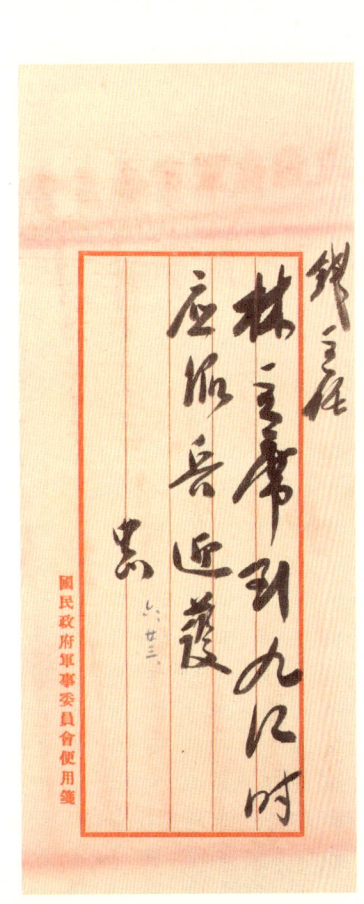

6月23日赴庐山避暑,蒋介石于是日特别指示钱大钧主任:"林主席到九江时,应派兵迎护。"后来,林森又因尚有公务要事急待处理,再次延迟上山时间,至27日始自南京起程,国府委员叶楚伧陪同,乘"中山舰"赴九江,留宿一夕,次日转往牯岭。管理局长谭炳训奉命事前下山照料。28日午间,林森抵达庐山。牯岭全街悬旗欢迎。蒋介石夫妇、冯玉祥等亲往迎接,显示了对林主席的尊重。

林森在庐山1个月参会和休养,至7月27日返回南京。

林森(1868—1943),原名林天波,字长仁,号子超,自号青芝老人,别署百洞山人、虎洞老樵、啸余庐主人,近代著名政治家。福建林森县(今闽侯县)尚干镇人。幼居福州,1877年入美国教会学校培元学校读书。1881年考入鹤岭英华书院,因反清被开除。1883年考入台湾中西学堂电科。1884年在台北电信局工作。1891年与邻村郑氏女结婚,1893年郑氏病故,誓不再娶(无子嗣)。1895年台湾被割让日本,参加抗日军,失败后回闽侯入母校英华书院任教。1898年再度赴台湾,加入兴中会,参加反割让台湾斗争。考取台南地区法院嘉义支部通译,联络岛上爱国志士,进行反清抗日活动。1899年因日本侦捕返回闽侯。1902年考入上海海关任职,其间参加反清活动,组织旅沪福建学生会,后并入兴中会。1905年创办福州阅报社,率会加盟入中国同盟会。1909年由上海调往江西省九江海关工作,设立当阳书报社宣传革命。创办商团,举办军事训练班,联络新军,为武装反清做准备。1911年10月辛亥革命武昌起义后,23日领导九江起义,并促海军反正,派兵援鄂、皖,稳定革命大局,任江西九江军政府民政长。

民国初年,1912年1月南京临时政府成立后林森任民国开国参议院议长。南北议和,中央北迁之后,1913年4月,出席北京第一届国会,被选为参议院议长、全院委员长。11月参加"二次革命"失败后,国民党议员离京南下,12月赴日本。1914年在东京加入中华革命党,离日本赴美洲,开展筹饷和党务活动,在此期间策划谋杀民国三大名记者之一的黄远生(后证明是误杀)。1916年6月袁世凯死,林森7月离美回国,8月任广州孙中山大元帅府外交部部长。1917年随孙中山从上海南下广州,任广东非常国会议员、护法军政府外交部部长,任内聘郑祖荫为秘书。1918年10月被选举为参议院院长兼宪法会议议长。1921年1月任广州国会非常会议议长。1922年出任福建省省长。1923年2月被召回任大本营建设部部长兼治河督办。10月

国民政府主席林森

在广州召开中国国民党改组会议，负责国民党改组事宜。

1924年1月，国民党第一次全国代表大会在广州举行，被选为中央执行委员，任命为国民党海外部部长。1925年3月孙中山逝世后，为西山会议派领袖之一。7月广州国民政府成立，被选为常委，多次被选为西山会议派中央常委兼海外部部长。11月与邹鲁等在北京西山召开国民党四中全会，即"西山会议"，任西山会议派的"中央执行委员兼海外部部长"。1926年元旦国民党"二中"全会召开，通过《弹劾西山会议决议案》，受警告处分，会后不久赴南京主持中山陵建设。1927年9月宁、汉、沪三方合流，被推为南京国民政府常务委员。1928年2月被选为国民政府委员，9月任国民党中央政治会议委员，10月当选为国民政府立法院副院长。1929年1月任国民政府任务委员会委员长，国民党中央监察委员。

1931年1月21日，任国民政府主席，自此起任期长达12年之久。由于林森在政治路线上一向和蒋中正相左，所以他的当选只是政治妥协的结果，并未掌握实权。1931年2月，林森赴菲、澳、美、英、德、法诸国慰问侨胞并视察党务，3月还在国外，国民党中央常委会选其为立法院院长。4月国民党中央4名监委通电弹劾蒋介石，时虽在国外，也列名其中。6月蒋介石复任国民政府主席，12月23日蒋介石因"九一八"事变而下野，林森被推为国民政府代理主席，并确定主席为国家元首，不负实际政治责任。1932年元旦就职。此后国民政府虽多次改组，林森都一直担任国民政府主席。1932年"一·二八"淞沪抗战后，主持召开国难会议，强烈抗议日本承认"伪满洲国"。1935年11月召开的国民党第五次全国代表大会上，被推选为常务监察委员。1936年12月"西安事变"时，代理国民党中央政治委员会主席，明确表示"讨伐令不可下"，力主和平解决，认为"张学良部队是爱国的"，促成西安事变和平解决。1937年1月4日、2月18日以主席名义连下赦免令、复权令，但蒋介石拒不执行，反而长期幽禁张学良。

1937年抗日战争全面爆发后，林森于11月20日宣布迁都重庆，号召"全民奋起，全力抵抗"。10月国民政府西迁重庆，率员于11月底抵达重庆。不久北平、南京相继成立伪政权，林森发表严正声明，并发布明令通缉汉奸头目。1938年3月，赴武汉主持国民党临时全国代表大会，通过《抗战救国纲领》。7月召开国民参政会致词，手书"抗战必胜"激励全国军民。12月汪精卫叛逃投敌，林森以国民党中央监察常委身份力主开除汪精卫党籍，并明令通缉。1941年12月9日，林森代表国民政府，以国家元首名义，向德、意、日三国宣战。此后致力于废除美、英等不平等条约。1943年1月中美、中英新约签署，不胜欣喜，特邀宋庆龄、于右任等国民党元老合影。

1943年8月1日，林森因车祸在重庆逝世，终年75岁。林森临终之时，嘱咐蒋介石等人：务必要光复台湾！国民政府为他举行隆重国葬。葬于重庆市歌乐山南麓"林园"内。8月15日下午2时，延安各界数千人在边区大礼堂举行了隆重的公祭国民政府主席林森大会。到会的有：陕甘宁边区政府主席、第三届国民参政员林伯渠，吴玉章，高岗，晋西北行署主任续范亭，国民政府军事会员联络参谋徐佛观、郭仲容，以及边区各机关、学校、部队、团体的代表。9月7日上午，公祭林森的典礼分别在重庆的山洞双河桥、市内的新运服务所以及夫子池忠义堂举行。典礼开始后，每隔30秒，即鸣放礼炮一发，直至101响。官方及民间人士络绎不绝地前往吊唁。同时，在重庆以及全国各地都设置灵堂进行了吊唁活动。

中共中央致唁电说："林公领导抗战，功在国家，慈闻溘世，痛悼同深。"《新华日报》发表社论《为元首逝世致哀》，内容为"这是抗战中全国人民最哀痛的事情，是国父逝世以后我国最大的损失……（他）继承国父的遗志，毕生尽瘁于中华民族的解放事业，不仅全国敬仰，友邦亦莫不钦佩。林主席逝世，这是抗战中全国人民最哀痛的事情，是国父逝世后我国最大的损失。林主席承继国父的遗志，毕生尽瘁于中华民族的解放事业。12年来，更亲自领导了抗战建国的伟大而艰苦的事业，不仅全国敬仰，友邦也莫不钦佩。"1979年，中共中央评价林森"是著名的老一辈民主革命家"。

第32通手令——遥控上海滩

【手令编号】 下卷 031

【时间判读】 1937年7月__日

【正文释读】

电话：上海虞洽卿兄先生。请即驾庐山一叙。中正叩。

电话：上海叶琢堂先生：请即约杜月笙兄驾庐山一叙。中正。

【原件品鉴】

竖排8行套红"国民政府军事委员会用笺"1页，原件信笺现沁润红色较重；毛笔书写。

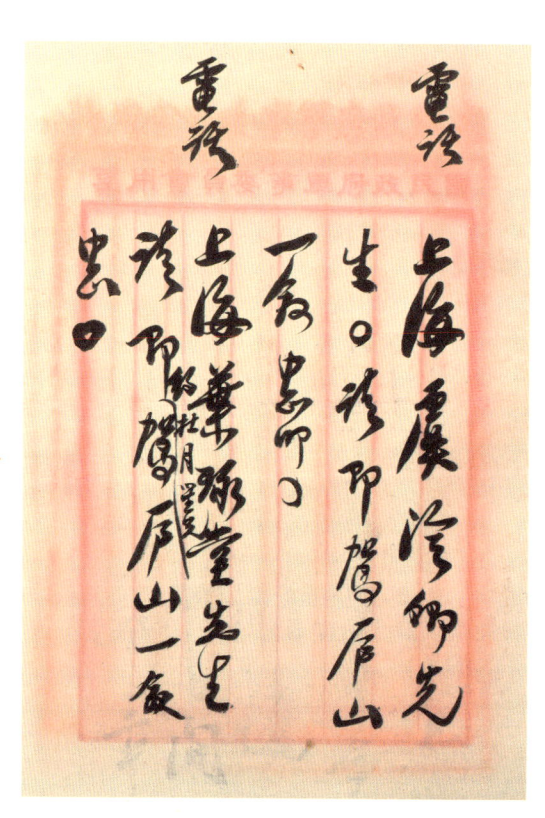

【原文解读】

从虞洽卿在7月10日上午即到庐山的情况看,本通手令的书写时间约在7月8日、9日。

虞洽卿、杜月笙均时为上海金融界、工商界领袖,在大战降临,日军即将进占上海前夕,蒋介石召见上海滩的这两位"老大"级别的权威人物,各有用意。综合各种资料看,蒋介石在庐山与虞洽卿谈的是当时上海发生的纱布交易所投机风潮问题,与杜月笙也谈了这个问题,并谈了正在处理中的"七君子事件"问题,委托交办沟通事宜。

(一)沪上银行大亨虞洽卿

虞洽卿(1867—1945),浙江慈溪人,名和德,早年到上海当学徒。1894年(27岁)时任德商鲁麟洋行买办、华俄道胜银行买办。36岁(1903年)时独资开设通惠银号,发起组织四明银行。1905年上海发生大闹公审公堂案,经四处奔走,与组织当局交涉获胜,遂名闻沪上。1908年创办宁绍轮船公司。1911年上海光复后任都督府顾问官、外交次长等职。1914年独创三北公司。五四运动期间上街劝说开市。1920年合伙创办上海证券物品交易所,任理事长。1923年当选为上海总商会会长,成为上海著名银行家。

虞洽卿

辛亥革命时期,虞洽卿积极支持孙中山的革命活动,二次革命时反对袁世凯称帝。曾腾出房子供同盟会秘密活动,派人保护同盟会上海支部负责人陈其美的安全,捐款解决临时政府的财政困难等。1915年,为反对日本提出的二十一条,他在上海组织了救国储金团,借此来扩充实力,维护民族工业,打击日货。20年代初期,他被卷入军阀争斗的旋涡,因支持段祺瑞北洋政府,受到了皖系军阀孙传芳的刁难。1924年段祺瑞聘他出任上海总商会会长和全国商会副会长,次年10月,在孙传芳逼难下不得不辞职下台。虞洽卿同帝国主义有依附有矛盾,"五卅"反帝运动时始则支持罢工罢市,后降低谈判条件与帝国主义势力妥协。大革命前后支持北伐,反对孙传芳。"四一二"事变后支持蒋介石"清党"反共。1931年7月2日,日本军方在朝鲜煽起排华反华浪潮时,他又率先在上海组织反日援侨委员会,并公开发表演说,痛斥日本军国主义暴行。同月14日,还宣布与日本经济断交,表现了一个民族资本家的爱国立场。1936年10月1日,上海公共租界第一次以一位华人为道路命名：将中区与西区的分界线、南北向干道西藏路改名为虞洽卿路，并且举行了声势浩大的庆祝活动（1943年汪精卫政府接收租界，又恢复原名西藏路）。

虞洽卿与蒋介石的亲密关系源自上海滩。1916年5月陈其美被刺死于上海，蒋介石在政界上失去了靠山，在经济上也开始拮据。他需要另辟门路，寻找庇护者，乃开始与张人杰、戴季陶、陈果夫等关系密切，并跟随他们参加了上海证券交易所的活动。1920年7月1日，中国第一家综合性交易所——上海证券物品交易所正式开业。这就是由蒋介石组建的"恒泰号"，理事长为虞洽卿。后来蒋介石的投机生意失败，背了一身债，处境十分艰难。在被债权人逼得无路可走的情况下，决定离开上海，避债去广州去投奔孙中山先生。还是虞洽卿将其介绍给黑社会的头目黄金荣，拜入黄金荣的门下，由黄金荣出面才清理了债务，并出资供其南下广州。可见蒋介石在去广东前颇为狼狈。1927年3月26日，蒋介石率领的北伐军开进上海，立刻与虞洽卿等人接洽。虞洽卿马上牵头组织了包括上海所有重要银行、钱庄、银楼和商业、工业团体在内的上海市商业联合会，为蒋介石融资。

蒋介石和虞洽卿两人，凭此特殊的政治加经济再加历史形成的深厚友情关系，每逢有难事当头，自然都会想到听听对方的解决方案。1937年7月，在日本侵略的铁蹄即将踏入上海的大难前夕，适逢上海发生纱布交易所投机风潮，引起政府及社会的严密注意。时在庐山上的蒋介石想到了上海的虞洽卿，约其上庐山问计，也有体贴抚慰之意。虞洽卿接到电示，于7月10日晨抵达庐山。11时，蒋介石接见，询问纱交风潮情形。与此同时，上海工商界领袖杜月笙也奉召到庐山，报告纱布交易所投机风潮之事。虞洽卿对蒋介石讲，此次纱潮支票，竟有数十万、数百万之巨，背后有人为大力操纵，事态严重，但不宜扩大，必须查办出结果。虞洽卿详为报告并请示一切后，当日午间离开庐山，经九江返回上海。这场风潮促使国民政府颁布"取缔上海纱布交易所投机办法"，并进行彻查。其间，蒋介石还与虞洽卿谈了些什么，并未留下更详尽资料。

抗战爆发以后，虞洽卿坚持抗日爱国，不当汉奸，断然拒绝出任上海伪政府市长，在日军占领租界后离沪赴渝，到大后方经营滇缅公路运输，支持抗战。他冒着生命危险，与意大利商人泰米那齐合伙组织了中意轮船公司，到西贡、仰光等地运米，以解决租界内难民拥挤而缺粮的危机。1941年春，在重庆与王晓籁等组织了三民运输公司，集资在香港购买三吨道奇牌汽车300辆，从缅甸仰光等地运来五金配件，供军需之用。虞洽卿有15个子女，7个儿子，8个女儿。1945年4月26日，因患急性淋巴腺炎在重庆逝世，终年79岁。同年11月，灵柩由专轮送到家乡浙江慈溪三北，安葬在伏龙山上。

（二）上海滩青帮老大杜月笙

杜月笙

杜月笙（1888—1951），原名杜月生，后由章太炎建议，改名镛，号月笙，出生于江苏省川沙厅（今上海浦东新区）高桥南杜家宅。4岁以前，父母相继去世，先后由其继母和舅父商庆国养育。杜月笙出身寒微，原本在水果行当店员，后来加入"八股党"贩毒。1902年（14岁）拜青帮陈世昌为老头子，因缘际会结识上海黑社会名人黄金荣，进入时为青帮上海龙头的黄金荣公馆，得到黄金荣的信任，负责经营法租界的赌场"公兴俱乐部"。后杜月笙纠合同伙，勾结军阀，贩卖鸦片。杜月笙聪明过人，人称"小诸葛"，他放着十六铺码头的大哥不做，毅然托朋友引荐入大亨黄金荣公馆做杂工，为的就是"跟"上大船，他日东山再起。1925年7月，黄金荣、张啸林、杜月笙3人合开"三鑫公司"，专事垄断上海法租界毒品市场。杜月笙以其领袖魅力，于同年当选上海法租界商会总联合会主席，兼法租界纳税华人会监察。

杜月笙有经营头脑，会做生意。虽然他未必真有多少金融才华，一生皆为半文盲，但他很早就意识到单单在刀口上讨生活，并非长久之计。"钱财用得光，交情用不光"，杜月笙的生意经从来不是一进一出的数字账，而是吃好"人面、场面、情面"这三碗面的大算盘。从摆地摊的"水果月生"，到鱼跃龙门，身兼数十家公司董事长，成为上海工商界呼风唤雨的人物，其自言是"蛐鳝修成了龙"。杜月笙既有青帮背景的威吓力，更要紧的还是海量人脉，以及对于时机的精准把握。

杜月笙和蒋介石之间的关系错综复杂。蒋介石早年"混"在上海滩，炒股亏空，投贴拜黄金荣为师父，在此期间认识了杜月笙，黄金荣遂介绍其往广州投靠孙中山，方有后来成功之日。杜月笙和蒋介石有更铁的关系，开始自1927年宁汉分裂、国共分家之时。为协助蒋介石"清党"，杜月笙与黄金荣、张啸林组织了"中华共进会"，运用帮派势力强力镇压上海工人运动。杜月笙是旧中国上海青帮（亦称安清帮）的大头目。蒋介石在"四一二"反革命政变中夺取政权，杜月笙在政变中起了关键的作用。1927年4月11日晚，杜月笙雇用流氓为上海总工会送锦旗放烟雾，设计诱骗杀害上海工人运动领袖、总工会委员长、中共党员汪寿华等，致使上海总工会80万会员群龙无首，数千工人被蒋介石杀害，史称"四一二事件"。随后又指使流氓袭击工人纠察队，大肆屠杀共产党人和工人群众。因此获得蒋介石的支持。此后，蒋、杜在沪上地区更是紧密结合，倾力合作。由于协助蒋介石"清党"有功，南京政府成立后，杜月笙经蒋介石任命为海陆空军总司令部顾问、国民政府军事委员会少将参议、行政院参议等职衔,虽是虚衔,但有助于提高社会地位。如果说陈果夫、陈立夫、戴笠是蒋介石的"耳目",杜月笙就是蒋介石在沪上的"手脚"。要不是杜月笙在十里洋场帮衬,蒋介石不可能在京沪一带呼风唤雨。尤其在"剿共"和抗战期间,杜月笙更是蒋介石的幕后功臣。

1929年,杜月笙创办中汇银行,涉足上海金融业。通过结交金融界徐新六、陈光甫、唐寿民等著名人士,他的银行业务颇为兴旺。9月,因为杜月笙在上海地方上无与伦比的影响力,法租界当局也争相任命他为公董局临时华董顾问,这是华人在法租界最高的位置。

1930年起,杜月笙在高南乡陆家堰购进农田10.5亩,委托高桥创新营造厂厂主谢秉衡建造杜氏家祠,大兴土木。1931年6月8日至10日,举行家祀落成典礼和"奉主入祠"典礼。蒋介石亲送匾额"孝思不匮"祝贺。淞沪警备司令熊式辉、上海市长张群等在内的党国要人都送了匾额。之后这个祠堂就成了地下吗啡和海洛因加工厂。

北伐完成之后,蒋介石处心积虑想去除中共这一心腹大患,"剿共"成为其落实"攘外必先安内"政策的首要目标,于是又找杜月笙出马参与"剿共"事务。1932年,杜月笙在上海建立帮会组织"恒社",成为蒋介石不可或缺的贴己骨干。4月25日密电蒋介石,称:"南京陵园蒋委员长钧鉴:(密)啸兄还,备述钧座礼意优隆,感德至深,又付绥靖事,命其举人备用,仰先钧座身总国钧,心关闾里,刻啸兄正辗转旁求,冀得报命,窃维绥靖崔苻('剿共'代名词),不外剿抚,剿贵熟悉,抚须信望,镛限于闻见,殊觉兼得为难,纵啸兄有所推举,而所推者必仍望啸兄为之负责,不如径以责成啸兄似较他求为适,镛窃以此征之啸兄,彼虽逊谢,然责以敬恭之义,当亦无词自解,管见敬陈。如荷采纳,乞密指示,俾从中敦劝,必能使之乐任也。职杜镛叩敬。"这封电报足印证当年蒋介石对杜月笙、张啸林等人的倚重之深,及彼此依赖之厚,蒋、杜唇齿相依,实不在话下。

1932年底,杜月笙开始组织恒社。1933年2月25日,举行开幕典礼。杜月笙自任名誉理事长。名义上是民间社团,实际上是帮会组织。借此广收门徒,向社会各方面伸展势力。恒社初成立时,有130余人,到1937年达520余人,国民党上海市党部、上海市社会局、新闻界、电影界等许多方面的人士都参加了进来。

杜月笙对子女的教育高度重视。他在法租界善钟路创办了一所正始中学,亲任董事长,聘陈群任校长;并在老家浦东耗资10万元,建起"浦东杜氏藏书楼",附设学塾。上海沦陷后,杜月笙还以市各界抗敌委员会负责人的身份仍在租界内坚持了一段时间。他曾花巨资买了不少共产党出版的《西行漫记》、《鲁迅全集》等精装本书籍,烫上"杜月笙赠"的金字送给租界内的各大图书馆。

1934年,杜月笙被任命为上海地方协会会长、中国红十字会副会长、中国通商银行董事长等职务。这一时期,堪称杜月笙声势如日中天的一个阶段。

杜月笙是中国近代史上一个传奇性的人物。他从一个小瘪三混进十里洋场,成为上海最大的黑帮帮主,成为了现代实业家、社会名流与地方领袖,成为当时活跃的政治风云人物。杜月笙有过人的投机钻营本领与玩弄权术的狡诈,对前清遗老、军阀政客、党国高层、社会名流,乃至金融工商巨子,无不执礼甚恭,倾力结交。而蒋氏高层如孔祥熙、宋子文、戴笠等,无不结为杜氏豪门密友。杜月笙心里一直对文化向往和敬畏,发迹后与文化界甚密,能在知识界、文化界也周旋得游刃有余。

1937年6月,蒋介石在庐山特别约见杜月笙,说明蒋介石仍然十分器重这位往日的铁杆朋友,同时也说明杜月笙在上海滩仍然是一位举足轻重的人物。两人的会面,除谈了上海纱布交易所风潮之外,还谈了处理"七君子事件"的具体方法。

1937年8月,日军发动进攻上海的"八一三"事变。杜月笙参加了上海各界抗敌后援会,任主席团成员,兼筹募委员会主任,做了一些有利于人民和政府的事,如救助灾民、热衷慈善。特别是他积极支持抗战,参与劳军活动,筹集大量物资,送到抗敌后援会。蒋介石安排杜月笙为该会常委,负责粤、桂、闽三省称第九救济区的工作。杜月笙还负责与戴笠合作布置向沦陷区搜集情报的人员,以及锄奸策反工作。另外,轰动中外的高宗武、陶希圣脱离汪伪集团,并公布"汪伪密约",也是杜月笙与戴笠共同策反的。中国军队撤出上海前,上海市各界抗敌后援会曾召开国民对日经济绝交委员会成立大会,通电全国组织对日经济绝交执行机关。杜月笙等27人被推选为绝交委员会执行委员。10月19日,上海银行业根据绝交委员会的决议通知各行庄停止对日汇兑证券交易时,杜月笙主持的中汇银行、中国通商银行等单位一体照办。他弄到一些军中急需的通讯器材、装甲保险车送给中共将领。他应八路军驻沪代表潘汉年的要求,将从外国进口的1000余副防毒面具赠送给八路军使用。

杜月笙自始至终都热心支持中国人的抗日斗争,并提出了六大主张:释放被捕学生;抚恤;道歉;取消印刷附律;取消码头捐;收回会审公廨(即收回司法权)。在抗战中,杜月笙曾多年担任中国红十字会副会长,做过一些有益的慈善事业,曾设立了很多医院。同时还投身教育,创设许多学校,向学校捐款。特别是他任副会长时正值抗战前后,积极救助伤兵、输送物资、建立抵抗部队,并协助当局努力抗日,暗中帮助军统网罗人员、收集情报。仅月余时间,杜月笙主持的筹募会就筹集到救国捐款150余万元,有力地支援了前方的抗战。

上海沦陷后,杜月笙拒绝日本人的拉拢,于11月迁居香港。杜月笙在香港利用帮会的关系，继续开展抗日救亡工作。他主持的上海敌后工作统一委员会采取各种办法迫使上海资产阶级的头面人物虞洽卿等人离沪赴渝，并成功地策反高宗武、陶希圣脱离了汪精卫汉奸集团。

1938年春，中国红十字会总会理事室迁移香港，杜月笙亲自主持工作，并设立总办事处，以接受海外捐助的物资，并同时筹措救护事业的经费。杜月笙还直接参与了部分军事行动。"八一三"抗战爆发后不久，戴笠奉蒋介石之命与杜月笙合谋，利用帮会组织苏浙行动委员会。杜月笙协助戴笠建立"人民行动委员会"，策划多次暗杀汉奸活动。在苏浙行动委员别动队的5个支队中第1、第2、第3支队的司令均是杜月笙的门生。上海沦陷后，蒋介石为了阻止日本海军大规模溯江西侵，提出了封锁长江的计划。杜月笙率先指令自己的大达轮船公司开出几艘轮船行驶至江面凿沉。而后，其他轮船公司也纷起响应，凿船沉江，阻塞了长江航道，迟滞了日军的进攻。

1940年，杜月笙组织人民行动委员会，由此实际上成为中国帮会之总龙头。1941年12月，太平洋战争爆发以后，日本强占香港，杜月笙又辗转避赴重庆，建立恒社总社，向大后方发展势力。设立"中华实业信托公司"，筹办时的资本额为150万法币，杜月笙自任董事长，并任杨管北为总经理。中华实业信托公司、通济公司等，以昆明为对外走私货物的重要孔道，又从衡阳抢运物资，并循着地缘关系之便，与沦陷区敌伪特务组织交换物资，也借此中饱私囊。1942年，杜月笙筹建了重庆医院，是当时最先进的战时后方医院，受到舆论的称赞。

1945年8月底，抗日战争胜利以后，杜月笙返回上海，收集旧部，重整旗鼓。督促上海复员工作，并协助恢复、加强了上海红十字会分会的组织。杜月笙自以为劳苦功高，想趁蒋介石论功行赏的机会，捞个有影响的职位过过官瘾，他把目光定格在上海市市长，起码当个副市长，想再成为名副其实的"上海皇帝"。然而，蒋介石已任命钱大钧为上海市市长、吴绍澍为副市长，负责接收上海全权。令杜月笙沮丧的事还在后头：火车快到上海时，门徒上车报告，市政府已通知取消原定的欢迎仪式，连本已搭起的牌楼也已拆除，北火车站还贴出了"杜月笙是黑势力的代表"、"打倒杜月笙"等标语。杜月笙闻讯气上加气，为避免难堪，临时改在上海西站下车。靠站时，竟没有一个要员迎接。

1946年夏，蒋介石为体现"民主政治"，下令"民选"上海市参议会议员。杜月笙信以为真，有意竞选议长席位，哪知就在胜券在握时，传来蒋介石的口信：议长一席，希望由潘公展担任。潘公展是CC系骨干，蒋介石的亲信。杜月笙自知胳膊拧不过大腿，虽然以最高票当选议长，但因国民党不那么支持他，所以，他当选后马上辞职。于是第二次投票，选出潘公展为议长。此后，他向工商、金融、交通、文化、教育、新闻等各业中发展势力,担任各种各样的董事长、会长、常务董事。1948年春,杜月笙参加国民政府召开的"行宪国大",捧蒋介石当"总统"。蒋介石为了挽救严重的财政危机,派蒋经国到上海实行市值改革,发行金圆券,要求民间将所持法币外币及金银一律兑换成金圆券。杜月笙的儿子杜维屏没有完全照办,被蒋经国以投机倒把罪逮捕,后被判了6个月的徒刑。

1949年3月下旬,蒋介石在南京单独召见杜月笙,希望他能和自己一同前往台湾。蒋介石曾听说,中共方面委托黄炎培等,劝杜月笙留在上海。对于去留与去向,杜月笙早有盘算权衡。虽然中共方面通过黄炎培等劝他留下,但他自己判断反共20余年,"四一二"反革命政变时,杀了包括上海总工会委员长汪寿华在内的众多共产党人,可谓血债累累,所以不敢不走。杜月笙最后决定既不前往台湾也不留在上海,而是选择前往香港。

杜月笙一生共明媒正娶了5位太太,依次是:沈月英、陈帼英、孙佩豪、姚玉兰、孟小冬。1951年8月16日,于香港病逝,终年63岁。1952年10月,下葬于台北县汐止镇(今新北市汐止区)大尖山下。杜月笙在过世之前交代他的家人,待他过世之后,让他们去台湾,因为他在台湾还有一些人脉关系可以帮忙,而且台湾也比香港安全。因此,杜月笙过世之后,杜家即举家搬到台湾。

(三)金融界一言九鼎的巨头叶琢堂

叶琢堂(1875—1940),字瑜,浙江鄞县人。早年在上海为瑞和洋行买办和上海证券物品交易所的经纪人。后与法国人创办万国储蓄会。因资助过蒋介石,故在1928年10月中国银行改组时被派为官股董事。1928年11月,中央银行成立,任该行董事。1932年,叶与宋汉章等创设至中商业储蓄银行。1934年为中国建设银行公司常务董事。1935年4月,四明银行发生挤兑风潮,中央银行趁火打劫,该行董事长孙衡甫请求央行维持,经虞洽卿从中斡旋,孙辞总经理职,由叶继任。5月,中央银行增资改组,叶为常务董事,同时为中国银行常务董事。

1934年6月,叶琢堂任中央信托局筹备主任。1935年7月,中央信托局成立后,叶任常务理事,1936年任信托局长。在叶的主持下,该局迅猛扩张,当年12月就有28个分支机构。1937年3月,孔祥熙改组中国农民银行,自任董事长,由叶琢堂任总经理。不久,孔祥熙赴欧美视察,由叶琢堂主持农民银行和中央信托局,积极发展业务。抗战爆发后,农行在后方开展业务,同时会同中央银行、中国银行、交通银行组成四行联合办事处,办理贴放业务,支持工厂内迁。1940年因病赴美国求医,不久在美去世。

叶琢堂与蒋介石是奉化同乡，在年龄上，叶琢堂大蒋介石12岁，两人都属猪。故出道较早的叶琢堂在上海滩时，常把蒋介石当作小兄弟和知己加以关爱和帮助。据祝世康《关于国民党官僚资本的见闻》（《文史资料选辑》第11辑）所述："叶琢堂不仅是蒋介石的奉化同乡，蒋在上海交易所里跑进跑出，也是通过他的关系。蒋在交易所里失败时，生活一度穷困潦倒，常常向叶琢堂告贷。每当交易所散场后，总可在叶家看到蒋。叶同朋友打牌时，蒋老是毕恭毕敬地站在背后，有时还替叶端茶拿烟，伺候客人。叶也以对待学徒的态度对蒋。使唤蒋时就叫'阿瑞'（蒋的乳名）。蒋到广东投奔孙中山先生时，叶还赠送了300元旅费。由于蒋叶有这一段历史，蒋就把叶看成一个生死患难的恩人。"

叶琢堂与蒋介石有着非同一般的同乡世故关系。因此，每当上海滩有大事、秘事需要处理时，身为国家元首的蒋介石仍多是委托叶琢堂从中斡旋，叶琢堂也是尽心尽力帮助这位昔日的小兄弟摆平一切。叶琢堂先后任中央银行、中国银行、中央信托局、中国农民银行董事，在当时的金融界可谓一言九鼎，与上海各界的关系都很熟悉，故时在庐山的蒋介石托他与上海"黑老大"杜月笙联系。

第33通手令——在军官训练团基地海会寺的最后讲话

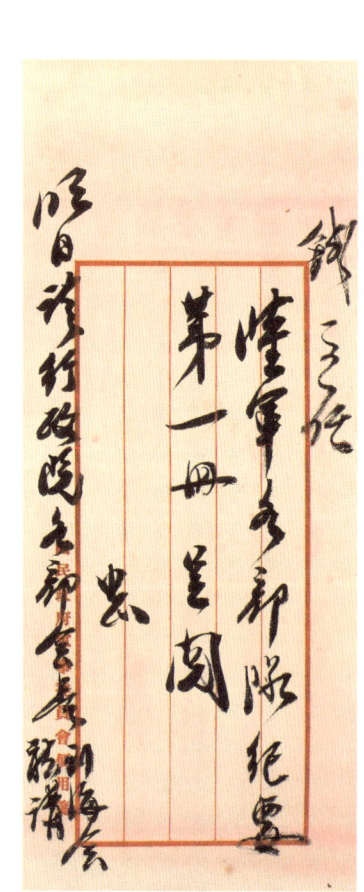

【手令编号】下卷041

【时间判读】1937年7月17日

【正文释读】

钱主任：陆军各部队纪要第一册呈阅。中正。
明日请行政院各部会长到海会听讲。

【原件品鉴】

竖排5行套红"国民政府军事委员会便用笺"1页，原笺现有上页红色沁润；毛笔书写。

【原文解读】

从这通手令的书写内容和格式看，主题是交代钱大钧主任找"陆军各部队纪要第一册"，显然是为了军事部署之用。在交办完这件事后,署名"中正",这是手令的结束标志。但蒋介石在其后又补注交办第二件事,"明日请行政院各部会长到海会听讲",说明这是蒋介石在旋即看了明日的行程及讲话内容后的即时指令。

本通电令中的"海会",指庐山军官训练团基地海会寺。1937年夏,蒋介石在此地开办第3次军官训练班,时在牯岭美庐住宿的蒋介石多次到海会寺发表讲演,检阅训练学员。

(一)庐山军官训练团基地海会寺

海会寺离庐山牯岭街约9公里,坐落在庐山山南景区的五老峰下。海会寺没有一般寺庙的金碧辉煌,倒像一片普通的农家院落,青砖黛瓦,绿树黄墙,古寺藏深山,与周围环境十分和谐。这座遐迩闻名的古朴寺院,名列山南五大丛林之一。寺内现有一株数人才能合抱的巨大红枫,是海会寺数百年来几度兴衰的见证。

海会寺初名海会庵。明万历四十六年(1618年)由西来的和尚释西来肇基始建,庵负靠五老峰,俯瞰鄱阳湖,"背山面湖,形胜极佳",风景至美,庵名取"海会",百川汇海之意。清嘉庆二十二年(1817年)释旦云主持重修。咸丰三年(1853年)遭兵燹,房舍一片瓦砾。清同治五年(1866年),释至善(海印和尚)来此,斫木伐竹,盖茅棚独居,清苦修炼,誓发宏愿,足不履尘市,刻苦修行,募化重修海会寺。附近姑塘驿官魏兴林每次乘船经过鄱阳湖,遥望五老峰,只见云雾缭绕,风光奇秀,心想那里必定有不同寻常的人居住。有一天,他寻至五老峰下,见茅棚里有一老僧正静坐参禅,魏不禁肃然起敬。待老僧坐禅已毕,魏与之交谈,愈益佩服,忍不住跪下就拜,尊之为师。魏兴林拜至善为师后,决定捐出巨款,重建海会寺。还有居士王全泽、九江道尹景某和奉新大使许必达等,也先后施舍资财,"建立殿宇,置买租谷,以供云厨"。

重建后的海会寺,以崭新的面貌出现在世人面前。当时殿宇宏伟,佛堂宽敞,云房清雅,题匾横额,金碧辉煌,寺田300多亩,山场广大。山门题额为"莲邦海域",二门题额为"真面目"。山门外有一半月形莲池,长三丈,宽五丈,

海会寺山门

围以石栏，栏杆有雕刻着"虎溪三笑"、"水漫金山"等十几幅佛教故事的石雕。图像精雕细镂，栩栩如生。入山门为"念佛堂"，阶下种观音莲，阔叶如掌，荷花亭亭玉立，据说由南海普陀山移植而来。最著名的三层藏经阁，华丽庄严，珍藏着赵孟頫书写的《妙法莲花经》50页，旧存木质经板1600多块，计26部，还有普超法师血写的《华严经》81卷。念佛堂等遗址修复如旧，古朴庄严，寺院周围，石刻、遗存、景点星罗棋布。海印和尚也因此名声鹊起，随从学法的人前后多达5000余人，剃度36人。"香火称极盛"，僧徒香客猛增，自清到民国未曾少衰。清朝时朝鲜大使赵玉波题"第一名寺"匾额，数百年的大枫树、桂花树、古银杏今都尚存，仍吸引着许多香客和游人朝拜。

2002年文物普查，九江市考古队在庐山莲花洞森林公园发现了庐山最早的巨大摩崖石刻，从布满密密的青苔和厚厚尘土的岩石上，清理出"海会寺"三个大字和"大唐·周武则天证圣元年"（695年），使海会寺历史推前了900多年。

庐山海会寺的得名，一般认为是取百川汇海之意。"海会"一词出于佛经《华严经》。据为佛经作注的人说："海"比喻德高，数众。于是人们遂把许多高僧会聚在一起叫海会。禅宗在原义基础上对"海会"作了一些解释：僧众到寺院来修行，就好像百川入大海，归宿和目的都是一样的。于是就把众僧会聚寺院修行称为海会。用"海会"名寺院，是把普通名词变成了专有名词，意思是高僧云集，虔诚修行。

海会寺在抗战前之所以名声显赫，主要在于蒋介石1933年7月起在此兴办"庐山军官训练团"。先是训练上校以下、少尉以上的中下级军官，后来规模越来越大，训练校级以上的高级军官，甚至党政人员（专员、县长等）。蒋介石看中海会寺一带作为举办军官训练团所在地，不但因为这里风景清幽、泉石宜人，对于受训者消除疲劳、增强训练效果十分有益；还由于这里既有陡峭山地，怪石险峰，可供军训团模拟山地攻防演习；又有平地漫坡，便于建成容纳数千人的训练场地。另外，海会寺附近有华严寺、龙云寺、白鹿洞书院等静僻幽雅的书院寺庙可以作为训练团的教官、德国顾问、工作人员的宿舍。这里离星子县城不过5公里，交通十分便利。训练团团本部设在海会寺内，陈诚为团长，陆军大学校长杨杰为庐山军官训练团的总教官，一大批颇有资历又谙熟军事的将领担任各项课程的教官。为了尽快训练，蒋介石还专门调了2个团的士兵日夜施工。1933年7月18日，第1期学员在这里举行开学典礼。此后每一期训练20天左右，每期受训学员2000人左右。毕业后发给毕业证和"军人魂"短剑一把。未能毕业的学员留下转下一期。

经数年经营，海会寺一带出现了一个庞大的建筑群：大礼堂、大会场、委员长官邸、办公厅、教室、仓库、运动场、游泳池、学员宿舍等。蒋介石多次亲临海会寺给学员训话，

1937年7月18日，蒋介石在庐山海会寺主持第1期毕业典礼。

陈立夫、朱家骅、张治中等中央要员也频频出入训练团。一时间，高官云集，十分热闹。庐山军官训练团共开办5年（1933至1937年），训练军官25041名。蒋介石正欲不断扩大训练对象时，1937年抗日战争爆发。同年8月下旬，最后一批学员毕业，庐山军官训练遂告结束停办。

海会寺所在地海会镇，俗名茶庵。因宋代有僧人在此建茶庵，夏季免费给行人供应茶水，所以至今附近老一辈的人还习惯地称此地为"茶庵"（又名土楼镇）。1933年，庐山军官训练团在此地开办后，才改名为海会镇。

1938年夏，日军进攻庐山，海会寺及庐山军官训练团的建筑被日军炮火夷为平地。海会寺寺房损毁三分之一，家具散失三分之二，热闹一时的训练团基地成了一片废墟。

抗战胜利后，海会寺得到修复，但规模及气势大不如前。新中国成立后，这一带又修建了一些楼房，先是"共产主义劳动大学庐山分校"的校舍，后为九江师范学校校址。

海会寺的地理位置较高，地势开阔，山坡倾斜不大，所以既宜种植庐山云雾茶，同时也是避暑消夏的好去处。如今，这里已经成为人们旅游、休养的胜地。

（二）在庐山军官训练团的最后一次讲话

查蒋介石1937年在庐山暑期训练团的讲话，主要有3次：

7月5日，蒋介石讲《救国教育》，全文9500多字，开篇讲道："今天是本团在庐山举行第一次总理纪念周。本团长不能亲到开会，特在牯岭亲自和第二总队教育组各同志讲话，并向开会第一总队各同志同时广播。现在所要和大家说的就是怎样实施教育救国的问题。"其中特别说明这次讲演是在牯岭，而非海会寺。在这次讲话的结尾，蒋介石说："今天本团长要对大家讲的话，意思还没有尽，下次有机会继续再讲。最后还要介绍大家几种重要参考的读物，第一就是军人精神教育，这本书特别重要，刚才已经和大家说明了；第二就是步兵操典纲领；第三就是陆海空军军人读训；第四就是党员守则；第五就是党歌亦就是国歌歌词。这几种读物是救国教育的基本课本，也就是庐山训练精神教育的最高原则，希望大家逐字逐句，精心记诵，时刻切己体察，务必彻底做到，成为习惯，然后修己治人，立身行事，才算有了根底，大家来受训练，才能获得实益！"由此开列的书单的前3册，都是专门针对职业军人，此讲话对象主要也是训练团的军官，而非军职的"行政院各部会长"。

7月9日，蒋介石出席庐山暑期训练团开学典礼，讲《建国要素精神和必成的信心》，全文12780余字。开篇讲道："陈教育长、各位团附、各官长、各学员：今天我们庐山暑期训练团举行开学典礼……此次我们举办庐山暑期训练团，召集全国各界文武同志，来此受训，其意义是在继全国统一之后，当外患紧迫之时，来发动一个举国一致救亡复兴的建国运动，是要训练一般忠勇坚实，刻苦耐劳，精勤迈进，奋励无前的革命中坚干部，来健全政治机构，推动广大群众，要发挥全民族的精力，在最短的期间，来完成建国救国的非常事业。所以我们这一次的训练，就是革命建国的训练。也就是继总理黄埔训练和过去几届庐山训练的革命使命，而肩负划时代的统一建国之非常任务的训练。"从开篇的称谓对象和主要内容上看，此讲话对象主要是训练团的官长和学员，而非军职的"行政院各部会长"。

此时，7月7日的卢沟桥事变已经发生，震惊世界。但因为当时通讯不畅，这消息当天并没有马上传到庐山上，所以蒋介石在这次讲话的结尾还提出"5年建国"的目标，他说："我相信'中华民国'的强盛，中华民族的复兴，一定可以实现。大家不要以为这件事如何的困难，恐怕没有成功的把握，只要大家真正能够依照我今天所告诉大家的这一番话，切切实实的做到，那么5年以后，再到庐山来看我们国旗的飘扬，来看我们国家的伟大，来看我们民族的光荣，希望大家从今天起，鼓舞精神，奋发努力，坚苦卓绝，埋头实干，来达成我们5年救国的任务，完成我们此次庐山训练所负的建国使命。"通观整篇文稿，讲的都很随意，口语化，可看的出事先没有认真准备、字斟句酌的正式文本稿，若有也仅是一个提纲。

7月18日（星期日），蒋介石在庐山暑期训练团第1期毕业典礼上讲《建国运动》，全文近5000字，讲演时间长达两个小时。开篇讲道："今天在毕业典礼时候，特将建国运动,作一个系统的总括的讲述;使大家明了建国的目的,建国的究竟,建国步骤与入手方法,以及建国的原动力所在。"通观这篇讲话稿,大、小标题很多,条块及其繁琐。一讲建国的目的;二讲建设之首要在民生问题,讲解决民生的方法,要以生产为主,注意平均分配的5件事;三讲建国的三要素"精神、物质、行动";四讲建国工作的入手方法的两个方面,强调管、教、养、卫同时并进;五讲建国的原动力"八德",强调以仁爱为中心。这个文稿由侍从室秘书陈布雷起草,条理性和逻辑性很强,说明并非蒋介石的即席讲话,而是下了大功夫、有准备的讲话稿。

1937年7月18日,蒋介石在庐山海会寺主持第1期毕业典礼讲话。

由此判断,蒋介石在事先审阅这个文稿底本后,感到很满意,其中提到的"建国方略"与行政院有极大关系,特别嘱咐让时在庐山的"行政院各部会长"也到海会寺听讲。故这个手令应是写在这次毕业典礼的前一天,即1937年7月17日。而7月17日这天上午,蒋介石在牯岭出席"庐山第2次谈话会",发表《对于卢沟桥事件之严正表示》(即《最后关头》),其中讲道:"只有牺牲到底,无丝毫侥幸求免之理。如果战端一开,那就是地无分南北,年无分老幼,无论何人,皆有守土抗战之责任,皆应抱定牺牲一切之决心。所以政府必特别谨慎,以临此大事;全国国民亦必须严肃沉着,准备自卫。"这也正好与本通手令的中心内容,让钱大钧主任"呈阅""陆军各部队纪要第一册"的手谕相吻合。由此还可进一步推断,此手令书写为这天下午或晚间。

7月20日,蒋介石下庐山回南京部署全国抗战。因全面抗战兴起,7月31日,蒋介石决定停办庐山军官训练班第3期。7月18日的讲话,也就成为蒋介石在庐山军官训练团的最后一次讲话。

05 宛平烽烟

卢沟桥事变，标志着中国全国性抗日战争的开始。蒋介石在庐山上得知来自北平西郊宛平县城的这一消息，当即命令中国军队奋起还击，呼吁全国人民"我们当然只有牺牲，只有抗战"。此后，密切关注华北战局，并作出了一系列军事部署。8月12日，国民政府在南京召开最高国防会议，共商抗日大计。本篇解读的这组手令共有9通，概略反映了蒋介石在这段时间的所思和所为。

第34通手令——判断日军意图，望从速切实加紧备战

【手令编号】下卷005

【时间判读】1937年7月11日

【正文释读】

电话秦市长：如此刻日兵尚在对峙而不肯撤退，则彼必待其关东部队到后，积极进攻，绝无疑议，望从速切实加紧备战，万勿受欺为要。中正手启。

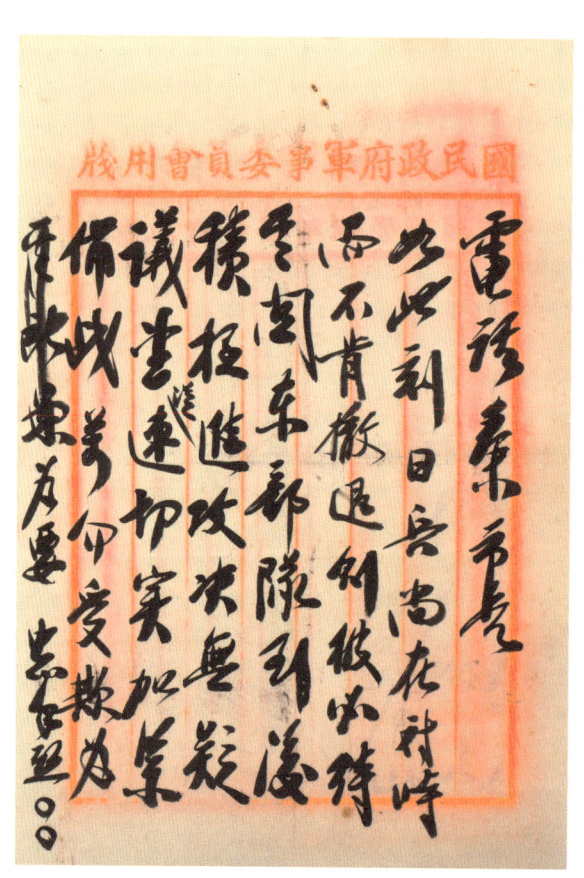

【原件品鉴】

竖排8行套红"国民政府军事委员会用笺"1页，原件信笺红色现沁润较重；毛笔书写。文末"中正手启"后有两个圆圈着重号。

【原文解读】

本通手令文中的"秦市长"，即秦德纯。

从手令中"此刻日兵尚在对峙而不肯撤退"句推断,本手令书写时间在卢沟桥事变刚发生后数天,约在7月11日。7月8日,蒋介石在庐山接到北平市长秦德纯报告卢沟桥事变的文字简约的电报,但并没有料到事态的严重性。当天曾给驻北平的第29军军长宋哲元发电报,指令:"宛平城应固守勿退,并须全体动员,以备事态扩大。"7月12日,蒋介石则电示宋哲元对卢沟桥日军就地抵抗。

从本通手令可看出,蒋介石对卢沟桥事变后日军将扩大战争的判断是基本准确的,"此刻日兵尚在对峙而不肯撤退,则彼必待其关东部队到后,积极进攻,绝无疑议",嘱咐秦德纯对日军不要抱有幻想,"望从速切实加紧备战,万勿受欺为要"。这也为中国迅速展开全面抗战,提供了必要的思想准备和战略部署。

20世纪的中国抗日战争分为两个阶段:1931年"九一八"事变爆发后为第一个阶段,称局部抗战时期;1937年"七七"事变爆发后为第二个阶段,称全面抗战时期,行文中常冠以"全民族抗战"、"全面抗战"、"全国抗战"、"全民抗战"。本书中的"抗战"多指"全面抗战时期",为行文方便,在不引起歧义或误解情况下,有的地方也简略为"抗战"。

(一)北平市长秦德纯

秦德纯(1893—1963),字绍文,山东沂水人。1914年在保定军官学校毕业后,分配到驻济南的北洋新军第5师任见习官。历任陆军第5师团附、参谋长、第24师旅长、师长、国民革命军第2集团军第2方面军副总指挥兼第23军军长、第14军军长、总司令部副总参谋长。1930年中原大战后,转任张学良总司令部参议、第29军总参议。1932年任察哈尔省政府委员兼民政厅长。1935年11月9日,就任北平市长,受国民政府指派与日军代表土肥原签订《秦土协议》。他在就职后以诚恳态度表示对外亲睦邦交,对内努力安定民心,救济民生。1937年7月卢沟桥事变当时,在北平前线任冀察政务委员常委、北平市市长、

秦德纯

北平城防总指挥、第29军副军长(军长宋哲元)、第5集团军总参议;抗战胜利后,任国防部次长、山东省主席、青岛市市长。1946年,他和王冷斋作为证人到东京国际战犯法庭参加了审判日本战犯的工作。临去日本前,蒋介石要求他,一定要证明,"七七"事变是日本对中国的侵略,一定要证明土肥原侵略的罪行,他和王冷斋不辱使命,为绞死土肥原提供了有力的证据,后来还担任过国防部次长,1949年去台湾,

任"总统府"战略顾问，病逝于台北。著有《七七卢沟桥事变经过》等文。

（二）秦德纯忆卢沟桥事变经过

日本军阀于民国二十六年（1937）七月七日夜，借口日军在卢沟桥附近演习之一中队，在整队回防时，突被驻卢沟桥二十九军部队射击，因而走失士兵一名，指被二十九军官兵劫持进入卢沟桥城，要求率队入城检查。经我方峻拒后，至翌日拂晓前，日方调集其丰台驻军，向我卢沟桥城进犯；我方为维护领土完整及主权独立遂奋起应战，掀起中日全面战争之序幕。

此一持续八年之久的战争，表面上虽导源于偶发事件，实质上，日人早已处心积虑，进行侵略阴谋。溯自日本明治维新后，接受西方科学文明，革新内政，发展工业，军事装备趋于现代化，国势蒸蒸日上。嗣经日俄、中日两次战争胜利，日本武人，骄纵跋扈，不可一世，遂积极向外扩张。其侵略目标，一为北进占据满蒙，以阻遏苏俄之东进与南下；一为南进征服中国以驱除欧美势力于中国及亚洲之外，完成亚洲为亚洲人之亚洲，实际上即为日本人之亚洲，借以称霸世界。但无论日本北进或南下，均以进占满蒙及中国大陆为第一步骤。

民国二十年（1931）"九一八"事变是日本侵略我国的行动开始，侵占我东北辽、吉、黑三省。二十一年（1932）进据热河省，二十二年（1933）春又挥兵南下，进窥我长城沿线之古北口、喜峰口、冷口各要隘。在以上各地激战三月，经谈判于是年五月三十日，中日双方签订所谓《塘沽协定》。此时我平津及华北察、绥、晋、冀、鲁各省已陷于岌岌可危之势。

二十四年（1935）夏秋之交，作者（指秦德纯）奉蒋委员长自庐山来电嘱令前往，遵即奔赴庐山，报告华北态势，并请示机宜。当时奉蒋委员长指示："日本是实行侵略的国家，其侵略目标，现在华北。但我国统一未久，国防准备尚未完成，未便即时与日本全面作战。因此，拟将维持华北责任，交由宋明轩（哲元）军长负责。务须忍辱负重，委曲求全，以便中央迅速完成国防。将来宋军长在北方维持的时间越久，即对国家之贡献愈大。只要在不妨碍国家主权领土完整大原则下，妥密应付，中央定予支持。此事仅可密告宋军长，勿向任何人道及为要！"（我）旋即返报宋将军，缜密进行，之后与日方表面上之酬酢往还，较前增多。此时国内外人士不明真相，本爱国爱友之心情，函电纷驰，责难颇多。既不能向其说明真相，只有苦心孤诣，忍辱求全，以待事实之证明。主持其事者的精神痛苦确达极点。

经过一年余艰苦折冲，我中央正完成统一，充实国防，一本和平未到绝望时期，决不轻言放弃和平之旨，尽量虚以委蛇。因将北平军事委员分会撤销，何应钦将军调回南京,并将中央黄杰、关麟徵两师调离平津,另调驻察哈尔境。宋哲元将军移防平津,并任宋将军为冀察政务委员会委员长,兼北平绥靖主任。日方又肆其挑拨离间之手段,极尽威胁利诱之能事,一分化我中央与地方之团结,希望不费一枪一弹,造成华北特殊化之地位,使在形式上虽属中央,而实际则完全受日方操纵指使。迭经交涉,其和平侵占之狡计迄未得逞。其不得不以武力侵占之企图,已箭在弦上,待机发动!

丰台密迩北平,为交通枢纽,驻有我冯(治安)师混成部队一营。日军亦基于辛丑条约之规定,在该处驻一大队。曾于二十五年(1936)秋冬之交某日,我军因出发演习,适日军演习完毕归营,两军在马路相遇,彼此不肯让路,致起冲突,相持竟日,双方均有伤亡。迭经交涉,终以误会了事。此后日军日趋骄横,屡向宋哲元将军提出华北特殊化之无理要求,同时附日阀之汉奸潘毓桂、陈觉生等复为虎作伥,从中怂恿极尽威胁之能事,均经宋将军严词拒绝。但宋将军系一纯朴厚重热诚爱国之将领,迭经繁渎,精神苦闷已达极点。曾于二十六年(1937)二月上旬告我曰:日本种种无理要求,皆关系我国主权领土之完整,当然不能接受。而日方复无理取闹,滋扰不休,确实使我痛苦万分。日方系以我为交涉对象,如我暂离平津,由你负责与之周旋,尚有伸缩余地,我且相信你有适当应付办法。因此我想请假数月,暂回山东乐陵原籍,为先父修墓,你意见如何?我当即表示不同意,并说:"此事绝非个人的荣辱苦乐问题,实国家安危所系,中央把责任交给你,不论你是否在平,责任总在你身上,因此我不赞成你离开北平"。当时宋将军并未坚持,因把回山东打算暂时搁置。但到了二月二十日以后,日方交涉益繁,压迫愈甚,宋将军以心情恶劣,决定请假回籍,把交涉之责落在我身上。宋将军临行告我两事:"对日交涉,凡有妨碍国家主权领土之完整者,一概不予接受;为避免双方冲突,亦不要谢绝"。我就在这不接受、不谢绝两种相反的原则下,忍辱负重委曲求全地应付了四个多月。

自宋将军

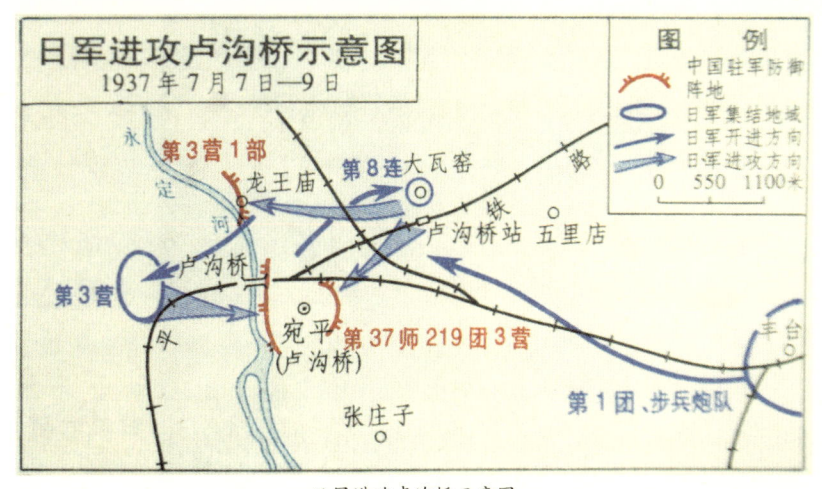

日军进攻卢沟桥示意图

二月离平之后，每日均有日方人员前来接洽，平均每天最少一、两次。如日本之外交官、武官、特务机关人员是谈外交的，新闻记者、贵族院议员及退役大将等，是来采访消息或考察华北局势的。我虽感觉不胜其扰，但抱定任劳任怨之决心，据理应付，使日方无借口余地。同时日方更利用分化手段，将二十九军分为抗日的中央派及和日的地方派。认为我是抗日中央派的中坚分子，千方百计攻击诋毁，恐吓威胁必欲去之而后快！而日方收买之汉奸，且专伺察我的言论行动及我方军事部署作为处置依据。当此内奸外敌交迫之下，我只有戒慎沉着，以静制动，深恐一言不慎，一事失当，俾日人有所借口。致陷交涉之困难时，当即电陈中央请示机宜，旋奉复示，大意在不丧权、不辱国的大原则下，妥慎交涉，中央定予以负责支持。当即遵照此原则相与周旋。到五、六月间已达极度紧张阶段，日方使用武力侵略之企图，已成弯弓待发之势！

当事变当日下午，我在市政府邀宴北平文化界负责人胡适之、梅贻琦、张怀九、傅孟真等诸先生二十余人。经报告局势紧张，交换应付意见，诸先生亦均开诚布公恳切指示。夜十时许散会后，不到两小时，象征我全民抗战的七七事变，于十一时四十分即在卢沟桥开始爆发。

"七七"之夜，约十一时四十分钟，我接冀察政务委员会外交委员会主任委员魏宗瀚及负责对日交涉的林耕宇专员的电话，谓据日本特务机关长松井说："本日有一中队在卢沟桥附近演习。但在整队时，忽有驻卢沟桥之二十九军部队向其射击，因而走失士兵一名，并见该士兵被迫进入宛平县城。日本军官要求率队进城检查。"我答："卢沟桥是中国领土，日本军队事先未得到我方同意在该地演习，已违背国际公法，妨碍我国主权，走失士兵我方不能负责，日方更不得进城检查，致起误会。唯孤念两国友谊，可等天亮后，令该地军警代为寻觅，如查有日本士兵，即行送还。"

答复后，夜晚两点，外交委员会又来电话，谓日方对我答复不满，强要派队进城检查，否则日军即包围该城。我即将此经过以电话告知冯治安师长，及驻卢沟桥之吉星文团长，要求严密戒备，准备应战。同时并令吉团长派官长侦探丰台方向的敌人动态。到凌晨三时半，接吉团长电话报告："约有日军步兵一营，附山炮四门及机关枪一连，正由丰台向卢沟桥前进。我方已将城防布置妥当。"我当即又向吉指示："保卫领土是军人的天职，对外战争是我军人的荣誉，务即晓谕全团官兵，牺牲奋斗，坚守阵地，即以宛平城与卢沟桥为吾军坟墓，一尺一寸国土，不可轻易让人。"并以此处置通知冯师长。

八日拂晓约五点，日军已在宛平城之东面、东南面及东北面展开包围态势，先要求他的外交人员进城，继而又要求武官进城，均经我吉团长与王冷斋专员（行政督察专员）拒绝。日方武力威胁之伎俩已穷，即开始向城内炮轰，并掩护其步兵前进。事先我曾告知吉团长，日军未射击前，我方不先射击；待他们射击而接近我最有效射程距离内（三百至四百公尺），我方以"快放"、"齐放"猛烈射击，因此，日军伤亡颇重。①

以上秦德纯回忆"七七"事变经过，还记述了"战争的持续和扩大"，廊坊车站的激战等。

第35通手令——答复英国大使，中国军队运兵专为应战

【手令编号】下卷007～008

【时间判读】1937年7月11日

【正文释读】

答复英大使：我军为日本关东军进入天津、丰台作大规模之战争，故不得不运兵预防，但专为自卫，而无能攻击。总之，中国军队专为应战，而无如日军之侵略与求战也。此可为贵大使负责保证也。

【原件品鉴】

竖排8行套红"国民政府军事委员会用笺"2页，原件信笺红色现沁润较重；毛笔书写。首页右上角用红色铅笔注明"已通知"，下页尾部"保证"二字用红色铅笔画圈，并用红色铅笔注明"奉谕改声明"，应为承办人所书写。

【原文解读】

文中"英大使"，为时任英国驻华大使许阁森爵士（Sir Hughe Montgomery Knatchbull-Hugessen），1936年9月到任。1937年8月，其座车遭日军飞机袭击，身受重伤，后返国修养。继任者为卡尔爵士（Sir Archibald Clark Kerr），1938年到任。据此及手令中"奉谕改声明"注文推断，此手令写于1937年7月卢沟桥事变发生后，再据"声明"在7月12日以前见诸全国各地大报，"声明"中有7月10日下午6时关于卢沟桥战事的最新消息，综合判断本手令书写于7月11日。

（一）国民政府外交部发言人声明

1937年7月12日，国民政府外交部发言人就卢沟桥事件发表严正声明：

---

① 摘自台湾《传记文学》第1卷第1期，第23～26页。

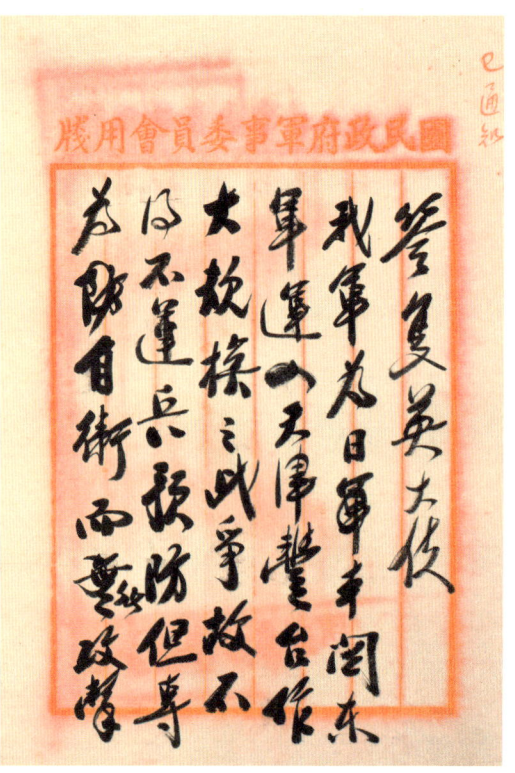
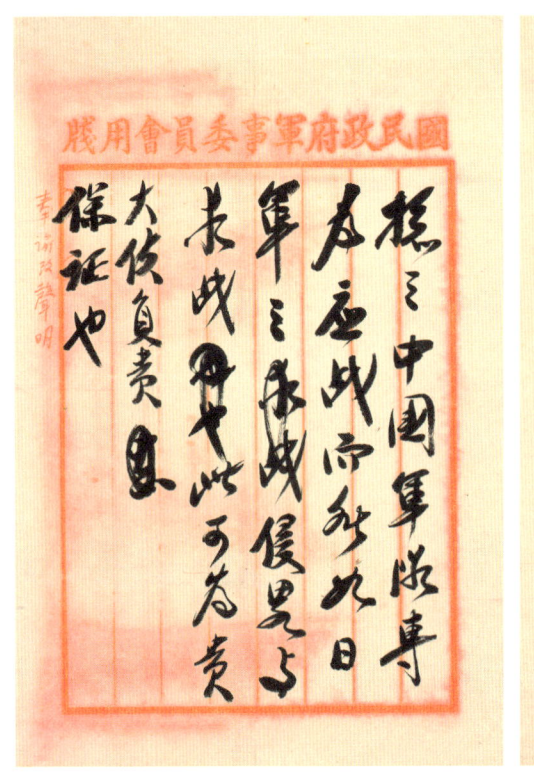

"据所得报告：日军不遵照双方约定之停止军事行动办法，拒绝全部撤至指定地点。首则遗留部队二百余名于卢沟桥东北之五里居，继则调动大部军队千余人，集结于卢沟桥东北三里许大瓦窑。于十日下午六时起，连续向我卢沟桥驻军猛烈进攻；同时并调集日本国内外大军，络绎向平津进发，意图作大规模之军事行动，而贯彻其最初目的。至是卢沟桥事件，遂又趋于严重。其责任自应由日方负之。查此次事件，发动于七日深夜，日军在卢沟桥非法演习时。声言演习兵士一人失踪，要求入城搜查，经我拒绝，彼遂发炮攻城，致起冲突。其为日方有计划有作用之行动，至为显然。而卢沟桥原非条约所许外人可驻军演习之地，其行为之不合法，尤无疑义。我方除由卢沟桥驻军守土自卫奋勇抵抗外，一面由外交部向日本使馆提出严重抗议，要求立即制止日军之军事行动，并声明保留一切合法要求；一面由地方当局，与日军代表折冲，期事件之早日和平解决。我方维护和平苦心，可谓举世共见。差幸八日晚双方议定办法：（一）双方停止军事行动，（二）双方出动各部队回原防，（三）卢沟桥仍由我军驻守；方谓事件于此可告一段落，初不料所谓撤兵办法，竟系日军缓兵之计，毫无和平解决之诚意。中国国策，对外在于维护和平，对内在于生产建设，举凡中、日间一切悬案，均愿本平等互惠之精神，以外交之方式，谋和平之解决。深盼日本立即制止军事行动，遵照前约，即日撤兵；并为避免将来冲突起见，切实制止非法之驻军与演习，庶使事态好转，收拾较易。否则一误再误，日方固无以自解其重责，远东之安宁，或将不免益趋于危险，恐尤非大局之福也。①

（二）蒋介石重申"中国军队专为应战"

1937年7月17日，蒋介石在庐山谈话会上的讲话中，也有本通令中"中国军队专为应战"的用语。

蒋介石说："这次卢沟桥事件发生以后，或有人以为是偶然突发的，但一月来对方舆论，或外交上直接间接的表示，都使我们觉到事变发生的征兆。而且在事变发生的前后，还传播种种的新闻，说是什么要扩大塘沽协议的范围，要扩大冀东伪组织，要驱逐第二十九军，要逼迫宋哲元离开，诸如此类的传闻，不胜枚举。可想见这一次事件，并不是偶然。从这次事变的经过，知道人家处心积虑的谋我之亟，和平已非轻易可以求得；眼前如果要求平安无事，只有让人家军队无限制的出入于我们的国土，而我们本国军队反要忍受限制，不能在本国土地内自由驻在，或是人家向中国军队开枪，而我们不能还枪。换言之，就是人为刀俎，我为鱼肉！我们已快要临到这极人世悲惨之境地。这在世界上稍有人格的民族，都无法忍受的。我们的东四省失陷，已有了六年之久，继之以塘沽协议，现在冲突地点已到了北平门口的卢沟桥。如果卢沟桥可以受人压迫强占，那么我们百年故都，北方政治文化的中心与军事重镇的北平，就要变成沈阳第二！今日的北平，若果变成昔日的沈阳，今日的冀察，亦将成为昔日的东四省。北平若可变成沈阳，南京又何尝不可变成北平！所以卢沟桥事变的推演，是关系中国国家整个的问题，此事能否结束，就是最后关头的境界。"

"万一真到了无可避免的最后关头，我们当然只有牺牲，只有抗战！但我们的态度只是应战，而不是求战；应战，是应付最后关头，必不得已的办法。我们全国国民必能信任政府已在整个准备中，因为我们是弱国，又因为拥护和平是我们的国策，所以不可求战；我们固然是一个弱国，但不能不保持我们民族的生命，不能不负起祖宗先民所遗留给我们历史上的责任，所以到了必不得已时，我们不能不应战。至于战争既开之后，则因为我们是弱国，再没有妥协的机会，如果放弃尺寸土地与主权，便是中华民族的千古罪人！那时便只有拼民族的生命，求我们最后的胜利。"

"卢沟桥事件能否不扩大为中日战争，全系于日本政府的态度；和平希望绝续之关键，全系于日本军队之行动。在和平根本绝望之前一秒钟，我们还是希望和平的，

---

① 《武汉日报》，1937年7月12日。

希望由和平的外交方法,求得卢事的解决。但是我们的立场有极明显的四点:(1)任何解决,不得侵害中国主权与领土之完整;(2)冀察行政组织,不容任何不合法之改变;(3)中央政府所派地方官吏,如冀察政务委员会委员长宋哲元等,不能任人要求撤换;(4)第二十九军现在所驻地区,不能受任何的约束。这四点立场,是弱国外交最低限度,如果对方犹能设身处地为东方民族作一个远大的打算,不想促成两国关系达于最后关头,不愿造成中日两国世代永远的仇恨,对于我们这最低限度之立场,应该不至于漠视。总之,政府对于卢沟桥事件,已确定始终一贯的方针和立场,且必以全力固守这个立场。我们希望和平,而不求苟安;准备应战,而决不求战。我们知道全国应战以后之局势,就只有牺牲到底,无丝毫侥幸求免之理。如果战端一开,那就是地无分南北,年无分老幼,无论何人,皆有守土抗战之责任,皆应抱定牺牲一切之决心。所以政府必特别谨慎,以临此大事;全国国民亦必须严肃沉着,准备自卫。在此安危绝续之交,唯赖举国一致,服从纪律,严守秩序。希望各位回到各地,将此意转达于社会,俾咸能明了局势,效忠国家,这是兄弟所恳切期望的。"①

第36通手令——通报日军5列火车到津塘间

【手令编号】下卷006

【时间判读】1937年7月12日

【正文释读】

电话北平,秦市长:据确息,关东有五列车今日上午十一时到达天津与塘沽之间,请注意。中正。十二午。

【原件品鉴】

竖排8行套红"国民政府军事委员会用笺"1页,现原笺红色沁润、褪色较重;毛笔书写。

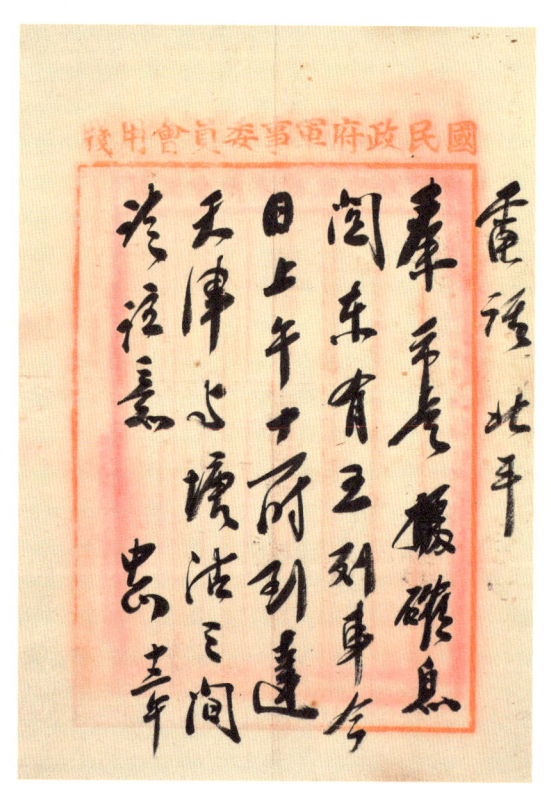

---

① 摘自文汇年刊编辑委员会编《文汇年刊》1939年5月版。

【原文解读】

本手令文中"北平，秦市长"，即时任北平市长秦德纯。

"据确息"，说明国民党军的情报工作在这时还是卓有成效的。

（一）日本政府发布《派兵华北的声明》

1937年7月11日，日本政府发布了《派兵华北的声明》。

"中国方面的侮日行为接踵发生，中国驻屯军对此正在隐忍静观之中。一向与我合作、负责华北治安的第29军，于7月7日半夜在卢沟桥附近进行非法射击。由此发端，不得已而与该军发生冲突。为此，平津方面形势紧迫，我国侨民濒于危殆，而我方未放弃和平解决的希望，根据事件不扩大的方针，努力作局部地区的解决。第29军虽曾答应和平解决，但于7月10日夜，突然再次向我非法攻击，造成我军相当伤亡，而且不断增加第一线的兵力，更使西苑部队南进，同时命令中央军出动等，进行战争准备，对和平谈判并无诚意，终于全面地拒绝在北平进行谈判。从以上事实说明，这次事件完全是中国方面有计划的武装抗日，已无怀疑的余地。就帝国和"满洲国"来说，维持华北的治安，是很迫切的事，不待赘言。为维持东亚和平，最重要的是中国方面对非法行为，特别是排日侮日行为表示道歉，并为今后不发生这样的行为采取适当的保证。由此，政府在本日内阁会议上下了重大决心，决定采取必要的措施，立即增兵华北。然而，维持东亚和平为帝国之素愿，因此，政府为使今后局势不再扩大，不抛弃和平谈判的愿望，希望由于中国方面的迅速反省而使事态圆满解决。关于列国权益的保全，当予以充分考虑。"

（二）日军参谋本部制定"对华作战计划"

1937年7月29日，日军参谋本部发布《中央统帅部对华作战计划》。

"一、作战方针击溃平津地区的中国军队，设法使该地区安定下来。作战地区，大概限定于独流镇之线以北。根据情况，以一部分兵力，在青岛及上海附近作战。

二、兵团的兵力编制及任务（1）平津地区以中国驻屯军约四个师为基干，击溃平津地方的中国军队。（2）青岛附近大概以一个师为基干，占领青岛附近，以保护侨民为主旨。

三、指导作战要点（1）以中国驻屯军进行作战，在平津地区，特别是在以上作战地区，对中国军队尽力加以沉重打击。（2）在情况不得已时，对青岛及上海附近进行作战。（3）由于战况的演变，特别是由于和第三国的关系，应以最低限底的兵力，占领平津地区，并策划持久占领。

四、对第三国，应严密警戒，逐步动员必要的兵力，派到满洲。

五、另外以5个师归中央直辖，可以适应形势变化，作好准备。"①

第37通手令——要求详报日本侵华重要消息

【手令编号】下卷019～020

【时间判读】1937年7月14日

【正文释读】

通告外交部与中央通信社：凡日本军部与政府谈话态度，以及同盟社各种消息，应时时向中正通报，不拘时刻为要。前日近卫内阁与其各社团谈话之发表，如此重要消息为何不报？以后对东京与平津消息，以及各国对卢案之态度、言论，皆应时时不断的详报为要。中正。十四日。

【原件品鉴】

竖排5行套红"国民政府军事委员会便用笺"2页，现原笺沁润有上页红色；毛笔书写。原笺首页右上角盖紫蓝色条形章"侍秘第5597号手令"，序号为钢笔填写。

【原文解读】

本通手令文中"卢案"，即"七七"卢沟桥事变。卢沟桥在以往写作芦沟桥。据此判断此手令，当写于1937年7月卢沟桥事变发生后近日，时蒋介石在庐山。

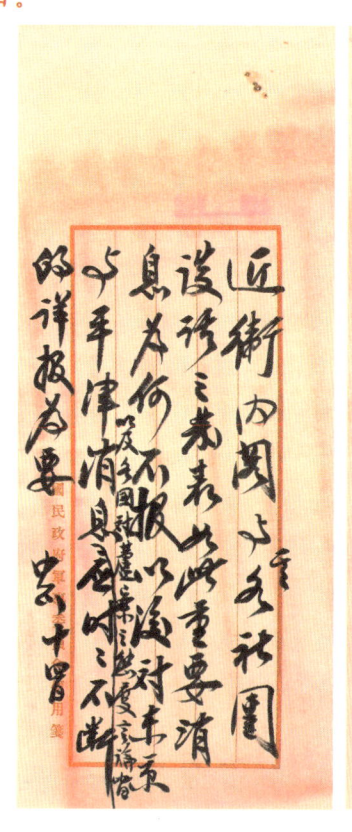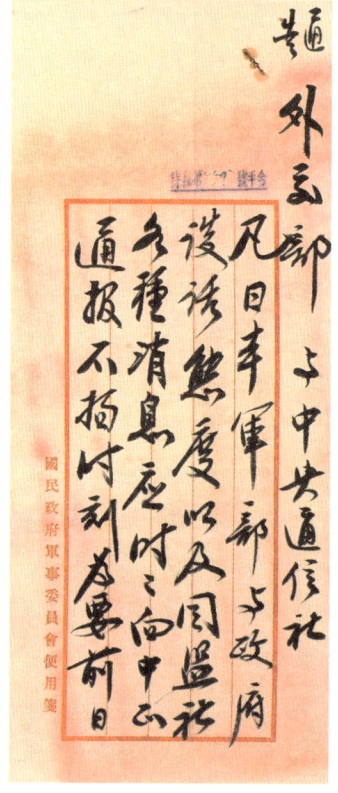

---

① 选自《中国近代对外关系史资料选辑》，上海人民出版社，1977。

"同盟社",即日本同盟通讯社,建立于1936年,是代表日本政府发声的传媒机构。在第二次世界大战期间,同盟通信社迅速发展为代表"大东亚共荣圈"的通讯社,是当时世界上最有影响力的通讯社之一。

(一)日本内阁会议关于处理卢沟桥事件的决定

建立于1936年的同盟通信社是代表日本政府发声的传媒机构。

本通手令中蒋介石所说"前日近卫内阁与其各社团谈话之发表",指的是1937年7月11日《日本内阁会议关于处理卢沟桥事件的决定》。全文如下:

"这次事件,完全是中国方面有计划的武装抗日,已无怀疑的余地。我们认为:不但必须最迅速地恢复华北的治安,并且有必要为了使中国方面对非法行为,特别是排日、侮日行为,表示道歉,以及为今后不发生这样的行为取得适当的保障,就是说,现在,军部必须把预先在关东军和朝鲜军方面准备着的部队赶快增援在中国的驻军。同时,在国内也必须动员所需要的部队,迅速派到华北。然而,维持东亚和平,为帝国之素愿,因此,今后坚持不扩大局面、当地解决的方针,不抛弃和平谈判的愿望。并且,在上述使中国方面道歉和取得保障的目的达到时,当然立刻中止派兵。"

"近卫内阁",是日本首相近卫文麿任期时的内阁。1937年6月,近卫文麿第一次出任内阁总理大臣,组织内阁。次月,便发生卢沟桥事变,日军进攻中国,发动全面侵华战争。1938年,近卫文麿发表了诱降蒋介石、企图灭亡中国的3次声明。1月16日,近卫发表第一次声明,称蒋介石如不接受议和条件,日本将"不以国民政府为对手",而另建"与日本提携之新政府"。11月3日,近卫发表第二次声明称:如国民政府"坚持抗日容共政策,则帝国决不收兵,一直打到它崩溃为止"。12月22日,近卫发表第三次声明,提出所谓"中日睦邻友好"、"共同防共"、"经济合作"3个原则,诱胁蒋接受条件。在举国危难的时刻,蒋介石并没有同意停止抗战。1939年1月,近卫内阁垮台。

(二)事变后的战事不断扩大

卢沟桥事变,日军发起蓄谋已久的挑衅。日本的主战派甚至断言:中国和军队的生存不会超过3个月。日本关东军司令官植田谦吉大将、参谋长东条英机中将在事变当天，急电东京统帅部参谋总长："鉴于华北局势，现命独立混成第1旅团（机械化部队），独立混成第11旅团之主力以及航空部队之一部做好随时出动之准备。"日本驻朝鲜军司令官小矶国昭中将致陆军部杉山陆相急电："由于华北事件之爆发，已命第20师团之一部采取随时出动的态势。"次日，关东军司令官植田谦吉大将和参谋长东条英机中将，竟以"满洲国"武装部队首脑的身份发表所谓的声明："兹因暴戾之中国第29军挑战，华北发生事端。关东军正以极大关心及重大决心，密切注视本事件之发展。"同日，关东军和驻朝鲜军首脑致电日东京统帅部，也强烈要求日统帅部当机立断，痛下决心，以卢沟桥事变为契机，实现彻底征服中国之"宏图大业"。

近卫文麿

7月10日上午11时，日本驻华大使在南京会见中国外交部长王宠惠，以咄咄逼人的口气通告日本对卢沟桥事变的态度和要求：第一，中国赔偿一切损失；第二，中国军队撤出卢沟桥、永定河地区；第三，惩办在卢沟桥自卫还击的中国军官长；第四，中国向日军赔礼道歉。王外长根据蒋介石的命令，对日方的恫吓性通告，当即进行了义正词严的反驳，并通告日方，中国和军队决不向侵略军低头，只要日军进攻，中国军队将坚决抵抗，直至彻底打败侵略者。

7月11日，日方召开五相联络会议，紧接着又召开紧急内阁会议，决定实行全国总动员，断然向华北增派兵力，发动对中国的全面战争。同时决定，为了策应日军主力对华北的进攻，以海军一部兵力，在华中、华南方面担任牵制任务。日军战略企图已十分明显：集中主力于华北大平原，首先击破第29军（约10万兵力）以解决华北问题，打开通往南方的门户，然后挥军南下打击中国军队之精锐中央军，摧毁中国的中央政权。到7月中旬，日军已在华北集结兵力达5个师团，总计10万人以上，并配有数百架飞机和大量坦克战车。

蒋介石决心在北方同日军决战。7月9日，电令第29军军长宋哲元将军，"守土应具必死决战之决心与积极准备之精神相应付……务须不丧失丝毫主权为原则"。又令孙连仲第26路军北上河北保定、石家庄地区，准备同日军大战。10日，蒋介石决定调集100个师于华北第一线作战,另以80个师的兵力为预备军。13日,蒋电告宋哲元:"中央已决心运用全力抗战,宁为玉碎,不为瓦全,以保持我国家之人格。"16日,日军向华北发动大规模进攻,中国守军第29军同敌人展开了殊死搏斗。然而,由于武器装备太落后,无法有效阻止日军机械化部队的推进,在短短10余天内,北平、天津相继失守。

第38通手令——通知宋哲元到南京参加国防会议

【手令编号】下卷021～022

【时间判读】1937年8月__日

【正文释读】

电话:问秦市长绍文或孙总指挥仿鲁,务请宋明轩主任即日来京到国防会议。并请其即请火车到郑州。此间派飞机迎接,务望本月五日到京。如何?立复。中正。

【原件品鉴】

竖排5行套红"国民政府军事委员会便用笺"2页,现原笺2页下部均沁润有上页红色;蓝色铅笔书写。原笺首页上端有一用蓝色铅笔书写的带圈"3"字,似蒋自编文件序号;右上角盖紫蓝色条形章"侍秘第5724号手令",序号为钢笔填写。

【原文解读】

本通手令中的"秦市长绍文",指时任北平市长秦德纯,字绍文。1935年11月9日就任北平市长。

"孙总指挥仿鲁",指

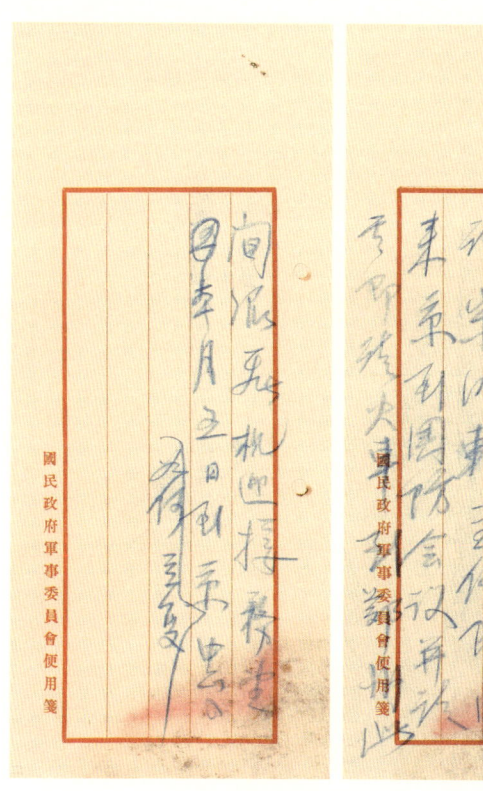

孙连仲（1893—1990），字仿鲁。河北雄县人。国民革命军二级陆军上将，著名抗日将领。冯玉祥的十三太保之一，抗日战争时期因坚守台儿庄而闻名中外。

"宋明轩主任"，指时任第29军军长宋哲元，字明轩。

（一）卢沟桥抗日名将宋哲元

宋哲元（1885—1940），山东省德州市乐陵县城关镇赵洪都村人。1908年，23岁的宋哲元开始长达33年的戎马生涯。1925年至1933年先后任热河省都统，西路、北路军总司令，陕西省政府主席，察哈尔省政府主席。他是冯玉祥手下的"五虎将"之一（其他四位是张之江、鹿钟麟、郑金声、刘郁芬）。酷爱读书，敦厚沉毅，不苟言笑，处世谨慎，生活简朴，作风朴实，尊重文化，爱护人才，治军严谨，作战勇敢，冯玉祥对他十分赏识，称赞他"勇猛沉着"、"忠实勤勉"、"遇事不苟"、"练兵有方"。

宋哲元

1937年7月7日，驻守丰台的日军河边正第3旅团第1联队第3大队第8中队进行夜间演习，当晚以丢失士兵为借口寻衅，第29军军部下令死守阵地。8日，驻守卢沟桥的第29军第37师（冯治安）步兵第110旅（何基沣）第219团（吉星文）第3营（金振中）打响全面抗日战争第一枪。9日，蒋介石自庐山致电宋哲元积极准备，谈判须不丧丝毫主权。7月11日，宋哲元自老家山东乐陵赶回天津，即派张自忠、张允荣与日方秘密议定3款条件。12日，增派的日军已经开抵天津，宋哲元仍对日军心存幻想，谈话谓"能平即能和"，并下令撤兵，卢沟桥驻军撤至长辛店及衡门口。蒋介石则电令宋哲元本"不屈服、不扩大"方针，就地抵抗。

7月13日，蒋介石再电宋哲元，决心全力抗战，"盼与中央一致，勿受敌欺"，宋哲元对蒋介石的抗战决心颇为怀疑。14日，派陈觉生、邓哲熙继续与天津日军参谋长桥本群等接洽，并亲与日军参谋长专田少佐会谈。15日，日军司令香月清司会晤宋哲元。16日，张自忠与日方在津正式谈判。17日，日本政府向中国外交部送交一份照会，公然指责中国政府在自己的国土上调兵遣将，形成对日本的"挑衅"。18日，宋哲元会晤日本华北驻屯军司令官香月清司。19日，宋哲元赶到北平，中日双方在北平拟定第二次协议，并报请中央批准，又主动撤除北平城防。此间，蒋介石多次电示宋哲元切勿对日军抱有任何幻想。

7月20日，日军再次炮击驻宛平城的第29军，吉星文团长率军死守，长辛店等地也遭日军袭击。我守军英勇守卫，日军未能得逞。宋哲元却一味委曲求全。21日，卢沟桥第29军撤退，由石友三之保安队接防。7月22日，蒋介石致电宋哲元，对其拆除北平防御工事予以批评，指示其"刻刻严防，步步留神，勿为所算"。23日，卢沟桥附近日军拒不撤退，第29军亦返回原防。24日，孙连仲、庞炳勋、商震、李默庵部增援华北，宋哲元始决心抵抗。

7月25日，日军进攻廊坊，国民革命军第113旅旅长刘振三奋起抵抗，廊坊终失，战事扩大。26日，驻天津日军首领香月清司向宋哲元提出最后通牒，限期撤退北平的第29军部队，宋哲元当即予以坚决拒绝，并退回通牒，终止谈判，命令第29军抗战。27日，日军进攻通县，又袭击高丽营、昌平、汤山、沙河等地，宋哲元发表守土抗敌的通电，表示"我守土有责，不得不正当防御"。28日拂晓，香月清司率日军铃木混成旅团、河边正第3旅团和机械化旅团，自北苑、西苑、南苑一齐对北平城发起总攻击，第29军措手不及，损失惨重，伤亡5000余人，副军长佟麟阁、第132师师长赵登禹，于南苑壮烈殉国。当日午后，宋哲元召开紧急会议，决定奉蒋介石令放弃北平，退守保定。宋哲元、秦德纯、冯治安离北平赴保定，请中央军北援。29日，北平失守，第29军撤退，宋哲元退到保定，由张自忠代理政务委员会委员长和北平市长，以图拖延时间。30日，天津失守，我军退静河、马厂，宋哲元电南京请求处分。这也即是蒋介石本通手令命宋哲元于8月5日到南京参加国防会议的因由，从手令中可看出蒋介石并没有责备宋哲元的内容或语气。

8月3日，宋哲元通电辞职，蒋介石委冯治安代理第29军军长。6日，蒋介石派宋哲元任第1集团军总司令，指示反攻平津，辖第59军（由原第38师扩编，军长宋哲元兼）、第68军（原第143师扩编，军长刘汝明）、第77军（原第37师和第132师扩编，军长冯治安），担任平汉线防卫。14日，宋哲元发表告官兵书。21日，再到南京面晤蒋介石，蒋介石大加慰勉。8月24日，平绥线南口失守。27日，张家口失守，刘汝明军退口外。

中国第29军在卢沟桥一线英勇抗击日军

9月10日，日军第10师团矶谷部突破马厂，宋哲元部南退。11日，冯玉祥任第6战区司令长官，萧振瀛以冯玉祥的"总参议"身份率先来到前线，鼓动"倒宋"。16日，冯玉祥刚到达连镇，宋哲元从沧州赶来，即表明自己因旧病复发，难以支持，已蒙中央准假到泰山休养，军务交冯治安代理。24日，沧州失守，宋哲元、庞炳勋部全线撤退。

10月上旬，冯玉祥因指挥不动部队，愤而辞职。宋哲元回到大名的第1集团军总司令部。日军为了策应忻口会战，将原在石家庄一带的部队调进娘子关，河北腹地顿呈空虚状态。宋哲元提出急攻邢台、北取石家庄的战略意图，企图挽回局面。日军土肥原师团采取"围魏救赵"之计，派精锐第27旅团，从邯郸直扑成安、魏县，意在乘虚夺取大名。

11月6日，宋哲元部攻克河北成安。11日，大名失守，宋哲元急令各部撤出阵地，部队经长期苦战，损耗惨重，士气极低，已丧失主动进击的能力，均与日军一触即退，华北失陷。

1938年1月，宋哲元退到河南新乡。2月18日，日军陷新乡，宋哲元军西退。20日，任第1战区副司令长官，仍兼第1集团军总司令。3月，溃败到郑州，宋哲元辞去集团军总司令职。4月，第1集团军番号被撤消，宋哲元仅任第1战区副司令长官，从此失去了直接指挥军队的权力，心情抑郁。7月，因病又辞第1战区副司令长官职务。9月，宋哲元突患肝病，后又患脑血栓，病情日渐恶化，并半身麻痹，先在衡山治疗休养。10月，转到广西阳朔。12月，特任军事委员会委员。1939年4月，迁往重庆南温泉。6月，移至四川灌县养病，并于东关外建"博爱山庄"。12月，回成都就医，25日病重，食物难进，仍不忘报国未酬之志。

宋哲元长年率军督战，日夜劳顿，肝病复发，遂于1940年3月辞职离军改任军事委员会委员，到西安蔡家坡休养，途中行至其夫人长淑青的家乡四川绵阳驻留，时病情加重，医治无效，4月5日病逝于绵阳。国民政府追晋一级上将，遗体安葬于绵阳富乐山，并为其立一座高大的"神道碑"。冯玉祥、沈尹默、于右任为墓碑题词。八路军总指挥朱德、副总指挥彭德怀联名挽联："一战一和，当年变生瞬间，能大白于天下；再接再厉，后起大有人在，可勿忧乎九泉。"

（二）中国全面抗战之初的首次最高国防会议

1937年8月3日晚，蒋介石在南京组织召开国防会议，讨论对日方针，刘湘等力主抗日。这次会议决定了若干调集兵力的措施。

8月6日，蒋介石在南京继续组织召开军事会议，报告卢沟桥事变以来的军事形势及7月中旬以来国共代表在庐山会谈经过，谓：平津沦陷，国家命运已到最后关头。根据庐山会议的决定，中央已承认中共控制的陕甘宁边区，并将陕北红军改编为国民革命军第8路军。现在举国团结对外的形势已经形成，亟应奋起抗战，一致御侮。同日，任命宋哲元为第1集团军总司令，刘峙为第2集团军总司令。

1937年8月，国民政府在南京召开最高国防会议。

8月8日，蒋介石召集各地来京诸将领晤谈，应邀参加者有阎锡山、白崇禧、刘湘、何键、余汉谋、何成浚及顾祝同等。发表《告抗战全军将士书》，指出此次日军大举入侵，攻取平、津，"此诚为我民族莫大之奇耻，亦中国历史未有之巨变"，要求全军将士："要确立牺牲到底的决心"、"须确立最后胜利之自信"、"须运用智能机动应付"、"须军民团结亲爱精诚"及"须坚守阵地有进无退。"

8月9日，蒋介石在南京召开最高国防会议，共商抗日大计。国民党中央常务委员会会议决定，撤销国防会议及国防委员会，成立国防最高会议。同日，国防最高会议正式组成，国防最高会议及党政联席会议决定：以军事委员会为抗战最高统帅部，以蒋介石为陆海空军大元帅，对日采取持久消耗的战略方针。在战略部署上，以一部分兵力于华北各要点重叠配备，多线设防，逐次抵抗；集中兵力于华东，力保淞沪要地，掩护南京；另以少量兵力扼守华南各主要港口。

近月，蒋介石在庐山上的暑期谈话会上与各界众多人士交换了看法，包括和共产党人周恩来、博古、林伯渠等人。各党各派都表示坚决抗日，同仇敌忾。民众的呼声既壮了蒋介石的杀敌之胆，也逼使他孤注一掷。回到南京后，蒋介石对记者发表谈话说："我政府对日之限度始终一贯，毫不变更，即不能丧失任何领土与主权是也。我国民处此祖国之存亡关头，其必能一致奋斗到底，余已决定对于此事之一切必要措置，惟望全国民众，沉着谨慎，各尽其职，共存为国牺牲之决心，则最后之胜利必属于我也。"美国记者斯诺认为，蒋介石是一个坚强的人，平时的他情绪被压抑着，一旦爆发，很有力量。

8月初，蒋介石向西北的冯玉祥、山西的阎锡山、广西的白崇禧和四川的刘湘发出电报，并向李济深、龙云、何键、余汉谋、顾祝同、蒋光鼐、蔡廷锴、陈铭枢等，还有从抗日前线卢沟桥畔来的第29军军长宋哲元等，邀请他们来南京研讨国防大计。与此同时，国民政府的要员也齐集首都南京，共商国是。

白崇禧接到电报后有些犹豫，他找李宗仁、李品仙、夏威、廖磊和黄旭初等桂系中的实力人物商量去留。这些人一致反对白崇禧去南京，他们担心这一去可能会对西南实力派不利。白崇禧素有"小诸葛"之称，他认为，抗日是桂系历来的主张，也是国民的一致要求。如今抗日时机成熟，正是军人报效国家的时候。如果不去南京，不但辜负了中央的一片厚意，连自己以前喊过的抗日口号也变成自欺欺人的话了，他决定动身去南京。

从8月4日起，蒋介石每天分批与各地应召来京的军事将领商谈抗战的军事部署。如果说庐山谈话曾是抗日战争的文臣动员大会的话，那么，从8月9日至12日在南京灵谷寺无梁殿召开的最高国防会议就是武将的统一大会。这是中国抗日战争的最高决策和军事部署会议。

大战前，蒋介石首先召开了这次全国军事会议。晋军首领阎锡山被任命为第2战区司令长官，他信誓旦旦地表示坚决抗日。四川省主席刘湘在卢沟桥事变后的第3天就电呈蒋介石请缨抗战，他是8月7日乘飞机到南京的。在国防会议上，他说："要抗战才能救亡图存，才能深得民心，要攘外才能安内。日本人的国力虽然与我国相比较占优势，但其必须利用交通线，始能展其所长。离开了交通线，不但军队调动困难，给养补充更不容易。我们只要采取正规、游击两种战术，在交通线两侧及其前方后方与敌周旋，即可作持久战。"他表示："抗战，四川可以出兵30万，供给壮丁500万，供给粮食若干万石。"

一向从严治军的冯玉祥被任命为第3战区司令长官，他写好了遗嘱，随时准备为抗战牺牲生命。参加完军事会议后，他应邀到中央广播电台发表题为《我们应如何抗敌救国》的讲演，他对千千万万民众说："侵略中国的是凶狠残暴的日本军阀。至于日本人民，我相信大多数是爱好和平，拥护公理和正义的。但是，我们对日本帝国主义和日本军阀决不应该再存有丝毫的幻想。我们只有以抗战手段，才能取得真正的和平，取得国家的自由与平等。"冯玉祥认为，我们要争取抗战胜利，就应当发扬民族精神，如申包胥、岳武穆的忠心报国精神。首先应当把自私、不诚、怕死、为家不为国、明哲保身等观念铲除净尽。他说："比如土耳其和苏联的反抗战争，都是以民族抗战的精神，而获得胜利的最好榜样。"

参加国防联席会议的各方将领，一致以起立表示抗战的决心，并一起参与制订了抗战指导方案与作战指导计划。8月20日，在大本营成立的当天，国民政府以大本营的训令形式颁发了《战争指导方案》和《作战指导计划》。

《战争指导方案》授予大本营大元帅统率海陆空之权。规定了大

赴南京参加国防会议的周恩来（右二）、朱德（右一）、叶剑英（左二）与国民党将领黄琪翔（右三）、张群（左一）等人合影。

本营的组织机构。确定以"持久战"作为指导的基本主旨:"大本营对于作战指导,以达成'持久战'为基本主旨,因此将军令、政略、财政、经济、宣传、训练划为六部,分担职务,各应本主旨,适切运用,紧密联系,俾获最后之胜利,为共同一致最高之原则。"《方案》还规定,将全军划分为战区,"第1战区:冀省及鲁北。第2战区:晋察绥。第3战区:苏南(长江以南)及浙江。第4战区:闽粤。第5战区:苏北(长江以北)及鲁省。"5个战区分别由蒋介石、阎锡山、冯玉祥、何应钦、蒋介石(兼)任司令长官。"主战场之正面在第1战区,主战场之侧面在第2战区。"①

《作战指导计划》则具体规定了作战方略及各战区的主要指导要领。"国民部队之运用,以达成'持久战'为作战指导之基本主旨,各战区应本此主旨,酌定攻守计划,以完成其任务。"对敌情作了正确判断:"综合所得诸情报,及依据历次战役之经验,判定:敌国为使现在平津一带敌军之作战便利起见,将其有力之一部先进占平绥线各要点(张家口、南口等处),尔后或深入山西,以威胁第一战区之侧背,或转进于正定、保定方面,以直接协力于其在平津部队之攻击。"基于对敌情的判断,《计划》规定了各战区的主要任务。"第一战区……应即派有力之一部(约两军),近迫当面之敌,实行柔性之攻击,同时抽调在平汉路北端部队(机动性大而富于游击战之经验者)约三师(能多更好),归第二战区长官指挥,向怀来、万全之线以北转进。""第二战区……本战区为华北唯一之屏障,务须永久固守,以为国军尔后进出之轴心……第一步,以该战区现有之兵力,最低限度,必须固守南口、万全之线,以候第一战区转移兵力之到达。第二步:第一战区转移兵力到达后,向赤城、沽源之线转移攻势。第三步:依战况之推移,对于山西东北方面,原积兵力,以期永久固守。""第三战区……对于侵入淞沪之敌,应迅速将其扫荡,以确保京沪政治经济重心。"

《战争指导方案》与《作战指导计划》明确提出要以武力对付侵犯中国的敌寇,以求中华民族之生存和国家主权与领土完整,制定了抗战初期具体的作战指导计划;但同时,对于贯彻持久战主旨的部署和指导缺乏周密考虑和计划,其中集中空军主力协同陆军先歼灭淞沪之敌的部署,在一定程度上背离了持久战战略,带有轻敌和速决的成分。

8月22日,国民政府军事委员会正式发布命令,将红军改编为国民革命军第8路军。9月22日,国民党中央通讯社发表了《中国共产党为公布国共合作宣言》,23日,该社发表蒋介石《对中国共产党宣言的谈话》,正式承认中国共产党的合法

---

① 中国第二历史档案馆编:《抗日战争正面战场》上册,江苏古籍出版社,1987,第11~14页。

地位，至此，国共第二次合作正式建立。中国抗日民族统一战线的建立，对夺取抗战胜利极为重要。

第39通手令——问平津之间的电话尚通否

【手令编号】下卷038

【时间判读】1937年8月__日

【正文释读】

问天津与北平电话尚通否？中正。

【原件品鉴】

竖排5行套红"国民政府军事委员会便用笺"1页，现原笺有上页红色沁润；蓝色铅笔书写。原笺右上角盖有紫蓝色条形章"侍秘第__号手令"，但未填写序号。

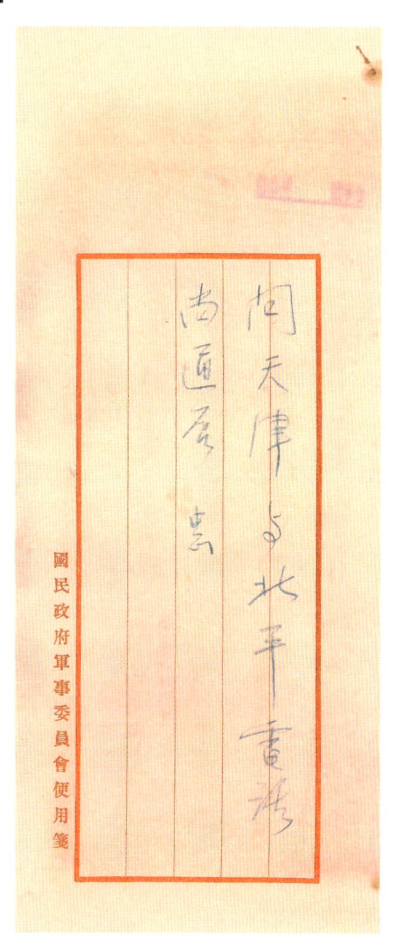

【原文解读】

从原笺盖有紫蓝色条形章"侍秘第__号手令"，虽未填写序号，但与同时期的手令相比较，可判断书写于1937年7月"卢沟桥事变"之后的8月。

从手令询问"天津与北平电话尚通否"的语气，可感到卢沟桥事变后的华北局势越来越紧张，战事不可遏制地在向全国蔓延。

（一）《1937年度国防作战计划》及"八一三"淞沪抗战

华北前线守军吃紧的战报不断传到南京蒋介石的统帅部：守军各部伤亡极为惨重，第29军副军长佟麟阁将军，第132师师长赵登禹将军在战场上壮烈殉国。蒋介石急令中央军精锐，汤恩伯将军的第13集团军和卫立煌将军的第14集团军等部驰援华北。8月初，汤军突然出现在北平八达岭、南口一带，对正欲从北平地区南下作战的日军主力形成背后的威胁。日军中国驻屯军司令官香月清司中将立即命令两个师团的兵力，攻击南口的汤恩伯军。汤恩伯军战斗极为顽强，给敌以沉重打击。卫立煌军

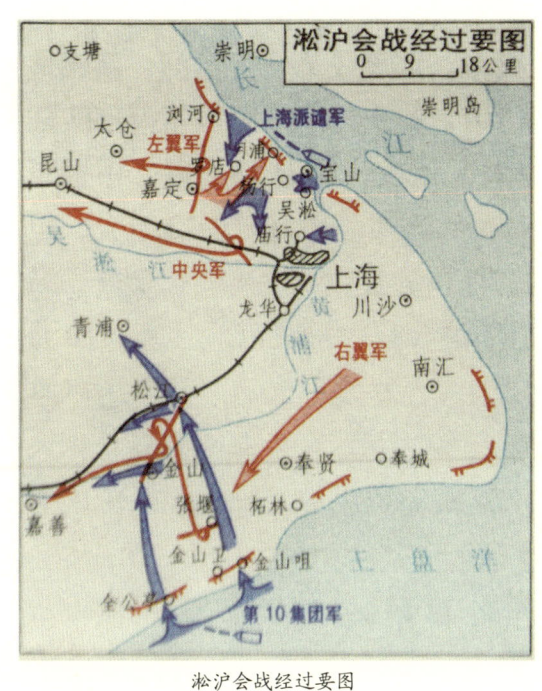

淞沪会战经过要图

已从保定附近穿过山地,向西北驰进,对进攻南口的日军左侧背发起猛攻,使敌陷入腹背受击状态。日军为解救被围攻的部队,遂调集华北所有兵力增援南口。中国军队亦不断向南口方面增援。中日军队在南口地区展开激战。

蒋介石为了避免南北两个方向作战,亦即防止日军在华东沿海进攻,分散和牵制中国军队北上决战的兵力,在卢沟桥事变发生时,他便决心以先发制人的手段,彻底消除"后院"之潜在威胁。为此,蒋介石向华中守军发出命令:以迅雷不及掩耳之手段,于规定同一时间内,将敌在我国华中地区非法强占之各据点扑灭之:(1)国军于华北抗战初期,奇袭扫荡上海敌之潜势力,尔后则确实占领之。(2)上海当局应充实宪警之力量,俾能协助国军扫荡上海敌之潜势力。由于日军事先从汉奸那里获得了中国军队将以先发制人手段扫荡华中日军的情报,武汉以下长江中的日本海军舰艇部队和长江中、下游沿岸的部分海军陆战队,在中国军队"一扫"之前,偷偷逃至上海。

上海警备司令张治中将军根据蒋介石的命令,为了扫除上海之敌,积极部署兵力。指挥部队于8月9日主动挑起战事,在8月13日与日海军陆战队展开大规模战斗。在上海的日本海军陆战队兵力有6000余人,再加上第3舰队的舰艇部队和空军配合作战,致使张治中部未能将上海之敌"一扫"而光,反而陷入了艰苦的拉锯战。中国军队亦陷入了蒋介石力图避免的南北两面作战的不利境地。

8月15日,时还在庐山负责军官训练团教育的军政部次长陈诚,接到蒋介石从南京发来的急电,令其速往南京,策定抗战方略。当天,陈诚从庐山飞抵南京,蒋介石问他对"抗战计划"有何意见。所谓抗战计划,即《1937年度国防作战计划》(甲、乙两案)。该计划于1936年底,由参谋总长程潜上将主持制定,送蒋介石审定,蒋又叫陈诚认真加以研究。

陈诚认为该计划在敌情判断方面有十分精明正确之处。如:查敌国常备军,可以用于最前线之兵力约93个师团17个旅团共200万人左右。除去用于防御苏俄和受欧洲方面牵制,用于进攻中国的兵力最多只能使用30~40个师团,即60~80万人;

日军因军备及一切物质上均较我有优势，并掌握绝对制海、制空权，对我将采取积极之攻势，而期速战速决。但是，该作战计划在作战方针和作战指导要领方面，都主张处处设防，御敌于国门之外。如甲案中的作战方针规定：中国军队以捍卫国土确保民族独立之自由，在山东半岛经海州至长江下游，在杭州湾以南沿岸，应根本击灭敌军登陆之企图。在黄河以北地区，应抗击敌人于天津—北平—张家口之线。

陈诚认为这不切我国实际。提出了持久战的战略。他说："我国因军备落后，且未有充分作战之准备，不宜实施速战速决，也断难取得速战速胜之效果。我国长处在于国土广大，人口众多，经济资源散布各地，具有长期抗战的条件。故我国对日本作战之最高指导方针，不能不根据优劣相反之客观条件，实施持久消耗战略。在此项大方针下，对日作战之具体运用，可分为3个时期：第一期为持久抵抗时期；第二期为敌我对峙时期；第三期为我总反攻时期。在抗战第一时期，我军对日军之攻势，仅作有限度之抵抗，尔后主动转进，以消耗敌人战斗力，保存我军之主力。藉以空间换取时间，扩大战场，分散敌军兵力，以求达成早日阻止敌人的进攻，及建立长期抗战力量之目的。"

这时，隐蔽了1年多的"京沪抗日秘密指挥部"开始调兵遣将。自从1936年2月张治中由中央军校教育长之职调任为这个重要机关的负责长官，他立即选派干部，并以"中央军校高级教官室"的名义移驻苏州。因为需要侦察和测量，以及组织工事构筑和训练，为了掩护起见，"高级教官处"又改名为"野营办事处"。"野营办事处"在上海到南京的铁路线上，包有一节专用车厢，随时可以挂在任何一次列车上。1937年7月中旬，张治中是在青岛养病时得知卢沟桥事变的。他立即拒绝医生的再三挽留劝告，赶回南京。大战在即，南京政府任命他为京沪警备司令官的要职，可他手上能掌握的部队不多，除了第77师、第78师和江苏及上海的几个保安团外，协同的炮兵和空军都调到华北去了，第36师还在西安没有回防。这时，钟松的第2师补充旅及时赶到，张治中命令其中1个团更换保安团的服装，化装为上海保安队进驻虹桥、龙华西机场担任警戒，另1个团化装成宪兵开驻松江。

化装成保安队的士兵刚刚进驻虹桥机场，就发生了一起外交事件。8月9日，太阳快要落山的时候，一辆日本军用汽车发疯似的朝虹桥机场开来，担任警戒的中国士兵示意停车检查，可是两个武装的日本兵不听劝阻，反而开足马力冲过了警戒线。早就仇恨满腔的中国士兵便开枪射击，汽车东倒西歪地扭了几下就翻倒在地。被打死的两个日本兵是海军陆战队驻沪西第1中队的军曹大山勇夫与一等兵斋藤与藏。情况立即报告警备司令部。参谋处处长朱侠驱车来到现场。科长钟桓同时向日本领事馆联系询问有否私自乘车外出的军人。

日本海军武官本田少将向记者发表了威胁性的谈话:"决不让死者作无意义的牺牲。"驻上海总部领事冈本季正对上海市长俞鸿钧说:"着日本海军军服的军人被中国军队所杀,这是对皇军的极大侮辱,此事已引起全日本的愤怒!"他提出在本案交涉之前,中国方面必须立即撤除保安队和撤除保安队所设置的防御工事。

俞鸿钧市长据理力争,他说:"此次不幸事件的发生,中国方面极为重视。我们认为双方应以诚挚公正的态度,彻底调查事件真相,然后再循外交途径解决。"他希望日本方面"勿过于冲动感情,亦勿仅凭理想与臆测推断事实"。"至于避免发生同样事件一点,市政府早已注意。事件发生之夕,已自动将距离日侨居住区域较近之保安队步哨稍稍后退,以免冲突。至于沙袋及铁丝网,因恐引起市民惊惶,亦早已撤除。"日本总领事冈本说:"保安队现在驻扎的地点,形成包围日本陆战队之形势,非撤退不足以避免冲突。再如掘战壕堆沙袋等工事,亦应撤除。"

俞鸿钧市长柔中有刚地说:"保安队所有措施,无非为防范起见。总之,我方维护之心志,日方应能谅解。如认为保安队的工事含有危险,则不免神经过敏。"冈本又回到虹桥机场事件上来了,他说:"据日方调查,日本海军官兵并未开枪。"俞市长的口气强硬起来,因为中国军队正在向上海开进,抗战就要爆发。他的答复有理、有节而且有力:"领事今天并非为交涉此案而来,故我不愿意详谈。等正式交涉时,我们再进行讨论。需要提请领事注意的是,日方军舰今天有16艘到沪,一部分停泊在吴淞口外,一部分开进了黄浦江,且有军队登岸,不知冈本先生知道否?"冈本面对俞市长有力的驳斥和反问,支支吾吾答不上来。俞市长又斩钉截铁地说:"贵方一面在外交交涉,一面又增加军舰,这是威胁。但我方抱有固定的方针,不是威胁可以改变的!"也就在这一天,在南京的日本驻华大使馆参事日高到中国外交部施加压力,要求中央政府督促上海公平地了结虹桥事件一案。

这天傍晚,国民政府军事委员会下令:京沪警备司令张治中率部向上海既定围攻线开进;苏浙边区司令张发奎率第57师向浦东推进;第55师及独立第20旅调往上海南郊;第56师和第61师进入上海北郊;炮兵第2旅山炮第3团由嘉兴向苏州开进;榴弹炮第10团由南京向苏州开进;

1937年8月13日下午,第88师一部与日军在上海八字桥激战。

第98师由汉口向南京开进；第56师及江苏省两个保安团，担任长江南岸江阴和浏河地区的江防。接着，罗卓英的第18军、周磊的第6师、胡宗南的第1军两个师，俞济时的第58师及王耀武的第51师，都向上海集中。

8月12日早晨，张治中率领的第87师和第88师连夜赶到上海。中央军先头主力部队也相继到达。下午3时，应日方要求，淞沪停战协定共同委员会在工部局会议厅开会。除上海市长俞鸿钧和日本驻沪总领事冈本外，还有英、法、美、意4国代表。冈本指责中国保安队及正规军队已在近郊设置防御工事，提请共同委员会加以注意。俞鸿钧市长严正驳斥冈本的言论，他说："我国军队是在自己的领土上进行战争准备，如日方撤退，则可避免冲突。中国军队恪守'人不犯我，我不犯人'的一贯政策。如日方不向我挑衅，我方绝不首先开枪！"3个小时的唇枪舌剑，最终不欢而散。当晚，日本海军陆战队司令大川下令部队进入阵地，4000多名日军做好了战斗准备。"八一三"淞沪抗战就此开始。

（二）国民政府《自卫抗战声明书》

1937年8月14日，即"八一三"淞沪抗战拉开战幕的次日，国民政府发表《自卫抗战声明书》：

"中国为日本无止境之侵略所逼迫，兹已不得不实行自卫，抵抗暴力。

近年来，中国政府及人民一致所努力者，在完成现代国家之建设，以期获得自由平等之地位；以是之故，对内致力于经济文化之复兴，对外则尊重和平与正义，凡国联盟约，九国公约——中国曾参加签订者，莫不忠实履行其义务。盖认为'独立'与'共存'，二者实相待而相成也。乃自九一八以来，日本侵夺我东四省，淞沪之役，中国东南重要商镇，沦于兵燹；继以热河失守；继于长城各口之役；屠杀焚毁之祸，扩而及于河北；又继之以冀东伪组织之设立；察北匪军之养成；中国领土主权，横被侵削。其他如纵使各项飞机在中国领土之内不法飞行，协助大规模走私，使中国财政与各国商业，同受巨大损失；以及种种毒辣之手段：如公然贩卖吗啡、海洛英，私贩枪械接济盗匪，使中国社会与人种，陷入非人道之惨境。此外无理之

侵犯中国热河地区领空的日军侦察机

要求与片面之自由行动,不可胜数。受一于此,已足危害国家之独立与民族之生存,吾人敢信此为任何国家任何人民所不能忍受,以迄于今,吾人敢言中国之所以出此,期于尽可能之努力,以期日本最后之觉悟而已。及至卢沟桥事件爆发,遂使中国几微之希望归于断绝。

由于日本大举扩张天津驻屯军,且屡于辛丑条约未经允许之地点施行演习。日本此种行动,已足随时随地引起事变而有余;而本年七月七日深夜,日本军队竟于邻近北平之卢沟桥,施行不法之演习,继之以突然攻击宛平县城。我守土有责之驻军,迫而为正当防卫;我无辜之人民,于不意之中,生命财产毁于日本炮火之下,凡此事实,已为天下所共见。

日本之行动有深足注意者,即其口头常用就地解决,及不欲扩大事态之语调;而其实际,则大批军队及飞机、坦克车,以及种种新战争利器,由其本国及朝鲜与我东北,源源输送至河北境内。其实行武力侵略,向我各地节节进攻之事实,绝不能为其所用之语调,所可掩蔽于万一。

中国政府于卢沟桥事件发生后,犹以诚意与日本协商,冀图事件之和平解决。七月十三日,我外交部曾向日本大使馆提议双方及时停止军事行动,而日本未与置答。七月十九日,我外交部长复正式以书面重提原议,双方约定一确定日期,同时停止军事动作,同时将军队撤回原驻地点。并曾声明:中国政府为和平解决此次不幸事件起见,准备接受国际公法或条约所公认之任何处理国际纠纷之和平方法,如双方直接交涉,斡旋,调解,公断等等。然而以上种种表示,均未得日本之置答。

于此之际,中国地方当局为维持和平计,业已接受日本方面所提议之解决办法。中央政府亦以最大之容忍,对于此项解决办法,未予反对。乃日本军队于无可借口之中,突然在卢沟桥、廊坊等处,再行攻击中国军队,并于本年七月二十六日致哀的美敦书,要求中国军队撤出北平。此则予双方约定解决办法以外,横生枝节,且为吾人所万万不能接受者。

于期限未至之前,以猛力进扑中国文化中心之北平,与中外商业要枢之天津。南苑附近,我驻军为日本轰炸机及坦克车所围攻,死亡极

日机空袭北平城外南苑、西苑、北苑的中国军队,掩护其机械化部队猛烈进攻。

烈;天津方面,人民生命横遭屠戮,公共建筑、文化机关以及商店、住宅,悉付一炬。自此以后,进兵不已,侵入冀省南部,并进攻南口,使战祸及于察省。凡此种种,其横生衅端,扩大战域,均于就地解决及不扩大事件语调之下,掩护其进行。

当此华北战祸蔓延猖獗之际,中国政府以上海为东方重要都会,中外商业及其

日机轰炸上海闸北,大火蔓延上海市区。

他各种利益,深当顾及,屡命上海市当局及保安队加意维持,以避免任何不祥事件之发生。乃八月九日傍晚,日军官兵竟图侵入我虹桥军用飞机场,不服警戒法令之制止,乃至发生事故,死中国保安队守卫机场之卫兵一名,日本官兵二名。上海市当局于事件发生之后,立即提议以外交途径公平解决;而日本则竟派遣大批战舰陆军以及其他武装队伍来沪,并提出种种要求,以图解除或减少中国自卫力量。日本空军并在上海、杭州、宁波以及其他苏、浙沿海口岸,任意飞行威胁,其为军事发动,已无疑义。迨至昨日以来,日军竟向我上海市中心区猛烈进攻,此等行动,与卢沟桥事件发生以后向河北运输大批军队,均为日本实施其传统的侵略政策整个之计划,实显而易见者也。

将使中国于危急存亡之际,尚不能采用正当防卫之手段。须知此等停战协定,其精神目的,即欲于其地点内双方各自抑制,以期避免冲突,不妨碍和平解决之进行。若一方自由进兵,而同时复拘束他方,使之坐而听受侵略,此为任何法理任何人情所不能曲解者。

中国今日郑重声明,中国之领土主权,已横受日本之侵略;国际盟约,九国公约,非战公约,已为日本所破坏无余。

此等条约,其最大目的,在维持正义与和平。中国以责任所在,自应尽其能力,以维护其领土主权及维护上述各种条约之尊严。中国决不放弃领土之任何部分,遇有侵略,惟有实行天赋之自卫权以应之。日本苟非对于中国怀有野心,实行领土之侵略,则当对于两国国交谋合理之解决,同时制止其在华一切武力侵略之行动;如是则中国仍当本其和平素志,以挽救东亚与世界之危局。要之,吾人此次非仅为中国,实为世

界而奋斗;非仅为领土与主权,实为公法与正义而奋斗。吾人深信,凡我友邦既与吾人以同情,又必能在其郑重签订之国际条约下各尽其所负之义务也。"①

第40通手令——随时详报日人及政府对华北消息

【手令编号】下卷039

【时间判读】1937年__月__日

【正文释读】

电话问日人及其政府对华北消息如何?并随时详报。中正。

【原件品鉴】

竖排5行套红"国民政府军事委员会便用笺"1页,现原笺有上页红色沁润;毛笔书写。

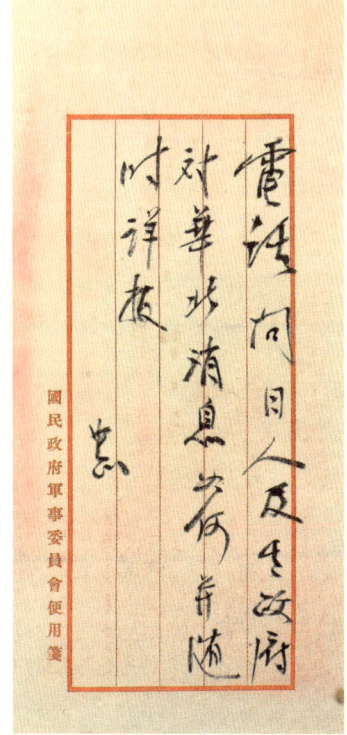

【原文解读】

情报信息是作战指挥的重要依据,作为全国军事最高统帅的蒋介石,此刻需要来自各个方面的消息,所以他要求侍从室人员"随时详报"来自各个方面的华北消息及各种情况反映。

(一)中国国际问题研究所对日情报及战略判断

抗日战争全面爆发时,中国国民政府军事委员会在上海有一个国际问题研究所(简称国研所),这个研究所与抗战相始终,为保证抗战胜利提供了很多有价值的情报和咨询,蒋介石的许多信息和战略判断即来自于这个研究所。该所负责人顾高地曾有回忆文章,专门记述了研究所在抗战爆发时及抗战中所进行的一些研究。

1937年3月间,也即"七七"事变爆发前4个月,

---

① 选自《中国近代对外关系史资料选辑》下卷第2分册,上海人民出版社,1977。

"国研所"成立,由顾高地、王芃生、洪松龄3人组建,直接受命于蒋介石,专门研究日本问题,为抗战做准备。

当时中日之间的关系,表面缓和,双方且先后互派经济使节往来访问。但在幕后,日本少壮派军人阴谋策划华北自治,不仅未稍收敛,且步步进逼,与日俱增,"国研所"正是在此背景下成立的。草创伊始,虽限于条件,工作未能展开,收获不大,但对"七七"事变的爆发,则早在5月间即作有正确判断。因此,于事变爆发之日,立即得到蒋介石的重视,指示进一步开展工作,并为此提供必要条件,为以后工作的开展奠定基础。

1937年4月间,"国研所"综合各方情报,判明日本陆军方面,无论在东京或现地,对华北问题的处理,存在两种对立意见,斗争极为激烈。一派着眼于对苏作战,主张中止华北自治工作,而谋求所谓日支邦交调整,实行共同防共、经济提携,并以退还日本在中国(除伪满外)的一切政治军事权益,包括治外法权、华北特殊利益、陆海军驻兵权、租界等为诱饵,诱南京政府承认伪满(至少事实上承认),屈辱妥协。同时,谋求陆军内部的"整肃",防止所谓"下克上"的重演,以期统帅部的意图得到贯彻。此即所谓稳健派,亦称之为统制派的。另一派则认为西安事变和平解决,国共第二次合作,"现地事态恶化",谋求断然一举解决华北问题,以免夜长梦多,并为此不惜于现地制造事变,强迫东京跟着走,重演"九一八"以来"下克上"的故伎。此即所谓强硬派,亦即通常所谓少壮派,或称皇道派。

日军稳健派在陆军中央方面,以参谋本部第一部长石原莞尔少将、战争指导课长河边虎四郎大佐、陆军省军务课长柴山兼四郎大佐等为代表,受到参谋次长今井清中将的支持,海军、外务及元老重臣方面亦多表赞同;在现地则以支那驻屯军参谋长桥本群少将、作战参谋池田纯久中佐、北平特务机关长松井太久郎大佐、北平驻在武官今井武夫少佐等为代表,受到支那驻屯军司令官田代皖一郎中将的支持。强硬派在陆军中央方面以参谋本部作战课长武藤章大佐、支那课长永津佐比重大佐、陆军省军事课长田中新一大佐等为代表,受到陆军大臣杉山元大将、陆军次官梅津美治郎中将的支持;在现地还有以大使馆附陆军武官喜多诚一少将、支那驻屯军先任参谋和知鹰二中佐、大木良技中佐、情报参谋长田盛寿少佐等为代表,受到关东军及朝鲜军的支持。当年三四月间,少壮军人在东京与现地间往返频繁,尤其3月间喜多少将与和知中佐东京之行最堪注目。

鉴于以上情况,"国研所"密切注视东京与现地的动向,努力搜集有关情报,以便研究对策。5月1日,获得4月30日晚间日本使馆附海军武官本田忠雄少将在上海月乃家花园日本料理店招待当日抵沪的佐世保海军记者团时的谈话。当时有记者问

中国军队第29军在卢沟桥上抗击日军的进攻。

本田对华北局势的看法,本田笑着说:"8月1日以前没有事件发生,那是没有问题的。"记者追问:"8月1日以后怎样?"本田即笑而不答,只举杯劝酒,并召艺妓献艺,在一片嘻笑喧嚷中,谈话未再继续。

这一情报得自一极为可信的来源,虽只寥寥数语,对照当时情势发展,具有不可忽视的重大意义,为此"国研所"部署人员分头设法向有关方面进一步搜集情报,冀能获得证实。

5月中旬,"国研所"先后从不同来源获得一些情报,而以来自支那驻屯军有关人员的一次谈话最为重要。此项谈话归纳起来为日本陆军中央方面,在统制派的策划下,内定在当年8月陆军大异动(即陆军人事更迭)中,将少壮派领袖人物,亦即"九一八"事变的主要策划人之一,当时担任第5师团长的板垣征四郎中将免职,并编入预备役,以为整肃少壮派的开端。

为此,少壮派秘密策划于大异动之前在华北制造事变,以阻挠中央方面的这一决定,借以保全少壮派的固有地位,不致遭受打击。同时,乘机推动对华北的各项谋略,企图达到华北自治,由日方全面控制的目的。另一情报,来自当时担任冀察政务委员会外交委员长,从事对外交涉,以亲日著称的陈觉生,他本其与日方接触所得的印象,认为日方对冀察方面的各项要求是不能得到满足,最迟至秋冬之交,华北肯定会出事。综上情报,"国研所"权衡形势,判断日方将在华北伺机制造事变,而爆发时机当在日本陆军8月大异动之前,最迟当在8月上旬,也有可能提前在7月间发动。当即据此写成研究报告,于5月24日以"敬电"报告当时驻在南昌的蒋介石。不久,"七七"事变爆发,证明上述判断完全正确,成为8年抗战中,"国研所"所作的两个重大战略判断之一("国研所"的另一个成功战略判断,是1941年11月21日所作的日军企图发动太平洋战争的判断)。

从以上情报,也足以说明"卢沟桥事变"爆发时,日方诬赖由于中国军队挑衅引起是谎言,充分证明"七七"事变是日方预谋的有计划的行动。由于"国研所"各项情报及研究报告,从来只供蒋介石个人决策参考,故其具体内容在当时的国民党最上层中知道的人也是极少。

据当时"国研所"所获情报，当"卢沟桥事变"爆发之初，日本现地稳健派除田代司令官患心脏瓣膜症病危，6月中旬起即未问事外，以桥本参谋长为首，想控制局势的发展，限制事变扩大，谋求现地解决。陆军中央方面稳健派的石原部长等亦持同样观点，为此曾一度以参谋本部名义发出避免进一步使用武力的指示。但以和知参谋为中心的现地强硬派，本身就是事变策划者，岂肯虎头蛇尾，甘受约束，为此不仅不断提出强硬意见，更千方百计地策动部队继续挑衅滋事，无中生有制造所谓"不法射击事件"，为扩大事态的借口。中央方面的武藤课长、田中课长等与之遥相呼应，对事变处理，坚持若出以温和态度，势将助长中国的抗日气势，因此需要"给予沉重一击"，以杜绝抗日的根源。关东军方面更认为此系一举解决华北问题的好机会，公然越俎代庖，发表声明，表示保持坚定决心，注视事态发展；同时以所属独立混成第1旅团、第11旅团及关东军航空部队做好准备，作为驻屯军扩大行动的后盾。又派参谋副长今村均少将、参谋田中隆吉中佐到天津，鼓动驻屯军采取强硬措施。

随着现地不断发生纠纷，强硬派意见逐渐占上风。7月11日，杉山陆相在阁议中正式提出，出动关东军两个混成旅团及朝鲜军第20师团支援驻屯军，并在国内对第5师团、第6师团、第10师团实施动员准备。获得通过后，内阁立即发表向华北派兵声明，于是事态扩大已成必然，局势实际为强硬派所控制。

7月12日，新任驻屯军司令官香月清司中将到天津。他原系强硬派，莅任前虽奉有不扩大事变、迅速收拾事态的指示，但在汉城、长春受到朝鲜军司令官小矶国昭大将和关东军参谋长东条英机中将的煽动，态度更趋强硬。到后来，即要求驻屯军作好全面作战的准备，强硬派声势更为之一振。

与此同时，中国全国抗日气势高涨，群情激昂。蒋介石在中国共产党和全国人民要求抗战下，举行庐山会议，决定抗战，并部署大军北上，更成为日军强硬派大举行动的借口。7月17日，关东军独立混成第1旅团进抵北平顺义附近。19日，独立混成第11旅团推进至高丽营附近，均距北平市区不足30公里。18日，朝鲜军第20师团主力在天津集中，并以一部控制唐山、山海关一带。至此，日军已完成一举占领平津地区的战略态势。

7月25日，廊坊事件发生（日军第20师团1个中队在廊坊架设电线，与中国驻军第29军第38师发生冲突）。26日，广安门事件发生（日本驻屯军第2联队1个大队自丰台乘汽车通过广安门进入北平，与中国守城部队第29军第37师发生冲突）。28日，日方公然以此为借口要求中国军队撤出北平，并在空军协助下，向中国军队全线发动总攻击，先后占领南苑、西苑及永定河左岸地区。天津日军亦于同日占领天

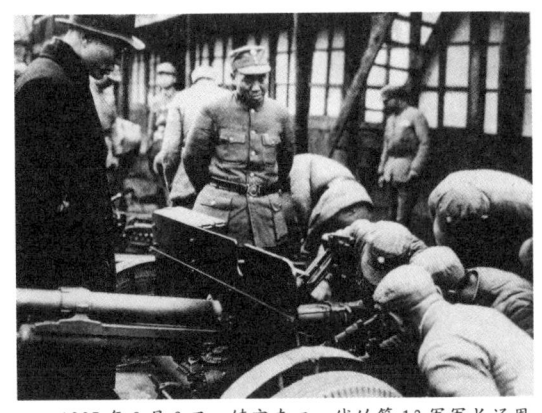
1937年8月9日，镇守南口一线的第13军军长汤恩伯，在中国军官训练营视察官兵使用37厘米大炮。

津及其周围地区。中国冀察政务委员会委员长兼第29军军长宋哲元忍无可忍，同日夜间发表通电，表示服从中央命令，坚决抵抗日军侵略，不惜牺牲。第29军副军长佟麟阁、第132师师长赵登禹均于同日在南苑作战中阵亡。至此，中日两军事实上进入全面交战状态。

自日军发动事变到进入全面战争的20多天里，东京方面稳健派及海军、外交人物就主张就地解决，反对从国内派兵，扩大事态。7月11日，杉山陆相在阁议中提出出动关东军及朝鲜军并在国内抽调部队增援华北，米内海相坚决反对，广田外相提出目前动员只能理解为准备性的打算，从而否决了杉山的提议，改为动员准备。参谋本部第1部长石原鉴于形势向有利于强硬派方面发展，忧虑演化成全面战争，早在7月13日即提出派参谋本部总务部长中岛铁藏少将、陆军省军务课长柴山兼四郎大佐出发现地，传达回避全面战争、努力现地解决的方针，要求第一线部队不再挑起纠纷。中岛等于7月19日与冀察当局签订关于实施取缔排日活动的协定后始返回东京，参谋本部随即决定暂时停止动员国内师团。

7月22日，稳健派又将现地强硬派急先锋和知中佐调回国内，以减少事故发生，但和知归国后，继续鼓吹中国中央军进入河北省，破坏《何梅协定》，现地部队情绪激昂，已到了断然采取行动的时刻。在此期间，石原曾授意战争指导课起草关于紧急措施意见，建议由近卫首相在危急情况下，亲自到南京与蒋介石直接谈判，以决定和战。据说近卫借口对谈判无信心而予以搁置。其后石原又向杉山陆相、梅津次官提出从华北撤兵的意见，杉山、梅津拒绝加以考虑。关于此事尚有一插曲，曾与"国研所"有联系。其经过是：日本近卫首相一方面慑于陆军强硬派的威势，不能作出独立的判断与决策，一方面受左右比较有远见的谋士如松方幸次郎、细信夫、尾崎秀实等的怂恿，曾派元老西园寺之孙来沪秘密访问宋子文，探听中国方面对解决华北事变的意见。但其具体经过"国研所"人员并不明了，所知道的是近卫于7月下旬曾委托孙中山先生老友、终生致力援助中国革命的宫崎滔天之子宫崎龙介来沪，谋求与国民党老一辈接触，研究避免全面战争、解决事变办法。宫崎父子与"国研所"王芃生本属素识，早一年王在东京任大使馆参事官时，宫崎龙介与王有过接触，对如何挽救中日间危机具有同感，宫崎亦知王芃生归国后成为蒋介石对日本问题的重要顾问，故于出发来沪前，通过当时国民党驻横滨总领事邵毓麟与王取得联系，约定在上海相见，"国研所"为此作了安排。但宫崎于7月24日在神户登轮时，为日本宪兵逮捕，陷狱多年，此事遂成泡影。在宫崎行期之后一天，即7月25日，"国研所"安排郭沫若回国，则事前经过"国研所"关系人士名画家钱瘦铁周密安排，并陪同登轮，则未为日本宪警发觉，安全离日，于27日到达上海，"国研所"顾高地偕同国民政府行政院秘书黎琬京去轮埠迎接。以上"国研所"同时安排的两件事，一有结果，一无结果。

　　7月26日，广安门事件发生后，27日日方决定立即动员国内第5、第6、第10这3个师团前来中国华北，并指示驻屯军作战任务为扫荡平津地区，将作战地境定为保定至独流镇（天津南20公里）一线以北。至此，日方所谓不扩大方针完全改变，进入正式交战状态。在此情形下，广田外相在米内海相支持下，仍然考虑以外交手段打开局面，在试探停战的同时，谋求所谓邦交调整，以对抗陆军单独处理时局。

　　其后，在取得近卫首相及杉山陆相谅解下，决定先派出民间人士，曾驻天津、上海、沈阳等地总领事，时在华日商纺织业公会会长的船津辰一郎于8月7日秘密来沪，试图与原国民党外交部亚洲司长高宗武接触，进行游说，希望由中方先提出停战，然后将停战与调整邦交同时进行。据当时所获情报，关于停战，日方方案为划定河北省永定河及白河右岸以东、以北各地区及察北六县为非武装地带，日军除战前驻屯军原有兵力外，新增部队一律撤退，中方则将中央军撤出河北省，实行停战，同时废除《塘沽协定》、《何梅协定》、《土肥原秦德纯协定》以及《淞沪停战协定》。所谓调整邦交，日方承认中国中央政府直接统治河北、察哈尔，撤销冀察政务委员会及伪冀东自治政府，日本对内蒙、绥远不加干涉，缔结日支防共协定及河北经济协定，中国对伪"满洲国"予以承认或者默认，日方则考虑对华经济援助及撤废治外法权等等。船津和高宗武会见一次后，高去南京报告，未及返沪，而上海虹桥机场事件发生，局势迅速恶化，船津这一使命随即破灭。

　　"八一三"淞沪战役爆发之初，日本稳健派痛感进入全面战争大为不利，最初尚图将派遣陆军限制在最低限度，尔后上海派遣军陷于苦战，不得不大量增援，石原因不赞同增兵而被迫辞职，转任关东军参谋副长，从此稳健派就处于无可奈何的境地，整个局势为强硬派所掌握。

　　日本对华侵略，陆海军向采分工合作办法，大体上陆军以华北为主，根据不平等条约，于天津驻有支那驻屯军，为发动侵略的大本营，其兵力在"九一八"事变前后为步兵1个联队驻天津，2个中队驻北平，另配属若干特种兵，共约2000余人。1936年日本陆军中央因关东军经常直接插手华北问题，难于控制，特将驻屯军司令官一职升格，与关东军司令官分庭抗礼，加以抵制。并将驻屯军扩充为步兵1个旅团，炮兵1个联队，附属战车、骑兵、工兵等共约5500人，分驻北平、天津及北宁路（今京沈线）沿线各地，遇有紧急事态，须由国内增援时，规定由海军担任输送护卫之责。海军以长江流域及沿海各地为主，根据不平等条约，"一·二八"淞沪战役以前，于上海驻有第1遣华舰队及陆战队，青岛驻有第2遣华舰队，"一·二八"淞沪战役后，以上两舰队扩编为第3舰队、旗舰"出云号"驻上海，所属第10战队辖巡洋舰2艘、驱逐舰3～4艘驻青岛；第11战队辖炮舰13艘、驱逐舰4艘，分驻上海及长江一带；第5水雷战队辖巡洋舰1艘、驱逐舰6艘，以马公港为基地，经常游弋华南方面；又炮舰1艘驻广州；另有海军特别陆战队，主力约2200人驻上海，一部约300人驻汉口。遇有紧急事态，海军兵力不足时，规定由日本国内出动陆军增援。

至于在紧急状态下，陆军出动兵力多寡，陆军年度动员计划内有所规定。据战前所获情报，1936年陆军动员计划，华北有事时，出动兵力最多为5个师团，其中3个师团由国内派出，2个师团由关东军、朝鲜军分别派出；上海有事时，陆军出动兵力最多为3个师团，由国内派出。由于陆军常备兵力平时只有17个师团，除去关东军配备4个师团、朝鲜军配备2个师团外，国内临时出兵最初一般只能以3个师团为度，故年度计划内规定应尽量避免在华北、华中同时出兵，如华北有事时，华中应采取缓和政策，避免事态扩大至华中；反之如华中有事，华北亦应采取缓和政策，避免事态扩大至华北。待战争全面爆发后，"国研所"获得的情报，开战第一年日本陆军可动员30个师团，出动来华兵力可增加至11个师团。海军年度动员计划，则规定中国有事时，首先出动第2舰队增援，并担任输送陆军及掩护登陆之责；事态扩大出动时间延长时，则临时由新编第4舰队接替。

卢沟桥事变爆发之初，日本海军完全支持陆军稳健派的意见，反对事变扩大，争取就地解决。7月11日，杉山陆相第一次提议在国内动员时，米内海相加以反对，认为将导致全国战争。在现地方面，自7月下旬始终采取静观态度，除决定在台湾海峡举行演习的第3舰队归还上海，强化警备，准备应急派兵外，并未采取撤退侨民的措施。按当时情势，如上海发生事变，导致全面战争，其散处长江沿岸各地日侨，总数达29230人之多，现地派兵保护既不可能，势非在大举行动之前，

淞沪会战时，国民政府妇女部组织慰问。

将各地侨民全部撤退不可,因此撤侨与否,是判断华中方面日方有无企图的重要征候。至7月下旬,"国研所"除努力搜集日方对华北方面的各项决策、企图、密切注视其发展外,对华中特别上海方面日本海军及日侨动态亦密切注意。当时华北方面事态扩大已趋表面化,然上海日本海军仍保持静观状态,初无撤侨准备,亦无增加兵力情况,证明以上所作判断完全正确。①

"国研所"为卢沟桥事变爆发后对上海日军动向所作的这个判断,写成研究报告后直接上报蒋介石。这也是在外人看来,蒋似乎有先见之明并执意孤行的重要原因。

(二) 蒋介石的《抗敌战术汇录》

1937年8月18日,蒋介石发表"告抗战将士第二书",在《抗敌战术汇录》中表示要用持久战、消耗战,以打破敌人速战速决的企图。由此"汇录",可见此时蒋介石的战略战术思想,以及对抗日战争的指导。摘要如下:

一、初战时期的注意:我们开始与倭寇作战的时候,敌人一定要用他的飞机战车大炮,向我们阵地作最猛烈的轰炸,射击;以电闪雷震般的恫吓来动摇我们的精神,眩晕我们的耳目,威胁我们退却,避免他实战的损伤。如果我们在这个时候,能够上下一心,镇定自如,固守阵地,屹立不动;并且能奋勇挺战,再接再厉,就可使敌人受到极大的挫折,终至气馁,志消,无法得逞。这样,我们才能够转危为安,将最后胜利的基础,由此最初一战来奠定。

二、抗倭战术之一:先要坚筑足资防守的最低标准工事,然后赶紧逐次加强,并要依照工兵教范规定各种工事方式,重重构筑。至于便衣别动队的组织,战地民众的训练,防空防毒简易方法的讲述,都要到处熟练,朝夕研讨,力求精详,以免临时仓皇。尤其对于民众的爱护,老幼的扶持,要特别注意,以收到军民合力抗敌的效果。

三、抗倭战术之二:就是要持久不退,消耗敌力,来确立胜利的基础。敌人的缺点很多,他最大的缺点,就是"怕死","持重","迟钝","无勇气","不敢急进",所以即令我阵地为敌人所冲破或炸毁,我上下官兵也不必慌乱,仍旧要从容修补抢筑,我们观察倭寇过去各次战斗的情形,往往在前方敌情还没有确实探明以前,他一定是不敢轻举猛进。所以我们如果能够沉着应战,虽然稍微遭遇挫折,或者阵地被敌人毁坏,还是可以在原地赶速补修,力图恢复;决不要怕他急进猛攻,而徘徊踌躇,自乱阵线!要知道:我们每到一个阵地,一定要坚持固守,决无后退的余地,凡属没

---

① 摘自顾高地:《我所知道的八一三战役片段》,载政协上海市委文史资料委员会编:《抗日风云录》(下),上海人民出版社,1985。

1937年9月，亲自兼任第3战区司令的蒋介石（左一）在淞沪前线督战。

有奉到本委员长的命令，擅自后退的，不仅要照连坐法处治，而且要以汉奸卖国论罪，无论大小官兵，必杀无赦！大家还要知道：此次战争如果各个部队随便退却一步，就要陷国家民族于死地！我们就作了历史上千古的罪人！何况敌人已逼迫我们，万无退后余地？否则我退一步，敌进百里，如果我们步行退走，敌人用飞机战车来追击，试问如何能够退避幸免？所以只有固守不退，誓死不屈，和敌人对战坚拒，使他无法前进，来消耗他的战斗力量。这样，鏖战愈久，敌人的兵力愈弱，敌人的胆量愈寒。然后我们才能够乘机出击，得到最后的胜利！

四、抗倭战术之三：就在请求夜间战斗和夜间袭击的战术。这种战术，我全体官长士兵都要加紧训练讲习，务求精确娴熟，能够作有效的运用。战时官长应该换着士兵衣服，切不可背挂皮带，以免目标显明，为敌人所射击！

五、抗倭战术之四：就是出击准备和捕捉战车的方法。对于敌人，何时出击，如何出击，这种训练，极关重要；而如何才能够出击得法，克奏肤功，就全靠我们指挥官能审机度势，当机立断。如果我们一意固守，永不出击，这决不是应战的道理，也不是防御的根本办法。要知道：我们之所以要采取守势的战术，就是在最后出击的充分准备。无准备固不能出击；时机到来有了准备而不出击，就必不能得到最后的胜利，达成战争的任务！所以我们此次抗战，要特别着重纵深配备，重重布置，处处设防，要以守势为主。但于防战的时候，一面就要积极准备兵力，运用多量预备队，等到时机成熟，就要努力出击，不必稍涉犹豫！尤其对于敌人的步兵，开始冲进我们阵地的时候，正是我们出击的最好机会！只要我们平时对于出击方向与地形，使上下官兵练习娴熟，审察精确，临事就一定能够处置得当，获得最大的胜利！至于出击的具体事项，最要注重的就是伏兵和多设陷阱两件事，尤其陷阱要掘得宽，掘得深，使敌人的战车一陷入于我伪装的陷阱之中，无法冲出，我们随即可以用手榴弹、迫击炮来轰击，乘机捕捉。这种捕捉战车的方法，大家要特别准备讲究。

六、抗倭战术之五：就是要多设伪装，固守据点，坚筑阵地。凡属本阵地线前后要多筑伪装工事，务使敌人误认此为本阵地。伪装工事里面，并应多制伪装草人，和伪装炮兵等，我们部队就掩蔽于这种伪装地带前后各据点。这种据点，不仅在阵地前方要多多构筑。就是阵地后方也应该多多设置，作预备阵地。总要计策万全，可进可退，设种种方法来使敌人飞机侦察与炮兵瞄准,都误认目标,攻击无效,以消耗他的枪弹与实力,这是抗倭胜战最重要的战术!

七、抗倭战术之六:要就据点方式来说明,据点方式,原无一定,但决不可单独孤立,一定要有大小据点相连,形成俗话所说的梅花阵。拿一个中间主据点作中心,与其附近四周的子据点,构筑交通壕,彼此联系。至于彼此间的距离,应该随当地地形与敌人重炸弹炮弹效能的长径,而决定他的长度。又大城的外周,特别要构筑各种据点,作为外围,防御敌人,使他不能直逼城下。总之,据点和工事的效用是在阻碍敌军战车的活动;多设伪装,是在使敌人飞机大炮误认目标,而使步兵不敢深入我军阵地带,万一敌人侵入,则我军各据点内的守兵,可以四周包围,一齐射击,来捉捕他,使他进来就不能再出去。惟一字式的工事,容易被敌突破,不必过于重视,但仍要与据点并重,如果能够作为伪装工事,使敌人误认以为我军本阵地之所在,亦可以收"设奇制胜"的功效。

八、抗倭战术之七:要注重"防空与防毒"。防空的方法,就是凡属遇见敌人飞机向我阵地作波浪式扫射的时候,我们官兵就要全身隐伏在壕沟里面,身体和头部要贴近内墙。譬如敌由前面向我袭击,我们就全身隐靠在前内墙;如果他由后方袭来,我们就要隐靠于后内墙;总要使我们的身体隐伏在壕沟的死角范围以内,使他无法射中。所以壕沟越深越宽,就越能够避免飞机和战车的袭击,减少我们的损伤。至于防毒战术,除另有专书详细规定之外,此刻应立即通令各师,饬令讲述毒气的性能,并赶紧练习防毒面具的戴法。每个官兵都要轮流演戴3小时乃至6小时,并且要明令各部队,凡不带防毒面具的官兵,都是预备部队,预备部队离前线之距离,应该由化学兵队规定。至各师机关枪连官兵,都要先携带防毒面具,因为在毒瓦斯战争的时候,只有机关枪队仍要在掩体以内,来扫射敌兵,使他不敢进入我军阵地。

九、抗倭战术之八:抗倭战术中还有一项最要紧的,就是关于防御坦克车的方法,和敌人用飞机炸弹重炮轰击炸毁我们阵地后的抢修,以及敌军步兵接近时的逆袭等各种战术。这些都要由各师旅团长,先就各种攻击利器的性能,加以详尽的说明,再告诉他们防御的方法,并要就地讲究,精熟习练。至于对敌军的后方,应多组别动队,便衣队,散伏各地,对于敌人后方社会壮丁青年要预先加以宣传训练,严密组织,利用他们在敌军后方地区造谣宣传,或设法妨碍敌人的行动,欺骗敌人的方向,破坏敌人的交通通讯,如剪断电线拆毁铁路破坏车辆等。如烧毁敌人各种仓库辎重物品,破坏敌人飞机和飞机场,都要放胆尽量去做!还可以使他们假充敌军的差役,窥探敌情,通报我军,总以动摇敌军心理,使他兵心恐怖,不得安宁为唯一要诀。

十、抗倭战术之九:在请求如何截获敌军游击侦探,和防止敌探与汉奸的活动的方法。这种战术亦极关重要，我上下官兵，应悉心研求。至对于敌人的输送监护队等，务必随时随地注意，来设法破坏敌人接济断绝，就可以不战而擒！

十一、抗倭战术之十：对于阵线被敌人突破一点，或据点被敌军炸毁的时候，我们要如何处置？这种处置的技术和方法，应该特别注意！当阵线被敌人突破的时候，我们可暂时进入后方预备阵地，继续抗战，一方面赶紧与左右邻接友军，取得联系，并力突击，来恢复原有阵地。或者赶筑连续阵地，在赶筑的时候，突破点左右各部队，一方面要固守原阵地，向冲入的敌人从左右面侧射与逆袭，一方面要派预备队，协助友军，向突破点出击，来恢复阵地，赶筑工事。如果阵地被敌军连续炸毁的时候，可以暂时移入没有受轰炸的地方，即刻准备材料，如事先预备的沙包等，静待敌人轰炸或炮击停止，赶快向前堆栈沙袋，抢修工事，先成功掩体射击，再逐渐加强工事，更求坚固。总要使敌人不能乘机抢入我阵地才好！

十二、阵地的准备：阵地的准备，最根本的要诀，就是要利用民力，和加强民众自卫的信心。这是目前抗倭救国的唯一要道。能够依照这个要诀做到的，必定胜利，否则一定要失败！关于这一点，目前各省应该从速实施的有下列三点。

甲、各省政府应立即转令所属各县长赶速召集各县村长，予以三日短期训练。就按照中正所撰的这本抗敌战术汇录与自卫新知，康济录等书，和他们扼要讲述，告诉他们组织民众，严查保甲，指导自卫，防止间谍汉奸的活动以及防空防毒等方法。务求简单明了，能够迅速确实做到！还要教他们事先应有那几种的准备，如何准备，以及战时如何维持秩序等，使他们受训回乡，切实依照进行，各县长亦要多派干员下乡，认真巡查监察！

乙、赶速派军队官长干部到各乡各村指导民众，构筑工事，和组织训练等事项。

丙、严令各县长限各乡村星夜构筑其本村四围的壕沟工事。第一步限他们在五天或七天以内筑成宽一丈二尺，深六尺的壕沟；第二步再限他们在五天或七天以内继续扩展其壕沟深宽各一丈二尺；第三步要限令他们对于邻村重要的联络线构成相逢的交通沟。总要不计时日，尽量增固加强，有一天就要做一天的工事，有一夜就要赶掘一夜的壕沟。如此，无论倭寇战车如何厉害，都不能在我们阵地之内横行，他的利器就无所施其技！并且我们有了这样深而且宽的壕沟，一般民众，遇到敌机来袭击的时候，就隐伏壕沟里面，又可以得到防空的便利！望大家将这番意思，切实晓谕一般民众，一致奉行，努力赶筑。最好能够订定几条简单工事办法，并选择各团有能力的干部，由公家酌给伙食，派往各村，负责督促，尽心指导，但要告诫他们服从命令、严守纪律，不得骚扰人民,必须切实完成任务!①

第41通手令——与宋哲元代表梁建章晤谈

【手令编号】上卷043

【时间判读】1937年8月下旬

【正文释读】

梁世堂即建章先生约其下星期一日上午十一时半至十二时来叙。中正。

钱主任代访鹿瑞伯先生,问其儿病如何。中正。

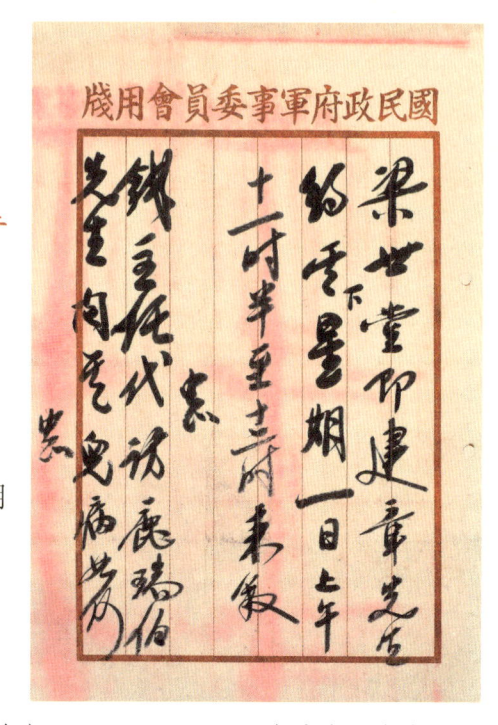

【原件品鉴】

竖排8行套红"国民政府军事委员会用笺"1页,原笺现红色沁润较重。毛笔书写。

【原文解读】

本通手令文中的"梁世堂即建章先生",蒋介石在此误把"式堂"写为"世堂"。梁建章(1871—1937),字式堂,直隶省大城县人。他生于一农民家庭。幼时因家贫,直到10多岁才入私塾。1892年考中秀才,此后入保定莲池书院,受到院长吴汝纶赏识。1901年,考上庚子辛丑并科举人,后经集训,成为首批官费生留学日本,入日本法政大学,他是莲池书院走出的首位留学生。在日本留学期间,编译《日本地方法制通览》,并研究伦理学和水利学。1907年,毕业归国,历任直隶省警务局、浙江巡抚衙门警务局参事。

"中华民国"成立后,经原清朝浙江巡抚增韫的推荐,梁建章于1912年任北京政府陆军部秘书,获陆军总长段祺瑞赏识。1913年,调任直隶省实业司司长,任内首创天津内河行轮,并借鉴日本的经验创办了恒源纺纱厂、天津炼钢厂等企业。1916年,被时任国务总理兼陆军总长的段祺瑞调到北京,历任陆军部顾问、国务院顾问等

---

① 秦孝仪主编《先"总统"蒋公思想言论总集》卷十四,台北,中国国民党中央委员会党史委员会出版:第611~616页。

职务。1917年，内务总长孙洪伊遭到罢免，段祺瑞想让梁建章继任。梁建章不愿卷入府院之争，乃谢绝。此后，他应徐树铮邀请，任都门编书局总编，不久辞职。1922年，梁建章任筹备国会事务局局长，国会恢复之后，任选举委员会委员长。1923年曹锟贿选，梁建章拒绝受贿。曹锟当选"中华民国大总统"后，梁建章辞职在北京闲居，研究经史与水利。

1924年，冯玉祥发动北京政变，占领北京，亲自拜访梁建章，以师礼相待，并任命梁建章为高等顾问。1925年，冯玉祥离开北京，任西北边防督办。梁建章随行赴张家口，任督办署顾问。任内，建议冯玉祥移民屯垦，得到冯玉祥采纳，遂被任命为开发大西北委员会委员长，主持屯垦，在张家口、河套地区进行试点。1927年，他随冯玉祥来到河南，任河南省政府顾问。任内，负责兴修水利，在淇县、辉县等地开掘泉水、修筑渠道，以引水抗旱。他还著《凿泉》一书，并创办了凿泉训练班。不久，黄河水利委员会成立，冯玉祥任委员长，梁建章任顾问。1929年，冯玉祥到山西游说阎锡山共同反对蒋介石，遭阎锡山扣押。梁建章乃赴山西看望冯玉祥，并致信阎锡山请求释放冯玉祥。中原大战爆发后，梁建章在冯玉祥、阎锡山组织的北平国民政府中负责起草约法。冯玉祥在中原大战中失败后，梁建章在北平闲居，其间将自己创作的儿歌编印成《儿童白话诗》，还创作了《百廿诗集》。1933年5月，冯玉祥成立察哈尔抗日同盟军，梁建章出任该军总部顾问，负责联络。同年8月，该军遭蒋介石压迫而解散。此后蒋介石将梁建章请到南京，准备聘其担任"监察院"监察委员，遭婉拒。不久，梁建章回到北平，被察哈尔省政府主席宋哲元聘请编纂《察哈尔省通志》。他用一年半的时间完成了该通志28卷的编纂工作。1937年4月，任河北省莲池讲学院院长。1937年"七七"事变爆发，时任河北省政府顾问的梁建章多方奔走，呼吁联合抗日。同年8月，应冯玉祥电召，梁建章代表宋哲元赴南京，汇报华北战事，因脑溢血而于8月28日在南京中央医院病逝，享年66岁。

本通手令中的"鹿瑞伯"，即鹿钟麟（1884-1966），字瑞伯，定州北鹿庄人，西北军著名将领，国民党二级上将。他自北洋新军学兵营与冯玉祥相识后，随冯戎马生活近40年，成为冯的主要助手。在"北京政变"中，率部先行入城，驱逐溥仪出宫，废为平民。北伐战争后，曾任南京军事委员会委员、军政部次长及代理部长、河北省主席、兵役部部长等要职。

本通手令的书写时间，综合各种信息，推断为1937年8月21日（周六）或22日。

第42通手令——盛情款待梁建章并补助保定莲池书院

【手令编号】下卷025

【时间判读】1937年8月27日

【正文释读】

钱主任：梁式堂先生明日由沪赴京，派人往送，并购头等车票至北平可也；又送其洋伍千圆，言明为莲池书院补助之用。中正。

【原件品鉴】

竖排8行套红"国民政府军事委员会用笺"1页，现原笺沁润红色较重；毛笔书写。

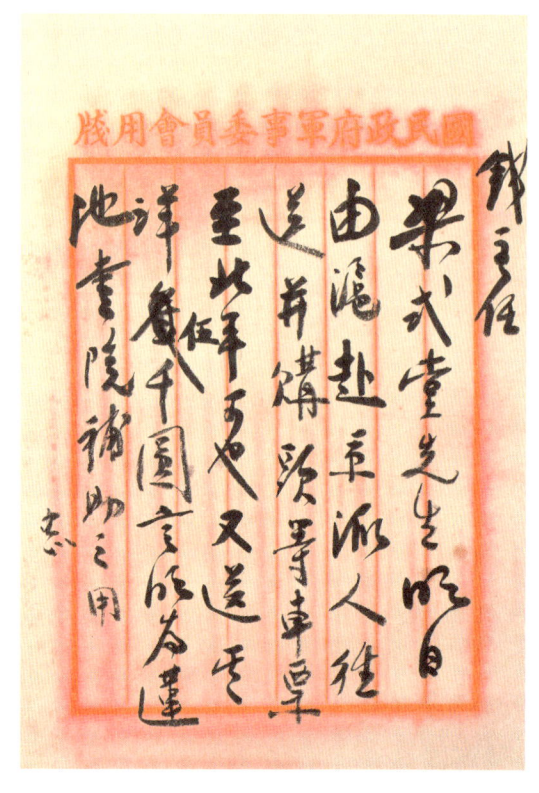

【原文解读】

本通手令中的"梁式堂先生"，即上通电令中的"梁世堂"梁建章。1937年"七七"事变爆发，时任河北省政府顾问的梁建章多方奔走，呼吁联合抗日。8月中旬，梁建章代表宋哲元赴南京汇报华北战事，在几天前于蒋介石晤谈后，拟在近日返回北平。但在由上海到南京时，因脑溢血而于8月28日在中央医院病逝。

梁建章曾在河北省保定莲池书院学习。1937年4月，任莲池讲学院院长，故蒋介石在两人晤谈后，特别交办"送其洋伍千圆，言明为莲池书院补助之用"。莲池书院，又称"直隶书院"，雍正十一年（1733年），由时任直隶总督的李卫奉旨创办。莲池书院因莲花池得名。古莲池，为元代汝南王张柔初建于公元1227年至公元1234年。书院因在京畿，得到当时统治者的高度重视，乾隆帝曾3次到书院，赋诗嘉勉。随后，书院逐渐发展成为中国北方最高学府，学者名流云集，直到1908年停办，先后存在长达170年之久。曾因地震而严重损毁，直到明后期，进行了一次较大规模的整修扩建。毛泽东曾对莲池书院给予高度评价："莲池有名，是因为有莲池书院，莲池书院当时在全国是很著名的。"

06 统兵抗战

本组手令共有17通。时间跨度从1937年初到1944年底,从中可看出蒋介石和国民政府早在"七七"事变之前,对日军侵华行动有所防备,为此开始了一些国防备战。这些手令,涉及淞沪开战前限期上海各银行从速移运现银钞票、批准爆破郑州黄河大铁桥、台儿庄战役、忻口战役、武汉会战兵力部署、整理军队编制等重大事件,还有调解及平息各个战区之间的矛盾、安抚部属等。

第43通手令——索阅上海吴淞浦东间作战计划图

【手令编号】上卷014

【时间判读】1937年2月14日

【正文释读】

上海吴淞浦东间作战计画图,去年杨次长所定者,呈阅。中正,二月十四日。

【原件品鉴】

竖排8行套红"国民政府军事委员会用笺"1页,原笺现红色沁润较重;毛笔书写。

【原文解读】

1936年底,由参谋总长程潜上将主持制定的《1937年度国防作战计划》(甲、乙两案)。送蒋介石审定。蒋介石又令陈诚认真加以研究。该计划在敌情判断方面有十分精明正确之处。认为日军因

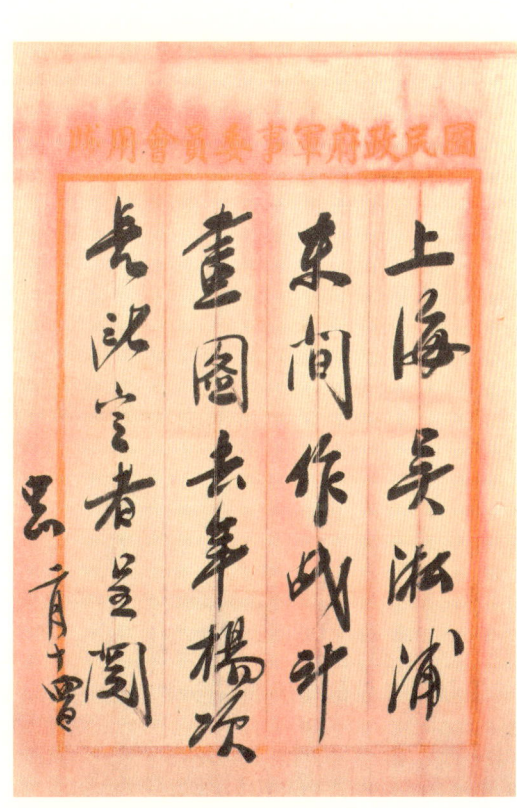

军备及一切物质上均较我有优势，并掌握绝对制海、制空权，对中国将采取积极之攻势，而期速战速决。其中有战略部署：中国军队应在杭州湾以南沿岸，根本击灭敌军登陆之企图。因此，蒋介石对在淞沪杭地区抗击日军侵略，已经开始了未雨绸缪的战略准备。

本通手令，及以下两通索阅南京附近地图及军事交通路线图的手令，都反映出蒋介石对即将来临的中日大规模战争已经有战略全局上的思想准备。

第44通手令——索阅南京、溧水、句容间地图及公路路线图

【手令编号】上卷015

【时间判读】1937年2月14日

【正文释读】

南京、溧水、句容间五万分一地图与方山通建康公路之路线图，呈阅一份。中正。二月十四日。

【原件品鉴】

竖排8行套红"国民政府军事委员会用笺"1页，原笺现红色沁润较重；毛笔书写。

【原文解读】

本手令文中的溧水、句容、方山等地都是毗邻南京的重镇，当时的公路交通仍不方便。

1937年2月9日，蒋介石从杭州到上海治疗跌伤。2月12日，从上海回到南京。途中的蒋介石颇受路况不好的颠簸之苦，可能由此想到这段国防公路的重要性，并相继在下通手令中要求"测定开工"。

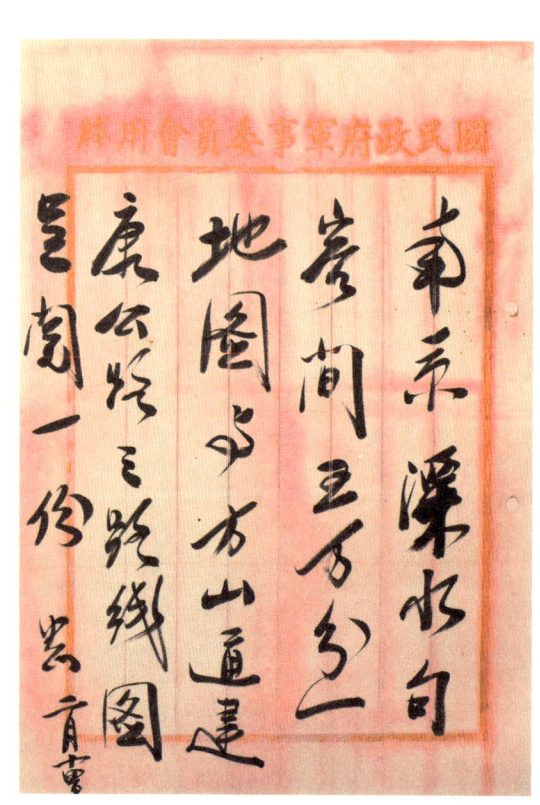

第 45 通手令——初筹南京保卫战军事交通

【手令编号】上卷 016

【时间判读】1937 年 2 月中旬

【正文释读】

钱主任：1. 京湖（熟）公路是否直通溧水城。2. 土山镇经方山至秣陵关之公路，应即测定开公。中正。

【原件品鉴】

竖排 8 行套红"国民政府军事委员会用笺"1 页，原笺现红色沁润较重；毛笔书写。文中"公路是否"后有用蓝色铅笔补加"已经"二字；文末"开公"应为"开工"。

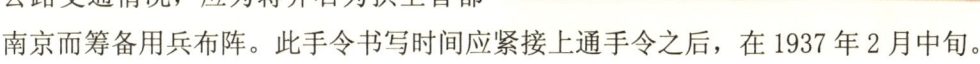

【原文解读】

本通手令内容主要是询问南京附近公路交通情况，应为蒋介石为拱卫首都南京而筹备用兵布阵。此手令书写时间应紧接上通手令之后，在 1937 年 2 月中旬。

在 1937 年初，蒋介石及国民政府已经为即将打响的全面抗战而备战。

（一）抗战初期的中国备战情况

全国抗日战争爆发前，属于国民政府的陆军，其编制为 49 个军，182 个步兵师，46 个独立步兵旅，9 个骑兵师，6 个独立骑兵旅，20 个独立骑兵团，总兵力为 170 余万人。全国抗日战争开始后，广东、广西、云南、四川等地方军阀部队纷纷接受国民政府改编，开赴抗日战场，蒋介石的嫡系部队也扩大编制，至 1938 年初扩编为 84 个军，219 个步兵师，35 个独立步兵旅，10 个骑兵师，6 个独立骑兵旅，18 个炮兵团，8 个炮兵营，总兵力达到 200 万人。

中国的海军在抗战前共有舰艇 100 艘，总计为 7 万吨，计巡洋舰 2 艘，驱逐舰 3 艘，炮舰 26 艘，内河炮舰 13 艘，鱼雷舰及运输船 8 艘，陆战队约计 3800 人。全部舰艇编成 4 个舰队。第 1 舰队系沿海舰队，第 2 舰队系长江舰队，司令部均设在上海；

第3舰队系东北海军,司令部驻威海卫;第4舰队系广东海军,司令部设在广州。各舰艇大都是清朝遗留下来的旧式舰船,装备落后,火力微弱,不足与日本现代化舰队抗衡。

中国空军以东北空军为强,但在"九一八"事变后均落于日本人之手。蒋介石建立南京政权后,为对冯玉祥、阎锡山、李宗仁军作战,始积极组建空军,截至"九一八"事变,约有100架飞机。因战斗力弱,故淞沪、长城诸役均远飞后方避难。从1933年起,蒋介石由美国人帮助拟定建设空军三年计划,在杭州设立航空总校,于洛阳、广州、龙州设立分校,培养驾驶员和地勤人员,并从美国和意大利进口飞机,空军始初具规模。1936年"两广兵变"后,蒋介石搞垮陈济棠,吞并了粤军飞机100余架。当年冬,蒋介石50寿辰之际,发动全国各界献机祝寿,又得飞机100余架。至全国抗日战争爆发前,中国的空军飞机数目计:侦察机251架,战斗机212架,轰炸机257架,全部购自外国。1937年淞沪抗战中,中国空军曾予敌以重创,但本身也损失惨重,至南京沦陷后即被苏联援助的空军所代替。

自1934年起,国民政府军事委员会为了准备对日作战,大规模地构筑防御阵地,截至"七七"事变爆发,大约完成了以下国防工事:平汉及陇海路沿线,以石家庄、保定、新乡为前进据点,洛阳、开封、徐州、海州为主要防御地带,设置了一系列坚固阵地。长江流域,自吴淞要塞溯江而上,构筑防御工事,配备重点为汉口、岳州间及上海、南京间,着重点在上海、南京陆地正面。从乍浦经苏州至福山,设置数道阻击阵地。在上海附近和南京外围,构筑数道阻击阵地。浙江、福建沿海,构筑连接成线的要塞,以防止日军登陆。山东半岛及胶济沿线,北起潍河口,沿渤海海岸,经烟台、威海、青岛至石臼所构筑防御阵地。山西及绥远、察哈尔方面,以张家口、大同、归绥、包头为第一道防线,建筑防御阵地以迟滞敌人前进;平型关、雁门关、偏关一线为第二道防线,依恒山山脉构筑坚固的永久工事。太原周围为第三道防线,在正太沿线及娘子关等地构筑阵地。华东、华南沿海及长江、珠江沿岸的旧式要塞,依据淞沪抗战的经验,加以改建和扩建。特别重视长江沿岸要塞和改建,增设高射炮阵地,以阻止敌人溯江而上。①

全国抗日战争爆发前夕为国民党统治的全盛时代,财政收入由建都南京初期每年4亿3400万元,增长到9亿9000余万元。1935年冬,英人李滋罗斯协助国民政府将通货由银本位改为法币,以英镑支付外汇。1936年5月,又与美国缔结"中美白银协定",以白银兑换美元。这些措施,在经济上都为抗战奠定了基础。

---

① 姜克夫编著:《民国军事史略稿》第3卷,中华书局,1991,上册,第26~28页。

（二）中国抗战军队的战区划分

战区是国民政府军事委员会根据军事斗争需要而划定的作战区域，每一战区下辖若干集团军。在抗日战争时期，战区的划分颇为频繁，各集团军也经常在战区之间互相调动。

1937年8月20日，国民政府在成立大本营以统帅中国军队的同时，将面临日军进攻的区域划分为5个战区：第1战区，蒋介石兼任司令长官，作战区为津浦、平汉铁路北段地区，辖第1、第2、第14集团军。第2战区，阎锡山任司令长官，作战区为晋、察、绥3省，下辖第6、第7集团军。第3战区，冯玉祥任司令长官，作战区为苏浙、沪地区，下辖第8、第9、第10、第15集团军。第4战区，何应钦任司令长官，作战区为闽、粤两省，下辖第4、第12集团军。第5战区，蒋介石兼任司令长官，作战区为山东和苏北，下辖第3、第5集团军。9月11日，又设立第6战区，冯玉祥任司令长官（第3战区司令长官由蒋介石兼任），作战区为津浦铁路北段，下辖第1集团军。不久，第6战区即撤消。

此后，战区数量、作战区域、所辖部队、司令长官人选经常变动。

1938年1月17日，国民政府公布修正的《军事委员会组织大纲》，颁布陆海空军最高统帅军事委员会委员长为蒋介石，参谋总长为何应钦。并将全国划分为6个战区（即第1、第2、第3、第4、第5、第8战区）和武汉卫戍总司令部、西安行营等。6月，武汉卫戍总司令部改称第9战区。这几大战区的组织序列在抗战时期延续时间较长，概况如下：

第1战区。司令长官：程潜。作战地区：平汉路方面。兵力：共辖25个步兵师，2个步兵旅，2个骑兵师，另有数个特种部队。第20集团军司令官商震，下辖：第32军军长商震（兼），骑兵第14旅旅长张占魁。第1集团军司令官宋哲元，下辖：第53军军长万福麟，第77军军长冯治安，第181师师长石友三，第17师师长赵寿山，骑兵第3军军长郑大章。第68军军长刘汝明（直属）。第92军军长李仙洲（直属）。第106师师长沈克（直属）。第118师师长张砚田（直属）。新编第8师师长蒋在珍（直属）。新编第35师师长王劲哉（直属）。骑兵第4师师长王奇峰（直属）

第2战区。司令长官：阎锡山。作战地区：山西方面。兵力：共辖27个步兵师，3个步兵旅，3个骑兵师，另有数个特种部队。南路前敌总司令卫立煌，下辖：第3军军长曾万钟，第9军军长郭寄峤，第14军军长李默庵，第93军军长刘堪，第15军军长刘茂恩，第17军军长高桂滋，第19军军长王靖国，第47军军长李家钰，第61军军长陈长捷，第14军团军团长冯钦哉。北路前敌总司令傅作义，下辖：第35军军长傅作义（兼），新编第2师师长金宪章，骑兵第1军军长赵承绶，骑兵第2军军长何柱国,第18集团军总指挥朱德、副总指挥彭德怀(下辖:第115师师长林彪,第120师师长贺龙,第129师师长刘伯承)。第66师师长杜春沂(直属)。第71师师长郭宗汾(直属)。第33军军长孙楚(直属)。第34军军长杨澄源(直属)。

第3战区。司令长官:顾祝同。作战地区:苏浙方面。兵力:共辖24个步兵师,6个步兵旅,另有数个特种部队和游击部队。第10集团军司令官刘建绪,下辖:第28军军长陶广,第70军军长李觉,第79师师长陈安宝,暂编第13旅旅长杨永清。宁波防守司令王皞南,下辖:第194师师长陈德法。温台防守司令徐旨乾,下辖:暂编第12

全国抗战准备示意图

旅旅长李国均。第19集团军司令官罗卓英,下辖:第4军军长吴奇伟,第18军军长罗卓英(兼),第79军军长夏楚中,第25军军长万耀煌,第73军军长王东原。第23集团军司令官唐式遵,下辖:第21军军长唐式遵(兼)。第28集团军司令官潘文华,下辖:第23军军长潘文华(兼)。新编第4军军长叶挺(直属)。独立第6旅旅长周志群(直属)。游击总司令黄绍竑。

第4战区。司令长官:何应钦(兼)。作战地区:两广方面。兵力:共辖9个步兵师,2个步兵旅,另有数个特种部队及要塞守备部队。第12集团军司令官余汉谋,下辖:第62军军长张达,第63军军长张瑞贵,第64军军长李汉魂,第65军军长李振球。第8军团军团长夏威。独立第9旅旅长李振良。独立第20旅旅长陈勉吾。虎门要塞司令陈策。

第5战区。司令长官:李宗仁。作战地区:津浦线方面。兵力:共辖27个步兵师,3个步兵旅,另有数个特种部队。第3集团军司令官于学忠,下辖:第51军军长于学忠(兼),第12军军长孙桐萱,第55军军长曹福林,第56军军长谷良民。第11集团军司令官李品仙,下辖:第31军军长韦云淞,第4军第4支队。第21集团军司令官廖磊,下辖:第7军军长周祖晃,第48军军长廖磊(兼)。第22集团军司令官邓锡侯,下辖:第41军军长孙震,第45军军长邓锡侯(兼)。第24集团军司令官

蒋介石视察部队

顾祝同（兼），下辖：第57军军长缪澄流。第3军团军团长庞炳勋。第27集团军司令官杨森。第59军军长张自忠。海军陆战队。

第8战区。司令长官：蒋介石（兼），副司令长官：朱绍良。作战地区：甘宁青方面。兵力：共辖5个步兵师，4个步兵旅，5个骑兵师，4个骑兵旅，另有数个特种部队。第17集团军司令官马鸿逵，下辖：第81军军长马鸿宾，第168师师长马鸿逵（兼），骑兵第1旅旅长马光宗，骑兵第2旅旅长马忠义，骑兵第10旅旅长马全忠，宁夏警备第1旅旅长马宝琳，宁夏警备第2旅旅长马得贵。第80军军长孔令恂。第82军军长马步芳。骑兵第5军军长马步青。第191师师长杨德亮。挺进军司令马占山。

武汉卫戍司令部。总司令：陈诚。兵力：共辖14个步兵师，1个步兵旅，另有数个特种部队及江防守备部队。第2军军长李延年。第75军军长周磊。第60军军长卢汉。第54军军长霍揆章。第13师师长吴良琛。第185师师长郭忏。第77师师长彭位仁。第49军军长刘多荃。江防总司令刘兴。海军陆战队。第57师师长施中诚。第14师的1个步兵旅。

西安行营。主任：蒋鼎文。兵力：共辖12个步兵师，4个步兵旅，3个骑兵师，另有数个特种部队。第11军团军团长毛炳文，下辖：第37军军长毛炳文（兼），第43师师长周祥初。第17军团军团长胡宗南，下辖：第1军胡宗南（兼），第8军军长黄杰。第46军军长樊崧甫。第38军军长孙蔚如。第21军团军团长邓宝珊，下辖：新编第1军，第165师师长鲁大昌，第86师师长高双成。暂编骑兵第1师（直属）。骑兵第6军军长门炳岳（直属）。

闽绥靖公署。主任：陈仪。兵力：共辖2个步兵师，4个步兵旅，另有数个地方要塞部队。第80师师长陈琪。第75师师长宋天才。福建保安第1旅旅长陈佩玉。福建保安第2旅旅长李树棠。福建保安第3旅旅长赵琳。海军陆战队第2旅。

军委会直辖兵团。兵力：共辖17个步兵师。第20军团军团长汤恩伯，下辖：第

52军军长关麟徵，第13军军长汤恩伯（兼），第85军军长王仲廉。第2集团军司令官孙连仲，下辖：第42军军长冯安邦，第30军军长田镇南。第26集团军司令官徐源泉，下辖：第10军军长徐源泉（兼），第87军军长刘膺古。第8集团军司令官张发奎，下辖：第36师师长蒋伏生，第50师师长成光耀，第92师师长黄国梁，第93师师长甘丽初，第167师师长薛蔚英。

整训部队及未经调动部队。计有后方整训部队26个步兵师，未经调动部队14个步兵师、7个步兵旅。

此时，全国总兵力共有：210个步兵师，35个步兵旅，11个骑兵师，6个骑兵旅，18个炮兵团，8个炮兵营，还有多个特种部队。

1938年11月国民政府南岳会议后，军委会再次调整兵力部署，保留原战区，重划作战区，增设苏鲁战区和冀察战区。到1939年4月，共设10个战区，即第1、第2、第3、第4、第5、第8、第9、第10战区和苏鲁、晋察战区。1940年6月，又增设了第6、第7战区。太平洋战争爆发后，又调整了战区序列和作战区域。1945年，战区又作了重大调整，在战区之上又设立了中国陆军总司令部（下辖滇越边部队，第4战区部队、湘桂黔边部队和第74军）、汉中行营（下辖第1、第5、第10战区）和北平行营（下辖第11、第12战区等）。

抗战胜利前夕，中国陆军划分的12个战区的情况如下：第1战区，胡宗南任司令长官，下辖第28、第31、第4、第34、第37、第38集团军等部。第2战区，阎锡山任司令长官，下辖第6、第13、第7、第8军和第18集团军。第3战区，顾祝同任司令长官，下辖第32、第25、第23集团军。第5战区，刘峙任司令长官，下辖第2、第22集团军。第6战区，孙连仲任司令长官，下辖第10、第26、第33集团军及长江上游江防军。第7战区，余汉谋任司令长官，下辖第12集团军。第8战区，朱绍良任司令长官，下辖第17、第3、第29、第40集团军及晋陕绥边总司令部。第9战区，薛岳任司令长官，下辖第1、第30集团军。第10战区，李品仙任司令长官，下辖第21、第15、第19集团军。冀察战区，高树勋任司令长官，下辖新8军。第11战区，孙连仲为司令长官，下辖区为河北、山东。第12战区，傅作义任司令长官，作战区为察、绥、热3省。

战区长官司令部的编制由军事委员会统一制定，设司令长官1人（上、中将级，并兼任所在省政府主席之职）、副长官若干人（中将级）、参谋长1人（中将级）、副参谋长2人（少将级），下设高级参谋4～6人（少、中将级）及参谋处、军务处、军需处、副官处、政治部、干部训练团、特务团等机构。

第46通手令——列表详报各炮兵团现驻扎地点

【手令编号】 上卷041

【时间判读】 1937年6月6日

【正文释读】

钱主任：各团炮兵现在驻扎地点，希列表详报。中正。

【原件品鉴】

竖排8行套红"国民政府军事委员会用笺"1页，原件信笺红色现沁润较重。毛笔书写。原笺右上角用钢笔书写文件编号"3969"，左侧末注明"已遵办 六、六"，盖红色大篆体"钱大钧"章。

【原文解读】

由另外书写于1937年5月26日的"限康泽赴汉就任，否则以抗命革职拿办"（官员任免）手令原笺文件编号"3919"手令，还有书写于1937年7月29日的"为调换第15师师长晤谈王东原"（官员任免）原笺文件编号"3922"手令看，与本通手令文件编号都相近。可推断本通手令书写于1937年。但由此日期和编号看，可看出原笺上用钢笔随手写的编号，并没有严格按照书写月、日顺序编号。

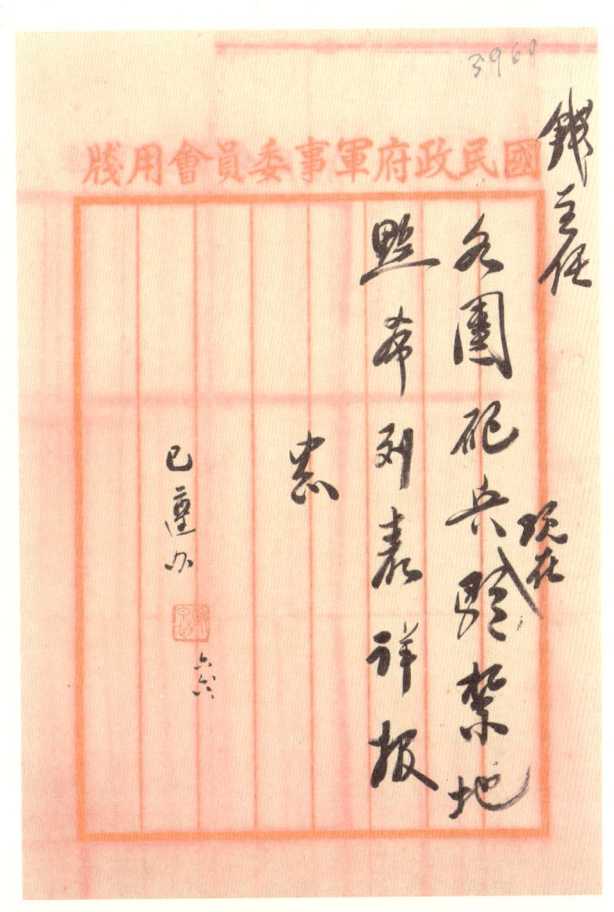

抗日战争时期的中国炮兵

第 47 通手令——查报驻武昌、重庆炮兵情况

【手令编号】 上卷 044

【时间判读】 1937 年＿月＿日

【正文释读】

钱主任：炮兵第十六团驻武昌者，系何种式，即查报。又独立炮兵第三营驻重庆者，系何种式。中正。

炮兵第七与十二团，系何式种。

【原件品鉴】

竖排 8 行套红"国民政府军事委员会用笺"1 页，原件信笺红色现沁润；蓝色铅笔书写。其间有承办者注明文字，见手令正文中括号内文字："钱主任：炮兵第十六团驻武昌者，系何种式（16R，奉造七七野炮，管仿德，弹仿日，36 门；6R，三八式野炮，7 月 1 日开始制造，射程 14000 米），即查报。又独立炮兵第三营驻重庆者，系何种式（上海，重迫击，12 门，没有用）。中正。炮兵第七（29 径，7.5 克，野，36）与十二团（7.5 克，野，36 门），系何式种。"

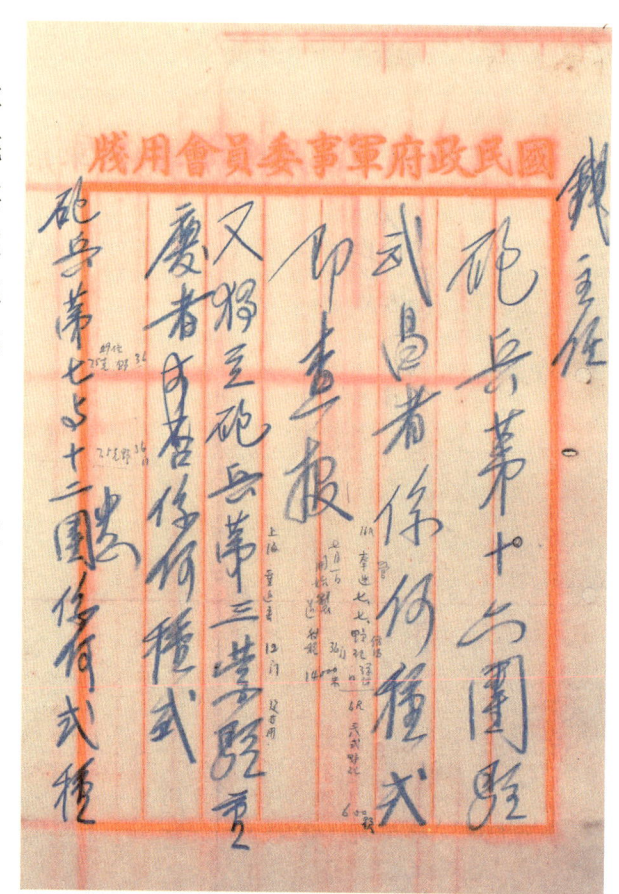

【原文解读】

本通手令与上通手令，在内容上都是专为查实炮兵而交办的事宜。

这时中国军队的炮兵建设很薄弱，抗战全面爆发时约有 18 个炮兵团，另 8 个炮兵营。

第48通手令——问平汉路北段及黄河北岸战况

【手令编号】 上卷 006

【时间判读】 1937 年 8 月＿日

【正文释读】

问平汉路北段及黄河北岸战况如何。中正。

【原件品鉴】

竖排 5 行套红"国民政府军事委员会便用笺"1 页，毛笔书写。原笺上方用蓝色铅笔注写"23726"，红色铅笔注写"41081 已办"。

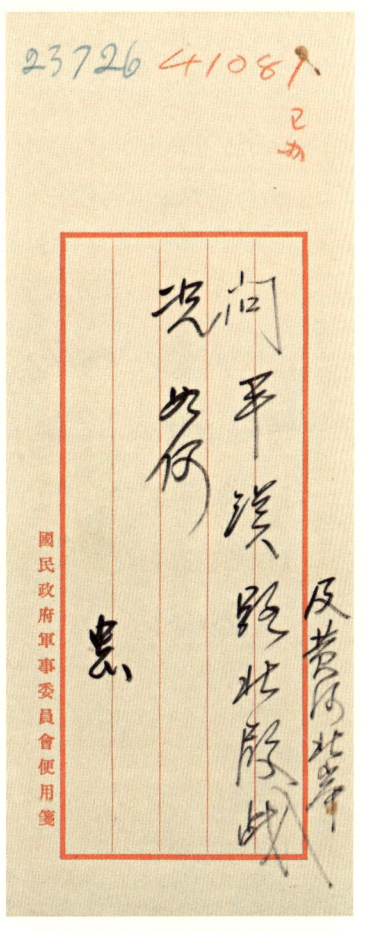

【原文解读】

本通手令未署明书写时间，从"平汉路北段及黄河北岸战况"分析，时段约在 1937 年 8 月，中国军队正在黄河以北的平汉路北端浴血奋战。

1937 年卢沟桥事变爆发后，日军于 7 月 12 日在丰台、通县等地再向中国军队挑衅，并在天津集结 200 余架飞机助战。7 月 26 日，廊坊失守。平津铁路交通被切断。7 月 28 日，日军 10 万人围攻北平，第 29 军官兵坚守阵地。中国驻军阵亡 5000 余人，副军长佟麟阁殉国。宋哲元、秦德纯等连夜由北平退至保定。张自忠代理冀察政务委员会主席。7 月 29 日，北平沦陷。7 月 30 日，天津沦陷。8 月 1 日，日军出动 14 架飞机轰炸平绥铁路。8 月 5 日，日军首次轰炸张家口。8 月 8 日，日军沿平绥线西进，发动南口战役。8 月 17 日，北京故宫、颐和园大部分文物被日军掠走。8 月 19 日，冀察政务委员会解散，日本任命江朝宗为北平伪市长。8 月 24 日，日军攻陷南口，中国军队退守居庸关。8 月 26 日，张家口失守。9 月 18 日，河北涿州失守。9 月 24 日，保定失陷。日军沿津浦路南下，国民党守军全线溃退，山东德州失守。10 月 10 日，日军沿平汉线攻陷石家庄。10 月 15 日，日军沿平汉线攻陷邢台。10 月 17 日，邯郸失陷。国民党军克复平原、德州。10 月 24 日，国民党军克复石家庄。11 月 10 日，河北庆云失陷，韩复榘部向黄河南岸溃退，并自行焚毁黄河路桥。11 月 15 日，国民党军炸毁津浦铁路黄河大桥，阻日军南下。11 月 18 日，烟台沦陷。12 月 27 日，日军侵占济南、韩复榘不战而退，擅离济南退泰安。12月31日，泰安失陷。

1938年1月2日，韩复榘一再擅自撤退，放弃要地大汶口。1月4日，曲阜、兖州陷落。1月12日，日军坂垣第5师团在青岛崂山湾和福岛两处登陆，侵占青岛。1月13日，国民党军克复济宁。2月14日，日本飞机狂炸郑州。2月16日，日军陷新乡，分兵沿道清线西侵。2月19日，第1战区预8师奉命爆破郑州黄河铁路桥。3月2日，日军沿黄河北岸西犯，占据垣曲，再向运城推进，宋哲元率部抵御。3月23日，日军进攻台儿庄，孙连仲部第31师奋勇抵抗。4月18日，临沂失陷。6月5日，开封失守。6月9日，国民党新8师师长蒋在珍部在花园口黄河南堤决口。

第49通手令——淞沪开战前限期上海各银行从速移运现银钞票

【手令编号】下卷040

【时间判读】1937年8月初

【正文释读】

先用电话：宋子文先生：上海各银行现银与钞票，从速先移运杭州与南京，准备向南昌、长沙集中，务望五日内运完。中正。

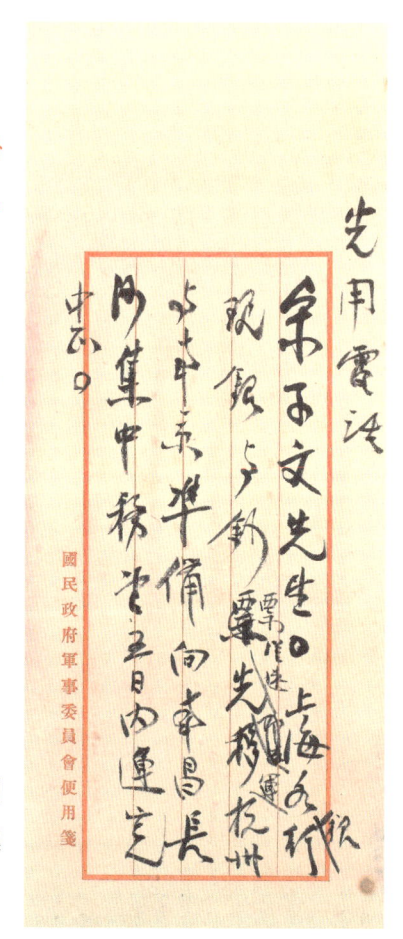

【原件品鉴】

竖排5行套红"国民政府军事委员会便用笺"1页，现原笺有上页红色沁润；毛笔书写。

【原文解读】

宋子文（1894—1971），民国时期的政治家、外交家、金融家，海南文昌人。1931年"九一八"事变前后，曾任国民政府"行政院长"兼财政部长，一度代理"行政院长"。1933年11月，辞去政职，专门致力于财政金融，历任全国经济委员会主席、中国银行董事长，以及中央、中国、交通、农民四行库联合办事处事会副主席等财经要职，并发起成立"中国建设银公司"，引进外资到中国。

此手令写于1937年淞沪会战后期，国民政府计划迁移重庆之时。淞沪会战又称"八一三战役"，日本称为"第二次上海事变"，爆发于1937年8月13日，是卢沟桥事变后，蒋介石为了把日军由北向南的入侵方向引导改变为由东向西，以利于长期作战，而在上海采取主动反击战役，是中日双方在中国全面抗日战争中的第一场大会战，也是整个中日战争中进行的规模最大、战斗最惨烈的一场战役。

宋子文

这场战役对于中国而言，标志中日两国之间不宣而战，卢沟桥事变后的地区性冲突升级为全面战争，是全面战争的真正开始。即使当时国力高于中国的日本，也动员全日本，马上投入全面战争，如随即大量增加公债发行，并发起了日本全国性的"消费节约运动"。

　　全面抗战的第一场大战，在当时远东第一大都市上海的市区和郊区进行。当时，上海为中国第一大商港，每年对外贸易额占全国二分之一以上。只有上海法租界和苏州河以南的半个上海公共租界实行武装中立，分别划为法、英、美、意4国军队的防区。苏州河以北的公共租界及其越界筑路地区属于日军防区，是日军在上海的作战基地。中日双方共有约80万军队投入战斗。10月26日，淞沪战役进入最后阶段，国民党军第88师第524团孤军抗敌，固守四行仓库，击退日军6次进攻。10月29日，蒋介石发表对外宣言，表示决与敌抗战到底，无妥协余地。10月31日，国民政府发表宣言，决定迁都重庆。11月1日，蒋介石在上海西北的嘉定南翔召开军事会议，命令各军凡已撤退者必须返回原阵地，未撤退者不得移动。11月9日，日军攻陷淞江，中国军队从上海开始撤退。11月12日，上海失陷。淞沪战役结束。此役，持续3个月，日军投入8个师团和2个旅团20万余人，宣布死伤4万余人；中国军队投入最精锐的中央教导总队及第87师、第88师等148个师和62个旅共80余万人，伤亡30万人。

　　11月13日，日军15艘军舰侵入长江。11月19日，苏州、嘉兴失陷，国民党军退守江阴、无锡一带。11月20日，林森主席代表国民政府正式发表迁都重庆宣言，并称中国始终坚持决不接受任何屈辱条件。11月22日，日军空袭南京，被击落两架。11月24日，国民政府派唐生智兼任南京卫戍司令长官。11月25日，无锡失陷。11月26日，淞沪战场国民党军主力向浙皖赣边境退却。12月1日，国民政府在重庆正式办公。12月3日，日军第111次轰炸南京，被击落两架。12月6日，日军兵分四路进攻南京。离南京48公里的句容县失陷。12月9日，日军总攻南京，同时向国民政府提出最后通牒，逼其投降。12月10日，芜湖失陷。南京雨花台、紫金山一带激战，城垣被日军炸毁多处。12月12日，镇江失陷。12月13日，日军侵占南京，展开烧杀淫掠"大竞赛"。南京大屠杀开始。中国军民被屠杀、火烧、活埋34万人。12月15日，国民政府宣称，南京失陷，但决不致影响中国抗战之决心。

蒋介石的本通手令，即是在淞沪战役即将打响之际，令负责财政金融的宋子文，把"上海各银行现银与钞票，从速先移运杭州与南京，准备向南昌、长沙集中"，并限期"务望五日内运完"，说明大战已经迫近。由此推断这通手令书写于1937年8月初。

第50通手令——查报卫立煌现在何处

【手令编号】上卷013

【时间判读】1937年10月__日

【正文释读】

钱主任：卫俊如总指挥现在何处，查复。中正。

【原件品鉴】

竖排8行套红"国民政府军事委员会用笺"1页，原笺现红色沁润较重，毛笔书写。

【原文解读】

本通文电中的"卫俊如总指挥"，即卫立煌（1897—1960），字俊如，又字辉珊，安徽省合肥县东乡卫杨村人（今安徽省合肥市淝河镇卫乡村）。1914年入湖南都督汤芗铭部学兵营，毕业后在上海参加"肇和"舰起义反对袁世凯。

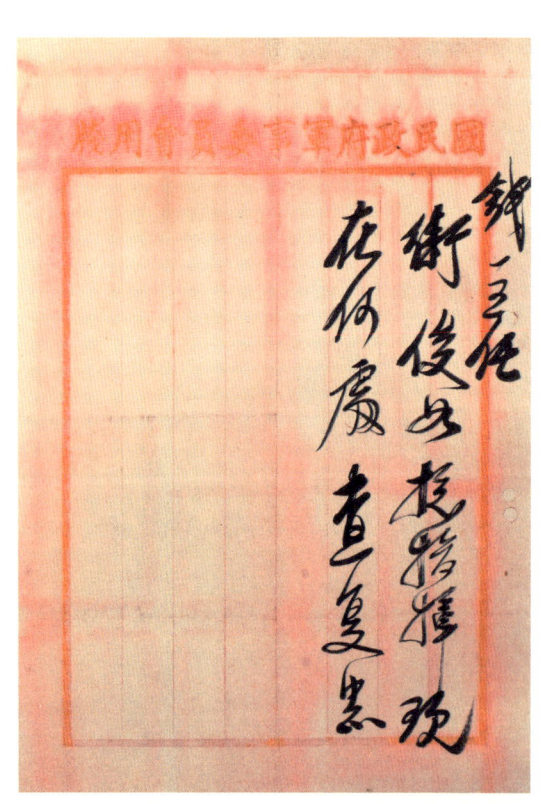

1915年到广州投粤军,由排长递升至旅长。后参加孙中山领导的北伐、镇压广州商团叛乱和东征陈炯明的作战,在孙中山先生广州国民政府担任警卫。1925年9月任国民革命军第1军第3师第9团团长。北伐战争时,入闽作战,升任第1军第14师师长。1927年10月,任第9军副军长。1928年任南京卫戍副司令,后入陆军大学校将官特别班进修。1930年任第14军军长。

全国抗战初期,日本侵略者依仗其军事上的优势,对华北、华中展开大规模战略进攻。1937年9月,沿平绥铁路推进的日军进入山西北部后,又沿长城向西,以

蒋介石(中)和卫立煌(右)、傅作义(左)

图会攻山西,占领太原。日军先后攻破雁门关、平型关各口。为挽救山西危局,保卫太原,中国军队决定利用忻口要隘进行正面防御,阻敌南下。卫立煌担任忻口战役总指挥、第2战区前敌总司令、第14集团军总司令,率3个兵团在忻口抗击日军第5师等约5万人的进攻。

10月1日,日军与防守崞县的中国守军遭遇,发生战斗,忻口作战揭开序幕。10月5日,日军以占绝对优势的飞机、大炮和坦克掩护,对中国守军发起攻击,崞县、原平先后失守。接着,日军又出动30架飞机轰炸中国军队的中央地区,并以战车、火炮掩护步兵5000余人向南怀化阵地进攻。我阵地工事被毁,部队伤亡惨重。我守军浴血奋战,阵地失而复得,得而复失,战斗异常激烈。日军为争夺204高地,组织多次冲锋,中国军队顽强抵抗,在24小时里,阵地竟13次易手,中国守军7得6失。在忻口战役中,八路军各师积极配合,接受卫立煌统一部署,并向日军两翼及侧后展开了积极主动的攻击,有力地配合了忻口中国守军的作战。忻口战役,历时1个多月,毙伤敌2万余人,力挫日本侵略军的锐气。它是抗战初期华北战场上最大、最激烈的一次战役,也是国共两党军队合作抗日、配合较好的一次战役。

1938年2月,卫立煌升任第2战区副司令。4月,访问延安,更增强了与八路军合作抗日的信念。1939年1月,任第1战区司令长官,5月晋升陆军二级上将,9月兼河南省政府主席。1940年,卫立煌兼冀察战区总司令,与八路军友好相处,相互支援。1941年,因主张国共合作抗战,与八路军建立友好关系而被撤本兼各职,调任军事

委员会西安办公厅主任。1943年11月,奉命出任中国远征军司令官,率部打败盘踞于滇西和中缅边界的日军。1944年,指挥所部击败滇西和中缅边境的日军,收复滇西。1945年1月,所部与中国驻印军在缅甸孟尤会师,与中国驻印军一起,打通滇缅公路。4月,任同盟国中国战区中国陆军副总司令。抗战胜利后被美国《名人词典》以及美国发行量最大的《时代周刊》称为"常胜将军"。

解放战争后期,1948年1月在担任国民党东北"剿总"总司令时,因没有积极执行蒋介石的"反攻"命令,被蒋撤职软禁于南京。1949年获释,随即出走香港。后拒绝去台湾。在1948年新华社公布的43名战犯中名列第27。1955年3月在香港发表"告台湾袍泽朋友书"。之后,卫立煌夫妇经广州回北京。是第一个从海外归来的国民党高级将领。曾任国防委员会副主席,全国政协第2、第3届常务委员,第2届全国人大代表、民革中央常委。在北京病逝,终年64岁。

本通手令中,蒋介石称呼卫立煌为"总指挥",应是指时任"忻口战役总指挥",实职是第2战区前敌总司令、第14集团军总司令。蒋介石没有以"总司令"的名义称呼,而是突出了"总指挥"的临时职位。由此推断这通手令的书写时间,约在忻口战役开始后的1937年10月。

第51通手令——速报与郝梦龄同时殉难者刘家骐师长履历

【手令编号】上卷026

【时间判读】1937年10月下旬

【正文释读】

前五十四师师长,与郝梦龄同时殉难者,名号、履历,速查报。中正。

【原件品鉴】

竖排5行套红"国民政府军事委员会便用笺"1页,蓝色铅笔书写。

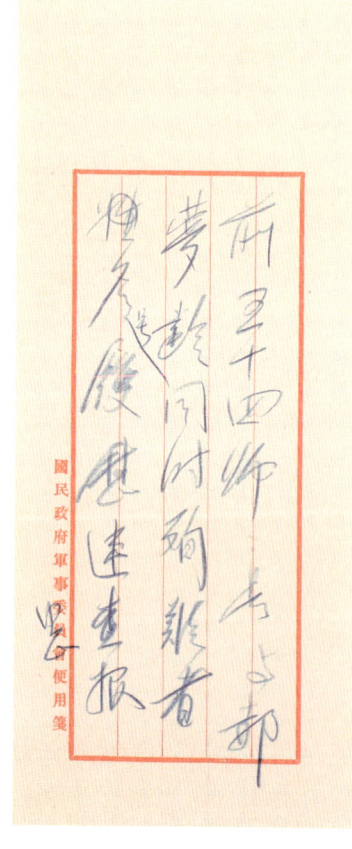

【原文解读】

郝梦龄（1898—1937），河北藁城人，先后入陆军军官小学、保定军官学校学习。抗日战争时任卫立煌部中央兵团中将前线总指挥。太原会战时，1937年10月16日，在山西大白水前线忻口作战中壮烈殉国，是抗战时期牺牲在抗日疆场上的第2位军长（第

郝梦龄　　　　　　刘家骐

一位是卢沟桥事变后阵亡殉国的佟麟阁），国民政府追认其为陆军上将。

刘家骐（1894—1937），字挣磊，又字锡侯，湖北武昌（今武汉市武昌区）人。曾经就读于保定陆军军官学校和陆军大学，任国民革命军第54师少将师长，1937年10月16日在太原会战之忻口战役中殉国。

太原会战是平津失陷、淞沪会战开始之后，国民党正面战场第二战区组织的一次以保卫太原为目的的大会战。会战中，晋绥军、中央军各部虽做了积极准备，战斗作风顽强，但由于武器装备上的差次与战略战术上的失误，最终导致会战失败，郝梦龄、刘家骐、姜玉贞等国军高级将领以身殉国。晋北失守，也意味着中原地带再无险可扼，日军的机械化部队得以在数月内长驱直入。

第52通手令——急召陈诚到武汉改组军政机构、整理军队编制

【手令编号】上卷029

【时间判读】1938年1月__日

【正文释读】

用电话。陈总司令辞修兄，军政机构之改组，与军队全般之整理，与长期抗战之编制，应有改革。如弟能抽暇来武汉详商更好。前方职务或交薛伯陵暂理代办即可。否则如军事紧急，不能暂离，则请详述意见，拟订草案，速寄候核亦可。最好能来面叙也。中正。

【原件品鉴】

竖排 5 行套红信笺 1 页，毛笔书写。原笺右上角有钢笔书写文件编号"6499 号"，下端有铅笔横写"熊汇徽州十万元收到否"。

【原文解读】

本通手令文中的"陈总司令辞修"，即指陈诚（1898—1965），字辞修，浙江省丽水市青田县人，国民党军陆军一级上将。历任台湾省政府主席，"中华民国""行政院长"，"中华民国""副总统"等职。1937 年 8 月，淞沪会战爆发时，调任第 15 集团军总司令，旋任第 3 战区前敌总指挥，统辖张发奎、张治中、薛岳各集团军，指挥对日作战。12 月，任第 7 战区副司令长官。1938 年 1 月，任武汉卫戍总司令。2 月，军事委员会政治部成立，又兼任部长。从此手令中对陈诚的官职称呼，及蒋介石时在武汉诸情况看，此手令当写于 1938 年 1 月。

（一）抗战名将薛岳

本通手令文中的"薛伯陵"，即薛岳。蒋介石对第 9 战区司令长官陈诚说，让他抽空来武汉商议军机，第 9 战区的"前方职务或交薛伯陵暂理代办即可"，由此可见蒋介石对薛岳的充分信任。

薛岳（1896—1998），原名薛仰岳，字伯陵，绰号"老虎仔"，广东省韶关市乐昌县九峰镇小坪石村人，汉族客家人，国民党军著名将领，军事家。因生于中日甲午战争期间，其父敬仰南宋的抗金民族英雄岳飞而起名薛仰岳。薛仰岳后改名薛岳，以示不仅仰慕岳飞，更将身体力行。入保定陆军军官学校第 6 期学习，回粤后任孙中山警卫团第 1 营营长。1922 年陈炯明叛乱期间，薛岳曾保护宋庆龄脱险。北伐初期任第 1 军第 1 师师长。1927 年蒋介石"清党"，薛岳改投李济深第 4 军，指挥镇压南昌暴动后南下潮汕的共产党起义军，之后多次参与第 4 军的反蒋战争。1933 年 5 月，薛岳被蒋介石征召，担任第 5 军军长，参加对中央苏区的第 5 次"围剿"。10

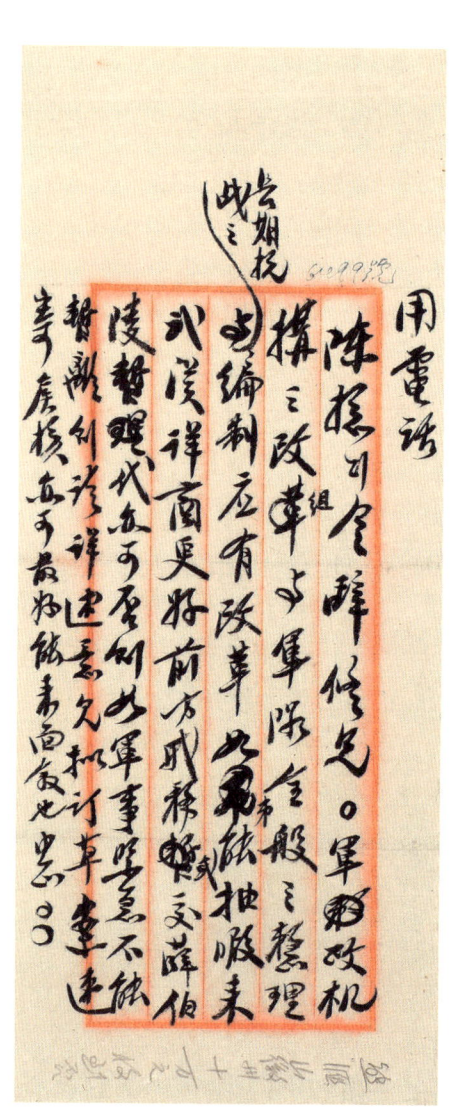

薛岳

月,到南昌先后任北路军第3路军副总指挥兼第7纵队司令和第1路军代总指挥兼第7纵队司令。1934年1月,任第6路军总指挥。4月,薛岳指挥第6路军先后攻占赣南韶源、上冈、寿华山、兴国、古龙冈,给红军造成了很大损失。10月,又进占石城,直逼瑞金。红军主力撤离中央苏区后,薛岳奉命指挥第6路军和第8纵队跟踪追击。

1937年8月淞沪会战爆发,薛岳奉调到南京,任第19集团军总司令。8月20日,国民政府在滇黔组建第3预备军,以龙云为司令,薛岳为副司令。这期间,薛岳3次电呈蒋介石,请缨出征。9月17日,薛岳在赴沪参战的请求获准的当天即出发直奔南京。22日,薛岳到达南京后面见蒋介石,后被任命为第19集团军总司令。24日,他即驰赴上海指挥作战。9月24日至11月12日,薛岳参加淞沪会战。12月,薛岳率部撤到浙皖赣边界。27日,升任第3战区前敌总指挥。1937年12月至1938年5月,薛岳先后建立了黄山山脉和天目山的游击根据地,指挥第3战区各部挺进苏浙皖敌后,对京杭、沪杭等各交通线及长江航道展开游击战争,牵制了日军大批有生力量,稳定了江南战局,有力地配合了徐州会战。5月11日,徐州吃紧,蒋介石调薛岳出任第1战区第1兵团总司令,火速赴豫东指挥作战。5月14日至6月1日,薛岳指挥兰封会战,重创日军土肥原师团。5月30日,薛岳晋升第1战区前敌总指挥。6月18日,武汉会战迫在眉睫,薛岳调任第9战区第1兵团总司令,负责鄱阳湖西岸及南浔线防御。8月4日至11月2日,第9战区第1兵团进行南浔作战,粉碎日军攻占南昌的企图。其间10月1日至10日,薛岳指挥部队取得了万家岭大捷,几乎全歼日军第106师团。11月25日至28日,薛岳出席第一次南岳军事会议。12月初,任第9战区副司令长官,代司令长官职。

1939年1月17日,薛岳兼任湖南省主席。3月15日至5月8日,指挥南昌会战。9月14日至10月7日,率部进行第1次长沙会战。10月28日至11月5日,出席第二次南岳军事会议。12月12日至1940年1月20日,组织实施第9战区冬季攻势。4月9日,组织20个师发起夏季攻势。至6月27日,攻克奉新、靖安、西山万寿宫及高邮市等重要据点,击毙日军混成第16旅团长藤堂高英少将,有力地配合了第5、第6战区同期进行的枣宜会战。在战区主力冬季攻势遭受惨重损失之后,还能取得如此战绩,实属不易。至于苏联顾问福尔根向蒋介石报告所称"宜昌沦陷系薛岳按兵不动所致",实为不了解情况的不实之词。

1940年10月至1941年3月，薛岳指导第9战区各部进行反日军扫荡作战，先后取得陈山船埠、九岭、奉新等战役的胜利，收复通城、武宁等县城。3月15日至29日，指挥上高会战。9月17日至10月8日，进行第二次长沙会战。12月24日至1942年1月10日，实施第三次长沙会战，在太平洋战场上盟军接连失利的情况下取得了长沙大捷。6月初至7月中旬，率第58军、第4军、第79军等部增援赣东，参加浙赣会战。1943年11月至1944年1月，率第99军、第10军、第58军、第72军等部驰援常德会战。1944年5月27日至10月2日，率部参加长衡会战。1945年1月至3月，率第9战区主力参加了湘粤赣会战。6月至8月，组织实施赣江追击战。8月至9月，在南昌接受日军投降。

由薛岳的如上抗战经历看，他经历了抗战全过程，并指挥了许多重要战役，打了许多恶仗、硬仗、胜仗。有资料统计，认为他是"抗战中歼灭日军最多的中国将领"。

（二）抗战时期的中国陆军编制

陆军是抗战时中国军队的主体。在抗日战争初期，陆军有191个师又56个旅另20个独立团。抗战时期，陆军发展很快，到1943年4月，陆军共有316个师另31个旅，到1945年4月抗战胜利前夕，经过调整和整编，共有319师另22个旅。

陆军的指挥系统大体上是：军事委员会—战区—集团军—军、师。军事委员会是国民政府的最高军事统帅机构，实际上是控制全国军事、政治、经济等各方面的权力机关，蒋介石任委员长。

战区是1937年8月20日由国民政府大本营颁布的《战争指导方案》决定成立的，其职责是指挥一个战略方面和有关省区的作战。最初全国共有5个战区。1938年1月17日，全国又划分为6个战区和武汉卫戍总司令部。1939年4月，全国又划分为10个战区。1945年6月，又增设第11、第12战区。这样，迄战争终止，共有12个战区，由于各地具体情况不同，各战区所辖兵力多少也不同。战区司令部的编制由军事委员会统一制定，设司令长官（1人，上中将级）、副司令长官（若干人，中将级）、参谋长（1人，中将级）、副参谋长（2人，少将级）和高级参谋（2-4人，少中将级）。战区下辖参谋处、军务处、军需处、副官处、政治部、干部训练团、特务（警卫团）、配属单位（军兵种部队和兵站）、各集团军和直辖部队等。

集团军是战区下一级部队组成单位，一般由两个军以上单位编成，配以必要的特种兵部队和兵站分监部。集团军总司令部的编制小于战区，但组成部门相似。根据作战及战略部署之需要，集团军经常在各战区之间流动，改变其所隶属的战区。在抗日战争初期，国民党军还使用过"军团"和"路军"的番号，其规模也大致相当于集团军，

中国军队抗击日军进攻

不久即被撤消。1945年抗战结束时，国民党军共编成39个集团军（中共领导的第18集团军不含在内）。

师是抗日战争初期陆军的基本战略单位，实行2旅4团制。直辖部队为骑兵连（排）、炮兵营（连）、工兵连、通信连、无线电排、特务连和师医院。师分甲、乙两种编制。甲种编制的调整师兵力较多，每师定员10923人，这样的师共有15个；乙种编制的整理师每师定员8652人（每营编一个机关枪连）或8120人（每团编1个机关枪连）。在抗日战争初期，国民党军的师无论在兵力上还是在火力上，都与日军编制相差较大，无力单独执行战略任务。为适应战时需要，1938年，国民政府军政部又颁布了军师新编制，决定将基本战略单位扩大为军。依照新编制，甲种军辖3个师，乙种军辖2个师。师以下取消旅一级编制，直接设团，实行"1师3团"的三三制。每师兵力数额有两类，装备山炮的定员为9837人，装备野炮的为9358人。师的直辖部队有骑兵连、工兵营、通讯兵营、辎重兵营、特务营和野战医院，较之前编制的实力有所扩大。1940年以后，陆军师的兵力编制又有所缩小，每师仅7000人。同时，由于战斗消耗之后兵力不能够及时补充，许多一线师的兵力实际甚至不到编制数额的一半。到1945年，师的编制又重新扩大，甲种师定员为10977人。

在战区—集团军—军、师的指挥系统之外，为维持治安、镇压反政府民主运动，国民政府和国民党军队还在各大中城市设立警备（或卫戍）司令部，其规模大小不一，组织或较固定，或临时抽调人员组成，长官一般由当地驻军长官兼任。如重庆卫戍总司令部，其组织规模相当于战区长官司令部。一些临时地区的大中城市则设立设防司令部或戒严司令部。[①]

[①] 戴逸主编：《中国近代史通鉴·抗日战争》（第9卷），红旗出版社，1997，第314页。

第53通手令——列表详报及其图示南方诸省各部队

【手令编号】上卷049

【时间判读】1938年1月__日

【正文释读】

钱主任：闽、赣、湘、黔、川与鄂西各部队列表详报及其图示。中正。

【原件品鉴】

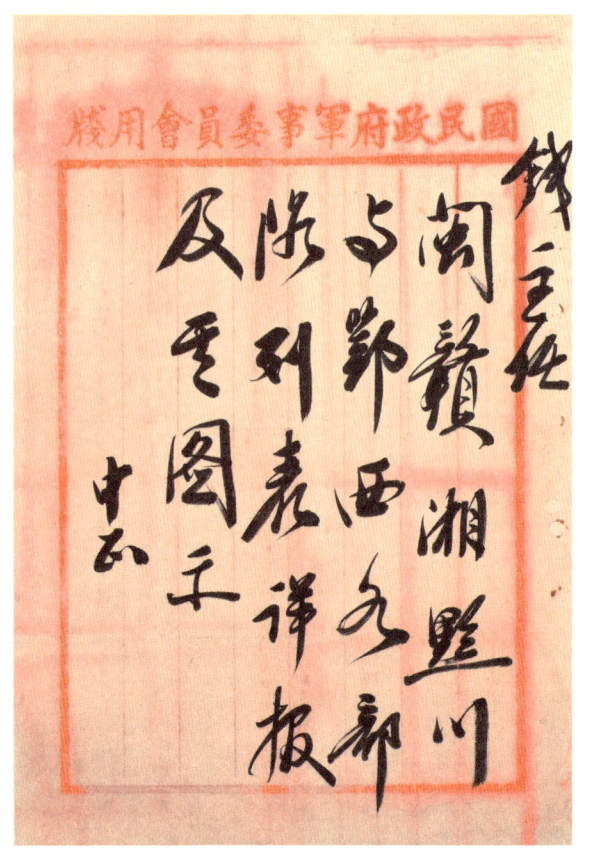

竖排8行套红"国民政府军事委员会用笺"1页，原件信笺红色现沁润较重。毛笔书写。

【原文解读】

综合各种信息看，这通手令书写于1938年1月。

抗战初期，国民政府整编全国各路部队，虽然打破了原来以地域为派系的军阀割据局面，但还一时难以打消这些地方部队固有的地域观念。蒋介石对此事颇有顾虑，因此他在军队力量部署中，除考虑作战需要之外，还在权衡如何打破原有的根深蒂固的"地方军"网络。

抗战爆发时，中国军队各路部队的地域及派别来源，大致脉络如下：

第1路军总指挥陈调元上将，该路军原为直军齐燮元的苏军、皖军所部。

第2路军总指挥刘峙上将，该路军为蒋介石嫡系，原顾祝同部。

第3路军总指挥韩复榘上将，该路军原为西北军主力，1929年投蒋。

第4路军总指挥何键上将，该路军原为唐生智湘军，1929年投蒋。

第6路军总指挥朱绍良上将，该路军为蒋介石嫡系，有部分原西北军部队。

第7路军第1总指挥刘湘上将，该路军为四川地方军阀部队。

第7路军第2总指挥毛维寿上将，原第19路军分化出。

第8路军第1总指挥唐生智上将，原第4路军分化出。

中国军队机枪阵地

第 8 路军第 2 总指挥陈济棠上将，该路军为广东地方军阀部队，原李济深旧部。

第 8 路军第 3 总指挥朱德上将、副总指挥彭德怀上将，中共领导的原中国工农红军。

第 9 路军总指挥鲁涤平上将，该路军为湖南部队，原谭延闿旧部。

第 10 路军总指挥龙云上将，该路军为云南地方军阀部队，原唐继尧旧部。

第 11 路军总指挥刘镇华上将，该路军前身为袁世凯年代的镇嵩军。

第 12 路军总指挥田颂尧上将，该路军为四川地方军阀部队。

第 13 路军总指挥石友三上将，该路军原为西北军主力，1929 年投蒋。

第 14 路军第 1 总指挥邓锡侯上将，该路军为四川地方军阀部队。

第 14 路军第 2 总指挥顾祝同上将，该路军为蒋介石嫡系。

第 15 路军总指挥马鸿逵上将，该路军为北洋军阀时期回民部队。

第 16 路军总指挥徐源泉上将，该路军原为直鲁军阀张宗昌旧部。

第 17 路军总指挥杨虎城上将，该路军原为陕西部队，前身为靖国军。

第 18 路军第 1 总指挥毛光翔上将，该路军为贵州地方军阀部队。

第 18 路军第 2 总指挥陈诚上将，该路军为蒋介石嫡系，中央军土牌部队。

第 19 路军总指挥蒋光鼐上将，该路军原为广东部队，陈铭枢、李济深旧部。

第 20 路军总指挥张钫上将，该路军为收编万选才、樊钟秀残部后组成。

第 21 路军总指挥夏斗寅上将，该路军为黎元洪时代鄂军石星川残部。

第 22 路军总指挥吉鸿昌上将，该路军原为西北军主力，中原大战后投蒋。

第 25 路军总指挥梁冠英上将，该路军原为西北军主力，中原大战后投蒋。

第 26 路军总指挥孙连仲上将，该路军原为西北军主力，中原大战后投蒋。

第 27 路军总指挥冯钦哉上将，原第 17 路军分化出。

第 29 路军总指挥宋哲元上将，该路军原为西北军主力，中原大战后投张学良，间接投蒋。

抗战时期的中国军队（国民革命军）在名义上由国民政府统一指挥，但老百姓或在特定的地域、场合，仍沿用原来的习惯称呼，如东北军、西北军、川军、晋绥军、滇军、共军等。

第 54 通手令——批准爆破郑州黄河大铁桥

【手令编号】 上卷 007～008

【时间判读】 1938 年 2 月 16 日

【正文释读】

电话问程司令长官,郑州、黄河铁桥之南岸防御桥头堡、工事掩蔽装备、炮兵阵地以及部队配备有否完成,并有多少部队在铁桥南岸附近爆破,准备是否随时可以实施否?如敌军果到新乡以南,则铁桥准于爆破可也。中正,十六日。

【原件品鉴】

竖排 5 行套红"国民政府军事委员会便用笺"2 页,毛笔书写。在原笺上端有蒋介石补写后又圈掉的"应派战车防御炮数辆"9 字。原笺右上角盖紫蓝色条形章"机密(甲)第 1172 号",序号为钢笔填写。上端有红色铅笔注写"已办"两字。

【原文解读】

本通手令只署"十六日",未提及年、月。根据手令内容推断,应为 1938 年 2 月 16 日。

1937 年 11 月,日军攻占安阳、大名,为策应津浦路日军作战,于 1938 年 2 月初发动了对豫北的进攻。在此之前,1938 年 1 月 17 日,程潜将军临危受命,出任第 1 战区司令长官,担负对晋南、豫北之敌的作战任务。此时,日军在机械化部队的配合下,推进迅

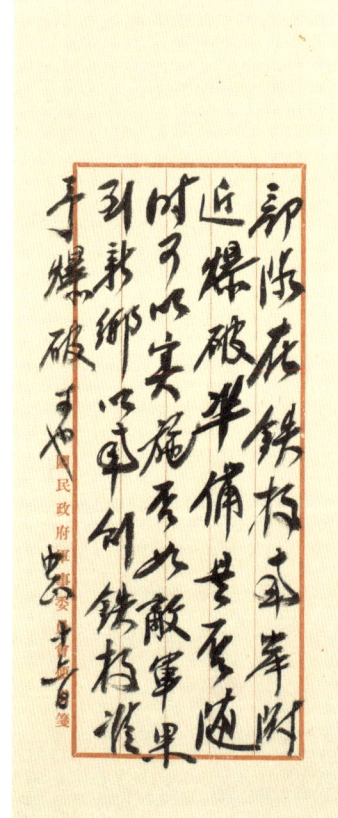
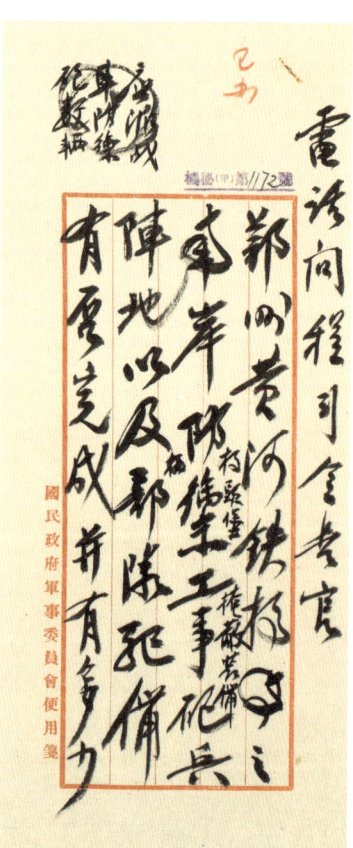

速,至 2 月底,已占领黄河北岸的垣曲、王屋、济源、温县、武陟、封丘、长垣、濮阳等地。除中条山一线,晋南豫北大部分城镇相继沦陷。2 月 17 日凌晨 5 时 15 分,第 1 战区预 8 师奉命爆破郑州黄河铁路桥,但因桥体坚固,未达预期效果,至 19 日傍晚,爆破成功。

本通手令文中的"程司令长官",指程潜,时任第 1 战区司令长官,郑州黄河大桥即在其分管的平汉路方面作战地区。

第 55 通手令——令朱怀冰师部与主力移驻宜昌

【手令编号】上卷 052

【时间判读】1938 年 2 月中旬

【正文释读】

武昌行辕,陈参谋长勋鉴:朱怀冰师部与主力,应令移驻宜昌为要。中正。

【原件品鉴】

竖排 8 行套红"国民政府军事委员会用笺"1 页,原件信笺红色现沁润较重;毛笔书写。

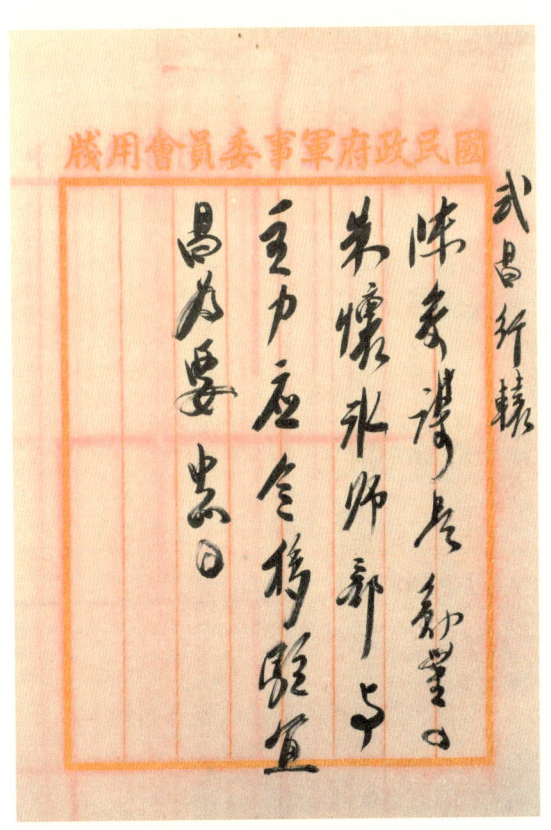

【原文解读】

本通手令所说部队调动情况,当为蒋介石对于武汉会战之筹备,所调动部队为朱怀冰第 94 师,隶属于第 7 集团军。1938 年 6 月至 10 月,中国军队在武汉地区同日本侵略军展开大规模会战。战场在武汉外围沿长江南北两岸展开,遍及安徽、河南、江西、湖北 4 省广大地区。大小战斗数百次,历时 4 个半月,是抗战以来战线最长、规模最大、持续时间最长并具有重要意义的一次会战。

文中"陈参谋长",即陈诚,时任委员长武昌行营参谋长。1935年10月,国民政府军事委员会蒋委员长设行营于湖北宜昌,派陈诚兼行营参谋长,负责"围剿"红军贺龙、萧克部。红军长征后,委员长行营从宜昌移设武汉,陈诚于1936年1月改驻武汉。10月,陈诚调任委员长广州行营参谋长,协助何应钦主任处理"两广事变"的善后事宜。11月,军委会决定取消驻湖北的绥靖公署,设立委员长武汉行营,派何应钦为主任,陈诚为副主任。

朱怀冰

朱怀冰(1892—1968)湖北黄冈人。保定军校毕业。曾加入同盟会,参加辛亥革命。1920年,任江苏淮阴镇守使马守仁部营附,后赴广州。1927年,任北伐军总司令部征募处科长。1927年夏,任第10军参谋长、第13师第38旅旅长。1932年4月,任湖北省民政厅长。1933年,任南昌行营政治厅长、庐山军官训练团办公厅主任、陆军整理处研究会委员兼办公室主任。1938年,任第94师师长、军事委员会参谋厅第2局长、委员长行辕参谋长、第97军军长、冀察战区副总司令兼政治部主任、河北省民政厅厅长,第6战区政治部主任等职。抗日战争期间,多次与八路军制造摩擦,后所部第97军被八路军击溃。1940年,任湖北省政府委员兼武汉警备旅旅长、湖北省民政厅厅长。1943年,代理湖北省主席。1944年,任国民党中央训练委员会副主任委员。1947年秋,任东北行政委员会副主任委员。1948年,任湖北省企业委员会主任委员。1949年赴台湾,任台湾"总统府国策"顾问,"光复大陆设计委员会"副秘书长、秘书长等。在台北病逝。

据朱怀冰的任职时间,推断本手令写于1938年2月朱始任第94师师长之时。

第56通手令——给山东高射炮不必急发

【手令编号】下卷024

【时间判读】1938年2月__日

【正文释读】

电话:何部长,发给山东高射炮如无廿四门,则先筹备半数亦可,但不必急发。中正。

【原件品鉴】

國民政府軍事委員會用箋

電話何部長 發給
山東高射砲兩營廿四門
但先發半數亦可
但不必急發 中

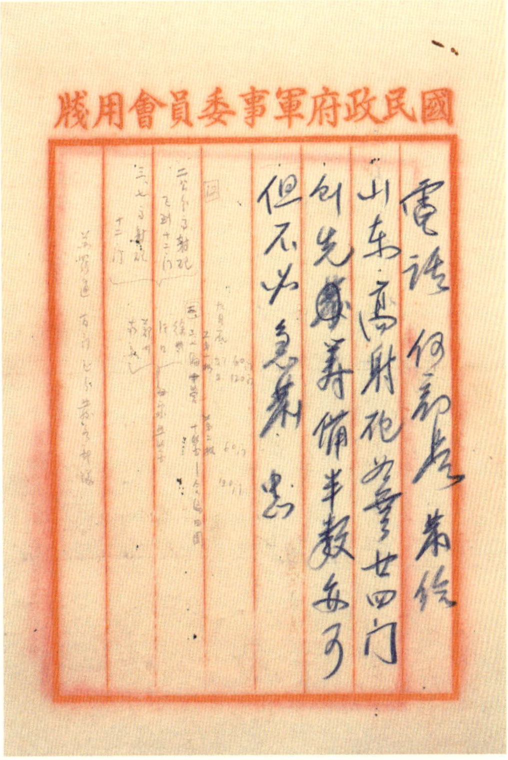

竖排 8 行套红“国民政府军事委员会用笺”1 页，原件信笺现沁润红色较重；蓝色铅笔书写。原笺文末空白处系承办人用铅笔所注记：“二公分高射炮已到十二门，三七高射炮十二门；九月底，37，60 门，2，120 门；第一批，二，三七，编十营；第二批，十营——合编四团，60 门，120 门。徐州、汉口、郑州、南京，每处五营。苏罗通百门，已分发各部队。”

【原文解读】

本通手令文中的“何部长”，即时任军政部长何应钦。

从“发给山东高射炮”、“不必急发”等句看，有可能是为鲁南作战防空之用，时间约在台儿庄战役前夕，即 1938 年 2 月。从“不必急发”之句看，说明蒋介石对山东方面的守土之战并不乐观，判断中国军队溃退是早晚之事，故不必把原准备发到山东战场的高射炮急发出去，免得战退后又毁弃或资敌。

手令附文中有高射炮营驻地之一“徐州”，说明书写此手令时徐州还没有陷落。徐州于 1938 年 5 月 19 日失守。

第 57 通手令——指挥台儿庄大捷序幕战——临沂保卫战

【手令编号】下卷 045

【时间判读】1938 年 2 月底

【正文释读】

电话李司令长官：由莒县至临沂一路应特别注意，恐敌军有一大部队出，该路应速设法防止。中正。

【原件品鉴】

竖排5行套红"国民政府军事委员会便用笺"1页，蓝色铅笔书写。

【原文解读】

本通手令为抗战初期临沂保卫战期间的手令。

"李司令长官"，指时任第5战区司令长官李宗仁（1891—1969），字德邻，陆军一级上将，中国国民党新桂系首领，曾任"中华民国"首任"副总统"、"代总统"。北伐以后10年期间，屡次发动和参与中原大战等国民党内战，亦苦心经营广西。抗战时，动员广西将士抗日，指挥多次大战，在台儿庄大捷中名震一时。1948年国民党行宪，当选"副总统"。蒋介石下野后，一度任"代总统"，欲以和谈挽救国民政府未果。之后出走美国，后于1965年7月2日偕夫人郭德洁经瑞士回到中国大陆，7月20日，李宗仁偕夫人郭德洁从海外归来抵达北京，国务院总理周恩来到机场迎接。7月27日，毛泽东主席接见了李宗仁及夫人郭德洁。"文革"期间，李宗仁病逝于北京，后葬于八宝山革命公墓。

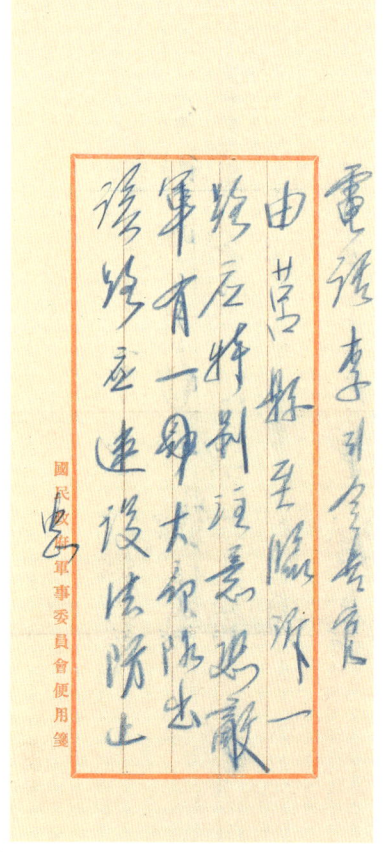

临沂保卫战是著名的台儿庄大捷的序幕战。1938年2月，日本最精锐的部队之一坂垣第5师团主力坂本支队及伪军刘桂堂部约2万人，自胶济线南犯诸城、沂水、莒县，直扑临沂。第5战区长官司令李宗仁电令驻守东海、连云港一带的第3军团庞炳勋部，火速赶到临沂坚守。临沂系鲁南重镇，是各公路的交叉点，南通新安镇（今新沂）至徐海，西南通台儿庄、枣庄，西北通费县、泗水、蒙阴、新泰，东北通莒县、诸城。临沂的战略地位关系到陇海、津浦两路的安危，也是徐州的一个重要屏障。日军以坂垣师团猛攻临沂，正是为了策应矶谷师团进攻台儿庄。庞炳勋部时有5个团，13000余人，到临沂后，其兵力布防为：军部及第39师师部驻城南关的三乡师校园内；第115旅驻城东之相公庄；第116旅驻城北诸葛城；补充团驻军部附近；骑兵师驻相公庄以东地区。面对日军的进攻，庞部全体官兵无不义愤填膺，誓灭敌寇。但由于日军不断向临沂方面增加兵力，庞炳勋部的战况十分危急，23日，莒县失守。3月

张自忠

2日，日军逼近距临沂仅30公里的汤头。3日，庞炳勋部在由青岛撤退的海军陆战队沈鸿烈部的协同下，与敌"苦战经周，损失颇巨"，被迫放弃汤头。汤头失守，其以南地区情势骤紧，临沂城亦觉唇亡齿寒。庞炳勋部一面抵抗，一面急电求援。

3月10日，日军约8000余人，骑兵400余人，在战车20余辆、装甲车60余辆、飞机10余架、炮30余门的强大火力掩护下，开始向临沂猛攻。临沂前线，连电告急。第5战区在烈焰燃眉之际，急电令第59军张自忠部增援临沂。同时，为了协调庞炳勋部与第59军作战，特派第5战区长官司令部参谋长徐祖诒赴临沂前线督战指导。当时张自忠部正在滕县向济宁、兖州一线的敌人进攻，接到命令后，当即以急行军速度星夜兼程，于12日到达临沂北郊的沂河西岸。抵达后，庞炳勋即要求第59军接替城防。张自忠则认为与其消极防御，不如以攻为守，击敌侧背，以解临沂之围。张自忠的建议很快被采纳。

3月13日子夜，第59军运动到刘家湖、崖头、石家屯一线后，强渡沂河。14日拂晓，张自忠指挥部队向日寇发起攻击。刘振三第180师由诸葛城、大小姜庄渡沂河向徐家太平、大太平附近日军进攻，在亭子头遭到一股日军的顽强抵抗；黄维纲第38师由朱家棚、船流渡沂河攻占张家庄、解家庄、白塔。由于日军600余人在飞机、大炮、坦克的掩护下拼命反击，该师被迫退回沂河西岸。同时，沂河东岸的庞炳勋部第40军第39师亦从正面开始反攻，并向青墩寺、尤家庄一带进攻，于14日晚占领东西旺庄、东西沙庄。15日早晨，庞炳勋部继续前行，占领了郑寨子、黄家屯、东西沈庄、柳杭头，同时派骑兵从右翼迂回董家官庄、沟头一线。同一天，第180师攻克亭子头，日军向东、西水湖崖撤退，第38师再渡沂河，占领沙岭。

3月16日，日军增加1个旅团4000多人，从汤坊崖西渡河向沂河西岸的张自忠部的阵地猛烈攻击，日机10余架也轮番轰炸，第38师伤亡较重，但官兵仍然守住了阵地。当日夜10时至17日凌晨，日军全力攻击崖头、刘家湖、茶叶山阵地，经密集炮火摧毁后，日军占领了这三处阵地。张自忠急令两个旅增援，奋力抵抗，肉搏多次，终于将丢失的阵地全部夺回，日军大部被歼。同日，庞炳勋部也发动强大攻势，激战一昼夜，先后占领尤家庄、傅家屯、东西水湖崖、沙河一带，日军退守李家五湖、傅家池、草坡一线。到18日早晨，庞、张两军一齐从东、南、西三面夹击汤头、傅家池、草坡一线的敌人，经3天血战，临沂方面的日军约3个联队被完全歼灭，残敌大部逃向莒县，一部向北撤退。

此战，张、庞两军共歼敌4000余人，其中第59军歼敌3000余人。有资料说，日军用载重汽车运回莒县的尸体达100余车，在汤头、葛沟屡次焚化的尸体、来不及运回就地掩埋者达700多具。中国军队也为争取胜利付出了惨重的代价。

徐州会战中的中国军队炮兵阵地

日军不甘心在临沂战役中的失败，于3月23日复派增援部队4000余人，会同莒县、汤头的残敌，又向庞军阵地展开反攻。24日，日机到庞军阵地轰炸，9门敌炮昼夜不停地扫射。由于第59军张自忠部伤亡太大，除留1个旅的兵力协助庞炳勋部守卫临沂外，主力已于19日离开临沂转向费县休整，准备向泗水、滕县方面转进。在敌人强大兵力的攻击下，庞军力战不支，被迫退至城东桃园、黄山一带防守，临沂形势又趋危急。为确保临沂，解围庞军，张自忠部于25日重返临沂增援，在韦家屯、桃园等地与日军进行激战，并东渡沂河，占领了桃园。

3月26日，日军1000余人，在10余门大炮的掩护下，绕道转至临沂西冯义堂一带，伺机环攻取城。张军急派重兵在城西娘娘庙至大岭一线布防，以阻止敌人的进犯。但是攻击三官庙的张军一部分，因损失极大，停止了进攻。日军借机占领了营子、乾沂庄、沙埠庄等村庄。而此时的庞炳勋部因兵力损失过大，已失去战斗力，虽强守九曲店、小李家庄、沭埠岭、黄山一线，但河东的阵地已很难支撑，临沂处在危急之中。3月27日，日军一部从早上7时开始，向古城南沙埠庄及小岭、北道发起攻击，另一部则从蒙阴南下，袭击临沂西南的朱陈镇。28日，日军又增加1000余人、炮12门，配合飞机对临沂城内轮番轰炸。庞军以第39师第116旅副旅长崔玉海率刘富生第231团会同张里元部保安团守城，其余的撤退到城南一带，军部也随之转移到九曲至黄山一线；第59军张自忠部则在七德、前后七里屯、前后岗头一带修筑阵地，与敌人展开血战，击毙日军100余人。

至3月29日，在日军的猛烈攻击下，临沂已处于万分危急之中。第5战区派驻在海州的第57军缪澄流部王肇治旅赴临沂增援。该部队于29日早晨到达东高都，当晚7时向临沂西北的十里铺前行，并向大、小岭方向出击。汤恩伯部骑兵团也赶来增援，并于午后抵达城西的胡子峪，向义堂以北的地区发起进攻。日军伤亡1000余人，被迫向汤头退却。晚10时左右，第59军再次出击，重创日军，迫其向北退却。王肇治旅沿沂河，汤恩伯部骑兵团向艾山、义堂一带追击，发动全面的反攻。同日晚，由于临沂久攻不下，台儿庄方面又陷于苦战，日军遂转移进攻方向，命令在临沂的日军停止进攻，抽出坂本旅团主力2个步兵联队和1个野炮兵联队星夜兼程南下，赶赴台儿庄进行支援，仅留1个联队步兵和少数炮兵在临沂与张、庞两军对峙。至此，第59军的伤亡也已达1万余人。4月21日，由于台儿庄战役吃紧，张、庞两军相继撤离，临沂遂被日军占领。

在临沂保卫战中，第40军、第59军全体将士并肩浴血战斗，创造出打死打伤日军6000余人的战绩，挫败了日军由津浦路和临沂两路夹击台儿庄的计划，奠定了台儿庄战役胜利的基础。

第58通手令——郑州之南铁路车辆继续运输部队

【手令编号】下卷033

【时间判读】1938年2月27日

【正文释读】

钱主任：各铁路车辆尽量集中郑州、信阳一段，继续运输部队为要，中正。廿七日。

【原件品鉴】

竖排5行套红"国民政府军事委员会便用笺"1页，毛笔书写。

【原文解读】

从本通手令文中"各铁路车辆尽量集中郑州、信阳一段，继续运输部队"内容看，此手令书写时间在1938年2月19日炸毁郑州黄河大铁桥之后，平汉路北段已经不通，南段的运输仍正常运行。

由这通手令也可看出，此时即将卸任侍从室主任的钱大钧，还没有上任航委会主任。这也可能是

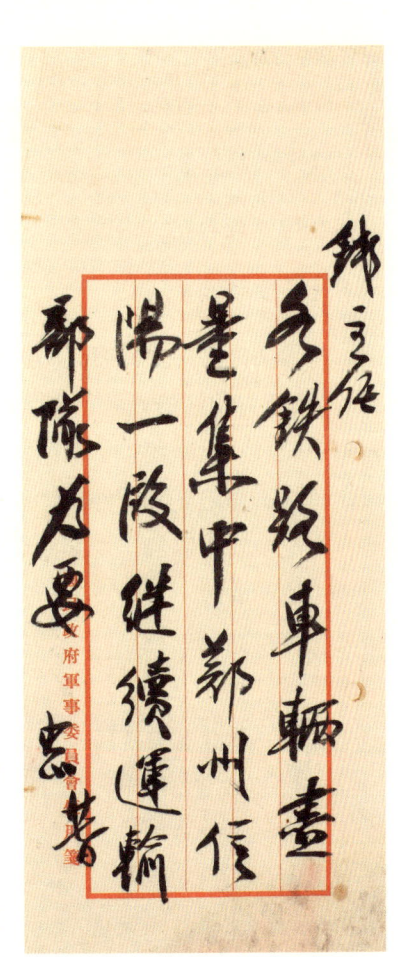

他在 1936 年至 1938 年第一次进侍从室工作，完成蒋介石交办的最后一份手令。

第 59 通手令——拟定东南各战区作战地境及计划部署

【手令编号】下卷 071～074

【时间判读】1944 年 12 月 24 日

【正文释读】

辞修、天翼二位同志：兹将东南各战区作战地境及作战计划与部署拟定，另附请兄等审核转办。如伯陵愿来湘西或第六战区，则第三与第九战区之境界自当由兄等洽商另定，否则应即以所附计画书为准则也。伯陵昨日来电表示甚为忏悔之意，其间有狡匪权奸挑拨中伤，希图残害忠良之语，可知其意甚挚也，望善慰之。天翼兄如能暂留东南，为墨三、浩生协助，一切以待辞修兄回渝决定办法后再回更好。顺颂！戎祉！中正手启。十二月廿四日。

【原件品鉴】

竖排 8 行套红 "国民政府军事委员会用笺" 4 页，毛笔书写。

【原文解读】

本通文电的主要内容是蒋介石在调解顾祝同所负责的第 3 战区与薛岳所负责的第 9 战区之境界的纠纷问题。第 9 战区的司令长官在名义上是陈诚，薛岳仅是副司令长官、代司令长官，所以在拟定东南各战区作战地境及计划部署时，关于第 9 战区的重大事项，蒋介石还是交陈诚处理，说 "一切以待辞修兄回渝决定办法后再回更好"。

文电中的 "辞修"，即武汉卫戍总司令部总司令陈诚。"天翼"，即时任江西省政府主席熊式辉。"伯陵"，即第 9 战区副司令长官薛岳。"墨三"，即第 3 战区司令长官顾祝同。

（一）蒋介石安抚薛岳的因由

1944 年 5 月 27 日至 10 月 2 日，薛岳率部参加长衡会战。其间即发生了本通手令中薛岳 "来电表示甚为忏悔之意，其间有狡匪权奸挑拨中伤，希图残害忠良之语" 的一段插曲。

在衡阳失守前的 7 月 15 日，白崇禧奉蒋介石之命到前线视察，在祁阳黎家坪见到了薛岳。他劝薛岳在衡阳沦陷后调第 9 战区主力防守湘桂线，同时蒋介石也命令薛

拜修

二信同志歉悵東

天翼　本多此區作此地境

及作此計畫上部署抑

定另附陳弟等當抱

好辭如伯陵顧朱湘

正或弟六戰區例第三

止弟九此區之境界目

幸由兄等珍商另安否

則尾仰以昣附計畫書

為準則也　伯陵昨日來

電表因禾甚為懺悔

三戰區間有攻匪杖奸

桃攘中傷希圖殘害忠

良之徒可知居意甚熱

此望善慰之　天翼兄如

能暫留東本為墨三

浩生協助一切以待

拜修兄回渝決定水

法成再回更好順頌

秋祉　中正白丑十青廿曹

岳把第9战区主力拉到湘西,但都被薛岳拒绝。8月衡阳外围撤退时,他把部队拉到了湘东。这件事被时任第9战区参谋长、后来起义的赵子立说成是薛岳"有意避开日军箭头,而跑到湘东去",言下之意说薛岳怕死。其实,薛岳到湘东之后比以前更加困难:手下仅有已久战疲惫的8个严重缺员的军,而要对付10余万日军战胜之师,防守粤汉线和湘东赣南那么大的地方,其难度可想而知。而且撤到湘东,实际上是把自己送到了日军的包围圈里,而湘西作战若不利可退入大西南后方,其危险程度相当大。

那么,为什么薛岳要执意去湘东呢?这一行动的重要性,从以后的战局发展可看出:第一,薛岳将第9战区主力撤到湘东后,将第99军、暂2军、第44军、第4军、第37军等5个军留在了粤汉线以东,缓解了该区域兵力不足的窘境,为日后保卫粤汉线南段和赣南保存了重要力量。第二,江西是抗日反攻的一个重要基地,也是国共争夺的焦点。将第9战区主力西调就等于将江西拱手让人,也就不会有后来的赣江追击战和击溃八路军南下支队的战果。由此看来,第9战区司令部撤向湘东这一决策是有战略远见的。

这也就是薛岳在12月23日电话中向蒋介石所申明"战区地域争执"的事出原因,也是蒋介石写这通手令希望平息和解决战区之间矛盾的因由。由此也即可判断这通手令书写于1944年。

薛岳(右)和陈诚(左)

(二)新成立的第6战区、第9战区

第6战区:这通手令中所说的第6战区,非1937年9月11日成立的由冯玉祥任战区司令长官的第6战区(1938年撤销),此处的第6战区指1940年6月新增设的第6战区(同时增设的还有第7战区),司令长官为陈诚(由孙连仲代理)。作战区域:湖北西部。总兵力约40万人。下辖:长江上游江防军总司令吴奇伟;第10集团军(王敬久),第26集团军(宋肯堂),第33集团军(冯治安),直属暨特种部队。1939年重组,陈诚任战区司令。1943年,孙连仲代理第6战区司令长官。1945年6月26日,孙连仲改任新成立的第11战区司令长官,同日调第1战区副令长官孙蔚如继任该战

薛岳（中）在前线接见外国记者

区司令长官。1945年9月，该战区是日俘集结地，中国主要受降区。

第9战区：1938年6月，由武汉卫戍总司令部改设，司令长官为陈诚（由薛岳代理）。作战区域：鄂南及湘赣两省。总兵力约50万人。下辖：第1集团军总司令卢汉；第9集团军总司令吴奇伟；第19集团军总司令罗卓英；第20集团军总司令商震；第27集团军总司令杨森；第30集团军总司令王陵基；第31集团军总司令汤恩伯。

随着抗日战争进程的推进，中国军队的编制序列也经常发生变化。在抗战中后期，编制序列主要发生了几个方面的大变化：（1）在军事委员会与战区之间设立较大的区域性指挥组织——军事委员会委员长行营。负责指挥相近的几个战区，如汉中行营指挥第1、第5、第10战区，李宗仁任主任；北平行营下辖第11、第12战区等部队。行营多为固定组织，机构庞大，设正副主任若干人。行营虽名为委员长行营，但委员长蒋介石并不依靠行营，而是直接指挥各战区，其实际目的在于安排有关将领，以夺其实权。（2）为接受美国军援并配合盟军准备对敌攻势，1944年底成立陆军总司令部。何应钦兼任总司令，负责西南各战区部队的统一指挥及训练。下辖4个方面军（第1方面军为滇越边部队，第2方面军为第4战区部队，第3方面军为湘桂黔边部队，第4方面军为第74军）和若干直辖部队，其中的方面军比集团军略大。（3）组编"青年军"。为稳定人心和对全国青年特别是知识青年进行军训，1944年征集具有一定文化水平的青年入伍，编成青年军。设立青年军编练总监部，罗卓英任总监，下设政治部，蒋经国任主任。青年军共编成9个师另2个团，近10万人。（4）在战区后方建立省级或跨省绥靖公署。其所属部队称绥靖部队，主要任务是维持治安，镇压反政府活动。绥靖公署除负责军事指挥外，还控制该"绥靖"区内的政治、经济和社会活动。

07 航空抗日

本组手令共有 7 通,起始时间为 1938 年至 1945 年,基本贯通全国抗日战争时期。因为手令的收藏者钱大钧曾任航委会主任,故手令内容事关中国空军大局,尤其是筹划空军建设、抗敌轰炸等,还有密召空军前敌总指挥、"黑室"(密码破译)负责人,接见美国、苏联空军高级将领等,揭秘了蒋介石筹划航空抗战的战略部署。

第 60 通手令——航委会主任周至柔列席军委会

【手令编号】上卷 064

【时间判读】1938 年 2 月__日

【正文释读】

钱主任:每星期四日会报,可通知周主任至柔列席参加。中正。

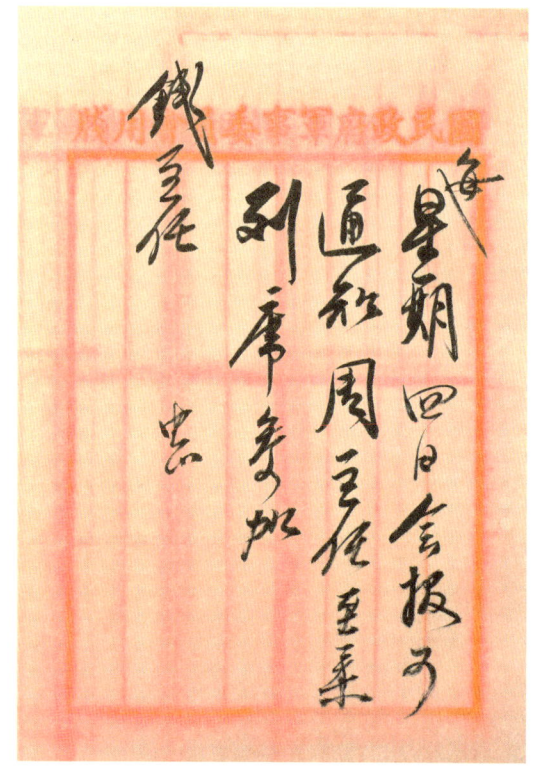

【原件品鉴】

竖排 8 行套红"国民政府军事委员会用笺"1 页,原件信笺红色现沁润较重。毛笔书写。"钱主任"3 字写在信笺文末。

【原文解读】

从本通手令称呼周至柔为"主任"的职务看,书写时间应在 1938 年 2 月 20 日航委会改组前。

本通手令中的"每星期四、日会报",指抗日战争时期国民政府军事委员会每周的两次例会,开会时间在星期四和星期日。出席人员规定有委员长蒋介石和副委员长、委员等,1932 年至 1938 年期间,因军委会领导机构的改组,出席每周会报的人

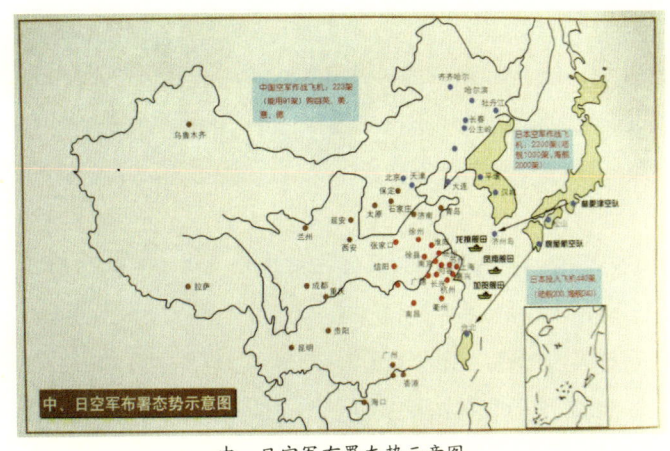

中、日空军布署态势示意图

员也有所改变。1932年3月8日,蒋介石出任军事委员会委员长,冯玉祥、阎锡山、张学良、李宗仁、陈铭枢、李烈钧、陈济棠、汪精卫、朱培德、何应钦、唐生智、陈绍宽、陈调元等出任委员。其中,汪精卫之后6人为国民政府官员兼任之当然委员。1932年至1937年之间,军事委员会委员人数在10人左右。1938年1月17日,国民政府改组军事委员会。蒋介石任委员长,何应钦任参谋总长,程潜、白崇禧任副参谋总长,委员有11人:阎锡山、冯玉祥、李宗仁、程潜、陈绍宽、李济深、唐生智、宋哲元、熊式辉、卫立煌、万福麟。军委会每周两次的例会,即有这15人出席。例会内容,主要初由各方"会报"近期国防、军事和作战情况等,最后由军委会决策。这种高规格的会议,航委会主任周至柔也是没有资格参加的。蒋介石在这通手令中特别"通知周主任至柔列席参加",说明这次军事会议与空军有直接关系。

(一) 全国抗战初期中、日空军力量对比悬殊

全国抗日战争初期,中国空军在兵力兵器及飞行员军事素质上,均处在敌强我弱、敌优我劣的状态。

截至1937年8月14日,日本陆军航空队约有飞机1480架,海军航空队约有飞机1220架。日本工业基础较坚实,能够生产各类飞机和技术装备,作战损耗后能及时得到补充。日本陆、海军航空队的空地勤人员训练有素,作战指挥关系明确,各项保障有力。日军装备的飞机性能较好,其中1936年投产、1937年参加侵华战争的96式舰载战斗机,最大飞行速度435公里/小时,航程1267公里,以后又衍生多种改进型,先后生产1094架。而日军96式轰炸机,最大飞行速度372公里/小时,航程1300公里,机上装有4挺机枪、1门航炮,可载800公斤炸弹,先后生产了1100架。这两种飞机是侵华战争初期日军装备最多的飞机。此外,日军还装备有96式舰载轰炸机428架、96式舰载鱼雷攻击机200架等。

中国空军在全面抗日战争爆发前,先后将各地区、各派系的航空队统一于国民政府领导,但兵力仍十分有限,飞机陈旧,机型杂乱,性能落后,机种配备比例失

调。中国在20世纪30年代初期和中期从美国购买了霍克Ⅱ、霍克Ⅲ、波音—281型战斗机以及雪莱克A—12型攻击机,诺斯罗普—2E、马丁—139WC型轰炸机,数量都很有限。国内由于工业基础薄弱,虽也仿制了部分作战飞机,但其主要部件仍依赖进口。到1937年8月14日,中国空军正式与日机交战时,列编的9个大队零5个独立中队,装备各型飞机296架,不及日军的九分之一。其中轰炸机148架,占50%;战斗机101架,占34%;侦察机41架,占14%。飞行员620名,能参战的人不足半数,且战斗机飞行员训练重点是对地攻击,更无空战经验。抗战初期,中国空军装备的主要战斗机是霍克Ⅲ,其最大飞行速度387公里/小时,航程625公里,装备数量最多的轰炸机为道格拉斯02M,其最大飞行速度为238公里/小时,航程524公里,均不及日军当时装备的同类型作战飞机。

中国空军总司令周至柔

(二)"八一四"空战中国空军大捷

1937年8月9日,日本海军陆战队军曹大山勇夫乘摩托车强行闯入上海虹桥机场,被中国卫兵击毙。13日,日本要求中国政府撤出上海的保安部队,拆除防御工事。被中国拒绝后,当日晚,日本军舰向上海闸北地区开炮,双方发生炮战,日本海军陆战队也与中国陆军第88师发生战斗。淞沪抗战从此爆发。

8月13日14时,中国航空委员会在周至柔主任主持下颁布《空军作战命令第一号》。命令由空军总指挥周至柔、副总指挥毛邦初签署,要求中国空军主力南下,配合淞沪地区陆军部队作战并保卫南京的安全,各部队到达指定位置做好作战准备。指示:"各部队应于14日黄昏以前,秘密到达准备出击之位置,完成攻击一切准备。"并指定各部队进驻的机场:第9大队(曹娥),第4大队(筧桥),第2大队(广德、长兴),航校暂编大队(嘉兴),第5大队(扬州),第6大队第5中队(苏州),第4中队(淮阴),第7大队第16中队(滁县),第8大队(大

中国空军在淞沪空战中的主力——霍克-3战斗机机群

中国空军第4大队大队长高志航

校场），第3大队第8中队（大校场），第17中队（句容）。并命令"各大队大队长于14日10时到南京，面授机宜。"但是，空军作战部署的延缓，致使开战之初空军显得手忙脚乱，仓促迎战。

8月14日，从凌晨3时30分开始，日本巡洋舰被炸、驱逐舰沉没、海军陆战队司令部被炸，汇山码头、大公纱厂日本海军货栈中弹起火，使日军第3舰队司令官长谷川清中将又惊又恼。于12时令"鹿屋"航空队18架96式攻击机从台北起飞，以袭击杭州笕桥机场为主要轰炸目标，并分兵轰炸乔司机场和安徽广德机场。我海岛对空监视哨及时发出警报。下午14时50分日机飞临杭州。此时正值中国空军第4大队第21、22、23队霍克III型战斗机奉命从河南周家口转场笕桥，准备参加淞沪作战。飞行员们已经冒雨飞行2个多小时，落地后正在加油，第21中队飞机刚刚停稳，机场上空袭警报拉响。指挥员立即命令第21、23中队和笕桥航校教官们组成的暂编大队的飞机，按序跟进起飞。第22中队因在广德落地加油而滞后起飞。时笕桥机场下着小雨，大队长高志航旋即率队升空迎击，冲出云层未见敌机，又率队穿云而下，终于发现9架日机编队，高志航同分队长谭文相互配合，首先开火，击落敌机一架，宣告了中日空战史上零的突破，接着又重伤日机1架。第21中队中队长李桂丹与飞行员柳哲生、王文骅向一架日机射击将其击落。第22中队分队长郑少愚也击落日机1架。其余敌机匆忙丢掉炸弹仓皇而逃。第34中队中队长周庭芳在广德上空巡逻飞行时与返航日机遭遇，重伤日机1架，该机在基隆港海面迫降沉没。加上日机在到达笕桥前失踪2架，日军实际损失飞机6架，而中国空军则"零损失"。但我地面飞机1架被炸毁，2名飞行员牺牲。飞行员刘署藩因航油耗尽迫降时牺牲。

这是中、日空军首次大规模空战。中国空军击落日军96式攻击机3架，加上在此次作战中，日机2架失踪，1架返航着陆时坠毁，日机共损失飞机6架（日军资料称被击落飞机3架，重伤1架）。中国空军部队在淞沪战役中，还连续组织编队向日军突击，迟滞了日军地面部队的进攻速度，歼灭了日军的有生力量。8月14日这天，中国空军出动飞机8批76架次，集中轰炸日军在上海的军械库、码头、军舰等重要目标，给敌以沉重打击。这是进行全面抗战后中国空军对日军航空队空战取得的第一个胜利，以6比0的辉煌战绩载入空军史册，打破了日本空军不可战胜的神话，增强了中国军民的抗战信心。为了纪念"八一四"首次空战大捷，国民政府于1939年11

月决定以 8 月 14 日为空军节。

1937 年 8 月 15 日至 10 月下旬,中日双方为争夺上海、杭州、南京等地的制空权,展开了激烈的空战。中国空军在没有外援的情况下,经过 3 个月的英勇奋战,使日本侵略者损失飞机 230 架,击毙飞行员 327 名,日军号称精锐的鹿屋、木更津两个航空队基本被歼灭。中国空军也付出了沉重的代价,到 10 月 22 日,仅剩飞机 81 架,其中许多是战伤和故障待修的,基本上丧失了作战能力。

(三)宋美龄目击南京空战记

1937 年 10 月 12 日,日军 15 架飞机(轰炸机 9 架、"三菱 A596"新型战斗机 6 架)再袭南京。中国空军驱逐司令高志航率 8 架飞机出战。中队长刘粹刚先被敌机"咬住",他凭过硬的飞行技术俯冲至低空,敌机怕撞地先将飞机拉起,刘粹刚见状一个上升急转弯瞄准敌机猛射,敌机坠落南京水西门外。高志航、黄泮杨也各击落敌机 1 架。此战,我空军共击落敌机 6 架,我飞行员曹芳震牺牲。南京市民昂首观望空战,看到日机坠落,群情欢呼!也为中国飞行员的英勇作战而含泪祝福。中国航空委员会秘书长宋美龄也走出户外亲自观战,并记录

航空委员会秘书长宋美龄

了空战全过程,这篇日记当年曾发表在美国《Forum》杂志上,题目是《中国在空袭下》:

此刻我正静待日本空袭者的来临,同时执笔写此文,警报已于 15 分钟以前发出,照例到外边来观察空袭,并细看我们的防御设施。当敌机来临时,我将我看到的一一记录下来。

自从日本在上海开始进攻我们以来,迄今已有两个月。在两个月内,我国人民所受的苦难是不可言喻的。外国军事专家都说,无论在世界上任何地方、即使是今日的西班牙世界大战,他们都没有过如此残酷的,有计划的空中轰炸与炮轰,像日本军队现在施于我们的配备不全然而却是很英勇的士兵。这些专家又说,他们不能理解,怎么中国人血肉之躯竟怎能抵御人类所不能忍受的事情……

现在我们可以看到那些日本轰炸机了:"3 架——6 架——9 架。"小杰牟道,这孩子具有极尖利的眼睛,所以我把他带在身边。

此刻是(10 月 12 日)下午 2 点 42 分。天气很晴朗,天上有一堆堆的云。更在它们之上,布满着整齐的卷积云。3 架日本的重轰炸机从那些积云中间的一条青色裂

蒋介石、宋美龄接见美国志愿队队长、中国航空委员会顾问陈纳德。

缝中穿了出来,由北飞南。后面还有3架,高射炮在打头的3架周围布满了一丛丛的黑烟。现在它们对着后面的3架轰击了。

这边又来了3架,所以一共是9架躲在那些云上面,我可以听见驱逐机的声音。高射炮的爆炸声从四面八方传来,我们的驱逐机有几架出现了。它们本来都飞在云上面。机关枪现在在我上面的高空中响着,那些飞行员正在云端里交战。那9架轰炸机在城市上空不住的前进,它们要击中其目标,不能保持着它们的阵线,打头的3架现在已经飞到南面的城墙上空了。

2点46分——大股的火焰喷上来了;一柱柱的浓烟、尘埃直向上冲,它们已经投了几颗炸弹。于是它们分散了,我们有几架驱逐机正在追击。在我北面,一场空中恶战正在进行着,那是在2点43分开始的。所有的轰炸机现在都涌入了云中,看不见,只有几架日方的驱逐机依旧被我们的战斗机围困着。

2点50分——西北方的空中在交战,一架敌机很快地掠下来,有一架"鹰"式驱逐机紧跟在它后面,敌机消失在紫金山背后了。那些战斗员正在云端里飞进飞出。打头的3架轰炸机,已丢下它们所带的炸弹,正在迅速地向东逃走,飞回上海附近的根据地去。其他的6架,让我们的驱逐机冲散了,正在南方的云层内外盘旋着,企图一击其目标。

2点51分——突然,在城市的西南方,有很大的几股浓烟,火焰与尘埃涌起来。又有几架轰炸机完成了它们的使命。

2点55分——北方的空中依然有几架飞机在交战,机关枪声格格地响个不住,另外9架轰炸机趁此时机,疾飞到南方去,把它们的炸弹投在飞机场上。

2点56分——又有几个炸弹落在同一的地方。在稍微偏西的高空中,交战正在大家的眼前进行。一架中国的"鹰"正在追逐一架日本的单翼机。它们盘旋回翔,悠然迅速地掠下来,倏而又嗡嗡地急升上去。它们的机关枪格格地响个不住。那敌机似乎打中了我们的人;不,它逃走了。他们远远地彼此分开,各自兜了一个圈子,随即又迅速地彼此扑拢来。猛烈的高射炮火对那些正在逃走的轰炸机放射着。那架单翼的敌机似乎在半空中停住了,它已被击中了。我们的"鹰"又疾飞回来攻击它。它停止了一会儿,于是就头朝下直落下来了;火焰冲了出来,这架将要毁灭的敌机向着本城南门附近的一个人烟稠密的区域落下去。橙黄色的火焰,拖着一条彗星尾巴似的黑烟,割破了天空。我们的"鹰"在上面盘旋着,看它的敌人坠地而毁。

2点58分——现在敌机仿佛碰着了本城的顶端,发出了一大阵黑烟与火焰来,接着发生了一阵黄烟一所房子在燃烧了。我们的"鹰"又盘旋了一会儿,才飞向北方去,因那边的天空又在响彻着战斗的声音。在东北方与西北方的云层内外,许多飞机正在交战。这些空战在3点03分以后就在分别进行。

3点10分——我们的一架飞机大声咆哮了一声,迅速地掠下来。从云层后面,来了3架日机,都在追击它。有一架紧跟在它后面,好像铅锤似的直扑下来,但它已消失得无影无踪了。

3点17分——现在已看不见一架飞机了。远方的引擎声隐约可闻。在日机坠地毁灭的地方,还能看到一股浓烟。

3点20分——现在空中寂然无声。此次空袭,历时约40分钟……回到家里时,我才得知日机被击落了3架,而在上午还有两架被击落。这两架是在中途被我们截住的,并没有飞到南京。此次来本市空袭的,共有9架双引擎重轰炸机(每架载飞行员6人)和6架驱逐机。我们的损失是两架被迫降落——但有飞行员4人受伤,1人殒命。

(引自《中苏美空军抗日空战纪实》)

宋美龄从1936年开始担任航空委员会秘书长。在全国抗日战争期间,对中国空军的建设、聘请陈纳德任中国空军顾问、争取美国志愿航空队来华和促使美国政府增加对华援助等方面,都做了很多工作,起到了别人不能替代的作用。1943年2月18日,宋美龄在美国国会发表演说。演说中没有卑躬屈膝的谄言,而是堂堂正正,落落大方,以东方第一夫人的仪态风范,用纯正的美国英语娓娓道来,折服了美国众参两院的议员,数次赢得热烈掌声。这次演讲使援华抗日的支持者坚定了信念,使反对者转变了看法。为一个月后罗斯福总统下令扩建美国陆军第14航空队,起到了重要作用。

中国空军第4大队部分飞行员空战胜利后合影。

第61通手令——召见情报专家和空军要员

【手令编号】上卷024

【时间判读】1938年2月中旬

【正文释读】

钱主任：一、前令制与俄舰通信之密语有否制成，应即呈阅；二、青海旅长袁耀庭派员招待。（问毛邦初司令现在汉否？）三、令王季弼、黄光锐来见。中正。

【原件品鉴】

竖排5行套红"国民政府军事委员会便用笺"1页，毛笔书写。

【原文解读】

此手令写于武汉，约在1938年2月中旬。主要是约谈空军要员，从所约见的人员看，所谈内容主要是情报破译、航空技术和空军建设。

"问毛邦初司令现在汉否"之句，从手令书面上看，紧随写在交办"派员招待"青海旅长袁耀庭之事后面，其实是因为纸面后边缘已经写满而用加括号的方式写在此处，是对后面第3条"令王季弼、黄光锐来见"的补充，讲的还是空军的事情。蒋介石询问毛邦初是否在武汉，说明忙毛邦初最近有过外出的行动。

（一）蒋介石的内侄毛邦初

毛邦初（1904—1987），别号信诚，浙江奉化岩头乡岩头村（今属溪口镇）人。1925年入黄埔军校第3期步兵科，参加第一次东征，平定滇、桂军阀叛乱。次年，赴苏联莫斯科中山大学学习。1929年任中央陆军军官学校航空班飞行组长。1930年奉命在杭州笕桥筹建航空学校，次年任校长，1933年7月17日任中航空学校副校长。1934年出国考察，率部分毕业学员赴意大利深造。1935年9月7日叙任空军上校。1936年12月任国民政府航空委员会委员，1937年1月1日获颁五等云麾勋章。同年

5月任空军南昌第3军区司令。1938年3月,任国民政府航空委员会军令厅厅长。

毛邦初是蒋介石原配夫人毛福梅的亲侄子,从黄埔军校毕业后即投身军事航空界,先后留学于苏联、意大利,成绩优异。由于毛邦初氏身上具有为蒋介石所器重的多重因素,诸如浙江人、黄埔生、内戚、军事航空指挥干才等,特别是在组建、主持中央军校航空班、军政部航空学校即尔后的中央航空学校,以及指挥1937年8月14日中国空军对日空战过程中,创造了斐然的勋绩,故深为蒋介石器重。这通电令,蒋介石称呼毛邦初为"司令",而不是"厅长",说明此手令写于1938年2月20日航委会改组之前夕,蒋介石欲召见毛邦初的本意可能就与改组航委会、任命毛为航委会军令厅厅长有关。

毛邦初多年来对空军总司令一职觊觎不已。但天不遂人愿,自1934年4月以后,他就心有未甘地被迫雌伏于周至柔之下。1934年4月,中央航空学校兼任校长蒋介石,未顾毛邦初的工作业绩和副校长职务,任命与空军毫无瓜葛的周至柔接任校长。尤其令毛难以容忍的是,周至柔升官上任之日,正是自己黯然离去之时。眼瞅着自己苦心经营的地盘,竟被他人轻易夺去,自己种树,他人摘桃,外行领导内行,毛邦初委实难以咽下这口恶气,他与周至柔的交恶越来越深,无论什么场合,一个说东,另一个必定说西,由此严重影响了空军建设。1938年的航委会改组,钱大钧顶替周至柔任航委会主任,与毛邦初、周至柔的严重摩擦也有直接关系。

全国抗战时期,毛邦初曾出任中国空军驻美办事处主任。专司空军在美国军购业务,因此野心日渐膨胀,不可一世,大有中国空军的天下舍我毛邦初其谁之慨。由此也种下了目空一切、飞扬跋扈的祸根。

1940年5月25日,毛邦初晋升空军少将,同年8月19日升任航空委员会副主任兼军令厅厅长,并出任空军第1路司令。1941年3月26日增设空军总指挥部,毛邦初任总指挥。1943年1月21日复任航空委员会副主任。1944年8月14日获颁青天白日勋章。1945年5月,选任国民党第六届中央执行委员会候补委员。抗日战争胜利后,任国民政府航空委员会驻美国代表及联合国安全理事会军事参谋团中国代表团成员。1946年6月29日任国民政府参谋本部空军总司令部副司令,曾代表国民政府常驻美国,后晋升空军中将。

1949年1月,内外交困的蒋介石被迫第三次

毛邦初

下野。下野之前，蒋介石曾密令毛邦初把军购公款1000万美元转入其在美个人账户，以免遭美国冻结，并规定：动用此款须由俞国华、毛邦初两人同时具名，但如遇紧急情况，毛邦初个人也有支配权。蒋介石未曾想到，正是自己的这个命令，正是这个自己高度信任的内侄毛邦初，后来不仅胆敢将此巨款贪污挪用，而且还利用复杂多变的国际政治形势挟洋自重，陷自己于政治上极为被动之境。

国民政府败逃台湾后，毛邦初与周至柔的旧怨未去，新仇又添。此时的周至柔因有陈诚臂助，炙手可热，不仅仍任空军总司令，而且还兼任参谋总长，权倾一时。在美国柯克上将的协助下，周下令在空军司令部内成立"中国国际商业公司"，意在取空军驻美办事处军购业务而代之。周、毛矛盾日益激化。

1951年，毛邦初受命赴美国购置飞机，为一己私利，为诬告周至柔，竟然要挟蒋介石。在企图未能实现后，反而向蒋介石叫板，将事态扩大：一是召开记者会揭露周至柔的罪恶；二是公开抗拒蒋介石要其回台湾的命令；三是继续贪污挪用公款，不仅将数百万美元的公款转存到瑞士银行其私人账户，还买了200万美元的美国不记名可兑换国债；四是以周至柔贪污45万美金公款为由拒绝办理移交手续；五是将"中福行购油案"曝光于美国媒体《华盛顿邮报》，以损害"中华民国"政府形象。毛邦初所为，激起轩然大波。至此，蒋介石始正式下令将毛邦初停职处分并限令回台湾听候查办。联邦法院开庭判决：立即封闭空军驻美办事处，延长禁止毛动用公款的时限。

1952年2月，大势已去的毛邦初未待法院最终审决，改名王景纳斯，携款潜逃到墨西哥。台湾当局向墨西哥交涉引渡毛邦初，毛于1952年8月9日被墨西哥警方逮捕，但墨政府基于政治考量不批准引渡申请。1955年5月，墨西哥法院将毛开释。1958年末，台湾当局与毛邦初达成和解，毛留下部分公款，交回其余国库券，其他从属案件一律不再追究。至此，轰动一时且令蒋介石头痛不已的"毛邦初事件"终于画上了句号。毛邦初携眷属定居墨西哥，继迁居美国，后来定居洛杉矶，1987年在那里去世。

（二）同时召见中国情报专家和航空先驱重要人物

蒋介石在这通手令中特别交办钱大钧，同时约谈中文密码专家和航空顶尖级专家，说明这次谈话内容关系空军作战机密。

王季弼，疑即黄季弼。蒋介石是浙江奉化人，在口音上"黄"、"王"难分。黄季弼，中文密码专家，时任军事委员会技术研究室第6组（中文情报研究组）少将组长，后任军委会机要室密电股长，加入军统特务组织。黄季弼精通中文情报密码业务，更因为他是技术研究室主任中将温毓庆的妹夫，所以在情报方面颇受蒋介石青睐。1941年秋，军事委员会办公厅机要室的一部分业务划分出来，另成立军用译电业务管理处

（简称为军电处，属军事委员会办公厅），负责国民党全军机关、部队、学校的译电人员登记甄别，审批军用密电码表本；视察、督导全军译电业务的进行；监听全军电台有无不符保密的电报译发等等。军电处是国民党军方加强译电业务的一个机构，处址在重庆黄桷垭，黄季弼任处长。蒋介石此次召见黄季弼，同时还有中国军事航空领域的先驱黄光锐，说明这次约谈是有关空军中文情报和航空技术方面的事宜。

黄光锐

黄光锐（1898—1986），其一生是和中国航空史上的一些大事联系在一起的。他出生于广东省台山市白沙镇田心村的华侨世家，幼年时随父亲去美国，在旧金山唐人街读书，后加入美国籍。1916年，台山华侨飞行前辈蔡司度在旧金山创办美洲飞行学校，培育华侨飞行员。黄光锐通过勤工俭学和亲友资助，自费到该校学习飞行技术，以优异成绩取得美国飞行执照。学习飞行期间，参加中国同盟会，任同盟会采购军火委员会技师。1917年9月1日，孙中山在广州就任军政府大元帅，为筹建空军，派遣林森和早期在美国纽约茄弥斯大学航空专科毕业的杨仙逸、陈应权等，去美国招收和培训航空人才，他们抵美后与蔡司度等15人合作，集资在旧金山成立飞机公司，培训华侨飞行员。当时已取得飞行执照的华侨青年黄光锐受国民党美洲支部推荐，应招参加杨仙逸组织的飞行训练队，继续深造。他随训练队到美国夏威夷等城市作飞行表演，并号召华侨捐资购机，支持孙中山领导的民主革命。

1921年孙中山在广州成立大元帅府，为保卫广东革命政权，急需筹建一支空军，派杨仙逸等人赴广州、香港及美国等地招聘航空人才，黄光锐被录取，送往美国北加省飞行学校受训，1922年底毕业，由杨仙逸率领，携带飞机器材回国，在大元帅府直接管辖下，组织航空局，建立广东飞机制造厂。杨任局长，黄光锐和林伟成分任第1、第2飞机队队长，这是建立广东空军之雏形。1923年12月9日，杨仙逸在惠州之役中，因试布水雷爆炸而遇难，自此黄光锐就负起建设空军的责任。

黄光锐等人随杨仙逸回国时曾携带10架飞机和制机器材返广州，在大沙头设厂制造飞机。1923年6月，他们制造成第一架双翼双座侦察教练飞机，由黄光锐亲自驾驶试飞，报请孙中山大元帅检阅。具有大无畏精神的孙夫人宋庆龄，作为中国第一位上天的女性，坐上黄光锐驾驶的这架自制飞机升空，环绕广州市飞行一圈，安全着落，成为轰动一时的新闻。于是孙中山以宋庆龄的英文名字"Rosamonde"命名这架

孙中山于1923年亲笔题词航空救国，以励国人。

飞机为"乐士文"号。接着，黄光锐担任新组成的第1飞机队队长。

当时的飞机队只有3架水上亚婆机（即老爷机），飞行员只有黄光锐和一起回国的同学黄秉衡、杨官宇3人，一切筹备工作还未就绪。陈炯明突然背叛孙中山，令其部属洪兆麟袭击大元帅府，孙中山匆忙出逃，登上永丰舰，命黄光锐的飞机队沿珠江一带巡弋，侦察叛军行动。这时恰巧黄秉衡、杨官宇两人同时病倒，住进医院，而叛军已进逼到广州东郊的石牌，情况十分紧急，孙中山下达紧急命令，要空军马上参战。黄光锐即刻驾机飞到前线轰炸，弹投完了，回来再换一架，轮流驾驶3架飞机上前线，终于炸乱了叛军阵脚，使其溃不成军。再经陆军的一番冲锋，把陈炯明部队逼回惠州，广州市转危为安。

事后，孙中山派卫士马湘、黄惠龙通知黄光锐，说孙大元帅要召见他，请他立即起程。黄光锐到了帅府，孙中山向黄光锐亲切慰问，赞扬他为革命奋不顾身，对革命贡献很大，并表示要给予物质奖励，要在黄埔附近划分一大块土地给他，还对黄光锐解释说："你得了这大块地，一生衣食当可以无忧了。"黄光锐听后，立即站起来说："报告大元帅，我是一个华侨，回国参加革命，是我报国的责任，并非为自己的利禄而来。大元帅当年在三藩市对一班青年华侨说过的话，我还记得，你说：'青年人应该立志做大事，不要做大官，更不要想发大财。'这块地方我不敢接受。"孙中山点头微笑，叫黄光锐坐下，问："你在三藩市听过我讲话？"黄光锐答："没有，是我在美国读书，每天放学后到市作顿街一间公司打零工时听到的，这些话全唐人埠的人都知道。"孙中山听后，沉思一会儿又说："唐人埠，我在那里蹲过一段时期，离开它已10多年了，华侨很老实，也很爱国，对革命贡献非常大，尤其是年轻的一代，他们唯一的目的，是希望中国能强盛起来，不再受外国人的气。"接着，孙中山又郑重地对黄光锐说："好！你很有志气！刚才我说的那块地，你要，我固然欢喜；你不要，我更欢喜，革命军人处处要做群众榜样，好好干吧！"

1923年，革命政府在广东成立军事飞行学校，黄光锐任首批飞行教练，后来又接替黄秉衡为航校校长。1927年，他随陈济棠赴苏联购买飞机，并进入苏联高级航校深造。当时，他以中国高级空军军官身份参加苏联红军军事学校的学习，考察苏联空军的体制、规章和训练方法。1928年，广州第8路军总指挥部航空处处长张惠长和副处长陈庆云等决定作一次全国长途飞行,借此促进中国航空事业的发展,实现孙中山"航空救国"的理想,首航机"广州"号由张惠长、杨官宇、黄毓沛等4人组成机组,11月11日由广州大沙头机场起飞,先后飞抵汉口、南京、北京、沈阳、天津和上海,12月17日安全飞返广州。第二批"珠江"号水上飞机由陈庆云、黄光锐、周宝衡和梁庆铨4人组成机组,12月8日由广州起飞,先后飞抵宁波、杭州、上海、武汉、长沙和梧州,12月30日安全飞返广州。两次首创长途飞行,轰动了全国和国外航空界。

在1931年至1936年陈济棠主持广东军政期间,黄光锐先后担任广东空军参谋长、空军司令。1935年为扩充空军,他和丁纪徐赴美宣传航空救国,募款购得新型飞机30架和制机的设备回国,使广东空军发展到拥有140多架飞机,其中广东飞机制造厂制成的"羊城"轻型轰炸机有17架。1932年"一·二八"淞沪战役中,黄光锐派出由队长丁纪徐、副队长谢莽带领1个中队的空军,到上海协助第19路军抗日。

在1936年"两广事变"中,为保存抗日国防实力,时任广东空军司令的黄光锐,召集160名飞行员,于7月18日凌晨,命令他们驾驶62架飞机飞往韶关机场,令58架飞机飞往南昌参加国民政府部队,而黄光锐则和其他人员驾驶4架飞机飞往香港,并发表声明效忠南京政府,然后北上南京。9月,黄光锐任杭州笕桥中央航空学校校长。1936年12月任南京国民政府航空委员会委员。1937年抗战爆发后,调任中央航空委员会副主任,兼成都空军司令,授予空军少将军衔。为加快培养飞行人员,他创办了空军军士学校,开展对各种专业航空技术的培训。至1939年秋,改任空军总指挥部军政厅厅长,曾建议设立航空研究院于成都,自任院长,该院附设的工厂,制成轻轰炸机1架。被誉为空军虎将的黄光锐,经他所培育和指挥的原广东空军飞行员,大多数在抗日战争中勇敢战斗,作出重大贡献,共有40人击落日机70多架,有70多人

中央航校官兵及学员在杭州笕桥机场列队接受检阅。

为国牺牲。

1941年4月黄光锐调任航空研究所所长,培养了中国第一代高级航空工程技术人员,其中有不少人在新中国成立后转而为新中国服务。1945年抗战胜利后,成都航空研究院停办。1946年春末,航委会改组,成立空军总司令部,拟委任黄光锐为中将副司令,因他坚辞,获准退职。因此,他没有参与后来的内战。1946年黄光锐当选为国民大会代表。黄光锐做事非常认真,不好高骛远,在任职时,很少见他有发表文告或招待报界吹嘘标榜之举,不像有的人亲写或请人代写回忆录,他却一句话不说,一个字不写,可见此淡泊明志,合诸葛亮"苟全性命于乱世,不求闻达于诸侯"的性格。

黄光锐退职回到广州,创办广东信托公司和万国建筑工程公司。1949年他迁往香港。后来移居美国洛杉矶。1985年8月,在美国洛杉矶病逝,终年87岁。1988年7月7日,为纪念广东航空爱国志士而建的广东航空纪念碑落成,坐落在广州第19路军坟场阵亡将士碑的西侧,黄光锐作为一位航空先驱、爱国的抗日英雄名列碑内。

第62通手令——改组航委会

【手令编号】下卷046

【时间判读】1938年2月19日

【正文释读】

钱主任:明星期日上午十时,约周至柔、黄光锐、毛邦初、黄秉衡、蒋坚忍来会商改组航会事,并令其准备提案事,计画为要。中正。十九日。

【原件品鉴】

竖排5行套红"国民政府军事委员会便用笺"1页,毛笔书写。

【原文解读】

本通手令写于武汉,内容主要是约谈中国航空委员会的主要负责人,会商改组航空委员会。文中所提到的"周至柔、黄光锐、毛邦初、黄秉衡、蒋

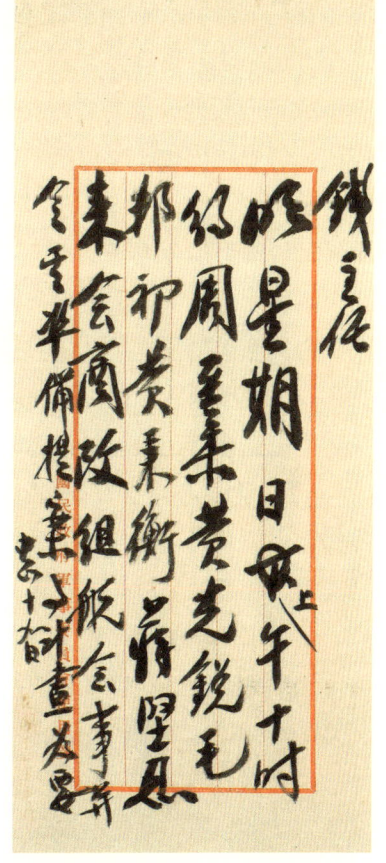

坚忍"等人，都是中国航空委员会的负责人，"航会"即中国航空委员会。

这通手令虽未注明年月份，但从约周至柔等人会商改组航会事，可以确知与"航空委员会"人事和组织变动有密切关联。周至柔时任航空委员会主任，黄光锐、毛邦初、黄秉衡、蒋坚忍等人为委员。再查考相关资料，1938年2月，航空委员会进行一次改组。是月19日，为星期六，与蒋介石手谕称"明星期日"吻合，可以断定，蒋介石是在2月20日召集改组会。这通手令写于1938年2月19日。

（一）全国抗战初期的中国空军领导机构

1928年5月，北伐军占领北京，北京政府军政署航空司被南京政府军事委员会航空司令张静愚接收。8月，国民党二届五中全会通过了《整理军事案》，决定了发展海军、建设空军的国防计划原则。11月，军委会航空处正式改称航空署，隶属于行政院军政部，与陆军署、海军署并列，主持全国航空事务。熊斌任署长，张静愚任副署长。

1934年3月，蒋介石在南昌行营指挥"围剿"红军，命航空署迁往江西南昌。5月，为加强空军建设，蒋介石决定将军政部航空署改制为航空委员会，改隶属军事委员会，蒋介石自兼航空委员会委员长。下设办公厅，由陈庆云任主任，负责日常事务。

1936年1月，航空委员会迁回南京。2月，航委会原主任陈庆云调任中央航空学校校长，原航校校长周至柔对调任航委会办公厅主任。4月，军委会决定调整航空委员会编制，改为委员制，并增设秘书长。将航空委员会办公厅主任改称航空委员会主任，以周至柔为主任，承蒋介石之命统帅空军。当时航空委员会并无秘书长之职，周至柔特别请蒋夫人宋美龄担任委员兼秘书长并获同意。委员会每星期一举行会务会议，由周至柔主任主持，秘书长及各处处长出席，外籍顾问代表列席，会议内容主要有商议外国顾问之聘请、飞机采购、空军人员待遇、改善飞行员伙食、慰劳前线官兵、抚慰空军遗眷等，宋美龄都悉心尽力叮嘱完成。

5月1日，航委会又进行改组，蒋介石仍兼航空委员会委员长，周至柔、黄秉衡、陈庆云、黄光锐、毛邦初为委员，以宋美龄为秘书长。会内组织为参事室办公厅，直辖文书、管理2个科。下辖第1处即参谋处，处长沈德燮（后晏玉琮），副处长欧阳璋，辖第1（作战）、第2（航政）、第3（情报）、第4（械弹）科；第2处即教育处，黄秉衡兼处长，辖第5（教育）、第6（编译）科；第3处即总务处，处长曹宝清，辖第7（人事）、第8（医务）、第9（军法）、第10（统计）科；第4处即技术处，处长王承黻。辖第11（机械）、第12（器材）科；第5处即经理处，处长王家骧，辖第13（财务）、第14（补给）科。建筑科仍直辖于航委会。这年秋天，两广兵变平息后，航委会接收广东空军全部，空军部队扩编为9个大队，统辖30个中队。防空委员会改为防空处，仍隶属军事委员会，韶关工厂改为韶关飞机制造厂。成立广州空军总站及广州境属各飞行站场。

1937年7月，卢沟桥事变之后，为适应作战需要，中国空军领导机构又作了调整：蒋介石仍兼任航空委员会委员长，宋美龄任秘书长，周至柔、黄秉衡、陈庆云、黄光锐、毛邦初为委员。主任委员：周至柔，受蒋介石之命，统率整个空军；常委：黄秉衡、黄光锐；主任参事：曹宝清；顾问：陈纳德。

在航空委员会下新设前敌总指挥部，担负空军的作战事宜，周至柔任总指挥、毛邦初任副总指挥、石邦藩任参谋长。在空军前敌总指挥部下设轰炸、驱逐、侦察3个司令部、9个大队，还有2个直属大队。张延孟任轰炸司令部司令，高志航任驱逐司令部司令，晏玉琮任侦察司令部司令。并制定了中国空军"以奇袭敌空军基地，轰炸敌舰船，并担任重要城市之防空为原则"的作战概要。为了对付日军的全面进攻，中国空军首先拟订了《冀北作战计划》，其要点是："先以空军主力奇袭天津、丰台等处，摧毁敌陆军根据地，并相机协同我陆军击破该方面之敌。同时，以空军一部担任京杭防空及沿海沿江之侦察与警戒，并对京沪方面之敌仍作紧急时主力转移之准备，以防万一。"为了打击日本帝国主义的民心士气，打乱日军战役部署和作战计划，削弱其作战实力，中国空军曾多次出动轰炸机，远程奔袭日本本土、日占台湾机场等战略目标。

7月11日，日本陆军参谋本部与海军军令部订立了《陆海军航空协定》，其主要内容是：在开战之初，就要一举歼灭中国空军主力，夺取制空权。同时策应地面部队和舰艇作战，进攻华北以陆军航空队为主，进攻华南以海军航空队为主，进攻华中由陆、海军航空队协同作战。陆军航空队投入兵力28个中队、240架飞机，海军航空队投入飞机220架。11月，中国空军开始获得苏联的援助，先后装备了苏制伊—15、伊—16型战斗机和爱司勃—2、特勃—3型轰炸机，作战实力有了恢复。在随后的南昌空战、武汉空战、南雄空战

全国抗战初期的中国空军飞行员

中，都取得了出色的战绩。

淞沪会战，中国空军损失惨重。到12月南京保卫战后期，中国空军可用于作战的飞机不足30架。日军攻陷上海后，挥师直指首都南京。国民政府于11月20日发表宣言，移驻重庆，准备长期抗战。12月1日，国民政府在重庆开始办公。国民政府航空委员会机关也西迁，由南京初移至汉口，再至衡阳、贵阳、成都、重庆，于1938年2月开始进行改组，这正是本手令所涉及的内容。

（二）蒋介石下令改组航空委员会

此手令,透露了一个非常重要的信息。此令发出的次日（1938年2月20日，星期日）上午10时，军事委员会委员长蒋介石在武汉亲自主持召开军事会议，参加人有钱大钧、周至柔、黄光锐、毛邦初、黄秉衡、蒋坚忍等人，议题主要是改组航空委员会，平息航委会内部的派系之争及高层人事安排。

本月中旬，军事委员会委员长蒋介石下令改组航空委员会。以宋子文、孔祥熙、何应钦、白崇禧、陈诚、贺耀祖、徐永昌、宋美龄、周至柔、钱大钧为委员，蒋介石兼任航委会委员长，宋美龄任秘书长。任命钱大钧为该会主任，担负空军实际责任。航委会由原来的3个厅，改设军令、军政（技术）、总务、防空4个厅。军令厅以毛邦初、张有谷分任正、副厅长，下辖参谋处及航政处；技术厅以黄光锐、钱昌祚分任正、副厅长，下辖技术处、器材处及建筑处；总务厅以黄秉衡、陈卓林分任正、副厅长，下辖经理处及总务处；防空厅以黄镇球、王鹗分任正、副厅长，下辖积极防空处、消极防空处及防空情报处。蒋坚忍任政治部主任（后简朴、雷震）。人事处处长，由钱大钧主任兼任。航委会特务团扩编为特务旅，由万用霖任旅长。另设第1军区司令部于兰州，以沈德燮为司令。

3月，中国空军在苏联援助下为紧密配合陆军作战，又撤消前敌总指挥部，分别成立3路司令部，协同前线陆军之作战：第1路司令部设在南昌，张延孟任司令，协同第3、第5战区作战；第2路司令部设在广州，刘牧（刘秀秀）任司令，支援第4战区作战；第3路司令部设在西安，田曦分任司令，协同湖北、四川以北地区作战。航委会为造就飞行、机械、防空等项人才，设立空军官学校，驻昆明，任命周至柔为教育长；空军机械学校，驻成都，任命钱昌祚为教育长；防空学校，驻贵阳，任命黄镇球兼教育长；另创建空军军士学校，驻成都，任命晏玉琮为教育长。空军各学校校长一职，均由蒋介石亲自兼任。

5月，周至柔正式调昆明"中央航空学校"任教育长。

航委会这一新的安排，蒋介石意在调解人事争执，由宋美龄续任秘书长，信任和重用钱大钧,倾力襄赞航空建设。

航委会改组后,立即着手飞行人员的整训和充实新型飞机。飞行人员一部分调往武汉、南昌等地,一部分赴兰州地区接受苏联教官的短期训练。国民政府用苏联贷款购买的苏联飞机,从1937年11月底开始陆续运到中国,中国空军得到了新的补充,至徐州会战开始前,中国空军作战飞机的总数已有217架(其中波利卡尔波夫E-15双翼战斗机97架,E-16下单翼战斗机62架,图波列夫SB-2轻型轰炸机47架,TB-3重型轰炸机及其他型号的飞机11架),分别驻军南昌、武汉、西安、兰州、武威、酒泉、襄阳等地机场。1938年2月7日,中苏签订《军事航空协定》。苏联支援中国抗战,来华参加作战的苏联航空志愿队也来到中国,开始与中国空军并肩作战。

航委会的建立,为统领全国空军抗战起到了很好的作用,一度取得了不少震惊中外的空战胜利。但"航委会主任"这个统令全国空军的实职,因军费数量较多,却也因"贪财私欲"断送了新任主官钱大钧的政治生涯。

(三)武汉大空战

中、日空军在武汉上空的较量,1938年主要有"2·18"、"4·29"、"5·31"、"8·3"、"8·31"等著名空战,也是中国空军抗战的重要战例。

武汉是我华中腹地第一大城市,踞长江和汉水之间、平汉和粤汉铁路的衔接点,是我国南北水陆交通的枢纽。南京失守后,武汉成为中国政府军事指挥中心,并建有3个机场,是当时中国空军主要基地之一。日本侵略者认为占领武汉,可控制中原,支配整个中国,并可沿长江进逼重庆。日军对华中派遣军司令官火田俊六为总指挥,倾其全部兵力,集结14个师又5个旅及陆、海军航空兵,共30万人分5路进攻武汉,并派波田支队及海军陆战队协同第3舰队沿长江西进。中国军队在江南组成第1和第2兵团,归第9战区司令长官陈诚指挥。在江北组成第3和第4兵团,归第5战区司令长官李宗仁指挥。集中14个集团军的100多个师及海、空军,共约60万兵力投入武汉会战。敌我双方投入兵力之多、规模之大都是空前的。

1938年2月18日、4月29日、5月31日,中国空军在武汉上空进行了

1938年2月18日,在武汉上空击落13架日机的我空军战士。

3次大空战：第一次，击落日机11架，被击落5架；第二次，击落日机21架，被击落9架；第三次，击落日机14架，被击落2架。

4月29日，日本"天长节"，天皇裕仁生日。日航空部队准备在当天大规模空袭武汉，作为天皇寿诞的献礼。是日下午12时许，日军出动24架轰炸机，在18架战斗机掩护下，自安徽起飞，进犯武汉。中国空军分析当天日机将会进扰武汉，乃决定集中兵力备战，和苏联志愿航空队严阵以待，出动60余架伊—15、伊—16型战斗机。2时许，日机侵入武汉附近后，见戒备森严，遂分成数批，企图包围武汉。中国空军以逸待劳，出动数十架战机升空拦截，将日军队形各个击破。高射部队亦瞄准目标，猛烈射击。一时空战之激烈，前所未见。当时很多武汉市民走出家门，涌上街头，注视着天空的战斗。一部分日机乘隙侵入襄河附近，盲目投弹数十枚，炸毁民房数十余所，炸死平民170余人，伤120余人。

此战历时半个小时，共击落日机21架（驱逐机11架、轰炸机10架）。空战中，中国空军第4大队年仅22岁的飞行员陈怀民奋勇作战，在击落1架日机后，被5架日机围攻。陈怀民的座机油箱中弹起火，自己胸部也中弹，他在紧急关头本可按照操作规程，跳伞求生，但他强忍痛苦，加足油门，毅然奋力驾机与附近1架日机猛撞。顷刻间，两架飞机在空中相撞爆炸，同归于尽。陈怀民被弹出座舱，坠入江底，飞机残骸也落入江中。陈怀民英勇的献身精神，被誉为"中华之魂"。后来的日本飞行员"神风敢死队"，就是从陈怀民"驾机相拼"中得到启发。

"4·29"空战，是中国空军抗战以来的空前大捷，可与台儿庄大捷媲美。次日，各大报刊纷纷报导，人们欢欣鼓舞，也为陈怀民的壮举感到无限惋惜。6月5日上午8时起，武汉各界在汉口市总商会大礼堂，为在武汉空战殉职的陈怀民、孙金鉴、张效贤、杨慎贤4位烈士举行追悼大会，各机关团体前往致祭者约2万余人。中共中央代表周恩来、秦邦宪、李克农等人亲临致祭，敬献花圈，挽词是"捐躯报国"，朱德和彭德怀的挽词是"精忠神勇"。冯玉祥副委员长为陈怀民烈士题写"舍身成仁同归尽，壮烈牺牲鬼神泣"挽联。追悼会上，烈士家属代表讲话。陈怀民烈士的兄长陈天和致辞，他说："我兄弟给全国同胞的启示是'4·29'的那一天，空中的一团火光。这火光印在我们的脑子里，将永远不会忘记。这火光照亮了我们的民族，使我们中华民族走上幸福

中、苏空军人员在地面观看武汉上空的空战场面。

菲亚特 CR32 型战斗机

冠蒂斯鹰 75H 型战斗机

自由的道路。"

下午5时许,蒋介石亲临追悼会致祭,航委会主任钱大钧、毛邦初厅长、蒋坚忍主任及全体工作人员陪祭。祭毕,向各烈士家属个别慰问,对陈怀民烈士父母安慰尤殷。蒋介石致送挽联与祭文。挽联写道:"搏斗太空,非成功即成仁,无负十年教训;死生常事,惟为国不为己,永怀万古云霄。"祭文如下:"维'中华民国'二十七年六月五日,香花清醴之仪,致祭于空军张分队长效贤、杨分队长慎贤、陈队员怀民、孙队员金鉴四烈士之灵曰:呜呼,铣铣四君,青年之英,壮志鹏搏,并励忠贞。奋勇杀敌,驱驰八弦,歼彼群厖,澄兹太河。铙歌迭奏,扬我天声。邃嗟不幸,以殒其生。争传壮烈,祖国之荣,生若泰山,百世可旌。天风琅琅,尚想遐征。含哀展奠,用撼寸忱。尚飨。"

6月,侵华日军从山东境内渡黄河,沿陇海铁路迅速向西推时。6月5日攻陷开封,迂回南下,企图攻占许昌、郑州,然后南下武汉。为了阻止日军西进,蒋介石下令河南守军决开郑州花园口大堤,黄河水咆哮着向南岸一望无际原野冲去,正向西推进的日军土肥原师团等3个师团被泡在汪洋般的黄水之中,战车、大炮和众多的辎重物资,沉陷泥潭。有资料记载日军被淹死3万多人。然而,黄河下游的中国老百姓受害更惨。沿河的河南、安徽、江苏3省广大地区为黄泛区,89万人被淹死或失踪,120多万人失去家园,流离失所。此举虽然一度使日军的前进计划受挫,但并未因此阻止日军的进攻。6月11日,日军溯长江西进,进攻安庆,向武汉逼近。

日军参战的陆军航空兵团下辖第1、第2、第4飞行团共有7个战斗机中队,10个轰炸机中队,4个侦察机机中队;日本海军航空兵第2联合航空队所辖第12、第13、第15航空队和第3航空战队,总计近430架飞机投入进攻武汉的战斗。当时的中国空军共有第1、第2两个轰炸机大队,第3、第4、第5歼击机大队及第12独立侦察机中队。仅剩飞机120余架。苏联志愿航空队共3个机群,飞机共126架,分驻汉口、南昌、衡阳、孝感等机场。

6月11日至10月25日,中日双方空军在武汉又展开了一场鏖战。为了阻止日

波音281型战斗机

道格拉斯02MC侦察机

军沿江进攻武汉,中、苏空军频频出击,轰炸扫射溯江而上的日军舰船及两岸行进中的日军部队。在保卫武汉的空战中,中苏飞行员并肩作战,不畏强敌,给日军以迎头痛击,打了不少漂亮仗。

中国空军在武汉保卫战中共击落日机62架,战绩辉煌的空战要数中、苏、美三国空军指战员联导的"诱敌计"。

1938年4月29日,是日本天长节(即天皇诞辰日)。中国航委会主任钱大钧、空军司令周至柔和美国顾问陈纳德以及苏联志愿航空队领队日加列夫,估计日军飞机要对中国政府临时所在地武汉有大的空袭行动,决定预令调机戒备,并设伏歼敌。但又怕它不来,这几个人商定了诱敌之计。4月28日黄昏,中、苏歼击机起飞,低空飞越武汉三镇而消失在暮色中。日本间谍速报指挥部。哪知夜晚时分,中、苏飞机又悄悄飞回汉口。日军指挥部根据其情报人员的谍报,果然派机偷袭,中了我们的诱敌计。4月29日11时,据情报,日军54架飞机将出动,大编队袭击武汉,按敌机速度推算,将于14时30分接近武汉。前沿观察哨实时追踪报告:14时许,日机越英山西飞至浠水,将在近15时侵入武汉上空。13时,中、苏空军联合指挥部遂下令各战机严阵以待,准备升空应战。14时,中、苏空军相继升空,进入决战有利位置。中国空军19架 И-15 战斗机首先与敌战斗机交火,苏联志愿航空队45架 И-16 战斗机设伏,专打敌轰炸机群。经半小时之激战,取得辉煌战果。钱大钧记述道:"敌机被击落21架,我损失即失踪9架。是役也,敌出动轰炸机、驱逐机合计50余架,我升空驱逐机80余架,双方共出动飞机达130余架之多,实抗战以来最大规模之空战也。"

日本空军受此沉重打击,在整个5月都比较消沉。中国空军趁机发起攻势作战,5月10日至28日,中、苏 СБ-2 轰炸机机群先后共出动5批,共27架次,对敌机场和舰船进行轰炸,先后炸沉敌舰30余艘,炸毁敌机20余架。

6月10日,苏联志愿航空队5架 СБ-2 轰炸机从汉口起飞,至安徽铜陵对岸的凤凰镇时,发现江面7艘日军舰船,炸沉1艘,毁伤其余。苏联志愿航空队的 СБ-2 轰炸机,飞抵江西与安徽交界的彭县上空时,遇敌机4架,击落其1架。6月

23日，中国空军出动3次，轰炸东流地区长江中的日军战船，击中3艘。6月24日，苏联志愿航空队9架СБ-2轰炸机在东流附近又袭敌舰，4艘中弹起火。继尔又炸了香河地区的敌舰。6月28日，中国空军第2大队大队长孙桐岗率6架СБ-2轰炸机从南昌起飞，轰炸东流至马当的敌舰。我分队长刘继昌和王廷元的飞机失去联络，在马当上空遭5架日机围攻，王廷元牺牲。

7月间，中苏СБ-2轰炸机共出动11批，30余架次，对敌机场和舰船进行轰炸，共炸沉12艘，炸伤29艘舰船；击落炸毁敌机40多架。7月2日，中国空军第2大队第11中队中队长肖起鹏率5架СБ-2轰炸机飞往东流轰炸敌舰。发现敌舰船近40艘正在马当准备登陆，击中1艘敌舰。这时，日战斗机6架赶来展开空战。双方各被击毁飞机1架。我中队长武维志、飞行员袁熙纲、射击员陈德奎牺牲。7月3日，中国空军出击5次，轰炸芜湖、马当、东流、香口江岸敌军阵地、机场及舰船，炸沉日舰船2艘、炸伤5艘。在与敌空战中被日军击落飞机1架，飞行员戴剑锋、射击员张德刚牺牲。7月8日，中、苏飞机出动5批轰炸安庆、芜湖日军前进机场及湖口江面舰船。共炸毁敌机20多架，重创敌舰船10余艘。我飞行员孙国藩跳伞后落入敌阵，被杀害。

7月12日，日军68架飞机空袭武汉，投弹100余枚，民众死伤600多人。中国空军第1大队3架和苏联志愿航空队2架出击。我机被击落1架，飞行员刘若谷牺牲。同日，另一支中、苏混合编队3机自东吉安出发，轰炸贵池下游江面敌舰。返航时遇敌机5架攻击，敌我各有1架飞机坠落，我飞行员毕玉宝阵亡。

7月16日，日机42架来袭，中国空军第32中队中队长韦一青、分队长马毓鑫等5人，驾5架"格罗斯特"式飞机拦截。因警报太迟，飞机刚刚离地，敌机就飞临我机场上空，我机飞行员临危不惧，择机应战，击落日机1架。我飞行员莫更牺牲。7月19日，日本海军第2联合航空队再派机群轰炸武汉，投弹200余枚，炸毁民房400余栋，民众伤亡1000多人。武汉机场遭重大破坏，地面飞机被毁。7月27日，苏联志愿航空队6架轰炸机在湖口上空轰炸江面敌舰船，击沉4艘，炸伤3艘。

霍克3型战斗机

霍克2型战斗机

8月3日，日本海军第2联合航空队68架飞机再犯武汉，中国空军第3、第4、第5大队和苏联志愿航空队共52架飞机迎战。双方伤亡惨重。我方统计击落日机12架，我损毁7架。中国飞行员狄曾益牺牲，日军飞行员新直久等毙命。同日，日军28架飞机轰炸汉口机场。苏联志愿航空队3架СБ-2轰炸机在安庆炸毁敌船1艘。8月6日，日机63架再犯武汉、投弹100余枚。我防空部队击落日机1架。此时，战局形势恶化，国民政府驻武汉的单位纷纷撤离。8月8日，苏联志愿航空队5架СБ-2飞机炸沉敌汽艇10余艘，炸伤敌舰6艘。苏联志愿航空队第1批出动飞机5架，第2批于傍晚起飞7架，共炸沉敌舰船5艘，重创7艘。同日，敌机72架分3批轰炸武汉，投弹200多枚，民众死伤800多人。次日，日机70架再炸武汉，投弹350枚，民众死伤700多人。中、苏空军击落敌机5架，苏机损失5架。苏飞行员潘达连柯跳伞获救，射击员维多诺夫牺牲。8月12日，苏联志愿航空队出动5架轰炸机均被敌击落，15名机组人员只有6名跳伞生还。

蒋介石在8月13日的日记中写道："目睹近日敌机轰炸武昌与汉阳之凄惨，以及人民与士兵死伤之悲痛实不忍心之至！战例：凡最高统帅必在后方者，不令其见闻军民在战场之惨景俾专心主持最高之战务，而无动其心也。今余既任最高统帅而此身又不能不在前方指挥震慑，且事必躬亲，此余处境之不同，不得已而为之耳。惟甚恐以理繁治剧之故而贻忽重要战务，戒之勉之。"

8月18日，苏联志愿航空队以6架飞机出动。在湖口江面击中敌舰3艘。8月21日，日机5架从江北突袭武汉。中国空军正在空中练习陆空联络的侦察机、攻击机各1架被敌击落。第12中队中队长安家驹、飞行员关万松牺牲。机场上的6架飞机紧急起飞，被敌击落3架，第24中队中队长李克元牺牲。

9月4日，日本陆军航空兵技术部小笠原数夫中将等乘机到华中地区检查技术保障工作，在孝感上空被中国空军第5大队第17中队分队长胡佐龙、飞行员谭笑严击落，机上人员全部毙命。9月21日，日军攻陷豫南罗山。22日，中国空军第1大队和苏联志愿航空队指挥官飞往罗山前线视察，制订作战计划。9月27日，中、苏空军混合编队开始轰炸罗山至柳村一线日军。这个月，苏联志愿航空队为保存飞机减少损失

马丁B-10B型轰炸机　　　　　　　　　寇蒂斯A-12型攻击机

中国空军击中日本轰炸机（陈应明绘制）

转场衡阳机场。

10月2日，在空中火力支援下，中国陆军收复光山。10月6日，中、苏混合编队8架СБ-2轰炸机自汉口出发轰炸罗山。遇敌10架战斗机拦截，击伤敌机1架后，进入云中摆脱敌战斗机，飞回衡阳、湘潭。10月8日至11日，日机连续夜袭衡阳机场，先后出动69架轰炸机投弹50吨。由于敌特和汉奸纵火发出信号，6架СБ-2飞机被炸毁，1座军用仓库等设施被摧毁。苏联志愿航空队歼击机机群指挥员拉赫曼诺夫紧急起飞追战敌机，被敌击中英勇牺牲。此战共击落日机4架。此后，中苏空军基本停止主动出击。10月12日，日军占领河南信阳，切断了平汉铁路。武汉处于三面被围的险境。10月24日，蒋介石下令放弃武汉，25日武汉沦陷。

武汉会战，历时4个多月，日军投入60余万兵力，中国投入兵力近100万人，消灭了日军大批有生力量。中国空军共炸沉敌舰船33艘，炸伤67艘，击落敌机62架，击伤9架，炸毁日机16架。日本方面供认：1938年5月—10月，日本海军损失飞机136架，空军官兵死亡116名。资料统计：中国空军从1937年8月14日淞沪空战开始至1938年10月25日武汉陷落，共牺牲飞行员202名，平均年龄为23岁。没有1名飞行员怯阵，充分体现了不惧强敌，前仆后继的民族精神。（《中苏美空军抗日空战纪实》）

武汉、广州先后沦陷后，中国空军主力随战局演变而西移。航空委员会亦由汉口迁湖南衡阳，续迁贵阳。重要器材先由水路运往，人员则暂移衡阳。"为利于侦察敌情，经密组情报电台，留驻汉口，凡敌机之起飞降落，敌陆军之行动及其方向，皆随时向本会报告。直至三十一年（1942）宜昌陷落以前，迄未被敌破获，该台人员之机警忠勇，至足嘉尚，是可纪也。"（《钱大钧八十自述》）航空委员会部分档案文件在运往桂林的途中，遭到日机炸毁，对行政业务一度造成影响。1939年1月，航空委员会由贵阳再迁四川成都。

第63通手令——调重轰炸机欲再东征日本

【手令编号】下卷032

【时间判读】1938年7月22日

【正文释读】

钱主任：极密。重轰炸机三架，务限下月（八月）十日以前准备完毕，在宁波机场候令为要。中正。廿二日。

【原件品鉴】

竖排5行套红"国民政府军事委员会便用笺"1页，毛笔书写。

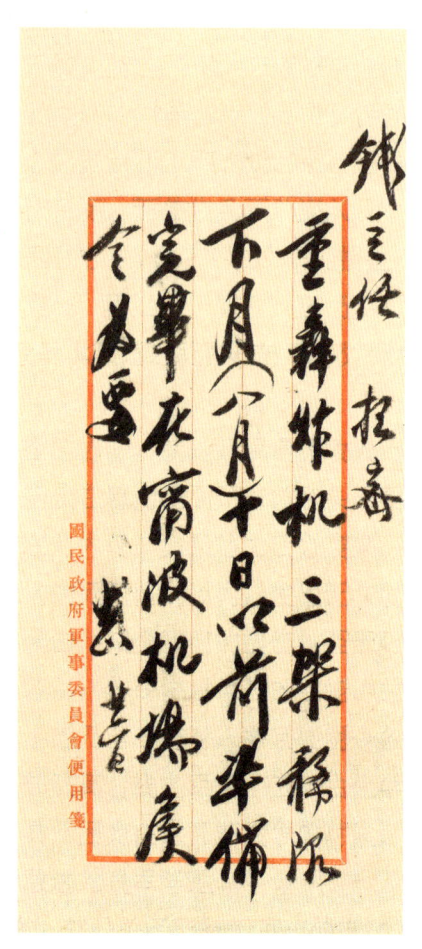

【原文解读】

此手令的背景是在1938年5月19日，中国空军出动两架马丁B-10重型轰炸机，深夜从宁波机场起飞，东征日本，取得重大成效。有鉴于此，蒋介石意图再次组织一次由3架重型轰炸机组成的飞行队，集中宁波机场，伺机东征。于是，向航委会主任钱大钧下达了这个"极密"的手令。

（一）中国作战飞机种类及实力

1903年第一架飞机问世以后，特别是经过第一次世界大战飞机首登战争舞台，世界各国飞机制造技术发展很快，新的机种、机型不断涌现，飞行性能、机载武器等不断改善和更新。当时，日本及世界列强各国的飞机根据飞机性能和作战需要，已初步形成多机种、多机型的配套。主要有4种：

（1）战斗机：当时称"驱逐机"，现又称歼击机。主要用以在空中歼击敌机。多为单座飞机，体积小、速度快、机动灵活，配有机关枪、机关炮，现在又装有火箭、导弹、也能外挂炸弹。

（2）轰炸机：用以在空中对地面（水上）目标实施轰炸的飞机，通常装有两台

启动待飞的中国空军C-47飞机

以上发动机，可能携带较多的炸弹、鱼雷。为了自卫，机上装有多挺机关枪、机关炮。按飞机载重量，可分为轻型、中型、重型轰炸机，还有远程轰炸机。

（3）攻击机：又称"强击机"，善于从低空、超低空对地面（水上）目标进行攻击，机上配有比战斗机火力更强的机关枪、机关炮，后来的攻击机配有火箭、导弹。

（4）侦察机：用来进行空中侦察的飞机，装有空中照相机。飞行员可以将空中所见直接用无线电话告知指挥所和空中执行空袭任务的飞机。侦察机可由战斗机等改装而成，也装有机关枪并可携带炸弹。

抗战初期中国空军的实力。1937年，全面抗战开始前，中国空军拥有10个大队，6个独立中队，后又成立笕桥航校暂编大队，共计35个中队，拥有各型飞机318架，其中战斗机141架，轰炸机132架，侦察机39架，教练机6架。

抗战初期日本空军的实力。当时，日本、美国及西方不少国家，没有建立独立的空军军种。分属于陆军和海军，即现在常说的陆军航空兵和海军航空兵。1937年，日本发动全面侵华战争开始时，其陆军航空兵投入5个飞行师团，16个飞行联队，54个中队，海军航空兵投入2个联合航空队，4个航空战队和3艘航空母舰。参战飞机共有660架。

蒋介石在此手令中所说的"重轰炸机"，在当时的中国空军主要是马丁Б-10重型轰炸机，由美国生产，升限7600米，最大速度每小时344公里，最大航程2200公里，装备机枪3挺、炸弹2316公斤。

（二）轰炸台湾日军松山航空基地

1938年2月，中国空军最高当局策划如何对日军发动主动进攻。蒋介石召集航空委员会主任钱大钧、苏联顾问雷恰戈夫上校、波雷宁大尉等筹划，决定对日军发动一次突然袭击。经过反复研究筛选，最后将攻击目标定为设在台湾岛上的日本海军松山机场。

台湾松山机场是日军的重要航空基地，位于台北郊外。机场除了具有可供庞大的航空兵团起降的多条跑道和导航设施外，还有巨型油库、弹药库和飞机修配厂。自

1937年8月以来，日军用来攻击我国江浙各地的"鹿屋"航空队也以此机场作为前进基地，曾多次从这里起飞，对中国大陆进行狂轰滥炸。此外，这里还是日本本土南进东南亚的航管中心和重要战略基地、重要航线枢纽，战略位置极为重要。并获悉日本一支运载新飞机的船队抵达台北。于是，奇袭松山机场确定为中、苏空军轰炸的首选目标。

1938年2月23日，是苏联红军节，苏联志愿航空队想以实际行动纪念这个节日。袭击松山机场的时间就定在这一天，出击任务由苏联志愿航空队指挥官帕维尔·瓦西里耶维奇·雷恰戈夫负责。计划出动两个飞机编队，均为СБ式轻型单翼轰炸机：一是驻南昌的12架СБ-2轰炸机，由中、苏飞行员混合编队；一是驻汉口的28架СБ-2轰炸机，全由苏联飞行员驾驶，由机群指挥员波雷宁大尉领队。

当日凌晨，28架СБ-2轰炸机从汉口机场腾空而起。同时，在江西南昌机场的12架СБ-2轰炸机也相继起飞。从南昌起飞的中、苏混合编队，由于领航人员飞行诸元计算错误，偏离了航向，只得在福州迫降，加油后返航。

波雷宁大尉率领的28架飞机，在没有供氧设备的情况下，为了节省燃料，进入云层，一直上升到5500米的高空，严格保持直线飞行。飞行员们忍受着缺氧的生理反应，飞了两个小时。再有半小时就要到达台北了，波雷宁大尉才下令降低高度至2000米。台湾已近在眼前，轰炸机编队又迅速爬到4000米高度。为了迷惑日军，编队先向台湾以北海面飞去，然后突然转弯，降低高度穿过海岛北部的山谷，出其不意地向松山机场扑去。

10时30分，28架СБ-2轰炸机群携带的280枚炸弹，冰雹般地砸向松山机场上的飞机、油库、机库、弹药库，大多数直接命中目标。机场上的几十架日机被炸得七零八落，燃起熊熊大火。10余座油库和机库也陷入一片火海之中。机场上储存的可使用3年的航空油料和设备转眼间毁于一旦。

任务完成得如此顺利，完全出乎预料。这一突然袭击，更出乎日军意料之外，毫无防备。整个空袭过程，没有遇到一架日机抵抗，没有一门高炮来得及对空还击。直至1个多小时后，日军飞机才

苏联志愿航空队ТБ-3轰炸机群

飞到台北上空,但苏联志愿航空队28架飞机已经完成轰炸任务,并在台北市低空环飞一圈后,完好无损,安全飞回中国大陆。

此战,共炸毁日机40架,营房10栋,机库3座,烧毁了可供该基地使用3年的航空汽油,严重破坏了新竹大电力厂。这是中苏空军在战略攻击方面,对日军的一次重大突袭,造成了很大影响。松山机场瘫痪,此后一个多月没能出动飞机。

苏联志愿航空队返航后,当地市民深怀敬意,来到机场给苏联飞行员送来许多桔子和苹果,表示慰问;一批学生向苏联飞行员献了鲜艳的花束和多彩的灯笼。

2月24日晚,航空委员会设宴大庆。航空委员会秘书长宋美龄女士,为出击台湾的苏联志愿航空队庆功。钱大钧、宋子文等出席宴会。宋美龄在致辞中首先表彰了苏联志愿航空队人员,她说:"你们用这次空袭表明,

苏联援华志愿航空队飞行员在СБ-2轰炸机前合影

俄国人不是在口头上,而是在实际上帮助了中国人,在危难中援助了中国。""对台湾的空袭,在世界上引起了巨大的反响,所有的报纸都报道了这件事。"并报告:出击台湾在国际上引起了巨大反响,日本已将驻台湾的行政长官罢免,将松山基地指挥官撤职,交法庭审判。

(三)中国空军东征日本本土的壮举

1938年2月,航委会改组,钱大钧上任后的首要工作就是奉命策划轰炸日本行动。这项计划自3月初开始展开。

5月中旬,历时3个月的徐州会战已接近尾声。日军坂垣、矶谷两个师团在台儿庄被重创后,日军从山西、河北、江淮各战场又抽调两个半师的补充兵力,对徐州的中国军队进行包围,企图歼灭中国军队。当第5战区的各军腹背受敌、形势危急时,李宗仁下令放弃徐州,除部分军队留在苏、鲁南坚持游击战以牵制敌军的兵力外,其余部队分3路突围。此后日军飞机加紧对武汉、重庆、广州等城市的轰炸,中国人民的生命财产损失惨重。

全国抗战开始时,中日两国空军力量悬殊,日本拥有2700多架飞机,中国原有300多架飞机,经过上海、南京两役,损失惨重。日军侵占武汉后,继续以优势空军,肆行空袭。中国军民同仇敌忾,激进者主张派飞机轰炸日本本土,以血还血进行报复。

鉴于徐州会战失利以及日军对武汉等城市的狂轰滥炸，国民政府最高军事会议认为，有必要做出强烈反应，以打击日寇气焰，激励我方士气和民心。于是派空军远征日本的建议提了出来，决定采取一次重大突袭行动，派空军远征日本，以警告日本当局。最初的考虑是轰炸日本本土，让日本法西斯当局知道日本本土并非固若金汤，让日本人也尝尝挨炸弹的滋味。后来多数人认为，投掷几颗炸弹所起的作用毕竟有限，中国是文明礼仪之邦，不能像日本法西斯那样伤及平民百姓，投掷炸弹不如播撒传单，"纸弹"比炸弹的意义更重要。

蒋介石在5月8日的日记中写道："空军飞倭示威之宣传，须早实施，使倭人民知所警惕。盖倭人夜郎自大，自以为三岛神州，断不被人侵入，此等迷梦，吾必促之觉醒也。"蒋介石在这天的日记，也道破了"空军飞倭示威之宣传"的重大意义。国民政府最高军事会议根据蒋介石的此旨意，最后决定对日本本土实施一次反战宣传和示威性空袭，传单由郭沫若任厅长的政治部第3厅负责撰写印刷，飞机和飞行人员由军令厅厅长毛邦初物色。钱大钧负责的航空委员会奉命制定《空军对敌国内地袭击计划》，限定空袭不投炸弹，只投"纸弹"，即散发传单，旨在显示中国军民抗战决心，期以仁爱精神唤醒日本国民，共同粉碎军阀黩武迷梦，进而告诫日本政府，中国空军有能力袭击日本本土，揭破日本人夸称的国土不容侵入之狂言。

军事委员会政治部第3厅厅长郭沫若拟就《告日本国民书》，要旨为：中日两国同文同种，唇齿相依，应该互助合作，维持亚洲和全世界的自由和平。日本军阀发动侵略战争，最后会使中日两国两败俱伤，希望日本国民唤醒军阀放弃进一步侵华的迷梦，迅速撤回日本本土。同时主持编写了《告日本工人书》、《告日本农民大众书》、

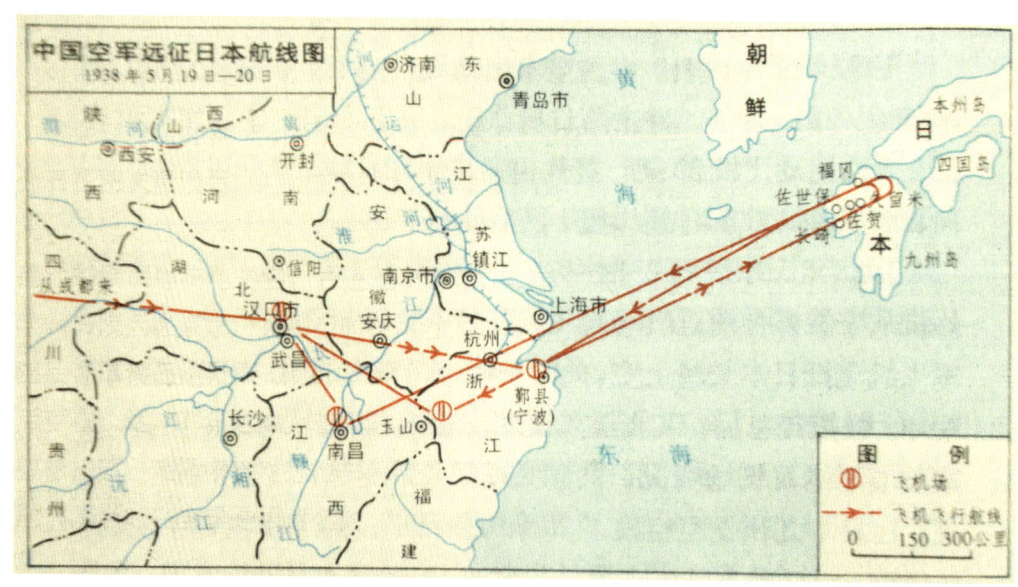

徐焕升（左二）等部分飞行勇士合影。

《告日本工商者书》等多种传单，由日本友人、反战作家鹿地亘译成日文。日本反战同盟也撰写了《反战同盟告日本士兵书》。传单总共印刷200万份。宋美龄秘书长称这次空袭行动为"人道远征"。

当时，堪当此重任的飞机，只有美制的银白色马丁B-10B型轰炸机。这是美军20世纪30年代初期装备的最新标准轰炸机。1936年，国民政府用民众献金订购9架，1937年2月至8月，分两批运抵中国。马丁B-10B型轰炸机，最大航速每小时343公里，最远航程900公里，装有机枪3挺，可携带1025公斤炸弹，每架飞机乘员4人。中国空军购到马丁轰炸机后，专门组建直属空军司令部指挥的第30中队。由于作战损失，至1937年10月，第30中队只剩下5架马丁机，因而被迫撤销编制，剩余的马丁机划归第14中队。因此，航委会最后选定2架马丁B-10B型轰炸机执行远征任务。

初选飞行员时，蒋介石的澳籍顾问端纳（Donald William Henry）建议派一位外国飞行员担负远征任务，但该名飞行员以任务风险太大，要求10万美金酬劳。蒋介石主张是志愿远征，故不予同意。最后确定飞行员人选，由委员长座机驾驶、航空教官、空军第14中队中队长徐焕升担任指挥官的"神鹰部队"8名勇士执行此任务。钱大钧遂将这一极机密并且充满危险的远征任务交付徐焕升。徐焕升义不容辞，视为无上光荣，即遴选优秀飞行员，组成新编空军第14队，由他和空军第19中队副队长佟彦博担任正、副队长，归美籍顾问陈纳德指挥。1号机（1403号），由徐焕升驾驶，机组成员有徐光斗、雷天春、蒋绍禹。2号机（1404号）：由佟彦博驾驶，机组成员有刘荣光、吴积冲、苏光华。徐焕升（1906—1984），上海市崇明人。江苏医学院肄业，黄埔军校第4期、中央航空学校第1期毕业，曾赴德、意航空学校深造。

徐焕升接受这一秘密任务后，与机务工程人员共同着手各项准备工作：一是为了使飞机多带燃料增大航程，携带大量传单分批投放，将炸弹舱改装为油箱，以增加燃料量及航程；二时加装无线电定向仪，以保障远程飞行的航向准确性；三是选调有经验的空勤人员，在四川成都凤凰山基地，仿真长途夜航训练。由于当时陆空无线电通讯尚在萌芽时期，电子设备非常简陋，又缺乏海上飞行训练。钱大钧指示航委会对远征日本所需之航行设备、指挥联络等设施作了充分准备，架设陆空电台7座。经过两个月的周密准备，第14中队2架B—10B型轰炸机从成都凤凰山机场飞抵汉口王家墩

徐焕升凯旋归来。

机场，整装待发。待命期间，蒋介石与夫人宋美龄、钱大钧特别接见机组员，以示鼓励。徐焕升和队员们抱定"我死则国生"的精神，预留遗嘱，誓死完成这一非常使命。

至5月中旬，一切准备就绪，可此时尚在梅雨季节，本不适合越洋航行。5月19日，徐州失陷，傍晚，徐焕升奉令限于1个小时内启程出征。他驾驶"1403"长机，副队长佟彦博驾驶"1404"僚机，各带领副驾驶、领航员、通讯员，于下午3时23分，满载上百万份传单的这2架飞机自汉口机场悄然起飞。临起飞前，徐焕生发送豪壮电报，称："谨率全体出征人员，向最高领袖蒋委员长及诸长官行最后敬礼，以示受任此项工作之荣幸。并各誓以最大之努力，以完成非常之使命。"下午5时，两机降落沿海城市浙江宁波栎社前进机场。加油后，晚上11时48分再起飞，以3000米高度向东飞行，飞向800多公里外的日本。

海面上能否遇上敌舰攻击、日机拦截，日本本土防空预警反应能力到底如何，这些都是未知数。但是，中国空军勇士们抱着"壮士一去兮不复还"的献身精神扑向日本。

在东海上空还真的遇上了敌舰，敌舰在看不到目标的情况下胡乱打了几炮，中国飞行员笑称之为"欢迎礼炮"。

5月20日凌晨2时40分，徐焕升所率勇士飞临日本九州岛上空。2时45分，双机以3500米高度飞临长崎上空，但见地面灯光闪烁，一片宁静的夜色，飞行员们打开弹舱投下首批传单，而后向另一城市福冈飞去。在福冈上空投放照明弹，再投下传单。而后飞机转弯再飞久留米、佐贺等城市，照样投放照明弹、撒传单。中国空军双机在执行远征任务过程中，沿途均有专电报告行程。双机在日本九州等城市飞行近两个小时，均未遭到日本地面高射炮和飞机拦截。只有在福冈上空时，全城一片漆黑，日军似已发现有不明飞机突入领空，而实行灯火管制，乱照探照灯，盲射高炮。

4时30分，中国远征日本的轰

何应钦在机场接见远征日本的中国空军勇士。

中共中央领导人周恩来等向中国空军英雄献锦旗。

炸机完成任务，身披朝霞，掉头沿原路胜利返航。途中两机失散。8时48分，僚机佟彦博在江西玉山机场降落。9时24分，长机徐焕升在南昌降落。两机8名勇士稍事休息，分别加油后再度起飞，于11时13分在武汉上空会合，随即双双降落在汉口王家墩机场。机场上鼓乐齐鸣，各界人士数千名到机场热烈欢迎远征日本的勇士凯旋归来。

飞机从空中下降时，场中鼓掌声及欢呼声历数十分钟不止。亲自到机场欢迎的有孔祥熙院长、何应钦部长、钱大钧主任，航委会蒋坚忍、黄光锐、黄秉衡、黄镇球等数千人。还有各国驻汉口记者及本国记者，为勇士们摄影。之后，在机场休息室共饮香槟，以示庆祝。在机场欢迎茶会上，孔祥熙院长、何应钦部长、钱大钧主任分别致词。钱大钧称："今日承各长官及中外人士莅会欢迎，本人至表感谢。惟盼我空军，往后益宜努力，方不负各长官之爱护与全国人士之期许。"晚间，空军举行盛大宴会，慰勉出征的勇士。

当晚，钱大钧主任立电蒋介石，喜悦之情溢于言表，报告执行经过，称：空军远征日本，于3月策划，呈奉批准，即依计划积极准备，全本月准备完毕。天候许可，乃于19日晚11时48分，由第14队队长徐焕升、副队长佟彦博分别驾驶1403、1404两架马丁机，载满传单，由根据机场出发，向日本前进。至20日3时许，到达长崎上空，经东向北环绕九州岛北部全境，沿途散发传单。所经各处城市，未曾发现高射炮火光及敌机拦截。传单散毕，任务完成，乃于4时许开始回航，7时20分抵浙江沿岸。8时45分降落南昌机场，加油后于11时返汉口。人机无恙。

远征壮士胜利荣归，

钱大钧（左一）带妻子、女儿在汉口欢迎远征日本凯旋归来的空军英雄。

中共领导人董必武、周恩来、陈绍禹、吴玉章、罗炳辉等代表中共中央和八路军驻武汉办事处，亲自前往中国空军领导机关慰劳东征勇士，并敬献锦旗。中共中央敬献的锦旗上写着"德威并用，智勇双全"，八路军驻武汉办事处敬献的锦旗上写着"气吞三岛，威震九州"。表示了对中国空军的敬意。

武汉妇女界欢迎远征日本的空军英雄。

亲自谋划这次壮举的航委会主任钱大钧在多年后的"八十自述"中，仍记忆犹新地记述道："（1938年）5月初我以振奋全国军民之士气与信心，提高国际声誉，并震撼敌军阀之黩武情绪，打击敌政府之威信为目的，奉委员长核准，派机对敌国本土袭击。但我为顾全人道，不欲使敌国无辜人民遭受损害，故不用炸弹，而代以特具反暴意义之传单。经积极筹划并着手人员、油料及起落机场之准备，至5月19日准备就绪，且侦知东方气候良好，乃派技术优良又富有飞行经验之第14队队长徐焕升上尉率机两架于是日下午3时由汉口起飞，下午5时50分到达宁波机场，加油检查后，于下午11时48分趁月光明亮时出发。徐君临行时曾来电话表示其服行此项任务之光荣与决心。余当至勖勉，祝其成功。5月20日上午3时我机到达日本之长崎、福冈、久留未等地上空，盘旋约30分钟，散发传单后，并侦察其军港及机场之情况，于上午11时完成壮举，飞回汉口。我行政院孔院长祥熙、各部部长及各报记者均到达机场欢迎，咸对此次空袭之成功，表示欣赞。日本自诩为现代国家，情报准确，而对我之空袭，竟未预先发觉，其空防之疏忽，亦可知也。"

东征的胜利给中国人民以巨大的鼓舞，同时也引起世界的震惊。英国《新闻纪事报》、美国《华盛顿邮报》、《新闻报》及苏联《莫斯科新闻》都纷纷给予报道并盛赞中国空军。第二次世界大战后，美国《生活》杂志刊登闻名全世界的12名飞行员的大幅照片，中国空军飞行员徐焕升名列其间，称徐焕升是先于美军飞行员杜立特轰炸日本本土的第一人。

这是抗战以来中国空军第一次远征记录，所以未投掷炸弹，不欲伤害无辜百姓。由于只是散发"纸弹"，未能予日本造成物质上的损失，却也达到了打击日本军国主义气焰与鼓舞中国民心士气的作用，不失为一次成功的战略性轰炸。这也是日本有史以来第一次被外国飞机轰炸袭击，也是世界航空作战史上绝无仅有的"纸片轰炸"。

这次作战行动，在日本国内引起强烈反响，举国骚动。第二天，日本就决定充实日本本土的防空设施和防空力量。6天之后，内阁大改组。日军大本营恼羞成怒。5月31日，日军出动54架飞机轰炸武汉，采取报复行动。中国空军对此早有准备，与苏联志愿航空队协同作战，再击落日机14架。

第64通手令——痛斥航委会军事机关贪腐恶劣至极

【手令编号】下卷061～068

【时间判读】1939年1月15日

【正文释读】

钱主任、毛厅长：

近日我空军毫无声气，航委会同人未知心有所思否？此种机关高级长官，真所谓饱食终日，无所用心，徒废人民脂膏，何以见人！若长此以往，应赶办结束，从速取消可也。若稍能为战时多一用心，则后方可修理之飞机，应昼夜督促加工修理，必可倍增力量。而后方各校未经作战之教官，应与前方作战人员对调服务，必有许多人员可以增加应战。

诸事在于主持之人深思熟虑，必使废物废人皆能为战争利用，不使一人一物不得其用，方能任现代军事机关之主持者。若诸君则只知化费用钱，无钱即不能办事，其实有钱亦不能办事也。长此下去，实愧职守，徒害国家，不如从速收束可也。中正，十五日。

今日军事机关之腐败与恶劣，再未有如航会之极也。思之痛心。中正。

【原件品鉴】

竖排5行套红"国民政府军事委员会便用笺"8页，毛笔书写。原笺首页右上角盖有紫蓝色条形章"机秘（甲）第2052号"。

【原文解读】

此手令写于重庆。

1938年年底、1939年初的中国空军，几乎无战绩可言。原因很多，但空军自身的原因也不少，于是，蒋介石把这种空军"毫无生气"的缘由首先定罪在航委会的主要高级长官身上，他要欲从这里开刀，通过整治空军的贪腐行为，来重新振奋空军的

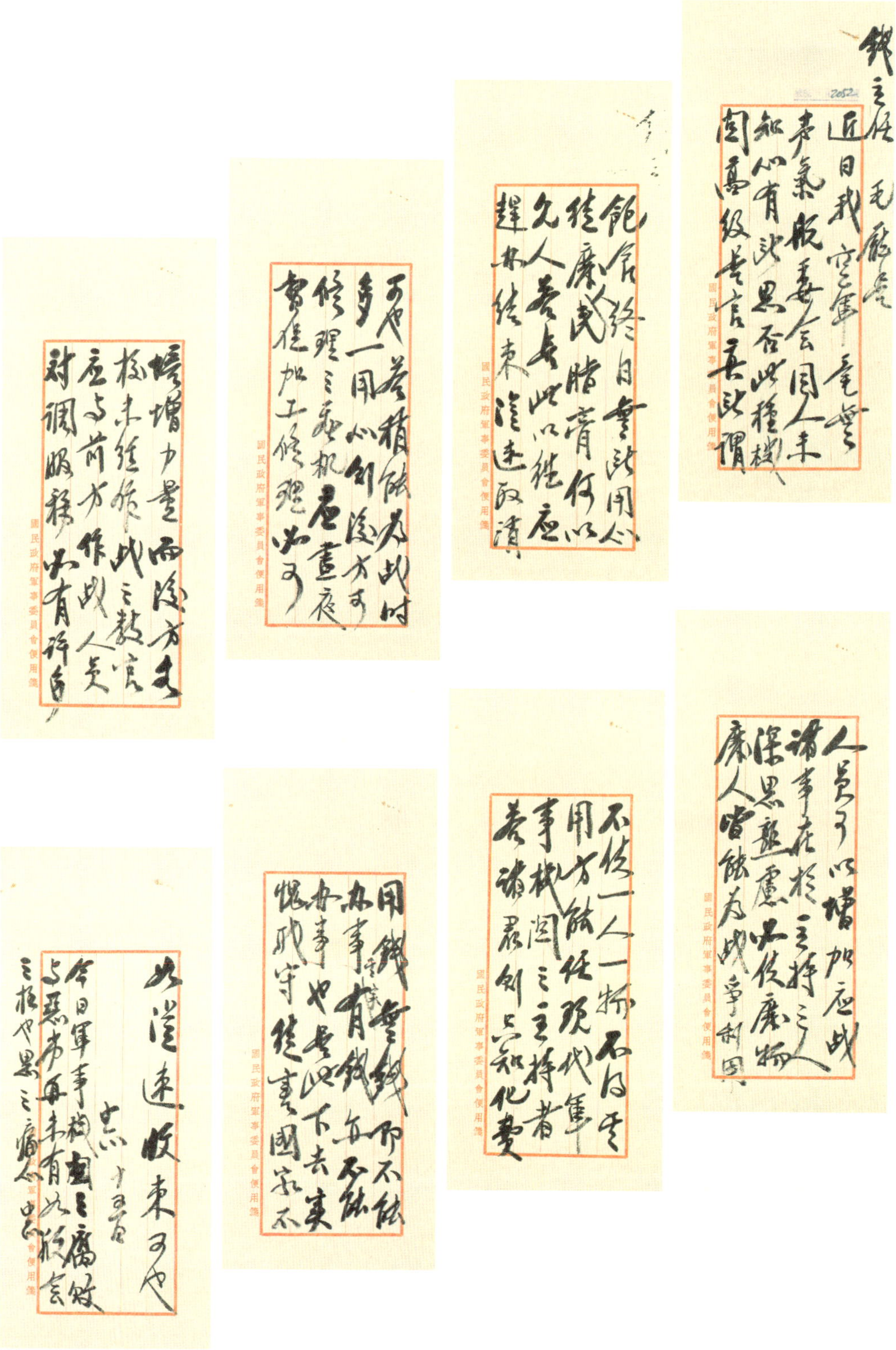

蒋介石密令破解

（手稿影印件，字迹辨识有限，以下为尽力辨读）

一、
钱主任　毛厅长：
近日我空军屡受重挫
空气散毒毒会同人来
知心有沉累是否此种毒
阁属高级署官无政谓

二、
馆舍终日会议用心
徒使民脂膏任以
久人多事此必徒应
赶早结束继政清

三、
不但营构余为此时
多一用心则意方于
修理之军机宜昼夜
会佳加工修竣也了

四、
墙增力量两派方于
校末继续此之教宦
庄今前方作此人之
对调眀辍必有补自

五、
深人当能为战争制用
深思熟虑此极廉柄
诸事在於一将之任
人多可以增加麻烦

六、
不使二人一辙石后手
事机阁之主持者
用方能任顶代集
有诸最划之熟化变

七、
用钱會纸不但不能
率事有费钱有不能
恨取守续实国家不
杯事也愁此下去未

八、
加速收束之为
今日军事机重之腐败
亦恶毒再未有以根本
之根也果之病兮必

蓝天军威。

（一）蒋介石撂下解散航委会的狠话

1938年，中、苏空军出动飞机2482架次，击落敌机153架。我机损失197架，牺牲飞行员105人。这种损耗，对还处在起步阶段的中国空军来说，几乎可以说是遭到了灭顶之灾，再遇战已经无飞机可以起飞迎战。

1938年下半年，中国军队节节败退。10月12日，日军在侵占武汉地区即将得逞的同时，调集重兵进攻广州，在大亚湾和珠江沿岸大规模登陆。并动用了海军第1、第

宋美龄等视察被炸重庆市区街道。

2航空战队、第14航空队、高雄航空队、2艘水上飞机母舰及巡洋舰上的飞机和陆军航空队、2艘水上飞机母舰及巡洋舰上的飞机和陆军航空兵6个中队的共计200多架飞机，在华南地区占据空中优势，对广东、湖南实施疯狂轰炸。10月20日，日本第21军团主力在数十架飞机掩护下，攻陷广东增城。10月21日，日军登陆部队占领华南重镇广州。

随着抗日战争进入战略防御阶段，中国空军作战也进入低谷，日军的轰炸机借以得势，对中国的一些重点城市进行狂轰滥炸。在钱大钧领导的航空委员会迁至成都的1939年1月间，日军即对重庆展开猛烈轰炸。其中，1月15日的空袭，是日机轰炸重庆以来死伤人数最多的一次，也是日机大规模轰炸重庆市区的开始。因此，蒋介石受到轰炸刺激，连曾家岩官邸区也在轰炸之列，在当日写下了这通手令，训斥钱大钧主任与毛邦初厅长，谓："近日我空军毫无声气，航委会同人未知心有所思否？"

气头上的蒋介石严厉指责航空委员会之无能。如此，还不能消其心头之怒，又在末尾特别加注："今日军事机关之腐败与恶劣，未有如航会之极也。思之痛心。"如此之痛责，极其罕见，亦充分反映蒋介石对于日本之侵略轰炸，已至忍无可忍的地步。

这通手令，蒋介石真是大动肝火，对近时空军抗战无战绩，对军事机关高级官员的"饱食终日，无所用心，徒废人民脂膏"，他把这股愤怒统统发在航委会负责人钱大钧和毛邦初的身上，警示如此恶劣腐败行为"何以见人"！"若长此以往，应赶办结束，从速取消"；若"长此下去，实愧职守，徒害国家，不如从速收束"。这样的话，蒋介石在仅300字的手令中重复了两遍，可见愤怒至极，故撂下了要解散航委会的狠话。

（二）手令直指航委会主任钱大钧贪腐

蒋介石在这通手令中，直言"今日军事机关之腐败与恶劣，再未有如航会之极也。思之痛心。"虽然未直接点出航委会主任钱大钧的名字，其实矛头指的就是钱大钧。

论钱大钧的才华和资历，在国民党高级将领中都是首屈一指

1938年6月，钱大钧在汉口出席"四二九"空战殉难烈士追悼会。

的。然而，综观他的一生，却因嗜贪而对其人品大打折扣，数次因为贪污问题而丢职。为此，世人曾把他的名字倒过来读，将"钧"改为"钩"，讽之为"钩大钱"。就在蒋介石发出这通手令不久，钱大钧受到撤职处理。

"贪腐"是钱大钧一生中的极大污点，玷污了他一世的英名。在航委会因贪腐被撤职，仅是他因重大贪腐行为被贬的其中一次。在之前、在之后，他都还因重大贪腐行为，而严重影响了他的仕途升迁和声誉。白居易说"商人重利轻别离"，钱大钧出身商人家庭，耳濡目染的熏陶，大概是他后来视财如命，屡屡涉贪，被称为"钩大钱"的缘故之一。

1932年春夏之际，蒋介石派钱大钧充任河北保定行营主任兼保定编练处处长，从第13军军长，一跃升为蒋介石的行营主任，指挥5个军的队伍，与北平行辕主任何应钦并驾齐驱。钱大钧在保定任职期间，其贪污行为开始被外界所议论。这时的钱大钧却一味追求物质享乐，在北平、保定两地都置有豪宅，一切设备应有尽有，经常乘用特备专车，偕其爱妻欧阳生丽来往于北平与保定之间游乐。钱大钧贪爱钱财，常以馈送河北各将领为托辞，在行营开支特别费，每次总是数万元之多。杂牌军总指挥孙殿英到保定述职时，钱大钧也曾接受了孙馈送的名贵貂皮多张。仅在特别费一项内，钱大钧即贪污10余万元。由于钱大钧爱财如命，贪财肥私，又贪得无厌，保定行营的一些人对钱大钧由开始的不满，升级到写小报告检举，告密信直接到了蒋介石手中。蒋听到之后为之大怒，对钱甚为不满，下令将其撤职查办，后经何应钦说情，才免去查办。其后不久，钱大钧的胞兄钱体声因贪污渎职案，被蒋介石执行枪决，时人皆认为蒋此举含有杀鸡儆猴的含意。

钱大钧为人圆滑，却胸少城府。他对上级恭顺，然而在同僚之间却易发生矛盾。有时，他对某些黄埔学生也不给面子。因此，在统治集团中嫉恨他的人渐多，在蒋

中国民工在四川成都修筑军用机场。

介石面前，他的政治地位也就不那么稳固了。1939年1月，钱大钧经宋美龄批准分配航空特别费时，只分给了少数几个高级官员。有人便将此事密报蒋介石，告发钱大钧私分军火，将一笔航空委员会特别费中饱私囊，至于金额多少，尚无数据可以证实。蒋介石下令彻查。

钱大钧先是被查办，接着被免职。按理说，这次的"贪污"账不能全算在钱大钧身上，事出有因：1939年初，蒋介石要调空军保卫重庆，可钱大钧却报告说无机可派，蒋介石勃然大怒，查问政府划拨的几千万购机专款都哪里去了？钱默不作声。蒋斥责他贪污，交付禁闭，并责令将对其从严惩处。钱大钧本以为这次他肯定是难逃一劫了，谁知，过些日子后，竟无"下文"。后据知情人透露，航委会购机专款其实是被宋美龄动用了。钱大钧虽居航委会主任名义，而大权却握在秘书长宋美龄手里，因而他只能替蒋夫人背黑锅。

5月20日至24日，蒋介石亲自主持召开空军会议。在会议上，他自我反省空军建设计划，称：抗战欲达到目的，决非3年短期间所能完成，故应事事从根本与自立做起。空军会议一闭幕，即宣布钱大钧因贪污罪名被免职，特颁命令："航空委员会主任钱大钧，贪财如命，欺上舞弊，着即免职。"并令交军法执行总监依法惩罪。对此决定，蒋介石深表痛心，他在日记中写道："此心悲痛愤怒，不知所止。国人贪污至此，遥望前途，无以为计。"

5月28日，蒋介石将钱大钧贪污舞弊案，责交军法执行总监何成浚惩办，限在一个星期内彻底查明真相，指令："照党员贪污在五百元以上之罪处治，不得徇私贻误。"同月，在重庆召开空军全军第一次干部会议，经议决：为提升行政效率，应紧缩会内组织，充实下级机关。航空委员会紧缩编制，废除厅的编制，改为直辖的监与处。钱大钧被解除航委会主任职后，军委会又免除其航委会委员之职，于6月9日函请行政院查照转陈。该院院会决议通过免职案，于6月16日函陈国民政府，"并请不予公布"。此一决定，何以低调处理，令人费解。但国民政府仍依程序在6月19日颁令："军事委员会航空委员会委员，着即免职"。航空委员会亦即行改组，分别派周至柔、黄光锐为正、副主任。7月,宋美龄辞去秘书长职,仍留任委员。航委会之秘书长编制也宣告裁撤。钱大钧因贪污案遭到蒋介石的严厉处分,结束了任航空委员会一年多的主任职务。其中不免含有蒋介石对中国空军在重庆大轰炸中表现不力的追责,借题发挥以整顿人事。

因贪污如此获撤职处分,真是可惜了钱大钧的治军才华。钱大钧如果能把握机会,与同为陈诚、张治中等"金刚"一样迎头赶上,甚至只要"不求有功,但求无过",晋升二级上将乃至一级上将是很有可能的。但他过于贪财,乃至私分军火,尽管在抗战中担任航空委员会主任,指挥过对日空战,取得不小的战绩,终还是因被告发而被撤职,这是任何人、任何时候都不容原谅的,也是永远翻不了的铁案。

钱大钧被撤职后,在四川成都落魄了两年多的时间,喝茶、看戏、练习书法。如此沉潜一段时间后,他到铜梁县虎峰镇西温泉村,自己出资创办西泉小学,自兼校长,并亲自制定校训、校歌、校规。直到1941年7月,军政部长何应钦同情好友处境,向蒋介石说情和推荐,钱大钧才被勉强安排到军事委员会运输统制局任参谋长,负责中缅国际通道军需物资运输事宜。军委会运输统制局,是抗战中期蒋介石在重庆控制西南国际交通运输的重要机构,何应钦兼任主任,"交通部长"张嘉璈兼副主任,俞飞鹏原为参谋长。抗战后期,张嘉璈、俞飞鹏展开了私人权力的斗争。结果,张被俞挤走,俞飞鹏作了该局的副主任,参谋长一缺由钱大钧补任。不久,钱大钧又改任秘书长,其职位与黄埔系多数将领的不断升迁形成鲜明对比。

1942年,钱大钧调升为军政部政务次长。他记述道:"余自任军政部政次,同时兼任本部点验委员会主任,主管全国部队人员、马匹、武器、装具及训练保养之点验事宜,由军委会所属各部会派员参加,派遣小组分驻战区、适时点验。赖上下戮力,不避嫌忌,严格执行,随时提供详实数据,使统帅部对全国部队有形无形战力,了如指掌,用能适切使命,克达预期功效。"

1944年底,陈诚接任军政部长,又调钱大钧回到侍从室第一处,得以重回蒋介石身边工作。纵使昔日风光不再,

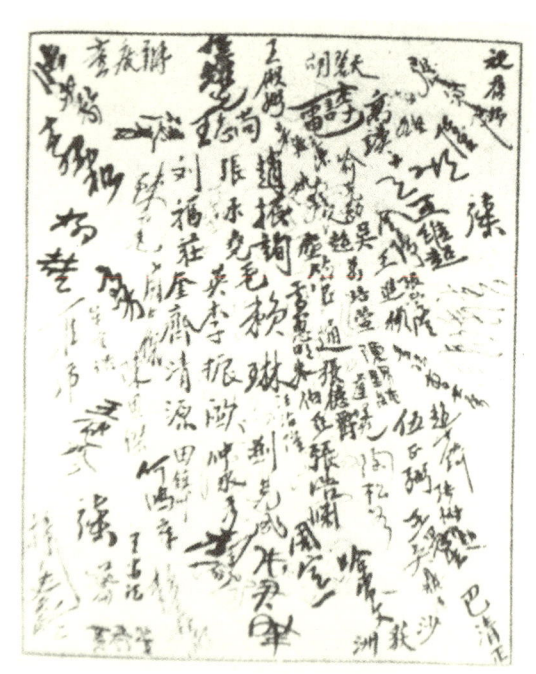

中国空军部分飞行员参战前留下签名手迹。

有污点在身,对钱大钧来说在心理上也是最大的安慰,也说明蒋介石对他还是信任的。对这段时光的侍从工作,他在后来用简短的文字记述说:"余于三十三年十二月再任委员长侍从室第一处主任,迄三十四年八月止,在此期间,中美军事协调工作频仍,每周举行会议一次,由余与驻华美军总司令兼中国战区最高统帅部参谋长魏德迈将军共同主持,如有必须请示事项,均由余呈报委员长裁示,或由余部同魏德迈将军晋谒委员长当面请示。余与魏德迈将军亦因长期交往,所以建立深厚友谊。"其他工作,似乎无从可记。

钱大钧二度侍从室的工作不足一年,随着抗战的胜利,他另履新任。1945年9月5日,宋美龄自美国返抵重庆,蒋介石亲往机场迎接,钱大钧偕夫人亦在欢迎人群之列,这是他最后以侍从室人员的身份出现在蒋介石身旁。钱大钧侍从蒋介石的两段经历,见证了诸多重大事件,结交了众多党政军要员,这是他一生中最为精彩的岁月,诚如他所言:"余在抗战开始及胜利结束之时,适皆侍从委员长,欣沐余光。"

9月中旬,钱大钧离开侍从室,奉派赴上海就任市长兼淞沪警备总司令新职。那时的上海市政府各局局长都与上层有关系,非市长所能指挥,而市府本身的实权操在秘书长沈士华之手,淞沪警备总司令部则完全由副总司令李及兰主持。钱大钧对此也完全不加过问,只管一个劲地"搂钱"。他利用"接收"的大好"良机",大肆搜刮民财,不顾民不聊生、货物奇缺、物价上涨的现实,中饱私囊,私卖敌伪物资42亿元,贪财无度。蒋介石却对此无可奈何地说:"钱大钧一贯贪污成性,不足道也。"遂睁一只眼闭一只眼,竟不予查办。10月10日,还授予钱大钧抗战胜利勋章(1946年5月,又获颁忠勤勋章)。钱大钧虽然在西安事变之后一度受到蒋的冷落,并因在主持空军事务时因私分军费而被人告发受到蒋撤职查办的处分,但毕竟钱对蒋忠心耿耿,所以蒋介石对钱还是庇护有加的。但钱大钧偏偏不争气,干了不到两年,再次因贪污被人告发。当时,国民党官员在接收中,大搞贪污活动,霸公产为己有,其中以上海市市长"钧大钱"为甚。蒋不得不将其撤职,由素有"廉洁"清誉的吴国桢来接任上海市长一职。

钱大钧嗜财如命,在南京、上海、苏州等地都置下房屋。据资料,在北伐军驻防苏州时,钱大钧在平门梅村桥西建起了钱氏别墅(今人民路680号原铁师附中)。宅在平门内第一家,故原门牌为平门路1号。别墅建于上世纪20年代,为砖混结构的海式楼房。坐北朝南,高两层,前后连接三幢。每幢面宽五开间,带两厢。全宅呈火车箱式排列,青砖坡顶。故居曾为铁道师范学院的招待所,沿街的房屋改成店面出租。近年为便于旅游,对原房屋进行了翻修。钱大钧在苏州的故居,目前已被列为苏州市控制保护建筑,只是列入保护的是一排朝东的楼房,似乎更像是当时别墅的附房。而在这排房屋的背后，有幢别墅，却很可能是主房。但是，目前还没有更多的资料来佐证。今日的游人到苏州，看到钱大钧的别墅，真不知有如何感想，睹物思情，是喜是悲？

第65通手令——中国空军的艰难窘境

【手令编号】下卷053～060

【时间判读】1939年1月16日

【正文释读】

钱主任：昨日敌机二十七架来渝轰炸，并无驱逐机，而我有驱逐机九架应战，竟使敌机安全飞回，而不能击落其一架。此可知我空军应战不力，否则亦腾空避战，乃致敌机安全飞返。此为我空军懦弱无勇最大之耻辱。而航委会主任及空军人员毫不追究原因，恬不知耻，殊为痛恨。应即将该驱逐机指挥之队长降一级，并将其各队员罚薪半月，而该主任钱主任，训练无方，指挥不力，应记过一次。以后如再有此等无耻之举，应即加倍处治，以戒怯懦，而明廉耻。希即通令全部空军人员知照为要。蒋中正手令，一月十六日。

【原件品鉴】

竖排5行套红"国民政府军事委员会便用笺"8页，毛笔书写。

【原文解读】

此手令是蒋介石续昨日手令连发的两个文字都较长的手令，仍是严厉斥责钱大钧所领导的空军作战不利，重提前一天日机突袭事，不改痛责语气，明示作出处罚。这在用手令训斥部属中是很少见的，说明蒋介石对空军作战非常不满意，已经到了忍无可忍、大发雷霆的地步。此手令末尾署名"蒋中正手令"，也罕见如此正式、严肃。

蒋介石对钱大钧的震怒，其中显然还有对钱贪腐行为的不满。因为此期间，蒋介石已经接到多封举报钱大钧贪腐的检举信。钱大钧受命担任航空委员会主任一年来，遭到如此从未有的责难，与在武汉时的表现，不可同日而语。然而，蒋介石的一番责骂，仍一时难以扭转中国空军的劣势。日机持续展开对重庆的大轰炸，至1943年8月才告结束。

（一）迁都重庆，日机大轰炸

全国抗日战争初期，1937年8月至10月坚持3个月的淞沪抗战，展现了中国人

錢念慈

昨日敵機二七架來滴擊，
炸華營貼近機而我有駁
逐機九架爲此次俊駁

擊卻悟誡派顯逐機
指揮之張旅長降一級
並着令各派矢罰薪

機密令飛回而不續搭載
爲一樂此爲知我空軍
應戰不力應令查騰空

半月而該主任既不
任訓練主令方指揮不
力應記過一次以儆效

匯戰乃敵我五之
此之皮此爲我空軍傷
弱甚勇氣之應專而

再有此等警不和之事
應卽加嚴懲處治以戒
情儒而作威應幸卯

航委會主任及空軍軍
人意氣不進先原因
怪不能敵。隊大爲痛恨

通令各部空軍人
員卽此爲要
蔣中正手啓

民奋抗御侮的决心和力量,打破了日军"3个月亡华"的狂言。为了实行以空间换取时间之持久战略,10月31日,国民政府宣布移驻重庆。12月1日,开始在重庆正式办公。1938年10月24日,蒋介石决定放弃武汉,作了《国民政府迁都重庆与抗战前途》的报告。部署完毕后于夜间离汉赴湘。25日、26日、27日,汉口、武昌、汉阳三镇相继陷落。日军占领武汉、广州以及温州、福州、厦门、汕头等几个孤立的沿海城市后,陷入兵力分散、一时较难再在陆地发起进攻的力量。更由于兵力损耗巨大,后方供应短缺,其军力和国力已难以承受,速战速决的幻想破灭,原订"3个月亡华"的计划,化为泡影。中国抗战进入相持阶段。

武汉失守后,国民政府所有机关全部迁到重庆。10月26日,国民政府主席林森先期抵达重庆,一时间,上海、南京的大批军政机关、工厂企业、文化团体、大中学校、新闻出版等单位以及达官贵人蜂拥内迁。原本20万人的山城重庆人口猛增到50万人。1940年9月6日,国民政府通令全国,宣布定重庆为陪都。重庆遂成为中国政治、军事、经济、外交、文化教育及社会活动中心。

1938年10月31日,蒋介石在湖南南岳衡山发表《为国军退出武汉告全国国民书》,全文3200余字,其要旨:(1)概述当前战局之变化,与武汉得失之关系。中国抗战根据地,本不在沿江沿海之地带,乃在广大深长之内地,西部诸省尤为我抗战策源地。(2)中国抗战开始早已决定之一贯方针:一曰持久抗战,二曰全面战争,三曰争取主动。(3)中国抗战绝非如普通历史上两国交绥之战争;就主义与国民革命之使命言之,实为民族战争,亦即为革命战争。(4)革命战争非时间空间所能限制,亦非前方后方区域之限制,更不重在有形之兵力与不畏牺牲挫折之严重,而唯凭借三民主义民族革命意识与精神,不断焕发,奋斗到底,以迄于成功。其中讲道:"在抗战之战略上言,亦不能斤斤于核心据点之保守,而反不注意于发展全面之实力。敌人用意,期在包围武汉,歼灭我主力,使我长期作战陷于困顿,以达其速战速决之目的。因此我军之方略在空间言,不能为狭小之核心而忘广大之外围;以时间言,不能为一时之得失,而忽久长之计。故决心放弃核心,而重于全面之战争。兹因疏散人口,转移兵力,皆已完毕,作战部署,重新布置,既经完成,乃即自动放弃武汉核心之据点,而确保武汉四周外围之兵力,使我军作战,转入主动有利之地。今后武汉虽已被敌人占领,亦将一无所用;然其消耗时间五月,死伤人数数十万,而其所得者,若非焦土,即为空城。继今以往,全面抗战,到处发展,真正战争,从新开始。而我军于进战退守,不惟毫无拘束,无所顾虑,且可处置自由,更能立于主动地位;敌人对于占领之地,不惟一无所得,且亦一无所有。往昔敌军,本已深陷泥淖,无以自拔,今后又复步步荆棘,其必葬身无地矣。吾同胞应知此次兵力之转移,不仅为我国积极进取转守为攻

轰炸重庆的日机编队

之转机,且为彻底抗战转败为胜之枢纽,决不可误认为战事之失利与退却;盖抗战军事胜负之关键,不在武汉一地之得失,而在保持我继续抗战持久之力量。"(《先"总统"蒋公思想言论总集》卷三十,"中华民国"二十七年,第302～303页)

12月18日,国民党第2号人物汪精卫从重庆叛逃,经昆明假道越南河内,投靠日本,给日本多年来实施的劝降、逼降政策注入了一支"强心剂"。在外交方面,日本加紧与德、意法西斯勾结,既作反苏姿态,又对美英施加压力,诱惑美英唆使蒋介石投降,以图从中国战场拔出泥足,以便同英、美争太平洋地区的殖民利益。日本天皇召开御前会议,在一片鼓噪声中决定,在军事打击的同时,加强政治上的诱降和经济上严密封锁;为动摇中国军民的抗日意志和决心,迫使国民政府屈服投降。日本侵略者对中国大后方进行了狂轰滥炸,从1938年12月到1941年12月太平洋战争爆发,持续了3年。先后掀起了4次集中轰炸的高潮,轰炸范围除重庆、成都、兰州等重点城市外,波及四川、陕西、甘肃、云南、广西、湖南、湖北等省。

当时的重庆是抗战大后方的堡垒,成为日军重点攻击目标。日军集中陆、海军之主要航空兵力,有近60天空袭重庆的飞机每天超过50架,有30多天空袭重庆的飞机每天超过90架,最多一天达175架。每次轰炸不仅投下大量炸弹,而且还投下许多燃烧弹,造成人民生命财产极其惨重的损失。

第1轮轰炸(1938.12—1939.1)。从1938年12月下旬开始,在日本陆军航空兵司令官江桥英次郎中将指挥下,第1飞行团开始首轮对重庆进行大规模轰炸。12月26日上午10时,日军首批12架"97"式轰炸机从汉口起飞,13时35分飞临重庆,由于云层增厚只得返航。1个小时以后,日军出动第2批10架德国制造的"伊"式轰炸机再袭重庆,因从云隙中投弹命中率不高,中国空军没有起飞拦截。1939年1月7日中午1时30分左右,日军出动第12、第60、第98等3个战队共31架轰炸机再袭重庆,虽因云量较多,日军多实行推测性轰炸,投弹44枚,炸死16人,损毁房屋13间,未给重庆造成较大破坏。1月10日上午约10时55分,日军出动"伊"式轰炸机18架,日制"97"式轰炸机12架,在两架侦察机引导配合下再袭重庆,空袭大溪沟、巴县等地,实施大密度轰炸。中国空军4架战斗机起飞阻击,加上地面高炮射击,日机不敢低飞,轰炸效果减弱。投弹53枚4500公斤,炸死17人,重伤38人,毁坏房屋103间。1月15日中午12时25分，日军轰炸机29架、侦察机3架，第四次空袭重庆，投弹数十枚。国府路、曾家岩、学田湾、人和镇等地中弹69枚，炸死居民124人，伤166人，毁房屋92间，情状甚惨。中国空军10架战斗机升空作战，加上地面高炮的有力打击，击落日机6架。同日，日机还空袭了芷江、恩施、万县、南阳等地。1月16日，日机再袭重庆，居民死伤300余人，日机被击落1架。其后，由于重庆一直阴天多云，日军轰炸重点改作兰州。2月4日，日机大规范轰炸贵阳。在大、小十字闹市区投弹100余枚，死伤500余人。

1939年4月19日至5月15日，蒋经国在重庆浮图关参加国民党"党政训练班"受训，期间也经历多次轰炸。5月3日，日机进行一次空袭。钱大钧得到大队长董明德电报重庆空战结果，6日自成都呈报蒋介石，称：此次各员，奋勇追击，不顾一切，抱定牺牲决心。空战结果，全大队共击落敌机3架。第24队员张哲机、第21队副队长张明生殉命，第23队队员林耀、第21队队员李侃、第22队分队长龚业悌及队员杨一楚受伤。空军飞机25架，中弹10架、全毁3架、待查2架，现能警戒的14架，都在急修中。钱大钧的报告，经由张治中转呈。蒋介石阅后，批示："死伤人员，从速照章抚恤，出力人员，准速报候奖为要。"这个批示比起1月中旬的那两件手令，在语气上似乎缓和了许多，对空军人员这次的出击应战表现，表示肯定和褒奖。

第2轮轰炸（1939.5—1939.11）。1939年5月3日，日本海军第2联合航空队45架飞机以密集队形空袭重庆。驻重庆的中国空军第4大队和驻成都的第5大队起飞37架战斗机迎战，击落日机2架，毙敌飞行人员15人。我机损失2架，飞行员张明生、张哲两人牺牲。蒋介石在本日的日记中写道："死伤甚大，痛哉！"5月4日，日机再出动27架轰炸重庆，使繁华市区的建筑及电话、电讯、电信、自来水等设施尽毁。蒋介石在4日的日记中再写道："敌人逞凶，残酷至此，而官吏对之，仍不动心。民众无知，不听约束。如此官民，而欲持久抗御强寇，世上再无国家有如此之难者也。"5月3日、4日两天的轰炸，共炸毁民房1200栋，炸死居民4400人，伤3100多人。这是日本海军航空队对重庆的第一次大轰炸。

连日的大轰炸，重庆多处机关被炸毁，报社也不能幸免，损失惨重。重庆各家报社被迫发行

1940年6月28日，日军对重庆进行大规模轰炸。

苏联援华志愿航空队飞行员在 И-15 飞机前留影。

"联合版",计有《中央日报》、《大公报》、《新华日报》、《时事新报》、《扫荡报》、《新蜀报》、《新民报》、《西南日报》、《商务报》、《国民公报》共10家。其发刊词向读者控诉道:最近敌机轰炸重庆,是抗战后敌人兽行表现最野蛮残酷的一幕。敌人这一次轰炸,目标全在平民及商业区域。敌人轰炸不足,还继以投掷燃烧弹。敌人毁灭工商业机关不足,还尽量毁灭文化事业,使同业牺牲惨重。"联合版"的发刊,成为中国报业史上惨重悲壮的一页。远在美国纽约的《泰晤士报》也发表评论,痛斥日机轰炸重庆为"野蛮作战"。

5月9日,日机轰炸重庆时,击中英国驻华大使馆,英、美政府向日本提出强烈抗议。5月25日,39架日机轰炸重庆,我机迎战,击落日机1架。至6月上旬,重庆遭到日军大规模空袭5次。6月9日,日机两批21架轰炸重庆,被我击落3架。6月11日19时,日本海军出动飞机27架,轰炸重庆,投掷大量燃烧弹,大火烧至午夜。中国空军第4大队15架 И-15 战斗机迎战,击落日机3架,我分队长梁天成被击中牺牲。至此,当时被称为中国空军"四大天王"的4位英雄:高志航、乐以琴、刘粹刚、梁天成,全部为国捐躯。同日,日本海军第2联合航空队出动攻击机26架,轰炸成都,炸毁民房1239栋,民众伤亡668人。

1939年6月间,苏联志愿航空队歼击机50架飞机,编成两个机群,在苏普伦少校的率领下来华,进驻重庆,担任重庆防空任务。И-16 机群由戴齐耶大尉指挥,И-16 比斯机群由沃罗比约夫大尉指挥,得知情报的日军只得改在夜间空袭。7月6日,30架日机夜袭重庆,投弹百余枚。在机场缺乏夜航设备的情况下,中、苏飞行员起飞迎战。苏联飞行员科基纳基击落日机1架,帕达依采夫在追击1架敌机时,被8架日机击中牺牲。8月3日,当夜至次日凌晨,18架日机分两批空袭重庆。中、苏飞机升空奋战,击落日机2架。中国空军第4大队飞行员李志强被数架日机围攻,在巴县南坪上空牺牲。8月28日,日机3批夜袭重庆,我军击落日机1架。9月3日,日机36架夜袭重庆,双方展开激烈空战,我方击落日机2架。9月11日,日机2批30余架轰炸四川泸县,城中民房大半被毁。9月13日,日机27架空袭万县,我防空炮火击落日机10架。11月4日,日本海军为报复中、苏飞机对武汉日军航空基地的奇袭,派出在武汉的所有攻击机共72架,在其第13航空队司令官奥田喜久司大佐指挥下直飞成都。中国空军第5大队,分两批升空,击落日机4架。我副中队长邓从凯首先冲入敌编队,咬住日本领队长机不放,直追至成都以南的仁寿和简阳县交界处将其击落。事后查明,被击落的日机正是被日军称为"轰炸大王"的奥田喜久司。在飞机残骸中,找到标有成都党、政、军机关的地图,以及奥田喜久司的印章、短剑和护身佛像。我飞行员邓从凯在此战中被敌击落牺牲,段文郁腿部中弹后,忍痛追击敌机,并将敌机击落。自己因失血过多昏迷,飞机坠毁,壮烈牺牲。

第3轮轰炸(1940.5—1940.8)。1940年5月,日军大本营为早日结束侵华战争,制定了规模更大的"101"号作战计划。由于陆军航空队和海军航空队联合出动,纠集了由海军统辖的第1、第2联合航空队,第15航空队,第14航空队华中派遣队和陆军第3飞行集团所辖的第16战队,第44战队第1中队,独立第10、第16中队,总共297架飞机,由海军少将山口多闻和陆军中将木下敏指挥,以汉口为主要基地,从5月中旬开始,再次集中轰炸重庆、成都等地。1940年5月18日夜,日本海军航空队首先出动,利用月光对成都重庆地区的机场发动攻势。我第5大队林日尊驾机避警返航时因夜色迷茫,坠落于温江殉难。5月19日夜,日机炸毁我梁山机场的8架轰炸机。20日日机再袭梁山,中国空军8架战斗机迎战,击落日军侦察机1架。到5月底,日军共出动13批、608架次轰炸重庆和成都,共投弹419吨。

6月6日,日军36架"97"式轰炸机扑向重庆白市驿机场。中国空军15架战斗机拦截攻击,致日机19架中弹,7名机组人员负伤。在混乱中,日机只有1架飞机炸中机场,其他日机都把炸弹扔到梁山附近的田地里。同日,日本海军航空队也出动87架飞机对遂川和梁山机场进行轰炸,日军1架攻击机被击落。6月10日、11日、12日,日本陆军每天出动36架轰炸机,海军分别出动22架、79架和77架攻击机轰炸重庆。中、苏空军共出动128架战斗机迎战,先后共击落日机6架。重庆江北地区及金陵兵工厂被敌机严重破坏,特别是12日,日本海军利用其攻击机续航时间长的特点,在重庆高空盘旋,待中国空军战斗机油量

苏ТБ-3轰炸机在装弹,从成都太平市机场起飞,袭击南昌附近日军。

耗尽返航着陆时突然发动攻击，使中国空军蒙受较大损失。6月16日，日本陆军36架轰炸机、海军75架攻击机再袭重庆，中国空军37架战斗机出战，击落日机2架，击伤22架，击毙飞行员8人，失踪6人，负伤5人。中国第4大队飞行员彭均英勇牺牲。6月17日，日海军73架攻击机夜袭重庆地区各机场，共投弹837枚。6月24日，日海军又出动攻击机89架，陆军出动轰炸机35架轰炸重庆北碚机场等地，持续近两个小时，蒋介石的行营附近也未能幸免，市区多处燃起大火。中国空军30架战斗机起飞，但交战的仅几架，攻击能力已明显不支。6月24日至29日6天中，日本海军航空队每天都有90架左右的攻击机对重庆实施疲劳轰炸。29日又有日陆军轰炸机35架窜入重庆上空，炸毁了重庆大学及附近的工厂区。6月间日军共出动23批、1334架次，投弹925吨。中国空军共击落日机9架，击毙飞行人员64人。

7月间，日军共出动14批、950架次，投弹672吨，使20%的重庆市区成为废墟，广大市民终日处于紧张状态，苦不堪言。8月2日、9日、10日、11日，日军每天出动近90架飞机继续对重庆进行狂轰滥炸，并空袭了衡阳。8月15日至17日，日本海军连续3天，共出动飞机218架次袭击重庆郊区和衡阳的军事设施。8月18日，日本陆航空兵出动12架轰炸机轰炸袭击了宝鸡，海军鹿屋航空队出动6架攻击机空袭重庆西部，引起三处大火。8月19日，日陆海军又出动数十架飞机，其中海军航空兵12架，最新研制的"0"式舰载机首次加入对重庆的攻击。4次轰炸重庆市区，造成了8处起火，浓烟蔽空，殃及2000多户居民及商店，死伤数百人，巴县县城4/5的建筑成为废墟。8月23日，日军出动80架飞机再袭重庆，直到9月4日，日军大本营已将作战重点转向越南，日本陆军航空队调往华南。长达110天的日军"101号"作战计划收场。

战后统计：日军共出动飞机75批、4555架次，投弹27107枚、重达2957吨。中国空军升空迎战607架次。中国方面记录：包括"101号"作战在内的1940年中，中国空军进行空战61次，使用飞机1084架次，击落敌机32架，击伤22架。中国飞机被击落击毁29架，伤64架，牺牲飞行员14人，失踪4人。

第4轮轰炸（1941.6—1941.8）。1941年春，中国空军得到苏联提供的最后一批飞机，共248架，其中战斗机148架，轰炸机100架。苏制战斗机性能已经落后，И-15Ⅲ型飞机也不

ТБ-3是苏联1930年代所研制的最大的重型轰炸机。

及日本"0"式。中国空军主要为保存实力,很少主动出击。苏德战争爆发前后,苏联志愿航空队回国,中国空军再次处于困难时期。

此时,日本侵略者也已陷于中国战场达3年半之久,其国务军力已不堪忍受,加上与英、美、荷等国关系日益恶化,更急于取胜中国,并密谋发动

苏联ТБ-3远程轰炸机曾参加援华抗日,是主要轰炸机种。

太平洋战争。但日军地面部队在中国战场难以打破僵持局面,又把希望寄托在空军优势上。日本海军于1941年1月15日,对其陆基航空队进行改编,取消原联合航空队编制,新设第11航空舰队。该舰队下辖第21、第22、第23、第24等4个航空战队,各战队成立后,立即开始进行强化训练,不惜招收10多岁的中学生入伍,经短暂的飞行训练便充当炮灰。应侵华日本陆军的要求,将正在加紧训练的日本海军第22航空战队(辖2个航空队)纳入日本海军中国方面舰队司令官屿田繁太郎大将指挥,于4月30日进驻汉口、宜昌,计有攻击机54架、战斗机18架。1941年5月、6月间,日本陆、海军航空队联合对中国大后方的实行第4次轰炸代号为"601"的作战计划。

5月21日至27日,日军以汉口、宜昌为基地出动"0"式战斗机27架、"96"式战斗机18架、攻击机35架、侦察机5架,共计85架飞机空袭重庆、成都、梁山机场。6月5日下午19时,获悉日军空袭重庆,重庆市区响起了空袭警报。当时正处在下班时间,白天到郊区农村躲避轰炸的市民正纷纷返城,街上人群很多来不及远避疏散,纷纷拥入较场防空隧道。最多仅能容纳5000～6000人的细长隧道,一下子拥进几万人,由于通风设备不完善,呼吸困难、拥挤、窒息、践踏,结果造成1万多人死亡,2万余人受伤的惨案。6月18日、23日,日本海军航空队每天出动各型飞机80多架,空袭成都地区的机场。6月22日,敌机53架,分4批入川,中国空军紧急疏散。起飞较晚的飞行员杨冠英,在广元上空遭7架日机围攻,不幸牺牲。飞行教官王自信和班组长洪养孚的2架飞机也遭日机攻击,王自信的飞机被击落,身受重伤,同机的见习飞行员卢伟英等4人牺牲。洪养孚的飞机负伤迫降。日本大本营为了准备太平洋战争,早日取胜中国,又于1941年7月集中大量航空兵力对中国大后方作最后一次"毁灭性"空中打击,代号为"602"号作战行动。

日本陆军第3飞行集团的轰炸机57架、战斗机19架、侦察机41架,合计117

日本"0"式战斗机

架飞机，以山西运城为基地。日本海军第11航空舰队从日本赶到汉口和孝感机场，"96"式攻击机54架，新生产的"1"式攻击机30架，合计84架投入"602"号作战行动。据资料，在"602"号作战行动中，日本海军航空队共出动2389架次，投弹15036枚，据称共击落击毁中国飞机29架。

7月27日，日本海军轰炸机68架、"1"式攻击机30架、"0"式战斗机10架空袭成都。由于新型"1"式攻击机速度快、升限高、载弹量大，中国空军及其高炮性能、火力不及，使成都市区遭到严重破坏，7月28日，日本海军再以飞机108架，分5批空袭四川各地。中国空军出动 И-15 战斗机16架，在璧山上空与敌第2批的18架飞机作战、击落日机1架。中国飞行员高春畴牺牲。7月29日，日机4批袭川，其中3批空袭重庆，空袭警报长达9小时未能解除。7月30日，日机130架再袭重庆。停泊在长江三角洲边的美舰"图图拉"号中弹。8月，日机不分昼夜地对重庆实施"疲劳轰炸"，市内水电断绝，市民日夜难眠。8月1日起，日本陆军航空队也开始攻击四川长江三角洲上的船只和盐场。8月6日，日本陆军第60重型轰炸机战队加入了对重庆、自贡等地的空袭。日本电台广播：其目的在摧毁中国大后方之生产力与抗战意志。成都、涪陵、万县、宜宾、自贡、乐山、合川、梁山、忠县、丰都、芷江等地均遭日军不断轰炸。

仅8月11日至8月31日期间，日本海军飞机就出动多批计260余架次对成都、重庆、罗山等地进行狂轰滥炸。对双流、温江、太平寺、凤凰山等机场扫射时，中国空军"无名大队"第29中队副中队长谭卓励率5机起飞，在温江上空遇敌攻击机群，正准备攻击时，遭日本"0"式战斗机偷袭。经激战，中国飞机4架被击落，副中队长谭卓励、分队长王崇士、黄荣发及第4大队的飞行员欧阳鼎分别在温江、华阳、新津、仁寿等地上空牺牲。8月30日晨，日军陆军集中了第12、第60、第

日本三菱96舰载2型战斗机（A5M2-6）

75、第98等4个战队85架飞机和日本海军的80架攻击机空袭重庆,并对重庆东西江岸的高级住宅轰炸。蒋介石在重庆的云岫楼官邸及国民政府礼堂被炸,卫士2人牺牲、4人负伤。中国空军已

日本爱知96舰载攻击机(D5A2)

无力迎战,仅靠高炮还击。8月31日,日本陆军飞行第60、第75战队攻击了重庆及梁山。日本海军出动80架飞机轰炸了成都和重庆。我地面高炮击落日军轰炸机1架、击伤1架。

日本法西斯倾尽全力对中国大后方历时3个多月的"601"、"602"号空袭行动,并没能动摇中国军民的抗战勇气和决心,无奈的日本军国主义分子只得提前结束"601"、"602"号作战计划,并把空军主力调往太平洋战争前线。当时留在中国的日本海军飞机仅剩10多架,此后略有增加,也只能承担警戒和侦察任务。日本陆军航空队直到9月12日,才结束大规模轰炸行动。其间,日军轰炸了重庆、老河口、韩城、朝邑、华阳、潼关、渭南、咸阳、蒲城、西安、巴东诸地。随后,日本陆军航空兵主力也被抽调去准备进行太平洋战争。

据统计,自1938年到1941年,日本大机群轰炸重庆达127次,出动飞机5940架次,投弹15677枚,炸死居民9990余人,炸伤1万余人,炸毁房屋、建筑8250幢另3.3万多间。此后的日机轰炸虽然少了一些,但始终没有中断,若自1938年初算其至1943年8月间,日本共出动9000余架次军机对重庆狂轰滥炸,长达5年多,造成陪都人民生命财产空前惨重的损害。

日本法西斯在中国大后方疯狂轰炸,持续时间之长,投入飞机之多,我无辜民众死伤之众,在中国抗战史、世界二战史和空军战略轰炸史上都是空前的。但是,中国人民、中国政府、中华民族没有屈服。自开战到1941年,共击落日本空军飞机554架,击伤615架,击毙空勤人员829人。

(二)中国空军在战略防御阶段时的困难窘境

蒋介石书写这件斥责钱大钧领导空军作战不力的手令之时,正值中国抗日战争进入战略防御阶段,中国空军飞机损失严重,在1939年初,仅存轰炸机39架,战斗机122架。巧妇难为无米之炊,没有作战飞机,作为航委会主任的钱大钧即使有三头六臂,也不可能自身飞上天与日军作战,也无法在短时间内很快挽回中国空军的颓败之势,只能是

日本中岛95舰载战斗机

取守势,以保存仅有的这些极为有限的空中力量为希望,以图东山再起。

到1939年年底,中国空军作战部队略有发展,共有4个轰炸机大队、3个战斗机大队和2个独立战斗机中队,各型飞机共有215架,另有苏联援华的4个空军志愿队。但在这时,仍然很难与保持700架飞机的侵华日军相抗衡,始终是在困境中顽强坚持抗战。中国空军在这一时期的作战方针,主要是侧重于保护后方重要城市和空军基地、掩护国际交通线。战斗越打越残酷,到1940年9月,中国空军仅剩各型飞机65架。

1941年6月22日,苏德战争爆发后,苏联空军志愿队陆续回国,中国空中战场的作战更加困难。1941年初,中国空军从苏联购买轰炸机100架、战斗机148架。但苏联战斗机性能仍逊色于日军的"0"式战斗机。日本新型三菱A6A6"0"式战斗机,是日本1940年生产的新式飞机,装有950马力的14缸气冷活塞式发动机,最大速度534公里/小时;升限1万米;航程3105公里;装有2门20毫米口径机关炮和2挺7.62毫米口径机关枪,外挂120公斤炸弹。速度快、航程远、火力强,各项性能都超过当时中方空军参战的主要战斗机——苏制И-15飞机。所以,这一阶段的空中战场,中国空军仍然很少主动出击。

直到1941年中旬之后,这种窘境才逐渐打破。6月,中国从美国购买100架P-40战斗机。8月1日,美国陆军航空队退役军官陈纳德组建美国空军志愿队(即"飞虎队")正式成立,下辖3个战斗机中队,有100架P-40战斗机和少量轰炸机。1942年7月,美国空军志愿队纳入现役,改编为美国驻华航空特遣队(美国陆军第10航空队第23大队)。1943年3月,再次扩编为美国第14航空队,装备了一批新式战斗机,并组建了一支B-24重型轰炸机队。

与此同时,中国空军在美国的援助下重建并得到很快的发展,至1941年底,作战部队为7个大队(另有在全训中的2个大队和1个独立中队),共有各型飞机364架,中国空中战场的天平已经开始向中国倾斜。此时的日本侵华空军呈现出衰败之势,1942年日军在中国的飞机平均仅有270架,最多时也只有370架。中国空军的空战日趋主动,并开始有能力支援陆军作战。

第66通手令——致谢美苏空军援华

【手令编号】 下卷069～070

【时间判读】 1945年2月26日

【正文释读】

何总司令分转陈纳德、齐夫斯马克罗诸将军：在昆欢晤，非常快慰。刻已飞回重庆，特此致谢。中正。廿六日。

【原件品鉴】

竖排5行套红"国民政府军事委员会便用笺"2页，毛笔书写。

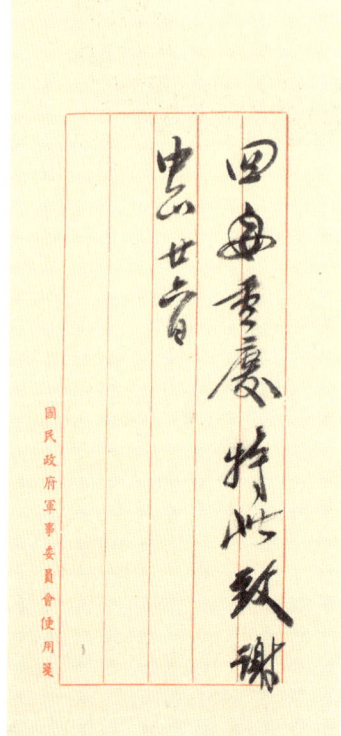
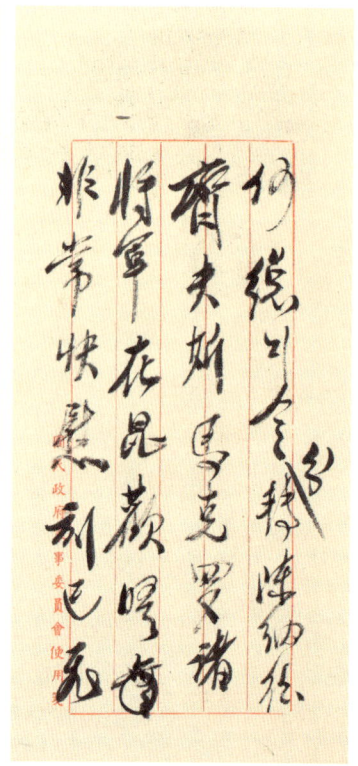

【原文解读】

此手令时间，应在1945年2月26日。因蒋介石于是月20日乘飞机到昆明视察，陈纳德等到机场接送。蒋介石于25日返抵重庆。

（一）蒋介石手令"特别致谢"美国和苏联空军援华抗日

文中"何总司令"，何应钦，时任中国战区中国陆军总司令。1944年12月，国民政府军事委员会成立中国陆军总司令部，驻云南昆明，配合盟军作战。何应钦以军事委员会参谋总长兼任总司令之职，负责指挥西南各战区的统一指挥及整训。

陈纳德，时任美国陆军第14航空队司令，驻昆明。1941年8月1日，中国空军美国志愿航空队成立，陈纳德担任上校队长。1942年7月4日，美国航空志愿队转编为美国驻华空军特遣队，陈纳德担任准将司令。1943年3月10日，美国驻华空军特遣队转编为美国陆军第14航空队，陈纳德担任少将司令。同年7月25日，陈纳德应聘中国国民党空军参谋长。1943年10月，中美空军混合联队组成并投入战斗，陈纳德任指挥。陈纳德先后参加了淞沪会战、南京保卫战和武汉会战，与中国和苏联空军司令官共同指挥战斗。他还在湖南芷江组建了航空学校，后来又到昆明航校任飞行教官室主任，负责给高级班授课。

蒋介石在这个手令中提到要"特别致谢"的陈纳德、齐夫斯马克罗，分别代表了美国和苏联两个国家在航空方面对中国抗日战争的大力支持。

（二）陈纳德与美国志愿航空队援华抗日

1937年3月，经由中央信托局美国顾问推荐，中国空军函邀美国退役空军校官、飞行理论及技术卓越之陈纳德来华，协助发展空军。陈纳德随即带一组人员于5月初抵达上海，旋奉派为中央航空学校飞行顾问，教导飞行训练。抗战初期，协助建立空中警报网，保护首都南京，又先后在汉口、昆明，协助飞行训练。

1940年4月，苏联政府为了东部国土的安全与日本签订了《互不侵犯条约》，苏联援华力度减弱。当年日军占领越南，损害了美国在华和亚洲的利益，美日矛盾日益加深。加之日军对中国大后方陪都重庆等地实行大规模的连续轰炸，以图动摇和瓦解国民政府和中国人民的抗战意志。在此关头，蒋介石决定向美求取援助，于当年9月委任空军作战部部长毛邦初、聘请的空军顾问陈纳德以特使身份前往美国，会同驻美大使宋子文，想方设法说服美国政府同意出售飞机和招聘美国飞行员援华。蒋介石又于11月召见美驻华大使纳尔逊·T·詹森，希望美方早日准备志愿人员及飞机来华助战。

陈纳德

同月，陈纳德、毛邦初抵达美国，代表中国政府向美国总统联络委员会提出蒋介石的要求。陈、毛提出的具体账单是：请求美方提供飞机660架（战斗机500架，教练机150架，运输机10架）；提供建设14个航空基地、122条跑道所需的资材；提供1年内作战所必需的航空弹药和零备件；帮助培训中国飞行员。对此，美国政府"颇感意外"，特别是五角大楼的国防部持不同意见。陈纳德等以他们在中国抗日战场上亲眼目睹的严酷现实，以及日本企图独占中国和称霸亚洲对美国利益的损害等到处游说，终于在白宫找到了重要的支持者。他们是：美国总统顾问洛吉利·邱利、汤姆斯·科克伦，财政长官亨利·莫根索，美国海军部长官法兰克·诺克斯等有识之士。最后说动了罗斯福总统。1941年3月11日，罗斯福在众、参两院通过的《美国军火租借法案》上签字，同意中国成为以租借方式从美国获取军用物资援助的国家，5月6日正式宣布该决定。此前的4月15日，几经波折，美国总统还签署了一个未公开发表的命令：允许美国陆海军的退役航空人员参加志愿航空队，列入中国空军序列赴中国作战。

陈纳德（中）和他的得力助手文森特（左）、霍洛威上校在昆明驻地前合影。

由于美国寇蒂斯·莱特飞机制造公司生产的P-40型战斗机已被英国订购。又经多方协商，由莱特公司社长以答应给英国更优异的战斗机为条件，从英国订单中以890万美元买下了100架P-40战斗机租借给中国。陈纳德还试图增加几架轰炸机，但未能如愿。购买这批飞机的条件是：由英国提供零备件和机上的武器弹药，但英国人说：无法提供。为此，又求助于美国陆军部。但陆军部的官员们认为，美国陆军部没有装备中国政府所购买飞机的理由。可是，陆军部长官史迪生提出不同意见，他认为：美国政府及美国陆军部虽不对该国的志愿队负责任，不过把没有弹药及正规武装的飞机租借给中国也难保不会发生国际性问题。史迪生将军把上述想法报告罗斯福总统，总统下令把P-40的一切装备给予中国，促使问题得以解决。

1941年2月16日，中国政府买定的100架飞机，想尽快运往缅甸再转运中国。但因办理手续问题，竟在码头上耽搁了两个月。最后由财政长官亨利·莫根索从中调停，才装上挪威货轮。飞机落实了，而招募志愿队员的问题困难更大。其一，美国陆、海军（当时美国没有建立独立的空军军种，空军分属于陆军和海军）的长官们怕影响他们的扩军计划，不允许中国政府人员前往他们的基地招募志愿兵。直到罗斯福颁发了总统训令，陆、海军部门才给予协助。其二，当时美国政府对中日战争仍采取所谓的中立立场，因而要求征集飞行员和装备技术人员必须秘密进行，只能委托民间团体办理。以非军队式的组织名称定为"CAMCO"。由于美国志愿兵部队不能公然变成战斗部队，志愿兵们只得以"运用、制作和修理飞机"的名义与CAMCO订立为期1年的契约。

从当年4至7月，CAMCO的代理人遍访美国的空军基地，展开招募工作。招募的条件是：飞行员月薪600美元，中队长750美元，地勤技术人员月薪350～400美元。

每年每人1个月的带薪休假、旅费、住宿费以及每月30美元的伙食费,由中国政府支付。最令志愿兵们感兴趣的是,每击落一架日本飞机,由中国政府付给500美元奖金。这在当时属于高薪。1941年6月,100名飞行员、150名地勤技术人员征集完毕,并签订了契约。7月,这批人员集中旧金山搭乘荷兰运输船,由2艘美国战舰护航,先到新加坡,再改乘挪威货轮由荷兰巡洋舰护航开往缅甸,1941年7月28日抵达仰光。

从美国招募的退役空地勤人员和购置的飞机,按原定计划应进驻云南昆明基地。云南的中央飞机制造公司已着手派技术人员协助装配P-40飞机,并由中方总工程师梅龙安带领107名机械师与美国机务人员共同维护飞机。中国空军还设立了美国志愿航空队中国人员管理处,由空军第5路司令王叔铭兼主任,下设秘书室、军务组、总务组、机务组、翻译组、经理组,为其提供后勤保障及警卫任务。但是,在这些招募的人员中,不少人没飞过战斗机,更不熟悉P-40,需要有一个比较安全的机场进行几个月的改装和技战术训练。由于时在7、8月份,昆明正处于雨季,不利于飞行,所以陈纳德决定留在缅甸训练,择机再进入昆明。

1941年5月17日至6月6日,罗斯福派出以美国驻菲律宾的司令官亨利·顾拉凯德准将为首的航空军事使节团,在中国经过20天的调查,得出如下结论,并呈报美国总统:"中国为了防卫自己的城市,强化对日军基地的打击,迫切地需要战斗机和轰炸机。"并提议:"中国空军训练飞行员设施不够充分,最好把中国空军军官候补生及整备训练生送往印度或美国受训。""必需火急地把350架飞机(战斗机300架,轰炸机50架)运到中国"。该报告对美国政府决定对华援助起到了推动作用。

1941年8月1日,美国志愿航空队在缅甸同古镇凯德机场正式成立,以陈纳德为指挥官,下辖3个战斗机中队:第1中队,罗伯特·桑德尔任中队长;第2中队,杰克·纽科克任中队长;第3中队,阿维德·奥尔森任中队长。每个中队装备18～21架P-40战斗机,还有10架备用机。该队编入中国空军序列,全称为"中国

第58轰炸大队第444中队的B-29飞机,在四川广汉机场检修,准备挂弹。

空军美国志愿航空队"（简称"美国志愿队"）。

到1941年年底，中国飞行员开始赴印度接受美军培训。1942年10月，中国空军的实力得以恢复。时拥有飞机290架，其中有美国提供的战斗机150架、轰炸机19架。

美制P-40E战斗机

1940年初，我国爱国画家张善子先生（张大千先生之兄），在美国听到陈纳德正在筹组美国志愿航空队援华抗日，就画了一幅"群虎图"赠给陈纳德。陈非常高兴，他熟知我中华民族以老虎为英勇不屈之代表，遂萌生以"飞虎"命名的念头。1942年3月，应中国驻华盛顿的军需处请求，迪斯尼协会的罗伊·威廉斯设计了一幅卡通式插翅猛虎，并加以象征胜利的字母"V"。这一设计被飞行员们认可，成为美国志愿航空队队徽，"飞虎队"就成了美国志愿航空队的称谓，并被中、外媒体广为报导。美国志愿航空队，以及后来的美国驻华空军特遣队、中美混合联队和美国第14航空队，都被人们通称"飞虎队"。战后至今，美国还有"飞虎协会"和"飞虎14航空队协会"。参战的飞行员们都以自己曾是"飞虎队员"而自豪。

美国志愿航空队的飞机标志为中国空军的"青天白日"机徽，而各中队又有自己的识别标志，这是西方军队的常用做法。美国志愿队的队员们参考英国驻北非的P-40飞机在机首画上的鲨鱼头，也在自己的飞机上画上了这种图案。两排白色尖利的牙齿，红色的血盆大口和一双凶狠的眼睛，既显示了自己的凶猛和杀伤力，也会使日军飞行员胆寒，实为一种心理战手段。

1941年12月10日，美国志愿航空队以第3中队的21架P-40飞机、25名飞行员，在中队长阿维穗·奥尔森的率领下进驻仰光近郊的凯莱明机场，与英皇家空军原有的小部队会合，担负防卫仰光的任务。在缅甸，美国志愿航空队的大空战主要有两次。12月23日，美国志愿航空队在仰光附近首开空战战局，与英国空军击落日机32架（英军

"飞虎队"队徽、美国第14航空队队徽。

"飞虎队"机群出击

击落7架,美国志愿队击落24架,美国商船机枪手击落1架)。另有资料记载,这次空战击落日机10架(轰炸机6架,战斗机4架),英国空军损失5架,"飞虎队"损失飞机4架。12月25日圣诞节空战,"飞虎队"击落日机23架,英空军击落日机12架。"飞虎队"损失飞机2架,飞行员无一伤亡。

1941年12月7日(星期日)晨,日军未经宣战,以海军航空队突袭美国在太平洋地区的主要海空军基地——珍珠港。击毁击伤美国主要舰只18艘,飞机260余架。次日,美国对日宣战,太平洋战争爆发。中国作为第二次世界大战的亚洲主战场,全国军民经过多年的艰苦抗战,使英、美、荷等国在太平洋上减轻了压力,有了喘息机会。美英意识到在中国广阔的战场上打击日本、拖住日本、消耗日本,将成为战胜日本的重要环节,这为中国取得美国的援助提供了新的契机。陈纳德预感到等待已久的大规模的作战时刻即将到来,亲率第1、第2中队从缅甸转场云南,于1941年12月18日,进驻昆明巫家坝机场。当时的主要任务:一是保卫滇缅公路运输安全,这是当时中国进出国门的重要通道;二是保卫抗战重地昆明,免遭日军空袭。

12月20日上午,飞虎队进驻昆明的第3天,10架日本轰炸机在没有战斗机护航的情况下进犯昆明,这显然是日军认为中国空军已无空战实力的狂妄之举。陈纳德指挥所根据日机飞行速度、航向,预计日机将于11时临近昆明,决定:第2中队以4机实施拦截,另4机在昆明市上空作防御巡逻,第1中队以16架飞机在昆明以西空域待命出击。10时50分,"飞虎队"的24架飞机依次腾空而起。与此同时,昆明市上空拉响了空袭警报,市民们扶老携幼疏散隐蔽。由纽柯克、雷克托、克里斯曼和布赖特驾驶的担任截击任务的4机,在6600米的空中发现日机。陈纳德命令第2中队桑特尔率领的16架飞机,飞向攻击地区。美国空军志愿队在中国本土上首战告捷,共击落日机6架,其余负伤的4机返航,并且只有1架安全着陆。此战后很长时间,日军飞机未敢再进犯昆明。就此起,中国的报纸媒体开始把中国空军美国志愿队称为"飞虎队",欧美报纸也热衷于"飞虎队"的称号,陈纳德成为了知名的"飞虎将军"。

日军占领缅甸后,集结兵力,妄图渡过怒江,直取昆明,抄中国的后路。这时,美国志愿队可用的飞机已不足40架,加之器材、油料短缺,为保存实力,只能派少量飞机执行侦察任务,这已经成为盟军了解日军动态最有效的情报手段。由于飞行员们不安于现状,1942年4月,又有24名飞行员提出辞职,无奈的陈纳德只批准了4人辞职,并规劝其他人收回辞职书,否则将被判为逃亡之罪,这才稳住了队伍。尽管物资和装备不足,以及盟军在印缅形势的恶化,"飞虎队"仍然活跃在战场上。

1942年4月、5月,美国空军志愿队在两个月的怒江保卫战中,共出动飞机788架次,使日军渡怒江、取昆明的野心未能得逞。6月12日、22日、24日,美国志愿航空队还在桂林、衡阳和白螺市等地截击日军飞机,扫射日军"隅田"号炮舰,并击落日机4架、击伤1架,击毙日军舰长在内的9人、伤18人。在"飞虎队"最后的几次空战中,"亚当与夏娃"中队在2天之内,共击落日机43架,这在空战史上是罕见的。

美国志愿航空队从1941年12月20日在中缅战场的首次空战到1942年7月被改编,共战斗了7个月,参加了数十次空战,共击落日机299架,炸毁日机300架。在空战中,"飞虎队"直接被日军击落的飞机仅12架。在地面损毁的飞机达61架,其中22架是在日本陆军进攻中来不及起飞转移而主动烧毁的。有评论说:在世界空战史上,"飞虎队"是规模最小、战区最广、后勤保障最难、战果最辉煌的飞行队。如果当时"飞虎队"能有300架飞机,中日空中战场的局面将大为改观。

美国志愿航空队(飞虎队)建队之初仅定购100架飞机,招募110名飞行员,且无后续补充飞机和人员的计划。飞行员经过4个月的改装和技、战术训练后,有的辞职回国,有的因飞机缺件组装不起来而不能升空作战,有的在飞行事故中殉职,最后,仅剩79名飞行员,完好飞机不足80架。以这样的规模,面对日本的空军优势和广阔的中缅战场的确非常困难。当时,连美国军方某些专家也预言:它不可能作战3个星期。

在历时7个月的作战中,"飞虎队"员牺牲23人。其中4人在空战中牺牲,6人被地面炮火击中牺牲,3人被敌机轰炸牺牲,10人因飞行事故牺牲。还有3名飞行员被日军俘虏。"飞虎队"的大多数飞行员荣获中国政府颁发的奖章,10余人荣获美国和

1942年10月,美国驻中国航空特遣队第16战斗机中队在昆明机场。中国机务人员正给P-40飞机加装副油箱,准备长距离作战。

英国授予的优异飞行十字勋章。17人获"王牌飞行员"称号,他们是:罗伯特·尼尔(10.5架),戴维·希尔(12.25架),W.里德(10.5架),W.麦加利(10.25架),肯·杰鲁斯特(10.5架),R.利特尔(牺牲,10.5架),G.伯加德(10.7架),R.纽柯克(牺牲,10.5架),查里·奥尔德(10.25架),G.邦德(8.7架),R.史密斯(8.6架),F.劳勒(8.5架),塔克斯·希尔(7架),爱德华·雷克托(6.5架),迪克·罗西(6.25架),吉姆·霍华德(6.3架),吉尔·布赖特(6架)。以上括号内击落日机数据,小数点后的架数为与其他战友共同击落。

中国空军美国志愿航空队在华作战期间,国际战争形势发生了重大变化。由于太平洋战争爆发,美国政府和军队可以公开援助中国。1942年3月,中、缅、印战区美军总司令官史迪威中将向陈纳德提出了他的想法:把志愿航空队划归美国陆军第10航空队,成为美军的正式编制,陈纳德等志愿航空队人员则转为现役军人,这样就可以得到美国陆军的直接援助,飞机和人员的补充也可以得到解决。对此,中国政府和陈纳德本人均表示同意。7月,"中国空军美国志愿航空队"撤销。自愿留下的人员,归建驻印度的美国陆军第10航空队的第23飞行大队,亦称美国驻华航空特遣队(CAFT,以下简称美国特遣队)。由陈纳德任指挥官。

美国驻中国特遣队成立后,为了在雨季结束时全面展开对日军作战,陈纳德部署:第75战斗机中队去衡阳;第76战斗机中队去桂林;第16战斗机中队由乔治·海利特少校率领去云南驿;第74战斗机中队在弗兰克·希尔领导下留守昆明;第11轰炸机中队的B-25飞机暂驻桂林和衡阳,由当地机场的战斗机护航,可用来轰炸印度支那(越南)、缅甸、泰国,又可出击香港、广州和武汉。从7月初开始,特遣队即出击汉口、南昌、广州、九江、临川、香港、海防等地的日军机场、码头及舰船,打了几次以少胜多的漂亮仗。至1943年2月,特遣队在8个月时间内共击落和炸毁日机149架,自身损失飞机17架,敌我战绩为1:8.7。

1943年3月10日,美国陆军部遵照总统指示,将美国驻华空军特遣队,即美国陆军第10航空队的第23大队扩编为陆军第14航空队,独立在华作战,

1942年,美国第11轰炸机中队在昆明机场合影。第11中队是第一次世界大战中活跃在法国的很有名气的部队。

不再隶属于远在印度的第10航空队的领导,由陈纳德(已晋升为少将)任司令官。于是陈纳德再次获得了在中国作战的独立指挥权。4月,美国空军在零陵、云南驿、昆明、缅甸进行了少量战斗,击落日机10架,自己也被击毁、击伤多架。5月,美国空军第308轰炸机大队增援第14航空队基地,带来35架B-24重型轰炸机,对中国境内、越南、缅甸、泰国等地的日军进行痛击。

1943年2月,美国驻华航空特遣队第74中队部分人员在昆明合影。

5月4日,第14航空队开始了建队以来最激烈的一次空袭行动。18架B-24、12架B-25,由24架P-40战斗机护航,从昆明地区起飞,顺红河而下空袭越南的河内、海防和中国海南岛的三亚港。对当地的港口、煤炭码头、炼油厂、油库实施轰炸,使日军损失惨重。1架B-24飞机被日军防空炮火击成重伤,返程时飞行人员跳伞,1人阵亡。5月8日,又出动B-24重轰炸机袭击广州的天河机场,炸毁日军机库和营房。返航时遭20架日机拦截。但是,预有准备的文森特上校率领P-40战斗机,打了一场伏击战,击落日机13架。5月15日,日本陆军航空兵第12、第98战队的27架轰炸机、在第64、第50战队的37架战斗机掩护下,袭击昆明,遭到中、美飞机拦截,击落日机8架。

10月,由中国空军第1、3、5大队和美国第14航空队部分人员,在桂林组建中美混合团,混合团各级都设有中、美各1名指挥官共同领导。混合团中方司令为张廷孟上校,美方司令为摩尔斯上校(1945年3月由本奈特上校接任),中方副司令为蒋辅翼中校(后由徐焕升中校接任)。中美混合团辖第1、3、5大队番号不变,每个大队辖4个中队。混合团的飞行、地勤人员多数是中国空军人员,美方约占1/4。中美混合团属中国空军序列,由陈纳德统一指挥,中美混合团作战任务主要是支援地面部队作战,并打击日军空中力量,夺取空中优势。至1944年夏季,该团共有B-25轰炸机60架,P-40、P-43、P-47、P-51等战斗机100多架。1943年10月中旬,中美

陈纳德（右一）与第14航空队成员一起展示"飞虎"标志。

混合团的第一批装备运到中国。第1轰炸机大队和第3、5两个战斗机大队，在其后的作战中战功显赫。

在中、美空军的物资供应有所改善的情况下，为了更利于组织东、西部地区的空军作战和战斗机与轰炸机协同指挥，陈纳德于1943年12月3日，对第14航空队进行了机构改组。将原来的单一的战斗机大队和轰炸机大队合并重组，编成第68、69两个"混合联队"。每个联队即有战斗机大队，又有轰炸机大队。第68混合联队，由第308轰炸机大队与第23战斗机大队组成。第69混合联队，由新调入的第51战斗机大队和第341轰炸机大队及3个中美混合团组成。第68混合联队由文森特上校负责，作为前沿梯队，主要在东经108°线以东的华东、华南地区作战。第69混合联队由约翰·尼迪上校率领，主要在东经108°线以西地区作战。1944年1月，美军第341轰炸机大队组成，归建第14航空队。3月，又将第14航空队驻在印度的后勤部队调入云南，直接负责修建和维修机场等后勤保障工作。

1944年3月4日，美军第14航空队、中美混合联队共同策划了一次奇袭海南岛的战斗。美军第14航空队出动B-25轰炸机6架作为前导，8架P-41战斗机作后卫；中美混合团第3大队出动16架P-40战斗机，以第7中队的8架飞机在B-25飞机的右侧，以第8中队的8架飞机在B-25飞机的左侧，共30架飞机，飞向海南岛琼山机场，进行投弹扫射，与敌机展开空战。此战，我空军共击落敌机11架，炸毁敌机20架及水塔、机库等机场设施。完成任务后，中美空军编队经南宁飞返桂林安全着陆。

4月至6月的豫中会战期间，中国空军出动119批，中美混合联队出动181批，美军第14航空队出动12批，合计312批，战斗机1646架次，轰炸机272架次。共击落敌机32架，炸毁11架。炸坏黄河大桥使其无法通行，炸毁其他桥梁16座，炸毁车辆1000多辆、船只36艘。中国飞行员牺牲24人。

5月至8月的长衡会战中，中国空军共出动349批，美军第14航空队出动202批，共使用战斗机3974架次、轰炸机554架次，击落日机70架，炸毁地面日机52架，炸毁敌火车站13个、桥梁25座、坦克和卡车1858辆。并袭击敌指挥部16次，机场30次，工事38处。炸死炸伤日军7000人。日军水、陆补给线经常被切断。

8月至11月的桂柳会战期间，中美空军共出动飞机228批、1386架次，击落敌机29架，炸毁敌机6架、军车400余辆。持续了8个多月的豫湘桂战役结束。

1944年6月15日傍晚，中美混合联队63架B-29"超级堡垒"轰炸机分别从新津、彭山、广汉机场起飞，前往日本九州的八幡市实施夜间轰炸，这是B-29首次轰炸日本本土。轰炸的主要目标是日本最大的钢铁企业八幡制铁所，从而揭开了盟军对日本本土大规模战略轰炸的序幕。B-29"超级堡垒"轰炸机，翼展43.10米，机长30.10米，机高9.02米，空重3.24万公斤，总重5.45万公斤，发动机2200马力×4，速度576千米/小时，航程5200千米，乘员10名，武器12.7毫米口径机枪×12、20.0毫米口径机炮×1。美机飞临日本时，受到防空炮火的猛烈射击和战斗机的拦截攻击。由于B-29飞行高度达2.5万英尺（7625米），日军高炮火力和战斗机升限达不到。此次空袭共投下200吨炸弹。因是第一次出击，轰炸效果不佳。B-29飞机被击落4架，被击伤4架，18名飞行员被俘。

1944年9月初，李梅将军被任命为第20轰炸机队司令，从欧洲战场赶来中国，他曾指挥过对德国法西斯的战略轰炸。9月8日，李梅随机参加了对日军占领下的我国东北鞍山的轰炸行动。此后在他的组织领导下从9月14日起，B-29飞机频繁出动，先后对日本本土的东京、冈山、大村等地和日军占领下的泰国曼谷，台湾的新竹，缅甸的仰光，越南的西贡，马来西亚的吉隆坡，还有新加坡以及中国的鞍山、沈阳、上海、武汉等地进行轰炸。12月18日，美空军B-29、B-25、B-24等中、重型轰炸机，在P-40战斗机的掩护下，共200余架对日军在汉口最大的空军、后勤基地进行了毁灭性的大轰炸。B-29轰炸机在此次行动所携炸弹中，4/5为凝固汽油燃烧弹，日军在汉口沿江的仓库、设施及机场全部烧毁，大火3天不熄，损失惨重。1945年3月29日，B-29轰炸机最后一次从成都起飞轰炸新加坡后，便撤离成都，转场日本南部的塞班、提尼

史迪威（前排左三）、陈纳德（前排右二）等与何应钦（前排左二）等中国将领合影。

经"驼峰航线"运进的军用物资,再用汽车、马车、人力运往各空军基地。

安岛等基地,攻击日本本土,直到日本无条件投降。

至1944年底,日本陆、海军航空兵,在中国战场和太平洋战场上屡遭败绩,损失惨重,已完全处于守势,中、美空军已经取得了中国战场上的空中优势。美军第14航空队在1944年12月击落敌机241架,1945年1月击落334架。战局似乎突然间发生重大变化,空中的日本飞机开始少了起来。3月,中美混合团开始在全中国巡航,又接连打了多个空中胜仗,但击落敌机数量却下降至47架。4月,在空中仅遇到3架日军飞机。此后再也看不到日军飞机。4月至5月,芷江保卫战历经36天,中、美空军共炸毁敌炮兵阵地37处、军车304辆,炸沉大小船只1678艘,击毙日军官兵6024人、军马1491匹。5月中旬以后,中、美空军乘胜前进,向敌纵深发展。8月14日,中美混合联队第3大队的战斗机护送C-47运输机在敌后山谷的一个秘密机场降落,我第5大队少尉飞行员沈易德驾机从芷江起飞,到宝庆上空进行侦察。这是中国空军8年抗战中执行的最后的一次作战任务。

从1944年11月到1945年5月15日的6个月中,第14航空队共击落敌机1634架。美军飞机在空中仅损失16架。[①]

美国空军援华抗日还有"驼峰空运"的奇迹。飞行常识说明,沿航线两侧各25公里以内的最高山峰的标高,再加上600米,为该航线的最低安全飞行高度。从汀江至昆明的航线,要飞越喜马拉雅山脉和怒江、澜沧江、金沙江三江并流的横断山脉,平均标高3000米以上,山峰多在4000米以上,航线飞机不得不在山峰之间的峡谷中穿行,战地记者在报导中形象的冠以"驼峰"之称,意思是那些高高突起的山峰好像无数骆驼背上突起的肉峰一样。"驼峰航线"、"驼峰空运"之名遂广为传播。

1942年3月,日军由泰国北上入侵缅甸。4月29日,日军占领腊戍,并直逼怒江西岸。为阻止日军进攻云南,中国军队只好放弃滇缅公路,炸毁咽喉要道——怒江铁桥,从而切断了最后一条美国援华物资的陆上通道——滇缅公路。当时的战争形势十分严峻,开辟空运航线迫在眉睫。3月21日,美国空运队成立,使用泛美航空公

---

① 陈香梅著:《陈纳德与飞虎队》,学林出版社,1988,第187页。

司的25架飞机。并首次投入最新生产的C-46运输机。当日，由陈纳德亲自指挥，自巫家坝起飞经云南驿、云龙、泸水到达印度的汀江，走的是"驼峰"航线的中线。5月11日，日军占领中国云南怒江以西地区，运输机的安全再次受到日本战斗机的威胁。10月，美国空运队的飞机增加到75架。陈纳德提出开辟汀江至昆明、汀江至重庆的航线。由于航线比较靠北，山高势险，天气复杂多变，3个月内就有60架飞机坠毁，160多名飞行人员牺牲。再几经选择和实践，最后确定运输机多飞中线，即汀江—葡萄—云龙—云南驿—昆明。这条航线后来使用最多，航线距离为885公里，最低飞行安全高度4276米，飞行时间3至4个小时。

这条"驼峰航线"地处青藏高原的南边、云贵高原的西北部，地势呈北高南低，中间高、东西低，山地面积占95%以上。玉龙雪山一点苍山将"驼峰航线"分割为东西两大部分，东部为滇中高原，西部为横断山系的纵谷区。高黎贡山、碧罗雪山、云岭等山脉，与南下的怒江、澜沧江、金沙江并行，山高谷深。印东、缅北丛林密布。中缅、印缅边境两侧，海拔4000米以上的山峰50多座。该地区不仅人迹罕见，飞机如遇故障想迫降找块平地都困难。更为险恶的是变化莫测的复杂气象条件。由于航线区域正处于低纬度的高原地理环境，长年受冬夏两种不同性质季风系统的交汇影响，再加上山高谷深，易受冷热气流的相互干扰，每年的11月至翌年4月，多突发性强对流天气，冰雹天气频繁，飞机容易结冰。尤其是每年的5—10月，为雨季，云多、雾多、降雨多、雷暴多、气流干扰多、云蔽多（即云层遮盖山峰），也不利于航行。气象专业人员调查分析，在"驼峰空运"中因飞机颠簸、气流下降、雨云堆积、雷暴浓雾、飞机结冰等直接原因发生的飞行事故最多，有据可查的就有38架飞机因此坠毁，140名机组人员牺牲。

参加"驼峰空运"的美军人员，1944年共2.25万人，1945年6月达到3.4万余人。

长达3年的"驼峰空运"先后投入使用的运输机共8个机型，它们是：美国生产的DC-2、DC-3、C-47、C-53、C-46、C-54、C-87和"哈德逊"。DC-2、"哈德逊"均为小型运输机。属于主力运输机的是C-46、C-47和C-54。运载量一般为4～5吨，载人30～50人。装有4台发动机的C-54算是最大的了，运载量

美国陆军航空队第20轰炸机联队的B-29远程轰炸机，从印度经过"驼峰航线"飞往中国前进基地。

蒋介石、宋美龄、史迪威

也不超过6吨。各型飞机的巡航速度300千米/小时左右，满载后所能爬升的高度约4000米左右。由美国道格拉斯飞机公司1941年生产的C-47飞机和美国寇蒂斯·莱特公司1943年生产的C-46飞机，作为二战功勋飞机现收藏陈列在北京中国航空博物馆。

"驼峰空运"是在残酷的战争条件、险恶的地理环境、复杂的气象和落后的航行保障情况下，持续了长达3年的战略性空运壮举，为中国抗日战争和世界反法西斯战争的胜利作出了巨大贡献。先后投入2100架运输机（美国2000架，中国100架），美军参战人数达8.46万人，运送作战物资73万吨，按每架次飞机载重4吨计算，共需出动飞机1.83万架次；还运出换汇物资2.47万吨，运送人员33477人。美国空运队损失运输机563架，牺牲空勤人员1500多人。其中120架失事飞机的机组乘员被当地中国人民营救，还有46架失事飞机的幸存负伤机组人员被营救，总人数达1000多人。中国航空公司损失飞机46架。专业人员有一项惊人的数据统计：空运队每运进1加仑航油，其本身也要消耗1加仑；每向日军投下1吨重的炸弹，需要运送18吨相应的后勤保障物资，其代价可想而知。1946年，美国出版的《时代》杂志载文描述：在长达520英里（836公里）、宽50英里（80公里）的航线上，（失事）飞机的残骸七零八落地散布在陡峭的山崖和峡谷，而被称之为"铝谷"。在晴朗的天空下，飞行员们可以把这些闪闪发光的铝片作为航行的地标。

中美"驼峰空运"行动，开辟了战略空运的先河，在世界航空史、战争史，特别是中国抗日战争史上都具有非常重要的地位。"驼峰空运"时间之长、投入之巨、环境之险、贡献之大、损失之重，都是史无前例的奇迹，没有"驼峰空运"的保障，

中国空军总司令周至柔与美国第14航空队司令陈纳德合影

中国抗日战争和第二次世界大战的时间表将会重写。历史不会忘记中、美两国参与"驼峰空运"的空勤人员所作出的奉献。1984年美国在俄亥俄州的德顿树立"驼峰空运"纪念碑,1993年中国在昆明西山树立"驼峰飞行"纪念碑。"驼峰空运"永载史册。

1945年8月1日,陈纳德辞职后奉命离开中国。行前,蒋介石在重庆举行仪式向他颁发"优异服务勋章"并授予"中国最高荣誉授带",成千上万重庆市民为之送行,众多的群众、团体和知名人士送上珍贵的纪念品。他的夫人陈香梅在专著《陈纳德与飞虎队》最后这样结尾:"他的容貌、名字和著名的功绩已引起了整个世界的注目:最伟大的飞虎队!中国的陈纳德!"并评价道:他一生中的第一项"杰作"是美国志愿航空队,第二项"杰作"是第14航空队。[①]1958年7月27日,陈纳德在美国奥尔良病逝,享年68岁。

(三)苏联志愿航空队援华抗日

1924年,在孙中山先生主持下,中国广州革命政府与苏联建立外交关系。1929年,由于蒋介石实行反苏反共政策,中苏外交关系断绝。1931年日本侵占中国东北,引起了苏联政府的警惕和不安。随着德日法西斯战争策源地逐渐形成,对苏联东西两条战线构成威胁。中苏出自各自的需要,于1932年12月12日恢复了外交关系。而欧美等西方列强采取纵容日本侵略的绥靖政策,拒不援助中国,并大量向日本提供石油、钢铁、机器、飞机等战略物资。1934年10月,蒋介石考虑到一旦抗战全面爆发,中国将难以从海上获取外援,因而私下派清华大学教授蒋廷黻赴苏,同苏联外交部斯托莫里雅科夫密谈,希望改善中苏关系,从苏联获得军事援助。之后,蒋介石又多次派人同苏联方面接触。苏联从自身防卫的需要出发,也愿意援华抗日。

1937年4月,苏联驻华大使波戈莫洛夫通知中国国民政府,苏联政府已决定向中国出售飞机和坦克,并提供5000万美元的贷款。但蒋介石政府竟然迟迟没有回应,直到日本开始大举进攻华北、华东之时才感到形势严峻。

7月7日,"卢沟桥事变"全面抗战爆发后,中国空军经4个月的艰苦奋战,可用飞机只剩30余架,面对不断增加的日本陆、海军航空队的空袭,中国空军已无力反击。1937年11月间仅出动10次,空战5次,击落日机1架,我机损失7架,制空权全部落入日空军之手。此时,欧美资本主义国家为保存实力,希望等双方火拼精疲力竭后再介入,坐收渔翁之利,所以他们借口"严守中立",停止向中国出售军用物资。而苏联政府抱着对中国抗日战争同情和支持的态度,采取了积极的援华方针。

---

① 陈香梅著:《陈纳德与飞虎队》,学林出版社,1988,第200~201页。

苏联英雄克拉夫琴科（左一）、古边科、雷托夫在南昌机场合影。

1937年8月20日，蒋介石电告驻苏大使蒋廷黻："沈德燮处长想已到莫（斯科），请兄介绍其与俄政府洽商飞机交涉，现最急需用者为驱逐机200架与重轰炸机100架。"经中苏政府共同努力，8月21日正式签订《中苏互不侵犯条约》。苏联政府开始组织实施对中国的经济贷款和军事援助，并着手派遣军事专家和志愿航空队来华援助中国抗日。

10月，从苏联的阿拉木图经兰州到汉口的航线通航。10月下旬，第一批苏联志愿航空队先后到华。第一批共有空、地勤人员254人，分别组成以基达林斯基领导的轰炸机大队和库尔丘莫夫为首的战斗机大队。途经凉州时，库尔丘莫夫不幸因飞机失事殉职，普罗科菲耶夫接替指挥战斗机大队。此后，苏联志愿航空队的兵力不断扩充，最高峰时，达到战斗机、轰炸机各4个大队。苏联志愿航空队的成员采取轮换形式，先后在华参战的有2000多人，著名人物有日加列夫、雷恰戈夫、阿尼西莫夫、波雷宁、特霍尔、赫留金、布拉戈维申斯基等空军将领，都曾来华参与对日军作战。苏联政府还帮助中国建立了航空物资供应站、飞机修配厂和航校、训练基地，以轮换方式分批派遣军事顾问，连同各种空、地勤技术人员共计5000余人，训练中国飞行员和地勤人员。

苏联的援助，对中国空军来说，真可谓雪中送炭，使得空军重整旗鼓，得以起死回生。当时，中国空军的飞机在淞沪会战中几乎拼光，急需补充。本来中国空军已向欧美国家订购了363架飞机，但到1938年4月仅得到85架，其中还有13架未装好。而在这关键时刻，苏联的大批飞机却源源不断运进中国。

1938年1月至2月，苏联援助的第一批飞机（合2254万美元）相继到位，计有232架，其中战斗机（驱逐机、歼击机）156架，轻轰炸机62架，重轰炸机6架，教练机8架。得到苏联援助的中国空军实力大增，到1938年2月，共有作战飞机390架。其中，战斗机230架，轰炸机160架。战斗机大部分是苏联援助的И－15和И－16。

苏联志愿航空队机群编制为：歼击机机群И-15或И-16飞机40架，轰炸机机群为СБ-2中程轰炸机20架、ДБ-3远程轰炸机4架、ТБ-3重轰炸机4架。苏制

И-15歼击机为双翼飞机,转弯半径小,机动灵活,善于与敌机格斗,但航速较慢。И-16歼击机是单翼驱逐机,与当时日军飞机性能相当,航速达到每小时480公里,但机动性差。这两种战斗机都装有4挺"司卡斯"高射速机枪,1分钟可发射1800发子弹。空战时,通常И-15和И-16联手迎敌,一般是И-15与敌机缠斗,И-16从高空俯冲,追歼逃敌。中国空军得到这些飞机如虎添翼。

中苏空军联袂作战,士气大振,使日本陆、海军飞机损失剧增,日本航空队被迫将基地后撤500公里。

苏联志愿航空队采取小批、轮战的方式来华。1937年10月下旬组成第1批志愿航空队,空、地勤人员254名,组成1个轰炸机机群,即СБ-2式轰炸机21架,机群指挥员马琴;1个歼击机机群,И-16歼击机23架,机群指挥员普罗科菲耶夫。第2批来华人员,共有空地勤人员447人。到1938年2月,共有3个歼击机机群和3个轰炸机机群来华。7月以后,歼击机、轰炸机增加到各4个机群。到1940年6月,仅留下一个歼击机机大队,1941年苏德战争爆发后全部撤离。

从1937年年底到1940年,苏联以轮换的方式先后分批派遣以总军事顾问德拉特文、卡恰诺夫、切列帕诺夫、崔可夫为首的各军兵种军事顾问专家80余人。空军中有高级顾问日加列夫、特霍尔、阿尼西莫夫、雷恰戈夫等,连同各种空、地勤人员,共计3665人。

中国空军直属空军委员会。该委员会形式上归蒋介石领导,实际上由空军委员会副主席毛邦初指挥。在他的司令部工作的有一名苏联顾问和由8～10人组成的作战组。首任顾问是Л•Ф•日加列夫,1938年中期接替他的是Г•И•特霍尔。特霍尔是西班牙共和国内战的积极参加者,他在那里进行了102次战斗起飞。他到中国来过两次。1938年5月初,他曾领导接收、试飞和向中国运送"СБ"型飞机。他是一个卓越的飞行员,又是一个谦逊的人,具有坚强的意志和大无畏的精神。他性格好动,在办公室和司令部里是坐不住的。他能驾驶各种飞机。1940年返回苏联后,被任命为基辅特别军区第62轰炸航空兵师副师长。在伟大的卫国战争初期,他立即投入消灭敌人的战斗,积极参加了各种战役,驾驶轰炸机消灭集结在德聂伯河和杰斯纳河渡口上的敌坦克和摩托化步兵。

苏联政府还帮助

1937年12月首批飞抵南京的СБ-2轰炸机

中国建立了航空物资供应站和飞机修配厂。1939年在迪化（今乌鲁木齐）、兰州成立航校或训练基地，训练中国飞行员和地勤人员。为此来华的苏联专家组达89人。在此期间，中国政府向欧美等国定购并已付款的363架飞机，仅运到85架，其中13架还无法装配。

苏联志愿航空队援华，使日军航空队的前进基地后撤了500公里。日本驻苏大使重光葵于1938年4月向苏联外交人民委员李维诺夫提出抗议，被苏联政府驳回。

苏联空军还开通了援华物资通道。1937年10月，从苏联的阿拉木图经我国新疆的伊宁——迪化（乌鲁木齐）——哈密至甘肃兰州；从苏联伊尔库次克经蒙古至兰州的空、陆运输线开通。苏联援华的轰炸机，由阿拉木图起飞，经乌鲁木齐、哈密降落兰州。或从伊尔库次克起飞，经蒙古飞往兰州。歼击机则由卡车将配件运至新疆组装。

苏联援华志愿航空队领导人，总领队共有4任：日加列夫少将（来华时军衔），特霍尔上校，阿尼西莫夫上校，雷恰戈夫上校。参谋长先后为：格里戈利耶夫，伊利因。副参谋长先后为：列别杰夫，切罗奥，扎哈罗夫。轰炸机群指挥员为：科洛夫，库里申科，卡西里科夫。中程轰炸机群指挥员为：波雷宁，阿列克谢耶夫。И-15、И-16歼击机群指挥员为：布拉格维申斯基，普罗科菲耶夫。

1937年11月21日，苏联志愿航空队抵达南京，中、苏飞行员为保卫上海、保卫南京而并肩奋战，给嚣张一时的日本空军以有力回击。在11月至12月上旬的南京保卫战中，中苏飞行员共击落日机20架，并对敌舰船和地面部队造成杀伤，但毕竟我方飞机数量太少。在日军进入南京的前夕，幸存的中国飞机撤往汉口、南昌、襄樊。苏联志愿航空队移往汉口、南昌、兰州。1937年底，中、苏空军为保卫南昌进行3次空战；1938年共进行6次空战。8月4日，敌机分两批共27架轰炸南昌，投弹100余枚，居民死伤260人。中国地面军队败退，市民外逃。直到10月21日南昌失守，中、苏空军飞机转场高安、上高机场隐蔽。中苏空军还为支援台儿庄战役，从1938年2月开始，先后出动数百架次飞机与日本空军进行12次空战，有力地支援了地面部队。

苏联军事顾问亲自在军校任教和深入基层训练部队。当时著名的训练基地有兰州、湘潭两地。1938年以前，苏联志愿飞行员在中国

这架世界上唯一的И-15比斯飞机曾参加援华抗日战争。

基本上是驾机单独作战，后来在苏联教练员的帮助下，训练中国飞行员的工作进展顺利。到1939年夏，经过苏联教练员训练的中国飞行员有1045人，领航员81人，射手兼无线电员198人，各种航空技术人员8354人。抗战期间，经苏联顾问直接训练或教授的中国军人约有9万人。鉴于中国空

苏联提供给中国空军的 И-16 歼击机

军飞行员逐渐成熟，后来在对日空中作战采取中苏混合编队，取得了辉煌的战果。如1938年在武汉进行的3次空战，是中苏空军最早的几次配合，击落日军飞机47架。

1938年10月，武汉、广州沦陷后，中苏空军的中心基地从南昌、武汉西移四川成都、重庆等地。当年即有苏联空军志愿队飞机20～30架和相应的飞行、地勤人员进驻四川梁山机场。他们帮助培训空军人员，创办空军学校；阻击日机入侵西南领空，并随时派出飞机轰炸敌占区的军事设施。1938年，中苏空军共出动2482架次，击落敌机153架。我机损失197架，牺牲飞行员105人。

至1940年，中苏空军又并肩在信阳、岳阳、杭州、南昌、南宁、广州、台北等地成功地进行了多次空战。这年1月，苏联志愿航空队4次奔袭日军广西南宁机场及周边地区。苏联飞行员1人牺牲，2人负伤。期间，苏联志愿航空队7架СБ-2式轰炸机，由温江起飞，经汉中加油直飞运城，炸毁敌营房70多栋。4月3日，中国空军第8大队与苏联志愿航空队联合行动，分别轰炸岳阳和运城敌故。轰炸岳阳的编队由苏联志愿航队大队长科兹洛夫指挥，共10架ТБ-3轰炸机，从太平洋机场起飞，轰炸了岳阳的日军司令部、仓库及城陵矶、南津港、日明寺、观间阁、九花山等处敌军营房、阵地，炸毁火车车厢2节、汽车8辆、军舰1艘，敌官兵死伤100余人。在桂南会战中，中苏空军共出动飞机12批，投弹28吨，炸毁敌机15架，并在桂林、柳州、零陵、芷江等地的18次空战中击落敌机11架。我机损失15架，伤15架，9名飞行员牺牲，12人负伤。4月12日，中苏空军再次联合攻击岳阳。中国空军第8大队5架轰炸机，苏8架轰炸机，炸毁敌军汽艇2艘、炸伤敌舰船2艘，炸毁火车10列和仓库1座，日军死伤150余人，中、苏飞机无一伤亡。4月28日、29日，苏联志愿航空队8架СБ式轰炸机轰炸河南信阳、虞乡。信阳机场上的日机11架被炸毁，击毙日军官兵20余人、战马20多匹。6月16日，宜昌被日军占领，成为日军轰炸我大后方的前进基地。这是中、苏空军最后一次联合出击。据统计，至1940年，

СБ-2中程轰炸机，后改为ТУ-2，参加了苏军出兵中国东北的战斗。

日军共损失飞机986架，这与苏联志愿飞行员的重大作用密不可分。

在整个抗战期间，为维护抗战大局，苏联政府和苏联在华军事顾问对于国民党的反共摩擦，进行了抵制和反对。1941年1月，蒋介石国民党军发动"皖南事变"的反共高潮后，使得苏联政府和在华军事顾问及援华志愿航空队极为反感，开始有了中断军事援华的计划。6月22日，苏联卫国战争（1941年6月22日～1945年5月8日）爆发，苏联政府中断大规模援华，更有了充足的理由。苏联志愿航空队也因苏德战争爆发，奉命撤回国内。

从1937年8月到1941年6月期间，苏联向中国政府共提供2.5亿美元低息贷款，并先后向中国出售苏制飞机1285架（其中歼击机777架，轰炸机408架，教练机100架），还有大炮1.6万门，坦克、军车1850辆及其他作战物资。据苏联公布的战史资料，苏联空军从1937年12月在南京上空秘密参战，到1939年底基本从各地机场撤出，共有700多名志愿队员直接参加了保卫南京、武汉、南昌、成都、重庆、兰州等地的25次战役，出动飞机1000余架次，击落日机数百架，炸沉日军各类船舰70余艘。

1938年至1941年初，苏联援华志愿航空队的总领队是日加列夫·帕维尔·费多罗维奇，他也是苏联驻华大使馆武官处空军武官，在中国作战中显示出高超的指挥才能。回国后历任空军副总司令、远程航空兵司令、空军总司令、晋升为空军主帅。抗日战争期间，苏联先后派出援华军事顾问300余人，在国民政府中央军事机关、各军兵种、各战区帮助工作，并先后派遣空军志愿队员2000余人来华参战，先后进驻南昌、武汉、重庆、梁山（今梁平）、成都等地，为中国的抗日战争胜利作出重大贡献，其中200多名官兵为之献出生命。1937年12月至1941年初与日军作战中，苏联援华志愿航空队涌现出14位战斗英雄，荣获"苏联英雄"的光荣称号，并被授予列宁勋章，他们是：苏普伦、克拉夫琴科、赫留金、尼古拉延科、波雷宁、苏霍、斯柳萨列夫、谢里瓦诺夫、马尔琴科夫、兹韦列夫、布拉格维申斯基、古边科、盖达连科、博罗维科夫。

英勇抗战的中国空军飞行员

（四）中国空军的反攻作战

1943年，中国空军大改组、大变动。上半年，大部分时间用于接受新机的训练，编组了4个轰炸机大队、4个战斗机大队。10月，第1、第3、第5大队编入中美空军混合团序列。兵力使用本着"机动、集中"的原则，根据战略需要，集中于一时一地，以形成局部空中优势。执行的任务，主要集中于支援鄂西、常德两次会战。

这年冬季，中美混合团出动B-25轰炸机14架，在15架战斗机的掩护下，由桂林起飞轰炸台湾的日军航空基地新竹机场，炸毁日机30架，空中击落日机14架，美机损失1架，取得重大战果。

1944年，中、美空军夺取了中国空中战场的主动权。1月至3月，中、美空军采取攻势作战，多次主动出击香港、湖南、江西、安徽等地的日军机场、舰船，频繁攻击日军海上运输线。4月，日军开始发动打通大陆交通线的"1号作战"，企图摧毁沿线的中、美空军基地。中、美空军积极作战，主动出击，给予日军以重创。豫中会战，中国空军自抗战以来首次掌握制空权。这一年，中国空军及中美空军混合团共执行任务1377次，出动飞机8143架次，空战击落日机135架，炸毁日机156架、舰船221艘。

1945年，日军已经呈现崩溃之势，在中国战场的航空力量也大大削弱，几次作战出动的飞机仅100余架。而中国空军在全部使用美国新式飞机后，实力大增，在前线和后方均掌控了制空权。中国空军及中美空军混合团在1月至8月共执行任务2489次，出动飞机8267架次，空战击落日机62架，重创35架，炸毁日机169架、重创120架，轰炸城市142次，炸毁炸伤日军各式舰船6296艘，各型车辆5754辆、桥梁222座，击毙日军17000余人。①

1945年8月15日，日本帝国主义被迫宣布无条件投降。8月21日，在湖南芷江举行对日军的受降仪式。这天上午11时，中美空军混合联队第5大队派出6架P-51战斗机，分别由中国空军飞行员周天明、娄茂吟、林泽光、徐志广和美国飞行员葛兰

---

① 军事科学院军事历史研究部编著：《第二次世界大战史》第5卷，军事科学出版社。1999，第570-571页。

芬、乐威押送1架日本陆军航空队"100式"运输机向芷江机场飞来。日机左右机翼挂有4米长的红色飘带，机头、机尾挂着白旗，一路飞临芷江上空。周天民的飞机首先降落。日机在另5架P-51的押护下，绕场3圈后着陆。机场上受降官员和部队严阵已待。从日机上走下的是侵华日军投降代表——日本陆军副

蒋介石和史迪威将军

总参谋长今井武夫等人，向中国方面递交了《日军驻地分布图》及《日军人员武器表》，表示向中国投降。

次日，中国陆军总司令何应钦向侵华日军总司令冈村宁次提交备忘录，备忘录中指出："在本总司令所辖地区内，所有日本航空队凡可能飞行及可能修理之航空机，应立即修整完备，并做飞往湖北省恩施机场或其指定机场之准备。至于，修理费时之航空机及所有基地存储之弹药、武器类，应一律封存，并连同上述一切航空机造具详细清册，呈送本司令，听候派员点收……"。

9月9日，中国空军第一路司令张迁孟上校与陆、海军将校等在南京正式接受日军投降。张迁孟上校作为中国空军代表在授降书上签字。当时，在中国各地的侵华日军陆、海军航空队所剩完好飞机已经不全，但地面设施和人员不少。他们是：驻南京的日本陆军第13飞行帅团，帅团长吉田喜八郎中将；驻台湾的日本陆军第8飞行师团，师团长山本健儿中将；驻长春的日本陆军第2航空军，司令官原田宁一郎中将。驻上海的日本海军华中航空队和驻青岛航空队，共有以日本海军中国方面舰队司令官福田良三中将为首的5922名官兵。驻台湾的日本海军第29、65、61航空队和警备附属飞行队等共有飞机389架，其司令官为光摩清英中将。中国空军还接收了汪伪空军和日军驻越南的部分航空队。中国共产党领导的东北民主联军在政委彭真、参谋长伍修权的组织指挥下，在吉林通化迫降了日军一个训练航空队，接收其全部人员装备。

在长达8年的抗日战争中国战场上，中国空军在抗日战争期间，先后在苏联空军志愿队、美国志愿航空队、中美空军混合团以及美陆军第14航空队的配合下，给日军以沉重打击，取得了辉煌战绩，也付出了很大的代价。中、苏、美空军共计作战4072次，出动飞机18509架次，投弹715吨；击落、击伤和炸毁、炸伤日机5242架，其中苏军击毁1186架、美军击毁2600架、中国空军击毁1425架（击落日机568架、击伤110架、炸毁日机627架、炸伤120架）；炸毁、炸伤敌舰船8177艘，炸沉军用运输船223万吨，击毁敌坦克、军车8456辆，以及一批日占机场、码头、交通枢纽、

中国士兵在保山机场的飞虎队战机附近巡逻。

仓库、阵地等。击毙日军66700人。付出的代价是：我方损失飞机2468架（美军1131架，苏军412架，中国空军925架）。共牺牲空、地勤人员4321人，其中飞行人员3294人（中国870人，苏军236人，美军2186人，韩国2人）[①]，地勤人员1017人。中国空军涌现出许多英勇骁战、捐躯沙场的战斗英雄，如高志航、李桂丹、刘粹刚、沈崇诲、阎海文、乐以琴、陈怀民等。还有不少飞行员智勇双全，创造出优异战绩，如柳哲生击落日机11架，王光复、谭鲲、袁葆康、高又新各击落日机8架，周志开、周庭芳各击落日机6架。他们都可称之为中国的王牌飞行员。

此外，中国共产党领导的八路军、新四军和各地抗日游击队，在抗日战争期间，配合中国空军的正面作战，共击落、击毁日机57架。如1937年10月19日，八路军第129师第769团1营夜袭阳明堡机场，击毁日机24架。1938年八路军临汾游击大队夜袭日占临汾机场，击毁日机2架。1940年11月，八路军第4纵队第5旅特务团在安徽蒙城板桥战斗中，击落日军战斗机1架。1941年2月5日，日本海军大臣、南洋联合舰队司令官大角岑生大将的座机，在广东中山县附近被当地中共游击队用机枪击落，大角岑生毙命。1945年3月7日，日本海军中将山县正乡座机，在中国台州临海县椒江葭沚水面上空迫降，被当地中共抗日武装缴获。

[①] 据《中苏美空军抗日兵战纪实》。另有资料记载，中国空军在8年抗战期间，共执行任务4260次，出动飞机19542架次，毁伤日机1289架（其中地面炸毁日机540架，重创120架；空中击落592架，重创37架），其他战绩也十分可观。中国空军共损失飞机458架、伤467架，总计925架；阵亡军官241人，伤243人，失踪14人，其他伤亡304人（军事科学院军事历史研究部编著：《第二次世界大战史》第5卷，军事科学出版社。1999，第571页）。

08　军训教育

本专题手令共有 13 通。内容主要为军事教育训练及军校建设。这组手令涉及的军事教育训练方式有很多，主要有：一是阅兵分列式；二是谒陵与受训；三是听讲演。蒋介石十分注重讲演的宣传作用，令行政院各部长、中央党部各股长必须参加军校纪念周会，要求中央常委及各军校主官等必须参加政治学校纪念会；四是单独接见。如分别接见黄埔军校将官班学员。蒋介石在手令中常提及比较突出的军校，除黄埔军校之外，还有中央政治学校、镇江电雷学校。

第 67 通手令——在军校演讲不必要提前一小时集合部队

【手令编号】上卷 009～010

【时间判读】1936 年 3 月 2 日

【正文释读】

钱主任：昨日军校演讲，本写明十时，为何通知书中写九时集合？即使集合时间要早几分，亦不必要一点钟以前集合。此种无脑筋之事，究为何人所主持？查明即报。中正，二日。

【原件品鉴】

竖排 8 行套红"国民政府军事委员会用笺"2 页，原笺现红色沁润较重，毛笔书写。原笺首页右边侧下有承办者钢笔手迹"三、三、存"，应是存档此手令的日期。

【原文解读】整顿侍从

文中的"军校演讲"时间，当在 1937 年抗战全面爆发前。从手令中"二日"的"昨日"及"五日"所言看，此次演讲时间为"一日"又是"星期日"。1936 年的"1 日"适逢"星期日"有 3 月和 11 月，1936 年的"1 日"适逢"星期日"有 8 月。再从手令首页边注"三、三、存"字迹综合看，此手令当写于 1936 年 3 月 2 日。

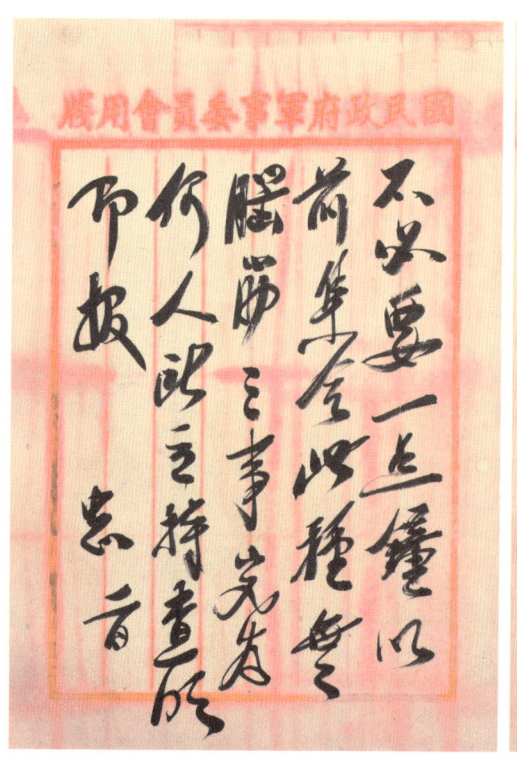
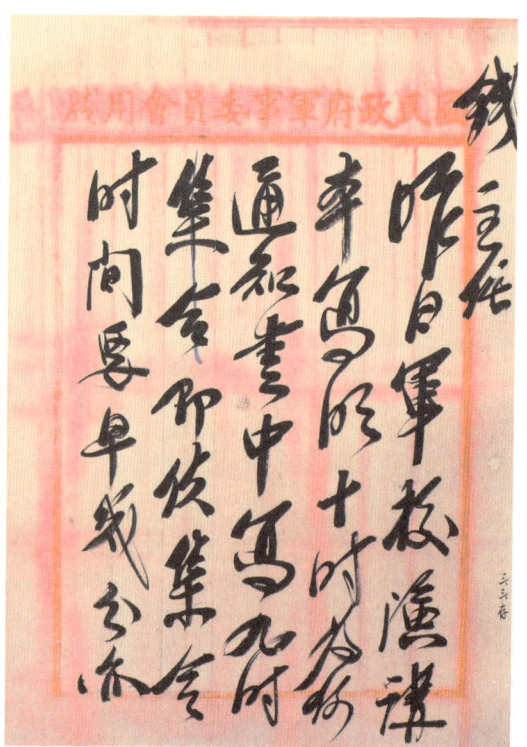

第68通手令——追责演讲时间提前究竟是何人之过

【手令编号】 上卷011

【时间判读】 1936年3月5日

【正文释读】

钱主任：星期日演讲时间究竟是何人之过？为何不覆报？限即刻详报。中正，五日。

【原件品鉴】

竖排8行套红"国民政府军事委员会用笺"1页，原笺现红色沁润较重；毛笔书写。

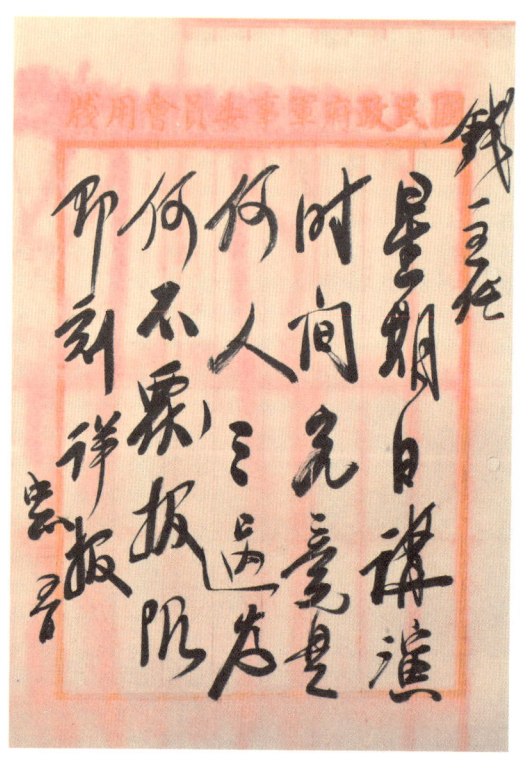

【原文解读】

文中所说"星期日演讲",指在南京中央陆军军官学校(黄埔军校)的演讲。据 3 月 2 日手令,可推断此手令写于 1936 年 3 月 5 日。10 天后(3 月 15 日),军校召开扩大的总理纪念周,蒋介石出席会议并演讲,题目是《训练人才之要领》,有针对性地重点讲了脚踏实地做事的要求。

此手令与上一手令,内容都是追究 3 月 1 日上午在南京黄埔军校演讲的开始时间问题,要求查明为什么规定开会时间是"十时,为何通知书中写九时集合",提前了这一个小时。由此也看出,蒋介石对部属的作息时间和工作作风之要求是相当严格的。

第 69 通手令——令行政院部长、中央党部股长参加黄埔军校纪念周

【手令编号】上卷 017

【时间判读】1936 年 3 月 14 日

【正文释读】

明日星期仍在军校做纪念周,定上午十时,其召集机关人员亦如上周,并令行政院各部长、中央党部各股长以上人员皆到会。中正,十四日。

【原件品鉴】

竖排 8 行套红"国民政府军事委员会用笺"1 页,原件现红色沁润较重;毛笔书写。原件右上角有钢笔书写文件编号"3709"、"已办",从笔迹和墨色上看非同时书写。

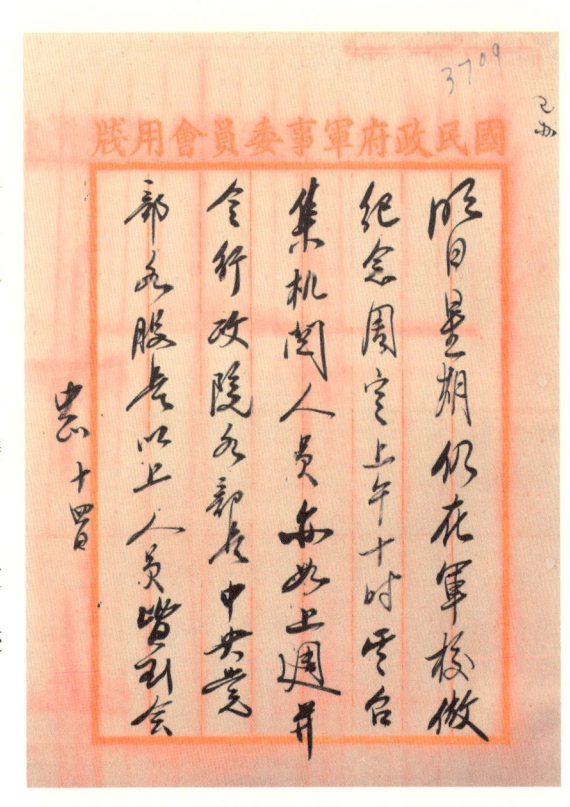

【原文解读】

从本手令文中"十四日"、"明日星期"看,此日应为"15 日,星期日",符合这个条件的在 1936 年、1937 年有 3 天:1936 年 3 月 15 日、11 月 15 日,1937 年

8月15日。在这3天中,恰有1936年3月15日蒋介石在中央陆军军官学校纪念周扩大会上演讲,从演讲内容看也相符。此手令中的参会时间,再次"定上午十时",有了本月初的因通知提前1小时集合而受到严厉批评的教训,想必从侍从室到军校各级官员没有人再敢把集合时间提前到9时,让参会教职员工和学生苦等1个小时。

在这次军校召开的总理纪念周上,蒋介石作了题目为《训练人才之要领》的演讲,全文5700余字,要旨有:(1)报告上周所发现之4项缺点,希望大家本"礼义廉耻"与"着诚去伪"的道理,切实改进。(2)党政军学各机关主官,应注意训练其部属和学生使人尽其才,才尽其用。(3)训练人才须从改进其日常生活以增加精神与体力做起。(4)精神训练之要点:坚定三民主义的信仰;唤起国家观念与民族意识;强固民族自信心。(5)体力训练最要注重劳动操作与利用自然——日光、空气、水,锻炼体魄。(6)吾人应以"五到":心到、口到、目到、手到、足到。贯彻训练的精神,使人人崇尚劳动,努力创作,以发扬民族创造力,达到复兴的目的。其中讲道:"无论精神训练或体力训练,最重要的原则是'作',要脚踏实地去'作',要勇往直前去'作'!要依照总理知难行易的哲理,精思力行,努力去作!各位或是军政长官,统率下许多部属,或是干部同志,要领导一般党员;或是本校的学生,正在受军官教育,以后务必拿'劳作'、'力行'的原则去训练部属党员和学生,使他们个个人都有为国家为民族艰苦奋斗勇敢进取的精神,有强壮坚实而能耐劳耐苦的体力。只要我们所统率所教导的一般部属党员和学生,人人都能劳动,都有创造力,就可以巩固国家民族的基础。劳动是一个人的生命力——精神和体力的具体表现,而精神和体力,乃是一切创造力的泉源。一个民族有了他特具的创造力,一定可以发挥最大的力量,以确保民族的独立生存,并进而发扬光大整个民族的伟大生命!现在我们的民族之所以衰弱到这个地步,主要的原因,就是缺乏民族创造力;民族创造力之所以缺乏,就是人人'好逸恶劳',不知道凭自己天赋的智能努力劳动创作,以致全国四万万人巨大的劳力,大半听其闲散,归于无用;许多事业任其废弛,不能发展。因此要受六千万人敌国的侵略和压迫。今后我们要使整个民族转弱为强,转贫为富,洗雪以往的国耻,完成复兴的大业;根本的办法就在我们一般文武官长和知识分子,先培养自身劳动创作的精神和能力,再以身作则,去训练一般国民,如一县有百数十万人,一个部队或机关有几千几百人,各人都崇尚劳动,都能够创作,使他们增加精神的力量和体力,这就是国家无形的无限的武力,这种武力,比数千数万枪炮的力量不知大多少倍!"①

---

① 秦孝仪主编:《先"总统"蒋公思想言论总集》卷十四,台北,中国国民党中央党史委员会出版,1984,第177~178页。

第70通手令——黄埔军校生参加纪念北伐十周年首都阅兵分列式

【手令编号】上卷055

【时间判读】1936年7月3日

【正文释读】

钱主任：军校学生及入伍生能否编成整个一团，参加七月九日之阅兵及分列式，即报。中正，三日。

【原件品鉴】

竖排8行套红"国民政府军事委员会用笺"1页，原件信笺红色现沁润较重。毛笔书写。原笺右上角用钢笔注明文件编号"4157号"。

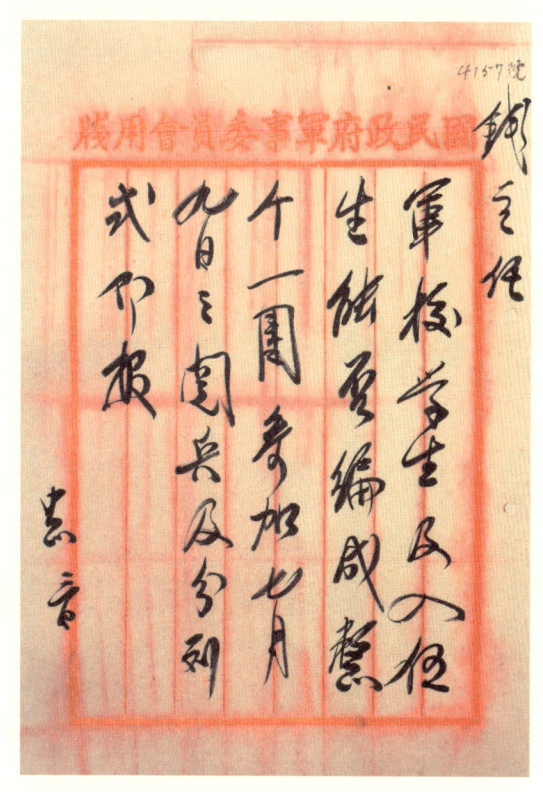

【原文解读】

1936年7月，为纪念北伐战争10周年，南京国民政府筹备了首都阅兵及分列式仪式。这即是蒋介石书写这一手令的因由。由此也即推断此手令写于1936年7月3日。

1926年7月9日，国民革命军誓师北伐典礼在广州东校场举行，北伐战争正式开始。誓师大会总指挥、警备司令和司礼官等主要职责和活动都由黄埔长官和学生担任，确保大会顺利进行。军校到会参加典礼者2000余人。在国民革命军总司令蒋介石就职典礼上，国民政府委员会主席谭延闿给印，中央党部代表吴敬恒授旗，委员孙科奉总理遗像，各致勉词，蒋介石宣誓毕，校阅并演讲。总指挥李济深、警卫司令钱大钧、司礼张治中，参加者合民众5万余人，发宣言通电，夜宴会。蒋介石在会上宣布就任北伐军总司令，除了依恃以黄埔军校教职员和其毕业生为基础所编的国民革命军以外，并运用在校的学生，当时黄埔军校第1、第2、第3期毕业生已毕业，分发到各军中。

1936年7月，蒋介石作为原北伐军总司令，任纪念北伐战争10周年首都阅兵总指挥并检阅部队。而中央陆军军官学校（黄埔军校）是他以军事起家的地方，因此他特别关照"军校学生及入伍生能否编成整个一团，参加七月九日之阅兵及分列式"。

黄埔军校学生参加阅兵式和分列式，具有特别的象征意义。而这一时期，正是军校最忙的时间。就在蒋介石书写此手令的这天（7月3日），军校第12期入伍第1期教育期满，举行期末考试和分科。半月前，第10期第1总队学生在南京校本部刚举行毕业典礼。7月9日，军校第12期学生举行分科完毕。此时，第13期学生招生开始，还没有入校。军校从即将毕业的第10期和正在校学习的第11期、第12期中选派部分学生参加了此次阅兵式和分列式。

第71通手令——要求黄埔军校教导总队务必参加分列式

【手令编号】上卷058

【时间判读】1936年7月初

【正文释读】

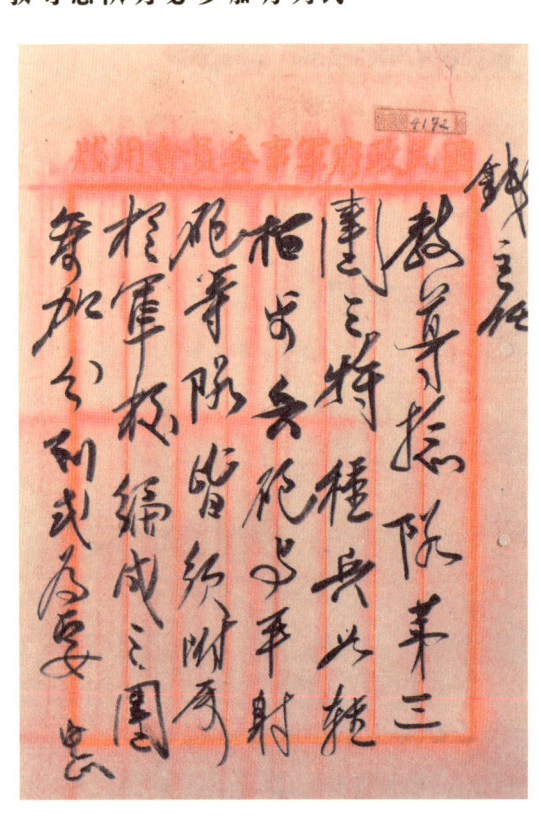

钱主任：教导总队第三团之特种兵，如轻榴步兵炮与平射炮等队，皆须附属于军校编成之团，参加分列式为要。中正。

【原件品鉴】

竖排8行套红"国民政府军事委员会用笺"1页，现原笺红色沁润较重；毛笔书写。原笺右上角盖红色条形章"侍秘第4172号"，序号为钢笔填写。

【原文解读】

本通手令与以上两通手令，都是蒋介石为准备阅兵分列式所书写。内容均系蒋介石明确指令黄埔军校学生及教导总队必须参加为纪念北伐战争10周年举行的阅兵分列式活动。

此手令无纪年，根据钱大钧1936年2月至1938年2月于侍从室第一处任处长、中央军校教导总队于1936年春夏扩编为3个团及编配特种兵直属队、纪念北伐战争10周年举行阅兵式等信息推断，此令当为1936年7月所书。从文件编号"侍秘第

4172号"及7月3日手令文件编号"4157号"看，此手令应在7月3日至8日之间。

本通手令文中所说"教导总队"，是隶属于中央军校的教导部队。顾名思义，教导部队，在军队系列中有一种示范性质。黄埔军校是蒋介石军事力量兴起之地，所以他非常钟爱这所军校，最新的装备、训练课程与部队编装往往先由军校实验。而黄埔军校自建校初，就一直保留一支有实战能力的教导团，以至在1926年10月第二次东征时已经发展有3个教导团。从东征战役开始，军校就有以教导部队编成实战部队参战的惯例。

1930年5月，中央军校编成一支2旅6团制的教导第2师，是军校早期教导部队的极盛期。这个教导师将所有军校的新锐武器都编进去，其特种兵有两个炮兵团（即军校的两个教导炮兵团），再加上骑兵连、工兵连、辎重连、学兵营与战车队，可谓精锐尽展。在中央军之中，战力仅次于教导第1师。教2师战后改为著名的第4师。

中原大战结束之后，中央陆军军官学校成立军校教导总队。由于蒋介石对黄埔军校的青睐，所以国民党军队的最先进的战术训练，最先进的武器装备都是在中央军校首先试验的。军校教导总队仿效当年黄埔教导团，在德国军事顾问的指导下开始组建。最初编制2个步兵营及炮兵连、工兵连、骑兵连、迫炮连、特务连及通信连。部队由原教2师特务营、炮兵团、工兵团、骑兵团各一部、军校卫兵队抽出组编。这个团级部队主要用于德式步兵团编装之试验以及新武器的研究。总队长唐光霁少将为保定军校毕业的原西北军军官，擅长训练，北伐之后在中央军校任职。总队附朱宗海为炮兵教官，张铎为原教2师的参谋处处长，主持总队的参谋业务。两个步兵营规模不大，因缺乏实战经验，主要用于编装实验；炮兵连操作德造卜福斯山炮；工兵连以新配器械演练架桥、筑城、爆破（铁材、木材及混凝土之各种类型）；骑兵连改为操作机踏车辆；通信连以训练有线电之布设为主。1932年3月，总队长改为朱宗海上校；9月，改为保定第6期毕业的高级教官章履和少将。此期间，军校教导总队只是一支纯示范性的实验部队。

1933年6月，总队长改为桂永清少将。他到任之后，大力扩编教导总队成为一支野战部队。首先建立完整的司令部，两位总队附周振强与张坤生都是桂永清的黄埔军校第1期同学，相继建立参谋处（主任温祖诠）、副官处（主任张炳东、金声）与经理处（主任王汉英）。部队则改为第1团，辖步兵3营、步榴炮连及通信连，团长周振强。总队直辖军士营、特务连、骑兵连、工兵连、通信军士连、军官教育队、卫生队、军乐排、汽车队。总队编制完成之后调防南京孝陵卫，再度成为列编的正规部队，并列为1935年首批整训部队。经整训后，正式成为国民党军战斗部队。

1935年1月25日，军校教导总队举行授旗典礼。蒋介石到会并发表讲演，题目是《教导总队的使命》，全文2100余字，其要旨：(1)由党国特别授旗于本总队，为中国军队重要之创举。(2)军旗为代表党国与国民革命军之神圣标帜。(3)军旗又为总理系统下已死和未死之全体官兵的灵魂与生命之所寄托。(4)敬重与爱护军旗，即为敬重与爱护党国以及总理和一般先烈。(5)希望全体官兵，矢忠矢勇，拥护军旗，努力奋斗，以完成革命事业。其中讲道："军旗既是代表我们党国和我们国民革命军的象征，所以军旗所到的地方，就是具体表示我们党国和军队势力所在的地方，亦即我们总理和已经牺牲的一般先烈的灵魂所克服的地方。所以我们无论在如何险阻的情形之下，惟有无问死生的牺牲自己，拥护军旗，向前迈进，才能发扬我们党国的精神和力量，增加我们总理和一般先烈的光荣，完成我们复兴民族的革命使命！现在党国已经将这一面神圣庄严的军旗郑重授予你们，你们全体官兵，便应该尽心尽力奋斗牺牲来爱护这一面军旗，并不断增加其历史的光荣！"①

1936年春夏之交，军校教导总队扩编为3团制，参谋长为符昭骞。辖第1团（团长周振强）、第2团（团长胡启儒）、第3团（团长张坤生，后马威龙）、军士营、炮兵营、骑兵营、工兵连、通讯连、特务连、37高炮连、自动车队、卫生队、军官教育总队、军乐排、修械所。

扩编后的军校教导总队，成为蒋介石更加倚重的军校招牌部队。为此，在庆祝北伐战争10周年阅兵式和分列式上，蒋介石指明让军校教导总队亮相，以展示军威、校威，故有了如上手令。

12月，军校教导总队为营救西安事变中被扣的蒋介石，曾西出陕西作战"勤王"，是为其初涉战场。虽然未遇到大的作战，但其果敢的忠诚行为给蒋介石留下了及其深刻的印象。

1937年8月，军校教导总队奉命参加淞沪会战，在保家卫国抗击日军侵略的战场上打出了当年黄埔军校教导团的骁勇气势。11月，教导总队奉军政部命令扩为3旅6团编制的甲种师（下辖3个步兵旅，每旅辖2个步兵团），总队直属炮兵团、骑兵营、工兵营、通信营、军士营、警卫营、辎重营各1个，总兵力达3万余人。教导总队此时原有的3个团（第1、第3、第5团）是全德式装备与编装。每个团辖3个步兵营，还有直属榴弹炮连、战车防御炮连、通信连、输送连各1个。教导总队原本即储藏拥有大量的先进武器，装备非常精良，如每个步兵营辖3个步兵连（步榴炮连，编有 IG18-75 轻步兵炮，3排6门，射程5400米；战防炮连，编有奥造47平射炮；

---

① 秦孝仪主编：《先"总统"蒋公思想言论总集》卷十三，台北，中国国民党中央党史委员会出版，1984，第11页。

输送连），还有重机枪连、82迫击炮排炮排及通信排各1个。作战期间，军校教导总队所扩编的6个团仅有3个团参战，另外3个团（多为新兵）在后方整训。

军校教导总队撤出淞沪战场不久，12月中旬再参加南京保卫战。广大官兵浴血奋战，直至城破，大部牺牲殉国，这支众所公认的国军最精锐部队与首都南京共存亡，就此解体。

第72通手令——抄检呈阅一份《军人读训》

【手令编号】上卷062

【时间判读】1936年__月__日

【正文释读】

钱主任：军人读训即速抄检一份呈阅，或带往步校。中正。

【原件品鉴】

竖排8行套红"国民政府军事委员会用笺"1页，坝原笺红色沁润较重；毛笔书写。

【原文解读】

1936年3月，国民政府军事委员会颁布了由蒋介石亲自手订的《军人读训》10条。

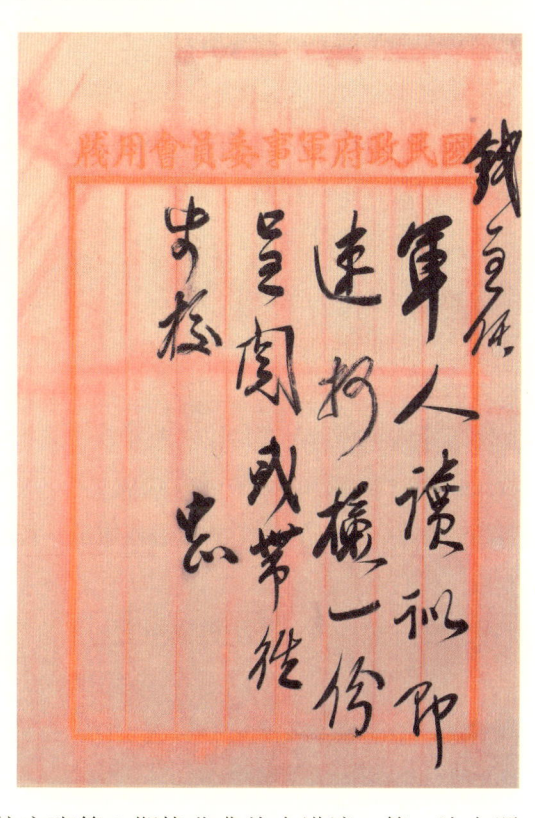

3月30日，蒋介石在出席中央军校校官班第3期毕业典礼上讲演，第一次专题讲解了《军人读训》，并当场要求全体与会人员立正，亲自带领大家朗读："第一条，实行三民主义、捍卫国家，不容有违背怠忽之行为。第二条，拥护国民政府，服从长官，不容有虚伪背离之行为。第三条，敬爱袍泽，保护人民，不容有倨傲粗暴之行为。第四条，尽忠职守，奉行命令，不容有延误怯懦之行为。第五条，严守纪律，勇敢果决，不容有废弛敷衍之行为。第六条，团结精神，协同一致，不容有散漫推诿之行为。第七条，负责知耻，崇尚武德，不容有污辱贪鄙之行为。第八条，刻苦耐劳，节俭朴实，不容有奢侈浮滑之行为。第九条，注重礼节，整肃仪容，不容有亵荡浪漫之行为。第十条，诚心修身，笃守信义，不容有卑劣诈伪之行为。"

蒋介石在这次讲演中还重点阐述道："军人读训十条，就是军人成功立业的基本守则。从前我们当军人的因为没有精神教育和中心守则，所以事事腐败，军誉扫地，人家讥笑过去的军人为'营混子'，意思就是说我们作了军人，不但不能负责尽职；而且习于骄傲浪漫，烟酒嫖赌，无所不为，成为糊涂混世的寄生虫，于国家社会没有丝毫贡献，反为败坏风俗残贼民众的害群之马。现在政府既颁布了这十条读训，大家务必领会其中的道理，切实奉行，将自己的身心，彻里彻外，重新改造，好做一个正正堂堂高尚纯洁的革命军官。然后以身作则去感化部下，使他们都知道要做现代的军人，一定要捍卫国家，保护人民，不好有一点骄奢淫佚，有忝职守。要做现代的军人，一定要勇敢果决，奉行命令，不好有一点延误怯懦废弛敷衍。要做现代的军人，一定要负责知耻，崇尚武德，不好有一点污辱贪鄙苟安因循。他如刻苦耐劳，节俭朴实，注重礼节，整肃仪容，诚心修身，笃守信义等美德，都要即知即行，日求进步，才可以免除奢侈浮滑，亵荡浪漫卑劣诈伪等恶习惯。只要大家能够遵照这十条读训去做，一定可以培植军人精神的根基，成为真正健全的革命军人，以发扬革命的力量，尽到军人的职责。"①

《军人读训》全文，相继颁发国民党军全军。随着抗日战争的展开，《军人读训》收录进当时发行量很大的一些抗战文集，流行全国。此后的《军人读训》全文，不仅有10条训词，还在文首、文尾各加了一段文字，并成为军队重大集会上的必读，演变成一种仪式。

定式下来的《军人读训》全文如下：

"我中华民族，雄踞东亚，建国迄今，已历五千年，以四万万和平优秀之民族，聚居於一千一百余万平方公里之土地，复具有悠久光荣之历史，此其间先圣先贤，惨淡经营，奋斗创造，固已历尽险阻艰辛，自今以后，尤赖我忠勇军人保护维持之，乃克使我国家日益发扬光大。愿我全体将士，矢勤矢勇，一心一德，发挥民族固有之德性，砥砺献身殉国之精神，念念为救国而牺牲，时时作卫国之准备，如何而后可以保我祖先遗留之广大土地，如何而后可以保我繁衍绵延生生不息后代之子孙，如何而后可以保我国家独立自主之国权，凡此皆为我全体将士无可旁贷之职责，而一时一刻毋可或忘者，盖我国家民族永续无穷之生命，实惟我全体将士是赖也。

---

① 秦孝仪主编：《先"总统"蒋公言论总集》，中国国民党中央党史委员会出版，第185~186页。

列举十条，俾供训勉：

第一条 实行三民主义，捍卫国家，不容有违背怠忽之行为。

第二条 拥护国民政府，服从长官，不容有虚伪背离之行为。

第三条 敬爱袍泽，保护人民，不容有倨傲粗暴之行为。

第四条 尽忠职守，奉行命令，不容有延误怯懦之行为。

第五条 严守纪律，勇敢果决，不容有废弛敷衍之行为。

第六条 团结精神，协同一致，不容有散漫推诿之行为。

第七条 负责知耻，崇尚武德，不容有污辱贪鄙之行为。

第八条 刻苦耐劳，节俭朴实，不容有奢侈浮滑之行为。

第九条 注重礼节，整肃仪容，不容有亵荡浪漫之行为。

第十条 诚心修身，笃守信义，不容有卑劣诈伪之行为。

以上所节，不过列举大端，此外国家一切法令及连坐法所规定，为我军人必须遵守者，均应视为典范，我全体将士勉乎哉！"

第73通手令——检阅首都公务员及军校童军训练班、高级班

【手令编号】上卷003

【时间判读】1937年1月中旬

【正文释读】

自下星期起，检阅首都公务员、教员、壮丁训练与军校童军训练班及高级班点名，其日期时间由钱主任接洽排定。中正。

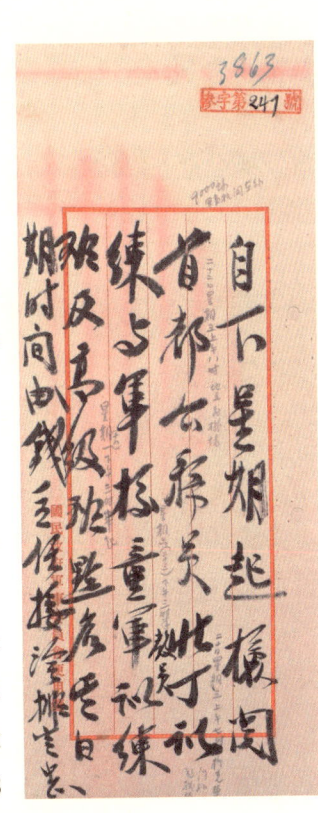

【原件品鉴】

竖排5行套红"国民政府军事委员会便用笺"1页，毛笔书写。原笺右上角有用钢笔填写的文件标号"3863"，盖红色条形章"参字第241号"。

文中有承办者用铅笔加注（括号内文字）："自下星期起，检阅首都公务员（22日星期五上午8时，地点飞机场）、教员、壮丁训练与（20日星期三上午7时于光华门外、飞机场）军校童军训练班（23日星期六下午3

时半）及高级班（18日星期一下午3时半起）点名，其日期时间由钱主任接洽排定。中正。"

【原文解读】

此手令书写时间，根据原手令中承办人钱大钧排定时间加注推算，应为1937年1月11日至17日之间。

第74通手令——集中京苏镇军训各团谒陵与受训

【手令编号】 上卷019～020

【时间判读】 1937年1月中旬

【正文释读】

拟定本月廿四日，召集本京、镇江、苏州集中军训各团，在首都谒陵与受训，其由苏、镇来京者之住处，应须预备，或令军官学校各寄宿舍借住，与入伍生宿舍、高级班宿（舍）借住，而使军校学生等野外演习二日，以备军训学生参观。步、炮、工兵学校射击，亦可令其参观。中正。

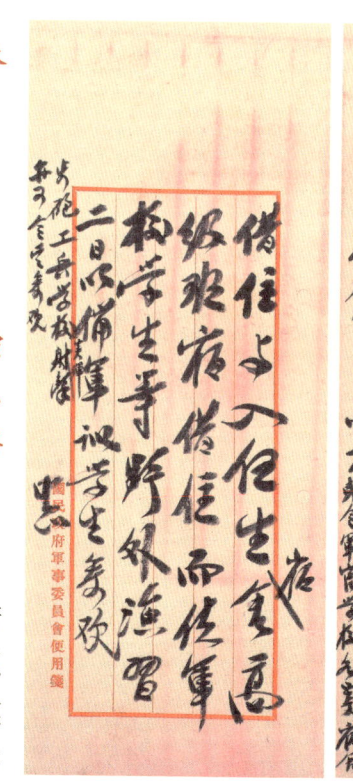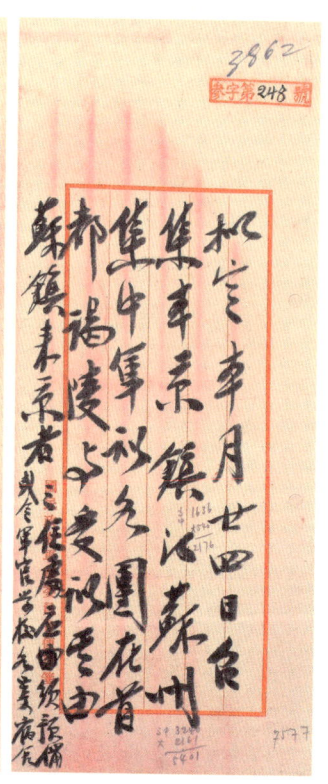

【原件品鉴】

竖排5行套红"国民政府军事委员会便用笺"2页，原笺现均有沁润较重红色，毛笔书写。原件右上角有钢笔书写文件编号"3862"，并盖有红色条形章"参字第248号"，序号为钢笔填写。

【原文解读】

本通手令与上通手令，同为蒋介石所安排的南京及附近城市参训人员军训活动重要内容。让进京受训人员住宿南京黄埔军校学生宿舍，而让军校学生在此期间外出演习，可谓是两全其美的好方法。

第75通手令——批准印发军训教材

【手令编号】 上卷031～032

【时间判读】 1937年1月26日

【正文释读】

钱主任：步兵操典、阵中勤务令、战斗纲要，各印三万份；小字，自卫新知，印三千份。

照办，中正。

【原件品鉴】

第1页：竖排5行套红"国民政府军事委员会便用笺"1页，蓝色铅笔书写。

第2页：竖排5行套红"国民政府军事委员会便用笺"1页，毛笔书写，系钱大钧呈报事项："战斗纲要、阵中要务令，均已陈旧，现拟改印军队指挥纲要稿案，又步兵操典共有五部，拟一并付印，可否乞示。职钱大钧呈，一，廿六"。蒋介石批签："照办 中正"，为红色铅笔书写。

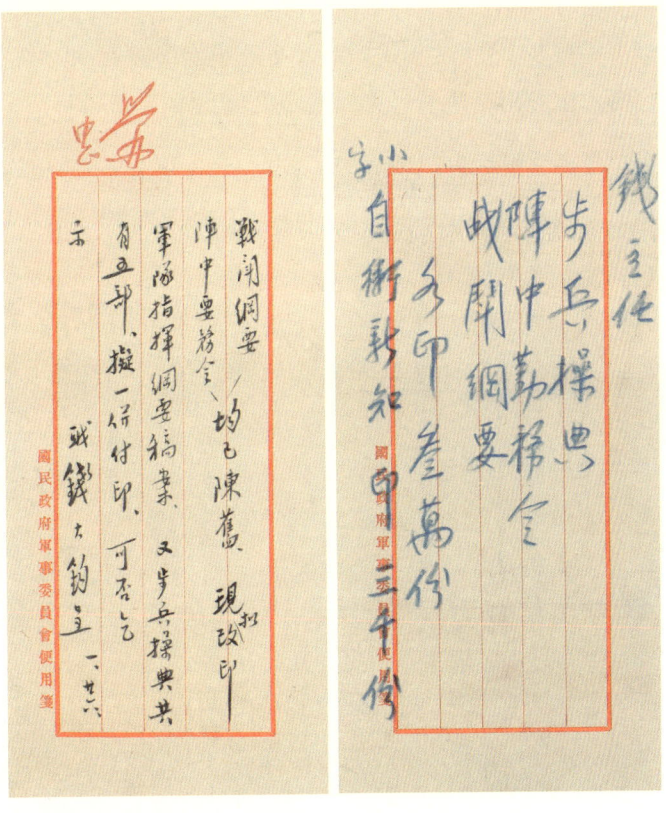

【原文解读】

本通手令中所要印刷的教材，均为上两通手令所言开办各种军训、集训所需要。由此数量，大概可估算出这批受训人员共约有近 3 万人。

第 76 通手令——初定检阅电雷学校时间

【手令编号】上卷 060

【时间判读】1937 年 2 月 6 日

【正文释读】

预定本月九日上午十时检阅镇江电雷学校及鱼雷快艇，应即电知欧阳校长。中正，六日。

【原件品鉴】

竖排 8 行套红"国民政府军事委员会用笺"1 页，现原笺红色沁润较重；毛笔书写。原笺右上角用钢笔书写文件编号"4722 号"。

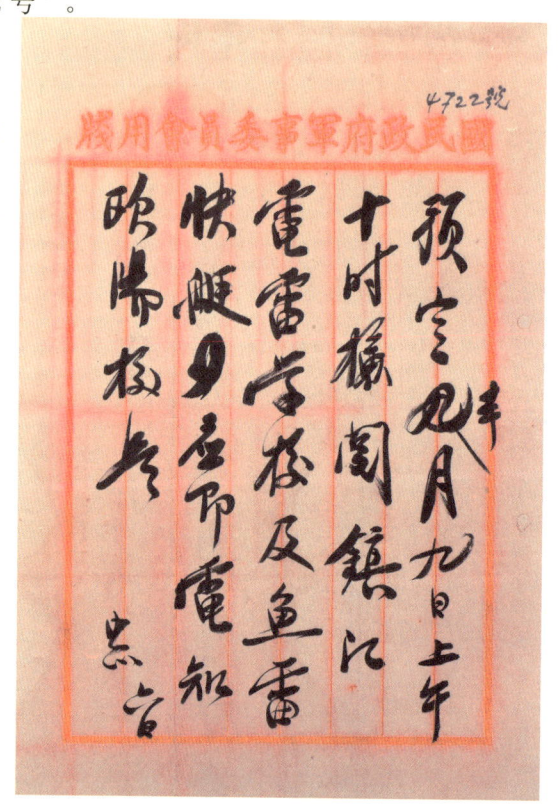

【原文解读】

"镇江电雷学校"，建立于 1932 年，创办者为欧阳格，为"中华民国"海军的训练学校。本校不归于海军部管辖，而是直属中央陆军参谋本部，其中的教员也多由黄埔军校教员转任，因此当时风评或是自称都自命为"海军中的黄埔军校"。此校的毕业生被称为"电雷系"，是"中华民国"海军早期人事四大派系之一。

综合以上各通手令信息，从时间安排上看，本通手令可推断书写于 1937 年 2 月 6 日。

第77通手令——推迟检阅电雷学校日期

【手令编号】 上卷057

【时间判读】 1937年2月7日

【正文释读】

钱主任：电雷学校检阅期，改为本月十六日至二十日之间。中正，七日。

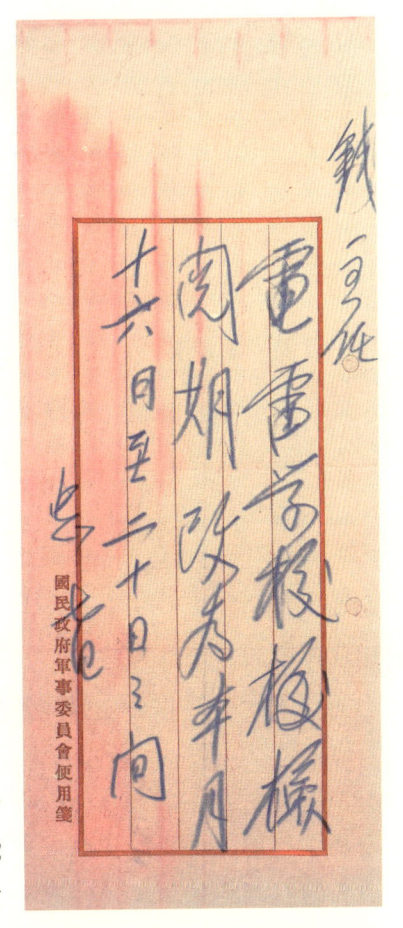

【原件品鉴】

竖排5行套红"国民政府军事委员会便用笺"1页，现原件沁润上页红色较重；蓝色铅笔书写。

【原文解读】

"电雷学校"，参见上通手令解读。

本通手令主要是推迟了原定的检阅电雷学校时间为"本月十六日（周二）至二十日（周六）之间"。看来原定的检阅时间2月9日（周二）这天，蒋介石有另外避让不开的重大事情需要安排。所以，在2月7日立即通知钱大钧主任通知修改原定检阅电雷学校时间。由此也见，此段时间的每周一，蒋介石都有必须参加的例会，即每周一上午召开的军委会会报会。从后来蒋介石的行程看，蒋介石特别需要安排重大事情的这天（1937年2月9日），他是从杭州到上海治疗西安事变中的跌伤。2月12日（周五），从上海回到南京。

第78通手令——先呈履历表，再分别接见黄埔军校将官班学员

【手令编号】 上卷063

【时间判读】 1937年3月底

【正文释读】

将官班学员，明日上午各别接见，履历表先呈阅。中正。

【原件品鉴】

竖排 8 行套红 "国民政府军事委员会用笺" 1 页，现原笺红色沁润较重；毛笔书写。文中 "上午" 后有钢笔插补 "十时起" 三字，似为承办人所加。

【原文解读】

"将官班" 是南京中央军校（黄埔军校）中的一个专为将官深造设置的短期培训班，培训期 1～2 个月。综合各种信息看，本通手令大约书写于 1937 年 3 月底，由此推断蒋介石此时接见的将官班学员是中央军校第 5 期陆大将官班学员。

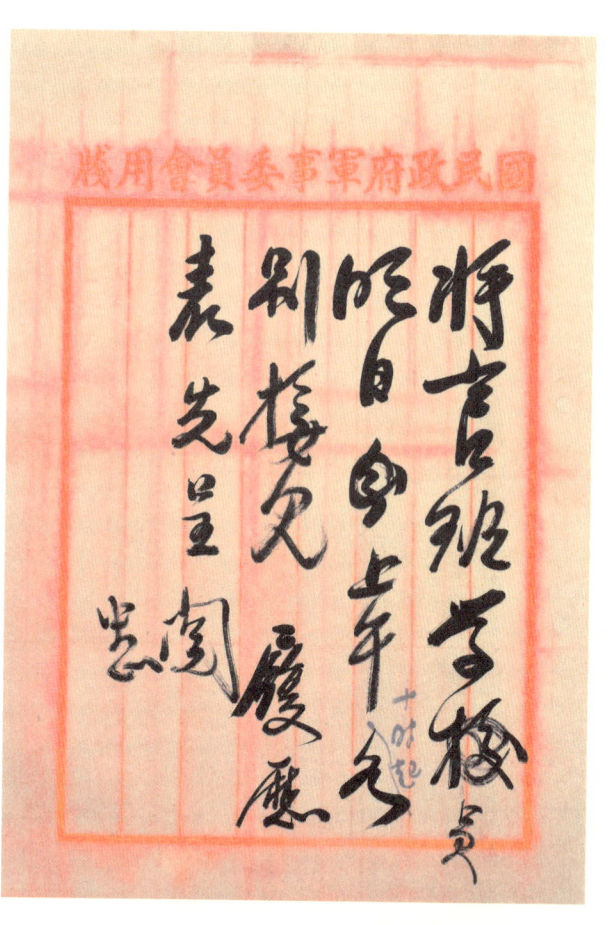

1937 年 3 月 21 日上午，南京中央军校陆大将官班第 5 期开学典礼与首都各军事机关各军警学校扩大总理纪念周大会同时在本校举行。蒋介石抱病出席会议并作演讲，题目是《革命党员应惕励精进》，全文 2990 余字，其要旨：（1）大家的精神和办事效能已无形退步，希望本日新又新的精神，力求改进。（2）补过即所以求新，盼随时注意检省自身和所属机关之错误与缺点，切实改正。（3）主管长官不推诿责任，始能督率部属，尽忠职责。（4）今后学术科须注重典范令之学习与操练，不可好高骛远，务须实事求是。（5）党员守则与军人读训为精神教育之根本，人人须以最大热诚和毅力，一致实行，贯彻始终。（6）希望大家时刻警惕，发奋前进，完成建国的使命。勿愧为总理信徒。

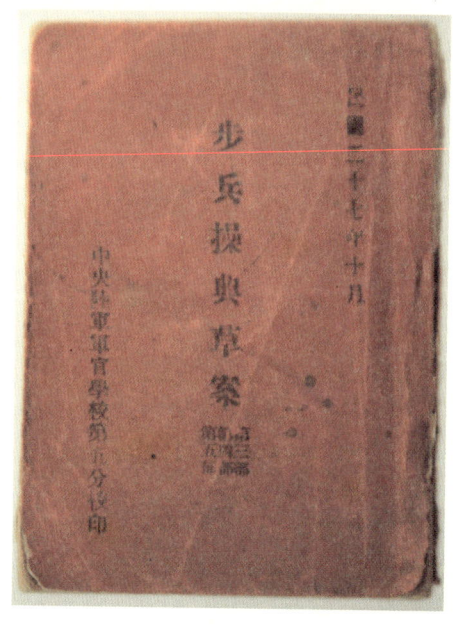

第79通手令——中央常委及各军校主官等均参加政治学校纪念会

【手令编号】下卷003

【时间判读】19__年__月__日

【正文释读】

电话：政治学校吴挹峰先生。明日请中央常务委员以及各军校、各军事机关各主官及各院部长，均参加政治学校纪念会。中正。

【原件品鉴】

竖排5行套红"国民政府军事委员会便用笺"1页，蓝色铅笔书写。

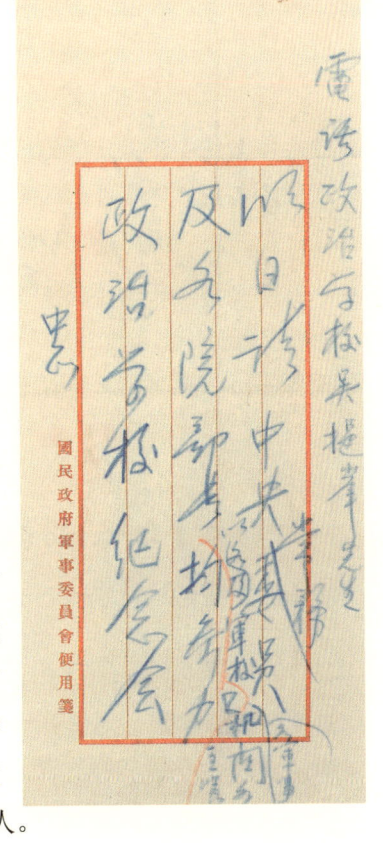

【原文解读】

本通手令文中的"政治学校"，是国民党军政时期重要的政治干部培训学校。前身为1927年在南京建立的中央党务学校。1929年6月27日，国民党中常委会议决议：国民党中央党务学校改名为中央政治学校，蒋介石为校长。实际负责学校运作者是副教务主任罗家伦、副训育主任谷正纲及副总务主任吴挹峰等人。

时任政治学校副教务主任罗家伦（1897—1969），字志希，笔名毅。绍兴柯桥镇江头人。"五四运动"的命名者。我国近代著名的教育家，思想家，社会活动家。1949年到台湾，先后出任"中华民国总统府国策"顾问、国民党中央评议委员、国民党史会主任委员、中国笔会会长、考试院副院长、国史馆馆长等职。

时任政治学校副训育主任谷正纲（1902—1993），字叔常，贵州省安顺县人。德国柏林大学毕业，曾入苏联莫斯科孙中山大学进修。历任中央党部学校训育主任，训政时期立法委员，中央组织部副部长，中国农工委员会主任委员，浙江省党部主任委员，中央社会部长，一度兼任农林部长、内政部长，"国代"兼"国民大会"秘书长等职。

时任政治学校副总务主任吴挹峰（1892—1971），浙江杭州人，清末秀才，曾任江苏省政府委员。当代著名女物理学家吴健雄是吴挹峰的孙女。

09 约谈迎送

本篇汇集手令共16通。其中有交办侍从室主任钱大钧代访九旬老人马相伯、代访刚被日本飞机炸伤住院的英国大使,请钱大钧、陈布雷代为送驾何应钦;电话约见上官云相、陈公博、对日情报专家,招待老乡孙表卿并约见表弟王震南,还有一年前反目为仇的陈济棠也在盛情招待之中。两次召见宪兵副司令张镇,这说明蒋介石的器重和有重托。在迎来送往中,最让蒋介石操心的是赴云南之"黄蕙秋",托"转为面达"并代表一切,特别嘱咐预留赴滇飞机座位并派人送行。

第80通手令——代访九旬老人马相伯

【手令编号】下卷029

【时间判读】1936年11月初

【正文释读】

请代访马相伯先生问候,因中有病不能走访也。中正。

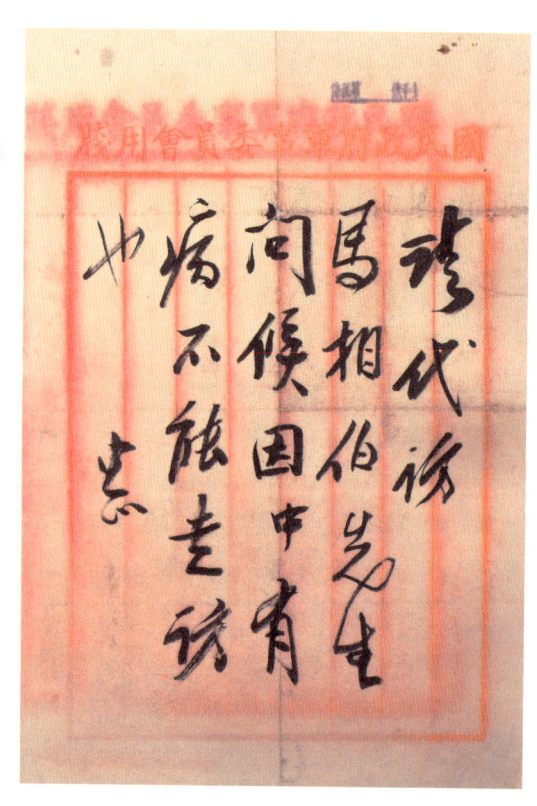

【原件品鉴】

竖排8行套红"国民政府军事委员会用笺"1页,现原笺沁润红色较重;毛笔书写。原笺右上角盖有紫蓝色条形章"侍秘第__号手令",但未填写序号。

【原文解读】

本通手令文中"因中有病"之"中",乃指"中正"本人,时有小恙,故称病不能亲自拜访马相伯先生。

马相伯(1840—1939),祖籍江苏

马相伯

丹阳,生于江苏丹徒(今镇江市丹徒区),中国近代著名政治家、教育家、宗教家、社会活动家,复旦大学创始人、震旦大学首任校长、爱国人士、耶稣会神学博士。1931年"九一八"事变后,投身救亡运动,呼吁抵御外侮、平息内争。1935年在上海与沈钧儒等文化界人士联名发表《救国运动宣言》,时已年逾9旬,热忱不减,故时有"爱国老人"之称誉。1936年10月31日,蒋介石50寿辰时,马相伯书4尺"寿"字祝贺。3年后马相伯病逝,享年99岁。

写此手令的因由,即可能是因为蒋介石50寿辰时,马相伯送所书大"寿"字祝贺,蒋出于尊重,对时年96岁的老人表示感谢,特别令侍从室人员代访马相伯,并致谢。以此推论,此手令当写于1936年11月初。

第81通手令——军事会报会邀兵工技术人员列席

【手令编号】上卷012

【时间判读】1936年__月10日

【正文释读】

　　钱主任:星期四日下午,军事会报照常开会,并邀余(俞)兵工署长、徐交通兵监、黄防空校长与欧阳教育长同来参加。中正,十日。

【原件品鉴】

　　竖排8行套红"国民政府军事委员会用笺"1页,原笺现红色沁润较重,毛笔书写。右上角有钢笔书写文件编号"3695"。

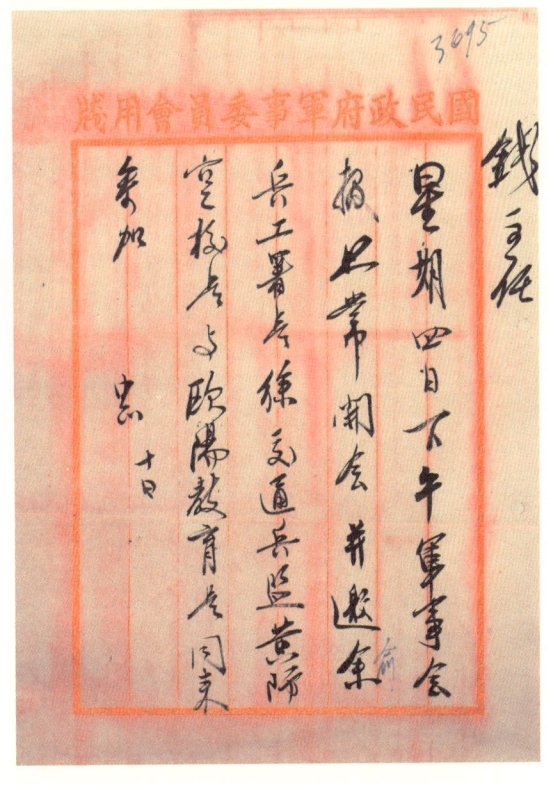

【原文解读】

本通手令文中"俞兵工署长",即俞大维(1897—1993),祖籍浙江绍兴斗门,生于湖南长沙,时任国民政府兵工署署长。

"徐交通兵监",即徐庭瑶(1892—1974),原名其瑶,字月祥,安徽省无为县开城镇先锋村人,时任国民政府训练总监部交通兵监及通信兵监两职。

"黄防空校长",即黄镇球(1898—1979),号剑灵,广东梅州市梅县人。曾于1929年赴德国研习防空学,1933年回国筹建防空学校,后任校长暨防空委员会副主席。

"欧阳教育长",即欧阳格(1895—1940),江西宜黄人,时任国民政府海军电雷学校教育长,兼江阴江防司令部司令。

抗战事起,蒋介石军务繁重,各方请示和报告,皆经过侍从室主任钱大钧等处理机要,工作十分繁忙。蒋介石通知的下一个"星期四日下午军事会报"例会,"照常开会",从所开列的列席会议人员名单看,这次军事会议与军事技术教育有关。

从文件编号推断,这通手令约书写在1936年年底。

第82通手令——嘱上官云相出国前来见

【手令编号】上卷018

【时间判读】19__年__月14日

【正文释读】

钱主任:上官云相总指挥现在何处,何时出国,嘱其出国以前来见为要。中正,十四日。

【原件品鉴】

竖排8行套红"国民政府军事委员会用笺"1页,原笺现红色沁润较重,毛笔书写。原件右上角有承办者用钢笔书写标注"已办"二字。

【原文解读】

上官云相(1895—1969),字纪青,山东商河人。保定陆军军官学校步兵科

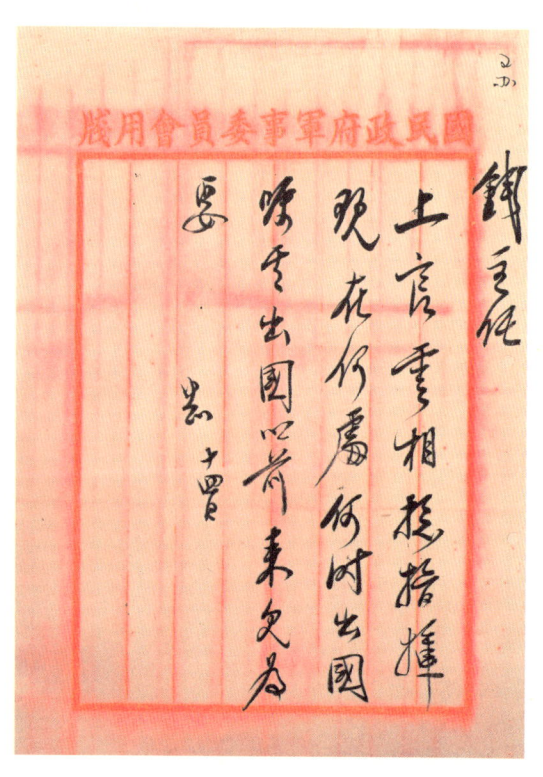

毕业，早年在孙传芳部任职，后成为蒋介石部下，并在蒋发动的数次"围剿"红军的战争中担任重要指挥职务。抗战期间，任第3战区司令部总参议兼第32集团军总司令时参与发动"皖南事变"。

第83通手令——约见陈济棠、傅真吾、孙连仲并问话程潜

【手令编号】上卷023

【时间判读】1937年8月31日

【正文释读】

请陈伯南十二时半吃午餐；请孙司令连仲来见；请傅真吾参谋长下午五时来见；钱主任 电话问程司令长官组织河南省府民厅与建厅究竟何人，请速告。中正。卅一日。

【原件品鉴】

竖排5行套红"国民政府军事委员会便用笺"1页，毛笔书写。

【原文解读】

陈伯南即陈济棠（1890—1954），字伯南，出生于广东防城港（今广西防城港），汉族客家人，粤系军阀代表，国民政府一级上将，曾任中国国民党中央执行委员、"中华民国"农林部部长。长时间主政广东，政治上与南京中央政府分庭抗礼，在经济、文化和市政建设方面则颇多建设。因长期主政广东，有"南天王"之称。

1936年6月"两广事变"后，7月18日陈济棠见众叛亲离，大势已去，只得声言下野，随即前往香港。至此，纷扰了50多天的事变遂告结束，同时也结束了陈济棠对广东的割据局面。陈济棠到香港后，蒋介石派黄镇球去安慰他，说将来借重他的地方还多。8月2日，陈济棠公开发表宣言："请各领袖勿分彼此，共同为国家合作。"进一步表明彻底放弃此前的反蒋立场。这一姿态使蒋介石对陈济棠的态度也发生了一些变化。

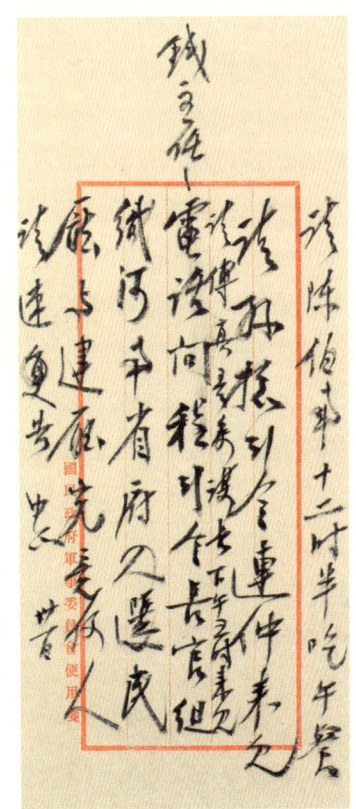

他要求香港当局对陈济棠提供保护。8月8日，蒋介石致信陈济棠，同意他出国，希望他"早日回国，襄助共成大业"。他还给予陈济棠以官式礼节出国的优待，发给外交护照。蒋、陈关系迅速得到改善。这年冬天，南京政府发起对蒋献机祝寿。陈济棠乘机把从前200万元购买军火机器的定单和光洋1000元献给南京政府，对国家捐献之多，为下野军人之冠。1937年7月全面抗战爆发后，8月底陈济棠由欧洲回国，后任国民政府委员及最高国防委员和战略委员。蒋介石的这通手令即书写于陈济棠回国之际的两人晤谈后。

1939年11月12日，陈济棠被蒋介石任命为农村部部长，又被提名为国民党中央常务委员会委员、国防最高委员会委员。抗日战争胜利后的1945年12月，被任命为两广及台湾宣慰使，前往广西、广东宣慰。1940年春，任国民政府农林部长。1942年，又被任命为国民党中央执行委员会常务委员会委员。1949年2月，出任海南特别行政区行政长官和警备总司令，指挥国民党军队撤退。蒋介石退守台湾后，严厉整肃和改造国民党党政军系统，一批"党国元老"和有过反蒋史的地方实力派人物均被置于尊而不用的地位，陈济棠见蒋颇有疑忌之意，十分知趣地把主要精力转到教育上。1954年11月3日早上，陈济棠决定到阳明山区勘察校址，因突发脑血栓即告不治，享年65岁。陈济棠从下台到去世有18年，在政治上是与蒋介石合作的，蒋介石也赋其职务，用其所长。

孙连仲（1893—1990），字仿鲁，汉族，河北雄县人。国民革命军二级陆军上将，著名抗日将领。冯玉祥的"十三太保"之一。1937年7月，任第2集团军副总司令（总司令刘峙）兼第1军团司令。抗日战争时期，因坚守台儿庄而闻名中外。

傅常（1887—1947），字真吾。四川潼南大佛乡人，16岁从军，后东渡日本，入同盟会。与刘湘过从甚密，为其副手。抗战中任第7战区总司令部参谋长。1946年，出席南京国民政府召开的国民会议，担任四川省出席会议的代表。病逝于成都。

本通手令文中的"程司令长官"，指程潜（1882—1968），字颂云，出生于湖南醴陵官庄。清末秀才。同盟会会员。日本陆军士官学校第6期毕业。国民政府陆军一级上将。曾任湘军都督府参谋长、非常大"总统府"陆军总长、广东大本营军政部部长。1937年8月20日，任命为中国抗日大本营参谋总长。9月23日，代理第1战区司令长官。1938年1月1日，被行政院正式任命为第1战区司令长官。同年12月，任汉中行营主任，负责指挥第1、第2、第8、第10战区及冀察战区、苏鲁战区，辖陕、甘、宁、青等13个省。1949年8月，在长沙宣布起义，同年9月出席中国人民政治协商会议第一届全体会议。中华人民共和国成立后，任中央人民政府委员，全国人民代表大会常务委员会副委员长、国防委员会副主席、湖南省省长、中国国民党革命委员会副主席。在北京病逝。

从本通手令文中称呼程潜为"司令长官"等综合信息看，推断手令书写于1937年8月31日。

第84通手令——请顾祝同接电话

【手令编号】上卷025

【时间判读】19__年__月__日

【正文释读】

钱主任：（电话）请顾墨三接电话。中正。

【原件品鉴】

竖排5行套红"国民政府军事委员会便用笺"1页，红蓝铅笔书写（"钱主任"和圈掉"电话"两字之圈用蓝色，其余用红色）。

【原文解读】

顾祝同（1893—1987），字墨三。江苏省安东（今涟水）人。保定军校第6期毕业。曾任黄埔军校教官、教导团营长，国民革命军第1军师长，素有"驭将之才"声誉。先后参与东征、北伐、军阀混战、"围剿"红军等役。抗战期间，任第3战区司令长官，兼江苏省主席，奉蒋介石密令，制造震惊中外的"皖南事变"。在黄埔嫡系将领中，顾祝同初为"八大金刚"之一，后又列名"五虎上将"，被称为国民党军政高层"军中圣人"。

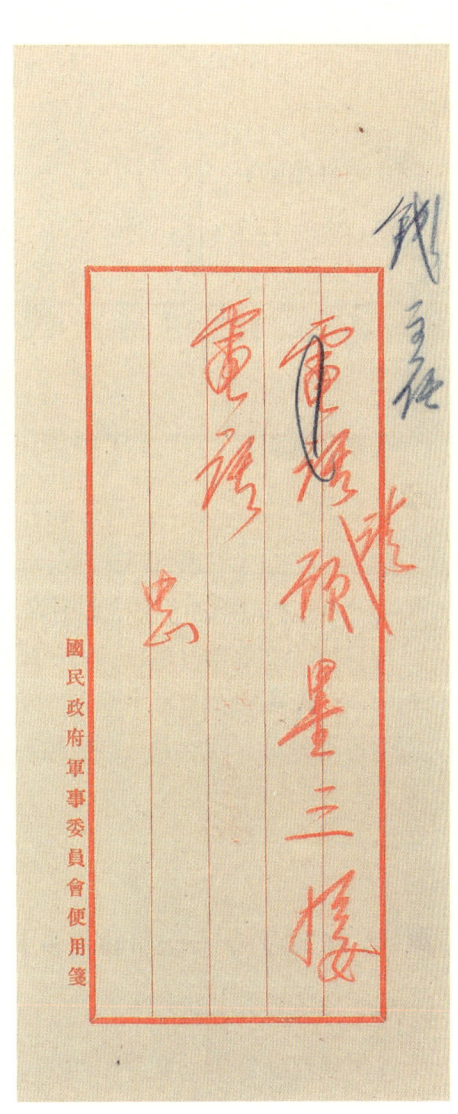

第85通手令——约王育瑛、凌兆垚、张言传晚餐后来见

【手令编号】上卷030

【时间判读】19__年__月22日

【正文释读】

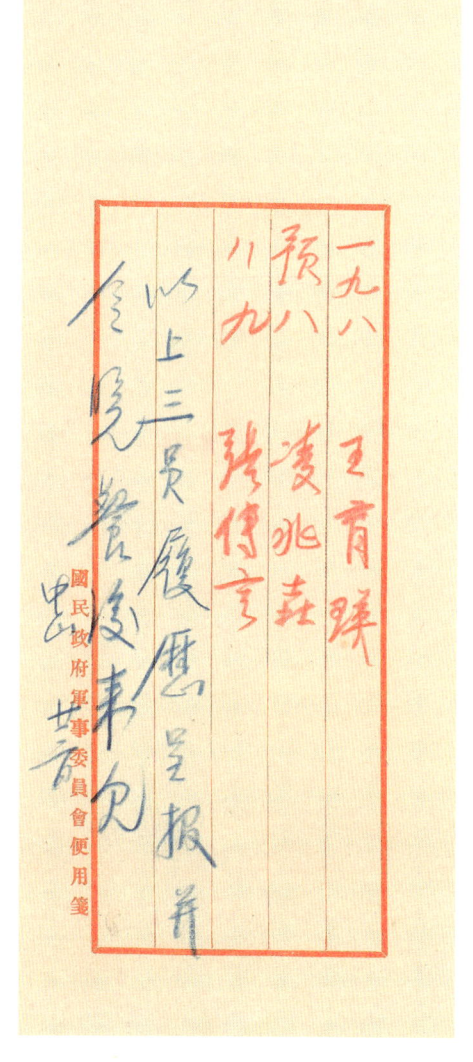

一九八,王育瑛;预八,凌兆垚;预九,张传言。以上三员履历呈报并令晚餐后来见。中正,廿二日。

【原件品鉴】

竖排5行套红"国民政府军事委员会便用笺"1页,红蓝铅笔书写("一九八,王育瑛;预八,凌兆垚;预九,张传言"用红色,其余用蓝色)。

【原文解读】

王育瑛,字季雄,1897年出生于湖南省慈利县长潭,时任第198师师长。

凌兆垚,时任预备师第8师师长。

张言传(蒋笔误为张传言),字慎之,云南昆明人。保定陆军军官学校第8期炮科、陆军大学特别班第6期毕业。时任预备师第9师师长。

第86通手令——招待老乡孙表卿并约见表弟王震南

【手令编号】上卷038

【时间判读】19__年__月20日

【正文释读】

钱主任:招待孙表卿先生旅馆费用为要。中正。廿日。
令王军法司长今晚来见。中正。

【原件品鉴】

竖排 8 行套红"国民政府军事委员会用笺"1 页，原件信笺红色现沁润较重。毛笔书写。原笺左下角毛笔注写"已通知"，盖"鲁×"红色印章。

【原文解读】

孙表卿（1870—1967），名振麒，字表卿，浙江奉化人。早年参与创办"新学会社"，积极开展革命宣传。历任国民政府行政院参议、浙江省议员、四明日报社经理等职。在殚精竭虑地创办新学会社的同时，孙表卿还在家乡积极开展教育活动，创办了众多学堂。其中的奉化凤麓学堂，蒋介石少年时就曾在此读过书，因此后来蒋介石对孙表卿以师礼相待。新中国成立后，曾任浙江省政协特邀委员。

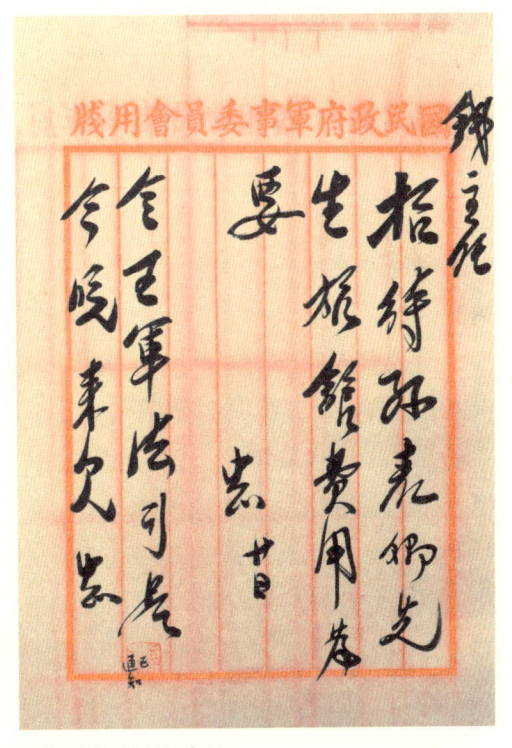

本手令中的"王军法司长"，即王震南（1892—1963），浙江奉化人，蒋介石的表弟。浙江省立法政学堂毕业。1924 年到广州，任黄埔军校政治部军法处军法官，国民革命军第 1 军政治部军法官，广州卫戍司令部上校军法官，国民革命军总司令部军法处少将军法官，陆海空军总司令部少将军法官。1930 年 1 月，任军政部陆军署军法司中将司长。1936 年 7 月，授陆军少将。1941 年，任第 3 战区司令长官部中将军法执行监，1946 年后，任徐州绥靖公署军法处长，陆军总司令部军法处长。

蒋介石在同一手令中提及的这两位浙江奉化老乡，想必所谈也与奉化有关。

第 87 通手令——请钱大钧、陈布雷代为送驾何应钦

【手令编号】上卷 050

【时间判读】19＿＿年＿＿月＿＿日

【正文释读】

明日何主席出发时，请钱、陈二主任代为送驾。中正。

【原件品鉴】

竖排5行套红"国民政府军事委员会便用笺"1页，现原件有上页信笺沁润较重红色；毛笔书写。

【原文解读】

本通手令中的"何主席"，即何应钦（1890—1987），字敬之，贵州兴义人。1901年入读贵州陆军小学，后入武昌陆军中学。1908年到日本，初入东京振武学校，后入读日本陆军士官学校第22期，并加入革命团体同盟会。1916年回国，1924年任黄埔军校总教官。1926年，北伐开始，时任国民革命军第1军军长，兼任潮梅警备司令，由广东潮州梅州攻福建，后任东路总指挥入浙。1927年宁汉分裂时，在龙潭大败孙传芳，之后调任全军总司令部总参谋长。1929年，任海陆空军总参谋长。1930年，任国民政府军政部长，此后多次任军委会行营主任，担任"剿匪"前线指挥。"九一八"事变后，何应钦与日本交涉华北问题，负责签署塘沽协定及何梅协定。此两协定普遍被认为是"卖国"的协定，引起民众对汪精卫与何应钦等人的谴责。1936年西安事变时，何应钦暂代总司令，主张应以武力讨伐张学良。1937年全国抗日战争爆发后，兼任第4战区司令长官和军委会参谋总长等职。1944年亲自指挥芷江会战，大败日军。历任同盟国中国战区中国陆军总司令及重庆行辕主任。1945年9月9日，在南京接受日军代表冈村宁次的降书。1946年6月，赴美任联合国安全理事会军事参谋团中国代表团团长。1948年，接白崇禧任"国防部长"。1949年3月，于李宗仁行"代总统"时任"行政院长"。同年赴台湾，担任"总统府"战略顾问委员会主任委员直至去世。1982年，出任三民主义统一中国大同盟首任会长。

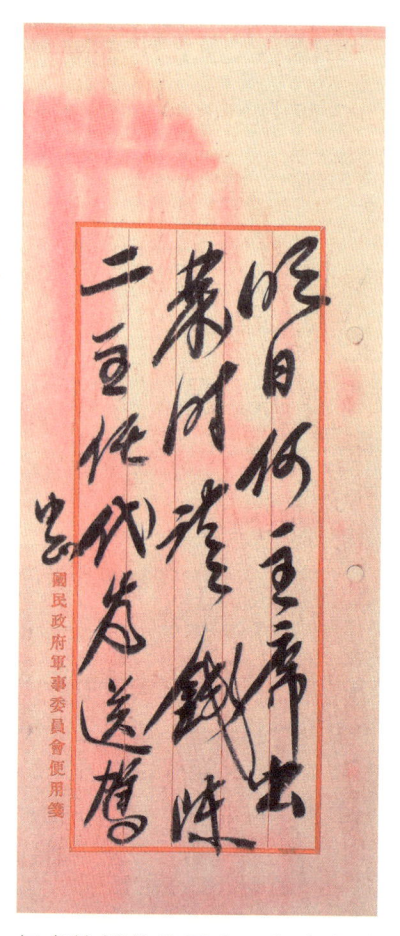

何应钦

第88通手令——黄蘅秋赴滇，托转为面达并代表一切

【手令编号】上卷056

【时间判读】19__年__月__日

【正文释读】

钱主任：发黄蘅秋先生洋壹万元，并托布雷兄代拟信稿一件，托黄带去，属其代表一切，转为面达。中正。

【原件品鉴】

竖排5行套红"国民政府军事委员会便用笺"1页，现原笺沁润上页红色较重；毛笔书写。原笺顶端有钢笔书写文件编号"参488"，盖紫蓝色条形印章"侍秘第4586号"，序号为钢笔填写。

【原文解读】

黄蘅秋，即黄实，别号蘅秋，云南楚雄人。生于1885年。云南讲武堂、北京陆军速成学校毕业，国民政府中将，国民党中央监察委员。

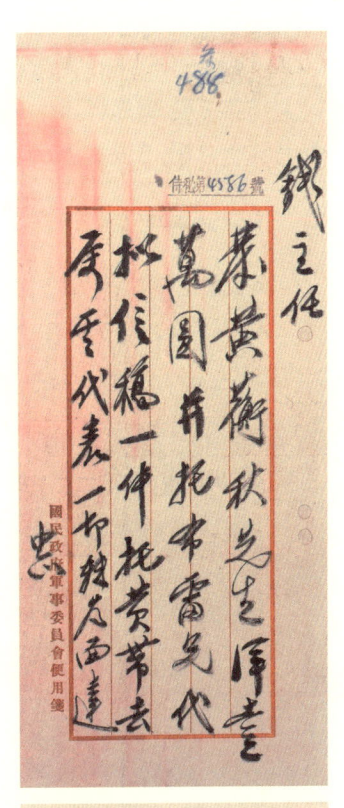

第89通手令——预留黄蘅秋赴滇飞机座位并派人送行

【手令编号】下卷001

【时间判读】19__年__月__日

【正文释读】

钱主任：黄蘅秋兄赴滇，由广州至河口，飞机属西南航空公司预备座位，并派人送行。中正。

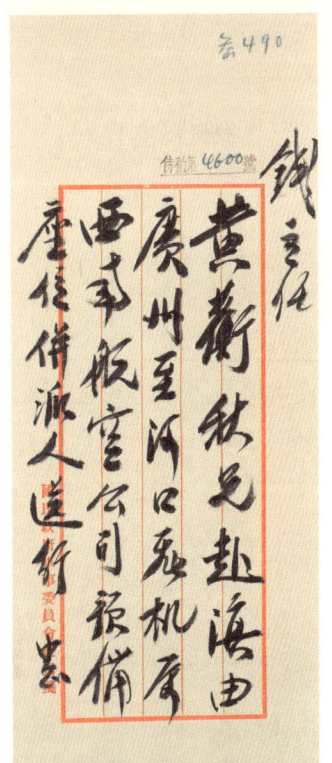

【原件品鉴】

竖排5行套红"国民政府军事委员会便用笺"1页,毛笔书写。原笺右上角有钢笔书写文件编号"参490",盖紫蓝色条形章"侍秘第4600号",序号为钢笔填写。

【原文解读】

黄蘅秋,即国民党中央监察委员黄实。

本通手令与上通手令,所交办的都是关于黄蘅秋到云南送行事宜。

第90通手令——复电邱甲外间谣诼不必轻信

【手令编号】下卷023

【时间判读】19__年__月__日

【正文释读】

钱主任:对邱甲电可复其"此间并无所闻,外间谣诼不必轻信"。中正。

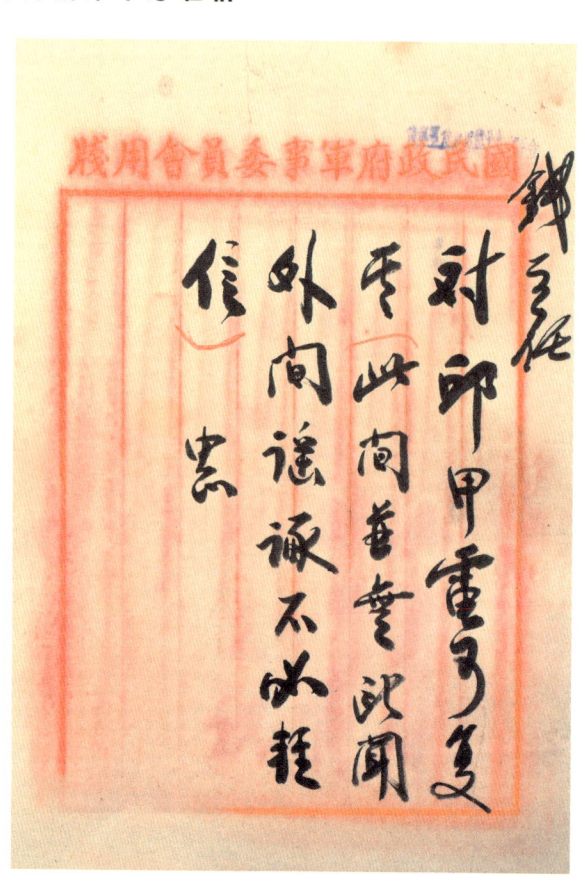

【原件品鉴】

竖排8行套红"国民政府军事委员会用笺"1页,现原笺沁润红色较重;毛笔书写。原笺右上角盖紫蓝色条形章"侍秘第__号手令",但未填写序号。文中"此间并无所闻,外间谣诼不必轻信"以红色铅笔书写"括号"标明。

【原文解读】

邱甲,为国民政府四川省政府主席刘湘的谋士,抗战前夕任刘湘驻汉口办事处处长。在一些文史资料中,多有邱甲以占卦、卜算为刘湘出谋划策的故事。

第91通手令——命吴斌及张镇来见

【手令编号】下卷026

【时间判读】19__年__月__日

【正文释读】

命七十八师参长吴斌及张镇来见。中正。

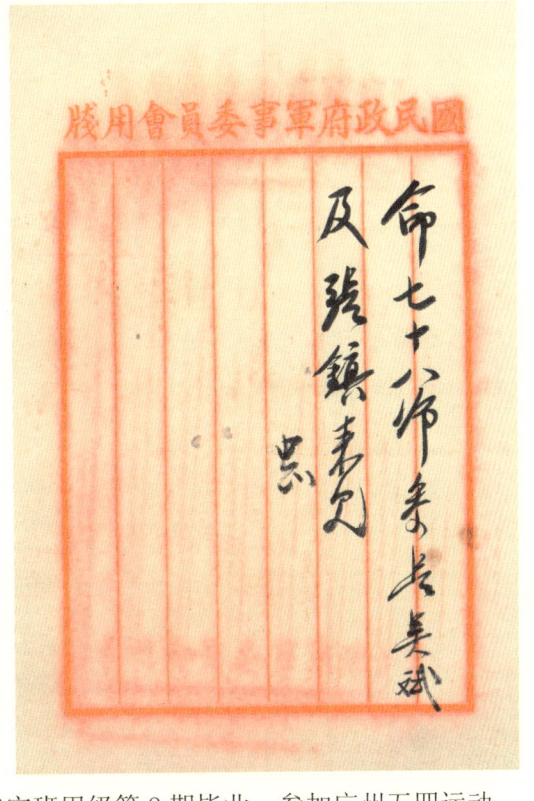

【原件品鉴】

竖排8行套红"国民政府军事委员会用笺"1页,现原笺沁润红色较重;毛笔书写。

【原文解读】

吴斌(1901—1990),别号乘云,广东省高州县(一说茂名)人。父从商贩,家境贫穷。本县高等小学毕业,广东公立高等警监专门学校法律系、陆军大学将官班甲级第2期毕业。参加广州五四运动,为广州学生组织领导人之一。1922年任高雷讨贼军营副官,高雷绥靖处委员,游击第5支队司令,孙中山韶关北伐大本营警卫团第1营营长。1924年春,由西路讨贼军第5师师长林树巍保荐投考黄埔军校第1期,同年5月编入第2队学习,11月毕业。后任黄埔军校教导第1团排长,1925年2月参加第1次东征,于棉湖战役负重伤,右手中弹骨折,后称"跛手将军"。伤愈后任黄埔军校教导第1团党代表办公室参谋。1926年7月,参加北伐,任东路军总指挥部副官、福建诏安县县长。1926年秋,任国民革命军第1师政治部主任、第1军特派员。1931年10月,任第9师第26旅第54团团长。1932年5月,第9师缩编为3旅6团制。第26旅第54团被撤消,吴斌改任独立旅第1团团长。1932年,任第19路军第61师参谋长,参加"一·二八"淞沪战役。1932年4月,由蒋介石特批作为旁听学员入陆军大学正则班第10期学习。1935年4月从陆大毕业。抗日战争全面爆发后,历任第180旅旅长、西安行营特务团团长、中央军校第7分校第15期第4总队总队长。1942年,任第1战区战时干部训练团教育长兼洛阳警备司令、中央军校驻豫训练班第18期班主任,第1战区警备司令部司令。

1945年2月，吴斌授陆军少将。1945年3月，入陆军大学将官班甲级第2期深造，1945年6月，从陆军大学将官班甲级第2期毕业。抗战胜利后，任第19军官总队总队长、济南防守副司令，1946年7月1日，吴斌接替夏楚中任济南防守司令。1946年5月11日，国民党济南军政当局成立"济南市人民义勇总队部"，开始对市民进行军事训练，编组"义勇自卫队"。夏楚中兼任总队长，济南防守副司令吴斌、市长张金铭、省会警察局长林风楼兼任副总队长，1948年7月7日，济南防守司令部撤销，改编为济南军警稽查处，直接归第2绥靖区指挥，内设参谋、总务、督察、军法4个室，原防守副司令周更生任处长。吴斌回广东，任第9训练处副处长。1949年，任第6兵团中将副司令长官。1949年5月，任广东第13区行政督察专员兼保安司令。1950年到台湾，任东南长官司令部高参，国防部中将高参。1968年退役，任中国银行顾问。1975年在台湾当局纪念棉湖大捷50周年时，撰文《伤兵话棉湖》。在台北病逝，享年89岁。

张镇（1899—1950），字申甫，号真夫，湖南常德人，追赠国民革命军二级上将。黄埔军校第1期毕业，曾任国民革命军总司令部侍从副官。1937年11月，任宪兵司令部中将副司令，1941年晋升为中将宪兵司令。详见第93通手令。

第92通手令——代访英国大使，约见对日情报专家

【手令编号】下卷028

【时间判读】1937年8月底

【正文释读】

派钱主任往访许大使，病好否？问何日可出院。约王芃生明日上午十一时见。

【原件品鉴】

竖排8行套红"国民政府军事委员会用笺"1页，现原笺沁润红色较重；毛笔书写。原笺右上角旁注："劳神父路

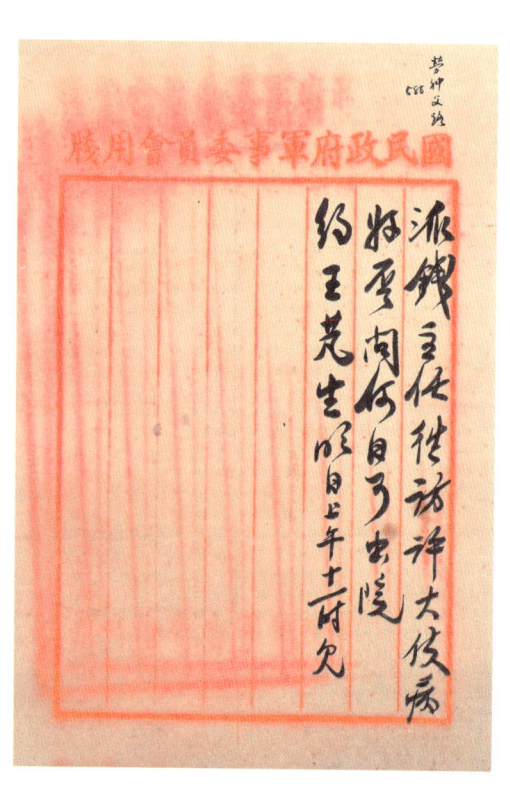

588",似为往访许大使所住医院地址。

【原文解读】

本通手令中的"许大使",指时驻华英国大使许阁森爵士(1886—1971),英文名KCMG(Sir Hughe Montgomery Knatchbull-Hugessen),英国外交官、作家。1930年至1934年任英国驻爱沙尼亚、拉脱维亚和立陶宛公使。1934年至1936年任英国驻波斯大使。1936年至1937任英国驻华大使。1937年8月26日,许阁森的座驾被日军军机袭击,许阁森受重伤。当时日军误以为蒋介石在汽车内,事后揭发了黄濬间谍案。许阁森回英国休养,1939年至1944年任英国驻土耳其大使。1944年至1947年任英国驻比利时大使兼驻卢森堡公使。1947年退休。

王芃生

王芃生(1893—1946),原国民政府军事委员会国际问题研究所中将主任,抗日战争爆发后任交通部次长,主持成立国际问题研究所,专门从事对日情报工作,成为驰名中外的研究日本问题的权威,在重庆病逝。

蒋介石这次约谈王芃生,显然与侦破英国大使被炸所涉及的黄濬间谍案有关。这个案件是抗战初期最大的汉奸间谍案,时在国民政府首府南京接连发生了多起影响极大的间谍案,有几次差点要了蒋介石的命。蒋介石惊怒交加,下令限期破案,终于挖出了以南京政府行政院机要秘书黄濬为首的隐藏颇深的汉奸间谍集团。

1937年7月28日,蒋介石在南京中山陵孝庐主持最高国防会议,决定利用日本关东军与日军其他部队的行动暂未统一的有利时机,抢在敌人大部队向长江流域发动大规模进攻之前,选定长江下游江面最狭窄的江阴水域,在江中沉船,堵塞航道,再利用海军舰艇和两岸炮火,将长江航路截断。这一方面可以阻止日舰沿长江西进,另一方面可以将长江中上游的九江、武汉、宜昌、重庆一带的70艘日军舰船和6000多名海军陆战队员围而歼之。这次会议属高级机密,由侍从室主任秘书陈布雷和行政院主任秘书黄濬担任记录。

黄濬在会后立即将这个绝密情报密告日本特务。结果,日本海军陆战队抢先一步,连夜东行。就在蒋介石的命令刚刚下达、封锁江阴要塞的行动即将实施之前,所有在长江中上游的日本军舰和商船,于8月6日、7日两天,全部飞速向下游驶来,冲过江阴江面,撤往长江口,所有日本侨民也都随船撤离。封锁江阴要塞的军事计划就这样破产。

抗日战争全面开始后,日本政府为了一举制服蒋介石政府,命令潜伏的日本间谍暗杀蒋介石。1937年8月13日淞沪抗战爆发。上海与南京近在咫尺,蒋介石几次准备去上海前线视察和指挥作战,但因为宁沪之间的铁路和公路都受到了日军飞机的日夜狂轰滥炸,途中极不安全,因而一直未能成行。25日,在蒋介石召集的最高军事会议上,副总参谋长白崇禧向蒋建议,次日英国驻华大使许阁森要从南京去上海,可以搭乘他的汽车去。当时英国还是一个中立国,可免遭日军飞机的轰炸。蒋介石对此表示同意。黄濬也在这个会上。会后,他立即向日本特务传递了这一情报。第二天,蒋介石因有急事,临时取消了上海之行。结果,英国大使的汽车行驶在嘉定地区的沪宁公路上时,遭到两架日军飞机的追逐袭击,汽车被炸翻,许阁森大使肝部中弹,生命垂危。事件发生后,戴笠意识到,在蒋委员长身边埋有一颗随时可能被引爆的炸弹。

连续几次最高军事会议的泄密,使蒋介石雷霆震怒,严令戴笠和南京军、警、宪、特机关组成联合专案组,迅速侦破。戴笠经过分析,认为这两件被泄露的机密都是当时最重大的国家机密,事先能够知道的人很少,只要把能够与会或接触到这两件机密情报的人员进行筛查,不难发现蛛丝马迹。他密令宪兵司令谷正伦调查内部,限期破案。破案小组分析,上述几次泄密,乃是最高军事会议的内容,参加会议的除几位高级军政人员外,只有陈布雷和黄濬担任记录。

经调查,黄濬平时生活腐化,挥霍无度,其经济来源与其收入严重不符,十分可疑。戴笠进一步派特务对黄濬和其儿子进行监视跟踪,发现黄濬独自一人经常去的地方,一处是南京新街口一家外国人开的"国际咖啡馆",另一处是玄武湖公园。于是戴笠便对这两个地点进行周密的监测,终于发现黄濬在这两个地方向日本人递送情报。不久,宪兵又在清查"中央军校刺蒋未遂案"的过程中,发现两个日本特务乘坐的正是黄濬的轿车。案情逐渐清晰。为扩大战果,谷正伦又派员策反了黄濬家的女仆莲花,令她监视黄濬的行动。

一天,接到莲花密报,黄濬的司机从外边回来后,径直去找黄濬,把一顶礼帽交给他。谷正伦立即命令特工盯梢司机。第二天,特工跟着司机进了"国际咖啡馆",只见司机把一顶礼帽挂在衣帽钩上,然后坐到一张桌子边喝咖啡。特工注意到衣帽钩上已经挂着一顶与司机挂上去的式样、颜色完全相同的另一顶礼帽。不一会儿,一位喝咖啡的日本人离座走到衣帽钩前,伸手取下黄濬司机的礼帽戴在头上,走出门去。此人就是日本大使馆雇员小河。这一切都没有逃过特工的眼睛。

隔了一天,小河头戴礼帽骑车又去咖啡馆,途中突然被一个骑车者猛地撞倒在地,摔得头破血流。几个"好心"的过路人及时出现,拦下一辆汽车,不由分说地把小河塞进车子送往医院抢救。当然,这些"肇事者"和"过路人"都是军统特工装扮的。特工仔细检查礼帽,发现里面藏有日本大使须么弥吉郎给黄濬的指令,便换入一封事先写好的假信，内容为须么指示黄浚，明晚深夜 11 时，邀集间谍集团成员去黄浚家，由须么亲自颁发奖金。特工飞车赶往咖啡馆，见已有一顶相同颜色的礼帽挂在衣帽钩上，就伸手换了一顶退出门外。回去一看，帽中果然有黄浚向须么提供的情报。特工发现，不一会儿，黄浚就取走了帽子。谷正伦得报后火速报告蒋介石，蒋介石立即下令秘密逮捕黄浚等一伙间谍。

第二天入夜，特工人员化装成小贩、人力车夫等各种人员，陆续进入预定位置。深夜 11 时，黄浚家中的楼上手电光闪烁 3 次，这是莲花发出的信号：黄浚一伙已聚集在内。众多特工蜂拥而入，直扑小客厅。黄浚被当场拿获，其儿子也因参与他的活动被逮捕。莲花在抓捕黄浚的行动中被黄浚枪杀。

审讯中，黄浚对其罪行供认不讳，最后经军事法庭审判，决定以卖国罪判处黄浚父子死刑，并公开处决。当年 12 月，黄浚父子以卖国罪被处以极刑，其他相关人员也分别被处以无期徒刑和有期徒刑。当局为破获黄浚案献身的莲花举行了隆重的追悼会，会后，她的遗体被安葬在南京雨花台。

第 93 通手令——电令召见张镇

【手令编号】下卷 030

【时间判读】19__年__月__日

【正文释读】

电令：张镇来见。中正。

【原件品鉴】

竖排 8 行套红"国民政府军事委员会用笺"1 页，现原笺沁润红色；毛笔书写。

【原文解读】

张镇(1899—1950)，字申甫，号真夫。出生于湖南省常德县丁家港乡（今常德市鼎城区）五里冲。青年时就读湖南省立第 2 中学。1924 年考入黄埔军校第 1 期，被政治部主任周恩来发展为中共党员。

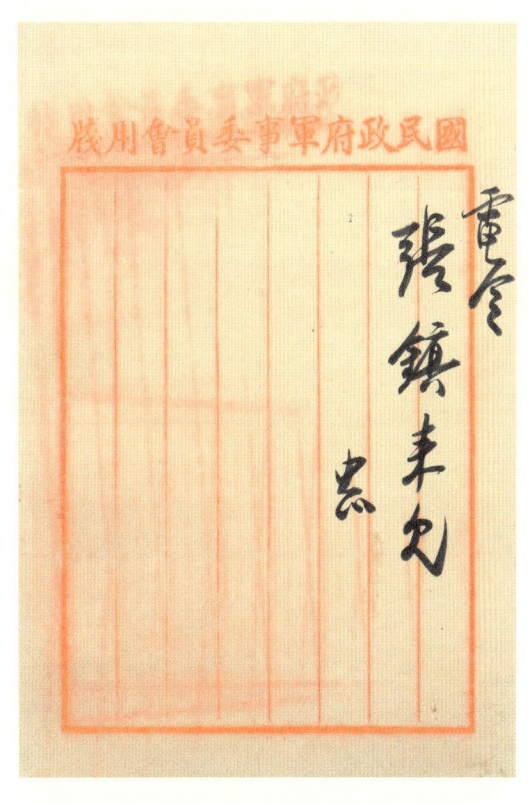

1925年2月，军校毕业后派任军校（教育长胡谦）政治部（主任汪兆铭）编纂股（主任杨其纲）少尉编纂员。9月，升任组织科中尉科员，在政治部任干事期间深受周恩来重用。1926年5月，调任军校第3期步科第2团（团长张与仁）第1营（营长范荩）第3连（连长陈丹舟）中尉排长。11月，派赴苏联入孙逸仙大学（莫斯科中山大学）学习，因赞同托洛斯基观点，被遣送回国。1927年9月，派任军事委员会政治训练部（代主任陶冶公）秘书处（处长徐培根）中校秘书。

1928年初，张镇去徐州以黄埔一期学生身份谒见蒋介石，授予中校军衔，安排到总司令部工作。1929年4月，调升陆海空军总司令部副官处（处长陈铭阁）上校侍从副官。1932年1月，任委员长侍从室上校侍从副官。期间，追随蒋介石参加了徐州、武汉、陇海等历次新军阀混战，忠实为蒋服务，深得蒋介石赏识。12月，调任宪兵第1团上校团长。1933年，任特务团少将团长、宪兵第1团团长。11月，当选首都宪兵司令部特别党部监察委员。1934年3月，调升宪兵教导团少将团长。6月，所部改称宪兵第1团，仍任少将团长。1935年5月，叙任陆军步兵上校。1936年3月，转任陆军宪兵上校。6月，调升第8师（师长陶峙岳）少将副师长，驻军天水。10月，晋任陆军少将。西安事变发生后，奉命率部向西安进发，获悉事变和平解决后，留驻宝鸡。1937年调驻江苏。

卢沟桥事变后，张镇率部移防上海。淞沪抗战中，率部与日军浴血奋战10昼夜，挡住日军。部队换防时，日军乘机猛扑，他见接防友军仓促应战，防线有攻破之险，又身先士卒，激励将士上战场，经过激烈战斗，终将日军击退。10月，由上海调至南京，任宪兵副司令。11月，调升宪兵司令部（司令谷正伦）中将副司令。国民党宪兵实际上就是管军队的警察，是负责执行军法的军内警察。宪兵的地位很高，一个宪兵的待遇与一位普通部队的连长相当。12月，南京危急，张镇率宪兵司令部撤至长沙驻防。1938年10月，武汉三镇失守，日军向湘境逼近。11月12日下午，张镇率宪兵司令部向湘西芷江转移。长沙大火后，接蒋介石电令，带5万元现金和宪兵一团，星夜驰赴长沙救灾。抵长沙后，参与主持救灾委员会工作，办理赈灾事务，负责警戒和恢复长沙社会治安。

1940年3月，张镇获颁四等云麾勋章。年底，宪兵司令部由芷江迁往重庆。1941年晋升为中将宪兵司令。1943年10月，获颁二等宝鼎勋章。1944年2月，升任宪兵司令部中将司令兼军法执行总监部（总监何成浚）副监。10月，带职入陆军大学将官班甲级第1期学习。1945年1月，陆大毕业后仍任原职。5月，当选国民党中央执行委员。10月，获颁胜利勋章，兼任制宪国民大会警卫处处长。

抗战胜利以后，毛泽东飞赴重庆谈判期间，曾发生八路军干部李少石被枪杀事件。

为了保护毛泽东的安全，周恩来把张镇找来，提出安全保卫毛泽东的要求。他遵周恩来所嘱，亲自护送毛泽东到下榻的寓所，并命宪兵第9团团长（与他私人关系密切的常德人）蔡隆仁具体负责，对毛泽东进行特别保卫。毛泽东离渝返延安时，他亲自护送到机场。重庆曾家岩纪念馆现在还陈列着在机场毛泽东与张镇握手的照片。

1946年1月，张镇获颁忠勤勋章。1946年6月，宪兵司令部由重庆迁回南京，张镇任宪兵司令，曾当选为国民党中央执行委员和三青团中央监察委员。1947年3月，晋颁三等云麾勋章，获颁三等景星勋章。9月，兼任首都卫戍司令部司令。11月，兼任宪兵学校校长。1948年9月，晋任陆军中将。11月辞去首都卫戍司令兼职。

1949年2月，中国人民解放军渡江前夕，张镇率宪兵随国民党政府由南京撤至黔阳、广州，又撤至重庆，后与空军司令周至柔同机飞往海南岛，旋即转往台湾。

在台湾，张镇被发现是中共地下党员。1950年2月17日，蒋介石下令在台北暗杀了张镇。这位驰骋国民党军政舞台长达30多年的中共地下党员，终年仅51岁。整一年后，蒋介石为掩人耳目，于1951年2月追晋张镇为陆军二级上将，以"病逝"名义葬于台北五指山国军公墓特勋区。

全国解放后，周恩来总理多次对负责统战工作的罗青长、童小鹏说："将来台湾解放了，对张镇烈士在重庆谈判时期的这一功劳，一定不要忘记。"周恩来在临终之时，仍念念不忘嘱托不要忘记两位姓张的朋友为中国共产党作出过的特殊贡献，这两位"张姓朋友"，一位是张学良，一位就是张镇。

第94通手令——电话南京约见陈公博

【手令编号】 下卷043

【时间判读】 19__年__月__日

【正文释读】

电话南京：陈公博先生如有暇，请即来一叙。中正。

【原件品鉴】

竖排5行套红"国民政府军事委员会便用笺"1

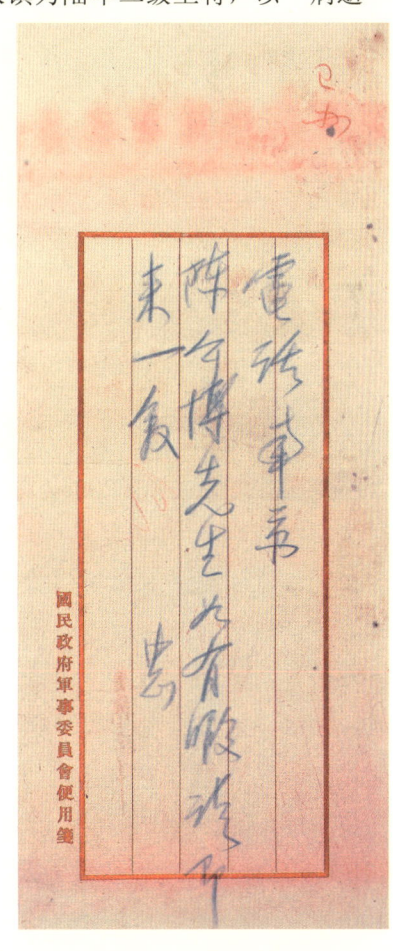

页，现原笺有上页红色沁润较重；蓝色铅笔书写。原笺右上角有承办人用红色铅笔所注"已办"二字。

【原文解读】

陈公博（1892—1946），生于福建上杭。早年就读于北京大学，参加中国共产党，是中共"一大"代表，尔后脱党而去，跻身国民党行列，以"左派"自诩，曾任国民党第2次全国大会中央执委。后演变为反蒋的改组派的代表人物，但不久又与蒋合流，是蒋的座上客。最后，他追随汪精卫，叛国投敌，成为中国的第2号大汉奸。著有回忆录《苦笑录（1925—1936）》。

第95通手令——查报贺衷寒何日出洋

【手令编号】 下卷044

【时间判读】 19__年__月__日

【正文释读】

贺衷寒同志何日出洋？查报。中正。

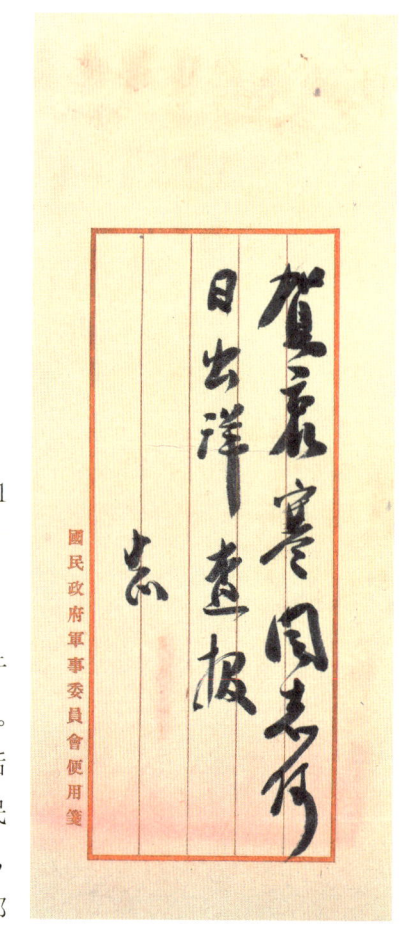

【原件品鉴】

竖排5行套红"国民政府军事委员会便用笺"1页，现原笺有上页红色沁润；毛笔书写。

【原文解读】

贺衷寒（1900—1972），湖南岳阳人，毕业于黄埔军校第1期，与蒋先云、陈赓并称"黄埔三杰"。曾筹组孙文主义学会并担任黄埔同学会书记长，后任军事委员会政治训练处中将处长，长期主掌国民政府情报系统，被称为复兴社四大台柱之一。抗战时，任国民政府军事委员会政治部第1厅厅长、政治部秘书长。1950年于台湾接任"交通部长"，1954年辞职，出任"中华民国总统府国策"顾问。1961年后，任国民党中央设计考核委员会主任委员行政院政务委员、国民党中央评议委员会委员等职。

10 官员任免

本组手令共有 11 通。从这些手令中可看出，蒋介石对官员任免、人事调动的要求很严格。有处于战争环境下的因素，多数情况下是独断专行，一个人说了算。有时也有征求他人意见、尊重军委会建议的个例。从中还看出，蒋介石的军队干部管理，较多直接管到副师级，团职以下、军职以上军官则鲜见以手令形式任免。

第 96 通手令——撤换第 140 师师长沈久成

【手令编号】上卷 061

【时间判读】1936 年 10 月 10 日

【正文释读】

钱主任：关于沈久成师之继任人选，本（今日）批为陈又新，此电暂时缓办。已发电，请复。中正，十日。

【原件品鉴】

竖排 8 行套红"国民政府军事委员会用笺"1 页，原件信笺红色现沁润较重；毛笔书写。

【原文解读】

这通手令，内容主要是围绕第 140 师师长的人选颇让蒋介石费琢磨。

蒋介石在书写本通手令前，实际上刚写了另一通"本（今日）批为陈又新"的手令，有可能就在此时接何应钦信息等原因，使蒋介石动摇了原来对第 140 师师长人选的任命，决定"此电暂时缓办"，最后以王文彦充任第 140 师师长。第 140 师的师长人选，究竟是选曾任黄埔军校潮州分校区队

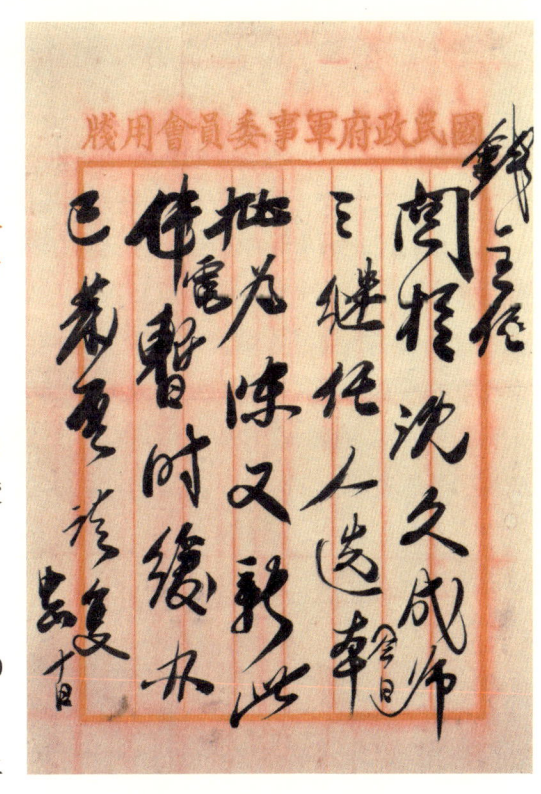

长、云南人陈又新，还是黄埔一期毕业生、贵州人王文彦？比较两人的履历及结局，也许后人有个"最佳人选"的答案，毕竟要当官，人品还是首位的，并不在乎举贤是否避亲。

（一）第140师的变迁及荣誉史

第140师原为新编第25师，前身为黔军第25军教导师、川南边防军候之担部，系黔系精锐。1935年4月，该师"剿共"不利，于赤水整训，由薛岳负责改编，番号改为新编第25师，以贵州遵义人沈久成任师长，保持2旅4团建制。1935年5月，沈到赤水就任，并整编部队。是年秋，全师移驻川北昭化、广元及陕南宁羌一带整训。1936年1月，新编第25师更换番号为第140师，沈任师长，暂归第25军节制。不久，缩编为3团制。同年秋，沈久成率该师进驻陕西略阳，策应第3军"围剿"红军。不久，又调赴天水，进驻秦安、通渭、马营、华家岭一带，接替关麟徵第25师防务，此时该师隶属第3军建制。

沈久成担任第140师师长以后，对整编部队、更动人事方面操之过急，引起部分下属反感，导致大量中下级军官不满，发生了部队叛乱事件，编余军官萧荣光图谋暗杀师长沈久成未遂，第719团全体连级军官上书军委会告状，闹得全军都沸沸扬扬。这一系列重大变故，使军委会和蒋介石决定调换该师师长。

蒋介石在这通手令中初选定陈又新任第140师师长，但最终赴任的却是王文彦。有种解释认为，这主要是蒋介石和军委会唯恐第140师的军心不固，而第140师贵州籍的官兵较多，为了安定军心，军委会便因势利导，于1936年秋冬之间，调他们认为较为温和的贵州人、何应钦之内弟王文彦去接任第140师师长。

第140师师部时在甘肃通渭马营。沈久成未离任前，原副师长左藩已先请假离开部队回湖南湘潭久未返任（抗战初期，左在湘潭被敌机炸死）；原兼参谋长唐宇纵被撤职后，亦暂悬缺。故王文彦到马营接任时，随带了较亲信的王绍棠（苏州人）接任师军需处长，周盛鸣（贵州遵义人）接任副官处长，刘熹（湖南湘乡人）接任军械处长，蔡心龙（江苏人）接任军医处长（以上数人，多是原在军政部或特务团工作的）。王到任后不久，又调他的陆大特别班同学何昆雄（湖南醴陵人，黄埔第1期毕业生）任副师长，温靖（字卓寰，广东梅县人，黄埔第3期毕业生）任参谋长。自王接师长以后，除对副师长、参谋长、师部各处处长等自然出缺进行调补外，各团之部队长（包括团、营、连、排长）均未变动。由此可以看出王吸取了前任师长沈久成之过激做法，使得军心不稳的教训，从而使用了较为温和、慎重的统驭部队的方法。

王文彦通过何应钦的关系先任职于军政部，此番调任第140师师长，使何应钦想掌握老黔系部队的野心表露无疑。王文彦调任师长的同时，将师部人员全部换成自己所带的亲信。此时的原第140师高级军官只剩第720团团长林秀生一人。由于沈久成尚未将第140师中央化，使得该师补给诸多不便。王文彦接任后，通过与何应钦的姻亲关系，反而让全师的装备补给大为改观，武器装备和被服补充等均逐渐充实，同时不再像沈久成时期仅领"包干军费"，改按中央其他直属部队一样待遇，实报实销，官兵薪饷已不再打折扣。如按当时一般情况而论，即由"丙种师"而升级为"乙种师"。王受到信任和有了各方面人事上的关系，当然一切都较为方便。加之王是贵州人，所以在第140师办事一帆风顺，未受到所部官兵为难。

1936年"西安事变"发生后，蒋介石被张学良、杨虎成等扣留，南京方面推定何应钦掌握军事大权。何为了震慑张、杨，乃调集大军向西安包围，第140师也奉令由甘肃回师陕西兼程进逼，部队推进到西安邻近之周至时，东北军第106师沈克部已在周至设防，形势紧急，一触即发。"西安事变"和平解决，协议停止内战，共同抗日，蒋介石飞返南京。约半月后，第140师仍回驻甘肃清水、张家川一带驻防。1937年初，第140师移驻陕西宝鸡、虢镇、凤翔、蓝田等地整训。

1937年"七七"事变后，全民动员抗战救亡。第140师奉令扩编为3旅6团（等于"甲种师"），王文彦派第418旅旅长李靖化（四川重庆人）兼新兵第1招募处处长，赴四川募兵；派第835团代团长李祖明（贵州独山人）兼新兵第2招募处处长，赴贵州募兵。仅两个月时间，四川、贵州分别募得新兵各2000人左右（有部分青年学生踊跃应募，后择优保送部分进西安第7军分校及本师教导队），连同第419旅副旅长兼团长任骧在陕西接收师管区所征新兵2000余人，共增编为3个团，3省的新兵以部分补充原建制团，同时由原来3个建制团中抽调部分干部、军士、老兵等编入新兵团带动新兵。3个团集中陕西临潼、渭南、华阴等地整训。扩编时，原3个建制团团长均升任旅长：第418旅旅长李靖化，第419旅旅长方日英（广东人，黄埔第1期毕业生），第420旅旅长林丽山（字秀生，云南昆明人，保定军校毕业生）。团长中有湖南人、云南人、贵州人，营、连、排长中贵州籍人较多，士兵中贵州籍的比重较大，但后来补充有四川、陕西的新兵，虽然基础是贵州部队改编的，但干部队伍已是"五湖四海"。王任用的副师长、参谋长、3个旅长等几个主要将领，分别是湖南、广东、四川、云南等省省籍，仅王本人是贵州人。这说明王文彦在人事任用上比较开明，并不一定计较地域或学籍。此时全师兵员达1万余人，整训和补充装备后，划归第8军建制（军长黄杰，湖南长沙人，黄埔第1期毕业生）。1937年年底，日军向晋南侵犯，第140师奉令进驻潼关、阌乡、灵宝、陕州一带防守黄河南岸，并派出一部赴晋南出击，堵截由太原南犯之日军。

1938年3月下旬，孙连仲、汤恩伯、张自忠等部在台儿庄及其邻近战场与日军恶战。4月中旬，第60军（滇军卢汉部）和第8军所属之第140师王文彦部奉命调往台儿庄地区。第140师由潼关、灵宝一带乘火车赴鲁南增援，将黄河南岸防务交第102师柏辉章部接替。就在第60军到达鲁南前线后两天，第140师到达车幅山

中国军队冲入台儿庄歼灭残敌。

（距台儿庄仅一站，当时属终点站）下车，归第2集团军总司令孙连仲直接指挥。孙立即令第140师驰赴台儿庄东南郊之禹王山左翼阵地（与第60军衔接）及南郊望母山一带防守，并负责该地段运河西岸河防防务及构筑沿河工事。第51军于学忠部（东北军）已先几日到达台儿庄北面与敌作战，第20军团汤恩伯部（中央军）亦早在峄城、兰陵、苍山一带阻击敌人。此次敌增派飞机、大炮、精锐师团、骑兵及机械化部队等，攻势极猛，于、汤等部连月与敌激战，伤亡重大，曾暂向台儿庄左右两翼后撤。适在此时，第60军到达，除扼守台儿庄一带阵地外，并向敌猛攻。击退日军攻势，杀其凶焰，汤恩伯、于学忠两部才稳定下来。

第60军为中国军队的主力军，是战斗力极强的部队，他们无论攻防都是能手，又有勇敢强悍的第140师助威，日军虽发动无数次进攻，终未能越雷池一步。第60军和第8军之第140师勇猛强悍的牺牲精神，为当时战区长官部、集团军总部一再嘉奖，也为在鲁南战场上各友军和当地民众所一致称道和尊敬。日军认为第60军和第140师这颗硬钉子对其攻势计划障碍很大，只要消耗损伤这支实力，攻占重要阵地禹王山一带，其他部队就容易对付，便可直下徐州，因而集中力量向台儿庄之屏障的禹王山、望母山一带正面战场各阵地猛烈攻击，反复争夺，经过半个多月的惨烈苦战，日军终未能得逞，且死伤累累。

当日军向第60军第184师禹王山正面阵地猛攻时，该师誓死抗击，坚守阵地，因而伤亡较大。孙连仲令第140师派1个团增援该师。第140师师长王文彦乃派第837团团长罗遇春（字振武，云南玉溪人）率该团归第184师师长张冲指挥，加入该师战斗序列；另派第839团（团长万徐如，贵阳人）接替罗团担任的望母山一带阵地任务，与右翼本师第835团（代团长李祖明）所据守禹王山左翼之阵地衔接。日军进攻第60军禹王山正面阵地时，同样对第140师在禹王山左翼和望母山一带阵地猛

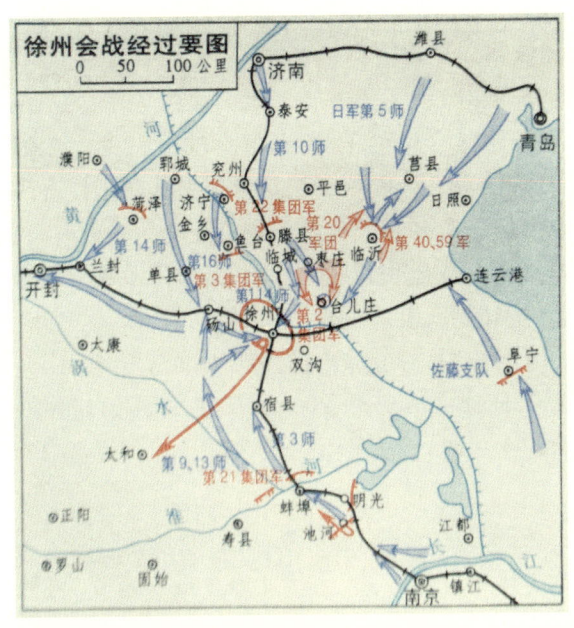

攻,经过多次反复争夺和短兵相接,均击退敌之攻势,守住了防线。在争夺战中,第140师第835团副团长王俊臣(贵州遵义人)在指挥第一线战斗与敌肉搏中为国捐躯;第2营副营长陈英华亦阵亡。第835团伤亡连、排长共20余人,伤亡士兵800余人。在战斗激烈时,因伤亡过大,师部派出留作预备队的师直属教导队(教导队的成员属于储备待补充用的初级干部)200余人增援第835团,在惨烈的争夺战中,教导队亦伤亡近百人。少校队长张我威(贵州黄平人,贵州崇武学校第7期毕业生)壮烈牺牲。第140师第839团在望母山方面与敌战斗亦激烈,该团第2营营长李昌荣(贵州赤水人)在阵地上英勇牺牲,伤亡连、排长近20人,伤亡士兵数百人。暂归第184师指挥的第837团,牺牲亦很大,营长秦春阳(贵州黎平人,贵州崇武学校毕业)及该团副营长冯俊之(云南人)在作战中捐躯。该团伤亡连、排长20余人,伤亡士兵900余人。此役,第140师校尉级军官牺牲30余人,负伤40余人,伤亡士兵近3000人。

台儿庄战役,挫败了气焰嚣张的强敌,打乱了日军的进攻部署,使日军付出巨大的代价仍无法通过台儿庄地区而直取徐州,后来日军改由鲁西和鲁东以及苏北方面包围徐州,并袭击、切断陇海路。5月中旬,日军已逼近徐州,战区司令官李宗仁急电孙连仲转令第60军移师保卫徐州。5月18日,第140师王文彦部接替第60军在台儿庄禹王山一带的全线阵地防务,掩护第60军撤离前线过运河。5月19日,第60军到达徐州近郊时,徐州已失守,乃向西往河南方面突围。5月20日,第140师奉令放弃禹王山一带防线随第60军之后转移,并留第835团第1营(营长刘植斋)作后卫在运河南岸继续防守,阻止和迟滞敌人之追击。该营于5月22日始撤离运河前线,是本战区最后撤离的部队。第140师撤到徐州近郊时,日军已将徐州全部占领并控制了附近地区。第140师在徐州与敌遭遇,经过剧烈战斗,付出重大牺牲始突出重围,结果分成两路:一路由第837团团长罗遇春率领,向西撤往河南;一路由王文彦亲率往南撤到苏北、皖北的灵璧、泗县收容集中。

第140师部分官兵由王文彦率领到达泗县时仅有1000余人,连同收容各部散兵数百人共约 2000 余人。孙连仲此时也退到泗县，孙部汇编为第 2 集团军的游击总队，先派原第 418 旅旅长李靖化任总队长。不几日，李靖化跌伤，孙连仲改派李祖明任总队长，令狐禹畴任副总队长，在泗县马公店将所部编为 4 个营，以王若坚（贵州兴义人，黄埔军校第 8 期毕业生）、刘金照（贵州兴义人）、令狐禹畴（贵州桐梓人、黄埔军校第 8 期毕业生）分任第 1、第 2、第 3 营营长，付鼎成（贵州黔西人）任独立营营长。不久，蒋介石派军用飞机到淮阴接孙连仲去武汉。孙刚离开泗县，王文彦即偕同温靖及李靖化等化装取道淮阴一带经上海、香港转到武汉。

孙连仲临走前，令游击总队暂归第 124 师师长曾苏元指挥，在苏、皖北部游击、截堵日军，并掩护友军收容、集结撤退。但王文彦离开泗县之前，指示李祖明在皖北继续收容，执行一段时间的游击任务之后，相机突围越过津浦线向武汉方面转进，以保持第 140 师之基本力量。后来由于苏北、皖北一带日军的力量增强，并经常使用飞机配合步、骑兵和坦克等纵横扫荡，而平原地带隐蔽困难，且又与相距数百里的第 124 师联络中断，李祖明便率游击总队在苏皖地区活动近月后，于一个夜间由津浦路明光车站附近突围西行，到达六安后，经由第 5 战区副长官李品仙电武汉军政部向王文彦取得联络，王乃电令部队开到武汉集中。罗遇春所率之一部 1000 余人，由徐州突围到河南信阳时，已与武汉之王文彦取得联系，部队亦开到武汉。不久，这两部分到武汉集中之后即东运湖南，在平江整补，后又调湖北荆州、沙市整训待命。

不久，王文彦调离第 140 师。第 140 师因在台儿庄战役中大伤元气，并随着王文彦的调离，从此后该师的光环也就渐渐暗淡下来。

（二）颇费周折的第 140 师师长人选

1. 原师长沈久成（1887—1951）。又名沈恒先，出生于贵州遵义县鸭溪镇吐流水。贵州陆军讲武堂、陆军大学特别班第 3 期毕业，薛岳亲信。1927 年 1 月，任国民革命军第 11 军第 26 师第 76 团上校团长，参加北伐。6 月，任第 11 军第 26 师副师长兼第 76 团团长。1928 年 8 月，任第 4 师第 12 旅副旅长。1930 年 6 月，任第 4 军第 12 师第 34 团团长。1934 年 3 月，任第 4 军第 59 师少将副师长。1935 年 3 月，任新编第 25 师师长。10 月，任第 140 师师长。

1936 年上半年，第 140 师发生的一系列变故，出现了"通天"闹到蒋介石也感到第 140 师必须调换师长的地步，于是有了本通手令中"关于沈久成师之继任人选"的任免打算。

沈久成

由此也可推断，这通手令书写于 1936 年 10 月，即调沈久成离开第 140 师任军事参议院少将参议赋闲时。沈久成在师长任内虽然能带头勤俭，但是未能改善部队当时所遭受的困境，加之大革命时期，沈久成曾与红军高级将领贺龙接触颇多，也是沈及早调离第 140 师的原因。

1936 年 10 月，沈久成离开第 140 师，调任军事参议院少将参议赋闲。12 月，入陆军大学学习。1939 年 1 月，任新编第 6 军中将副军长。9 月，参加第 1 次长沙会战。1942 年 7 月，任第 78 军中将军长。1943 年 6 月，任第 9 战区司令长官部中将高参。1944 年 8 月，任第 4 军副军长，后代理军长、军长。1946 年退役。1948 年 10 月，任贵州绥靖公署中将高参、滇黔兵团指挥官。1949 年 12 月，逃赴昆明。1951 年，在昆明被处决。

2. 继任师长王文彦（1902—1955）。贵州兴义人，字人俊，王文华之弟。1922 年，在贵阳中学读书。1924 年赴广州进黄埔军校第 1 期。1925 年，适值广东军阀陈炯明叛变，孙中山组织在广东的各路部队对陈讨伐，即第一次东征。由于局势发展需要，黄埔军校第 1 期尚未完成预定学习时间即提前毕业，分发到教导第 1、第 2 团等部担任干部。同年夏，平定刘、杨叛乱时，何应钦为党军第 1 师师长。10 月，第二次东征时，王义彦同宋思一、刘汉珍等（均是贵州人）一起被分发到第 1 师任见习军官，后与宋思一被派往广西招兵。

王文彦

1926 年，参加北伐战争。时何应钦为第 1 军军长兼东路军总指挥，周恩来任第 1 军政治部主任，王文彦升为军直属宪兵营营长，旋调任东路军总指挥部特务团上校团长。1929 年，何应钦被蒋介石任为武汉行营主任，王文彦任行营少将副官处长。1930 年，何应钦任军政部长，王文彦亦随何到南京，进陆军大学特别班学习，结业以后任军政部特务团少将团长。

1937 年 10 月，任第 140 师师长。1938 年秋，王文彦奉命与驻贵州之第 8 补充兵训练处处长宋思一对调，王乃率部分官佐万徐如、任骧、王若坚、肖义成、肖泽洲、刘金照、王绍棠、周盛鸣等人到贵州接任。王文彦到贵州后，第 8 补训处在黔西、大方、毕节一带接收和训练新兵，陆续补充前线各野战部队。1941 年，王文彦调陕西胡宗南部任第 80 军军长，后又任第 24 集团军副总司令。在西北陕、甘、晋一带继续坚持抗日。1945 年抗日战争胜利，全国军队紧缩整编，战区和大部分集团军、军团等名义撤销。王文彦到南京赋闲一段时间，后回贵州暂住。1948 年，谷正伦到贵州接替杨森任贵州省主席兼贵州绥靖主任，谷乃向军委会推荐任命王文彦为贵州绥靖公署中将副主任（同时推荐的副主任还有宋思一和刘汉珍，到1949年后，又增加何绍周、陈铁、韩文焕等为绥靖副主任）。

1949年5月至9月，王文彦奉派兼任湘桂黔铁路管理局局长。11月贵州解放前夕，王文彦、宋思一、韩文焕等随谷正伦撤离贵阳。谷在晴隆杀掉第89军军长刘伯龙后，曾拟任王文彦接替第89军军长。王未接受，谷乃改派第328师师长张涛接任军长。王、宋、韩等继续随谷正伦逃赴昆明，转飞香港。王文彦在香港寓居数年，于1955年在香港患脑溢血去世，终年53岁。

3. 预定师长陈又新（1891—1957）。原名陈泽铭，云南广南人。云南陆军讲武堂第16期工兵科、陆军大学特别班第1期毕业。曾任黄埔军校潮州分校区队长。1928年，任第11师第31旅第62团团长，后任第10师参谋长。1931年，任军政部特务团少将团长。1934年1月，任内政部高等警官学校校长。1936年4月，任第51师中将师长。1937年，任中央军校成都分校主任。1940年，任军政部兵役司司长，军政部西安办事处主任。1943年，任第28集团军副总司令兼苏鲁豫皖边区游击总指挥。1944年，任第15集团军副总司令。1946年7月退役，定居上海。1948年，投奔解放区。

陈又新

1949年，任解放军西南军事联络员，在西南从事策反工作。后任中国红十字会重庆分会副会长，中国人民救济总会重庆分会主任，西南军政委员会禁烟禁毒委员副主任委员。病逝于昆明。

第97通手令——限康泽赴汉就任，否则以抗命革职拿办

【手令编号】上卷039

【时间判读】1937年5月26日

【正文释读】

钱主任：限康泽今日赴汉就任，否则应即以有意抗命革职拿办。中正，五月廿六日。

【原件品鉴】

竖排 8 行套红"国民政府军事委员会用笺"1 页，原件信笺红色现沁润较重；毛笔书写。原笺右上角有钢笔书写文件编号"3919"。

【原文解读】

文中所说康泽，是复兴社主要负责人。1931 年任委员长南昌行营别动总队少将总队长，在江西"剿共"时期特别被蒋介石所重用。1937 年，曾任军事委员会政治部第 2 厅厅长、三民主义青年团武汉支团部主任。1938 年，康泽任三民主义青年团中央团部组织处处长、战时青年服务总队总队长、立法委员等职。蒋手令中所谓的赴汉就任，当时其被任命为三青团武汉支团部主任之时。

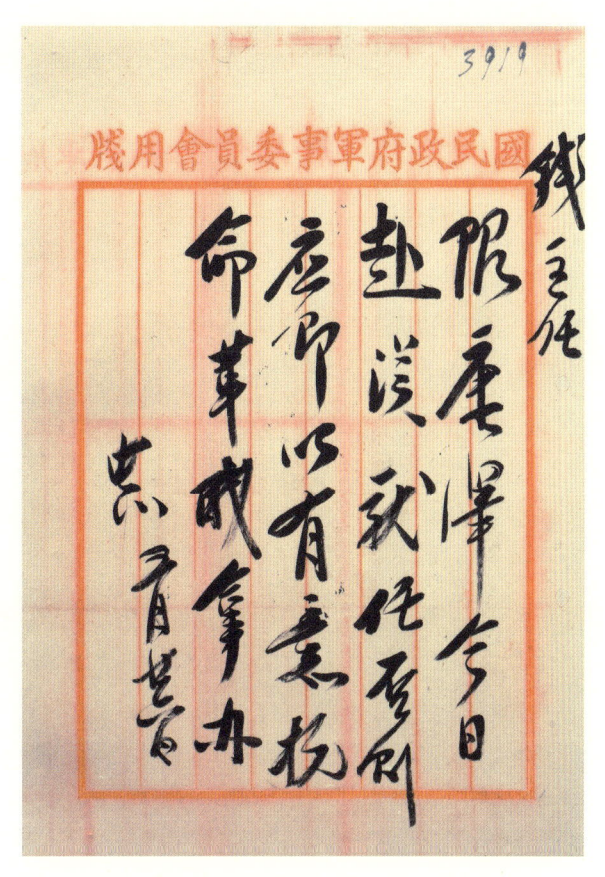

康泽生平，见本书"西安事变"篇"召见著名特工康泽"。

从本通手令文中"限康泽今日赴汉就任"之句，推断此手令书写于 1937 年。若是 1938 年的 5 月，钱大钧已经调离侍从室，不大可能收藏有此手令。

第 98 通手令——呈报候核邹敏初扰乱金融案

【手令编号】 下卷 037

【时间判读】 1937 年 6 月 30 日

【正文释读】

钱主任，电话：问军法司长对邹敏初案审查结果如何？应先呈报候核，再定办法。中正。六、卅。

【原件品鉴】

竖排5行套红"国民政府军事委员会便用笺"1页，现原笺有上页红色沁润较重；蓝色铅笔书写。文首"钱主任"、文末"六、卅"为用红色铅笔补写。

【原文解读】

邹敏初（1881—1940），在广东时期，曾任中央银行行长，创办国华商业银行。他一生从事金融投机，为此最终惹恼了蒋介石而陷牢狱之灾。这便是本通手令的由来。

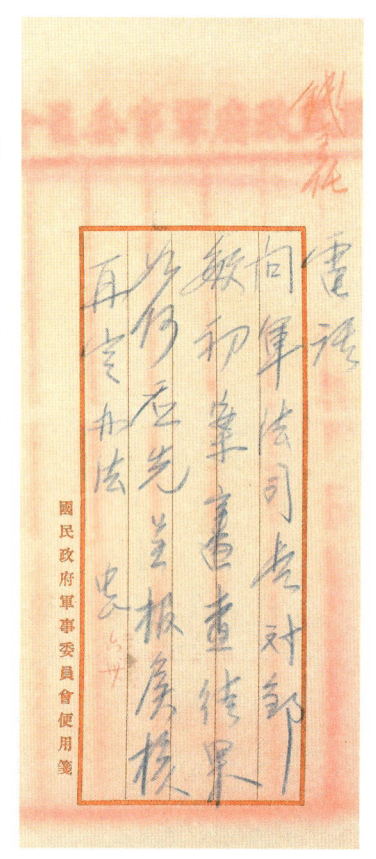

邹敏初是山西长治党坪村人，他的祖父曾经考取了一个"副榜"，他的父亲在前清的"科举"中却没有考中过什么功名。他的两个叔父都是秀才。而他自己却在19岁时考中秀才。虽然先世没有做过官，不是"仕宦之家"，但在那时的社会里，他的家世算是所谓"世代书香"。他的祖父一代，是有相当田产的，到邹敏初时虽衰落，但仍是地主家庭。邹敏初22岁时远赴南洋去找胡子春。胡是他祖父的学生，也是个秀才，在新加坡大比叻的一个石矿当"挂沙"（总揽矿内行政权的一个职位）。胡介绍他在矿里管财事，七八年间挣了不少钱寄回家里，但大半被他弟弟花光了。由于石矿不景，他回国。

回国后，邹敏初知道一些同乡在北京当官，便到北京去钻营，本意打算捐个县长，但结果只派他当潮汕海关的一名专员，负责一个查验卡的业务，他开始在官场活动。当时统治广东的桂系军阀陆荣廷，以公开开赌收赌捐作为筹措军费的一个主要来源，美其名曰防务经费，公开招人承投。邹敏初便和几个同乡承投了潮梅十五属的防务经费，整个东江各县的赌捐都由他们包下来。这是邹敏初走入捐务的开始。粤军回粤击败桂系赶走陆荣廷，邹鲁做了广东盐运使，凭着同乡同宗兄弟这一个关系，邹敏初虽丢掉了"潮梅十五属的防务经费"，但又钻营了三亚盐场（广东有名的一个盐场）做场知事的职位，又在盐务方面活跃起来。

1922年陈炯明叛变孙中山时，邹鲁离开广东，邹敏初失去靠山，便辞了职。

1923年2月，孙中山回粤就任大元帅。廖仲恺为了充裕军政经费，整理广东财政，取消了以前各种捐税的委办，代以公开招投。邹敏初又和几个搭档的朋友投承黄

民国十二年版中央银行10元券（邹敏初、周斯铭中文签名）

岗税厂，又在捐务中施展他的专长。值邓本殷想夺取广东政权向广州进攻，他的军队已迫近江门，形势十分吃紧。当时孙中山所掌握的是"有奶便是娘"的外来军阀系统的军队，没有饷发便不肯打仗，而当时财政又处于异常困难的境地，掌财政的宋子文知道邹敏初在广州的金融界及商场上有些办法，乃商请他筹10万元的军费，邹敏初为投政治之机，慨然筹付。因而得以击败邓本殷，由是得到宋子文的器重，后来便委以琼崖财政处处长之职，从此更接近了宋子文，其后又把他内调为惠阳财政处处长。1926年北伐节节胜利时，宋乃携邹随军抵武汉，委邹为禁烟总处处长。

1927年宁汉分裂，邹辞职返广州。值张发奎迫走李济深，取李的政治分会主席而代之，委邹为广东财政厅厅长。"广州起义"后张发奎退走江西，邹辞职。陈铭枢主粤时，邹又因缘做了广东的中央银行行长。及后张发奎联合桂系李宗仁、黄绍竑率兵回粤。邹又作政治投机，认为张黄合力，胜算在握，乃辞去中央银行行长职，暗中以经济援助张发奎，并大做金融投机，宣传张回粤后，一定废除广东的货币，致使当时广州的金融市场掀起了一个大风暴。其时，张发奎大军压境花县，前锋已抵太和市，广州市在望，孰料张的团长黄世途受了陈济棠10万元的贿买而叛变，功败垂成。使邹在政治上、经济上从此一蹶不振，直至陈济棠垮台，余汉谋率军进入广州，黄慕松当了广东省主席，邹敏初得邹鲁和当时财政部次长邹琳之力，也不过当了一个空头的广东省政府委员之职。

1937年3月，吴铁城继黄慕松任广东省政府主席。邹敏初向吴铁城摆弄是非，说蒋系的军队发饷发大洋券，粤籍的军队发广东毫券，相差44%，而在广东的税收又都是收大洋券，不合理，不公平。由此得罪了蒋介石，蒋更怕因此动摇了广东军队的军心，乃加邹以扰乱金融的罪名，把邹捕解南京交军法处审讯。幸得他的亲友、同乡和故旧各方奔走营救，始获释放。邹脱险后即回香港作寓公。抗战时病逝于香港，时年60岁。

从邹敏初犯案及立案审查时间看，本通手令书写于1937年6月30日。时蒋介石在庐山。

第 99 通手令——为调换第 15 师师长晤谈王东原

【手令编号】上卷 040

【时间判读】1937 年 7 月 29 日

【正文释读】

请查第十五师长调换案，由何芸樵呈报者，有否发表。中正。

另电长沙，何主席勋鉴，请王师长东原即来京一见。中正。

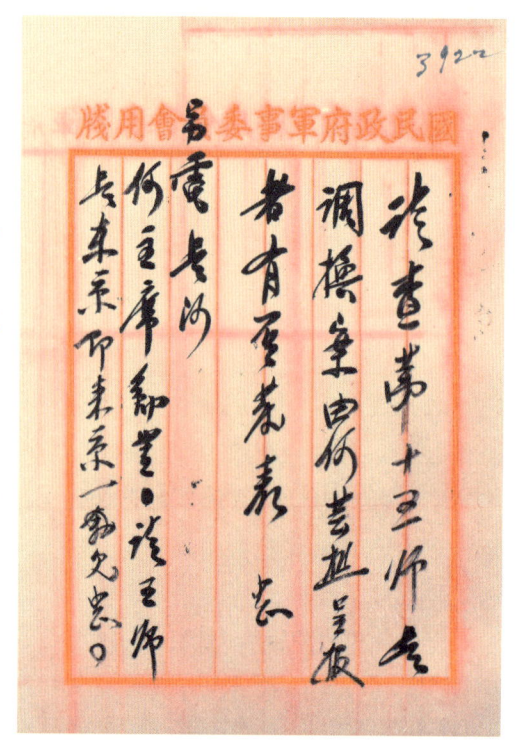

【原件品鉴】

竖排 8 行套红"国民政府军事委员会用笺"1 页，原件信笺红色现沁润较重。毛笔书写。原笺右上角有钢笔书写文件编号"3922"。

【原文解读】

本通电令文中的"何芸樵"，即何键（1887—1956），字芸樵，湖南醴陵人。保定陆军军官学校第 2 期毕业。国民政府二级陆军上将。历任国民革命军第 8 军第 1 师师长、第 35 军军长、代理湘赣两省"剿匪"总指挥、湖南省政府主席兼任长沙绥靖公署主任等职，国民党中央委员会执行委员。何键是民国时期督湘时间最长的一个湖南本省籍人士，所以人称何为"湖南王"。

何　键

蒋介石写这通手令主要是关心第 15 师师长的人选问题，为此除让湖南主官何键呈报之外，还特别让曾任第 15 师师长的王东原到南京晤谈，询问第 15 师的情况，看安排谁接任这一职务更为恰当。由此可见，蒋介石对王东原是十分信任和器重的。

王东原（1898—1995），原名修塽，安徽省全椒县人，原籍徽州。早年曾先后在北京师范大学、保定陆军军官学校第 8 期工兵科学习。1921 年保定军校毕业后，分配到蚌埠的皖军中见习。后在驻河南的直军胡景翼部任上尉参谋。1923 年 7 月赴湖南，在湘军第1师独立第10团任上尉参谋,在第35军何键部炮兵团任副官、参谋长、第2师营长。1923年10月,任湘军第39团少校团附。1924年1月,任中校团附,在长沙督练新兵。1926年7月,所在部队改编为国民革命军唐生智部第3方面军第8军,任代理团长,参加北伐。1927年5月,在长沙曾同许克祥部共同策划"马日事变",镇压共产党。1928年6月,任何键部第35军教导师师长。1929年3月,任第15师第45旅旅长,率部参加"围剿"湘赣红军根据地。1930年1月,任第15师副师长兼湖南省会警备司令、湘南警备司令。1935年,出任第15师师长,授陆军中将衔。

王东原

1937年7月,赴庐山军官训练团受训。8月,任第73军军长,率部参加"淞沪抗战"。1938年2月,任第34军团中将军团长,在江西湖口抗击日军,并任武昌军官训练团将官研究班副主任。12月,任第34集团军副总司令。1939年3月,任重庆中央训练团副教育长、代理教育长。8月,正式担任教育长,专职培训国民党党政军人员。1942年,兼任国防研究院主任、军事委员会政治部副部长、党政高级训练班主任等职。期间,还曾在三民主义青年团担任过临时干事会干事、临时干事会团部组织训练处处长、中央干事会干事、常务干事、中央组织人事甄核委员会常委等职。1944年9月,任第6战区副司令长官兼湖北省政府主席、保安司令。1946年2月,任湖南省政府主席、湖南省军管区司令,当选制宪国大代表。1947年2月,率考察团赴台湾考察。1948年6月,任国民党战略顾问委员会委员兼总裁办公室军事组组长,移居台湾。

1949年,筹办台北阳明山(草山)革命实践研究院,任研究院主任。1950年3月,任台湾当局战略顾问。1951年9月,任台湾当局驻韩国"大使",曾利诱、胁迫志愿军被俘人员去台湾。1952年10月,在国民党"七大"上被选为中央执行委员,兼任台湾当局驻韩国"大使"。1957年10月,在国民党"八大"上被选为中央执行委员,兼任台湾当局驻韩国"大使"。1960年,回台北任台湾当局"国策"顾问。1963年11月、1969年3月、1976年11月,分别在国民党"九大"、"十大"、"十一大"上被选为中央评议委员,兼任台湾当局"国策"顾问。1979年退休,赴美国南加州威尼斯定居。在台北病逝,终年98岁。著有《浮生简述》。

由王东原在1937年7月参加庐山训练团、8月中旬调任军长的情况看,及本手令中"师长"称谓和"来京一见"等情况,可判断蒋介石的这通手令书写于7月底蒋由庐山回南京及8月12日最高国防会议召开前,约在1937年7月底;再由下通"30日"手令说明"昨日八事"即王东原调任事宜,可推断本通手令书写于"昨日"即29日。

第100通手令——再查调换王东原师长呈阅件

【手令编号】上卷065

【时间判读】1937年7月30日

【正文释读】

钱主任：昨日八事，有何健主席请换王东原师长一件，请捡来呈阅。中正，卅日。

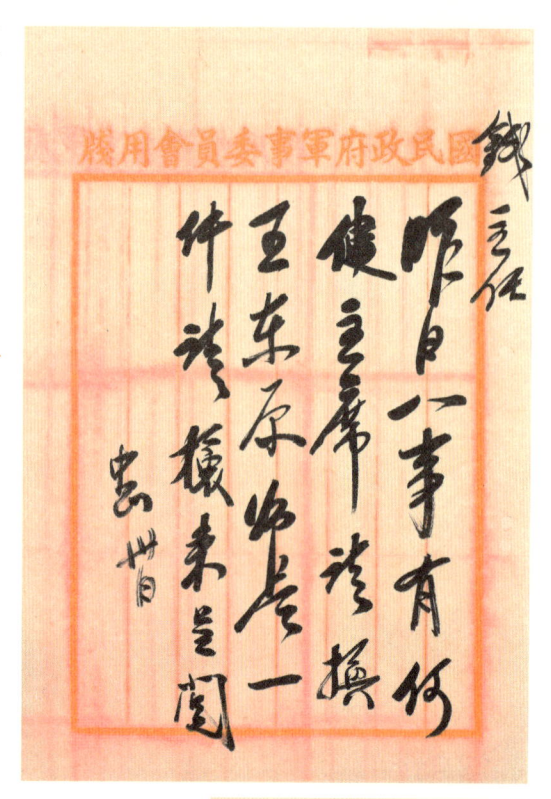

【原件品鉴】

竖排8行套红"国民政府军事委员会用笺"1页，现原笺红色沁润较重；毛笔书写。

【原文解读】

本通手令中的"王东原师长"，即第15师时任师长王东原。

从上通手令内容仍是"请换王东原师长"是"昨日八事"之一的交办内容看，推断本通电令书写时间在1937年7月30日。

第101通手令——查报第110师副师长履历

【手令编号】上卷021

【时间判读】1938年2月初

【正文释读】

钱主任：第一战区张轸师副师长系何人，其履历一并查报。中正。

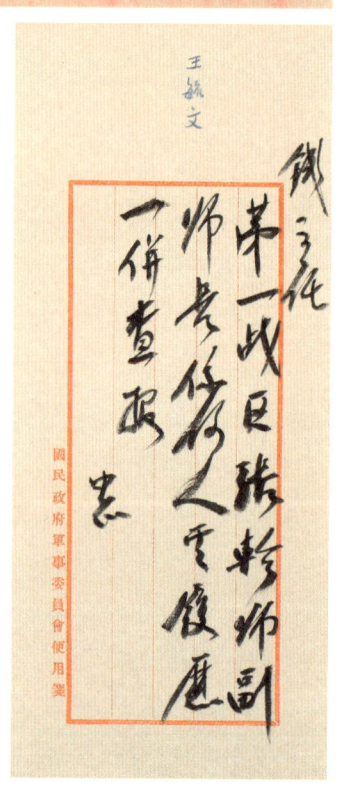

【原件品鉴】

竖排5行套红"国民政府军事委员会便用笺"1页，毛笔书写。原笺上端用蓝色铅笔标注"王毓文"，即文中所询问"副师长"。

【原文解读】

本通手令中"张轸"，即时任第110师师长张轸（1894—1981），保定军校、日本士官学校毕业，国民政府陆军中将。1938年1月，任第110师师长，同年6月任第13军军长。1939年8月，任陆军补充兵训练总处处长。1941年7月，任第11集团军副总司令兼第66军军长。1949年起义。

"张轸师"，即第110师（原补2师），隶属于第1战区程潜麾下。由张轸在1938年1月至6月任第110师师长，再看钱大钧于1938年2月调任航空委员会主任，两者时间上的交集，应在1938年1月、2月，并参考张轸到任第110师的时间是在1月底，可推断蒋介石的这通手令写于1938年2月初。

文中侍从秘书以蓝色铅笔标注"王毓文"3字，应为其时第110师副师长。王毓文（1902—1984），山西夏县人。国民政府陆军中将。早年留学日本士官学校。1927年回国，历任南京中央军校兵学教官、陆军第4师参谋长等。抗战时期，任第4师副师长、第91师师长、第13军副军长、第85军副军长、暂编第1军军长等职。

第102通手令——查报萧洒并处置

【手令编号】上卷037

【时间判读】1938年1月28日

【正文释读】

萧洒如何处置，希即查报。中正，廿八日。

【原件品鉴】

竖排5行套红"国民政府军事委员会便用笺"1页，红色铅笔书写。原笺右上角盖紫蓝色条形章"机密（甲）第1094号"，序号为钢笔填写。

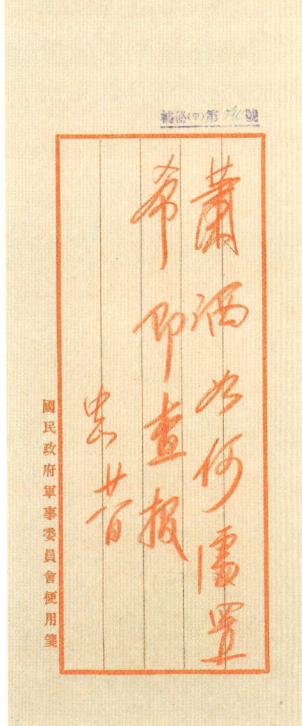

【原文解读】

萧洒（1896—1981），字雅斋，河南许昌县石固嘉禾寨人，黄埔军校第1期毕业。抗战前，曾任国民党河南省政府保安处处长少将助理、副处长等职，是当时河南地方上颇有影响的重量级人物，唯因军事上没有实力而未成大业。

1934年，任复兴社在开封省部的书记。南京复兴社授意萧洒在河南吸收"社会下层人物"，包括"国术界"和青红帮的头面人物，在省城成立"忠义救国会"。1935年，萧洒建立了一个由军界人士、国民党党员、土豪劣绅、无业游民以及地方流氓、帮匪组成的网络，汇集在开封市东华门办公室，使这里成了准军事化的"忠义救国会"的一个半公开机构。萧洒因为生活作风问题，加之其所属"CC系"与"复兴社"之间的权利斗争，由"复兴社"多次向蒋介石检举萧洒。抗战全面爆发后，时任河南省保安处副处长的萧洒想运用民间的武器组织游击部队，自封为司令。但是，他事先没有报告上司戴笠。戴笠后闻知，一再命令制止萧洒组织游击队。但萧洒已经骑虎难下，没有立刻停止活动。1938年1月，萧洒被革职，以违抗命令被关押。"CC系"在河南安防体系的权利亦被"复兴社"蚕食。第1战区司令长官兼河南省政府主席程潜调杨蔚继任保安处副处长，并兼开封省会警察局局长。1941年，萧洒被释放。

蒋介石的这通手令，涉及的就是萧洒这次被关押的事情。由萧洒被撤职关押的时间，及钱大钧在1938年2月离开侍从室，推断这通手令应书写于1938年1月。

抗战胜利后，胡宗南升任第1战区司令长官，派萧洒回许昌协助接收工作，在许昌成立第1战区司令长官部豫中联络处。不久，豫中联络处下面又成立了一个纠察队，由萧洒的一个亲戚担任队长。按常理说，纠察队应由地方上的军、警、宪人员所组成，而不应该由联络处设立，更不应该以高级军事指挥机关战区的名义设立，因为战区根本无须直接插手地方上的社会治安事务。为此，有人控告豫中联络处纠察队在街上肆意打人，敲诈勒索，非法捕人，要求当地政府查明情况，立即上报。那个豫中联络处纠察队队长，胡宗南长官部特别电令交由地方拘捕处理。

1944年中原会战后，胡宗南任第1战区副司令长官（后任代司令长官），萧洒遂去见胡。萧、胡二人虽有黄埔同窗之谊，但胡对萧并不重用，只给了他一个少将高参的虚衔。萧有职无权，终日郁郁寡欢。1945年11月底前后，萧洒的豫中联络处撤销，他只好返回胡宗南的西安长官部任虚职。1948年3月，任国民大会"宪政"实施促进委员会常务委员。1948年11月，当选为国民政府立法院立法委员。1949年到台湾，续选为"立法委员"。曾任河南省旅台中同乡联谊会理事，旅台各军事学校毕业同学河南省联谊会常务干事。在台北病逝，终年85岁。

第103通手令——查报独立第45旅副旅长王治岐

【手令编号】上卷022

【时间判读】1937年__月__日

【正文释读】

钱主任、胡宗南军长：前张銮基旅副旅长王治岐现在何处，任何职，查报。中正。

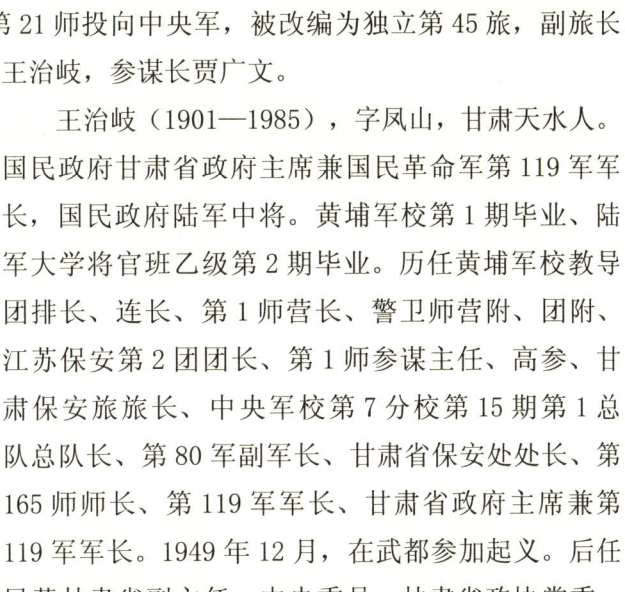

【原件品鉴】

竖排5行套红"国民政府军事委员会便用笺"1页，毛笔书写。原笺上端用红色铅笔注写"167D旅长，王，甘肃人，在岳州"，应为承办者就文中蒋介石说询问之答。

【原文解读】

本通手令中"张銮基"，字停悟，河北省邢台市威县安仁村人。早年毕业于威县单级师范学校，1934年毕业于南京陆军大学将官班。张銮基原系"胶东王"刘珍年第21师中最精锐的第3旅（独立旅）旅长，1932年张銮基带领第3旅脱离第21师投向中央军，被改编为独立第45旅，副旅长王治岐，参谋长贾广文。

王治岐（1901—1985），字凤山，甘肃天水人。国民政府甘肃省政府主席兼国民革命军第119军军长，国民政府陆军中将。黄埔军校第1期毕业、陆军大学将官班乙级第2期毕业。历任黄埔军校教导团排长、连长、第1师营长、警卫师营附、团附、江苏保安第2团团长、第1师参谋主任、高参、甘肃保安旅旅长、中央军校第7分校第15期第1总队总队长、第80军副军长、甘肃省保安处处长、第165师师长、第119军军长、甘肃省政府主席兼第119军军长。1949年12月，在武都参加起义。后任民革甘肃省副主任、中央委员、甘肃省政协常委、

王治岐

西安黄埔军校同学会名誉会长，在兰州病逝。著有《王治岐回忆录》。

从原笺上端用红色铅笔注写的"167D旅长，王，甘肃人，在岳州"文字看，本手令发出时，王治岐任新5军第167师第501旅旅长。由此也推断此手令书写于1937年。

蒋介石之所以关注王治岐，可能在于王是黄埔军校第1期毕业，并在黄埔军校教导团历任排长、连长、第1师营长，可说是跟着蒋介石一路打杀出来的"黄埔嫡系"。

第104通手令——查报湖北保安旅旅长张本法案

【手令编号】上卷027～028

【时间判读】19__年__月__日

【正文释读】

钱主任：湖北保安旅旅长张本法前犯案应查明其有否消案，并查由何人荐用，希即查报。中正，廿二日。

【原件品鉴】

竖排5行套红"国民政府军事委员会便用笺"2页，红蓝铅笔书写（"钱主任"用蓝色，其余用红色）。

【原文解读】

湖北保安旅旅长张本法，所"犯案"是否查明其有否消案，不得而知。但从本通手令中蒋介石交办侍从室"查由何人荐用，希即查报"的口吻看，蒋对张本法的"犯案"极为气愤，不仅追查对张本法的严惩，还要追究用张本法为保安旅旅长的推荐者。

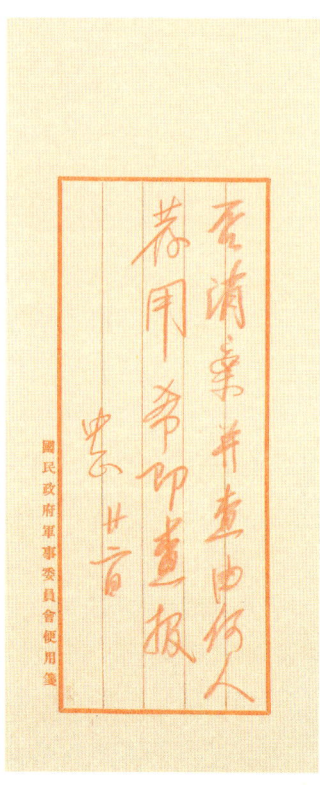
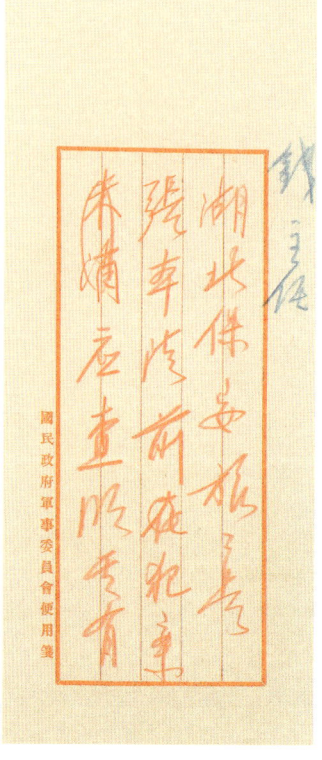

第 105 通手令——任命建设专款副主任秘书徐堪

【手令编号】下卷 002

【时间判读】1937 年__月__日

【正文释读】

电话：张秘书长岳军请转告汪先生，建设专款副主任秘书定徐堪亦可。何廉以事忙不能兼此也。中正。

【原件品鉴】

竖排 5 行套红"国民政府军事委员会便用笺"1 页，毛笔书写。

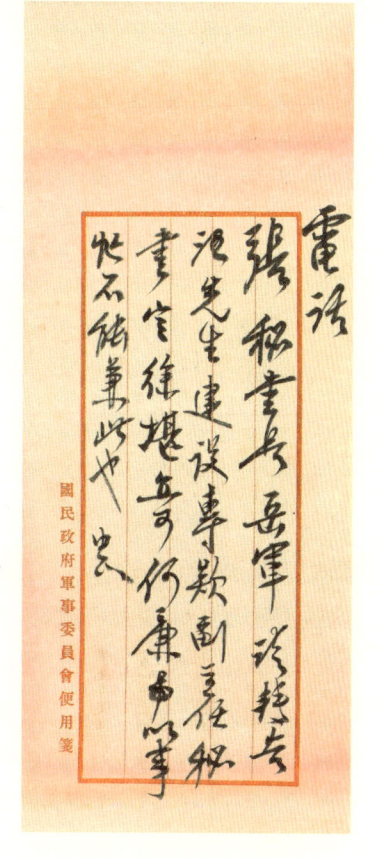

【原文解读】

本通手令文中"张秘书长岳军"，即张群（1889—1990）。抗战初期，张群同时担任中国国民党中央政治委员会、国防最高会议与军事委员会 3 个机构的秘书长，位居要职。此手令中所称秘书长，应指中央政治委员会秘书长。该会是国民党中央在训政时期设置的最高政治指导机关，为党和政府之间联系的枢纽。张群于 1937 年 3 月由外交部长调任此职。

"汪先生"，即汪精卫（1883—1944）。时任中央政治委员会主席，蒋介石为副主席。

徐堪（1888—1969）原名徐代堪，字可亭，四川三台县人。1905 年至成都考入四川通省师范学堂。1907 年，在成都学堂加入同盟会。参与护国战争、护法战争，并在"中华民国"北京政府统治下，任该政府之国会议员。同年 10 月，同盟会成都支部准备发动武装起义，徐堪与谢持等参与密谋，事泄逃陕西、湖北。1909 年后奉命返回成都。1910 年初，考入四川高等警官学堂。1911 年，参加保路运动，赴川北策动军民响应。1911 年 11 月重庆蜀军政府成立，任蜀军第 4 标统。1912 年 3 月任夔州关监督，当年度征解银达 40 万两。1913 年 8 月，重庆川军第 5 师通电独立讨袁，徐以夔关征解的银两支持讨袁军。后遭到通缉，逃亡上海，

徐 堪

改名徐堪。1919年补选为四川省国会议员。1921年参加中国国民党，留北京跟随胡汉民等组织北方国民党党部，同年赴广州参加非常国会。1924年因财政专长，任北京政府农工部商品陈列所所长。国民政府成立后，再任该政府辖下上海交易所监理官、金融管理局副局长等职。1925年参加西山会议派活动。1927年国民政府在南京成立后，投于孔祥熙门下，初任上海交易所监理官，后任金融管理局副局长，主管上海金融。1928年任财政部钱币司司长、公债司司长。1935年任财政部常务，主持改组中国、交通两行，统一印刷、发行法币，参与实行法币的币制改革，拟定币制改革规章。1935年冬任国民党第5届中央执行委员、中央政治会议财政专门委员会主任委员。1937年8月，兼"四行（中央、中国、交通、农民四大银行）联合办事处"（同年11月改称"四行联合办事总处"）秘书长，充任孔祥熙助手。1941年当选为国大代表。1941年夏改任粮食部部长。1941年至1945年期间，任行政院粮食部部长。1948年王云五实施金圆券失败下台后，接任财政部长，但仍未能挽回经济颓势。1946年10月，任国民政府主计长。1948年9月，任财政部长兼中央银行总裁，任内发行的银元券变成废纸。1949年随蒋介石迁台，仍担任国民党党职。1969年7月，病逝台北。

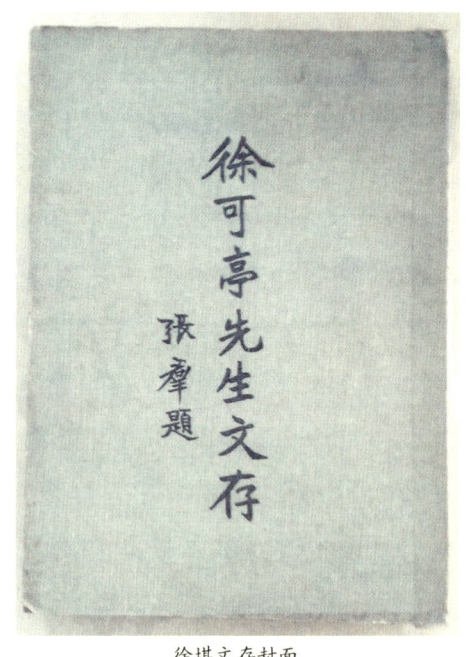

徐堪文存封面

何廉（1895—1975），湖南邵阳人，著名经济学家。1919年赴美留学，耶鲁大学博士。1926年回国任南开大学商科财政系和统计学教授。1927年，以"研究社会经济以促进本国学术的进步"为宗旨，成立南开大学社会经济研究委员会，后改名南开大学经济研究所。1931年任南开大学经济学院院长，积极推进经济学教学"中国化"，主张"教学与研究相辅而行"，率先倡导开展中国社会经济的研究，带领并组织研究人员研究中国物价统计，编制并公开发表各类物价和生活指数，受到国内外研究机构的高度重视。同时，领导了对山东、河北向东北移民问题的研究。何廉被誉为"在国内最早引入市场指数之调查者"和"我国最早重视农业的经济学家"。

何　廉

1936年以后10年，何廉出任各种政府职务，包括经济部常务次长、经济部农本局总经理、资源委员会代理主任、国民党中央设计局副秘书长等。1938年春，国民政府"经济行政机关调整的完成，标志着国民政府战时经济领导体制的形成"，被称为"一项具有进步性的工作"。这一重大举措，是在何廉接受蒋介石亲自委托所提建议方案的基础上进行的。

抗战后期，蒋介石再次找何，要他就战后经济重建提出原则。1944年夏，何主持编制完成《（战后）第一个复兴期间经济事业总原则草案》。年底，该案"没有困难地经最高国防委员会通过"，不久"即在报纸上刊载，并指出这些原则是目前正制订中的经济计划的一部分"。至抗战胜利之初，何又提交了"五年经济建设"计划纲要。因宋子文搁置以及后来形势变化，不了了之。何曾反复强调：贯穿于这些原则、纲要和计划之中的基本思想，是"规定采用混合经济体制，这就是我所说的在混合经济中的有计划的发展"，"而在这个体制中，我尽力设法将政府的控制减少到最小限度。在心底里，我是反对流行的赞成完全由政府控制的主张的"。1948年，任南开大学代理校长。何廉在中国的经济学教学和研究中，是国内最早引入市场指数之调查者，自觉开创了"中国化"方向，并脚踏实地加以付诸实施，且成效卓著。并将振兴国民经济的原则思路，明确归结为"混合经济体制中有计划的发展"，首次写入政府文件，且获正式通过。著有《何廉回忆录》。

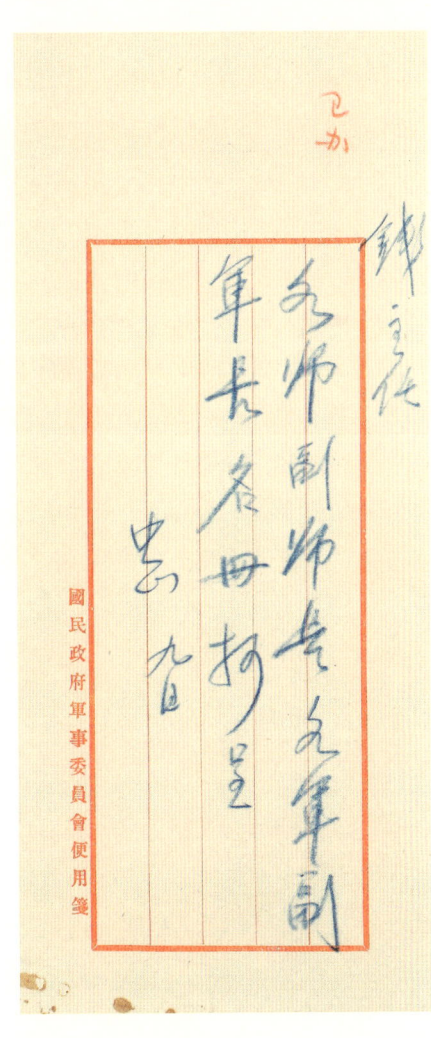

第106通手令——抄呈各军副军长、副师长名册

【手令编号】下卷004

【时间判读】1937年＿月9日

【正文释读】

钱主任：各师副师长、各军副军长名册，抄呈。中正。九日。

【原件品鉴】

竖排5行套红"国民政府军事委员会便用笺"1页,蓝色铅笔书写。原笺右上角有红色铅笔书写"已办"二字。

【原文解读】

在抗战初期,南京政府所编制的陆军常备军约有180多个师,60个军。本通手令,蒋介石交办钱大钧抄呈各师副师长、各军副军长名册,这个名册的人数合计最少也约有240多人。

国民党陆军常备军在抗战初期的师、旅级编制数,概略如下:

(1) 1937年2月,军政部长何应钦在第5届第3次全体中央委员会议上所提《军事报告》中有关作战兵力。总计兵力:步兵182个师,独立步兵46个旅;骑兵9个师,6个独立旅;炮兵4个旅,20个独立团。此外,尚有各种特种编制及地方部队未列入。共170余万人。预定使用第一线作战者,步兵约80个师,9个独立旅;骑兵9个师;炮兵2个旅,及16个独立团。此数字,为大部分史书视为中国全面抗战初期兵力。

(2) 1937年7月初,抗日战史记载,计步兵183个师,独立步兵58个旅,独立步兵43个团;骑兵9个师,5个独立旅,3个独立团;炮兵2旅,15个独立团,13个独立营;工兵2个团;交通兵3个团;通信兵2个团;宪兵11个团,2个独立营。官佐136000余人,士兵1893000余人,总计2029000余人。

(3) 日本方面资料统计:中国军队时有计步兵223个师,47个旅;骑兵15个师3个旅;炮兵6个旅。总兵力200万。其中,中央直系军:步兵47个师,1个旅;炮兵3个旅;兵力412000人。中央旁系军:步兵36个师,13个旅;兵力338000人。地方军阀军:步兵64个师,11个旅;骑兵14个师,1个旅;炮兵3个旅;兵力523000人。其他杂牌军:步兵76个师,22个旅;骑兵1个师,2个旅;兵力722000人。

藏密者·钱大钧

1929年的钱大钧

钱大钧（1893—1982），字慕尹。江苏吴县籍。曾赴日本士官学校留学，1919年毕业回国。早年积极参加反清倒袁活动，先后任保定军校分队长、炮兵队长、粤军参谋。后在军阀混战中，为蒋介石政权服务，长期被蒋委以重任。1924年，任黄埔军校兵器教官、代总教官、参谋处长、军校教导营长、军校教导第3团团长、国民革命军第1师参谋长、副师长、师长、第20师师长、广州警备司令，参加第一、第二次东征，成为蒋介石"黄埔嫡系"高级将领中的"八大金刚"之一。1927年后，历任北路军总指挥、第32军军长等职。曾率部同贺龙、叶挺率领之南昌起义军作战，参与镇压广州起义、蒋冯阎大战、中原大战等一系列作战。1928年，兼任淞沪警备司令，后调任国民革命军总司令部总参议、中央军校武汉分校教育长兼第89师师长、教导第3师师长、保定行营上将主任兼军政部保定编练处主任等职。1931年，兼任武汉要塞司令。1932年，任第13军军长、豫鄂皖三省"剿共"军中路预备队指挥官、南昌行营办公厅主任、国民政府军事委员会（军委会）委员长侍从室第一处主任兼侍卫长、航空委员会主任，陆军中将加上将衔。西安事变时中弹受伤。1942年，任军政部政务次长。日本投降后，任上海市长兼淞沪警备总司令。1949年2月，任重庆绥靖公署副主任、西南军政长官公署副长官。12月，随蒋介石退到台湾。1982年7月21日卒于台北。

钱大钧是这批蒋介石手令的最初"受秘者"，也是最后的"藏秘者"。能身居委员长侍从室主任兼侍卫长要职而成为手令的"受秘者"，是他的"德才"被蒋介石所认可；而成为"藏秘者"，则与他的出身文化背景、成长道路和他本人喜欢书法艺术有极大的关系。

（一）由陆军小学涉足行伍，广结军校、军界朋友

1893年7月26日（清光绪十九年六月十四日，民前十九年），钱大钧出生于江苏省昆山县真义镇雅泾村（后改吴县正仪乡，现为苏州昆山市巴城镇正仪街道）的农民兼小商人家庭。他的祖父钱伯熊是前清贡士。父亲钱自梅（子美），母亲江氏。兄弟4人，他排行老末。3岁时（光绪二十二年，1896年），他的父亲带着全家迁居苏州。自幼受私塾启蒙，5岁（光绪二十四年，1898年）入私塾读习，起由长兄钱诵尧教读。9岁（光绪二十八年，1902年），转入苏州英华学校学习，后又转入新创立的初等小学堂就读，读完《四书五经》。11岁（光绪三十年，1904年）时，考入苏州城内羊王庙长洲高等小学堂（今善耕小学前身，羊王庙东起带城桥路银杏桥边，西折转至乌鹊桥路），学习成绩很好，一直名列前茅，深得老师喜爱。

钱大钧14岁（光绪三十三年，1907年）时，父病故，家境更为清寒，因无经济来源而辍学。两年后（宣统元年，1909年），母亲在上海去世，钱大钧偕三兄钱仰周，自沪迎榇归，治丧甫毕，为生活所迫，随次兄钱企文去上海经商。但钱大钧对锱铢必较的经商兴趣不大，他喜欢读书，尤擅古文和书法。他在上海很快就厌倦了，毅然要求返回老家继续念书。他最终以经商志趣不投为由，返回苏州，复读于苏州长洲高等小学堂。

因父母先后去世，钱大钧少年时的家境愈见贫穷，他对经商又没有感觉，转而报考江苏陆军小学。1909年，适逢江苏省各县高等小学奉命选拔学生送考省陆军小学第4期学习，长洲高等小学堂保送4人，录取2人，成绩优异的钱大钧即是其中之一。从此，他和军旅生活结缘，做了童子军，省陆军小学是他从军之发轫。他在这里扎扎实实学习了3年，完成了陆军最基础的教育。

钱大钧在陆军小学堂学习期间，正值1911年武昌起义爆发。孙中山领导的辛亥革命推翻了清王朝的封建统治，陆军小学堂也在这场政治变动中停办。钱大钧随即去上海参加学生军，投身于反对清政府和封建军阀的军事活动。当时，上海革命党人钮永建（字惕生，日本士官学校第1期毕业生）在淞江军政分府创办了一所淞军干部学校，钱大钧与蔡熙盛、薛栋等一起进入该校学习，投入上海学生军，6个月后毕业，被派到弁目队当班长。

1913年，江苏陆军小学堂复校，改称学校。钱大钧返校补训，完成学业，继续加强陆军基础教育，半年后毕业，再回淞军任别动队排长，同时加入中国国民党。

时值孙中山发动"癸丑二次革命"，江西的李烈钧和南京的黄兴出兵讨伐窃国大盗袁世凯。钱大钧奉命率部参加上海袭击兵工厂之役，随淞江钮永建组织的学生军和敢死队攻克上海市郊龙华，以数十人大破守军而克之。略事整顿后，即乘胜进攻高昌

民国初年的钱大钧

庙兵工厂（上海制造局，现为江南造船厂）。无奈弹尽粮绝，后援不继，攻势受挫。失败后遭追捕，随即退到吴淞、嘉定一带。学生军全体遂解散，钱大钧辗转乡间隐匿。他在后来总结这段经历，深有体会地说："此为余从军以来之初次作战，得此机会磨炼胆识，事虽不济，亦足自慰。"

钱大钧在上海袭击兵工厂之役失败后，经钮永建介绍，从上海潜赴日本学习和谋生。在钮永建的资助下，钱大钧于1914年初到东京，曾与蒋介石同窗学习，并"与戴季陶、马素同寓纽府，历数阅月，备承教诲，没齿难忘"。其间，经钮永建介绍晋见孙中山先生，加入孙中山创办的"大森浩然学社"。时孙中山在东京召集中国革命青年志士于一堂，讲授革命理论与国策。在实施军政训练中，钱大钧与同学80余人亲聆孙中山的教导，亲承孙中山伟大革命思想之熏陶，有机会得以跟随孙中山左右。同学之间朝夕切磋，都受益匪浅。

这年8月，第一次世界大战爆发。日本借口出兵青岛和胶济铁路沿线，夺取了德国在山东的侵略地盘。中国留日学生和青年革命军人大多数莫不义愤填膺，愤而归国从军，抵御外敌，报效国家。10月，国民党改组为中华革命党（中国国民党前身），钱大钧与当时在东京的蒋介石一同宣誓加入中华革命党，成为中华革命党的第一批党员，他们也是当时最早一批加入中华革命党的青年军事人才。中华革命党后又改回国民党的称谓。钱大钧在回忆录里记述说，其时"我早在上海已加入国民党三年"。

中国北洋政府的对德宣战，实际上是一张空纸。归国青年，大为失望。钱大钧于12月回国，适逢陆军部召集南方各陆军小学的毕业生，便到武昌南湖的陆军第2预备学校受训，应召入学。在校学习期间，他积极参加反袁（世凯）军事活动，因而被追捕，又辍学。随后，钱大钧断断续续，时而参军，时而复学。

1915年12月12日，袁世凯宣布复辟帝制，引起全国人民的义愤。1916年1月，全国爆发反对袁世凯称帝的护国战争。钱大钧联合同志，积极从事倒袁运动。而袁世凯则加强军阀统治，不断派兵镇压，到处搜捕革命党人。钱大钧被人揭发，引起湖北督军王占元的怀疑，无法留在武汉，于是秘密逃至上海。值云南起义，浙江响应。钮永建在淞江招集旧部，重建义军。钱大钧便赴淞江，帮助钮永建组训新军，来往于上海及其附近地区，配合蔡锷等在云南发动的"护国"运动。其间一度因生活困迫，钱大钧曾入《时事新报》馆担任日文翻译，不到一个月即辞职而去，仍奔走于平湖、金山卫、上海之间，帮助焦忠祖编练新军。

6月，袁世凯病亡，黎元洪复出为"总统"，护国战争结束。钱大钧得以恢复学籍，奉召回校，返回武昌湖北陆军预备学校继续学习。同年12月毕业，递升继入保定陆军军官学校第6期留学预备队，编属入伍生炮兵队。

1916年11月，钱大钧经钮永建介绍，再次保送去日本留学。其间，钱大钧得到后来的岳父欧阳耀如（江西吉安人，同盟会员，曾任江西省参议会议员）的资助，先入日本陆军振武学校完成预备学业，继入日本陆军联队炮兵大队实习。

1917年4月，钱大钧以优异学习成绩被选送日本士官学校学习。12月，编入"中华民国"学生队第12期炮兵科深造，与蒋介石一样选学炮兵科。1919年6月，钱大钧在日本士官学校毕业。至此，他完成了陆军军官教育，得竟初衷。钱大钧两次东渡日本学习，结识了许多对他在军队中晋升有用的兄长和朋友。作为那个时代的"海归"，他的身价更是倍增。

钱大钧回国时，正逢直皖战争，保定军校的教学陷于停顿。1920年，钱大钧参加保定军校复校工作，初任复校筹备员，后任第8期第4队分队长、第9期炮兵科炮兵队队长等职，陈诚、周至柔、罗卓英、胡伯翰等都是他的学生，第8期学生陈诚后来与钱大钧同为"黄埔系"的骨干人物。

保定军校为袁世凯麾下的北洋军阀所办，军阀们整天争权夺利，动辄刀兵相见，青年钱大钧对此颇为不满。在筹备复校期间，钱大钧深感北洋军阀只重权力之争，而不讲办学目的，表示深为厌恶。这时他听说孙中山为了重建革命政权，于1921年春在广东成立革命政府，4月召开国会非常会议，通过了《中华民国政府组织大纲》，被选为"非常大'总统'"。钱大钧便决然辞去保定军校第9期炮兵队队长的职务，南下广州投奔孙中山革命政府领导的粤军。他解释离开保定军校的原因说，"北方军阀并不重视军校，让我感到郁郁不得志"。

到广州的最初两年，钱大钧先后参加了粤军发起的西江战役、赣州战役、讨伐旧桂系沈鸿英和林虎等战役。后任粤军第2军（军长许崇智）司令部（参谋主任蒋介石）参谋，先后参加了许崇智部粤军对陈炯明部粤军的多次战役战斗，其间许多作战计划与命令皆出自其手，展现了作战谋略上的才华。他后来回忆说："凡此诸役的作战计划与作战命令，都是出自我手，所以全师连长以上都知道我。"因而他深得师长邓铿的信任,遂于 1923 年晋升为中校参谋。至此,他又结识了同在粤军的何应钦并共事,结下了深厚的情谊,为日后的升迁打下了基础。

(二)筹备黄埔军校,练成"黄埔系"大佬

钱大钧的资格,老得可以对陈诚指手画脚。他入道军校早,加入国民党早,参加孙中山队伍早,又是正统全面的军事教育出身;还有一点至关重要,他在保定军校、黄埔军校都曾任军事教官。黄埔军校开办时,钱大钧是建校筹备成员之一,作为校长的蒋介石对他信任有加,他的崛起也是在黄埔军校,由此平步青云。

中国国民党召开第一次全国代表大会时,决议编组党军,成立军官学校。1924 年 3 月 1 日,孙中山任命筹备委员长蒋介石为本校入学试验委员会委员长,王柏龄、邓演达、彭素民、严重、钱大钧、胡树森、张家瑞、宋荣昌、简作桢 10 人为试验委员。3 月 21 日,孙中山指定成立以蒋介石为委员长的黄埔军校入学试验委员会,王柏龄、彭素民、邓演达、严重、钱大钧、胡树森、张家瑞、宋荣昌、简作桢 9 人为委员。5 月 12 日,军校呈请任命钱大钧、陈继承、顾祝同、沈应时、严重、刘峙等 11 人为黄埔军校第 1 期军事教官。6 月 21 日,孙中山批准校长蒋介石呈请任命钱大钧等为中校教官,刘峙等为少校教官,邓演达为总队长。①钱大钧因精于兵器学,以日本士官学校毕业及保定军校教官的双重身份,被遴选为中校兵器学教官。

11 月 2 日,黄埔军校总教官何应钦调任教导第 1 团团长,钱大钧继任总教官,后于本月 20 日宣布为代理上校总教官。12 月 6 日,军校派钱大钧、顾祝同、刘峙、刘尧宸等轮流任军校值星官。军校编组教导团后,校本部成了实质上的军事指挥机构。12 月 10 日,因校长蒋介石忙于部署军事,不能全力用心于本校,军校增设参谋处,任命钱大钧担任参谋处少将处长一职,以赞襄军务,钱更加得到蒋介石的信任。钱大钧曾回忆说:"每日由校长主席召集会报,出席者只有我,以及何应钦、王柏龄两位团长。"

钱大钧具有儒将风度,的确有不凡的超群特质,凸显在 3 个方面:一是具有较坚实的军事基础知识,步炮射击和器械体操,均有较高的过硬技艺才能;二是具有较高文学素养才气,尤其对古文有较深造诣,深受蒋介石宠爱。蒋介石的作战文书多出自他的手笔。钱大钧拟制的作战计划,不仅为蒋介石所欣赏,也使号称"小诸葛"的白崇禧和"半个军事家"的刘斐等折服。三是具有优秀的侍从官才华,精通秘书业务,办事细心,不厌其烦,而且对校长蒋介石忠诚,为人温文尔雅,很快就被蒋介石相中,

---

① 《广州民国日报》,1924 年 6 月 21 日。

倚为得力助手。黄埔系将领中,在王柏龄、何应钦之后,第三个崭露头角的就是钱大钧。因此,钱大钧被蒋介石接纳为自己"打江山"的班底成员之一,备受信任,由此走进黄埔军校的历史。

1925年1月初,广州革命政府任命许崇智为总司令,廖仲恺为党代表,组织第一批东征军挺进粤东。黄埔学生军第一次展现实力,即是在第一次东征时。1月29日,军校校本部召开第一次东征动员准备会议,同时,军校呈请任命钱大钧为校本部少将参谋长。1月31日,军校全体师生在大操场举行东征讨伐陈炯明誓师典礼。军校第2、第3期学生及教导第1、第2两个团等单位,合组宣布成立"校军"。以校军教导团第1、第2团组成东征军主力,担任右翼作战。

民国初年的钱大钧

校军由校长、校党代表领导,钱大钧为参谋处长,周恩来为政治部主任,随即出师东征,分向莞城、石龙、常平一线进击。钱大钧在东征途中协助蒋介石指挥部队,与陈炯明部进行了英勇的战斗。

2月15日,东征军强攻淡水城,受敌钳制,态势不利。军校教导第2团团长王柏龄缺乏指挥作战能力,没有掌握好部队,贻误了战机,导致战役失利,遂被撤职,改任军校参谋长。教导第2团团长以第1团第1营营长沈应时升任。沈应时未到任以前,由钱大钧代理教导第2团团长。钱大钧由此成为继何应钦、王柏龄之后第三个实职团长。他一上任便挽回了教导第2团的士气,终将敌军击败。

3月12日,由黄埔军校校长蒋介石、政治部主任周恩来率领的东征军右路军,进驻广东省揭阳(揭西)县与普宁县交界的棉湖地区。这时,军校教导第1团正在揭西棉湖地区遭到敌军林虎部的重兵围攻。13日,黄埔校军在棉湖地区展开决战。战斗打响前,原约定东征军以黄埔军校教导团第1团(团长何应钦)正面攻打大功山的林虎部;第2团(团长钱大钧)由左侧梅塘攻打鲤湖刘志陆部;粤军第7旅由塔头绕攻和顺右侧进攻,先各自扫除外围小股敌人,后形成三面包围的态势。然而,陈炯明部的林虎部队先于黄埔校军到达棉湖西面和顺一带,占据了有利地形,而且其兵力多于东征军10倍以上。晨6时,蒋介石率军校教导第1团及第7旅向鲤湖之敌进迫,

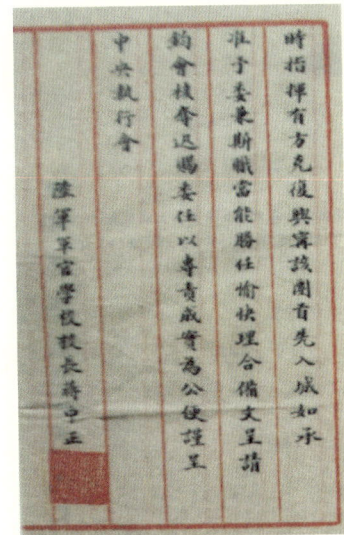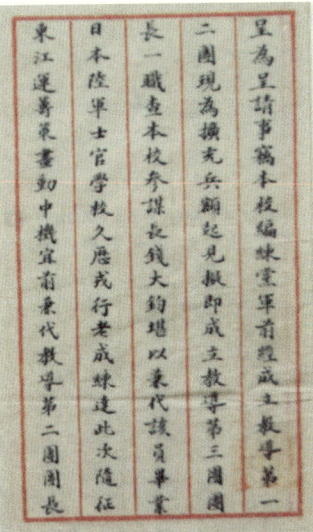

1925年4月22日,蒋介石委钱大钧教导3团团长的呈文。

大行李留普宁。第2团钱大钧团长晨7时才接到命令,情况判断错误,未能及时赶到指定集结地点鲤湖,攻击敌人侧背。上午8时,教导第1团1000余人由棉湖进击至西北山地河内乡下栅附近,遭到敌军林虎主力刘志陆部的围攻。由于对地形不熟,再加上通讯不畅,行动迟缓,担任迂回侧击的钱大钧第2团和粤东第7旅,未能及时进入预定位置,而致使教导第1团面对十倍于己的敌人,伤亡达一半以上。10时,敌并力凶猛反扑,冲至曾塘,何应钦团长急令总预备队长刘峙,指挥学兵连反击数次,并命炮兵队猛轰,始击退其大股。黄埔校军人人殊死作战,与敌形成对峙状态。

在这千钧一发之际,钱大钧于下午3时率领教导第2团急行军及时赶到,加入增援,拼力奋战,挽回了危局。钱大钧回忆说,当年第2团至鲤湖,下午1时许,红湖方面枪声甚密,他们料到是第1团与敌激战,确认后,他命令第1营营长刘尧宸主动出击,前进击敌侧背,他亲自率领第1、第3营跟进。3时到达红湖附近,3个营同时与敌激战。第2团3营营长金佛庄部袭占敌黄任寰的司令部,发现了第1团的若干机枪架,始确认第1团自当天上午8时已陷入苦战。而第2营出击后,第2团一直与敌激战到晚上,钱大钧指挥部队在阵地彻夜警戒,同时设法与第1团联络。

夜半,第2团才接到蒋介石于下午3时发出的派钱大钧率部速去救援的命令,而此时第2团已经在救援的路上,并且正在激战中。另一封电报约定第二天早上,听见第1团炮声时,两团一起进攻。但到了次日早上,第1团方面却一直没有进攻,直至刘尧宸报告敌人已溃退,钱大钧下令全团全面追击。敌军腹背受敌,全线溃败,校军大获全胜,乘胜翻越猴子岭,追击溃逃之敌。钱大钧率部乘胜追击,相继攻克了林虎部的后勤基地五华及司令部所在地兴宁。当日到达河婆时,广州的陈明权旅和由欧阳驹率领的警卫军吴铁城部的两个团,先后到达。钱大钧后来总结认为:棉湖之战,第2团协同出击,广州的陈明权旅和欧阳驹两部,皆有功劳。

棉湖一战,是第一次东征中最为激烈的一次战役。当时随军作战的苏联顾问加仑将军评价说:"不独在中国少见,即使在欧洲世界大战中亦难见,是近代战争史上以少胜多的一个典型战例。"棉湖一役奠定了第一次东征胜利的基础。此战,适在孙中山逝世翌日,似有在天之灵相助神威以取胜。之后,校军在东征前线节节胜利。钱大钧所率教导第2团协同教导第1团,以3000多兵力击溃陈炯明2万多人的精锐部队,堪称军事史上以少胜多的典范。后人评述钱大钧于棉湖之役关键时刻,率部及时增援何应钦的教导第1团,合力击败陈炯明部林虎军,取得黄埔校军初创时期的关键一仗,对于黄埔军校的发展和中国国民党建军都具有重大作用和历史意义。钱大钧的声名也由此鹊起。此前,王柏龄的不作为成就了何应钦,这一回又成就了钱大钧。钱大钧崛起于黄埔军校,而棉湖大捷更使他一战成名。

兴宁战役是第一次东征的最后一役,东征军大获全胜,凯旋而归。3月23日晨,蒋介石面授陈铭枢旅长、钱大钧团长机宜,教导第2团暂归陈旅长指挥,向梅县进发,教导第1团留兴宁警戒。刘秉粹出版所著《革命军第一次东征实战记》,其中有何应钦、钱大钧、刘峙、缪斌等人的照片及序文。

4月13日,蒋介石派王柏龄参谋长返黄埔岛主持校务。再调钱大钧团长回校本部任参谋长,代理何应钦的教育长兼代行蒋介石的校长职务,主要任务是训练新兵,组建教导第3团。国民党中央执行委员会第77次会议发布"校军教导团成立党军令",指出:"廖(仲恺)党代表提议请以陆军军官学校教导第1、2两团成立党军第1旅,任第1团团长何应钦兼充旅长,沈应时为第2团团长,全旅仍归校长蒋中正节制调遣。"4月21日,军校成立教导团第3团,钱大钧兼任少将团长(团副蔡熙盛,第1营营长王俊,第2营营长郭俊,第3营营长文素松)。教导团第1团和第2团在4月6日已经合编为"党军"第1旅,教导团第3团编成后,23日即入第1旅建制。

6月,钱大钧率部参加了平定滇桂军阀杨希闵、刘震寰部叛乱的作战。

9月13日,黄埔军校筹备校史编纂委员会,委任王柏龄、何应钦、周恩来、严重、张元祜、周骏彦、张家瑞、钱大钧8人为审查委员。其间,钱大钧再任军校参谋长,并任教育长,负责黄埔军校之教育与训练,还兼任教导第3团团长。

10月,钱大钧率军校教导第3团参加第二次东征。防守博罗,初战告捷。10月22日,率部攻打海丰、陆丰等地,以6连士兵大破陈炯明的4000之众可算是绝唱,震惊一时。后配合主力,将陈炯明部彻底消灭,协同各部平定东江。

东征战役,钱大钧名声大振。尤其是棉湖之役,是钱大钧的成名之战。但他在此后的战功,却寥寥无几。虽然后来官拜上将,在北伐、"剿共"等诸役中,进一步得到蒋介石的宠信,但很再难论其战绩。

12月22日,钱大钧升任国民革命军第1军(蒋介石兼军长)第1师(师长何应钦)

1929年1月3日，钱大钧随同蒋介石在常州检阅部队。

少将副师长兼司令部参谋长。王俊为该师第1团团长，金佛庄为第2团团长，王禄丰为第3团团长，陆瑞荣为第2师副师长，王寿南为该师参谋长，沈应时为第3师副师长，顾祝同为该师参谋长，刘峙为教导师副师长兼参谋长，叶剑英为该师第2团团长。在何应钦接任第1军军长后，钱大钧于1926年1月1日继任第1师师长，2月1日改任第2师师长，3月调任第1军第20师师长，军衔晋升为中将。此时，他的地位没有以前那么特别突出，仅是第1军的5个师长之一，其他4人分别是第1师师长王柏龄、第2师师长刘峙、第3师师长谭曙卿、第14师师长冯轶裴。

　　钱大钧从踊跃参加反清斗争与倒袁运动，再站队到蒋介石的麾下，后常年追随在蒋的左右，屡次被委以重任。在黄埔时期，由于钱大钧的个性随和，风度儒雅，加之科班出身，受过良好的正规训练，且有较高的文学素养，所以深受蒋的宠爱。军校建立不久，蒋就提拔他为校本部的参谋处长、参谋长并代理总教官等职。北伐时，钱大钧率部出战动辄失利，训练军队也非所长。但由于他对蒋介石忠心耿耿，俯首听命，所以蒋介石仍很喜欢用他，使他在国民革命军中迅速崛起。

　　钱大钧戎马从政、纵横捭阖民国军政界20余年，虽不善战，却具有谋略，最终成为"黄埔嫡系"高级将领中，蒋介石最亲信的干将和高层军事幕僚。而蒋介石之所以能独揽国民党军政大权，也是因为他以黄埔军校为基地，网罗了一批像钱大钧一样忠诚的党羽。钱大钧和何应钦、顾祝同、蒋鼎文、陈诚、陈继承、刘峙、张治中8人，时被称为蒋介石左膀右臂的"八大金刚"。这8位黄埔军校教官出身的重要将领，多年深得蒋的信任与重用。他们均毕业于正规军事学校：何应钦、钱大钧为日本陆军士官学校留学生，蒋鼎文就读于浙江陆军讲武堂，其余5人则是保定陆军军官学校的高才生。"八大金刚"在黄埔军校时为蒋介石所倚重，组建国民革命军后成为蒋介石军事班底的核心，是国民党中央军中最早的一批团长、师长、军长。他们都由黄埔军校教官出身而发迹。在蒋介石集团中操作独霸兵权者，多半就是这"八大金刚"门下的黄埔军校第1、第2、第3期毕业生。

(三) 广州"清党"和江西"剿共"

1926年1月1日至19日，国民党第二次全国代表大会在广州召开，钱大钧当选为大会代表，他时任第20师师长兼广州警备司令。

7月初，国民革命军誓师北伐。9日，国民革命军誓师北伐典礼在广州东较场举行，为确保大会顺利进行，誓师大会总指挥（李济深）、警备司令（钱大钧）和司礼官（张治中）等主要职责和活动都由黄埔长官和学生担任，参加者有5万余人。蒋介石命钱大钧留守后方，以广州警备司令部司令兼广州市公安局局长和广州戒严司令等职，负责治安。随后，钱大钧又被任命为国民革命军北路军中将总指挥，受命巩固北粤，遣散改编部队。10月，晋升为第32军上将军长、国民政府军事委员会委员，成为黄埔系第3名上将（另两人是蒋介石、何应钦），也是至1927年国民党黄埔系将领被授予3名上将之一，可见钱大钧在当时军中威望之高。

北伐开始后，钱大钧不曾率军出征，而是被蒋介石安排留守广州。虽然失去了难得的沙场建功立业良机，但在随后的"清党"以及与中共南昌起义部队作战中颇有"建树"。

1927年4月12日，蒋介石在上海发动反革命政变。钱大钧遂在广州积极配合李济深，逮捕、屠杀共产党员和工人中的积极分子，白色恐怖笼罩广州上空。4月14日，李济深于下午6时在广州召开紧急军事会议，决定实行"清党"，指令黄埔军校教育长方鼎英先在校中进行"清党"。4月23日，广州戒严司令钱大钧发表报告："未经政府许可，禁止任何形式的罢工。"4月28日，《世界日报》报道："国开社香港（4月）26日上午9时57分电，粤共产党刘尔嵩等12名，均被枪决，钱大钧派兵包围黄埔军校。搜捕共党因有抵抗，未得入，连日搜捕仍严。依据上述，黄埔军校似未被搜。惟另据电通社广州25日电，李济深派军大搜黄埔军官学校，搞去嫌疑左派分子数十人，一时状态，传极横暴，且认内中10余名为主犯，立予枪毙。"

5月18日，钱大钧兼任暂编第1师师长，后又兼任广东政务委员会清乡督办和国民革命军北路军总指挥、新编第1师师长。6月28日，钱大钧到南京向蒋介石报告广州"清党"行动和镇压革命活动的情况。

8月1日，南昌起义爆发。起义部队在行动受挫后，向赣东南方向退往广东。钱大钧奉蒋介石之命率部拦击和围攻，力图堵截。8月25日，钱大钧率部在瑞金的壬田与起义部队发生激战，钱部两个团被击溃。8月30日，在会昌城激战，又有4个团被起义部队消灭。巧合的是，这位曾经的黄埔军校总教官率军1万余众攻占会昌，遇到的对手是黄埔第4期学生林彪所率1个连仅100多人，竟然打得钱大钧丢轿骑马落荒而逃。可谓是真正的"学生打败教师爷"。在叶挺独立团北伐中打败军阀吴佩孚部队时还名不见经传的林彪，由此会昌一战而开始扬名军中。钱大钧哪能就此认输，又多次率部堵截，同贺龙、叶挺等所指挥的起义军作战，后又参与镇压广州起义，但始终未能消灭起义部队，起义军胜利突围。

钱大钧"剿共"有功，表现突出，深得蒋介石宠信，因此升官奇快。1928年3月30日，钱大钧任江苏省政府委员。4月，任淞沪警备司令部司令，兼任国民党上海特别市党部常务委员等职。钱大钧所部一度驻防他的家乡苏州。此期间，他曾组织部队修筑阊门外上津桥至虎丘山麓全长4公里的军工路，即今虎丘路。北寺塔至平门的马路，也是钱大钧当时组织修筑。7月20日，国民革命军开始编遣，钱大钧任缩编后的第1集团军（总司令蒋介石）陆军第3师师长，统辖步兵第7旅（旅长蔡忠笏）、第8旅（旅长蔡熙盛）、第9旅（旅长赵锦雯）。9月10日，兼任江南"剿匪"司令部司令，在上海创办治安人员训练所和秘密警察学校。11月，连任江苏省政府委员。

1929年1月，钱大钧调任国民革命军总司令部总参议（挂陆军上将衔），同时免第3师师长职。期间，参加蒋冯阎大战。3月，兼任国民编遣委员会中央编遣区办事处（主任委员何应钦）委员。此时，原在武昌的桂系军队败走别处，前第4集团军随营军官学校学员1000多人出走鄂西，蒋介石遂下令收留这些学员，决定续办黄埔军校武汉分校，派钱大钧为教育长前往接办。4月18日，军校武汉分校再次正式开办。钱大钧奉命将桂系残留的武昌军官学校学生改编为武汉分校第7期，并主持招收了第8期学生。钱大钧受命调任中央军校武汉分校教育长后，实行了一整套所谓的新式教育。

钱大钧在武汉任分校教育长，还兼任武汉警备司令、第89师师长。武汉警备司令这个职务，实际上相当于"华中军区司令员"，是这一地区的军事主官。钱大钧文武兼备，他善战，善治政，但不善治军。适逢教导第3师100多名伤兵闹饷和武昌第一纱厂、震寰纱厂工人要求增加工资。钱大钧不顾伤兵与工人的死活，蛮不讲理地说："这是有共产党支持的。"派兵逮捕了一部分伤兵和工人，并秉承蒋介石的旨意，枪毙了多人。同年秋，

1927年何应钦和钱大钧合影。

武汉洪水爆发，钱大钧不思抗洪，抢救民众的生命财产，却拿着蒋介石的手谕说："防共比防水更重要。"不准军队参加防汛，遂使汉口造成有史以来因洪水而溺毙千人的最大惨案。

（四）任军校校务委员，设计军校大礼堂成建筑杰作

钱大钧在黄埔军校中是元老级的军事教官和校领导，蒋介石或黄埔同学中有关于黄埔军校的事务需要协调处理，自然少不了让钱大钧掺和。这些事情中有好事，也有烦心事。

1927年10月中旬，南京中央陆军军官军校（黄埔军校）改校长制为委员制，实行校务委员制度，蒋介石、胡汉民、戴季陶、吴稚晖、阎锡山、冯玉祥、李宗仁、李济深、何应钦、张学良、朱培德为首批校务委员会委员，其中蒋介石、阎锡山、何应钦为常务委员，张治中担任军校教育长并且主持工作，由国民政府任命。不久，钱大钧、张学良、张治中、汪精卫、朱培德、程潜、唐生智、陈诚、刘湘、白崇禧、汪兆铭等，也陆续担任校务委员之职。校务委员会为最高领导机构，常务委员主持工作。教育长执行委员会决议，综理全校事务。

这年11月，黄埔军校同学中有因政见不同或因找不到工作而失业者，组织代表团到南京，并且以"黄埔同学会"名义闹事，还托钱大钧为此说情。21日，蒋介石电复钱大钧，痛斥"代表团"要求，电曰："同学会为集中制，如任由会员要求，无异自违会章，请转告代表团，除不承认同学会与中正为会长，或其自请取消会员资格，不承认会员以外，再无第三办法。中正之头可断，手创学校、手订章程决不任人破坏也。黄埔有此代表团发生，团体已形破裂，扩大风潮，亦不能顾。总之黄埔同学会乃前方已死及未死同学所造成，决不容后方少数败类任意破坏会章也。"钱大钧代人受过，蒋介石把一肚子的火发到了他的身上。

蒋介石决定将设在广州的黄埔军校迁到南京，在南京建立中央陆军军官学校，校址设在清朝陆军学校旧址。黄埔军校刚迁来南京时，这里只有几间破房子。蒋介石一向很重视军校的建设，1928年3月，他大笔一挥，拨了一笔巨款，要把搬迁到这里的中央陆军军官学校建设成花园式的学校。负责建校的就是钱大钧。

钱大钧向蒋介石提出，最好再建个气派又舒适的大礼堂。经蒋介石同意后，钱大钧立即召集15个建筑设计师，成立了军校大礼堂设计委员会。该会成立后的第一件事，就是组织专家出国考察同一类型的建筑。专家们一回来，便投入紧张的设计之中。3周时间内，专家们前后拿出3次方案设计的近300张图纸，都被蒋介石否决了。蒋介石说："礼堂工程是百年大计，民国如果存在300年，这个礼堂也要300年不过时

南京黄埔军校大礼堂

才行。"他还指示钱大钧，这个建筑要体现国家和军队的灵魂和精神，具体地说，就是三个字：智、仁、勇。钱大钧向设计师转达了蒋介石的思路，许多设计师表示很难完成这个设计任务，有的索性写了辞职报告。这时，有一个叫张谨农的工程师把任务应承下来，而且在3天后就拿出了设计图纸。

钱大钧带上张谨农，忐忑不安地去见蒋介石。蒋介石伏在桌子上认真地看图纸，脸上渐渐地有了笑容，抬头对张谨农说："不错，不错，这正是我心中的大礼堂。宽宽的，高高的，像一个聪明人的大脑袋，它是智能的体现。尤其是中间很宽，像一个宽厚人的胸膛，是仁的表现。礼堂上面一对高高的塔楼，既像一对大大的眼睛，又像一对刺破青天的宝剑，体现了一个勇字。"蒋介石说着，兴奋地提起笔，在图纸上签了名。

1928年年底，礼堂落成。这座由蒋介石钦定建造的中央军校大礼堂，是一座典型的中西合璧建筑，平面呈长方形，两侧的楼房一字排开，坡屋顶，上覆灰色波纹金属瓦。大礼堂的入口处有高大宽敞的门廊，有8根爱奥尼亚大柱支撑，与屋顶相接，线脚工整；中央入口处有3个筒形拱门；大礼堂门廊顶部还有一座哥特式的4层钟楼，直到现在仍保存完好。既可以看到中国宫殿式与传统建筑形式的继承与发展，也可以看到西方古典建筑的影子，确实是民国建筑中的瑰宝。

在这幢身世不凡的建筑中，国共两党的许多著名将领都曾在这里求学。1929年3月，国民党第三次全国代表大会在这座大礼堂召开。1945年9月9日9时，第二次世界大战中国战区日军投

1945年9月，日本投降，在南京国民政府中央军校礼堂举行的签字仪式会场。

降签字仪式也在这里举行。当年就是在这里，日本侵略者垂头丧气地向中国军民投降。1946年6月，国民政府国防部成立，这座建筑群便成了国防部办公大楼。1949年7月，南京解放以后，以陈毅为校长的华东军政大学在此建立。1951年1月，刘伯承校长又在这里成立了中国人民解放军南京军事学院。今日的军校大礼堂位于黄埔路3号，遗址门口挂有两块牌子，分别是"侵华日军投降签字仪式旧址"、"南京军区军史馆"。如今走进大礼堂，迎面是一方弧形照壁，绕过照壁，便能看到用仿真蜡像复原的侵华日军投降签字仪式场景。

（五）民国传言"男看钱大钧"的婚姻传奇

钱大钧的从军之路，有他岳父欧阳耀如的资助功劳。1916年底，他到日本留学的费用，就是岳父所出，当时的欧阳耀如赞助的是"青年才俊"、革命后生，间或许也有资助"乘龙快婿"的想法。1920年初，钱大钧从日本回国，与欧阳耀如长女欧阳藻丽结婚。之所以说钱大钧的婚姻传奇，是因为他的"桃花运"到欧阳家的长女并没有结束，还继续在欧阳家发展"下线"。作为儒将的钱大钧，1928年在武汉任职时期的最大收获，当是与欧阳家三妹结婚，再次"抱得美人归"。

同为蒋介石手下的"八大金刚"，来自苏州的钱大钧在后期的战场上功勋略显平淡。然而，能够位居其中，自有其过人之处。钱大钧生性儒雅，不善交谈，一派儒将风度，为人彬彬儒雅，爱与文人雅士来往，颇有古风；他重视外在仪表，躯干修长高大，标准"帅哥"身材，相貌英武阳刚，并且文武双全，颇有书画诗词涵养，擅长书法，其钟鼎篆字苍劲有力，娟雅挺秀，对佛学也很有研究，还通晓英文。当时社会流行有"女看林徽因，男看钱大钧"的传言。

中国历史上的美女、才女很多，出了不少的才子佳人浪漫故事，但单就做"情人"做得最好的，莫过于民国时期的杭州美女、才女林徽因。追

钱大钧与家人合影。

求她的人很多,但她挑男朋友的眼光出类拔萃,最终选择了一个正确的老公,他就是梁启超之子、著名建筑学家梁思成。结婚后,她既恪守中国传统妇道,做了一个好妻子,却又始终怀有浪漫情怀,与著名浪漫主义诗人徐志摩、大牌清华教授金岳霖相互爱慕,有着纯洁的男女感情,而且她和老公以及这两个人都相处得非常好,是公开的3个男士,而且都是全国著名的大牌文人公开爱恋同一个女人。然而,林徽因没有犯很多美女、才女所犯的错误,没有遭遇"红颜薄命"的宿命结局。所以,在美女、才女的赞誉上,社会又公认她还是一位极为难得的好女。

上有天堂,下有苏杭。杭州出了这位集"美女、才女、好女"美誉为一身的林徽因,与其齐名的"帅哥"则很匹配的出在苏州,而且是一位英姿勃发的军人,此人就是钱大钧。

钱大钧年轻时的帅气、英气、才气,在当时声震全国的黄埔师生中也是出了名的。黄埔师生评论本校最为英俊的3个人是:政治部主任周恩来,校长蒋介石,军事总教官钱大钧。这就是当年社会中所流传的"黄埔三俊"。可见"青年儒将"钱大钧还是个"大帅哥"。对天下"好男"来说,钱大钧的这些集多种优秀资源为一身的条件,是一般人望尘莫及的。

青年钱大钧,作为留洋归国军官,前途无量,在当时是名符其实的"钻石王老五"。因此,对他倾心的姑娘数不胜数,名门闺秀之"媒婆"络绎不绝。然而,造化弄人,钱大钧是个爱情新派人,1920年对在上海舞会上认识的欧阳藻丽小姐,很快发起爱情攻势,欧阳小姐哪能招架得住,两人很快堕入情网。但是,知书达理的欧阳小姐是名门闺秀,上海纺织大亨、大资本家欧阳耀如之女,家教很严。民国名士欧阳耀如在上海从事银行业,作为老同盟会员,他参加过辛亥革命,江西独立时,被选举为江西省议员。孙中山组织南方政府,他又赴广东参加孙中山领导的国民革命工作。欧阳耀如一妻一妾,生有6个女儿,长女欧阳藻丽很漂亮且性情大度,也十分钟情于钱大钧。

钱大钧参加植树节活动。

但欧阳耀如对于女儿私定终身大事甚为愤怒,并对未来女婿是随时上战场、掉脑袋的军人,更是无法接纳,坚决拒绝。钱大钧不肯放弃,再三派人上门求婚,但欧阳父母仍表示坚决不同意。钱大钧已经无可奈何,只好先回部队。

谁也不曾想到,时年27岁正年轻气盛的钱大钧要按照自己的方式来表明心迹。他本来就性情偏激,现在心灰意冷,回部队后更加想不开,有一天,他突然抽出手枪,顶住了自己的太阳穴。幸好他的同事立即上前阻止,夺走了他的手枪。时人惊呼:军人打仗,岂止在战场,情场照样不含糊。军人出身的钱大钧,也经历了轰轰烈烈的爱情,其痴情由此在国民党将领中也是出了名的。

当时社会,自杀的例子并不少见,但说到钱大钧这个级别的,在上世纪二三十年代有三大自杀未遂事件。第一个是著名军事家蒋百里,任保定军官学校校长期间,因为壮志难酬,无法为国建立一支国防军军官队伍愤而吞枪;第二个是军委会高参、老同盟会员续范亭,为了日本侵占东三省在中山陵前切腹;第三个就是钱大钧,他为情所困的自杀事件在年代上发生最早,但世人也多说"数他最没出息"。

非常之人,常有非常之为,结果也有非常之奇。钱大钧为情所困,在感情上无疑是个痴情种子,但他的"爱情保卫战"却出现了重大转机。钱大钧自杀未遂逼婚的消息传到上海,欧阳藻丽非常感动,更加坚定了与钱大钧结婚的决心,谋定"私奔"而去,一直看不惯此事的三妹欧阳生丽也挺身而出,帮助并亲自护送姐姐直奔钱大钧所在地。欧阳家发生了震动全族的"家庭革命"。实际上,大概欧阳家也怕事情闹大,对这个"私奔"采取了默许的态度。于是,痴情的钱大钧终于有了"洞房花烛夜"的收获,三妹及欧阳家也算成就了一段佳话。钱大钧最终娶得欧阳藻丽,婚后两人生活幸福美满。

奇妙的是,那个担负"护送"使命的三妹欧阳生丽,这又为此后钱大钧的好事成双奠定了最最重要的人物感情基础,潜伏下最重要的备份卧底。钱大钧的"娶妾",主角就是这位喜欢打抱不平、助人为乐的妹妹。

时光移到1928年钱大钧在上海任警备司令期间,已经生有5个子女的妻子欧阳藻丽突患重病,经上海多家大医院中西医医治,病情不但没有转好,并且日渐危重,医院的病危通知书下了多次。垂危之际,夫妻情深,欧阳藻丽眼看自身病入膏肓,感知来日已经不多,将不久于人世,想到自己的孩子年幼失母,不忍丈夫后半生寂寞,必然要另娶,特别是担心幼子必然会遭到后娘的排挤和虐待,对把自己生育的孩子托付给外人照料实在不放心。出于对钱大钧后半生和对子女的考虑,欧阳藻丽越想越安心不下,于是决定促成钱大钧与自己的三妹欧阳生丽的婚事,要求钱大钧在自己死后娶欧阳生丽为妻。因为姐姐知道三妹暗恋钱大钧已久,为此一直不论婚嫁。

一天晚上，欧阳藻丽把钱大钧叫到病榻前，口述绝笔，交代后事。她坚决表示，支持丈夫另娶，但禁娶他人，只能娶她的妹妹欧阳生丽。这样做，妹妹既是孩子的亲姨，又是继母，可谓亲上加亲，必然会善待她的未成年孩子。她并向父母和妹妹欧阳生丽出示了自己的绝笔。父母见女儿病成这个样子，也是一筹莫展，对此也只好默认。钱大钧虽然在面子上显得是勉为其难，但也并非坚决不娶。钱大钧对这位时尚靓丽的小姨妹的情况略知一二，实际上也早已有心，现在夫人立下如许的绝笔，正中下怀，加上妻子病危，表面未置可否，实际上顺水推舟，答应了姊妹二人，却在同僚面前露出后半生独身之意。

有趣的是，妹妹欧阳生丽早就对这位姐夫从钦佩到敬重，再到情有独钟，暗慕已久，长期不论婚嫁，对姐姐的要求立刻垂泪答应。时年17岁的欧阳生丽才貌双全，身材苗条，面庞俊俏，活泼爽朗，又受过姐姐的精到指点。姐夫比她大18岁，但尚在壮年，温文儒雅，对情窦初开的她颇具吸引力。特别是姐夫那显赫的官位、厚禄，对她的诱惑极大。因而，以看护身患重病的姐姐为正当理由，姐夫和小姨子两人吃住在一起，过往甚密，也并不为外人多嘴。而钱大钧成熟汉子的魅力和千般温存，很快使欧阳生丽陷入爱河，不能自拔，深深地爱上了姐夫。于是，在姐姐提出她与姐夫结婚的要求后，她不但没有丝毫回绝姐姐之意，而是立即抓住时机，直率地答应了姐姐。只等姐姐眼睛一闭，自身便是光明正大的钱司令夫人。

三人一拍即合。在病床前，欧阳藻丽将钱大钧和自己的子女托付给妹妹，并要钱大钧在她有生之时与妹妹同居，将生米煮成熟饭。在国民党的高级官员中，钱大钧是出了名的好钱不好色，现在不得不纳妾，却是被夫人死逼出来的。

不料阴差阳错，原先病得已经是预备后事的姐姐自妹妹与姐夫做实之后，心事已了，身体竟然奇迹般地一天天逐步好转，后来竟然完全康复，并且恢复得如同未得病前，依然光彩照人。但在此时，欧阳生丽与钱大钧已经情深似海，且早已有了夫妇之实。欧阳藻丽此时想食言也来不及了，也认了与妹妹共一夫的现实。岳父欧阳耀如眼看生米已煮成熟饭，亦无可再言，只好准许钱大钧与欧阳生丽正式定亲成婚。于是，由欧阳藻丽做主，为钱大钧与妹妹办理了婚事。这样的事，在当时好像谁都没办法再阻止，最终形成了姐妹同嫁一夫的奇事。钱大钧如此美妙地、名正言顺先后娶了两位太太，并且是姊妹花。如此机缘巧合地"二女同事一夫"，在当时也可谓是奇闻。钱大钧再次结婚后，姐妹二人相处和睦，而欧阳生丽对钱大钧就像赵一荻对张学良那样，始终感情不渝，几十年无微不至地侍奉着他，关怀着他，直至他病逝。

当时的国民党军中，便有人在茶余饭后之余，一边羡慕钱大钧的奇缘，一边也笑话欧阳老先生阻婚不成，却把两个女儿都"搭"了进去。而钱大钧随着职位的不断升高，姊妹花的传奇也显得更为流行，堪称两女同婿民国趣闻。如此奇妙的婚姻，也曾引来了同时代不少人的向往，憧憬着通过观摩学习钱大钧，也能撞上"姐姐带上妹妹"的桃花运。

钱大钧一贯沉默寡言，平素服装整洁，在他的部下和学生面前总是做出一副忠孝、仁爱、信义、和平的样子，对学生们的训话也总是强调厉行蒋介石所提倡的"新生活"运动，要求大家"注重礼义廉耻"，"注重军人风纪"，"发扬黄埔革命精神"。但钱大钧的两个美貌妻子却引来了大家的非议，同宿姐妹花还讲什么所谓的"新生活"呢？有胆大者还写了几句话公然贴出："湖上有园，园中有风景。同为昏官，景色宜人喜洋洋。一夫两妻同枕共床，姐妹成双效鸳鸯，高谈旧道德礼义廉耻，厉行新生活男盗女娼"。此事令钱大钧很尴尬。时任武汉军官分校经理处第3科科长钱仰周是钱大钧的三哥，便找教育处长赵锦雯要求追究此事，说："教育长的家事，也要别人来管吗？老百姓讨三妻四妾的多得是，教育长有两房家眷，这算什么稀奇？"赵锦雯旋即派人进行调查，但那个写诗的人杳如黄鹤，始终未查出，后来也就不了了之。

陆军大学第17期毕业的中共地下党员段仲宇在蒋介石侍从室工作时，与顶头上司钱大钧私交很不错。段仲宇回忆，在侍从室的那段时光，他常常去钱家吃饭，每次都和钱大钧及其两位夫人一起就餐。大夫人欧阳丽藻生性比较沉默，话不多，给人一种沉稳厚道的感觉。二夫人欧阳生丽性格开朗，比较活跃，打扮得也年轻入时，平时陪钱大钧参与社交活动也较多。但姊妹俩亲情融融，和睦相处，互相尊重体谅。姊妹俩之间从来就没有闹什么龃龉之事，或者闹什么争风吃醋。

（六）从南方到北方再回南方，多年师长再熬任军长

1930年3月，钱大钧任中央教导第3师师长。这个师以黄埔军校武汉分校第8期入伍生和教官编成，辖第1团（团长张世希）、第2团（团长夏楚中）、第3团（团长张达）、第4团（团长

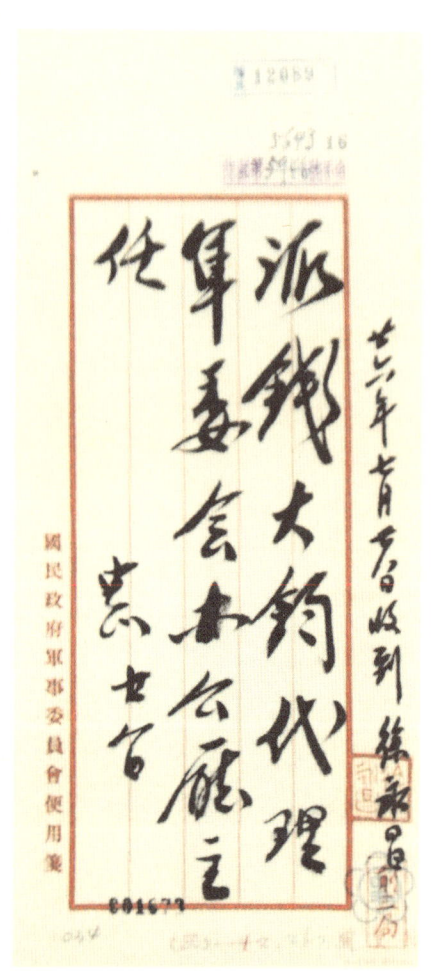

蒋介石委钱大钧为军委会办公厅主任的手令

周振强)。5月,钱大钧任南方前线总指挥,率所部参加中原大战。

10月20日,武汉分校教育长钱大钧对学生训话。开篇讲道:"今天是本分校第8期入伍生第一次举行纪念周,同时也是本教育长与大家第一次的见面……军官学校与普通学校不同的就是军校的教育训练以及管理种种都是极严格的,就是说是以严格的教育,严格的训练,严格的管理,来培养成功很完全的军事人才出来,做国军的基干,为士兵之表率。"10月24日,广州"国民革命军黄埔军官学校"正式停办,黄埔本校教育长林振雄奉令办理结束事宜,发给官佐恩饷两个月遣散。以广州地名"黄埔"驰名中外的军校就此在始发地却戛然而止,黄埔本校即行宣布结束。

钱大钧主持武汉分校时,古北口战事正急。何应钦派徐燕谋赴日军议和。谈成后,何应钦与黄郛想让钱大钧去签字,但被钱大钧拒绝。最后,塘沽协定由熊斌、徐燕谋、钱宗泽等去签字。此事说明钱大钧还是有头脑和爱国之心的。

中原大战结束后,11月7日,教导第3师改编为陆军第14师,钱大钧仍任师长。这个月底,钱大钧还随陈诚到日本参观秋操。

1931年1月1日,钱大钧获得国民政府颁发的三等宝鼎勋章。12月,当选为中国国民党第4次全国代表大会代表、候补中央执行委员,以陆军第14师师长职位兼任武汉要塞司令。

1932年1月10日,中央陆军军官学校武汉分校学员与汉口要塞司令部部队整编为陆军第89师,钱大钧任师长,统辖步兵第265旅(旅长张雪中)、第267旅(旅长袁守谦)等部。1月16日,钱大钧被任命为南京中央陆军军官学校(第8期)校务委员会委员,兼任武汉分校教育长。3月1日,黄埔军校武汉分校奉命裁撤结束,教职官佐及部分学员并入南京中央陆军军官学校第8期第2总队。

7月,钱大钧终于不再在"师长"职位上转悠,调任第13军(驻防武汉)上将军长,兼任鄂豫皖3省"剿匪"军中路军预备队指挥官、军事委员会南昌行营办公厅主任,指挥汤恩伯的第89师、孙元良的第88师,参加对鄂豫皖边区红军和根据地的"围剿"作战。其时,蒋介石"围剿"红军的计划、

1934年的钱大钧

方略和命令均出自钱大钧之手，而且他所辖的第88、第89师也是"围剿"苏区的主力。

1933年8月4日，钱大钧调任军事委员会委员长保定行营主任、北平分会委员兼军政部保定编练处主任，参与长城抗战期间的高层军事与外交斡旋。他从第13军军长跃升为蒋介石的行营主任，指挥5个军的队伍，与北平行辕主任何应钦并驾齐驱。这是钱大钧从北伐以来最得意的时候，为此他在春风得意之时也"贪性"发作，引起很多人的不满和告状，"钩大钱"的绰号就是在保定、北平时期留下的"永久纪念"。

1934年1月，钱大钧由北方再调回南方，任鄂豫皖3省"剿匪"总司令（张学良）部参谋长，后任军事委员会武昌行营（主任张学良）参谋长等职。钱大钧为此经常奔走在南京、北平、南昌的路途中，有一次竟然碰到了"在逃犯"共产党人陈赓，那可是一个以"调皮"闻名黄埔军校的第1期学生。

这年3月，陈赓从鄂豫皖辗转到上海治疗腿伤时，意外被国民党特务逮捕，后经党组织的大力营救，4个多月后，他被"释放"，再遭追捕。他逃出上海，旋即被派往新的战斗岗位。这次他去外地是坐火车先去的北平。这些年他在国共高层"混"，到处是熟人，认识他的人不少。谁知这次火车行经徐州站停车时，他走出车厢换换气，在站台上转了转，突然发现在列车后面临时挂上了一节专用的花车，再定睛一看，几个国民党高级将领正沿站台走来，他不禁大吃一惊：那些官员簇拥着送上花车的，正是认识他的、黄埔军校原军事总教官钱大钧！而钱大钧不仅认识他，两人还相当熟悉。陈赓赶紧把帽子一拉，低头上了火车。

当火车离开徐州后，车行不久，钱大钧的副官突然出现在陈赓面前。"陈先生，长官有请。"陈赓心想坏了，到底还是被他看到了，但还是沉着地说："我不姓陈，是做生意的，哪里认识你们长官，你认错了人吧？"副官说："没错，请你到那边去谈谈。"陈赓只得去了。钱大钧见到他，不温不火地说："我一进站，就看见了你，就叫副官跟上你。"陈赓也不再辩护，坐了下来。钱大钧又问道："你近来干些什么？"陈赓答道："没有事情可干，正在到处谋事。"钱大钧哪能相信陈赓，前一段时间陈赓的消息早就在各大报刊上传得沸沸扬扬。他望着陈赓又问了几句，陈赓见他并不认真，也就索性与他闲聊起来。

火车奔跑着，两人聊了一阵，陈赓说："我要下车了，去看一个朋友找点事做。"钱大钧也没有强留他，陈赓便走开了。火车到了站，陈赓赶快下车，当火车继续开动时，他又迅速登上另一节车厢，仍把帽檐拉得低低地坐下。谁知火车开动不久，那个副官又找来了，他抿着嘴，带着诡秘的神色说："陈先生没下车啊，长官让我再请你。"陈赓又壮起胆量去了，结果，钱大钧还请他在车上吃了餐饭。两人谈起黄埔往事，倒是悠闲得很。过了几站，钱大钧说："你有事，你就走吧，我不拦你。"陈赓即起身告辞。陈赓走后，副官立即说："钱长官，你怎么放他走啊？"钱大钧说："我在黄埔军校教过他的课，总算有点师生情义。陈赓在东征战场上曾经救过蒋委员长的命，在黄埔军人中是名声在外，老蒋都奈何不了他，我若抓捕他，不是自找个烫手山芋，还不被黄埔师生骂死啊！"就这样，陈赓顺利辗转天津、北平，后前往江西，与毛泽东、朱德等领导的中央红军会合在一起了。由此事也可见钱大钧的为人随和、善留后路的做事风格。这段故事有传言是发生在由上海至郑州的火车上，但据陈赓之女陈知进对本书作者讲是在到北平的火车上，陈赓是在天津下的火车。陈赓生前数次向子女讲述过这个故事。

钱大钧擅长谋划，做事机警，但在军中立威不够。俗话说：慈不掌兵。蒋介石也看到了这一点，在钱大钧短期担任南方前线总指挥参加中原大战之后，从1932年开始，蒋介石便不让他再直接带兵，而是将他调到身边，其工作是负责全国政治、军事、党务等各项工作，直接对蒋介石负责，更主要的是替蒋介石出谋划策。不过，因为不曾实际带兵作战，战功便不明显，也影响了钱大钧的拜将之路。

1935年4月4日，钱大钧被国民政府军事委员会铨叙厅（部）颁令叙任陆军中将。这是蒋介石任军事委员会委员长后的首次授衔，钱大钧仅授为陆军中将，在黄埔系将领中居于一级上将何应钦、二级上将刘峙、顾祝同、蒋鼎文之后。在何应钦"四大金刚"中，刘峙等其他3人也已是后来居上。

（七）侍从室侍卫长亲历两广事变、西安事变

1935年10月，钱大钧任国民政府军事委员会委员长（蒋介石）侍从室第1处主任兼侍卫长，随侍蒋并协助处理军机要事。侍从室早在1933年蒋介石驻节南昌指挥江西"剿共"时已成立，本只是一批随蒋介石奔走的参谋、秘书与译电人员，以处理各类函件公文为其任务。但随着蒋介石权力日增，该室人事与组织亦日渐扩大。在钱大钧的筹谋下，侍从室逐渐成为运筹帷幄、调兵遣将和指挥作战的统御全国军事之中枢机构，当时被称誉为蒋介石"总司令部之司令部"，实际上是蒋介石国民党中央的军事、政治、经济筹划的核心部门。11月，钱大钧当选为国民党第5届中央执行委员。

1936年1月，国民政府军事委员会委员长侍从室在南京改组，宣布正式成立，下设两个处，钱大钧首任改组后的第1处主任兼侍卫长，主管总务、参谋和警卫工作。钱大钧同以蒋介石"文胆"著称的陈布雷（侍从室第2处主任）共同主持侍从室，名声显赫。侍从室是直接秉承蒋介石意旨办事的实际权力机构，其工作直接对蒋负责，负责全国的政治、军事、党务等各项工作。钱大钧担当此职后，自觉责任重大，在蒋身边处理文件，安排蒋的食宿、警卫和行动，格外敏捷，精细谨慎，每临大事必亲自

过问。他接触的军事机密甚多,但从不对人讲起。平日沉默寡言,无特殊嗜好,专心以效忠蒋为己任,奉之为神,百依百顺,因而颇称蒋意。作为"军机大臣"侍卫长的钱大钧参与中枢决策,可谓是位高权重,红极一时,这也使得他从1936年1月至1938年3月,跟随蒋介石,参与和经历了一系列重大历史事件。

  侍从室是抗日战争时期蒋介石身旁的最重要幕僚组织,权力凌驾于国民政府各部门之上,其地位甚至可与清代之军机处相比。随着蒋介石国民党总裁、国民政府主席、军事委员会委员长3个职务的兼任,蒋成为党政军三系统之主官,而蒋介石身边最为亲近的侍从室,对于战时中国军事、政治、外交、党务、人事等事项的审定与意见,素为蒋所重视,甚至可决定何种情报上呈给蒋,以及左右蒋对人事的晋升和罢黜,其影响冠绝朝野。所以,国民政府军事委员会与委员长侍从室的出现,多被视为蒋介石权力具体化的表征,也是中国政治军事化的结果。

  侍从室和侍卫长的职务,是一个必须能够左右逢源的差事。钱大钧属蒋的嫡系,同蒋介石和黄埔学生之间的关系很深。钱大钧与何应钦、顾祝同、蒋鼎文、朱绍良等都比较亲近,同桂系的关系也不即不离。陈诚同钱大钧虽有"师生"的关系(陈诚在保定军校第8期炮科学习时,钱大钧任炮兵队队长),但由于陈诚、何应钦之间的利害矛盾很深,因而陈对钱大钧虽然表面尊敬,却暗中排挤他。钱大钧同东北军、西北军以及其他"杂牌"部队的关系搞得还不错,一般高级将领对他都有好感。可见蒋介石选钱大钧来侍从室任职,也算是选对了人。

  1936年6月1日,广州绥靖主任陈济棠通电反蒋,"两广事变"爆发。因钱大钧与陈济棠的第1军军长余汉谋,恰是保定军校第6期时的同学,又曾在粤军第1师共事过。钱大钧奉命衔蒋介石的旨意,密赴余汉谋驻防地江西大庾活动,做策反余汉谋的工作,邀请余入京,余坦承应召。余汉谋通电反陈济棠后,广东东区绥靖委员李汉魂也立即通电责陈,陈部空军也深明大义,70多架飞机归投蒋介石。至此,陈济棠感到走投无路,逃亡香港。随后,李宗仁应邀到广州,经过晤谈,和谈成功。广东省由余汉谋主持。钱大钧主持谋划余汉谋脱离陈济棠并归附南京国民政府,所谓的反蒋"两广事变",不费一兵一弹,在钱大钧等人的四处活动下,得到了和平解决,收到了良好的效果。钱大钧更加被蒋介石所信任。事后,钱大钧兼任军事委员会广州行营(主任陈诚)参谋长等职,全权处理行营重大军事决策。

  钱大钧以蒋介石的近侍人员身份,周旋于国民党高级军政人员之间,在当时显得颇为得意。9月26日,与另外两名黄埔教官张治中、陈诚一起,被国民政府军事委员会铨叙厅(部)颁令叙任陆军中将加上将衔。11月,获颁二等宝鼎勋章。

  从1935年4月至1949年9月期间,国民政府总计任命少将以上将官4461人。

其中：任命上将（包括特级上将、一级、二级上将及上将、加上将军衔）133人。在黄埔军校教官（校务委员）群体中，任上将的有42人，占获任上将总数31.6%。其中特级上将1人（蒋介石），一级上将11人（何应钦、陈诚、冯玉祥、阎锡山、唐生智、张学良、李宗仁、白崇禧、朱培德、刘湘、陈济棠），二级上将12人（邓锡侯、龙云、刘峙、何键、余汉谋、张治中、徐永昌、顾祝同、商震、程潜、蒋鼎文、薛岳），上将及加上将军衔有18人（方策、卢汉、刘兴、刘戡、刘士毅、刘建绪、汤恩伯、李品仙、李济深、陈铭枢、俞飞鹏、胡宗南、唐淮源、夏威、钱大钧、黄绍竑、黄慕松、廖磊），还有中将166人、少将4162人。

1936年12月12日，张学良、杨虎城发动"西安事变"。事变发生时，半夜枪响华清池，众人乱作一团。钱大钧从所住半山的房舍中急忙提枪冲出，被乱枪击中胸部，从脊椎左侧射进去，由右肩锁骨处穿出，伤及右肺尖，押在杨虎城的卫队室流了6个小时的血，后被东北军急送医院抢救，才幸免于难。25日，事变和平解决。27日钱大钧等要员被释放回南京。

事变中，蒋介石被扣，作为侍卫长的钱大钧有重大责任，事后也有人坚持追究钱大钧的渎职责任甚至是"内奸"的告状。但他在变乱中所受的重伤，为他挡了许多流言蜚语。

在蒋介石的侍卫队，军统特务往往负责蒋介石出巡的外层防卫，归钱大钧的侍从室指挥。钱大钧总是神情傲慢，很不好合作，极少给特务提供方便。因为他是上级，军统特务们都吃过不少苦头。由此在西安事变时，钱大钧和军统也结下的更大的梁子。当时有种传言，说钱大钧陪同蒋介石一起去西安，华清池附近原来有一个火车头，为了防止蒋介石乘火车逃跑，张学良找到钱大钧，说要让自己的好马"盖西北"和火车赛跑，诱骗钱大钧同意将火车头调到临潼车站。钱大钧同意将火车头调到临潼车站的细节，在事变后被军统特务密报上来，认为钱和张有勾结的嫌疑。钱因此受到审查，遭到如此对待，他内心极为痛苦，因此终生对军统特务没有好感。

常言"伴君如伴虎"，在钱大钧身上也得以应验。还有一种坊间传闻，说生性多疑的蒋介石怀疑钱大钧与张学良串通，引得蒋介石一度误会，钱大钧一发急，脱掉衣服，把枪伤露出来给蒋介石看，这才幸免获罪。当蒋介石看到钱大钧身上的那块因替他挡子弹而留下的枪伤时，没有再追究钱大钧。但钱大钧从此也开始在政治上走下坡路。

钱大钧在西安事变中的表现究竟如何？也许当事人之一的张学良应有发言权，他在晚年口述这段历史，并评价说："钱大钧，好是好，但是他继续做我的参谋长，就不会有西安事变。这个话不能那么说。晏道刚也不是喜欢不喜欢，钱大钧也不是喜欢不喜欢的问题。简单说,我那个参谋长,就是蒋先生派来的一个间谍一样,这个晏道刚是一个好人,是一个老实人,钱大钧比他油条。所以蒋先生对晏道刚很气,他(晏道刚)并没事前发现我的事情,那事他没留心,他没那么多心,就说,他是老实人么。那特务就净胡扯淡,正经事儿他也不知道。CC里做的更糟糕,后来他们那些玩意儿我都看见了,胡说八道,根本没那回事情,他报告的事情都没有那回事情,那报告的什么玩意儿?根本花那个钱那真冤枉透了。"①

钱大钧在西安事变交战中被流弹所伤,后来却也成为他与蒋介石共"患难"的重要说辞。1937年1月,钱大钧到上海养伤,2月伤愈后仍任侍从室主任和侍卫长,但在不久就改为军事委员会办公厅代理主任,不再直接负责侍从室的警卫工作。钱大钧因在西安事变前一个小小的疏忽,对张学良将蒋介石专列机车开走未加阻拦亦未报告,导致事变在他的侍卫长任内最终发生,也招致蒋介石的猜忌,这是他百密一疏的遗憾。

1937年7月7日"卢沟桥事变"后,日军大举侵华,中国抗日战争全面爆发。钱大钧随蒋介石巡视各地防务,并奉命两次到前线劳军。

8月,淞沪抗战打响。至11月,已经达到消耗日军之目的,于是,中国军队开始后撤,苏州至福山一线守军,相继转移。国民政府决定迁移重庆,有关部门人员纷纷疏散西上,运输工具极为短缺。在此局势紧张之时,留在南京仓库中的故宫古文物尚待疏运,而政府有关部门员工此时均已疏散西移,运输工具极缺。张群有鉴于古物之珍贵,特别向蒋介石建议说:"故宫博物院之古物7000余箱,留在仓库尚未运出,目前下关尚有船只可供运送,惟市内车辆缺乏,可否命钱大钧主任负责调用军车将其运送至下关,装船内运,以免珍贵古物沦入敌手。"蒋介石当即核准,命令

1938年6月5日,钱大钧在汉口出席"4·29"空战殉难烈士追悼会慰问烈士家属。

---

① 唐德刚:《张学良口述历史》,中国档案出版社,2007,第147~148页。

钱大钧立即执行。在运输工具和人员极端缺乏的情况下，钱大钧运用手中实权，迅即与后勤单位协调，指挥有关部门于军运繁忙中勉强调集了10多辆军车，并亲自监督，在24个小时内将这批故宫古文物抢运至下关，安全装船，西迁重庆，保护了大批国宝文物。蒋介石、张群、钱大钧抢运国宝西迁，完成了这一历史使命，对于保存中华文化精华有大功。

11月27日，蒋介石巡视首都城防工事，明知"南京孤城不能守，然不能不守也。"12月5日，日军逼近南京近郊汤山。7日晨，蒋介石在钱大钧等人的侍卫下飞离南京，直飞庐山星子机场，9日登牯岭宿美庐。12日，南京失陷，次日，蒋介石得知南京城陷落消息。14日，蒋介石飞抵武昌驻节，军事委员会所属各部门亦移驻武汉，在此计划持久抗战，同时整补部队，调整机构，奠定长期抗战之基础。中国抗战进入持久阶段。

（八）任航委会主任，"纸弹"空袭日本本土

一年多的武汉抗战岁月，是中国抗日战争时期的一个特殊阶段。在武汉时，钱大钧由于始终难以摆脱家庭基因中固有的"商人"情结，在担任侍从室主任期间，依然没忘记"钩大钱"，加上他得罪的人多，蒋介石不得不将他调离侍从室。但由于有时任航委会主任宋美龄的庇护和照顾，他希望在航空委员会捞到一个肥缺。1938年2月，航空委员会改组，钱大钧在宋美龄的极力推荐下，得以接任航空委员会委员兼主任职务，负责全国的航空指挥及空军对日作战。

当时日军空袭武汉，钱大钧在武汉行营指挥空军应战，他曾多次下达一个奇怪的命令，就是令飞机升空后，必须绕武汉一圈，再去迎战。那时空战都是讲究抢占高度，等绕完一圈再爬升，往往就吃亏了。空军有人员对此有所抱怨。军统的特务收集到这个情况，准备向蒋介石打小报告，但是被毕业于黄埔军校第4期政治科、精通心理战的军统特务文强扣下了。文强说，抗战本来就是以弱对强，军事上的胜利是很难的，保持民心、军心、士气与日军相持下去才是目的，空军绕武汉飞行给军心的鼓舞，远不是多打下一两架日本飞机能够补偿的。这些话很有道理，可见钱大钧对军事与政治的理解，颇有造诣，与他在侍从室高层惯于战略运筹的熏陶有关。

钱大钧参与指挥了著名的"4·29"武汉空中保卫战。

任航委会主任时的钱大钧

他事先预料日军会在4月29日天皇生日那天大举轰炸武汉，预先调集飞机戒备。等到当天下午1时，10多架日本轰炸机侵袭武汉，中国空军飞机立即升空，迎头痛击。半个小时的激战，击落敌机21架，我方损失和失踪9架。在这天的整个武汉空中保卫战中，日军出动轰炸机和驱逐机共50多架，我方升空驱逐机80多架，这是抗战以来规模最大的一次空战。

钱大钧还通过外交等多种途径，先后得到苏联和美国空军的作战飞机和航空军械援助。所策划和组织指挥的空军远航日本本土投放"纸炸弹"，是其军事指挥生涯的杰作。

5月初，为了揭露日本军国主义穷兵黩武、害人害己的暴行，钱大钧等组织空军远航日本本土夜投"纸弹"（即宣传弹）。当时有人问钱大钧："为什么不用炸弹轰炸日本东京而用纸弹？"钱说："炸弹不如纸弹来得意义大。加之炸弹太重，挂上炸弹，飞机飞不了那么远。"经过细致的研究后，奇袭日本本土的行动计划报经蒋介石批准，最后确定选派技术精良又有丰富飞行经验的空军第14中队徐焕升中队长率驻成都的本中队8人，执行这项艰巨而又危险的任务。当时，中国空军力量薄弱，如果从武汉起飞，燃料载量不够回程之用。钱大钧找徐焕升商量，徐说："东海之滨，有个宁波机场，略加修整，就可起航。"钱大钧同意此案，立即布置整修浙东宁波机场。5月17日，第14中队由成都飞到汉口。18日，在武昌官邸，他们受到蒋介石和宋美龄的接见，钱大钧等陪同。同日下午，钱又召见徐焕升等8人，郑重地对他们说："此行任务艰巨，但绝不是命令，必须出于自愿，你们还可以再考虑一个小时，而后答复我。"钱的话音刚落，徐等8人异口同声地答道："我们弟兄都愿意这样干，请看我们的决心。"8人当场写了志愿书。

5月19日，空军准备就绪，侦察到东方气候良好，是出击日本本土的好时机。下午3时，徐焕升等驾驶"马丁"号飞机由汉口起飞，下午5时50分到达浙东宁波栎社机场。起飞之前，他们从起飞基地给军事委员会发来电报，内称："职谨率全体出征人员向领袖暨诸位长官行致敬礼，以示接受此项工作之莫大荣幸，并誓以牺牲决心尽最大努力，完成此非常之使命。"起飞后，机上不断与地面电台联系。钱大钧通

钱大钧出席"4·29"空战殉难烈士追悼会。

钱大钧出席欢迎东征日本凯旋归来的空军勇士晚会并致词。

宵守在电话机旁，不时与电台互通电话。

徐焕升等驾驶的两架飞机在加油检查后，于晚间11时48分趁月光明亮时出发，开始了突袭日本本土的壮举。中国空军飞机进入日本本土后，躲过探照灯的照射和高射炮阻击，于20日凌晨3时到达日本的东京、大阪、福冈、长崎等地上空，盘旋30分钟，投掷大量传单等宣传品，并侦察其军港和机场的情况后，于上午11时完成壮举，最后胜利返航汉口。钱大钧等特地到机场欢迎，并让他的女儿向英雄们献花。中国共产党在武汉的领导人董必武等也到机场欢迎，并向空军英雄赠送锦旗。

这次远航空投行动，极大激励了全国军民抗战必胜信心，并受到当时国际社会的广泛赞誉。中国空军远航到日本福冈、长崎投放"纸炸弹"，日本朝野皆惊，防空部队也慌了手脚，世界轰动。此役精心策划，既激励了中国军队的士气，振奋了全国国民抗日的信心，且顾全了人道，获得世界各国赞誉，在国际上影响甚大。

（九）二进侍从室，再因贪腐问题折戟上海

钱大钧任航委会主任只有一年时间，又因贪污被人举报，引起蒋介石的勃然大怒，下令以军法严惩不贷，1939年6月被免职，后在宋美龄的求情下，未至死罪。钱大钧丢官到成都过了两年多的闲淡民居生活，其间他到农村创办自任校长的西泉小学。

1941年7月，军政部长何应钦同情好友钱大钧的处境，向蒋介石说情和推荐，

中美联合参谋部开会商讨中国战区反攻计划。后排左起：朱世民、钱大钧、魏德迈、格罗斯、刘为章。

钱大钧才被勉强安排到军事委员会运输统制局任参谋长，负责中缅国际通道军需物资运输事宜。运输统制局刚成立一年，负责统一运输管制及运输检查之责，先后建立有秘书、监察、财务、运输、工程、机械、液体、管训、配件等部门。时主任由参谋总长何应钦兼任，副主任由"交通部长"

张嘉璈、后勤部长俞飞鹏兼任。12月，为了解国外业务状况，钱大钧到仰光实地考察，监督从缅甸紧急输送物资抢运到云南。回重庆后，钱大钧依据实际运输情形，详析利弊，报请军委会进行改善。不久，运输统制局改为文官编制，参谋长改称秘书长，仍由钱大钧担任。

1941年，钱大钧与吴铁城在四川重庆。

1942年6月23日，钱大钧在时任军政部部长何应钦的支持下，接替曹浩森任军政部政务次长，仍兼运输统制局参谋长，并兼点验委员会主任、军政部特别党部特派员等职，处理军政部日常事务。钱大钧与何应钦共事最久，常务次长张定璠（字伯璇，江西人，桂系）也是钱大钧往年黄埔军校的同僚，这3人共事相处可谓默契和愉快，钱、张两人成为何应钦的左右手。钱大钧分工主管军需署、兵工署、军务司、会计处、军粮总局、总务厅等单位业务；张定璠分工主管军医署、兵役署、军法司、交通司、马政司、机械化司等单位业务。这时，军政部职责主要管理全国三军兵员、武器、装备、粮秣、经费供应等，业务非常繁重，而何应钦部长兼任参谋总长不常到部里视事。钱大钧处理重要业务，均随时请示何应钦裁决；一般业务，则由他和张定璠负责处理。

军政部组织庞大，人事腐败，营私舞弊，在抗战后期已达到了不可收拾的地步。蒋介石受国内和国外（主要是美国）舆论的责难，于1944年10月下令军政部大换班，换下何应钦，让陈诚继任军政部部长。但关于时任军政部次长钱大钧的安排，蒋介石颇费了点心思，他认为陈诚于保定军校第8期就读时，钱大钧已任该校分队长，这次军政部大换班不能以钱居陈之下。遂于11月再任钱大钧为军事委员会侍从室侍卫长及第1处主任，兼任军事委员会调查统计局（简称军统局）局长。钱大钧继续回侍从室工作，与林蔚对调职务，让林蔚去军政部任次长，也算是晋升，却也保全了钱大钧的面子。

钱大钧二进侍从室，说明还是得到了蒋介石的信任。在侍从室，钱大钧的工作劲头如初，仍深得蒋介石赏识。1943年10月1日，钱大钧获国民政府颁发的一等云麾勋章。在此阶段，钱大钧常周旋于各大战区及与美苏军事顾问之间。1945年5月20日，钱大钧当选为国民党第六届中央执行委员。在侍从室，钱大钧迎来了抗日战争的胜利。

1945年8月，抗战胜利后，上海市特别市长一职炙手可热，派系之间竞争极为激烈，

任上海市市长的钱大钧

各党政大员都想吃这块"肥肉"。蒋介石为了控制上海的时局，在8月13日授命钱大钧出任上海市首任市长兼淞沪警备总司令，一身兼军政重任。这也许是因为钱过去曾任淞沪警备司令的缘故。9月9日，钱大钧飞上海就任。

钱大钧任职上海期间，主持与英国驻华大使多次交涉，收回了跑马厅（即现在的上海人民广场），不许英美帝国主义在此搞赛马、赌博等活动；又责令工务局扩建了南京中路，以利闹市区的交通，同时修筑了吴淞海堤，为上海的发展做了一些好事。钱大钧回顾这段历史说："余接任市长后，除致力整饬各项市政外，并遵中央命令，成立上海市临时参议会，经选出徐寄庼为议长，积极推行地方自治工作。余为适应未来情势之需，特拟具'大上海建设计划'，草案初定，视人力财力逐步推进。惟沪市承战乱之后，值艰难之会，业务纷繁，诸待策进，实非才疏如余者所克胜此重任，爰思退避贤路，免滋贻误！三十五年（1946）3月，辞兼淞沪警备总司令；5月，辞去上海市市长，同月21日交替，继任者为吴国桢先生。"

然而，钱大钧的上述回忆，回避了辞去上海市长的因由，因为对他来讲并不是一件光彩的事情，主要还是贪腐问题导致了他的政治生涯受挫。1946年3月5日，钱大钧因贪污被人告发，绝精世故的他深知宦途艰险，急流勇退，实际上也不得不先辞去兼淞沪警备司令一职，5月再辞去上海市市长等所兼各职，带着他搜刮来的大量财物，暂息苏州故里，过起了奢侈、豪华的生活。5月，国民政府以抗战期间著有功绩嘉奖各战区参战将领，仍授钱大钧青天白日勋章，这也是他人生中获得的最后最高功勋奖章。12月，上海成立市体育协会，钱大钧任会长。

从1926年北伐战争开始到1946年，钱大钧的军政事业到此几乎走到了巅峰，此后再无新的显著军政功绩。在这整20年中，他多次获褒奖和授功勋章，主要有：北伐纪念勋章，陆海空军甲种一等奖章，三等宝鼎勋章，一等云麾勋章，一等景星勋章，一等空军复兴勋章，青天白日勋章，空军河图勋章，华胄荣誉奖章，以及抗战纪念章等。晚年时，他回忆说："回顾80年来，遭逢时艰，备历世变，虽勉竭驽钝，以赴任使，幸无陨越，然检讨过去，对国家，对领袖，贡献均甚有限，迭邀懋赏，徒滋怅愧而已。"

1947年4月,钱大钧返乡省亲,被推选为江苏省吴县参议会议长。7月,当选为党团合并后的第6届中央执行委员会常务委员,后当选为第1届国民大会代表、第1次会议主席团成员。

1948年3月29日,蒋介石在南京召开第1届"国民大会",钱大钧作为上海代表,被推选为"国民大会"代表

1945年9月,上海市市长钱大钧与美国在华空军将领合影。

暨第1次会议主席团主席。1948年10月,奉聘任国民政府"总统府"战略顾问,却已没有实权在握,他已不像从前那样再受到蒋介石的器重。这一年,有了闲暇时间,钱大钧在55岁时开始写"回忆录",也得以留下很多有价值的历史资料。

全国解放前夕,钱大钧已经逐渐淡出了国民党军政领导核心。

1949年2月19日,蒋介石委任钱大钧为重庆绥靖公署(主任张群)副主任。他记述说,"余以份属军人,且为国民党员,临危受命,义不容辞,乃不计成败利钝,毅然应命",经广州前往重庆履职。3月29日,任川康滇黔4省联合"剿匪"总指挥部副总指挥。5月1日,兼任西南军政长官(张群)公署副长官。5月4日,钱大钧以新任国民党西南长官公署副长官身份到黄埔军校成都本校训话。举行月会,大校阅讲评。其实,此时的西南局面已经朝不保夕,西南军政长官公署成为国民党政权在大陆的最后一块送终牌位。11月30日晨,钱大钧陪侍蒋介石由重庆飞成都。蒋介石国民党政府决定迁往台湾,再图复兴。

(十)晚年热心体育事业,高寿辞世台北

1949年12月上旬,钱大钧携夫人欧阳生丽从成都飞海南岛,数月后再转台湾。

国民党政府兵败大陆到台湾后,蒋介石政府为提拔新人,更换新血,对一些元老基本上不再重用。钱大钧到台湾后,曾经挂名一些资政虚名。1950年5月,任"'总统府'战略顾问委员会"委员,这是一个荣誉虚职,并无实际工作可做。1952年10月22日,他奉命退出现役,任"国策"顾问,名义是上"'总统府'咨政"。1954年11月,奉聘兼任"光复大陆设计研究委员会"委员。还兼任国民党中央纪律委员会委员(1960年2月),国民党第10届(1969年4月)、第11届(1976年11月)、

1950年3月30日，钱大钧与顾祝同在台北牯岭街何应钦寓所合影。

第12届（1981年4月）中央评议委员，"国大"代表、"宪政"研讨委员会委员等，都是有虚名而无实权。钱大钧常与何应钦、白崇禧、顾祝同、黄镇球等来往。蒋介石仍视他们为老友，蒋经国仍尊他们为长辈。期间也参与襄助蒋介石处理了一些无关紧要的事务。

1955年6月，台湾发生"孙立人兵变案事件"，蒋介石任命钱大钧为"军事法庭"审判长。庭讯时，钱大钧责问孙立人为什么要密谋兵变，孙立人说："审判长，你是我的老长官，你对我过去的战绩是很清楚的，我对蒋'总统'一向忠诚，我更忠于祖国。我如果稍有异心，蒋'总统'也不会现在安居台湾。"孙立人拿出驻日美军统帅麦克阿瑟发给他的电报，电报是在蒋介石赴台前发出的，内容是邀请孙立人去日本东京与他会晤。孙立人又拿出一份会谈记录，是孙立人与麦克阿瑟在东京的会谈内容，涉及台湾防卫问题，其中麦克阿瑟在会谈时劝孙立人"自主"台湾，被孙立人当场拒绝。

钱大钧审阅了记录原文，只好对孙立人说："我是根据"监察院"对你的调查报告而组织军事法庭的。你今后权且闭门思过，过一段时间再对你处置吧。"之后，钱大钧将庭审情况向蒋介石做了汇报，并为孙立人求情，但蒋介石坚持要判处孙立人无期徒刑，作为审判长，钱大钧对此无可奈何。不久，钱大钧再次规劝蒋介石，说孙立人不会有异心，希望能给予从轻处罚。不知蒋介石出于何种考虑，这次竟答应了钱大钧的请求，允许孙立人在台中自己家中被监视居住。台湾当局组织的以钱大钧为裁判长的军事法庭，受命判孙立人无期徒刑。从此，孙立人开始了长达33年的软禁生活。

1960年2月，钱大钧奉聘兼任中国国民党中央纪律委员会委员，台湾"国民大会""宪政"研讨委员会委员。

钱大钧对宦途早已心灰意冷，对此并无计较。他在晚年另辟人生战场，主要致力于体育和民用航空。

由于喜欢体育运动，钱大钧被聘为台湾省体育联合会常务监事。他在退役后，虽然还任"总统府"战略顾问委员等职，却是利用闲暇，把主要精力转投体育事业。他协助体界，倡导各种体育运动，之后，曾数度率领田径、足、篮球队，前往世界各国，参加国际比赛。

钱大钧少年时即喜爱足球运动，在武昌陆军第二预备学校就读时，曾任足球队队长兼前锋，在中央陆军军官学校武汉分校任教育长时，亦极力倡导足球运动。由于酷爱足球，钱大钧在1953年春被聘任台湾省体育总会足球协会主任委员。

1954年5月1日，受聘担任台湾"中华全国足球委员会"首席顾问，并自任第2届亚洲运动会"中华民国代表团"足球队领队，率球队远征菲律宾马尼拉，获得冠军殊荣。

1955年，受聘担任"国军体育促进会"顾问。1956年1月，任第1届亚洲杯足球锦标赛台湾"中华民国"代表队领队。

后来还多次率领运动队到汉城、罗马等地参加体育比赛。他一生"非常喜好运动，喜踢足球"，致力于推动台湾体育球类运动。曾历任台湾足球协会主席、篮球协会主任委员兼任复兴剧校董事长、体育运动委员会主席、台湾"中华全国足球委员会"首席顾问、国军体育促进会顾问等职。

1957年，任台北市私立戏剧学校（复兴剧社）董事长、台湾"中华全国体育协进会"第1届常务监事、智利第3届世界杯篮球赛台湾代表队领队等。

1958年5月24日，领队赴日本东京参加第三届亚运会足球赛；继又领队远征智利，参加第3届世界杯篮球锦标赛。

1959年1月16日，率队参加第三届世界杯篮球锦标赛（圣地亚哥），本年出任远东旅行社董事长。

1960年2月，应选任"全国体育协进会"第二届常务监事、台湾"中华全国田径委员会"主任委员，担任第17届世界运动会"中华民国代表团"篮球队领队，远征罗马。

1961年5月，受聘担任台湾"中华全国足球委员会"顾问。1964年10月，率领田径代表队到日本参加第18届世界奥林匹克运动会，并担任国际田径会议代表。

1968年2月，率田径队赴墨西哥参加第19届世界运动会，并任国际田径会议代表。

1970年4月，率领台湾"中华民国田径队"赴泰国，参加第6届亚洲运动会，并担任田径会议代表。1972年5月，率领田径代表队赴菲律宾，参加国际田径对抗赛。1973年3月，任台湾"中华民国田径协会"名誉会长。

钱大钧多次率队参加国际比赛，并获得较好成绩，培养了一批体育运动骨干和尖子，其中包括曾任台湾奥林匹克运动委员会主席徐亨和多次世界田径赛纪录保持者、著名运动员纪政等。

钱大钧晚年在台湾的第二项事业是致力于航空事业。1963年6月10日，担任台湾"中华航空公司"董事长。1966年1月20日，主持"华航"向美国采购波音727

喷气客机5架，开创了海峡两岸民用航空史上使用喷气客机的先例，使民航空运进入喷气客机时代。1968年1月16日，由于年事已高，加之想要多培养年轻人，钱大钧便将实际工作交给别人去办，只担任了台湾"中华航空公司"名誉董事长。钱大钧在自述中评价"对航空事业之贡献"说："余于民二十七年（1938年）曾出任航空委员会主任，任期内，曾派机远征日本，执行心战任务，圆满达成。故对航空事业颇具经验，来台后于五十二年（1963年）六月十日就任中华航空公司董事长，乃全力发展我国民航空运事业，五十五年（1966年）一月二十日，向美采购波音七二七型喷射客机五架，创我国民航空运进入喷射机时代之先锋。迄五十七年（1968年）一月十六日荣升中华航空公司名誉董事长，私心窃引为荣。"

在一部台湾关于黄埔师生抗日的纪录片里，闪现过钱大钧的影像。影片片头是一位国民党将军回忆1937年"八一三"淞沪抗战，战前中国军队将领在南京开会，由蒋介石宣布参战部队，将星云集，军容整肃，每个人都期盼能念到自己的名字。因为这次不再是内战，而是抵抗外侮，被编入战斗序列的将领无不激情澎湃。开战第一天，第88师第264旅旅长黄梅兴（黄埔一期生）阵亡上海。此后在全国抗战中，黄埔师生有200多人牺牲在战场。影片结尾是年近百岁的何应钦将军，戎装佩剑，领唱黄埔校歌"亲爱精诚"，背景就有耄耋之年的钱大钧将军——阳光绿草之间，他仍能在双杠上作慢起手倒立动作。

钱大钧早年参加辛亥革命和二次革命，在两次东征中立有战功。第一次东征中，钱大钧火线升官，由校本部参谋长升为团长，二次东征结束后晋升师长。钱大钧出掌侍从室一处主任兼侍卫长，同以蒋介石"文胆"著称的陈布雷共主侍从室，可谓红极军界、政界。后来任上海市长期间，他也曾对上海的市政建设做过一些好事。钱大钧善战之外，更擅长谋划，在"八大金刚"中算得上是文武兼备。他一贯沉默寡言，总显出一种很周到的谦恭风度，很少有人见他发怒骂人。但作为军人，他雅驯有余，刚毅不足。在旧文学方面也颇有基础，善写铁线文碑帖，字体清秀，又善驾驶汽车，步枪射击及器械体操等技艺也都很好。

但纵观钱大钧一生也有两大污点：首先是在政治立场上始终追随蒋介石，坚决而顽固地反共。北伐时，钱大钧留守广州，蒋介石在上海发动"四一二"反革命政变，他在广州立刻行动，配合李济深发动了"四一五"政变。由于"清党"有功，钱大钧率先擢升军长，两年之中三步大跳跃，到1933年调任保定行营主任兼保定编练处主任，指挥5个军，与北平行辕主任何应钦并驾齐驱，可谓风光一时。钱大钧不仅积极参加"清党"，而且曾参加对红军的多次"围剿"，"战功"卓著。

其次是在经济上的贪污肥私。贪财，着意追求物质享受而贪污，显然是钱大钧的最大缺点。极有可能是因他出身于商人家庭，天性使然，唯利是图的基因使他时时不忘敛财，嗜财如命，多次因贪腐受到撤职处分，被蒋介石所厌恶，也长期遭到世人诟病。他自35岁担任淞沪警备司令开始，再到任武汉要塞司令以及保定行营主任期间，就开始大肆聚敛钱财，贪污军饷。抗战期间，45岁出任航空委员会主任时，更是贪婪成性，本来就不多的航空抗日军费他也竟敢私分，蒋介石为此大怒，宋美龄再三求情也没有用，钱大钧被撤职。抗战胜利那年他52岁任上海市长，此期间又大肆搜刮国财民脂，在上海、苏州、南京以及北平、保定均购置了豪华私邸，尤以苏州之私邸为最。当时有人形容钱府院子之大时曾说，从钱府门口至客厅，即使是汽车，也要行驶15分钟。正是由于钱大钧过于追求物质享受，喜欢过花花公子的生活，多次受到社会舆论的强烈谴责，并屡犯蒋介石忌讳，蒋介石见他实在是一个"扶不起的阿斗"，对他一顿呵斥之后也就弃之如破履，因此其地位时有起落。钱大钧也对仕途心灰意冷，在辞去上海市长之职后，也心安理得地过起了豪华寓公生活。但好景不长，随着人民解放军的进军，南京、上海、广州、重庆、成都相继解放，始终追随蒋介石行踪而走的钱大钧也被迫舍弃花天酒地的享乐生活，下海到了台湾岛。

钱大钧在大陆时聚敛钱财无数，但由于挥霍无度，以致到台湾后生活清贫，节俭清苦。他似乎没有什么积蓄，生活比较艰难，一家人住在台北市府分配的一层小木屋里，入住30多年未变。到台湾后的钱大钧在生活上无不良嗜好，他注重仪表，言谈审慎，为蒋介石所推崇。

在这批手令中，有钱大钧的多页请示文书，可看到他的毛笔字写得很有功力。晚年的钱大钧仍然酷爱书法，在82岁高龄时仍每天坚持练习写字。他擅长书写钟鼎篆体，苍劲有力，挺秀峻拔，颇有名气。当时台北建筑规模最大的"圆山大饭店"题词，即出自其书。1975年2月12日，82岁的钱大钧以篆体钟鼎文书写"金刚经"全文，捐赠台湾"国立历史博物馆"作永久藏展，接受"教育部"颁赠褒奖。他还经常同吴门画派的著名书画家互赠书画诗词。

钱大钧在晚年思乡情结日增，对大陆亲人尤为惦念，常托亲友代回家乡看望，也常为不能返回故乡萦念于怀。

钱大钧暮年很不得志，不再受重用，幸有欧阳生丽陪伴他走过这段寂寥落寞的年代。

钱大钧题字"圆山大饭店"

1963年，钱大钧夫妇在台北寓所会见朋友。

老来虽清苦，婚姻却幸福。欧阳生丽就像赵四小姐侍候少帅张学良那样，一往情深，始终不渝，多年来无微不至地照顾着钱大钧，更是他们人生的一段值得敬佩的佳话。

赋闲的钱大钧擅长养生之道，他没有任何有碍身心的不良嗜好，每天雷打不动必做两件事：一是做体操；二是练书法。随着一日日变老，他在台湾越发感到自己晚景凄凉，加上身体不好，经常住院，时常想起生活在祖国大陆的亲人。1982年（民国七十一年）7月21日，钱大钧怀着对故乡的思念之情，因肝癌病逝于台北市的"三军总医院"，终年90岁。经过战争年代的军人多短命，钱大钧能有9旬之命，就是平常人也算是很长寿了。留于世的著作有：《钱穆尹上将七十自传》、《钱大钧上将八十自传》、《东江平定》等。

钱大钧有6个儿子、6个女儿。6个儿子皆毕业于黄埔军校。退居台湾后，两个儿子留在了大陆。三儿子钱孝泽系黄埔第20期毕业生，因新婚留在大陆，长期在云南工作，1980年回故乡苏州，2010年病逝，晚年过得还算舒心。

纵观钱大钧的一生，他忠蒋、反共，纵横捭阖于民国军界，运筹帷幄于最高统帅的侍从室，虽曾显赫一时，却最终无所人的建树。棉湖之役是其成名之战，西安事变中负伤、组织空军远征日本是他军旅生涯的两个亮点。他的"军人"资本不在战场，而是在军事高参的宦海中沉浮。西安事变中一个小小的失误，导致被蒋猜忌，又因其嗜财如命私分军费，多次因贪污问题被撤职查办，甚至落魄为在乡村自任校长的"孩子王"。虽不久被重新起用，但已心灰意冷无心仕宦，赴台后任虚职终老此生。

主要参考文献

1. 复旦大学历史系日本史组编辑：《日本帝国主义对外侵略史料选编》（内部发行），上海人民出版社，1975年。
2. 《蒋委员长西安半月记·蒋夫人西安事变回忆录》，台北，"中央文物供应社"，1977年。
3. ［美］约翰·亨特·博伊尔著：《中日战争时期的通敌内幕》（内部发行），商务印书馆，1978年。
4. 《先"总统"蒋公有关论述与史料》，台北，"中华民国"史料研究中心，1979年。
5. 《钱大钧上将八十自传》，台北，台湾"国防部"史政编译局，1979年。
6. 中共中央文献编辑委员会编：《周恩来选集》，人民出版社，1980年。
7. 姜克夫、黄德昭、王秦编：《西安事变资料》，人民出版社，1980年。
8. 陈公博著：《苦笑录》，现代史料编刊社，1981年。
9. 蔡德金、李惠贤编：《汪精卫伪国民政府纪事》，中国社会科学出版社，1982年。
10. 《在华五十年——司徒雷登回忆录》（内部发行），北京出版社，1982，
11. 程思远著：《政坛回忆》（内部发行），广西人民出版社，1983年。
12. 《广东军阀大事记》（广东文史资料第43辑），广东人民出版社，1984年。
13. 陆军军官学校编辑：《黄埔重要文献》，台湾高雄县凤山市、陆军军官学校出版社，1984年。
14. 《黄埔六十周年论文集》，台湾"国防部"史政编译局编印，1984年。
15. 沈醉著：《军统内幕》，文史资料出版社，1984年。
16. 秦孝仪主编：《先"总统"蒋公思想言论总集》，中国国民党中央党史委员会出版，1984年。
17. 施罗曼、费德林史坦著：《蒋介石传》，台北，黎明文化事业公司，1985年。
18. 邱七七著：《陈诚传》，台北，近代中国出版社，1985年。
19. 《张治中回忆录》，中国文史出版社，1985年。
20. 中国革命博物馆研究室编辑：《抗日战争时期国民党正面战场重要战役介绍》，四川人民出版社，1985年。
21. 《南京保卫战——原国民党将领抗日战争亲历记》，中国文史出版社，1987年。
22. 中国第二历史档案馆编：《抗日战争正面战场》，江苏古籍出版社，1987年。

23. ［日］大本营陆军部摘译：《日本军国主义侵华资料长编》，四川人民出版社，1987年。
24. 宋平著：《蒋介石生平》，吉林人民出版社，1987年。
25. 河北省、保定市政协文史资料研究文员会编辑：《保定陆军军官学校》，河北人民出版社，1987年。
26. 江南著：《蒋经国传》，中国友谊出版社，1987年。
27. 《白崇禧回忆录》（内部发行），解放军出版社，1987年。
28. 张光宇著：《武汉中央军事政治学校》，湖北人民出版社，1987年。
29. 《从记者到幕僚长——陈布雷》（浙江文史资料选辑第37辑），浙江人民出版社，1988年。
30. 杨树标著：《蒋介石传》，团结出版社，1988年。
31. 李敖著：《蒋介石研究》（内部发行），华文出版社，1988年。
32. 陈香梅著：《陈纳德与飞虎队》，学林出版社，1988年。
33. 《"总统府"内幕》，华文出版社，1988年。
34. 《蒋经国自述》，湖南人民出版社，1988年。
35. 李松林等编：《中国国民党大事记》，解放军出版社，1988年。
36. 《中日关系八十年之证言》（5卷本，内部发行），中央人民广播电台，1990年。
37. 《特工秘闻——军统活动纪实》，中国文史出版社，1990年。
38. 陈贤庆、陈贤杰编：《民国军政人物寻踪》，南京出版社，1991年。
39. 姜克夫编著：《民国军事史略稿》，中华书局，1991年。
40. 政协浙江省委员会文史编辑部编辑：《陈诚传》，华艺出版社，1991年。
41. ［苏］B·沃隆佐夫著：《蒋介石评传》（内部发行），社会科学文献出版社，1991年。
42. 《在蒋介石身边八年——侍从室高级幕僚唐纵日记》，群众出版社，1991年。
43. 军事科学院军事历史研究部著：《中国抗日战争史》（3卷本），解放军出版社，1991年。
44. 朱汉国主编：《南京国民政府纪实》，安徽人民出版社，1993年。
45. 蔡德金、王升编著：《汪精卫生平纪事》，中国文史出版社，1993年。
46. 翁元口述、王丰笔录：《我在蒋介石父子身边的日子》，中华书局，1994年。
47. 高存信、白竞凡主编：《西安事变与二二事件》，香港同泽出版社，1995年。
48. 李勇、张仲田编：《蒋介石年谱》，中共党史出版社，1995年。
49. 苏墱基编：《张学良生平年表》，台北，远流出版社，1996年。
50. 军事科学院军事历史研究部著：《第二次世界大战史》（5卷本），军事科学出版社，1999 年。
51. 戴逸主编：《中国近代史通鉴·抗日战争》（第 9 卷），红旗出版社，2002 年。
52. 郭汝瑰、黄玉章主编：《中国抗日战争正面战场作战记》，江苏人民出版社，2002 年。
53. 北京航空联谊会、世界华侨华人社团联合总会编印：《中苏美空军抗日空战纪实》，2005 年。
54. 《陈布雷回忆录》，东方出版社，2009 年。
55. 《宋美龄回忆录》，东方出版社，2010 年。
56. 邵铭煌著：《钱大钧随从蒋介石的日子》，台北，羲之堂文化出版事业有限公司，2014 年。
57. 陈宇编著：《黄埔军校年谱长编》，华文出版社，2014 年。